Prépabac

Entraînement intensif

W0416440

Tle S

Sciences de la Vie et de la Terre

SPÉCIFIQUE & SPÉCIALITÉ

Carole Ahyerre
Professeur agrégée de SVT
en classe préparatoire scientifique (BCPST)
au lycée Michel-Montaigne à Bordeaux

David Gachet
Professeur agrégé de SVT en terminale S
au lycée Fustel-de-Coulanges à Strasbourg

Gilbert Gisclard
Professeur agrégé de SVT en terminale S
au lycée Fabert à Metz

Ève Jézéquel
Professeur agrégée de SVT
en classe préparatoire scientifique (TB)
au lycée agricole du Chesnoy à Montargis

Hervé Mulard
Professeur agrégé de SVT en terminale S
au lycée au lycée Georges de la Tour à Nancy

Bruno Vah
Professeur agrégé de SVT en terminale S
et en classe préparatoire ATS Bio
au lycée Galilée à Gennevilliers

Hatier

PAPIER À BASE DE
FIBRES CERTIFIÉES

Hatier s'engage pour l'environnement en réduisant l'empreinte carbone de ses livres. Celle de cet exemplaire est de :
2.8 kg éq. CO_2
Rendez-vous sur www.hatier-durable.fr

IMPRIM'VERT
Votre imprimeur agit pour l'environnement

Achevé d'imprimer en septembre 2017
par «La Tipografica Varese Srl» Varese
Dépôt légal : 978074/03 - Octobre 2017

Conception de la maquette
Anne Gallet

Mise en pages
STDI

Suivi éditorial
Hannah-Belle Abdullah

Schémas
Laurent Blondel (Corédoc)

Iconographie
Hatier Illustration

 ISBN 978-2-218-97807-4

AVANT-PROPOS

À qui est destiné cet ouvrage ?

- Ce « Prépabac Entraînement intensif » s'adresse à vous qui visez l'excellence, parce que l'objectif principal de votre année de terminale, au-delà du bac, est l'orientation vers les **études supérieures** et les **classes préparatoires**.
- À vous qui êtes ambitieux, cet ouvrage offre les clés d'une année de terminale réussie et la promesse d'une entrée dans la **filière sélective** de votre choix.

Quels contenus offre cet ouvrage ?

- Le **cours**, clair et structuré, rappelle l'essentiel des connaissances qu'il faut maîtriser. Dans chaque chapitre, il est complété par un encadré **post bac** présentant des connaissances nouvelles qui pourront être réinvesties dans l'enseignement supérieur.
- Les **méthodes** pour répondre aux questions types et les **stratégies** pour rendre de très bonnes copies sont un moyen de **gagner en efficacité** : elles constituent un gain de temps précieux dans votre travail.
- Les sujets, nombreux et progressifs, variés et originaux offrent un **entraînement intensif**, complet et très formateur :
  - des **sujets de type bac** pour des révisions efficaces et ciblées ;
  - des **sujets d'approfondissement** vous proposant des exercices exigeants ;
  - des **sujets post bac** pour viser avec confiance la filière sélective de votre choix.
- Pour chaque sujet, l'auteur s'est attaché à rédiger un corrigé clair, détaillé et assorti de **commentaires** et de **conseils**.

Quels compléments offre le site annabac.com ?

- L'achat de ce « Prépabac Entraînement intensif » vous permet de bénéficier d'un **accès gratuit*** à toutes les ressources d'annabac.com : vidéos, podcasts audio et fiches de cours, exercices interactifs, sujets d'annales corrigés…
- Pour profiter de cette offre, rendez-vous sur **www.annabac.com** dans la rubrique « Vous avez acheté un ouvrage Hatier ? ».

* Selon les conditions précisées sur le site www.annabac.com

SOMMAIRE

ENSEIGNEMENT SPÉCIFIQUE

Génétique, biodiversité et évolution

Géologie

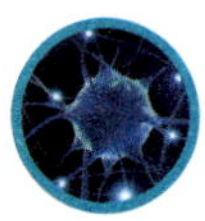

Corps humain et santé

Enjeux planétaires contemporains

ENSEIGNEMENT DE SPÉCIALITÉ

ANNEXES

Génétique, biodiversité et évolution

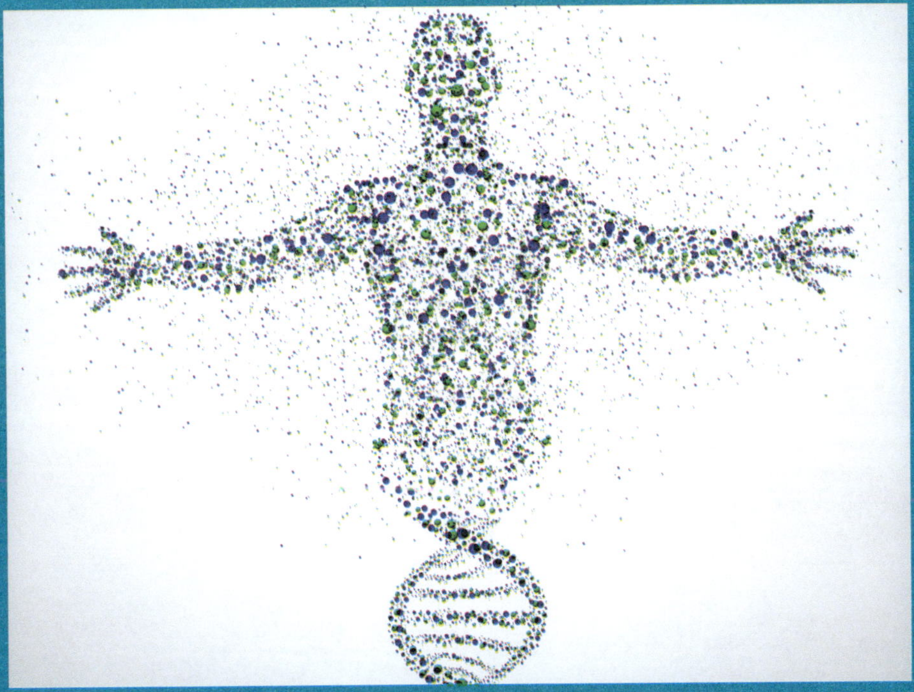

CHAPITRE 1

Brassage et diversité génétiques

COURS

MÉTHODES ET STRATÉGIES

SUJETS DE TYPE BAC

SUJETS D'APPROFONDISSEMENT

CORRIGÉS

COURS

Brassage et diversité génétiques

Le polymorphisme allélique*, résultat des mutations aléatoires et ponctuelles au niveau des cellules germinales, est transmis aux générations suivantes *via* les gamètes lors de la reproduction sexuée.

I. La méiose dans le cycle de développement des organismes diploïdes

1. La stabilité du caryotype de l'espèce au cours des générations

Cette stabilité est assurée par deux mécanismes : la **méiose** et la **fécondation**.

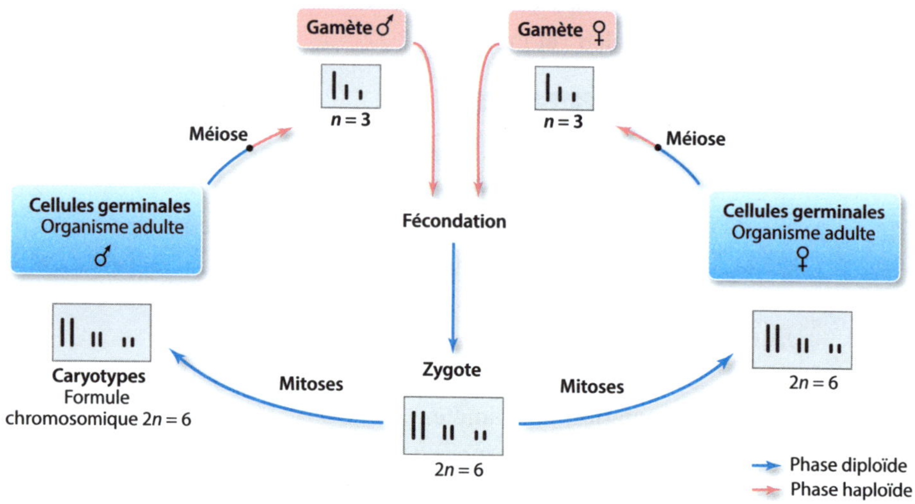

DOC. 1 Cycle de développement d'un organisme diploïde ($2n = 6$) à reproduction sexuée. La méiose, à partir de cellules germinales à $2n$ chromosomes (diploïdes*), donne quatre gamètes, cellules à n chromosomes (haploïdes*) ; n étant le nombre de chromosomes différents. La fécondation, par la fusion de deux gamètes haploïdes, donne une cellule œuf diploïde, le zygote.

2. Les deux divisions cellulaires de la méiose

- La méiose est précédée d'une **réplication** de l'ADN pendant l'interphase. Elle est constituée de **deux divisions successives** sans réplication entre elles.
- À la fin de la seconde division de la méiose, chacune des quatre cellules formées possède ***n* chromosomes monochromatidiens***.

* Les mots suivis d'un astérisque sont définis dans le lexique.

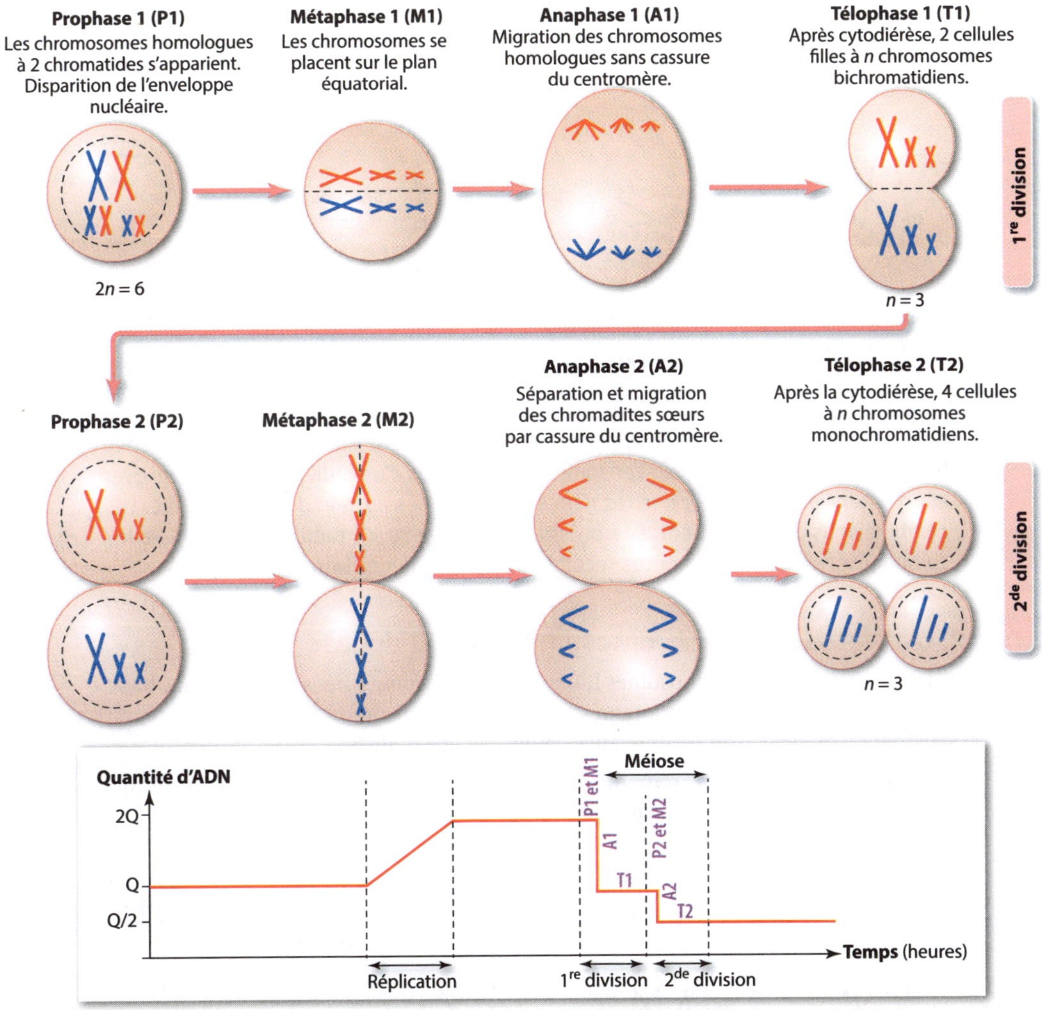

DOC. 2 Schéma général de la méiose et correspondance avec l'évolution de la quantité d'ADN.

II. Les brassages alléliques lors de la méiose

1. Un brassage intrachromosomique en prophase 1

- Lors de l'appariement des chromosomes homologues en **prophase 1**, les chromatides non-sœurs des deux chromosomes homologues s'enchevêtrent, puis tendent à se séparer, sauf au niveau des **chiasmas** dont la position et le nombre varient d'une méiose à l'autre. L'échange de fragments de chromatides entre chromosomes homologues (**crossing-over**) se produit au niveau de ces chiasmas : il est responsable de la création de chromatides portant de **nouvelles combinaisons alléliques**.
- Le brassage intrachromosomique concerne les allèles de **gènes liés** (portés par un même chromosome).

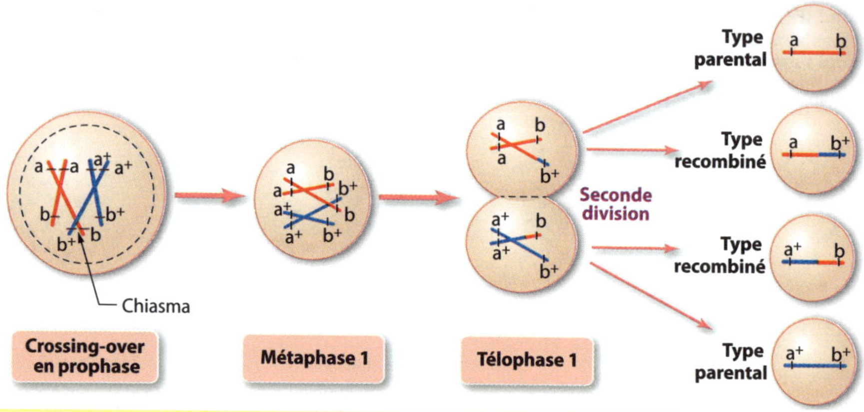

DOC. 3 Brassage intrachromosomique. Statistiquement parlant, pour deux gènes liés à l'état hétérozygote*, sur l'ensemble des méioses d'un individu, le crossing-over est d'autant plus probable que les gènes sont éloignés au sein du chromosome. Les combinaisons de type parental seront majoritaires (> 50 %), tandis que les nouvelles combinaisons d'allèles (gamètes recombinés) seront minoritaires (< 50 %).

2. Un brassage interchromosomique en anaphase 1

- La séparation des chromosomes homologues bichromatidiens lors de **l'anaphase 1** est indépendante entre les différentes paires de chromosomes. Ce mécanisme aboutit également à la formation de nouvelles combinaisons d'allèles.
- Tous les chromosomes, remaniés ou pas lors du brassage intrachromosomique, subissent le brassage interchromosomique.

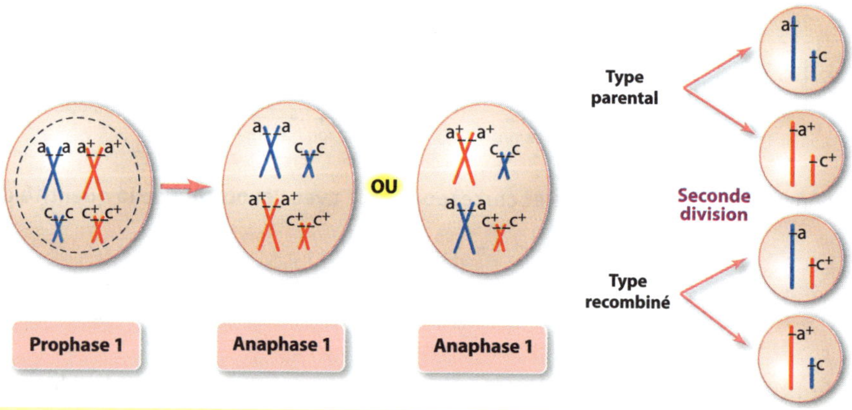

DOC. 4 Brassage interchromosomique. Statistiquement parlant, pour deux gènes indépendants (portés par des chromosomes différents) à l'état hétérozygote, sur l'ensemble des méioses d'un individu, quatre types de gamètes seront produits en quantités égales. Les combinaisons de type parental ont la même probabilité de se produire que les nouvelles combinaisons d'allèles (gamètes recombinés), soit 50 % pour chacun des deux cas.

III. Le brassage des allèles lors de la fécondation

- Au cours de la méiose, dans le cas d'une espèce ayant un polymorphisme allélique suffisant, le brassage intrachromosomique additionné au brassage interchromosomique génèrent une diversité quasi infinie de possibilités de combinaisons d'allèles.
- La fécondation, rencontre aléatoire des gamètes, amplifie considérablement ce brassage génétique lié à la méiose lors de la formation de génomes diploïdes.

Gamètes mâles / Gamètes femelles	(A/, B/)	(A/, b/)	(a/, B/)	(a/, b/)
(A/, B/)	$\left(\frac{A}{A},\frac{B}{B}\right)$ [AB]	$\left(\frac{A}{A},\frac{B}{b}\right)$ [AB]	$\left(\frac{A}{a},\frac{B}{B}\right)$ [AB]	$\left(\frac{A}{a},\frac{B}{b}\right)$ [AB]
(A/, b/)	$\left(\frac{A}{A},\frac{B}{b}\right)$ [AB]	$\left(\frac{A}{A},\frac{b}{b}\right)$ [Ab]	$\left(\frac{A}{a},\frac{B}{b}\right)$ [AB]	$\left(\frac{A}{a},\frac{b}{b}\right)$ [Ab]
(a/, B/)	$\left(\frac{A}{a},\frac{B}{B}\right)$ [AB]	$\left(\frac{A}{a},\frac{B}{b}\right)$ [AB]	$\left(\frac{a}{a},\frac{B}{B}\right)$ [aB]	$\left(\frac{a}{a},\frac{B}{b}\right)$ [aB]
(a/, b/)	$\left(\frac{A}{a},\frac{B}{b}\right)$ [AB]	$\left(\frac{A}{a},\frac{b}{b}\right)$ [Ab]	$\left(\frac{a}{a},\frac{B}{b}\right)$ [aB]	$\left(\frac{a}{a},\frac{b}{b}\right)$ [ab]

DOC. 5 Tableau de croisement entre deux hétérozygotes pour deux gènes (ici notés comme indépendants). Cet échiquier de croisement montre qu'à partir d'un seul génotype parental, dix génotypes sont possibles dans la descendance. La diversité potentielle des zygotes est immense. En revanche, seule une partie de ces zygotes est viable et se développera en un nouvel individu. On note les génotypes entre parenthèses et les phénotypes entre crochets.

IV. Des anomalies lors de la méiose

Souvent non viables, ces anomalies peuvent parfois être aussi sources de diversification du vivant.

1. Le crossing-over inégal et la duplication des gènes

- Un mécanisme, nommé **crossing-over inégal**, est à l'origine de la **duplication** de gènes. Les deux copies transmises à travers les gamètes accumulent ensuite des mutations au hasard et divergent.
- Au cours de l'évolution, ces processus aboutissent à la formation de **familles multigéniques***.

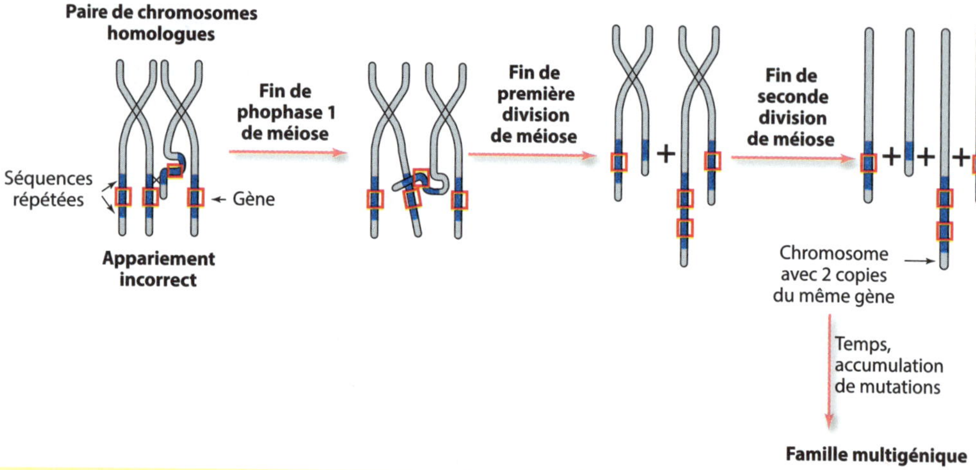

DOC. 6 Crossing-over inégal et duplication des gènes. La présence de séquences répétées sur les chromosomes peut entraîner un mauvais appariement des homologues : à la fin de la prophase 1, une chromatide peut être affectée d'un gain de matériel génétique et, l'autre, d'une perte de matériel génétique.

2. Des anomalies du nombre de chromosomes

- Les **trisomies** ou les **monosomies** s'expliquent par la mauvaise disjonction des chromosomes homologues lors de l'anaphase 1, ou des chromatides sœurs lors de l'anaphase 2.
- Les gamètes issus de ces méioses anormales se retrouvent avec un chromosome supplémentaire ou manquant, et donnent des zygotes ayant un caryotype anomal.

POST BAC

Cytosquelette et méiose

> Voir le sujet 7 du chapitre 2

- La forme des cellules, leurs déplacements, le mouvement des organites et de composants cellulaires ainsi que les mouvements des chromosomes lors des divisions cellulaires sont permis par le **cytosquelette.** Le cytosquelette est un ensemble de polymères protéiques organisés en **filaments** et de **protéines motrices** capables de se déplacer sur ces derniers.
- Il existe trois types de filaments protéiques :
– les **microfilaments,** constitués d'actine et capables de s'allonger ou de se raccourcir ;
– les **filaments intermédiaires,** dont la composition est très variée ;
– les **microtubules,** qui sont des cylindres creux formés d'une protéine, la tubuline. Ils sont également capables de s'allonger et de se raccourcir.
- Les microtubules interviennent dans le mouvement des chromosomes lors des divisions cellulaires, que ce soit lors de la mitose ou lors de la méiose. Les microtubules qui s'attachent aux chromosomes par l'intermédiaire d'un kinétochore, structure protéique adossée aux centromères, sont qualifiés de kinétochoriens.

- Ces microtubules sont des structures polarisées et présentent :
– une extrémité (+) du côté des chromosomes, dont la stabilité est variable ;
– une extrémité (–) du côté du centrosome, le « centre organisateur des microtubules », situé à proximité du noyau dans les cellules animales.
À la fin de la prophase 1, l'enveloppe nucléaire se disloque. Les microtubules kinétochoriens des chromatides sœurs sont orientés dans la même direction, vers l'un des deux centrosomes placés à un pôle ou à l'autre de la cellule. Les chromosomes homologues restent attachés au niveau des chiasmas. La dissociation des chiasmas intervient lors de l'anaphase 1 : les microtubules kinétochoriens « tirent » les chromosomes homologues vers les centrosomes.

- Dans les cellules animales, la cytodiérèse est due à la contraction d'un anneau de microfilaments d'actine formé sous la membrane plasmique, perpendiculairement au fuseau de microtubules.

- Après une brève interphase au cours de laquelle chaque centrosome est dupliqué, les microtubules kinétochoriens associés à chaque chromosome en un seul exemplaire sont responsables de la migration des chromatides après la cassure du centromère et des kinétochores. Cette fois, les microtubules sont orientés dans deux directions opposées. Ainsi, les divisions cellulaires sont étroitement contrôlées par les filaments du cytosquelette.

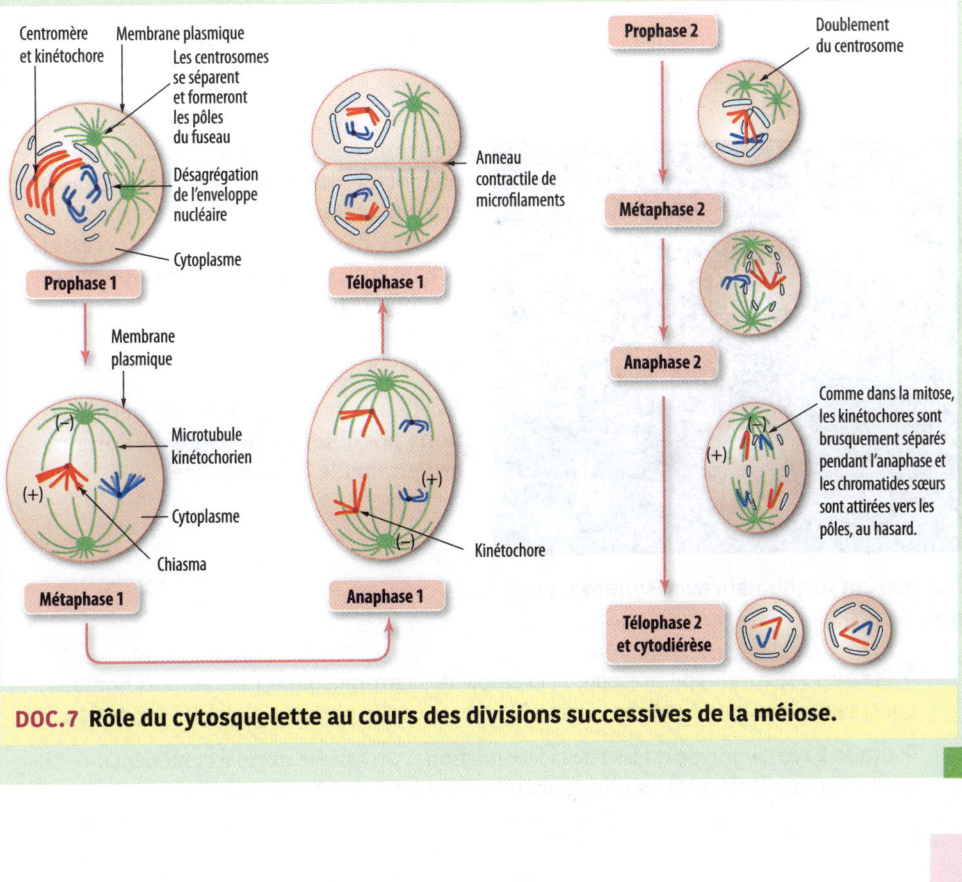

DOC.7 Rôle du cytosquelette au cours des divisions successives de la méiose.

1 Expliquer l'origine d'une anomalie du nombre des chromosomes dans un caryotype

> Voir le sujet 3 mettant en œuvre cette méthode.

Méthode

> **Étape 1 :** déterminer l'anomalie chromosomique en étudiant le caryotype (un chromosome pouvant être surnuméraire ou manquant).

> **Étape 2 :** relier l'anomalie identifiée à un nombre anormal de chromosomes dans les gamètes, dont la fusion lors de la fécondation est à l'origine du caryotype diploïde de l'individu.

> **Étape 3 :** relier ce nombre anormal de chromosomes dans les gamètes à un mauvais déroulement de la migration des chromosomes ou des chromatides lors des anaphases.

> **Étape 4 :** schématiser les méioses anormales conduisant à des gamètes au caryotype anormal.

> **Étape 5 :** schématiser la fécondation donnant le caryotype anormal de l'individu.

Application

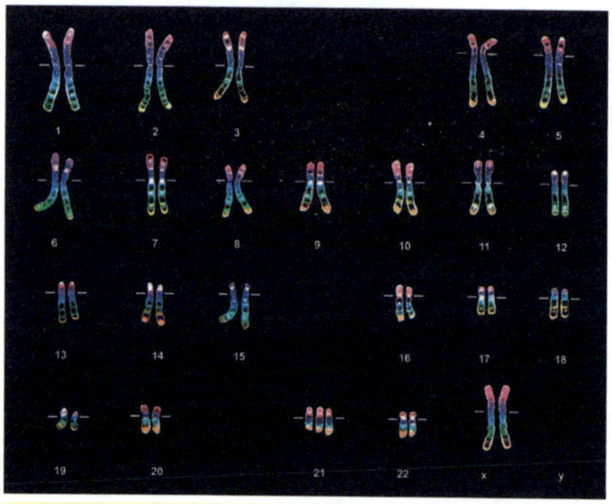

DOC. 8 Caryotype humain avec syndrome de Down.

Le syndrome de Down se traduit par un phénotype déterminé chez les individus atteints : visage arrondi, yeux obliques, oreilles petites et décollées, lèvres et langue épaisses, retard du développement psychomoteur...
Les individus atteints présentent un caryotype comme celui ci-contre.

Expliquer et schématiser les perturbations possibles de la méiose à l'origine de l'anomalie du caryotype.

> **Étape 1 :** le caryotype présente l'ensemble des chromosomes par paires d'homologues, sauf au niveau du chromosome 21, présent en triple exemplaire (trisomie 21).

> **Étape 2 :** ce caryotype est issu de la fécondation d'un gamète normal contenant $n = 23$ chromosomes différents, et d'un gamète contenant 2 chromosomes 21.

> Étape 3 : les deux chromosomes 21 homologues ont pu migrer au même pôle de la cellule lors de l'anaphase 1, ou les chromatides sœurs du chromosome 21 ont migré au même pôle de la cellule lors de l'anaphase 2 d'une cellule issue de la première division.

> Étape 4 : dans les schémas suivants, on a choisi $2n = 4$. Le chromosome 21 étant l'un des plus petits, il est représenté comme tel.

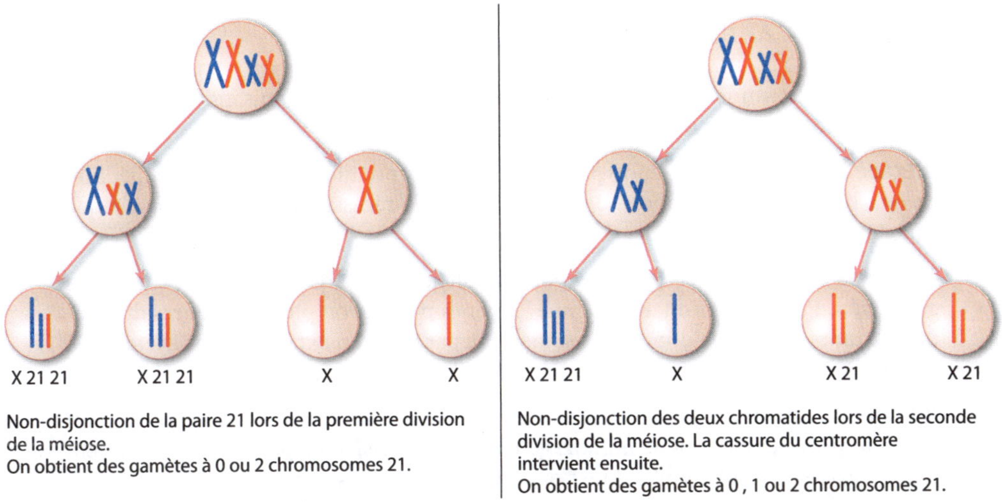

DOC. 9 Gamétogenèses anormales.

> Étape 5 : Si un gamète issu de ces méioses anormales, contenant deux chromosomes 21, participe à une fécondation avec un gamète normal, contenant un seul chromosome 21, la cellule œuf présentera un caryotype avec 3 chromosomes 21.

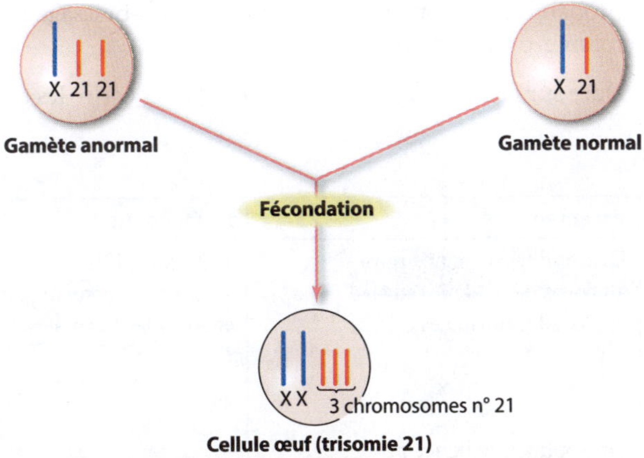

DOC. 10 Fécondation d'un gamète anormal avec un gamète normal.

2 Déterminer, d'après des résultats de croisements, si deux gènes sont indépendants ou liés

> Voir les sujets 4, 5 et 8 mettant en œuvre cette méthode.

Méthode

> **Étape 1 :** déterminer le génotype des lignées pures parentales, puis indiquer le génotype des gamètes qu'ils produisent.

> **Étape 2 :** déterminer le génotype des hybrides F1 (première génération), et déduire de leur phénotype les relations de dominance et de récessivité des allèles de chaque caractère parental.

> **Étape 3 :** préciser le code utilisé pour les allèles de chaque gène et les caractères gouvernés. Par convention, on nomme les gènes par une ou plusieurs lettres du phénotype mutant. L'allèle dominant est identifié par un + en exposant : par exemple, si la mutation « ailes vestigiales » est notée *vg*, l'allèle dominant sera vg^+.

> **Étape 4 :** identifier si le second croisement est un test-cross. Le croisement d'un individu F1 avec une souche homozygote double récessive ne produisant qu'un seul type de gamètes, dont les allèles ne s'exprimeront pas dans la génération suivante.

> **Étape 5 :** déterminer les types et les proportions des gamètes produits par les individus de F1 à partir des résultats des phénotypes de F2.

> **Étape 6 :** mettre en relation les proportions des gamètes avec les événements de la méiose.
– Une équiprobabilité est à mettre en relation avec un brassage interchromosomique en anaphase 1 lors de la migration aléatoire des chromosomes homologues ;
– une non-équiprobabilité est à mettre en relation avec un brassage intrachromosomique dû aux crossing-over en prophase 1.

> **Étape 7 :** conclure sur la liaison entre les gènes étudiés et écrire les génotypes.

Application

Croisement	Parents	Descendance
1	Drosophiles de lignée pure au corps de couleur sauvage et aux ailes normales x Drosophiles de lignée pure au corps black et aux ailes vestigiales.	170 drosophiles au corps de couleur sauvage et aux ailes normales

Croisement	Parents	Descendance
2	Drosophiles issues du premier croisement (F1) x Drosophiles au corps black et aux ailes vestigiales	• **78** drosophiles au corps de couleur sauvage et aux ailes normales • **71** drosophiles au corps black et aux ailes vestigiales • **7** drosophiles au corps de couleur sauvage et aux ailes vestigiales • **9** drosophiles au corps black et aux ailes normales

À partir des résultats des croisements présentés, déterminer si les deux gènes impliqués sont indépendants ou liés.

> **Étape 1 :** les parents [ailes normales, corps de couleur sauvage] et [ailes vestigiales, corps black] sont des lignées pures, c'est-à-dire qu'ils sont homozygotes pour chaque gène. Ils ne produisent donc qu'un seul type de gamètes contenant les allèles déterminant des ailes normales et un corps de couleur sauvage pour le premier parent, des ailes vestigiales et un corps black pour le second.

> **Étape 2 :** les F1 sont hétérozygotes pour les deux gènes considérés. Ils sont à 100 % de phénotype [ailes normales, corps de couleur sauvage]. L'allèle déterminant les ailes normales est donc dominant sur celui déterminant les ailes vestigiales. De même, l'allèle déterminant un corps de couleur sauvage est dominant sur celui déterminant un corps black.

> **Étape 3 :** on écrira donc vg^+ l'allèle déterminant des ailes normales, *vg* l'allèle déterminant des ailes vestigiales, b^+ l'allèle déterminant un corps de couleur sauvage, et *b* l'allèle déterminant un corps black.

> **Étape 4 :** les femelles F1 sont croisées avec des mâles de phénotype [vg, b]. Ces mâles présentant les deux caractères étudiés à l'état récessif sont donc homozygotes doubles récessifs et ne produisent qu'un seul type de gamètes contenant les allèles récessifs des deux gènes. Les proportions des phénotypes observés en F2 s'expliquent par les proportions des gamètes des femelles F1.

> **Étape 5 :** on dénombre 4 types de phénotypes en F2 et dans des proportions différentes, soit 78 mouches [vg^+, b^+], 71 [vg, b], 9 [vg^+, b], 7 [vg, b^+]. Les femelles F1 produisent donc 4 types de gamètes dans des proportions inégales.

> **Étape 6 :** les quatre combinaisons alléliques n'ont pas la même probabilité de survenir au cours de la méiose chez les individus femelles hétérozygotes F1. Ceci indique que les deux gènes impliqués sont sur le même chromosome. Les phénotypes [vg^+, b] et [vg, b^+] (recombinés) sont issus de gamètes de F1 résultant d'un crossing-over en prophase 1.

> **Étape 7 :** les gènes sont liés, seul le brassage intrachromosomique est mis en évidence ici.

Les génotypes en adéquation peuvent s'écrire :

Phénotype des parents de lignée pure	$[vg^+, b^+]$		$[vg, b]$	
Génotypes des parents de lignée pure	$\left(\frac{vg^+ b^+}{vg^+ b^+}\right)$		$\left(\frac{vg\,b}{vg\,b}\right)$	
Génotypes des gamètes des parents	$(vg^+ b^+/)$		$(vg\,b/)$	
Phénotype des F1	100 % $[vg^+, b^+]$			
Génotype des hybrides F1	$\left(\frac{vg^+ b^+}{vg\,b}\right)$			
Génotype des gamètes de F1	$(vg^+ b^+/)$	$(vg\,b/)$	$(vg^+ b/)$	$(vg\,b^+/)$
	Type parental		Type recombiné, issus de crossing-over	
Phénotypes des F2	78 $[vg^+, b^+]$	71 $[vg, b]$	9 $[vg^+, b]$	7 $[vg, b^+]$
Génotypes des F2	$\left(\frac{vg^+ b^+}{vg\,b}\right)$	$\left(\frac{vg\,b}{vg\,b}\right)$	$\left(\frac{vg^+ b}{vg\,b}\right)$	$\left(\frac{vg\,b^+}{vg\,b}\right)$

SUJETS DE TYPE BAC

105 min

1 Les brassages alléliques

Cet exercice de type 1 est un exercice de synthèse qui aborde les différents brassages alléliques liés à la reproduction sexuée et demande une bonne compréhension du cours. Gardez à l'esprit que les brassages alléliques s'additionnent...

> Voir la méthode générale en fin d'ouvrage.

La diversité du vivant a pour origine de nombreux mécanismes, dont certains sont liés aux processus de la reproduction sexuée.
Montrer comment, lors de la méiose puis de la fécondation entre deux individus, les brassages de l'information génétique permettent de former un grand nombre d'individus différents.
Votre exposé sera accompagné de schémas : les gènes A et B sur un chromosome, le gène D sur un autre. On prendra deux individus hétérozygotes de même génotype.

30 min

2 La formation des gamètes

Cet exercice de type 2.1 est classique au baccalauréat. Il permet de vérifier votre connaissance des différents événements cellulaires lors de la méiose et votre faculté à les mettre en relation avec l'évolution de la quantité d'ADN dans les cellules.

> Voir le paragraphe I du cours.

Classer les clichés dans l'ordre chronologique de la formation des gamètes, les annoter et préciser la quantité d'ADN présente dans chaque cellule (2Q, Q, ou Q/2).

DOC. Micrographies de cellules en méiose chez le lys (2*n* = 24).

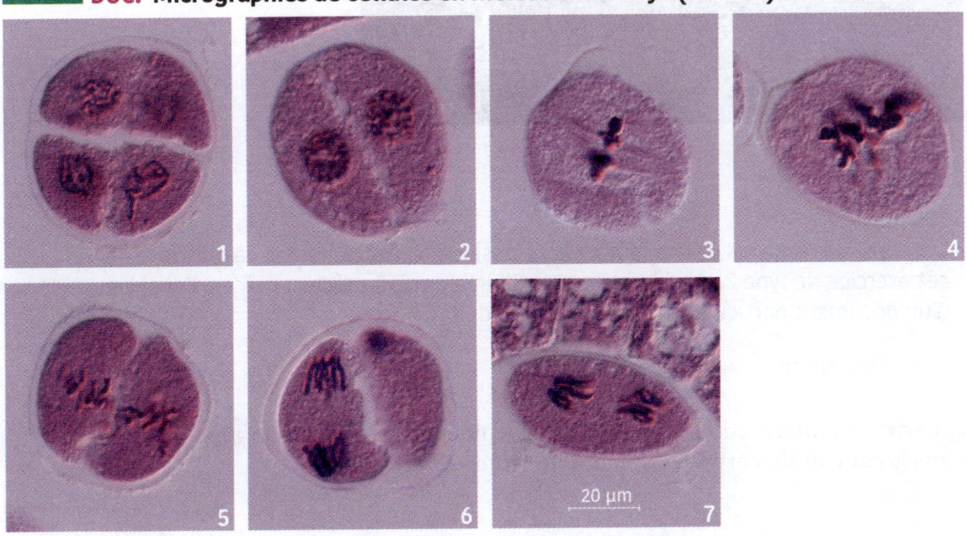

3 Le syndrome de Turner

⏱ 30 min

Cet exercice de type 2.1 vise à évaluer votre maîtrise des phénomènes de la reproduction sexuée pour expliquer une anomalie du nombre de chromosomes dans un caryotype.

> Voir la méthode et stratégie 1.

Le syndrome de Turner se caractérise par une petite taille quasi constante, et par d'autres signes présents de manière variable chez les patientes : présence d'un grand nombre de nævi (grains de beauté), lymphœdème (gonflement dû à une accumulation de liquide lymphatique) des mains et des pieds à la naissance, etc. Certains problèmes cardiaques, rénaux ou auditifs peuvent aussi apparaître. On a réalisé le caryotype d'une femme atteinte de ce syndrome.

Expliquer et schématiser les perturbations possibles de la méiose à l'origine de ce caryotype.

DOC. Caryotype d'une femme atteinte du syndrome de Turner.

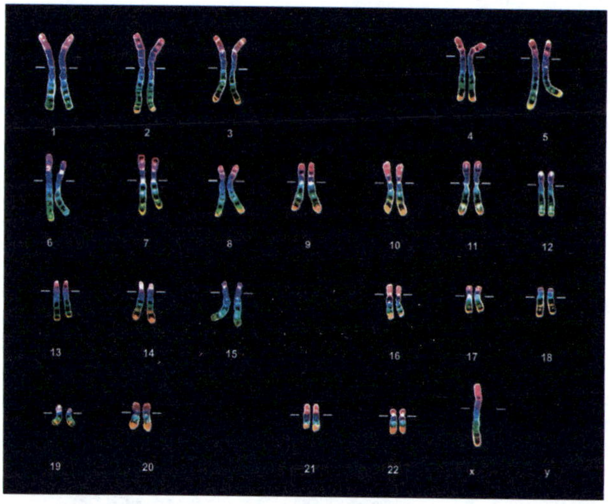

4 Analyse d'un croisement

⏱ 45 min

L'analyse de résultats de croisement est classique au baccalauréat. La difficulté de cet exercice de type 2.2 réside dans le problème posé, à préciser grâce à l'analyse d'un document particulier : une carte génétique.

> Voir la méthode et stratégie 2.

À partir des informations extraites des documents, déterminer le gène impliqué dans la couleur du corps des drosophiles étudiées.

DOC. 1 Deux croisements chez la drosophile.

Croisement	Parents	Descendance
1	Drosophiles de lignée pure au corps gris et aux ailes normales x Drosophiles de lignée pure au corps noir et aux ailes vestigiales	170 drosophiles au corps gris et aux ailes normales
2	Drosophiles issues du premier croisement (F1) x Drosophiles au corps noir et aux ailes vestigiales	• 78 drosophiles au corps gris et aux ailes normales • 71 drosophiles au corps noir et aux ailes vestigiales • 75 drosophiles au corps gris et aux ailes vestigiales • 79 drosophiles au corps noir et aux ailes normales

DOC. 2 Carte génétique de la drosophile.

On connaît deux mutations conférant un corps de couleur noire chez les drosophiles. L'une touche le gène Black, l'autre touche le gène Ebony. La longueur des ailes est gouvernée par les allèles du gène Vestigial.

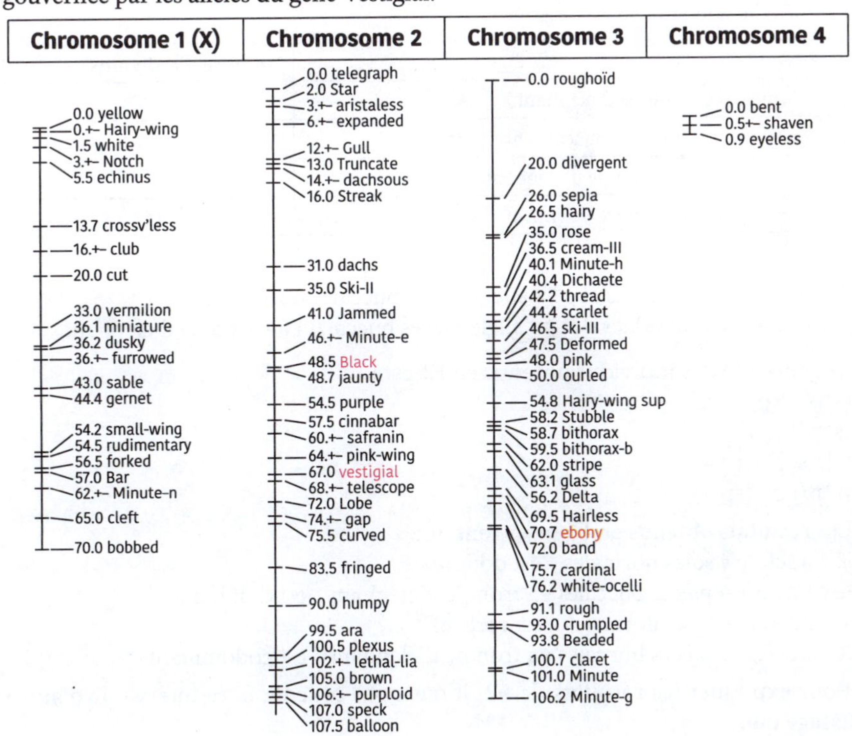

25 min

5 La transmission de deux caractères

La forme de cet exercice de type 2.1 nécessite d'analyser les croisements au brouillon, les réponses étant formulées sous forme de QCM. Il faut veiller à déterminer correctement les génotypes des parents de lignée pure.

> Voir la méthode et stratégie 2.

On cherche à comprendre le mode de transmission de deux caractères chez la drosophile, organisme diploïde. En exploitant le document suivant, déterminer la proposition exacte pour chaque question.

DOC. Résultats des différents croisements.

Les deux caractères étudiés sont le développement des soies (normales ou « chevelues ») et la forme des pièces buccales (normales ou en « trompe d'éléphant »). Le gène S contrôle le développement des soies du corps, le gène P contrôle le développement des pièces buccales.

Le croisement de deux parents de lignée pure, P1 à soies normales et à pièces buccales en « trompe d'éléphant », et P2 à soies « chevelues » et à pièces buccales normales donne des individus F1 qui présentent tous le même phénotype : soies et pièces buccales normales.

On croise un individu F1 avec un individu de lignée pure présentant des soies « chevelues » et des pièces buccales en « trompe d'éléphant ». Les résultats de la F2 sont consignés dans le tableau ci-dessous.

Phénotype	Nombre d'individus
Soies normales et « trompe d'éléphant »	598
Soies « chevelues » et pièces buccales normales	626
Soies « chevelues » et « trompe d'éléphant »	172
Soies normales et pièces buccales normales	151

On notera :
– s^+ l'allèle soies normales et p^+ l'allèle pièces buccales normales ;
– *s* l'allèle soies « chevelues » et *p* l'allèle pièces buccales en « trompe d'éléphant ».

1. Le génotype des individus obtenus en F1 est :
a. $(s^+p^+//sp)$
b. $(s^+p//sp^+)$
c. $(s^+//s, p^+//p)$
d. $(s^+p/)$ ou $(sp^+/)$

2. Les résultats obtenus en F1 montrent que :
a. le caractère « soies normales » est dominant
b. le caractère « pièces buccales en trompe d'éléphant » est dominant
c. le caractère « soies normales » est récessif
d. le caractère « pièces buccales en trompe d'éléphant » est codominant

3. Pour expliquer les résultats de F2, il n'est pas utile de faire intervenir d'autre brassage que :
a. un brassage interchromosomique en première division

b. un brassage interchromosomique en seconde division
c. un brassage intrachromosomique en seconde division
d. un brassage intrachromosomique en première division

4. Les phénotypes recombinés observés en F2 résultent :
a. d'un crossing-over entre les gènes P et S lors de la formation des gamètes de P2
b. d'un crossing-over entre les gènes P et S lors de la formation des gamètes de P1
c. d'un crossing-over entre les gènes P et S lors de la formation des gamètes de F1
d. d'un crossing-over inégal entre les gènes P et S lors de la formation des gamètes de F1

5. Le génotype des descendants F2 à soies « chevelues » et pièces buccales normales est :
a. ($sp^+//sp$)
b. ($sp^+//sp^+$)
c. ($s//s$, $p^+//p$)
d. ($s//s$, $p^+//p^+$)

SUJETS D'APPROFONDISSEMENT

6 Les gènes des globines

60 min

Cet exercice de type 2.2 fait appel à des connaissances vues en classe de première sur les gènes d'une même famille, en les associant à des notions vues en classe de terminale.

> Voir le paragraphe III du cours.

L'hémoglobine, qui assure le transport du dioxygène sanguin, est constituée de l'association de quatre chaînes polypeptidiques identiques deux à deux, les globines. Il existe chez les primates six types de globines, chacune codée par un gène différent.
Montrer, à partir de l'exploitation des documents, que les gènes de globines appartiennent à une famille multigénique dont vous proposerez l'histoire probable.
Votre exposé sera illustré d'un schéma bilan récapitulant l'histoire de cette famille et proposant des mécanismes moléculaires à l'origine des différentes évolutions constatées.

DOC. 1 Structure moléculaire tridimensionnelle des globines.

Les structures tridimensionnelles, ou domaines protéiques semblables, ont été colorés de la même manière. Les différentes globines ne sont pas produites au même moment au cours de la vie d'un individu.

DOC. 2 Matrice de pourcentage d'identité des séquences nucléotidiques des gènes de globines chez l'homme.

	Alpha1 (429*)	Alpha2 (429*)	Béta (444*)	Gamma (444*)	Epsilon (444*)	Myoglobine (465*)
Alpha1	100					
Alpha2	99,5	100				
Béta	58,3	58,1	100			
Gamma	54,5	54,1	76,1	100		
Epsilon	58,3	58,0	78,8	83,8	100	
Myoglobine	39,8	39,6	44,1	45,8	43,9	100

* Longueur de la séquence en nombre de nucléotides.

DOC. 3 Phylogénie des gènes de globine chez l'homme.

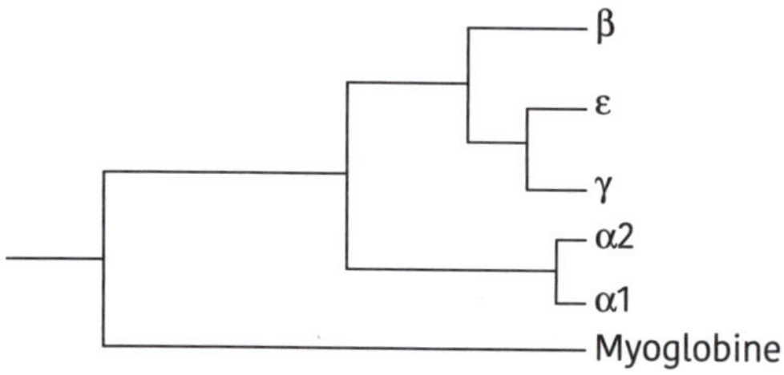

DOC. 4 Les gènes des globines chez les différents vertébrés.

Groupe de vertébrés	Types de globine présente	Date d'apparition du groupe (en Ma)
Poissons sans mâchoire	Myoglobine	500
Poissons cartilagineux et osseux	Myoglobine + Globine α	450
Amphibiens	Myoglobine + Globines α et β	370
Reptiles	Myoglobine + Globines α, β et γ	300
Mammifères	Myoglobine + Globines α, β, γ et ε	200

DOC. 5 Matrice de distance des myoglobines de différents vertébrés.

Matrice de distance des séquences peptidiques en nombre d'acides aminés différents.

	Thon	Tortue	Alligator	Chimpanzé	Homme
Thon	0	83	85	78	79
Tortue		0	36	46	46
Alligator			0	50	50
Chimpanzé				0	1
Homme					0

7 Une analyse génétique

60 min

L'analyse génétique permet de déterminer le nombre de gènes impliqués dans l'expression d'un caractère phénotypique à partir de l'exploitation de résultats de croisements. On pose successivement les hypothèses que les résultats s'expliquent par l'intervention d'un gène unique à deux allèles, puis par deux gènes indépendants, puis par deux gènes liés. Pour tester chaque hypothèse, il faut déterminer les résultats théoriques attendus des croisements et les comparer avec les résultats expérimentaux, ce qui est très formateur pour un esprit scientifique.

> Voir le paragraphe II du cours.

La couleur des yeux chez la drosophile est sous la dépendance de plusieurs gènes codant différentes enzymes de chaînes de biosynthèse. On s'intéresse aux gènes codant les enzymes intervenant dans la synthèse d'un pigment brun à partir du tryptophane, un acide aminé. En l'absence de ce pigment brun, les yeux des drosophiles sont rouge vif. Les yeux de type sauvage ont une couleur rouge sombre, coloration due à la présence de deux pigments, rouge vif et brun.

Montrer que les résultats des croisements présentés ne peuvent s'expliquer qu'en considérant l'intervention de deux gènes liés. Identifier ces gènes.

DOC. 1 Chaîne de biosynthèse du pigment brun des yeux de drosophiles.

Les gènes impliqués existent sous la forme d'allèles dominants notés (*V*, *Cn*, *Cd* et *St*) et d'allèles récessifs, codant des enzymes inactives, notés respectivement (*v*, *cn*, *cd* et *st*). Le blocage de n'importe quelle étape de cette chaîne de biosynthèse entraîne l'absence de pigment brun et l'apparition du phénotype « rouge vif ». Le gène V est localisé sur le chromosome 1, Cn sur le chromosome 2, Cd et St sur le chromosome 3.

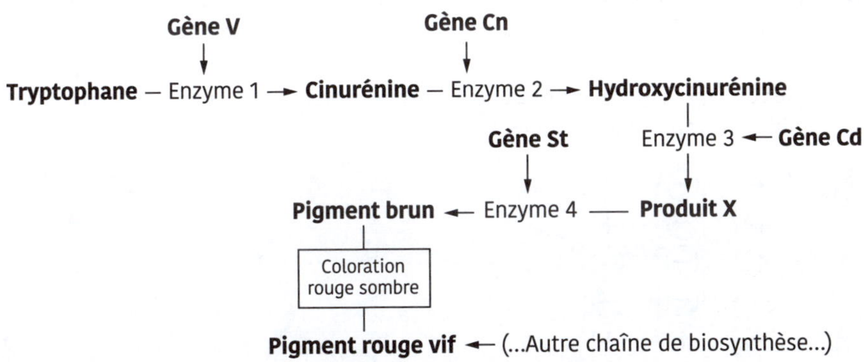

DOC. 2 Résultats de croisements.

On croise deux drosophiles de lignée pure, l'une à yeux rouge sombre [Rs] et l'autre à yeux rouge vif [rv]. Tous les individus F1 obtenus ont pour phénotype [Rs].

On effectue un test-cross entre une femelle F1 et un mâle de type parental aux yeux rouge vif. Les résultas du test-cross pour une population de 217 descendants sont 87 mouches de phénotype [Rs], soit 40 %, et 130 mouches de phénotype [rv], soit 60 %.

8 **Reproduction sexuée chez un champignon haploïde**

60 min

Les mécanismes de la méiose ont été beaucoup étudiés chez certains champignons, dont les spores haploïdes résultant de la méiose d'une cellule mère restent alignées dans un asque (sac microscopique). Le comportement des chromosomes est ainsi déduit du phénotype des spores. L'intérêt de cet exercice est la nécessité d'avoir un raisonnement très rigoureux illustré par des schémas.

> Voir la méthode et stratégie 2.

À partir des informations dégagées des documents, expliquer le résultat du croisement présenté dans le document 2.
Vos explications seront illustrées par des schémas.

DOC. 1 Développement de deux souches de *Sordaria*.

Sordaria est un champignon microscopique dont le développement est conditionné par la présence de lysine. On connaît deux souches de *Sordaria*, qui diffèrent par leur aptitude à synthétiser cet acide aminé :
– la souche sauvage [Ly+], capable de synthétiser la lysine, et pouvant se développer sur un milieu nutritif minimum sans lysine ;
– la souche mutée [Ly–], incapable de synthétiser la lysine et ayant donc besoin d'un apport en lysine pour se développer.

DOC. 2 Résultats expérimentaux de croisement.

On croise une souche [Ly+] avec une souche [Ly–]. Les résultats révèlent que les asques produits par ce croisement [Ly+] x [Ly–] sont de différents types. Trois d'entre eux sont schématisés. On a indiqué, pour chaque spore, sa capacité à germer (+) ou non (–) sur un milieu dépourvu de lysine.

Les asques de type A et B sont présents en proportions égales, et sont très largement majoritaires par rapport aux asques de type C.

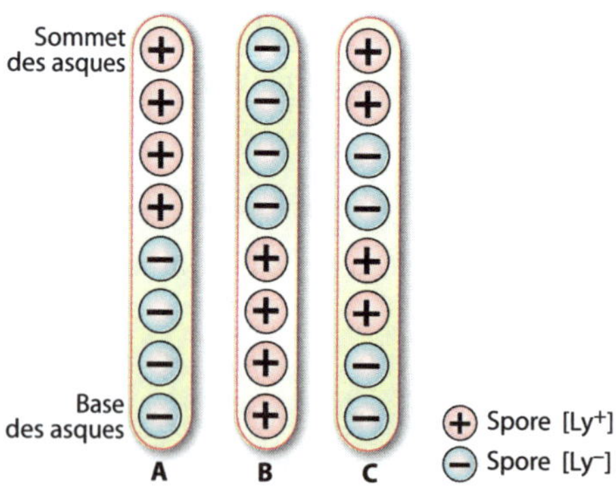

DOC. 3 Représentation simplifiée du cycle de développement de *Sordaria*.

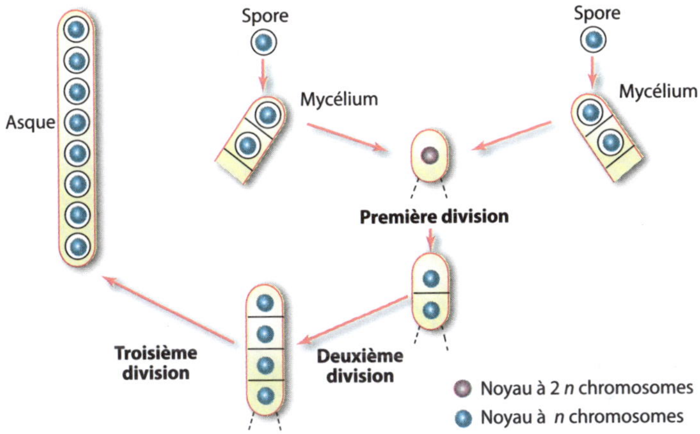

9 Un caractère lié à l'X chez la drosophile

60 min

Cet exercice propose de réfléchir sur la transmission des gènes localisés sur le chromosome X. Leur expression diffère chez les mâles et les femelles.

La drosophile de phénotype sauvage a des yeux de couleur rouge brique. On connaît des souches mutées dont les yeux sont jaunes citron (phénotype zeste). On veut localiser le gène, appelé Zeste, impliqué dans le caractère « couleur de l'œil ».

D'après l'analyse des documents, montrer que le gène Zeste est situé sur le chromosome X.

DOC. 1 Résultats de trois croisements.

Les drosophiles croisées diffèrent par le phénotype « couleur des yeux » déterminé par un couple d'allèles du gène Zeste, allèles notés z^+ et z. Le phénotype « yeux rouges » est noté [z^+], le phénotype « yeux jaune citron » est noté [z].

	Individus croisés			Résultats du croisement
Croisement n° 1	Femelle [z^+] homozygote	x	Mâle [z]	50 % mâles [z^+] 50 % femelles [z^+]
Croisement n° 2	Femelle [z] homozygote	x	Mâle [z^+]	50 % mâles [z] 50 % femelles [z^+]
Croisement n° 3	Mâle [z^+] irradié aux rayons X	x	Femelle [z] homozygote, non irradiée	50 % mâles [z] 50 % { femelles [z^+] ; rares femelles [z] }

DOC. 2 Caryotypes des drosophiles mâles et femelles.

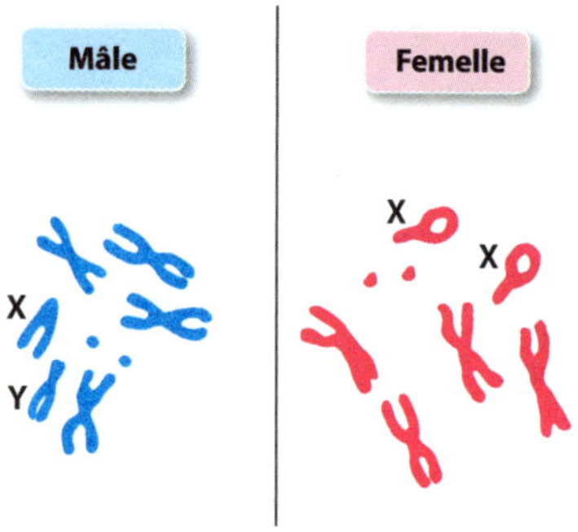

DOC. 3 Conséquences de l'irradiation.

L'irradiation aux rayons X peut, dans certains cas, provoquer chez la drosophile des pertes de fragments de chromosomes. En cas de perte d'un fragment sur l'un des deux chromosomes, lors de la prophase, le chromosome ne présentant pas de perte forme une boucle dans la région dans laquelle l'autre chromosome présente une perte.

Voici le schéma d'une observation des deux chromosomes X de l'une des rares femelles [z] du croisement n° 3 du document 1 :

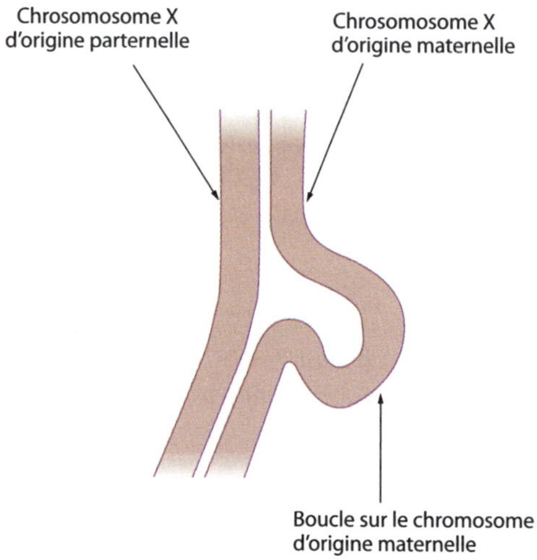

CORRIGÉS

1 Les brassages alléliques

Introduction

La reproduction sexuée comprend deux mécanismes : méiose et fécondation. La méiose aboutit à la formation des gamètes des individus, la fécondation correspond à la fusion de deux gamètes. Au cours de ces processus, différents brassages alléliques s'opèrent et il y a formation de nouveaux individus présentant des combinaisons d'allèles nouvelles par rapport à celles des parents.

Comment les brassages de l'information génétique lors des phénomènes liés à la reproduction sexuée permettent d'expliquer la diversité des descendants d'un couple ? On expliquera tout d'abord les deux brassages survenant lors de la méiose, puis le brassage des allèles lors de la fécondation.

1. Un brassage intrachromosomique

Lors de la méiose, en prophase 1, lorsque les chromosomes homologues sont appariés, il y a formation de chiasmas avec enjambement des chromatides entre chromosomes homologues. Il peut se produire des échanges de portions de chromatides entre les chromosomes homologues, ou crossing-over, aboutissant à la formation de nouvelles combinaisons d'allèles de gènes sur les chromatides concernées.

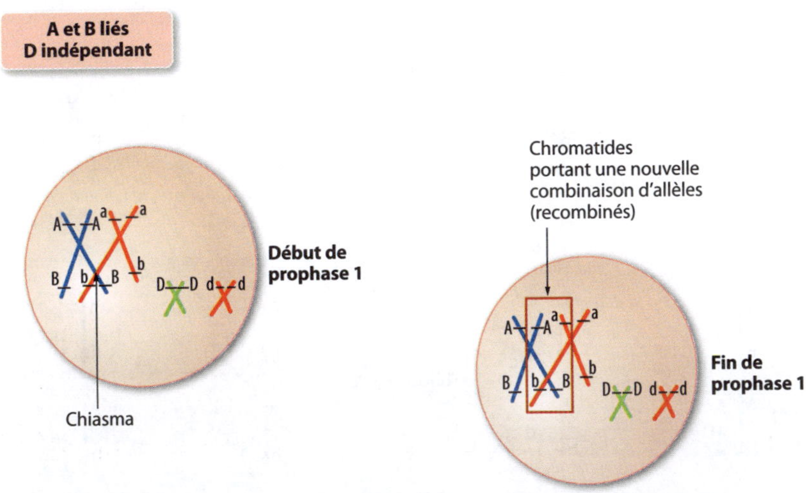

Il faut veiller à représenter correctement la cellule diploïde initiale, en respectant les consignes. Les schémas exigés dans le sujet doivent permettre d'illustrer l'addition des différents brassages liés à la reproduction sexuée. C'est pourquoi les trois gènes considérés doivent figurer sur le schéma de départ.

2. Un brassage interchromosomique

Lors de l'anaphase 1, la séparation des chromosomes homologues de chaque paire est aléatoire et indépendante entre les paires. En conséquence, il y a deux possibilités de séparation.

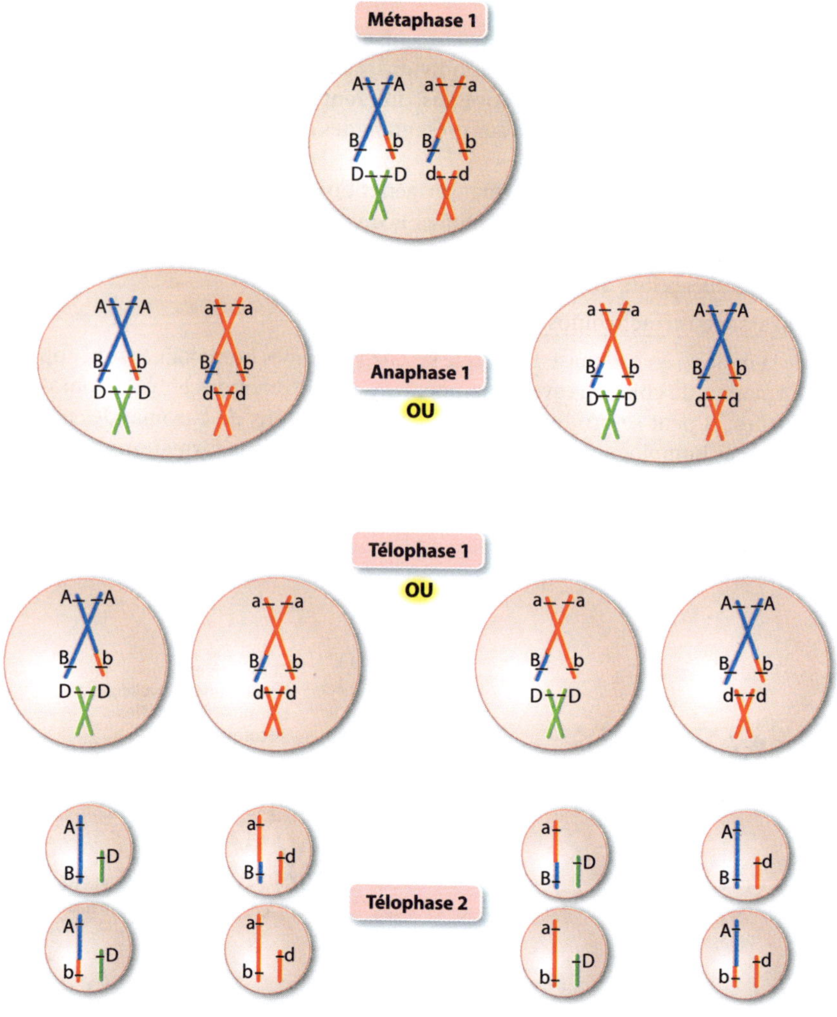

À la fin de la méiose, pour un individu hétérozygote ayant trois gènes répartis sur deux chromosomes, on a production de huit types de gamètes différents dont les génotypes sont : (AB/D/), (ab/d/), (AB/d/), (ab/D/), (Ab/D/), (aB/d/), (aB/D/), (Ab/d/).

3. Le brassage allélique lors de la fécondation

Lors de la fécondation, il y a union au hasard de deux gamètes haploïdes pour former une cellule œuf diploïde. Tous les chromosomes sont par paires d'homologues. Pour déterminer les génotypes possibles des descendants d'un couple constitué d'individus ayant un même génotype et dont la méiose produit huit types de gamètes comme vu précédemment, on réalise un tableau de croisement.

Génotype du gamète femelle \ Génotype du gamète mâle	(AB/D/)	(ab/d/)	(AB/d/)	(ab/D/)
(AB/D/)	$\left(\frac{AB}{AB},\frac{D}{D}\right)$	$\left(\frac{AB}{ab},\frac{D}{d}\right)$	$\left(\frac{AB}{AB},\frac{D}{d}\right)$	$\left(\frac{AB}{ab},\frac{D}{D}\right)$
(ab/d/)	$\left(\frac{AB}{ab},\frac{D}{d}\right)$	$\left(\frac{ab}{ab},\frac{d}{d}\right)$	$\left(\frac{AB}{ab},\frac{d}{d}\right)$	$\left(\frac{ab}{ab},\frac{D}{d}\right)$
(AB/d/)	$\left(\frac{AB}{AB},\frac{D}{d}\right)$	$\left(\frac{AB}{ab},\frac{d}{d}\right)$	$\left(\frac{AB}{AB},\frac{d}{d}\right)$	$\left(\frac{AB}{ab},\frac{D}{d}\right)$
(ab/D/)	$\left(\frac{AB}{ab},\frac{D}{D}\right)$	$\left(\frac{ab}{ab},\frac{D}{d}\right)$	$\left(\frac{AB}{ab},\frac{D}{d}\right)$	$\left(\frac{ab}{ab},\frac{D}{D}\right)$
(Ab/D/)	$\left(\frac{AB}{Ab},\frac{D}{D}\right)$	$\left(\frac{Ab}{ab},\frac{D}{d}\right)$	$\left(\frac{AB}{Ab},\frac{D}{d}\right)$	$\left(\frac{Ab}{ab},\frac{D}{D}\right)$
(aB/d/)	$\left(\frac{AB}{aB},\frac{D}{d}\right)$	$\left(\frac{aB}{ab},\frac{d}{d}\right)$	$\left(\frac{AB}{aB},\frac{d}{d}\right)$	$\left(\frac{aB}{ab},\frac{D}{d}\right)$
(aB/D/)	$\left(\frac{AB}{aB},\frac{D}{D}\right)$	$\left(\frac{aB}{ab},\frac{D}{d}\right)$	$\left(\frac{AB}{aB},\frac{D}{d}\right)$	$\left(\frac{aB}{ab},\frac{D}{D}\right)$
(Ab/d/)	$\left(\frac{AB}{Ab},\frac{D}{d}\right)$	$\left(\frac{Ab}{ab},\frac{d}{d}\right)$	$\left(\frac{AB}{Ab},\frac{d}{d}\right)$	$\left(\frac{Ab}{ab},\frac{D}{d}\right)$
Génotype du gamète femelle \ Génotype du gamète mâle	**(Ab/D/)**	**(aB/d/)**	**(aB/D/)**	**(Ab/d/)**
(AB/D/)	$\left(\frac{AB}{Ab},\frac{D}{D}\right)$	$\left(\frac{AB}{aB},\frac{D}{d}\right)$	$\left(\frac{AB}{aB},\frac{D}{D}\right)$	$\left(\frac{AB}{Ab},\frac{D}{d}\right)$
(ab/d/)	$\left(\frac{ab}{Ab},\frac{D}{d}\right)$	$\left(\frac{ab}{aB},\frac{d}{d}\right)$	$\left(\frac{ab}{aB},\frac{D}{d}\right)$	$\left(\frac{ab}{Ab},\frac{d}{d}\right)$
(AB/d/)	$\left(\frac{AB}{Ab},\frac{D}{d}\right)$	$\left(\frac{AB}{aB},\frac{d}{d}\right)$	$\left(\frac{AB}{aB},\frac{D}{d}\right)$	$\left(\frac{AB}{Ab},\frac{d}{d}\right)$
(ab/D/)	$\left(\frac{ab}{Ab},\frac{D}{D}\right)$	$\left(\frac{ab}{aB},\frac{D}{d}\right)$	$\left(\frac{ab}{aB},\frac{D}{D}\right)$	$\left(\frac{ab}{Ab},\frac{D}{d}\right)$
(Ab/D/)	$\left(\frac{Ab}{Ab},\frac{D}{D}\right)$	$\left(\frac{Ab}{aB},\frac{D}{d}\right)$	$\left(\frac{Ab}{aB},\frac{D}{D}\right)$	$\left(\frac{Ab}{Ab},\frac{D}{d}\right)$
(aB/d/)	$\left(\frac{aB}{Ab},\frac{D}{d}\right)$	$\left(\frac{aB}{aB},\frac{d}{d}\right)$	$\left(\frac{aB}{aB},\frac{D}{d}\right)$	$\left(\frac{aB}{Ab},\frac{d}{d}\right)$
(aB/D/)	$\left(\frac{aB}{Ab},\frac{D}{D}\right)$	$\left(\frac{aB}{aB},\frac{D}{d}\right)$	$\left(\frac{aB}{aB},\frac{D}{D}\right)$	$\left(\frac{aB}{Ab},\frac{D}{d}\right)$
(Ab/d/)	$\left(\frac{Ab}{Ab},\frac{D}{d}\right)$	$\left(\frac{Ab}{aB},\frac{d}{d}\right)$	$\left(\frac{Ab}{aB},\frac{D}{d}\right)$	$\left(\frac{Ab}{Ab},\frac{d}{d}\right)$

On dénombre ici 36 génotypes possibles pour les cellules œufs.

Conclusion

Les brassages intrachromosomique (entre gènes liés) et interchromosomique (entre gènes indépendants) lors de la méiose s'additionnent et génèrent une grande diversité de génotypes haploïdes pour les gamètes. La fécondation, qui réunit au hasard deux gamètes et donne une cellule œuf, amplifie le brassage des allèles en augmentant le nombre de génotypes diploïdes possibles. La diversité des descendants d'un couple d'humains ($2n = 46$, environ 25 000 gènes) est donc quasi infinie.

2 La formation des gamètes

Étape 1 (au brouillon) : observer les micrographies pour déterminer le nombre de cellules impliquées dans les divisions de la méiose (une cellule pendant la première division, deux pendant la seconde division et quatre après la cytodiérèse de la seconde division).
Étape 2 (au brouillon) : observer les micrographies pour déterminer le nombre de chromatides constituant les chromosomes (deux chromatides jusqu'à l'anaphase 2, une chromatide par la suite). Attention, elles ne sont pas toujours bien distinguables.
Étape 3 : décrire la position et l'aspect des chromosomes sur chacune des micrographies pour en déduire la phase concernée.
Étape 4 : mettre l'ensemble des données recueillies en relation avec le graphique d'évolution de la quantité d'ADN dans une cellule au cours de la méiose (doc. 2b du cours).

Ordre	Cliché	Annotations	Quantité d'ADN
1	4	Une cellule à $2n = 24$ chromosomes à 2 chromatides, appariement des chromosomes homologues. **Prophase 1**	2Q
2	3	Une cellule à $2n = 24$ chromosomes à 2 chromatides, mise en place de la plaque équatoriale. **Métaphase 1**	2Q
3	7	Une cellule à $2n = 24$ chromosomes à 2 chromatides, migration des chromosomes homologues à chaque pôle de la cellule. **Anaphase 1**	2Q
4	2	Deux cellules à $n = 12$ chromosomes à 2 chromatides. **Prophase 2**	Q
5	5	Deux cellules à $n = 12$ chromosomes à 2 chromatides, mise en place de la plaque équatoriale. **Métaphase 2**	Q
6	6	Deux cellules à $n = 12$ chromosomes à 2 chromatides, migration des chromatides à chaque pôle des cellules filles. **Anaphase 2**	Q
7	1	Quatre cellules à $n = 12$ chromosomes à 1 chromatide. **Télophase 2 et cytodiérèse**	$\frac{Q}{2}$

3 Le syndrome de Turner

- Le caryotype de cette femme comporte l'ensemble des chromosomes par paires d'homologues, sauf le chromosome sexuel X, présent en un seul exemplaire. Or, une femme possède normalement deux exemplaires du chromosome X. Il s'agit donc d'une monosomie.
- Ce caryotype d'une cellule diploïde résulte donc de la fusion d'un gamète normal contenant un chromosome X, et d'un gamète anormal sans chromosome X (ni Y).
- Ce gamète anormal peut provenir d'un mauvais déroulement de la méiose lors de l'anaphase 1, où les deux chromosomes X de la mère, ou les X et Y du père, auraient migré au même pôle de la cellule. Il peut aussi provenir d'une anomalie lors de l'anaphase 2, où les deux chromatides d'un chromosome X auraient migré vers le même pôle, sans qu'il y ait eu cassure du centromère.
- On peut schématiser les deux anomalies suggérées comme suit :

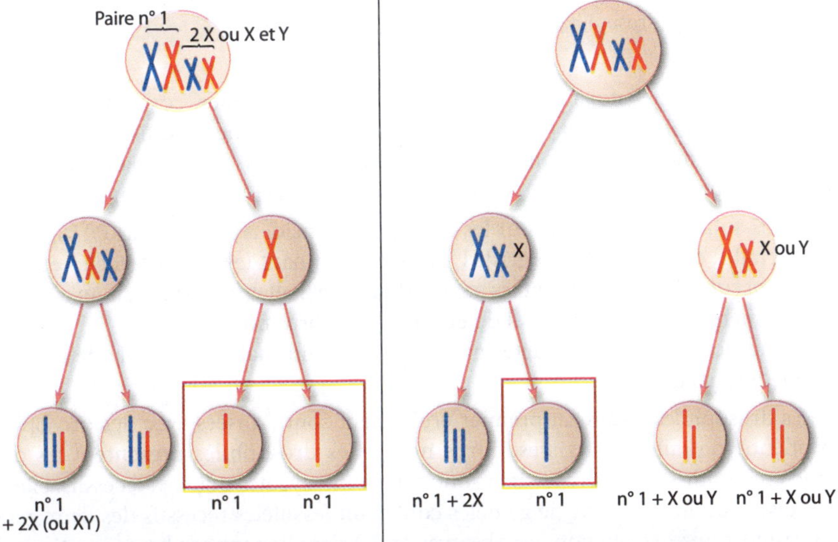

Non-disjonction de la paire X (ou X/Y) lors de la première division de la méiose. On obtient des gamètes à 0 ou 2 chromosomes sexuels.

Non-disjonction des deux chromatides lors de la seconde division de la méiose. On obtient des gamètes à 0 , 1 ou 2 chromosomes X.

- La fusion de l'un des gamètes produits, ne contenant pas le chromosome X, avec un gamète normal contenant l'ensemble des chromosomes en un seul exemplaire donnera une cellule œuf dont le caryotype ne présentera qu'un chromosome X, comme celui d'une femme atteinte du syndrome de Turner.

4 Analyse d'un croisement

On cherche, à partir de résultats de croisements de drosophiles différant par la longueur de leurs ailes et la couleur de leurs corps (doc. 1), à déterminer le gène impliqué dans la coloration du corps.

L'analyse du doc. 2 permet de préciser le problème : identifier si le gène recherché est lié ou non au gène Vestigial gouvernant la longueur des ailes.

- La carte génétique de la drosophile présente quatre chromosomes sur lesquels sont répartis différents gènes (doc. 2). Le gène Vestigial, dont les allèles gouvernent la longueur des ailes, est situé sur le chromosome n° 2. Deux mutations sur les gènes Black et Ebony peuvent être responsables d'une coloration noire du corps des drosophiles. Le gène Black est localisé sur le chromosome n° 2 et est donc lié au gène Vestigial. Le gène Ebony est localisé sur chromosome n° 3, il est donc indépendant du gène Vestigial.

L'analyse des croisements va permettre de déterminer si le gène responsable de la coloration noire du corps des drosophiles est lié ou non au gène Vestigial.

- Les parents [ailes normales, corps gris] et [ailes vestigiales, corps noir] sont des lignées pures, homozygotes pour chaque gène (doc. 1). Ils ne produisent donc qu'un seul type de gamètes, contenant les allèles déterminant des ailes normales et un corps gris pour le premier parent, et des ailes vestigiales et un corps noir pour le second.
- Les F1 sont hétérozygotes pour les deux gènes considérés. Ils sont à 100 % de phénotype [ailes normales, corps gris]. L'allèle déterminant les ailes normales est donc dominant sur celui déterminant les ailes vestigiales et l'allèle déterminant un corps gris est également dominant sur celui déterminant un corps noir.
On écrira donc : vg^+ l'allèle déterminant des ailes normales, vg l'allèle déterminant des ailes vestigiales.
- Les drosophiles issues du premier croisement sont croisées avec des drosophiles de phénotype [ailes vestigiales, corps noir]. Ces drosophiles présentent les deux caractères étudiés à l'état récessif et sont donc homozygotes doubles récessifs, elles ne produisent qu'un seul type de gamètes contenant les allèles récessifs des deux gènes. Les proportions des phénotypes observés en F2 s'expliquent par les proportions des gamètes des F1.
- On dénombre quatre types de phénotypes en F2 : 78 mouches [vg^+, corps gris], 71 [vg, corps noir], 79 [vg^+, corps noir], 75 [vg, corps gris]. Les F1 produisent donc quatre types de gamètes dans des proportions équivalentes. Chez les individus hétérozygotes F1, les quatre combinaisons alléliques ont la même probabilité de survenir au cours de la méiose. On dénombre autant de gamètes de type parental que de gamètes de type recombiné. Ceci indique que les deux gènes impliqués sont sur deux chromosomes différents et que la ségrégation des allèles est liée à la migration aléatoire de ces chromosomes lors de l'anaphase 1 de la méiose.
- Le gène déterminant la couleur du corps des drosophiles étudiées est donc indépendant du gène Vestigial déterminant la longueur des ailes localisé sur le chromosome n° 2. Il s'agit donc du gène Ebony, localisé sur le chromosome n° 3.

- Les génotypes peuvent s'écrire, avec eb^+ l'allèle déterminant une coloration grise et eb l'allèle déterminant une coloration noire du corps :

Phénotype des parents de lignée pure	$[vg^+, eb^+]$		$[vg, eb]$	
Génotypes des parents de lignée pure	$\left(\frac{vg^+}{vg}, \frac{eb^+}{eb^+}\right)$		$\left(\frac{vg}{vg}, \frac{eb}{eb}\right)$	
Génotypes des gamètes des parents	$(vg^+/, eb^+/)$		$(vg/, eb/)$	
Phénotype des F1	100 % $[vg^+, eb^+]$			
Génotype des hybrides F1	$\left(\frac{vg^+}{vg}, \frac{eb^+}{eb}\right)$			
Génotype des gamètes de F1	$(vg^+/, eb^+/)$	$(vg/, eb/)$	$(vg^+/, eb/)$	$(vg/, eb^+/)$
Phénotypes des F2	79 $[vg^+, eb^+]$	78 $[vg, eb]$	69 $[vg^+, eb]$	76 $[vg, eb^+]$
Génotypes des F2	$\left(\frac{vg^+}{vg}, \frac{eb^+}{eb}\right)$	$\left(\frac{vg}{vg}, \frac{eb}{eb}\right)$	$\left(\frac{vg^+}{vg}, \frac{eb}{eb}\right)$	$\left(\frac{vg}{vg}, \frac{eb^+}{eb}\right)$

5 La transmission de deux caractères

1. La proposition exacte est **b.** L'analyse conduit à montrer que les gènes sont liés, donc l'écriture de la proposition c est fausse. Les individus F1 sont diploïdes, donc la proposition d est fausse. La proposition a est fausse car le P1 ne possède pas les deux allèles dominants, et le P2 ne possède pas les deux allèles récessifs.

2. La proposition exacte est **a.** Les individus F1 sont hétérozygotes et de phénotype « soies et pièces buccales normales », donc les propositions b, c et d sont fausses.

3. La proposition exacte est **d.** L'analyse conduit à montrer que les deux gènes sont liés, il ne peut s'agir de la mise en évidence d'un brassage interchromosomique, les propositions a et b sont donc fausses. La proposition c est fausse car le brassage intrachromosomique est lié au comportement des chromosomes en prophase 1.

4. La proposition exacte est **c.** Les souches parentales P1 et P2 sont homozygotes, les crossing-over entre les gènes P et S ne peuvent donc pas générer des phénotypes recombinés dans la descendance. Le crossing-over inégal est un événement rare et le résultat des croisements ne permet pas d'identifier un tel événement.

5. La proposition exacte est **a.** La proposition b est fausse car le parent P2 donne obligatoirement les allèles récessifs s et p. Les gènes ne sont pas indépendants, les propositions c et d sont donc fausses.

6 Les gènes des globines

- On cherche à montrer que les six gènes de globines présents chez les primates appartiennent à une même famille, c'est-à-dire qu'ils sont issus d'un même gène ancestral. Les globines sont des polypetptides dont l'association par quatre constitue l'hémoglobine. Elles ont un rôle identique : assurer le transport du dioxygène. Par ailleurs, elles ne sont pas produites au même moment dans la vie d'un individu, ce qui renforce l'argument du gène ancestral commun (doc. 1).
- La structure moléculaire des polypeptides alpha, bêta et gamma est très similaire : on retrouve les mêmes domaines protéiques et une organisation tridimentionnelle semblable des séquences d'acides aminés (doc. 1).
- La matrice du document 2 montre que les séquences nucléotidiques des différents gènes de globine ont des pourcentages de similitudes supérieurs à 39 %, en prenant en compte la myoglobine, protéine transportant le dioxygène dans les muscles. La longueur des séquences est également très proche avec 465 nucléotides pour le gène de la myoglobine, 444 pour les gènes des globines bêta, delta et epsilon et 429 pour les deux gènes de globines alpha.

Conclure en mettant en relation les documents 1 et 2.

- Ces gènes, dont les séquences sont très proches et dont les protéines codées assurent un même rôle, appartiennent à une famille multigénique. Les différents gènes de globine dérivent d'un gène ancestral.
- Le document 3 traduit graphiquement la matrice des distances nucléotidiques du document 2 : on remarque que les deux gènes Alpha 1 et 2 sont les plus apparentés (99,5 % d'identité), que la myoglobine est la plus éloignée des autres globines (environ 40 % d'identité avec les autres gènes). Les poissons sans mâchoire, dont le plus ancien représentant est daté à 500 Ma, possèdent uniquement la myoglobine (doc. 4). La myoglobine est donc le gène ancestral.

Associer les informations des documents 2, 3 et 4 pour retrouver l'histoire probable des gènes de globines, en remontant jusqu'au gène ancestral. Les événements à faire intervenir sont la duplication liée aux crossing-over inégaux et les mutations.

- Dans la matrice du document 2 (et l'arbre du document 3), les gènes Gamma et Epsilon humains sont les plus proches (83,8 % d'identité). Ces deux gènes sont présents dans le génome des mammifères, dont le plus vieux représentant date de 200 Ma (doc. 4). En revanche, Epsilon est absent chez les reptiles (300 Ma). Le gène Gamma a donc subi une duplication, et les deux copies ont accumulé des mutations aléatoires indépendamment, donnant les gènes Gamma et Epsilon chez les mammifères.
- Le gène Bêta présente 76,1 et 78,8 % d'identité avec les gènes Gamma et Epsilon respectivement. Le gène Gamma, présent chez les reptiles, ne l'est pas chez les amphibiens dont le plus vieux représentant date de 370 Ma. La duplication du gène Bêta est à l'origine des gènes Bêta et Gamma suite à l'accumulation de mutations.
- Les gènes Alpha présentent entre 54 et 59 % d'identité avec les gènes de globine bêta, gamma et epsilon. Le gène Bêta retrouvé chez les amphibiens ne l'est pas chez

les poissons cartilagineux et osseux (450 Ma). Ils n'ont que la globine alpha, et la myoglobine. La duplication du gène Alpha est donc à l'origine des gènes Apha et Bêta.

- Enfin, chez les poissons sans mâchoire (500 Ma), seule la myoglobine existe. La duplication du gène de la myoglobine est donc à l'origine, par divergence des copies, des gènes Alpha et de myoglobine retrouvés chez les poissons cartilagineux et osseux.

Bien identifier que le document 5 ne concerne qu'un seul des gènes de globines. Il apporte des informations sur la comparaison entre les groupes de vertébrés du document 4, non sur les relations entre les gènes de globines au sein d'un groupe.

- La matrice de distance des séquences peptidiques des myoglobines de différents vertébrés (doc. 5) indique que, si les séquences sont très proches entre deux mammifères (1 acide aminé différent entre l'homme et le chimpanzé), elles le sont moins entre les mammifères et les reptiles (de 46 différences entre l'homme, le chimpanzé et la tortue à 50 avec l'alligator). Le nombre d'acides aminés différent est compris entre 85 et 79 lorsque l'on compare les séquences de la myoglobine du thon avec celles des autres vertébrés. Un même gène de globine présent chez différents vertébrés présente donc une accumulation de mutations au cours du temps. On peut traduire graphiquement la reconstitution de l'histoire probable des globines :

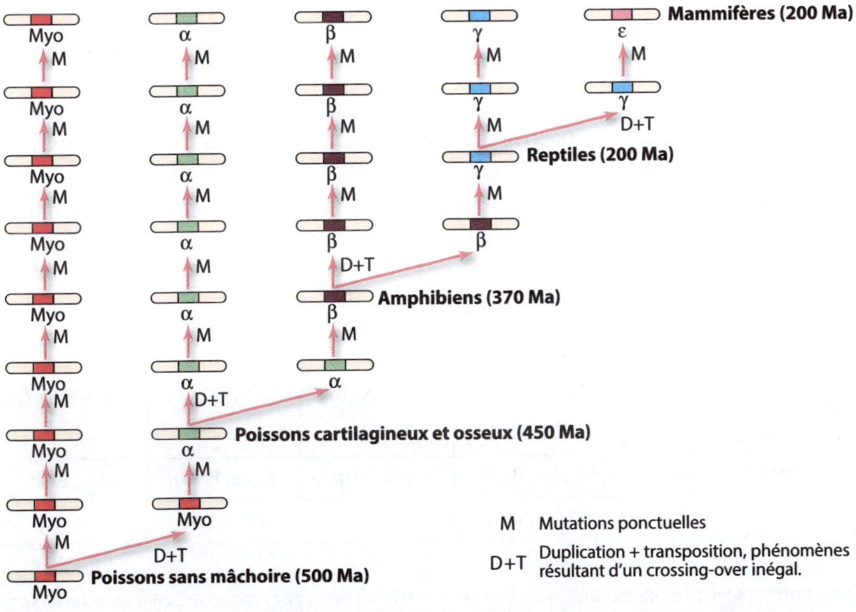

- Les gènes codant pour les différentes globines chez les primates appartiennent donc bien à une famille multigénique. À partir d'un gène ancestral, celui de la myoglobine, plusieurs événements de crossing-over inégaux ont conduit à l'apparition de plusieurs gènes apparentés, ceux-ci ayant indépendamment accumulé des mutations ponctuelles.

7 Une analyse génétique

> **Première hypothèse :** les allèles d'un seul gène sont en jeu dans la différence phénotypique.

- On appelle *A* l'allèle déterminant le phénotype [Rs] et *a* l'allèle déterminant le phénotype [rv]. Les parents de lignée pure ont pour génotype (A//A) et (a//a).

- Le génotype des individus F1 est donc (A//a). Les femelles F1 doivent donc produire 50 % de gamètes (A/), 50 % de gamètes (a/). Les mâles [rv] produisant à 100 % des gamètes (a/), les résultats du test-cross devraient être :

Génotypes gamètes F1 / Génotypes gamètes mâle	50 % (A/)	50 % (a/)
100 % (a/)	(A//a)	(a//a)
Phénotypes	50 % [Rs]	50 % [rv]

- Les résultats expérimentaux sont éloignés des proportions théoriques attendues. L'hypothèse d'un seul gène impliqué est donc rejetée.

> **Seconde hypothèse :** deux gènes indépendants sont impliqués dans la différence phénotypique.

- On appelle *A* et *a* les deux allèles d'un gène, *B* et *b* les deux allèles d'un autre gène ; a et b codent des enzymes inactives. Les génotypes des parents de lignée pure sont (A//A,B//B) pour la drosophile [Rs], (a//a,b//b) pour la drosophile [rv].

- Les parents produisent 100 % de gamètes (A/,B/) pour l'un, 100 % de gamètes (a/,b/) pour l'autre. Les hybrides F1 ont, en conséquence, pour génotype (A//a,B//b). Les gamètes produits par la femelle F1 sont donc, en quantité égales, (A/,B/) (A/,b/) (a/,B/) et (a/,b/). Les résultats du test-cross seraient alors :

Génotypes gamètes F1 / Génotypes gamètes mâle	25 % (A/,B/)	25 % (A/,b/)	25 % (a/,B/)	25 % (a/,b/)
100 % (a/,b/)	(A//a, B//b)	(A//a, b//b)	(a//a, B//b)	(a//a, b//b)
Phénotypes	25 % [Rs]	75 % [rv]		

Bien noter que la présence d'une enzyme inactive sur les deux enzymes conduit à un phénotype « yeux rouge vif ».

- Les proportions théoriques attendues dans le cas de deux gènes indépendants sont très éloignées des résultats expérimentaux. La seconde hypothèse est également rejetée.

> **Troisième hypothèse :** deux gènes liés sont impliqués dans la différence phénotypique.

- On appelle *A* et *a* les deux allèles d'un gène, *B* et *b* les deux allèles d'un autre gène ; a et b codent des enzymes inactives. Les génotypes des parents de lignée pure sont (AB//AB) pour la drosophile [Rs], (ab//ab) pour la drosophile [rv]. Les parents produisent 100 % de gamètes (AB/) pour l'un, 100 % de gamètes (ab/) pour l'autre. Les hybrides F1 ont en conséquence pour génotype (AB//ab).

- Les gamètes produits par la femelle F1 seraient donc :
– (AB/) et (ab/), gamètes de type parental et majoritaires ;
– (Ab/) et (aB/), gamètes de type recombiné, issus d'un crossing-over et minoritaires.
Les résultats du test-cross seraient alors :

Génotypes gamètes F1 / Génotypes gamètes mâle	Majorité (AB/)	Minorité (Ab/)	Minorité (aB/)	Majorité (ab/)
100 % (ab/)	(AB//ab)	(Ab//ab)	(aB//ab)	(ab//ab)
Phénotypes	[Rs]	[rv]		

- Les résultats expérimentaux sont en accord avec les proportions théoriques attendues dans le cas de deux gènes liés. Cette troisième hypothèse étant compatible avec les résultats, elle est acceptée.

- D'après les données du document 1, les gènes Cd et St situés sur le chromosome 3 sont les seuls gènes liés impliqués dans la synthèse du pigment brun. Ces deux gènes sont impliqués dans la différence phénotypique étudiée, on peut donc écrire les génotypes :
– parents [Rs] : (Cd St//Cd St) ;
– parents [rv] : (cd st//cd st) ;
– hybrides F1 [Rs] : (Cd St//cd st).

8 Reproduction sexuée chez un champignon haploïde

Le document 3 présentant le cycle de développement du champignon, il est intéressant de commencer par son analyse pour replacer la méiose, la fécondation et la mitose avant de s'intéresser aux allèles.

> **Document 3**

- L'ensemble des deux premières divisions affectant la cellule diploïde est une méiose puisque le nombre de chromosomes par cellule passe de $2n$ à n.

- La troisième division est une mitose à l'état haploïde qui ne fait que diviser chacune des quatre cellules issues de la méiose, et donc multiplie par deux le nombre de cellules dans l'asque.

- Les spores sont des cellules à n chromosomes et ne possèdent donc qu'un allèle de chaque gène.

- Les produits de ces divisions ont un arrangement linéaire dans l'asque : les spores sont alignées selon les divisions successives. La succession des spores dans l'asque traduit la succession des divisions. Ainsi, on peut utiliser cette succession (représentée dans le document 2) pour reconstituer la ségrégation des allèles qui a eu lieu lors des deux divisions de méiose et de la mitose qui suit. En effet, à partir du phénotype des huit spores de l'asque, on peut alors remonter au génotype des quatre spores de l'asque issues de la deuxième division de la méiose, puis à celui des deux cellules issues de la première division de la méiose et enfin au génotype de la cellule œuf diploïde.

> Document 2

- Dans chaque asque, il y a 50 % de spores [Ly+] et 50 % de spores [Ly–]. Cela indique que, pour l'ensemble des gènes impliqués dans la synthèse de la lysine, les deux souches ne diffèrent que par un seul gène.

- Le phénotype des spores haploïdes de l'asque indique leur génotype qui peut être symbolisé par un allèle porté par un chromosome simple.

- Pour les **asques de type A**, les spores sont disposées en deux groupes : 4 spores [Ly+] au pôle supérieur et 4 spores [Ly–] au pôle inférieur. À la fin de la méiose, les futures spores avaient la disposition suivante : deux cellules [Ly+] en haut et deux cellules [Ly–] en bas.

- Cela signifie que, dans les deux cellules issues de la première division de la méiose, il y avait, dans l'une un chromosome à deux chromatides portant chacune un allèle Ly+ et, dans l'autre, un chromosome à deux chromatides portant chacune un allèle Ly–.

- À la métaphase de la première division de la méiose, le chromosome bichromatidien portant les allèles Ly+ s'est placé vers le pôle supérieur de la cellule et le chromosome bichromatidien portant les allèles Ly– vers le pôle inférieur.

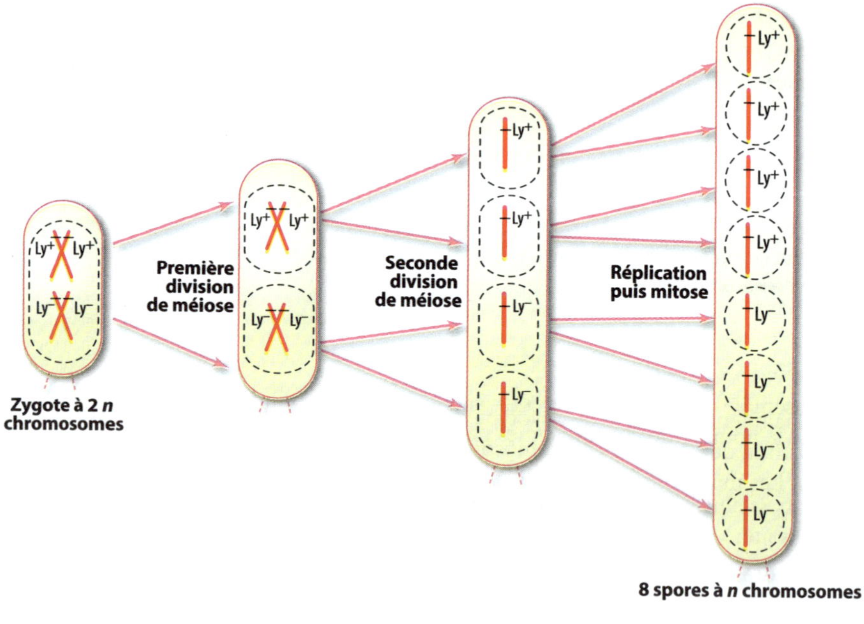

- Même raisonnement pour les **asques de type B** : à la métaphase de la première division, les chromosomes avaient la disposition inverse. Le chromosome bichromatidien portant les allèles Ly+ s'est placé vers le pôle inférieur de la cellule et le chromosome bichromatidien portant les allèles Ly– vers le pôle supérieur.
- La disposition des spores dans les asques de types A et B résulte de la disposition variable, d'une méiose à l'autre, des deux chromosomes homologues.
- **Asques de type C** : à la fin de la méiose, il y avait quatre futures spores, alternativement et de haut en bas, Ly+, Ly–, Ly+ et Ly–.
- Cela signifie que, dans chacun des deux noyaux issus de la première division de la méiose, il y avait un chromosome à deux chromatides, l'une portant l'allèle Ly+ et l'autre l'allèle Ly–.
- Cela ne peut s'expliquer que s'il y a eu, au cours de la prophase de la première division, formation d'un chiasma et crossing-over entre le centromère et le locus du gène impliqué dans la synthèse de la lysine.

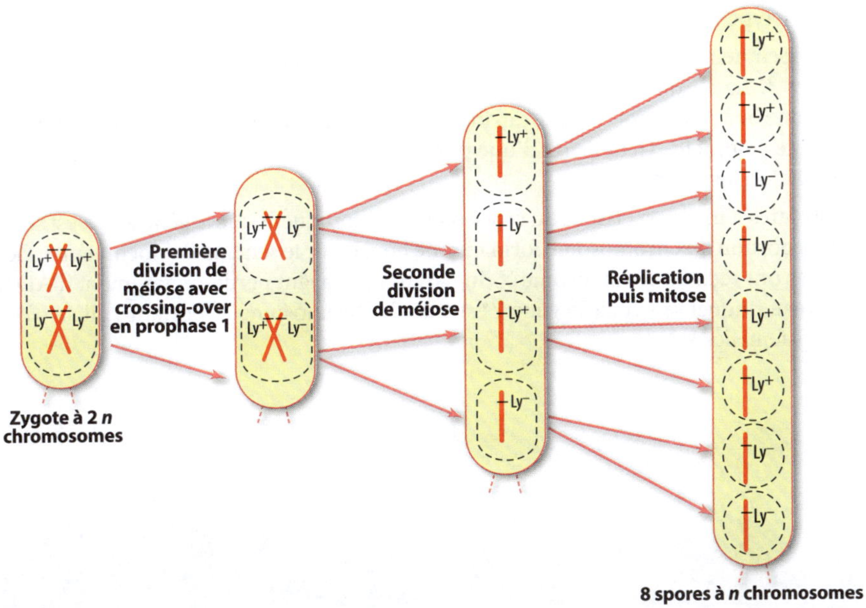

9 Un caractère lié à l'X chez la drosophile

- Le document 2 présente le caryotype des drosophiles mâles et femelles. Ce caryotype est constitué de 4 paires de chromosomes ($2n = 8$), dont une paire de chromosomes sexuels. Les mâles ont un chromosome X et un Y, les femelles possèdent deux chromosomes X.
- Le croisement n° 1 d'une femelle homozygote aux yeux rouges [z^+] avec un mâle homozygote aux yeux jaune citron [z] donne 100 % de drosophiles [z^+] (50 % de mâles, 50 % de femelles).

- Le croisement n° 2 d'une femelle homozygote aux yeux jaunes citron [z] avec un mâle homozygote aux yeux rouges [z^+] donne 50 % de mâles [z], 50 % de femelles [z^+].
- La transmission du caractère « couleur des yeux » est donc liée au sexe de la descendance. Ce caractère n'étant pas spécifique aux mâles, le gène n'est pas localisé sur le chromosome Y, mais sur le chromosome X.
- Dans le premier croisement, les parents femelles [z^+] homozygotes transmettent à la descendance un chromosome X portant l'allèle z^+. Les mâles transmettent le chromosome Y aux mâles qui sont donc de phénotype [z^+], et transmettent le chromosome X portant l'allèle z aux femelles de phénotype [z^+] qui sont donc hétérozygotes (z^+//z).
- Dans le second croisement, les parents femelles [z] homozygotes transmettent à la descendance un chromosome X portant l'allèle z. Les mâles [z^+] transmettent le chromosome Y aux mâles, qui sont donc de phénotype [z], et le chromosome X portant l'allèle z^+ aux femelles, de phénotype [z^+] et hétérozygotes.
- Dans le croisement n° 3, un mâle [z^+] irradié aux rayons X croisé avec une femelle [z] homozygote et non irradiée, donne 50 % de mâles [z], 50 % de femelles en majorité de phénotype [z^+] mais avec aussi de rares femelles [z].
- Le document 3 montre les deux chromosomes X des femelles [z] issues du croisement n° 3. Le chromosome X maternel accolé au chromosome d'origine paternelle forme une boucle en prophase, ce qui indique la perte d'un fragment du chromosome X d'origine paternelle. Cette perte d'une portion de chromosome est la conséquence de l'irradiation aux rayons X.
- Les rares femelles [z] issues du croisement n° 3 indiquent que le gène Zeste est situé dans la portion du chromosome formant une boucle sur le schéma du document 3. Ces femelles ont reçu un chromosome X du parent mâle ayant perdu un fragment d'ADN au niveau duquel se situait le gène Zeste, et un chromosome X portant l'allèle z des parents femelles [z].

CHAPITRE 2

Diversification des êtres vivants et évolution

COURS

Diversification des êtres vivants et évolution

Outre les brassages alléliques, d'autres processus sont impliqués dans la diversification des êtres vivants. La diversité au sein des populations est également soumise à des mécanismes évolutifs, lesquels conduisent à leur modification au cours du temps.

I. Des processus liés aux génomes et à leur expression

1. Les gènes du développement et leur expression

- Les gènes déterminant l'organisation des êtres vivants pluricellulaires sont caractérisés par le lieu, le moment et l'intensité de leur expression, ou **profil d'expression**, lors du développement embryonnaire.
- Une modification de ce profil d'expression ne dépend pas nécessairement d'une modification de leur séquence codante, mais dépend généralement de mutations dans les **séquences régulatrices** de l'expression de ces gènes, situées dans des régions non-codantes (en amont du codon initiateur, dans les introns, etc.).

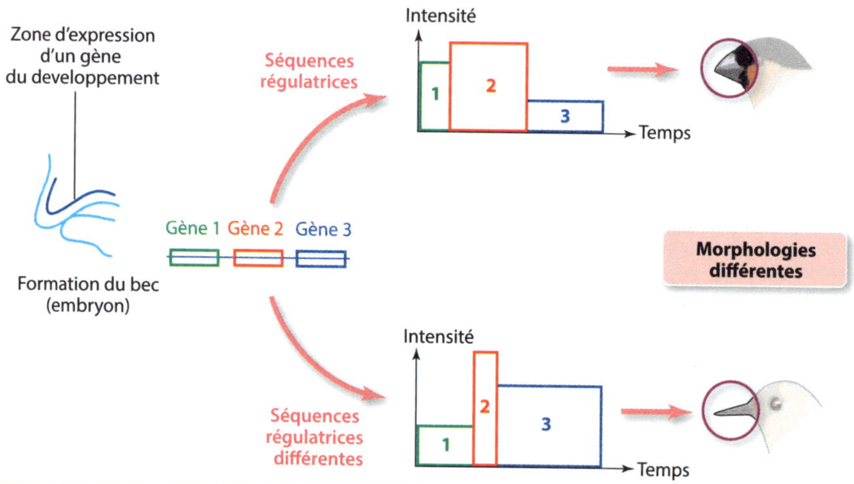

DOC. 1 Modification de l'expression des gènes du développement et diversification. Les changements dans l'expression de gènes identiques peuvent, s'ils ne sont pas éliminés par sélection naturelle, être à l'origine de nouveaux phénotypes et donc d'une diversification du vivant.

* Les mots suivis d'un astérisque sont définis dans le lexique.

2. Des transferts horizontaux de gènes

- Les apparentements parfois anormalement étroits de gènes d'organismes pourtant très éloignés phylogénétiquement révèlent les transferts horizontaux* de gènes, événements rares mais qui peuvent, à l'échelle de l'histoire de la vie, aboutir à l'apparition de nouveaux caractères chez certains êtres vivants.
- Ces innovations, à travers les gènes, se transmettent ensuite verticalement (de génération en génération au sein de la même espèce) si elles confèrent un avantage.

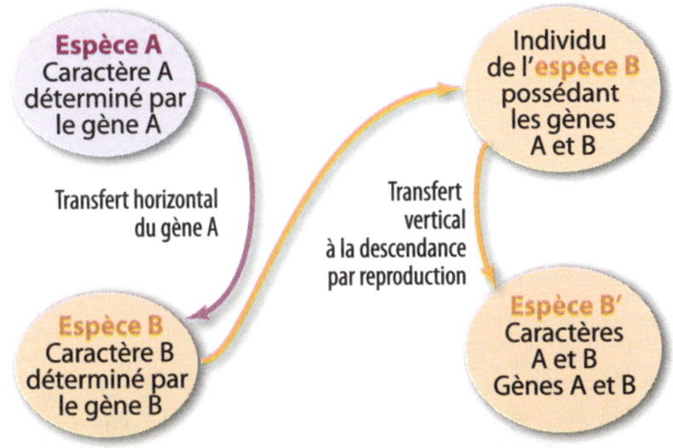

DOC. 2 Transfert horizontal de gène et diversification. Les événements de transfert horizontal de gènes participent à une diversification du vivant.

3. Des événements de polyploïdisation

- Une espèce **polyploïde** possède plus de deux lots de chromosomes. Les formules chromosomiques sont du type $3n$, $4n$, $5n$, etc.
- Si deux espèces donnent naissance à un hybride, celui-ci est généralement stérile car les chromosomes contenus dans son génome ne sont pas homologues, ce qui génère des problèmes lors de la méiose. Une méiose anormale peut cependant conduire à un doublement du nombre de chromosomes, ce qui rétablit pour chaque chromosome son homologue : c'est un phénomène de **polyploïdisation**. La reproduction sexuée devient alors possible pour l'espèce polyploïde.

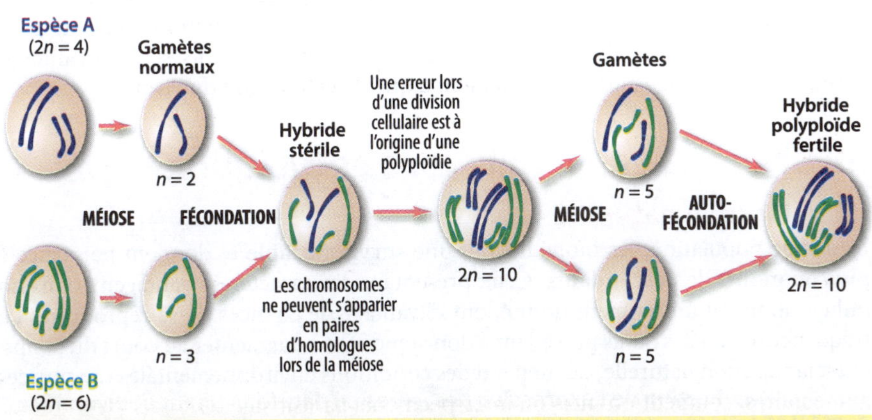

DOC. 3 Hybridation suivie de polyploïdisation. Les espèces polyploïdes, possédant les génomes des espèces parentes, expriment des caractères différents. La polyploïdisation est donc bien à l'origine d'une diversification du vivant.

II. Des processus non génétiques de diversification

1. Les associations entre êtres vivants

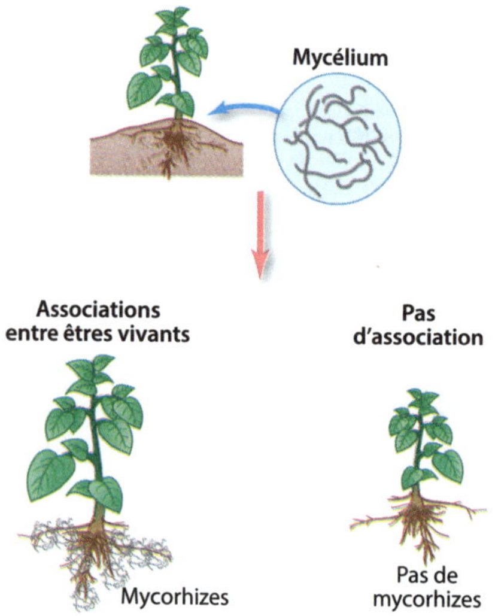

DOC. 4 Associations symbiotiques entre espèces. Certains organismes vivent en association avec d'autres organismes appartenant à une espèce différente. Les mycorhizes résultent, par exemple, de la symbiose entre un champignon et les racines d'un végétal.

- Dans le cas de **bénéfices réciproques**, ces associations sont qualifiées de **symbioses**. Elles confèrent des capacités supplémentaires ou des fonctions nouvelles aux partenaires qui, de ce fait, occupent des niches écologiques* qu'ils n'occuperaient pas seuls.
- Au cours de l'évolution, certaines de ces associations peuvent devenir obligatoires pour les organismes concernés, qui perdent ainsi en partie leur indépendance. C'est le cas de la cellule eucaryote, dont les organites tels que le chloroplaste et la mitochondrie dérivent, selon la **théorie endosymbiotique***, de bactéries.

2. La transmission de comportements nouveaux

Chez les vertébrés, notamment les oiseaux et les mammifères, de nouveaux comportements peuvent apparaître dans une population et se transmettre par **apprentissage** à la génération suivante, sans modification du génome. Au sein d'une même espèce, les populations peuvent donc se différencier par une culture différente (chants, utilisation d'outils, sélection alimentaire...). Ce processus participe également à une diversification du vivant.

III. Diversité des populations et évolution

1. La sélection naturelle

Dans une population, les individus ont une **survie variable** et donnent naissance à **plus ou moins de descendants**. Ceux présentant des caractères avantageux dans un milieu donné, à un moment donné, ont davantage de chances de se reproduire. La fréquence des allèles qu'ils possèdent a donc tendance à augmenter au cours du temps. C'est la sélection naturelle, qui dépend des conditions environnementales (ressources alimentaires, compétition intra ou interspécifique, parasitisme...).

2. La dérive génétique

La dérive génétique est un mécanisme **lié au hasard**. La fréquence d'allèles déterminant des caractères dits neutres* varie sous l'effet de l'échantillonnage aléatoire des gamètes. Cette dérive génétique est d'autant plus importante que **l'effectif de la population est faible**.

IV. L'espèce et la spéciation

1. La notion d'espèce

- Une conception pré-évolutionniste considérait l'espèce comme un ensemble d'individus se ressemblant entre eux. L'espèce est ainsi stable dans le temps. C'est la **définition typologique** basée sur le **critère de ressemblance**. La conception évolutionniste intègre la variabilité des individus et la filiation entre les espèces.
- La **définition biologique** de l'espèce repose sur le **critère d'interfécondité** : deux individus qui peuvent se reproduire et donner une descendance fertile appartiennent à une même espèce. Des individus appartiennent à deux espèces différentes s'ils sont isolés génétiquement.
- En tenant compte de la filiation des différentes espèces entre elles, la définition d'une population en tant qu'espèce n'est **valable que dans un laps de temps donné**.

2. Les modalités de spéciation

- Au sein d'une espèce, deux populations peuvent être séparées par une barrière géographique (chaîne de montagnes, glacier…), comportementale (périodes de reproduction, comportement alimentaire…) ou culturelle. Les échanges génétiques associés à la reproduction s'en retrouvent réduits voire nuls.
- Les deux populations individualisées évoluent séparément sous l'effet des mutations, de la sélection naturelle et de la dérive génétique, accumulant des différences génétiques qui, au-delà d'un certain seuil, peuvent entraîner la fin de l'interfécondité. Il y a alors **isolement reproducteur** et donc **isolement génétique** : les deux populations peuvent être définies comme deux espèces distinctes et nouvelles. Ce processus est nommé **spéciation**.

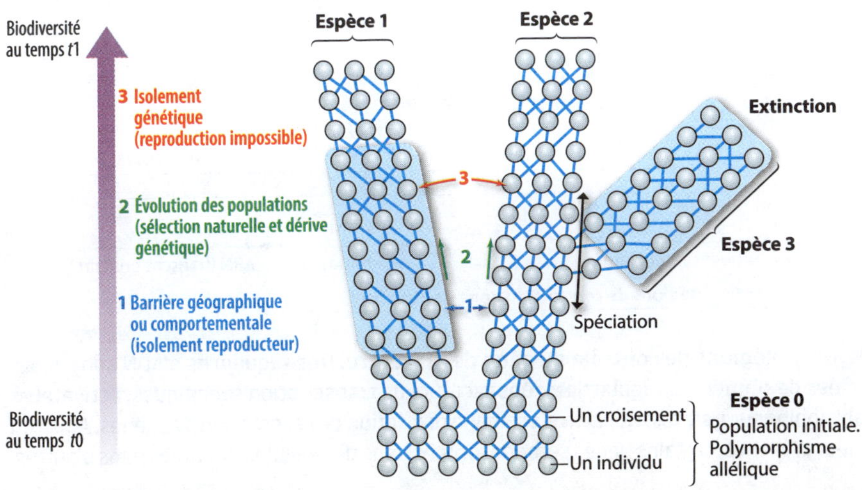

DOC. 5 Évolution des populations et spéciation. Si l'ensemble des individus d'une population considérée comme espèce disparaissent, c'est l'extinction. La spéciation est le processus au cours duquel deux espèces s'individualisent à partir d'une population ancestrale commune.

POST BAC

Développement embryonnaire et expression des gènes

> Voir le sujet 8.

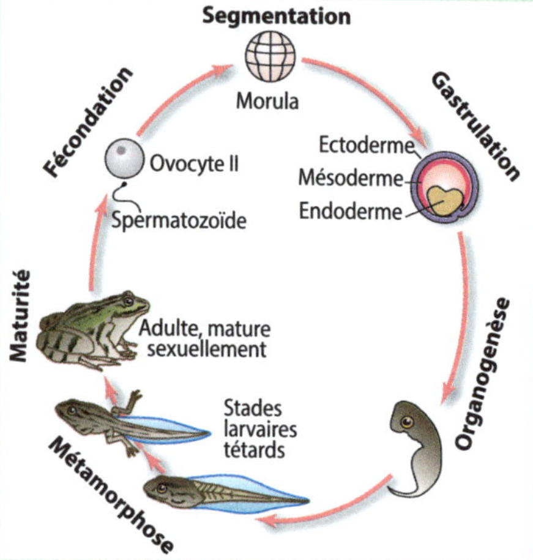

DOC. 6 Cycle de développement d'un amphibien. Les mécanismes du développement embryonnaire sont très étudiés chez le modèle amphibien.

- Tous les êtres vivants pluricellulaires sont issus d'une cellule œuf, se divisant un très grand nombre de fois et donnant un ensemble de cellules différenciées, chacune ayant une identité propre déterminée par les gènes exprimés. Il y a donc une **expression différentielle** du génome selon les cellules.

- Le développement embryonnaire des vertébrés comporte trois étapes :
  - la **segmentation** du zygote, formant un amas de plusieurs milliers de cellules par mitoses successives ;
  - un réarrangement des cellules en trois feuillets concentriques, par migration au cours de la **gastrulation** ;
  - une différenciation de ces cellules lors de **l'organogenèse**.

- Au cours de ce développement embryonnaire, le plan d'organisation est mis en place.

- En amont de la séquence transcrite d'un gène, on trouve des séquences particulières nommées **promoteurs.** Ces séquences sont reconnues par des protéines : ce sont les **facteurs de transcription**. Ces protéines interagissent avec une ARN polymérase (enzyme qui assure la transcription) pour activer la synthèse de l'ARNm.

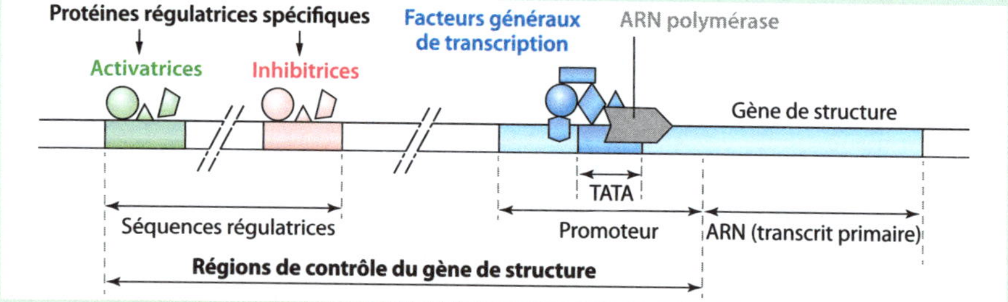

DOC. 7 Régions de contrôle du gène de structure. Des séquences d'ADN sont qualifiées de séquences régulatrices. Des facteurs de transcription spécifiques, activateurs ou inhibiteurs, s'y fixent, participant à une régulation de l'expression des gènes. Ainsi, en leur présence, certains gènes seront exprimés dans des cellules, réprimés dans d'autres.

- Les **gènes contrôlant le développement codent pour des facteurs de transcription** qui vont inhiber ou activer la transcription des gènes de structure. Le profil d'expression **dans l'espace et dans le temps** des gènes du développement va donc déterminer le **devenir d'un territoire de cellules** se différenciant en fonction des gènes exprimés et réprimés.

MÉTHODES ET STRATÉGIES

1 Identifier un contexte de sélection naturelle

> Voir les sujets 3 et 4 mettant en œuvre cette méthode.

Méthode

> **Étape 1 :** identifier l'avantage sélectif d'un caractère phénotypique selon les conditions environnementales.

> **Étape 2 :** établir la relation entre survie différentielle des individus selon leur phénotype, succès reproducteur et évolution de la fréquence des allèles déterminant le caractère.

Application

Chez *Loxondonta africana*, l'éléphant d'Afrique, les mâles et les femelles présentent des incisives supérieures à croissance continue appelées défenses. Les défenses servent à la recherche de nourriture, à la protection des jeunes et lors de combats. Les éléphants pourvus de défenses plus longues ont un avantage sélectif, et ce caractère est déterminé génétiquement.
La chasse pour les défenses, légale ou illégale, est l'une des principales causes de mortalité chez l'éléphant d'Afrique. L'ivoire des défenses est vendu comme trophée ou pour être travaillé.

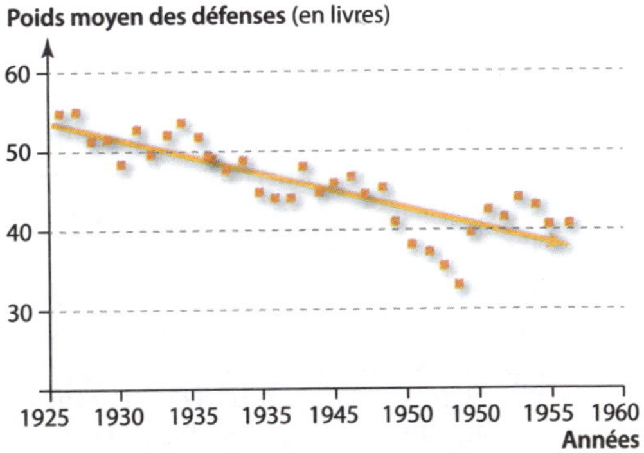

DOC. 8 Résultat d'une étude du poids moyen des défenses d'éléphants chassés légalement entre 1925 et 1960 en Ouganda.

Montrer que la sélection naturelle permet d'interpréter les données du graphique.

> **Étape 1 :** dans les conditions naturelles, en l'absence de chasse et de braconnage, les éléphants ayant de plus grandes défenses ont un avantage sélectif dans la recherche de nourriture, la protection des jeunes ou lors des combats entre individus. En revanche, dans un contexte de chasse et de braconnage, les éléphants présentant les plus grandes défenses sont davantage abattus.
La droite de régression du graphique montre qu'entre 1925 et 1960, le poids moyen des défenses d'éléphants en Ouganda est passé de 55 à près de 35 livres.

> **Étape 2 :** les éléphants présentant de plus grandes défenses étant davantage affectés par la chasse, ils vivent moins longtemps et donc se reproduisent moins, en moyenne. La taille des défenses étant un caractère héritable, la fréquence des éléphants portant de grandes défenses diminue.

2 Identifier un contexte de dérive génétique

> Voir le sujet 4 mettant en œuvre cette méthode.

Méthode

> Étape 1 : analyser les données et identifier un contexte de forte dérive génétique, à savoir une taille réduite de la population.

> Étape 2 : déterminer l'un des deux contextes de dérive génétique, décrits dans le tableau ci-après.

Goulot d'étranglement	Effet fondateur
Réduction importante de la taille d'une population sous l'effet d'un facteur environnemental.	Émigration d'un petit échantillon de la population initiale dans une autre localité géographique.

Application

Les éléphants de mer de la côte californienne sont aujourd'hui protégés. On compte environ 175 000 individus. En 1892, la population ne comptait que 20 individus ayant survécu à de nombreuses années de chasse intensive.
Une étude a quantifié la diversité génétique des éléphants de mer vivant actuellement sur les côtes californiennes et celle d'éléphants de mer tués depuis l'an 1000. Le tableau ci-dessous présente le nombre de fois qu'un certain génotype est identifié.

Type de génotype	Étude d'os ou de peaux datés de 1000 à 1892	Étude d'os datés de 1914 à 1980	Étude des éléphants actuels
1	1	4	78
2	2	2	31
3	2	0	0
4	1	0	0
5	1	0	0

Montrer que les données du document s'expliquent par l'action de la dérive génétique.

> Étape 1 : les os et peaux d'éléphants de mer datés de 1000 à 1892, date à laquelle la population n'était constituée que de 20 individus, présentent cinq génotypes différents (1, 2, 3, 4 et 5). Les os étudiés et datés de 1914 à 1980, comme les éléphants de mer actuels, ne présentent que deux génotypes (types 1 et 2). Les 175 000 éléphants de mers actuels descendent de la population de 20 individus de 1892.

> Étape 2 : la réduction très importante de la taille de la population sous l'effet de la chasse intensive des éléphants de mer a entraîné une perte de la diversité génétique de la population initiale. Les génotypes 3, 4 et 5 ont disparu. La population présente les caractéristiques d'un goulot d'étranglement : une partie de la diversité a été perdue sous l'effet de la diminution du nombre d'individus. C'est un contexte de dérive génétique forte.

3 Analyser des expériences de mise en évidence de l'expression de gènes avec un gène rapporteur

> Voir les sujets 2 et 5 mettant en œuvre cette méthode.

Méthode

> **Étape 1 :** relier une coloration à la présence de l'enzyme codée par le gène rapporteur.

> **Étape 2 :** corréler à la zone d'expression du gène du développement étudié les endroits où le gène rapporteur est exprimé sous l'influence de la séquence régulatrice.

Application

Afin de déterminer la zone d'expression du gène Pax6, des chercheurs ont réalisé une construction génétique avec la séquence régulatrice associée au promoteur du gène Pax6 chez la souris et à la séquence transcrite du gène rapporteur LacZ. Ils ont introduit ces constructions dans des œufs de souris et ont sacrifié les embryons. Ils ont alors traité des coupes de ces embryons avec la substance X-gal.
L'enzyme β-galactosidase, codée par le gène LacZ, agit sur la substance X-gal avec formation d'un produit bleu.

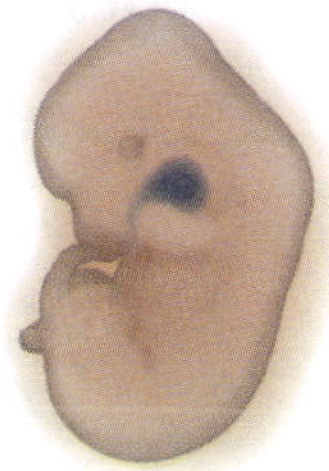

DOC. 9 Embryon de souris après coloration.

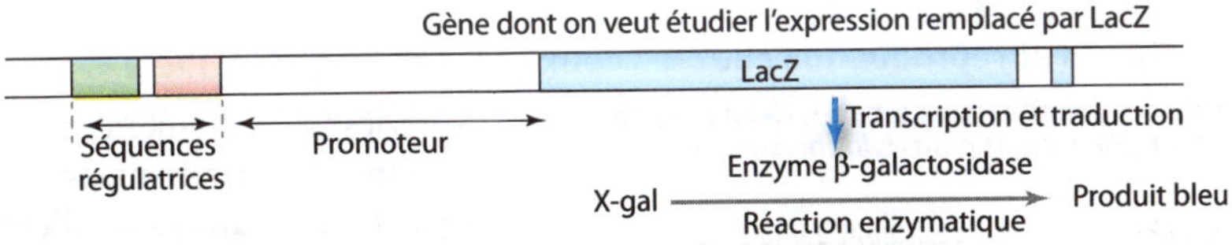

DOC. 10 Construction génétique avec LacZ, gène rapporteur.

Montrer que le gène Pax6 s'exprime au niveau de l'encéphale de la souris lors du développement embryonnaire.

> **Étape 1 :** on observe la présence d'une coloration bleue, au niveau de l'encéphale de la souris, due à la transformation du X-gal en produit bleu. L'enzyme β-galactosidase est donc présente dans ces cellules : le gène LacZ est exprimé.

> **Étape 2 :** l'expression du gène LacZ est sous la dépendance de la séquence régulatrice du gène Pax6. Les cellules dans lesquelles la β-galactosidase est produite sont donc les cellules dans lesquelles s'exprime Pax6 au cours du développement embryonnaire de la souris, au niveau de l'encéphale.

SUJETS DE TYPE BAC

1 Chant et spéciation chez deux grenouilles

35 min

Exercice de type 2.1 où la compréhension de l'étude expérimentale des barrières reproductives nécessite une lecture attentive de données assez complexes.

> Voir le paragraphe IV du cours.

Hyla chrysoscelis et *Hyla versicolor* sont deux espèces de grenouilles vivant à l'est de l'Amérique du Nord. Morphologiquement identiques, elles occupent la même niche écologique. Des recherches se sont intéressées aux accouplements entre elles.
À partir des documents, identifier les modalités d'isolement des deux espèces.

DOC. DE RÉFÉRENCE Distribution des deux espèces de grenouilles et emplacement des populations échantillonnées.

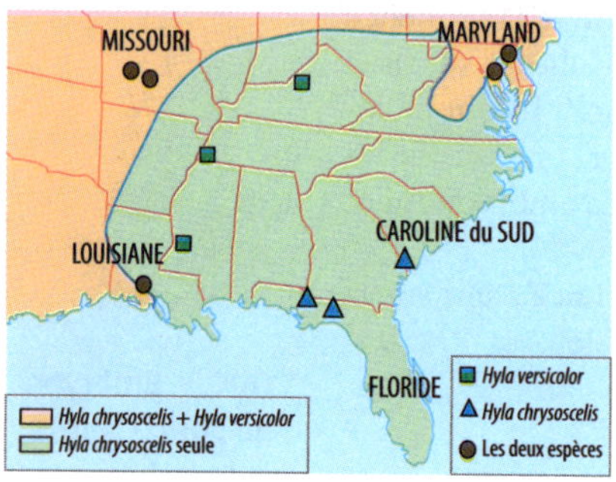

La ligne bleue montre la limite de la répartition de *Hyla versicolor* (au nord-ouest de la ligne, hormis quelques colonies isolées dans le bassin du Mississipi, représentées par des carrés). *Hyla chrysoscelis* est présente sur pratiquement toute la zone représentée. Les points représentent les populations échantillonnées où les deux espèces sont présentes (situation de sympatrie). Les triangles indiquent les populations de *Hyla chrysoscelis* étudiées en situation d'allopatrie (zones où *Hyla versicolor* est absente).

DOC. 1 Chants et reproduction chez les deux espèces de grenouilles.

a. Chants complets des deux espèces, chant long pour *Hyla versicolor* et court pour *Hyla chrysoscelis*

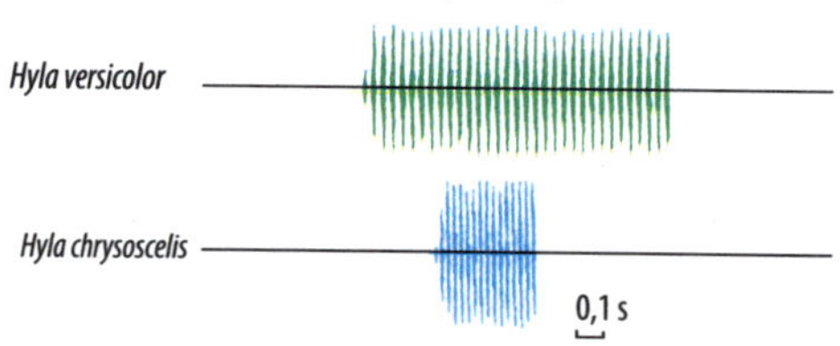

b. Structure temporelle fine selon la zone

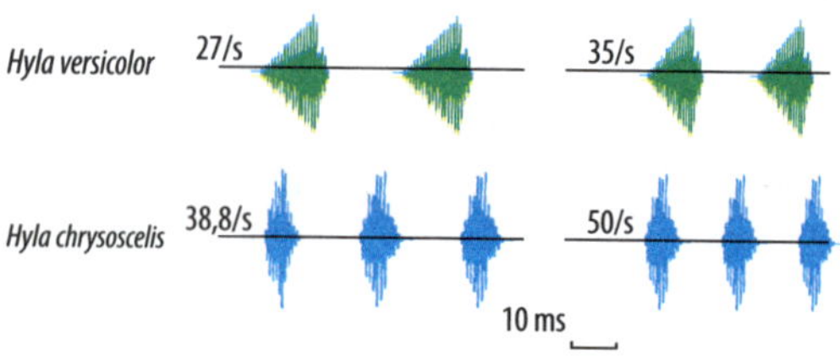

Seuls les mâles chantent, et ce sont les femelles qui initient les contacts sexuels. Des individus d'espèces différentes sont susceptibles de s'apparier, mais les hybrides sont rares et stériles. *Hyla chrysoscelis* est diploïde, *Hyla versicolor* tétraploïde. La plupart des femelles ne se reproduisant qu'une fois par an, aucune descendance n'est produite l'année où est commise une « erreur d'appariement ».

Les chants des mâles sont composés d'une répétition de pulsations qui diffèrent dans leur structure fine et dans le rythme.

DOC. 2 Préférences d'appariement des femelles de *Hyla chrysoscelis*.

On a évalué la sélectivité des femelles de l'espèce *Hyla chrysoscelis* exposées au chant du mâle de la même espèce. Le stimulus utilisé est un chant court, présentant un rythme de pulsation typique des mâles d'*Hyla chrysocelis* de la zone de la femelle étudiée. Les femelles proviennent soit de populations où l'autre espèce est présente (histogramme rouge, situation sympatrique), soit de populations où l'autre espèce n'est pas présente (histogrammes orange, situation allopatrique).

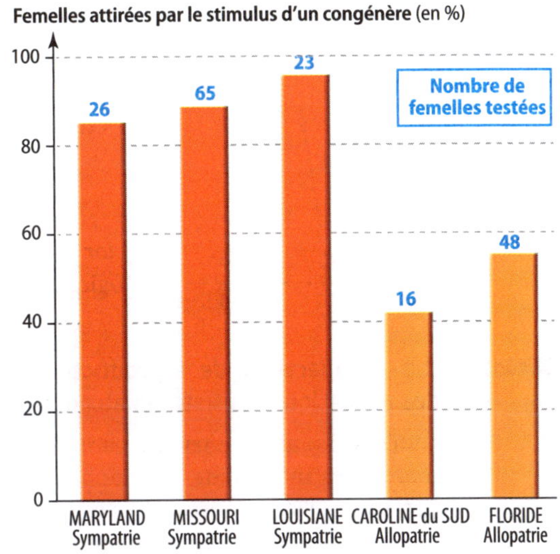

2 La résistance de moustiques aux insecticides

60 min

L'étude des résistances aux insecticides fournit de très nombreux exemples de sélection naturelle. Cet exercice de type 2.2 est doublement intéressant, car il fait également référence à des connaissances du premier chapitre.

> Voir la méthode et stratégie 1.

En 1968, il a été décidé de développer dans le littoral languedocien un programme visant à réduire fortement la quantité de moustiques, dont l'espèce *Culex pipiens*, grâce à l'utilisation d'insecticides organophosphorés (OP). Très rapidement, des mutations conférant des résistances à ces insecticides se sont répandues.

Déterminer, à partir de l'exploitation des documents, l'origine de l'évolution de la population des moustiques dans la région de Montpellier.

DOC. 1 Évolution de la fréquence des moustiques résistants.

Dans la région de Montpellier, on effectue un prélèvement de larves de moustiques dans les zones traitées aux insecticides organophosphorés après 1968 (en bord de mer) et dans les zones non traitées. On étudie ensuite, chez les moustiques prélevés, la résistance aux insecticides organophosphorés.

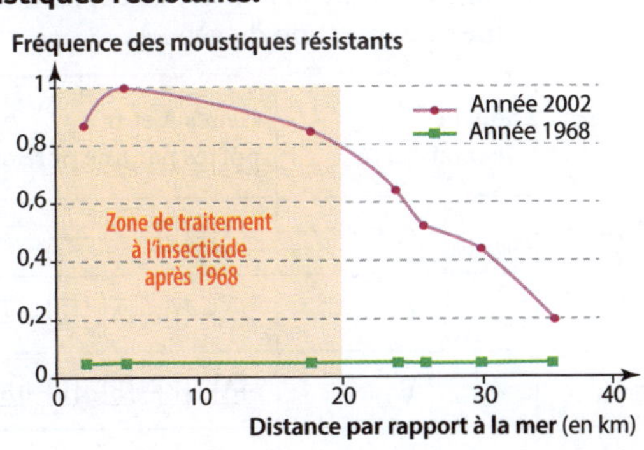

DOC. 2 Étude de la sensibilité des larves de moustiques en 2002.

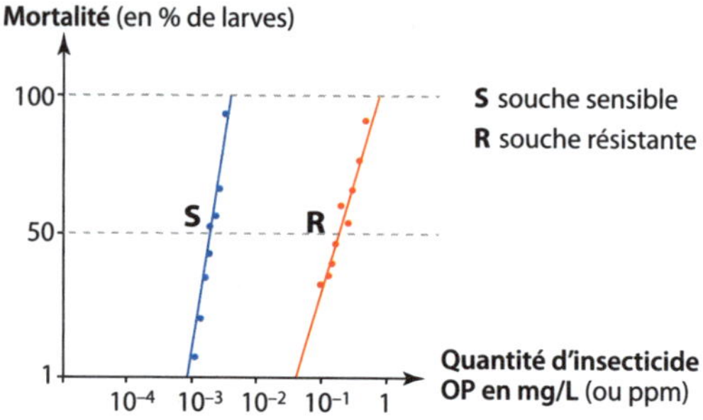

DOC. 3 Comparaison de la production d'estérase chez des moustiques sensibles et des moustiques résistants aux insecticides organophosphorés.

Les estérases sont des enzymes naturellement produites par tous les moustiques : elles dégradent les insecticides organophosphorés. Les protéines de moustiques ont été séparées par électrophorèse. Les estérases apparaissent sous forme de taches dont la taille est proportionnelle à la quantité d'enzyme produite.

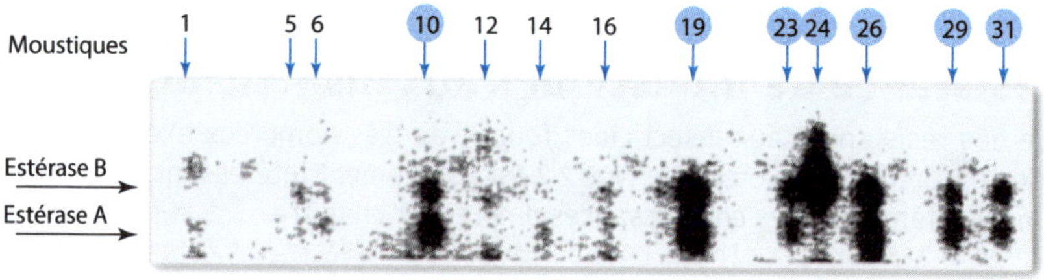

Les moustiques 10, 19, 23, 24, 26, 29, et 31 sont des moustiques résistants ; les autres sont des moustiques sensibles. Il a été mis en évidence que la résistance présente un « coût » : dans les conditions naturelles, les moustiques résistants ont un taux de reproduction inférieur.

DOC. 4 Variabilité des génomes rencontrés chez les moustiques.

Les gènes A et B codent pour des estérases. En 1972, une mutation notée A1 a été découverte. Les moustiques la portant sont résistants aux insecticides sans présenter d'augmentation du nombre de copies des gènes A et B. La résistance est, chez eux, liée à une surexpression du gène A.

Souche de moustique	Gènes A et B portés par une portion du chromosome	Sensibilité aux insecticides organophosphorés
G	A B	Sensible
D	A B A B A B A B A B	Résistant
E	A B B B B B B B B B	Résistant

3 Les éléphants d'Afrique sans défenses

70 min

La difficulté de cet exercice de type 2.2 réside dans l'identification de ce qui relève de la dérive génétique ou de la sélection naturelle.

> Voir les méthodes et stratégies 1 et 2.

Les grandes défenses des éléphants confèrent, dans la nature, un avantage aux individus qui en sont porteurs.

À partir des documents et de vos connaissances, expliquer les mécanismes à l'origine de l'évolution des populations d'éléphants. Justifier les mesures de protection actuelles et en concevoir de nouvelles, notamment pour le parc d'Addo.

DOC. 1 Données d'un parc national en Zambie.

En 1930, en Ouganda, des études ont recensé 2 % d'individus femelles sans défenses. Comme en Zambie, les populations d'éléphants ont été chassées de manière très importante entre 1900 et 1989. Les individus sans défenses, dépourvus de valeur marchande, n'étaient généralement pas abattus. En 1989, un traité interdisant le commerce de l'ivoire a été signé et des mesures de protection ont été prises.

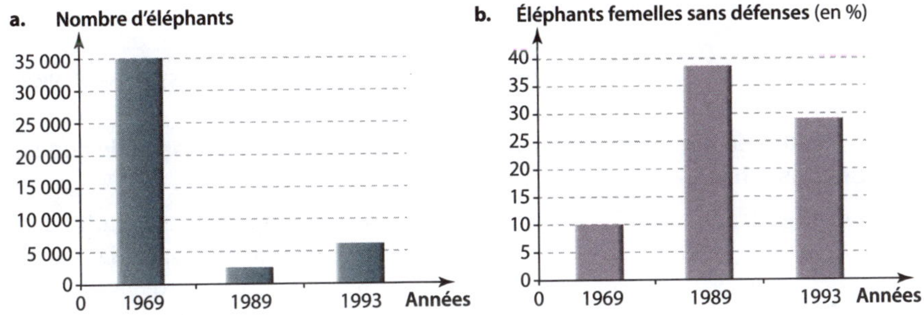

DOC. 2 Les éléphants du parc national d'Addo (Afrique du Sud).

La fréquence des femelles sans défenses est aujourd'hui de 98 %. Ce parc, créé en 1931, avait pour but de protéger une population d'éléphants réduit à 11 individus, 8 femelles et 3 mâles. Aujourd'hui, on compte près de 400 éléphants dans le parc.

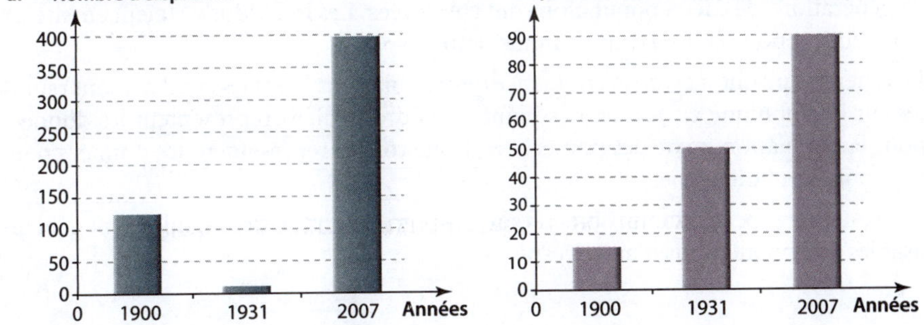

DOC. 3 Évaluation de la diversité génétique des populations d'éléphants d'Afrique du Sud.

Les microsatellites sont des séquences d'ADN constituées d'un motif de nucléotides répété un grand nombre de fois. On distingue les allèles de ces séquences non codantes par le nombre de ces répétitions.

Pour deux locus, LA 4 et LA 5, les fréquences alléliques ont été déterminées dans trois populations : la population du parc d'Addo, une population du parc Kruger se trouvant au nord de l'Afrique du Sud, et une population constituée de spécimens de musées.

Les allèles sont désignés par le nombre de copies du motif de nucléotides.

Locus LA 4

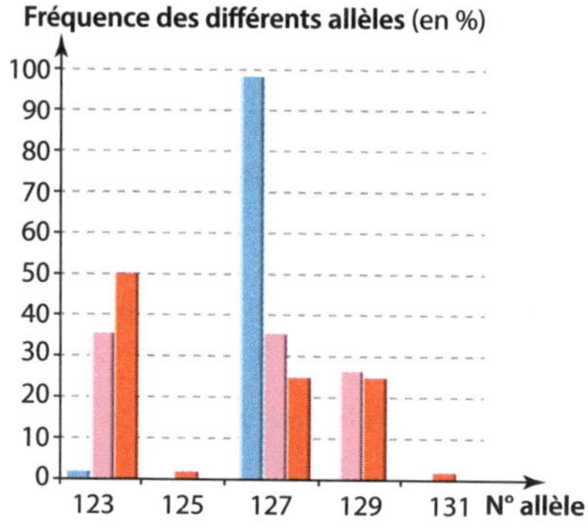

Locus LA 5

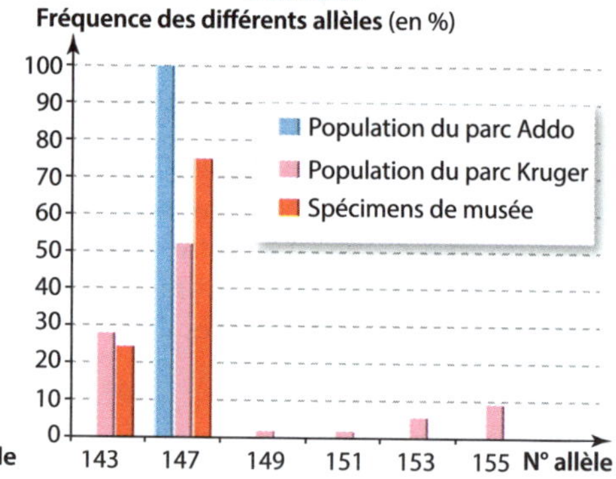

DOC. 4 Mesure de l'impact de la diversité génétique sur la croissance de populations de drosophiles.

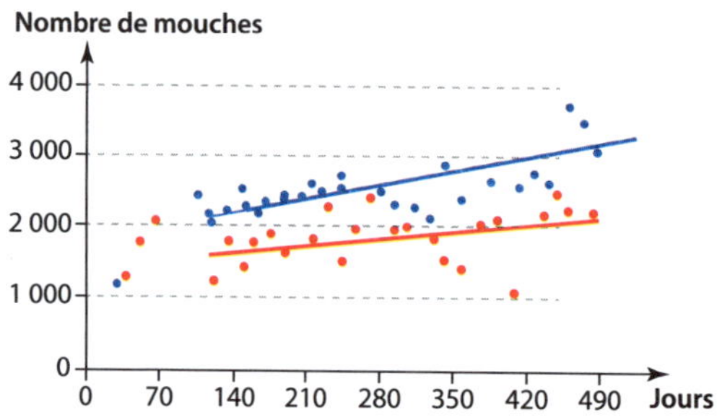

Des chercheurs ont étudié deux populations de l'espèce *Drosophila serrata*. L'une provenait d'une seule souche, l'autre, mixte provenait d'un croisement de deux souches. L'expérience a consisté à placer un même nombre de mouches de chaque population dans un dispositif appelé « cage à populations », dans lequel 25 générations des deux populations ont été élevées. Les individus y étaient en intense compétition pour la nourriture comme pour l'espace.

Les chercheurs ont mesuré la croissance des populations, dont les résultats sont reportés sur le graphique ci-dessus. Les points et la droite bleus représentent les données pour la population mixte, les points et la droite rouges représentent les données pour la population homogène.

Les résultats expérimentaux obtenus sur des populations de drosophiles sont généralisables aux populations d'autres espèces.

SUJETS D'APPROFONDISSEMENT

4 Origine de la polydactylie chez la souris

70 min

Cet exercice montre le rôle déterminant des séquences impliquées dans la régulation de l'expression des gènes lors du développement embryonnaire. Les relations de cause à effet doivent être minutieusement analysées.

> Voir la méthode et stratégie 3.

Les souris présentent normalement quatre doigts au membre antérieur et cinq au membre postérieur. Le phénotype polydactyle est connu chez la souris : l'étude de certains aspects du développement des membres chez l'embryon de souris a permis d'élucider les mécanismes à l'origine de l'anomalie des doigts.
À partir de l'analyse des documents proposés, déterminer l'origine du phénotype polydactyle chez la souris.

DOC. 1 Vue ventrale de membres postérieurs de souris montrant une polydactylie.

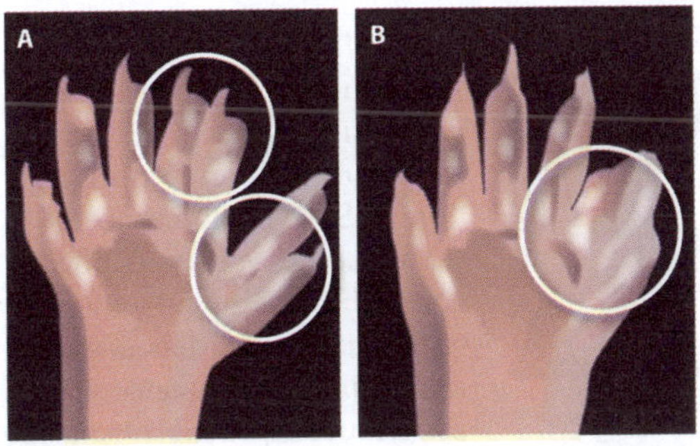

DOC. 2 Le gène Shh et le développement normal du membre chez la souris.

Développement embryonnaire d'une patte de souris

Les photos du développement des membres montrent que ceux-ci se forment à partir de petites protubérances, les bourgeons des membres, qui font saillie sur la paroi du corps de l'embryon.

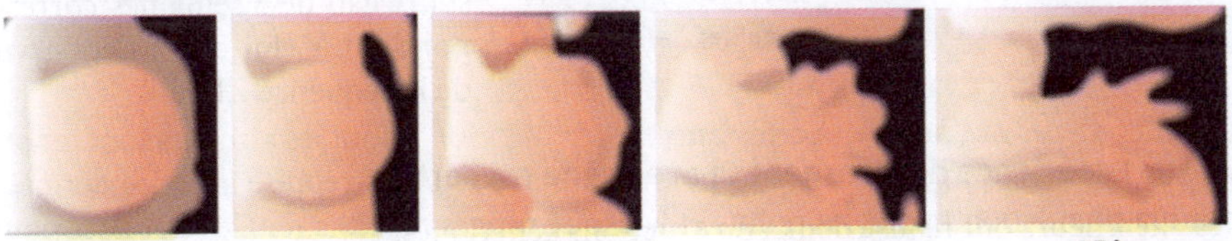

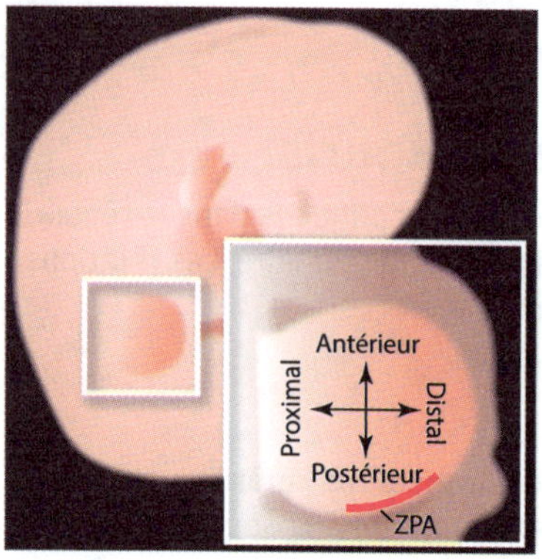

Image d'un embryon de souris à 10,5 jours de gestation

Le zoom montre le bourgeon d'un membre avant avec ses deux axes principaux de développement. Pour décrire le développement du membre, les embryologistes reconnaissent trois axes : l'axe proximo-distal (de la base du membre à son extrémité), l'axe antéro-postérieur, la région antérieure correspondant à celle du pouce ou du gros orteil (doigt 1), la région postérieure correspondant à celle du doigt 5, et l'axe dorso-ventral.

Les études expérimentales ont montré l'importance d'une zone située dans la région postérieure du bourgeon du membre pour l'induction du pattern des doigts. Cette zone est appelée ZPA (Zone d'activité polarisante). Elle provoque la formation de doigts par l'intermédiaire d'une molécule de signalisation, la protéine Sonic Hedgehog (shh), qu'ont produite ses cellules.

DOC. 3 Expérience de délétion d'une séquence.

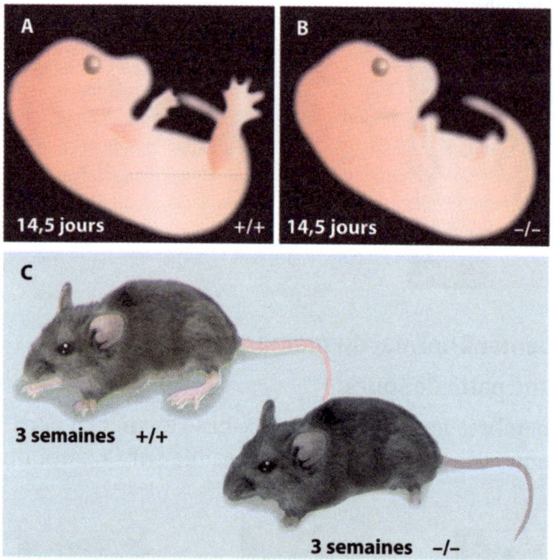

La séquence ZRS est située à un million de paires de bases en amont du site de transcription de Shh. L'importance de la séquence non codante ZRS au cours du développement a été testée par des expériences où l'on a supprimé spécifiquement cette zone, tout en gardant la séquence transcrite de Shh.

À gauche, développement d'un embryon de 14,5 j (A) et du souriceau de 3 semaines correspondant. À droite, développement d'un embryon de 14,5 j (B) et du souriceau de 3 semaines correspondant. Celui-ci est dépourvu de la séquence ZRS.

DOC. 4 Expérience de transgenèse avec gène rapporteur.

Les chercheurs ont réalisé deux constructions génétiques.

La première est constituée de la séquence ZRS normale associée au promoteur du gène Shh et à la séquence transcrite du gène rapporteur LacZ.

La deuxième construction est identique à la première, sauf que la séquence ZRS mutée d'une souris polydactyle remplace la séquence ZRS normale.

Les chercheurs ont ensuite introduit, à l'aide d'un micromanipulateur, ces constructions dans des œufs de souris. Puis ils ont sacrifié les embryons à 11,5 j de gestation.

Ils ont alors réalisé des coupes dans ces embryons, et les ont traitées avec la substance X-gal. L'enzyme β-galactosidase, codée par le gène LacZ, agit sur la substance X-gal avec formation d'un produit bleu.

Expression de LacZ dans un embryon transgénique de 11,5 jours

A : sous contrôle de la séquence ZRS normale.
B : sous le contrôle de la séquence ZRS mutée.
Cette expression est observée sur un membre avant et un membre arrière.
Les flèches noires indiquent la région postérieure des bourgeons des membres.
les flèches rouges la région antérieure.

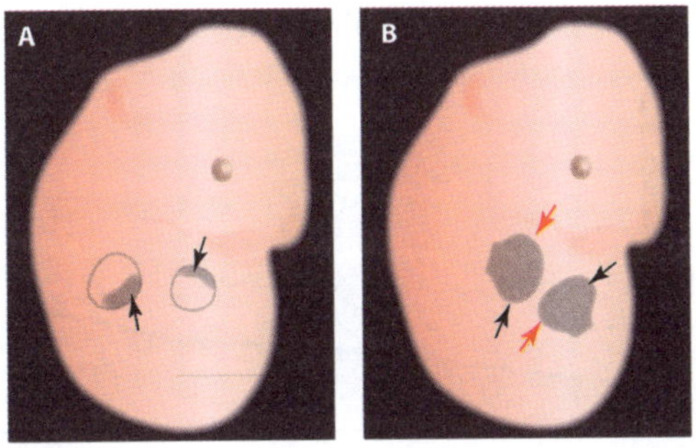

5 Relations symbiotiques

90 min

Cet exercice vous permettra de déterminer les relations, au niveau physiologique, d'une symbiose très connue : l'association entre les fabacées et les bactéries du genre *Rhizobium*.

> Voir le paragraphe II du cours.

Après avoir analysé les documents relatifs à la physiologie de l'association entre les bactéries du genre *Rhizobium* et les plantes, construire un schéma fonctionnel récapitulant les données.

DOC. DE RÉFÉRENCE Observation à différentes échelles de nodosités racinaires de fabacées.

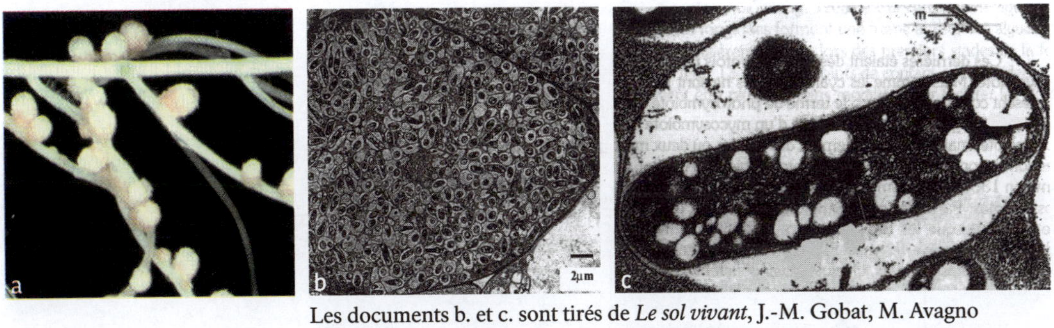

Les documents b. et c. sont tirés de *Le sol vivant*, J.-M. Gobat, M. Avagno et W. Matthey, © 2013, Presses polytechniques et universitaires romandes, Lausanne.

a. Nodosités sur des racines d'une fabacée observées à l'œil nu. La couleur rosée est due à la présence d'un pigment, la leghémoglobine.

b. Cellule racinaire observée au microscope électronique à transmission (MET) remplie de bactéroïdes (bactéries du genre *Rhizobium*).

c. Bactéroïde observé au MET, entouré d'une membrane péribactéroïde.

DOC. 1 Teneurs en carbone marqué radioactivement.

Des plants de soja présentant des nodosités ont été cultivés dans une atmosphère contenant du CO_2 radioactif (carbone de type ^{14}C). La radioactivité est ensuite recherchée dans les cellules racinaires et les bactéries.

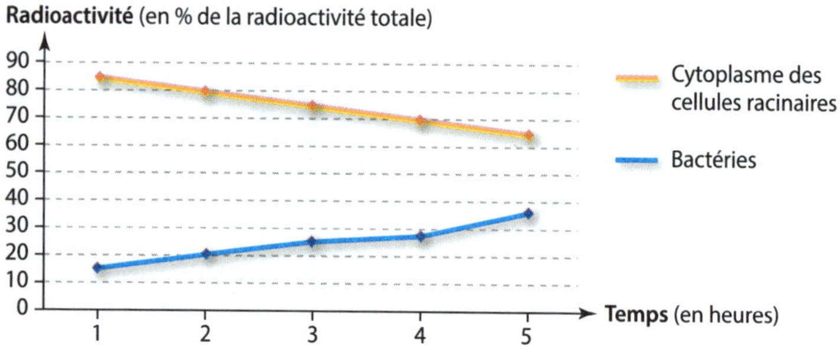

DOC. 2 Comparaison de la croissance de plants de corroyère du Japon.

La croissance de plants inoculés ou non avec des bactéries du genre *Rhizobium* ainsi que leur masse totale d'azote ont été mesurées après un an de culture.

Plants	Longueur totale des pousses (en cm)	Masse de la plante sèche (en mg)	Masse totale d'azote (en mg)
Non inoculés	68,5	0,42	0,0034
Inoculés	225,5	9,51	0,1012

DOC. 3 Masse d'azote fixé par plant de niébé (fabacée) en fonction de la concentration de leghémoglobine (Lb).

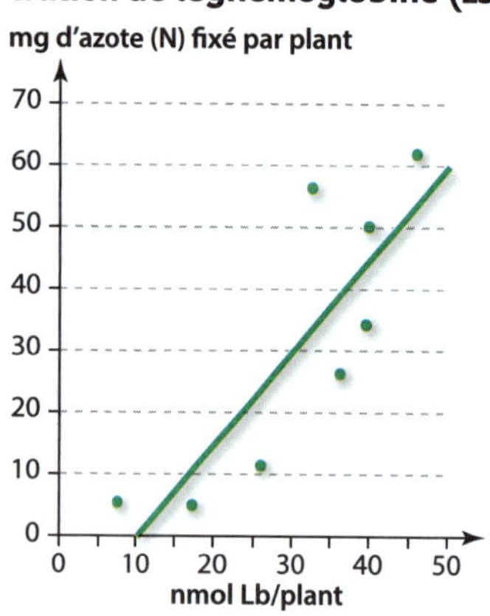

DOC. 4 Effet de la concentration en dioxygène.

La nitrogénase est une enzyme catalysant (accélérant) la réduction de l'azote atmosphérique selon la réaction :

$$N_2 + 8e^- + 16\ ATP + 16\ H_2O \rightarrow 2\ NH_3 + H_2 + 16\ ADP + 16\ Pi + 8\ H^+$$

L'azote réduit (NH_3) est ensuite fixé à des molécules organiques.

L'ATP est une molécule dont la dégradation en ADP et Pi fournit de l'énergie.

On a mesuré, pour différentes pressions d'O_2 (pO_2), l'activité de la nitrogénase et le pourcentage de leghémoglobine (Lb) ayant fixé l'O_2.

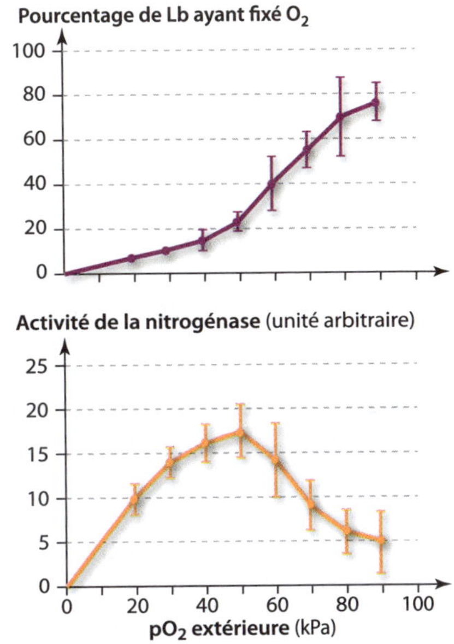

DOC. 5 Effet de l'augmentation de la quantité d'O_2 sur l'activité de la nitrogénase (—) de *Rhizobium leguminosarum* et les quantités d'ATP et d'ADP (—).

On rappelle que l'ATP est produit par la chaîne respiratoire de la membrane des bactéroïdes nécessitant, en plus du dioxygène, des électrons issus de la dégradation de molécules organiques.

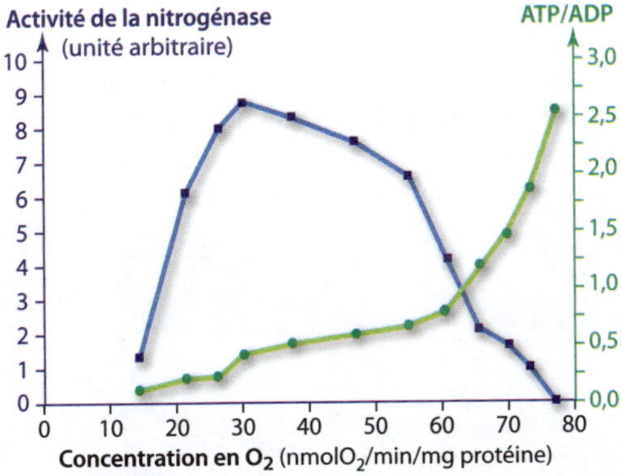

POST BAC

6 Haplodiploïdisation de l'asperge F1 Andréas

60 min

Cet exercice présente la difficulté d'intégrer des connaissances liées à plusieurs chapitres, mais l'intérêt est d'utiliser ces connaissances dans le cadre d'un problème agronomique concret.

> Voir l'approfondissement post bac du chapitre 1.

En 1990, une variété d'hybrides F1 d'asperges uniquement mâles appelée Andréas a été créée. Cette variété présente de nombreux avantages sur le plan agronomique.
À partir de l'étude des documents proposés, retrouver le programme de sélection ayant abouti à la création de l'asperge Andréas.

DOC. 1 Données sur les asperges.

L'asperge est une plante de la famille des *Asparagaceae* originaire de l'est du bassin méditerranéen. Déjà connue des Romains, elle est cultivée comme plante potagère en France depuis le XVe siècle : ses pousses comestibles proviennent de rhizomes (tiges souterraines), d'où partent chaque année les bourgeons souterrains (ou turions) qui donnent naissance à des tiges s'élevant entre 1 et 1,5 mètre.

80 % de la production sont assurés par 20 % des variétés classiques d'asperge. Ces plantes sont dioïques : les pieds mâles sont XY, les femelles XX. Les pieds mâles sont plus productifs que les pieds femelles. Par ailleurs, les hétérozygotes (hybrides) présentent de nombreux avantages : leur rendement est plus important, ils sont plus résistants, leur récolte est plus précoce.

Les pieds « super-mâles » YY sont viables et fertiles chez cette espèce.

DOC. 2 Production de plants haploïdes à partir des produits de la méiose.

Les grains de pollen sont traités de telle sorte qu'ils poussent et sont placés sur des gels d'agar contenant certaines hormones végétales. Dans ces conditions, les embryons haploïdes pousseront et deviendront des plantules haploïdes. Après avoir été transférées dans un milieu de culture contenant différentes hormones, ces plantules deviendront des plantes matures avec des racines, des tiges, des feuilles et des fleurs.

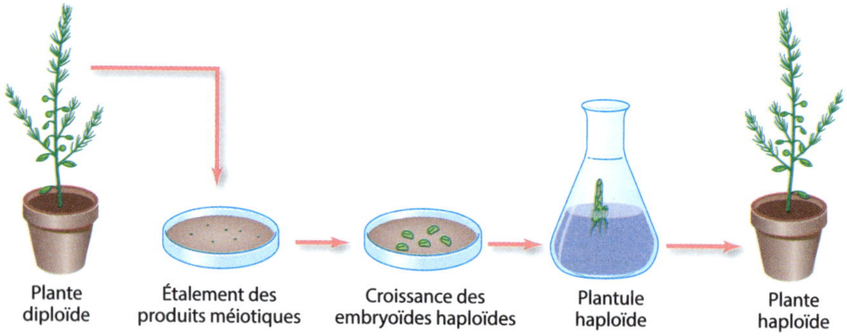

DOC. 3 Technique d'haplodiploïdisation.

Les parois des cellules végétales haploïdes sont retirées en utilisant des enzymes. Ces cellules sont ensuite étalées sur un milieu d'agar contenant un agent de sélection, tel un composé toxique produit par un parasite végétal. Seules les cellules possédant une mutation de résistance qui leur permet de vivre en présence de cette toxine pousseront. Après un traitement avec les hormones végétales appropriées, ces cellules formeront des plantes haploïdes matures et, après un traitement approprié à la colchicine, elles pourront être transformées en plantes diploïdes homozygotes.

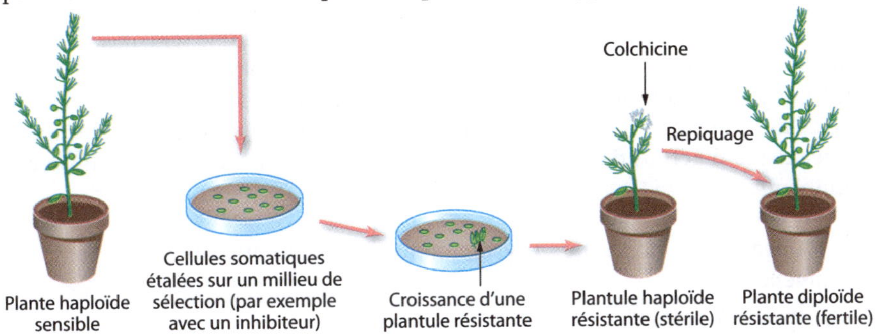

DOC. 4 La colchicine et son action sur la division cellulaire.

La colchicine est un alcaloïde très toxique, extrait au départ des colchiques (plantes du genre *Colchicum*), principalement le colchique d'automne.

La colchicine inhibe la polymérisation des microtubules lors de la division cellulaire. Le schéma ci-dessous illustre le déroulement d'une mitose normale et d'une mitose dans une cellule traitée à la colchicine.

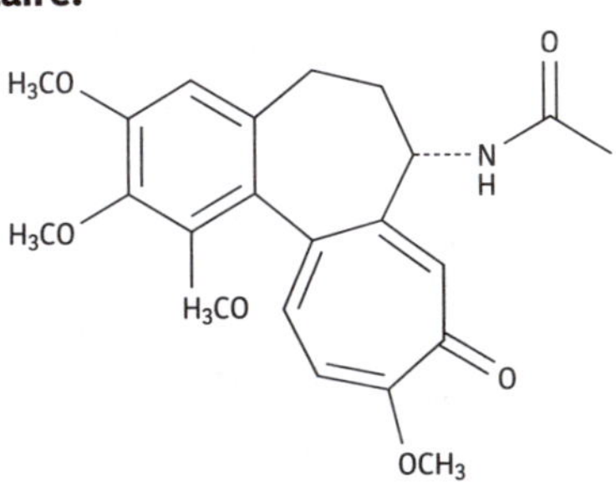

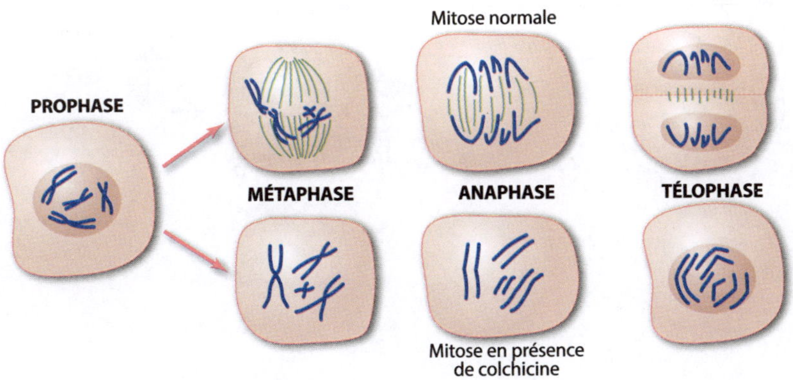

POST BAC

7 Contrôle de la métamorphose des amphibiens

40 min

La difficulté de cet exercice est d'intégrer plusieurs échelles d'observation. Les contrôles hormonaux sont des thèmes classiques des études supérieures en biologie.

> Voir l'approfondissement post bac du chapitre 2.

En 1912, F.G. Gudernatsch remarque que des têtards nourris de glandes thyroïdiennes de cheval effectuent une métamorphose complète en moins d'une semaine. Réciproquement, B. Allen constate en 1916 que la thyroïdectomie (ablation de la thyroïde) du têtard empêche la métamorphose et produit des larves géantes permanentes.

À partir des informations issues de l'analyse des documents suivants, déterminer le mécanisme d'action des hormones thyroïdiennes dans la métamorphose des amphibiens.

DOC. 1 Dosage des hormones thyroïdiennes au cours du développement des amphibiens.

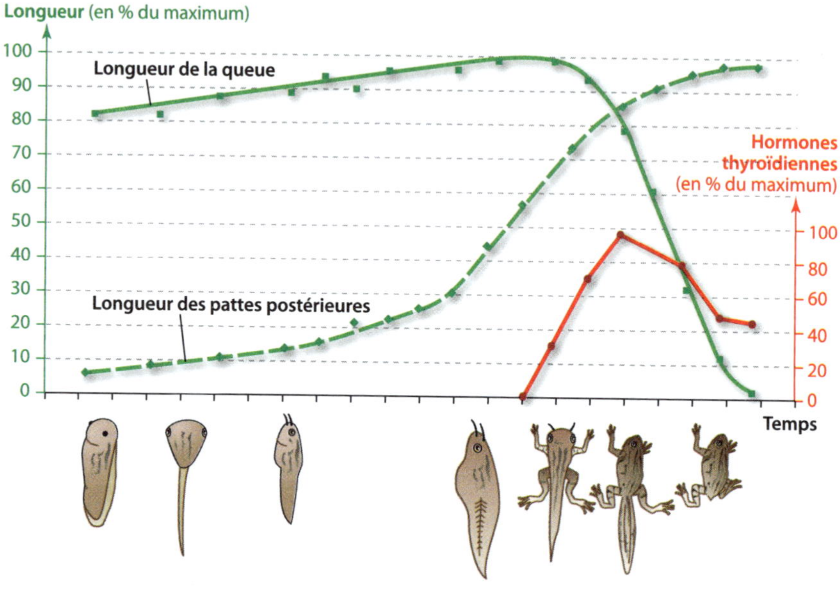

DOC. 2 Quantités d'ARNm après une injection d'hormones thyroïdiennes.

TRα et TRβ sont des récepteurs des hormones thyroïdiennes.

La collagénase est une enzyme participant à la régression de la queue du têtard.

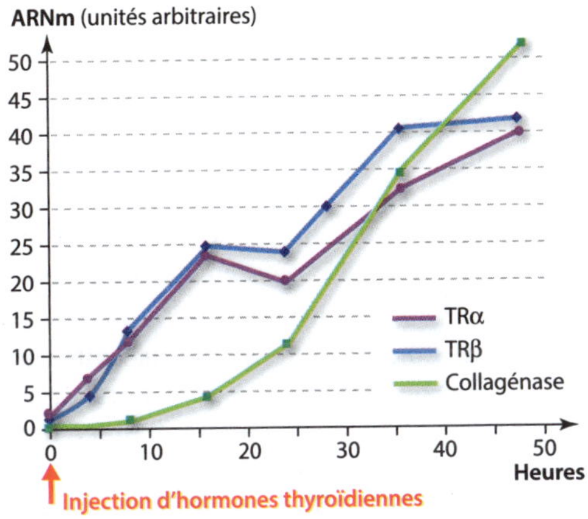

DOC. 3 Récepteurs des hormones thyroïdiennes.

Les récepteurs nucléaires des hormones thyroïdiennes (notées T3 sur le schéma) sont des protéines dites à motifs en doigts de Zinc en raison de leur structure.

Ces protéines, une fois liées à une hormone thyroïdienne, sont capables de se lier à l'ADN au niveau d'une séquence spécifique.

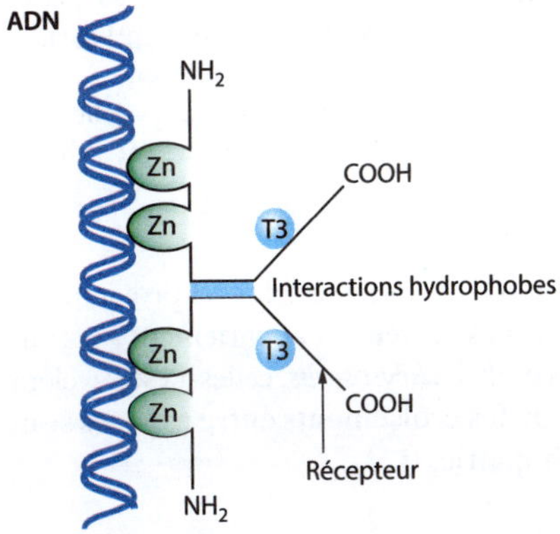

CORRIGÉS

1 Chant et spéciation chez deux grenouilles

- Les deux espèces de grenouilles sont morphologiquement identiques, mais les hybrides sont rares et stériles. *Hyla chrysoscelis* est diploïde, *Hyla versicolor* tétraploïde (doc. 1). Les femelles initient les contacts sexuels avec les mâles en réponse à leurs chants. Ne se reproduisant qu'une fois par an, les femelles n'ont aucune descendance fertile les années où elles s'accouplent avec des mâles de l'autre espèce. Les chants des mâles sont composés d'une **répétition de pulsations dont le rythme diffère entre les deux espèces**. *Hyla versicolor* présente un chant plus long (1 seconde environ) avec 27 à 35 pulsations par seconde (doc. 1). *Hyla chrysoscelis* présente un chant court (0,4 seconde) avec 38,8 à 50 pulsations par seconde.
- L'étude présentée dans le document 2 a pour objectif de tester la sélectivité des femelles d'*Hyla chrysoscelis* exposées au chant du mâle de la même espèce. Lorsque les deux espèces sont présentes dans la même région, en sympatrie, comme au Maryland, dans le Missouri ou en Louisiane, les femelles présentent un pourcentage de préférence pour le stimulus sonore des mâles d'*Hyla chrysoscelis* supérieur à 80 % : 85 % des 26 femelles testées au Maryland, 90 % des 65 femelles testées au Missouri, et environ 95 % des 23 femelles testées en Louisiane. Ces femelles montrent clairement une préférence pour les chants courts et présentant un rythme de pulsation typique des mâles d'*Hyla chrysoscelis* de la zone étudiée.
- Pour les situations d'allopatrie (dans les régions où seule *Hyla chrysoscelis* est présente), comme en Caroline du Sud et en Floride, les femelles d'*Hyla chrysoscelis* montrent une préférence plus faible pour les chants des mâles de leur espèce : 45 % des 16 femelles testées en Caroline du Sud, 55 % environ des 48 femelles testées en Floride.

> Ces pourcentages de femelles attirées par le chant d'un mâle de la même espèce, proches de 50 %, indiquent qu'il n'y a que peu voire pas de sélectivité : la moitié des femelles est attirée, l'autre non.

- La sélectivité des femelles est donc moins importante lorsque celles-ci proviennent de territoires où *Hyla versicolor* n'est pas présente. Les « erreurs d'appariement » entraînant l'absence de descendance pour les femelles d'*Hyla chrysoscelis*, celles-ci se révèlent **davantage discriminantes dans les situations où les croisements entre espèces sont possibles**, c'est-à-dire dans les situations de sympatrie.

2 La résistance de moustiques aux insecticides

En 1968, il a été décidé de développer un programme visant à réduire fortement la quantité d'insectes piqueurs, dont l'espèce *Culex pipiens,* grâce à l'utilisation d'insecticides organophosphorés (OP) dans la région de Montpellier. Cependant, très rapidement, des mutations conférant des résistances à ces insecticides se sont répandues. On cherche à comprendre l'évolution de cette population.

> **Étape 1 :** en 1968, la fréquence des moustiques résistants aux OP était proche de zéro, de 0 à 35 km de la mer (doc. 1). Après le traitement aux insecticides OP d'une zone couvrant 20 km depuis la mer dans l'intérieur des terres, des moustiques résistants ont été trouvés. En 2002, la fréquence des moustiques résistants dans la zone traitée est comprise en 0,8 et 1. De 20 à 35 km de la côte, la fréquence des moustiques résistants passe de 0,8 à 0,2.

- Le doc. 2 présente une étude de la résistance des larves pour différentes concentrations en OP. Pour les souches sensibles du moustique, la mortalité passe de 10 % à 10^{-3} mg/L à près de 90 % pour des concentrations proches de $0,5 \times 10^{-2}$ mg/L. Pour les larves de la souche résistante, la mortalité est nulle à $0,5 \times 10^{-1}$ mg/L et proche de 90 % pour des concentrations supérieures à 0,8 mg/L. Les larves des moustiques résistants survivent autant que les larves des moustiques sensibles pour des **concentrations en moyenne 100 fois supérieures**.

- Les estérases sont des enzymes dégradant les OP, on les trouve naturellement chez les moustiques. La séparation par électrophorèse des estérases montre qu'il en existe deux sortes : A et B (doc. 3). Pour les moustiques sensibles, la production d'estérases est faible, les taches sur l'électrophorèse étant petites. En revanche, pour les moustiques résistants, les taches sont beaucoup plus importantes et témoignent d'une production importante d'estérases. **La résistance des moustiques aux OP est liée à une production accrue d'estérases.** Les individus 10, 19, 23, 26, 29 et 31 produisent autant d'estérase A que d'estérase B. L'individu 24 produit beaucoup plus d'estérase B que d'estérase A.

- La souche G, sensible aux OP, présente un exemplaire du gène A et un exemplaire du gène B, ces gènes codant les estérases (doc. 4). La souche D, résistante aux OP, présente cinq copies des gènes A et B. La souche E, résistante également, possède un gène A et 9 gènes B. On peut déduire que l'**augmentation du nombre des copies des gènes codant les estérases** est à l'origine de la surproduction de ces enzymes chez les moustiques résistants (doc. 3). Un autre type de résistance a été découvert, liée à une surexpression du gène A.

- D'après le doc. 3, la résistance aux insecticides OP a un coût, les moustiques résistants ayant un taux de reproduction inférieur aux moustiques sensibles.

Cette information est importante à signaler car elle va permettre de raisonner ensuite sur les différences de survie et en nombre de descendants des moustiques selon les conditions environnementales.

> **Étape 2 :** dans les conditions de la zone traitée aux OP, de 0 à 20 km de la côte, les individus sensibles ne survivent pas. Seuls les individus résistants donnent une descendance et leurs mutations (augmentation du nombre de copies des gènes des estérases ou dérégulation de l'expression) se sont transmises aux générations suivantes. En 2002, presque toute la population vivant dans ces 20 km est résistante. Dans la zone non traitée aux OP, au-delà de 20 km de la côte, les moustiques sensibles survivent et se reproduisent davantage, ce qui explique que la fréquence des moustiques résistants ne soit que de 0,2 à 15 km de la zone traitée aux insecticides. La **sélection naturelle** est donc à l'origine de l'évolution de la population des moustiques entre 1968 et 2002.

3 Les éléphants d'Afrique sans défenses

On cherche à comprendre l'évolution des populations d'éléphants dans l'objectif de concevoir des mesures de protection.

L'application de la méthode et stratégie 1 nous permet d'identifier le contexte de sélection naturelle expliquant l'évolution des populations d'éléphants.

> **Étape 1 :** dans un environnement sans chasse ni braconnage, des défenses de grande taille confèrent un avantage sélectif aux éléphants qui en sont porteurs. En revanche, les chasseurs ne tuent pas les éléphants dépourvus de défenses. En 1969, on dénombrait 35 000 éléphants dans un parc national de Zambie et 2 500 environ en 1989, année du traité interdisant le commerce de l'ivoire, après 89 ans de chasse intensive (doc. 1). La population a connu une légère augmentation de son effectif : on dénombrait un peu plus de 5 000 individus en 1993. Parallèlement à ces évolutions des effectifs, la proportion des femelles sans défenses a augmenté, passant de 2 % en 1930 à 38 % en 1989. Suite aux mesures de protection prises cette même année, la proportion des femelles éléphants sans défenses a diminué, elle était de 29 % environ en 1993 (doc. 1).

> **Étape 2 :** les éléphants chassés entre 1969 et 1989 l'étaient pour l'ivoire de leurs défenses. Les éléphants sans défenses survivaient davantage et se reproduisaient donc davantage, ce qui explique l'augmentation de la fréquence des femelles sans défenses entre ces deux années. Après 1989, les éléphants n'étant plus chassés, ou moins, les éléphants possédant des défenses retrouvaient leur avantage sélectif par rapport aux autres, leur effectif a augmenté, faisant diminuer la proportion des femelles sans défenses. Ainsi, l'évolution de la population des éléphants avec défenses s'explique par la **sélection naturelle**.

On applique la méthode et stratégie 2 pour déterminer le contexte de dérive génétique intervenu dans le parc d'Addo.

> **Étape 1 :** dans le parc national d'Addo, d'après le doc. 2, la population est passée de 130 individus en 1900 à 11 en 1931, 8 femelles et 3 mâles. Les 400 individus comptés en 2007 sont tous issus de cette population très réduite en 1931. La fréquence des femelles sans défenses est passée de 15 % en 1900, à 50 % en 1931 (soit 4 femelles sur les 8), et elle était de 90 % en 2007. Aujourd'hui, elle est de 98 %, soit la quasi-totalité des femelles éléphants.

> **Étape 2 :** un important **goulot d'étranglement**, contexte de forte dérive génétique, a donc modifié de manière très importante la population du parc d'Addo. Le doc. 3 présente la diversité génétique de trois populations d'éléphants d'Afrique du Sud, celle du parc d'Addo, celle du parc de Kruger, et celle d'éléphants conservés dans différents musées. Cette diversité génétique est estimée à partir de l'étude de deux locus de microsatellites, séquences non codantes constituées d'un motif répété de nucléotides. Pour le locus LA 4, on note que 98 % des éléphants du parc d'Addo présentent l'allèle possédant 127 copies du motif de nucléotides. Pour le locus LA 5, la totalité des éléphants du parc d'Addo possèdent l'allèle constitué de 147 copies du motif de nucléotides. Les deux autres populations présentent une diversité génétique plus importante en nombre

d'allèles. La population des spécimens de musées présente les allèles n° 123, 127 et 129 du locus LA 4. Pour le locus LA 5, on trouve les allèles n° 143 et 147. La population du parc Kruger semble présenter une diversité allélique plus importante encore avec cinq allèles pour le locus LA 4, 6 allèles pour le locus LA 5. Ce document confirme l'effet très important de la dérive génétique dans la population du parc d'Addo, et ayant entraîné une **réduction de la diversité génétique au sein de cette population**.

- Le doc. 4 présente la comparaison des croissances de deux populations de drosophiles, une issue d'une souche unique, l'autre issue du croisement de deux souches. On observe qu'entre 140 et 490 jours d'élevage dans une cage à populations, la taille de la population issue d'une seule souche passe de 1 500 à 2 000 individus environ. Pour la population issue du croisement de deux souches, l'effectif est déjà de 2 000 individus à 140 jours et croît jusqu'à 3 000 individus à 490 jours. Le taux de croissance de la population mixte de drosophiles est donc plus important. La **diversité génétique a donc une influence sur la croissance de la taille des populations**.

- Ces données sont importantes pour concevoir des mesures de protection. La création de parcs nationaux et l'interdiction de la chasse des éléphants pour la commercialisation de l'ivoire ont permis l'**augmentation des effectifs** dans les populations. Cependant, dans les populations comme celle du parc d'Addo, la diversité génétique des individus s'est extrêmement réduite suite à une dérive génétique forte. Comme le montre le doc. 4, la diversité génétique au sein d'une population influe sur sa croissance. **Les mesures de protection doivent donc également tenir compte de la diversité génétique des populations** et peut-être tenter d'augmenter celle-ci, ce qui, dans le cas des populations d'éléphants du parc d'Addo, serait envisageable en **important des individus** du parc Kruger, dont la diversité génétique est plus grande.

4 Origine de la polydactylie chez la souris

- On cherche à déterminer l'origine du phénotype polydactyle (un nombre anormal de doigts) chez la souris. Les membres postérieurs des souris du doc. 1 présentent 7 à 8 doigts, dont certains ne sont pas bien individualisés. Le phénotype polydactyle se traduit donc par un nombre anormal de doigts, la souris en possédant normalement 5 au niveau du membre postérieur.

> L'analyse du doc. 2 permet d'identifier la façon dont les doigts sont normalement formés. Le doc. 3 et le doc. 4 présentant des expériences sur l'expression du gène Shh sont à mettre en relation avec les données du doc. 2.

- Au cours du développement embryonnaire de la souris, les membres se forment à partir de bourgeons des membres (doc. 2). À 10,5 jours après le début de la gestation, on ne distingue pas encore la formation des doigts. Ils commencent à apparaître vers 12 jours, mais sont surtout bien visibles après 14 et 15 jours de développement. À 10,5 jours, on peut identifier des axes de polarité sur le bourgeon de membre, et des études ont mis en évidence l'importance d'une zone de la région postérieure (future région du doigt n° 5), la zone d'activité polarisante (ZPA), qui provoque la formation des doigts par l'intermédiaire de la protéine sonic hedgehog (shh).

- D'après le doc. 3, la suppression d'une séquence non codante appelée ZRS et située en amont du gène Shh entraîne un développement anormal du membre. Celui-ci est extrêmement réduit chez les souriceaux de 3 semaines. On ne distingue également pas la formation du membre sur les embryons de 14,5 jours (B) alors que, pour une souris normale, les doigts sont déjà bien visibles (A).

- Dans l'expérience de transgenèse présentée dans le doc. 4, on a remplacé le gène Shh par le gène LacZ codant une enzyme, la β-galactosidase, capable de transformer la substance X-gal en produit bleu. Les cellules dans lesquelles LacZ est exprimé prennent donc une coloration bleue en présence de X-gal. Les deux constructions génétiques sont semblables : les chercheurs ont associé le promoteur du gène Shh à la séquence transcrite de LacZ. En revanche, ils ont associé à ces constructions soit la séquence normale de ZRS, soit une séquence mutée d'une souris polydactyle.
– On observe que, pour la souris transgénique possédant la séquence ZRS normale, il y a une coloration bleue dans la partie postérieure des membres avant ou arrière à 11,5 jours. Le gène LacZ est donc exprimé, les cellules possèdent l'enzyme β-galactosidase. Cette région correspond à la ZPA, où la protéine shh est normalement exprimée.
– Pour la souris transgénique ayant reçu la construction génétique avec la séquence de ZRS mutée d'une souris polydactyle, on observe deux zones de coloration dans chacun des bourgeons antérieur et postérieur à 11,5 jours : une zone postérieure plus étendue que pour le témoin, et une zone antérieure. Le gène LacZ est donc exprimé, la β-galactosidase produite, dans deux zones des bourgeons de membres. **La séquence ZRS contrôle donc l'expression du gène LacZ dans l'expérience de transgenèse du doc. 4, l'expression du gène Shh dans les conditions naturelles**.

- L'expression du gène Shh, et la production de la protéine sonic hedgehog, dans les cellules de la ZPA vers le dixième jour de gestation sont donc contrôlées par la séquence non codante ZRS. La mutation de cette séquence entraîne une **modification de la zone d'expression** de Shh au cours du développement précoce des bourgeons de membres, ce qui est à l'origine du phénotype polydactyle.

5 Relations symbiotiques

- La radioactivité passe de 85 % de la radioactivité totale à 65 % en 4 heures dans le cytoplasme des cellules racinaires. Elle passe de 15 à 35 % dans les bactéries (doc. 1). Le ^{14}C sous forme de CO_2 a été intégré à des molécules organiques par photosynthèse des plants de soja. Il y a ensuite un **transfert de ces composés organiques** des cellules de la racine aux bactéries.

- Les plants de corroyère du Japon inoculés avec des bactéries du genre *Rhizobium* ont, après un an de culture, une longueur totale de 225,5 cm, une masse sèche de 9,51 mg et une masse totale d'azote de 0,1012 mg contre 68,5 cm, 0,42 mg et 0,0034 mg pour les plants non inoculés (doc. 2). L'association avec les bactéries du genre *Rhizobium* confère aux plants **un net avantage dans leur croissance**, qui est à relier avec une masse d'azote bien plus importante.

- La masse d'azote fixée par plant augmente proportionnellement à la concentration de leghémoglobine dans les nodosités : de 0 mg pour 10 nmol à 15 mg de N fixé pour 50 nmol de Lb (doc. 3). La fixation d'azote par la plante dépend de la concentration en Lb dans les nodosités.

- Plus la pression partielle d'O_2 augmente, plus la Lb est oxygénée (saturation à 80 % à 90 kPa). L'activité de la nitrogénase passe de 0 à 17 u.a lorsque la pO_2 augmente de 0 à 50 kPa. Elle diminue ensuite pour atteindre 5 u.a. pour 90 kPa (doc. 4). La Lb intervient dans la fixation du dioxygène. L'augmentation de la pression partielle en dioxygène coïncide avec la réduction de l'activité de la nitrogénase : le dioxygène est un **inhibiteur de l'activité de cette enzyme**.
- Lorsque la concentration en O_2 passe de 15 à 30 nmol O_2/min/mg de protéine, l'activité de la nitrogénase passe de 1 à 9 (doc. 5). Au-delà de cette concentration, l'activité de la nitrogénase diminue. Le rapport ATP/ADP augmente d'environ 0 à 2,5 à mesure que la concentration en O_2 passe de 15 à 80 nmol O_2/min/mg de protéine. Plus la concentration en O_2 est élevée, plus la respiration fournissant l'ATP au bactéroïde est intense ; le rapport ATP/ADP ne cesse de croître. La nitrogénase utilise 16 mol d'ATP pour réduire 1 mol de N_2 (doc. 4) : son activité nécessite une **quantité importante d'ATP**. Mais, au-delà d'une certaine concentration en O_2, son activité est inhibée (la diminution de l'activité de la nitrogénase participe également à l'augmentation du rapport ATP/ADP).

DOC. Bilan fonctionnel

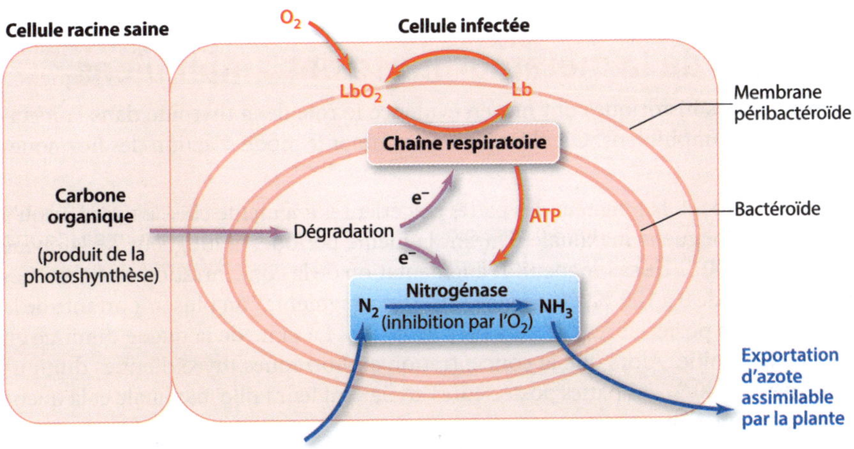

POST BAC

6 Haplodiploïdisation de l'asperge F1 Andréas

- D'après le doc. 1, les asperges mâles sont plus productives que les femelles et les hétérozygotes présentent de nombreux avantages : meilleur rendement, résistance accrue, récolte plus précoce. Par ailleurs, au sein des variétés classiques d'asperges, 20 % d'entre elles assurent 80 % de la production. La variété Andréas créée en 1990 devait donc réunir les caractéristiques des variétés les plus productives, en étant **hétérozygote** et **uniquement constituée de pieds mâles.**
- D'après le doc. 2, il est possible d'obtenir des plants haploïdes à partir de la mise en culture de grains de pollen haploïdes. Ces plants haploïdes, traités avec différentes hormones végétales, peuvent former des plantes avec racines, tiges, feuilles et fleurs. On peut donc obtenir des plants **ne contenant que le chromosome Y** (ou que le X).

- La technique d'haplodiploïdisation présentée dans le doc. 3 part de la mise en culture de cellules haploïdes. On sélectionne sur des milieux contenant un agent de sélection, comme une toxine produite par un parasite, les plantules résistantes qui se développent en plantes. Un traitement à la colchicine, alcaloïde extrait au départ des colchiques (doc. 4), permet d'obtenir des plantes diploïdes à partir des cellules de plants haploïdes. Ainsi, on peut obtenir des plants résistants d'asperges « super-mâles » YY, viables et fertiles (doc. 1).

- La colchicine agit sur les microtubules lors de la division cellulaire (doc. 4). Cette substance inhibe leur polymérisation et, lors de l'anaphase de la mitose, les chromatides sœurs des chromosomes se séparent, mais **sans migrer aux pôles de la cellule**. Il n'y a pas de division du cytoplasme en deux, et la cellule se retrouve avec un nombre de chromosomes multiplié par deux, homologues et parfaitement homozygotes.

- Le programme de sélection ayant conduit à la création des asperges Andréas a donc commencé par la sélection de mâles intéressants parmi les variétés classiques. On a pu obtenir des plants haploïdes Y puis, par haplodiploïdisation, des plants « super-mâles » YY homozygotes. Ces plants ont été croisés avec des femelles XX des variétés classiques offrant des caractéristiques intéressantes. Le résultat de ces croisements est donc constitué de 100 % de mâles XY hétérozygotes. Ces mâles F1 constituent la variété Andréas.

POST BAC

7 Contrôle de la métamorphose des amphibiens

Des expériences historiques ont mis en évidence le rôle de la thyroïde dans la métamorphose des amphibiens. On cherche à déterminer le mode d'action des hormones thyroïdiennes.

- D'après le doc. 1, la longueur des pattes postérieures augmente chez le têtard jusqu'à 40 % de leur longueur maximale. Durant la même période, la longueur de la queue passe de 80 à 100 % de sa longueur. L'augmentation de la concentration en hormones thyroïdiennes, de 0 à 100 %, est corrélée avec une augmentation plus importante de la taille des pattes postérieures (de 40 à près de 90 %). La taille de la queue diminue en revanche de moitié. Alors que la concentration en hormones thyroïdiennes diminue ensuite jusqu'à 40 %, les pattes postérieures atteignent leur taille maximale et la queue disparaît complètement.

- Après une injection d'hormones thyroïdiennes, on suit la quantité d'ARNm de différents gènes (doc. 2). La quantité d'ARNm de TRα et TRβ, deux récepteurs des hormones thyroïdiennes, passe de près de 0 à 40 u.a en 50 heures. La quantité d'ARNm de collagénase, une enzyme intervenant dans la disparition de la queue, passe de zéro à 50 u.a. **Les hormones thyroïdiennes activent donc la transcription de gènes**, et notamment celui codant l'enzyme impliquée dans la disparition de la queue lors de la métamorphose.

- Les hormones thyroïdiennes ont un récepteur situé dans le noyau (doc. 3). Ce récepteur a la particularité de se lier à l'ADN une fois fixé à une hormone thyroïdienne. Cette protéine, liée à une hormone, a donc un rôle d'activation de la transcription de certains gènes (doc. 2), c'est un **facteur de transcription**. La métamorphose est donc contrôlée par les hormones thyroïdiennes. Le récepteur nucléaire de ces hormones joue le rôle de facteur de transcription de certains gènes, notamment celui de la collagénase, enzyme intervenant dans la régression de la queue.

CHAPITRE 3

Histoire évolutive de l'homme

COURS

Histoire évolutive de l'homme

L'homme actuel (*Homo sapiens*) est un primate très proche du chimpanzé, avec lequel il partage de nombreuses caractéristiques. L'histoire évolutive de l'homme et du genre *Homo* se précise continuellement avec la découverte de nouveaux fossiles.

I. L'apparition de l'homme parmi les primates

Les primates sont des mammifères possédant un **pouce opposable** aux autres doigts et des **ongles plats** ; les plus anciens fossiles datent de **– 65 à – 50 Ma**.

1. Diversité passée et actuelle des primates

Il existe actuellement quelque 190 espèces de primates, mais les données paléontologiques révèlent que ce groupe a été beaucoup plus diversifié dans le passé, avec près de 380 espèces fossiles identifiées. L'homme présente, comme les autres **grands primates** de type hominidés (orangs-outans, chimpanzés et gorilles), une **absence de queue**. Les plus anciens fossiles de ce groupe datent d'environ – **20 Ma**. Les grands primates actuels sont aujourd'hui inféodés aux forêts des zones tropicales et équatoriales et sont tous en danger d'extinction, à l'exception de l'homme.

2. Relations de parenté entre l'homme et les autres primates

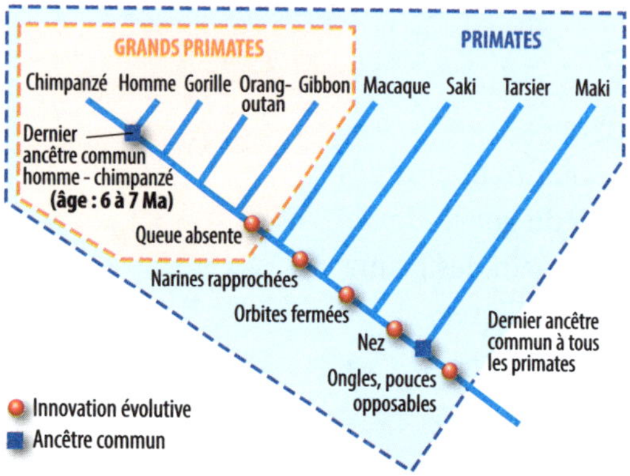

DOC. 1 Arbre phylogénétique* des primates. Les chimpanzés sont identifiés comme étant les plus proches parents actuels de l'homme. Homme et chimpanzés partagent un ancêtre commun âgé de – 6 à – 7 Ma.

- La reconstruction de l'histoire évolutive d'un groupe, ou **phylogénie**, est basée sur l'étude de caractères macroscopiques et moléculaires. Pour les données morphologiques, anatomiques ou embryologiques, deux états des caractères sont distingués : un **état ancestral*** et un **état dérivé*** résultant d'une **innovation évolutive**. En considérant que les organismes partageant un même état dérivé de caractère l'ont hérité d'un ancêtre commun hypothétique possédant cette innovation évolutive, on peut reconstituer des groupes apparentés suivant le **partage des états dérivés des caractères**.
- La comparaison des séquences de molécules d'ADN, d'ARN ou peptidiques permet de quantifier les similitudes et fournit quantité de données. Deux organismes ont un ancêtre commun d'autant plus récent que les similitudes de séquences sont grandes.

* Les mots suivis d'un astérisque sont définis dans le lexique.

II. Les chimpanzés : plus proches parents de l'homme

1. Des similitudes génétiques fortes

- La comparaison des génomes de l'homme et des chimpanzés révèle une identité génétique de 98,5 %. La différence dans les formules chromosomiques des deux espèces ($2n = 46$ pour l'homme et $2n = 48$ pour les chimpanzés) s'explique par la **fusion de deux chromosomes** simiens donnant le chromosome 2 humain. Ainsi, les deux caryotypes ne diffèrent que par quelques **réarrangements chromosomiques** (inversions, délétions, translocations ou insertions).
- En revanche, l'étude de l'intensité ou de la chronologie d'expression de gènes communs met en évidence de nombreuses différences dont l'interprétation phénotypique est encore incertaine.

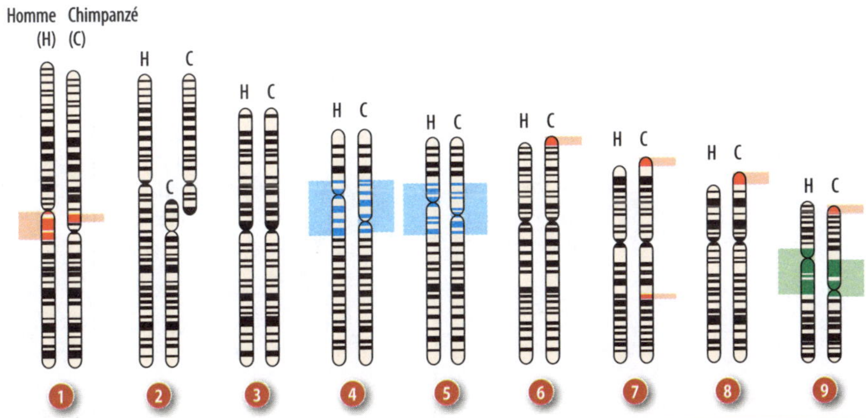

DOC. 2 Caryotype pour les 9 premiers chromosomes humains comparés à celui des chimpanzés. L'alternance des bandes sombres et des bandes claires est caractéristique des chromosomes. Les portions chromosomiques sont identiques chez les deux espèces, sauf celles surlignées en bleu (identiques et inversées), celles surlignées en rouge (sans équivalent) et celles surlignées en vert (remaniements complexes).

2. Un développement légèrement différent

- Les différences phénotypiques observées entre l'homme et les autres grands primates se mettent en place au cours du développement embryonnaire et post-embryonnaire. Les caractères phénotypiques sont influencés par l'**expression des gènes** et l'**environnement**. Le crâne d'un jeune chimpanzé, volontiers bipède, ressemble davantage à celui d'un humain adulte qu'à celui d'un chimpanzé adulte.
- D'autres caractères morphologiques indiquent un développement ralenti chez l'homme, l'adulte se rapprochant d'un chimpanzé juvénile tout en ayant atteint sa maturité sexuelle.

– Les facteurs environnementaux et l'**interaction avec les autres individus** jouent un rôle important, notamment dans l'acquisition du langage chez l'homme ou dans l'apprentissage de comportements. Comme chez l'homme, les populations de chimpanzés présentent des pratiques culturelles diverses, transmises par imitation.

III. Diversité et parenté des représentants du genre *Homo*

1. Définition du genre *Homo*

La comparaison de l'homme actuel et des chimpanzés permet de définir les caractères propres à la **lignée humaine.** Les espèces fossiles présentant des caractères plus proches de l'homme que des chimpanzés appartiennent à cette lignée, et notamment à deux genres principaux : *Australopithecus* et *Homo*.

		Homo		**Chimpanzés**	
Locomotion		Bipédie exclusive		Bipédie occasionnelle	
Caractères en lien avec la bipédie	**Colonne vertébrale**	4 courbures		1 courbure	
	Membres	Membres antérieurs plus longs que les postérieurs		Membres postérieurs plus longs que les antérieurs	
	Trou occipital	Centré	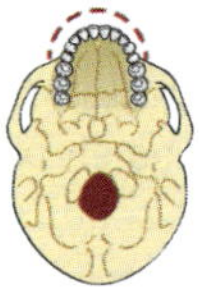	En arrière	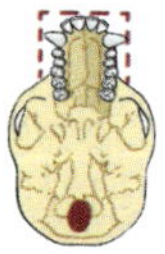
	Bassin	Court et large	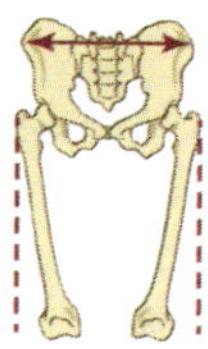	Long et étroit	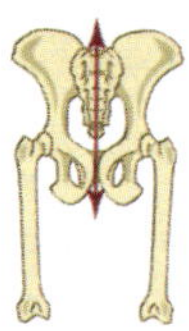
	Fémurs	Obliques		Parallèles	

		Homo		**Chimpanzés**	
Caractères crâniens, de la face	**Volume endocrânien**	> 600 cm^3	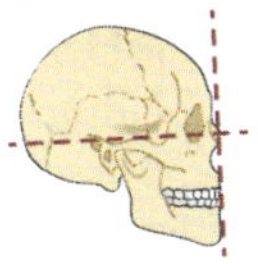	400 cm^3	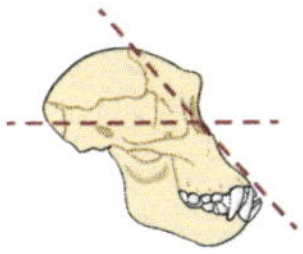
	Angle facial	Droit		Aigu	
	Prognathisme	Peu marqué		Fort	
	Mandibule	En V (parabolique)		En U	
Dimorphisme sexuel		Peu marqué (chez *Homo sapiens* : mâle : 175 cm pour 77 kg ; femelle : 163 cm pour 63 kg)		Plus marqué (mâle : 120 cm pour 50 kg ; femelle : 70 cm pour 40 kg)	
Outils et pratiques culturelles		Production d'outils complexes et pratiques culturelles variées		Utilisation d'outils et pratiques culturelles moins variées	

DOC. 3 Quelques caractéristiques en comparaison entre le genre *Homo* et les chimpanzés.

2. L'arbre phylogénétique buissonnant du genre *Homo*

- Les plus vieux fossiles appartenant au genre *Homo* sont âgés de **2,5 Ma** et sont retrouvés en Afrique. Si l'homme est actuellement le seul représentant du genre, ce n'était pas le cas par le passé : ainsi, plusieurs espèces du genre *Homo* ont **coexisté,** mais également avec des espèces d'autres genres (*Australopithecus*, par exemple).
- L'histoire évolutive du genre *Homo* est controversée dans le détail : les données fossiles sont souvent incomplètes et les caractères morphologiques non ambigus rares, la définition d'une espèce fossile est délicate.

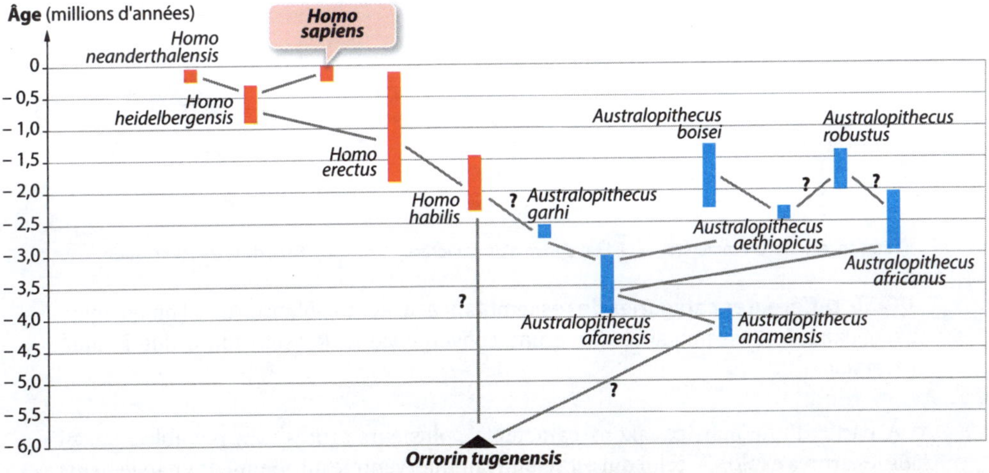

DOC. 4 Arbre phylogénétique d'espèces de la lignée humaine dans l'état des connaissances actuelles. La découverte de nouveaux restes fossiles amènent les scientifiques à modifier et compléter perpétuellement la phylogénie du genre *Homo*, et plus généralement de la lignée humaine, qui présente davantage l'allure d'un buisson que d'une lignée.

Méthode cladistique de la classification phylogénétique

> Voir le sujet 8.

- Les méthodes de classification phylogénétique recherchent en premier lieu « qui est plus proche de qui », avant de traduire les données en termes de parenté. Ainsi, la comparaison des caractères chez différents organismes amène à l'identification de **ressemblances** qui sont qualifiées d'**homologies primaires**.
- Les organes, ou structures, homologues ont une même organisation fondamentale dans les différents êtres vivants, les mêmes connexions avec les structures voisines ainsi qu'une même origine embryologique. Ils n'assurent pas nécessairement la même fonction.
- La polarisation des caractères homologues prend en compte les changements d'états de caractères similaires : état **plésiomorphe** ou ancestral et état **apomorphe** ou dérivé issu de la modification du premier.
- L'analyse phylogénétique vise à identifier les homologies héritées d'un même ancêtre commun, qualifiées d'**homologies secondaires** ou **synapomorphies** (partage des états dérivés). Ces innovations évolutives permettent de déterminer les clades ou **groupes monophylétiques***. Les homologies primaires réfutées sont des **homoplasies**, c'est-à-dire des ressemblances n'ayant pas pour origine un même ancêtre commun.

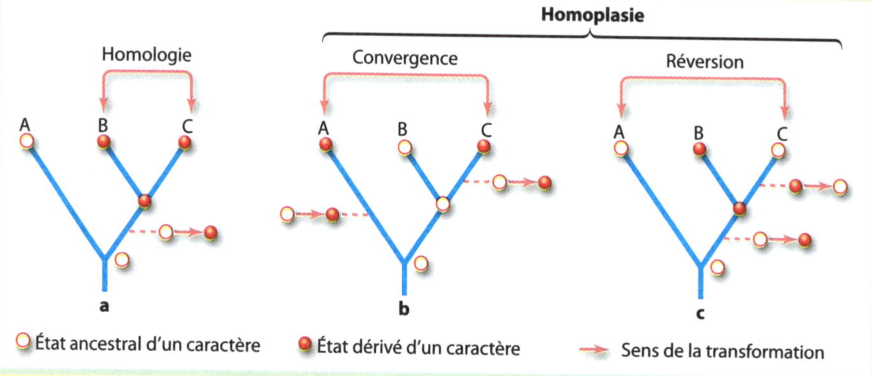

DOC. 5 Différentes catégories de ressemblance. a. Ressemblance due à l'homologie secondaire. **b.** Ressemblance due à une convergence. **c.** Ressemblance due à une réversion.

- À partir d'une matrice taxons-caractères*, plusieurs arbres sont possibles. Parmi tous les arbres explorés, celui qui est retenu fait intervenir le minimum de changements évolutifs. C'est le principe de **parcimonie** ou d'économie d'hypothèse.

La définition de groupes d'organismes sur le partage d'homoplasies amène à créer des groupes **paraphylétiques** ou **polyphylétiques**. Dans le premier cas, tous les descendants de l'ancêtre commun ne sont pas compris, dans le second, le groupe créé n'a pas d'ancêtre commun partagé. Ceci a mené à l'abandon de termes comme « poissons », « reptiles » ou « algues » : les organismes regroupés ne partagent pas d'ancêtre commun exclusif.

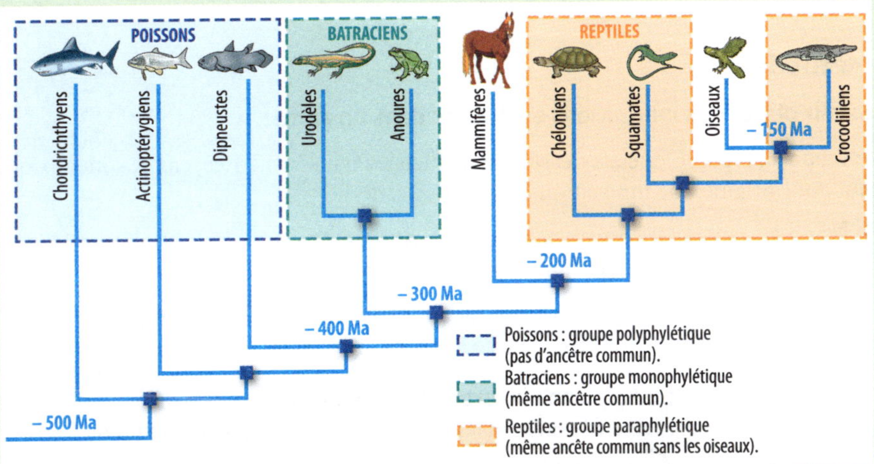

DOC. 6 Arbre phylogénétique des vertébrés et groupes obsolètes.

1 Positionner des innovations et des espèces dans un arbre phylogénétique

> Voir les sujets 2 et 7 mettant en œuvre cette méthode.

Méthode

Savoir placer des innovations évolutives dans un arbre

> **Étape 1 :** repérer les états dérivés des caractères dans la matrice, car ce sont eux qui ont pour origine une innovation évolutive.

> **Étape 2 :** repérer les organismes partageant un même état dérivé de caractère : ils l'ont hérité d'un ancêtre commun hypothétique qui le possédait.

> **Étape 3 :** identifier le nœud correspondant à l'ancêtre commun de ce groupe d'organismes. L'innovation évolutive se place sur la branche menant à cet ancêtre commun.

Savoir placer des espèces dans un arbre phylogénétique

La démarche et la représentation sont les mêmes pour les espèces actuelles ou fossiles.

> **Étape 1 :** repérer les états dérivés des caractères de l'espèce étudiée.

> **Étape 2 :** traduire ces états dérivés de caractères en innovations évolutives présentées par d'autres organismes de l'arbre et leur ancêtre commun. Deux espèces sont d'autant plus proches parentes qu'elles possèdent des innovations évolutives communes, c'est-à-dire que leur ancêtre commun est proche.

> **Étape 3 :** déterminer la place du nœud dans l'arbre, celui-ci correspondant à l'ancêtre commun présentant toutes les innovations évolutives de l'espèce étudiée. Tracer à partir de ce nœud la nouvelle branche en indiquant, à son extrémité, le nom de l'espèce.

Application

À partir des informations recueillies par l'exploitation du document :
– placer sur l'arbre phylogénétique les différentes innovations évolutives en justifiant leur positionnement ;
– placer l'orang-outan sur l'arbre phylogénétique, et préciser le degré de parenté entre l'orang-outan et les autres espèces de l'arbre.

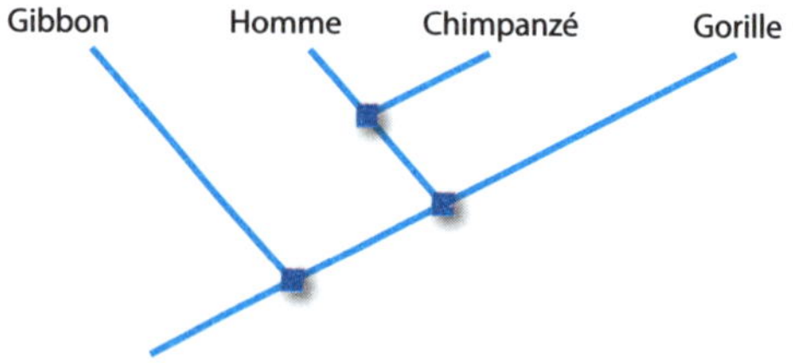

Arbre phylogénétique de quelques espèces de primates actuels.

Caractère dérivé / Espèce	Gibbon	Homme	Chimpanzé	Gorille	Orang-outan
Absence de queue	+	+	+	+	+
Fusion prénatale des os du poignet	–	+	+	+	–
Présence d'un sinus frontal	–	+	+	+	+
Bipédie permanente	–	+	–	–	–

DOC.7 Matrice taxons-caractères. Le signe + signifie que le caractère est présent à l'état dérivé, le signe – signifie qu'il est à l'état ancestral.

Placement des innovations évolutives dans l'arbre phylogénétique

> **Étapes 1 et 2 :** le gibbon, l'homme, le chimpanzé et le gorille partagent le caractère à l'état dérivé « absence de queue ». Cette innovation évolutive est héritée de l'ancêtre commun aux quatre espèces ne présentant pas de queue.
– L'homme, le chimpanzé et le gorille présentent le caractère à l'état dérivé « fusion prénatale des os du poignet ». Cette innovation évolutive est héritée de l'ancêtre commun aux trois espèces présentant une fusion prénatale des os du poignet.
– L'homme, le chimpanzé et le gorille présentent le caractère à l'état dérivé « présence d'un sinus frontal ». Cette innovation évolutive est héritée de l'ancêtre commun aux trois espèces présentant un sinus frontal.
– L'homme est la seule espèce présentant le caractère à l'état dérivé « bipédie permanente ». Cette innovation évolutive est apparue au sein de la branche menant à l'homme, après la divergence avec la lignée du chimpanzé.

> **Étape 3 :** voir l'arbre de l'étape 3 ci-après.

Placement des espèces dans l'arbre phylogénétique

> **Étape 1 :** l'orang-outan présente les caractères à l'état dérivé « absence de queue » et « présence d'un sinus frontal ».

> **Étape 2 :** l'orang-outan partage avec les quatre autres espèces l'absence de queue, et a donc un ancêtre commun avec elles. Il partage également un sinus frontal avec l'homme, le chimpanzé et le gorille, et a donc un ancêtre commun partagé avec ces trois espèces, mais qui n'est pas l'ancêtre commun à l'homme, au chimpanzé et au gorille possédant la fusion prénatale des os du poignet. L'innovation évolutive est donc survenue après la divergence avec la lignée de l'orang-outan. L'orang-outan est par conséquent plus proche du groupe homme – chimpanzé – gorille, avec lequel il partage le sinus frontal, que du gibbon.

> Étape 3 : l'arbre phylogénétique peut ainsi être complété.

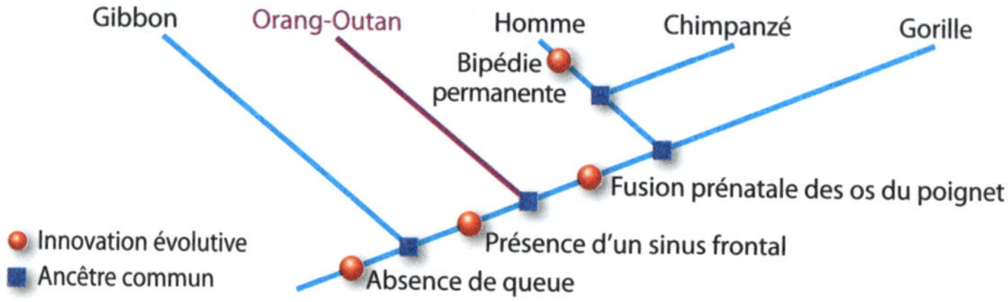

2 Déterminer la parenté d'organismes à partir d'une matrice taxons-caractères

> Voir le sujet 3 mettant en œuvre cette méthode.

Méthode

> Étape 1 : au brouillon, repérer les états dérivés de chaque caractère et le groupe d'organismes qui les partagent.

> Étape 2 : le partage d'états dérivés de caractères témoigne d'un ancêtre commun au groupe considéré possédant la même innovation évolutive. Traduire le partage de ces innovations en groupes plus ou moins étroitement apparentés.

> Étape 3 : traduire les liens de parenté plus ou moins étroits en fonction d'ancêtres communs plus ou moins éloignés dans le temps. Ceci permet de dater relativement, les unes par rapport aux autres, les innovations évolutives apparues.

Application

	Narines	Orbites	Pouces	Queue	Rhinarium	Terminaisons des doigts
Babouin	*rapprochées*	*fermées*	*opposables*	présente	*absent*	*ongles*
Bonobo	*rapprochées*	*fermées*	*opposables*	*absente*	*absent*	*ongles*
Saki	écartées	*fermées*	*opposables*	présente	*absent*	*ongles*
Tarsier	écartées	ouvertes	*opposables*	présente	*absent*	*ongles*
Gorille	*rapprochées*	*fermées*	*opposables*	*absente*	*absent*	*ongles*
Homme	*rapprochées*	*fermées*	*opposables*	*absente*	*absent*	*ongles*
Toupaïe	écartées	ouvertes	non opposables	présente	présent	griffes

DOC. 8 Comparaison des caractères morpho-anatomiques de quelques espèces de mammifères.

Les caractères morpho-anatomiques, se trouvant à l'état primitif ou *dérivé* (en italique), ont été choisis en raison de leur pertinence. Seul le toupaïe ne fait pas partie des primates, mais sert de référence extérieure à ce groupe.
Utiliser les informations apportées par l'étude du document pour déterminer les liens de parenté entre les primates présentés. Établir également la chronologie d'apparition de trois caractères dérivés, définissant chacun un sous-groupe au sein des primates.

> **Étapes 1 et 2 :** le toupaïe ne fait pas partie des primates et présente tous les caractères considérés à l'état ancestral.
– Le babouin, le bonobo, le saki, le tarsier, le gorille et l'homme présentent l'état dérivé des caractères « pouces » (opposables), « rhinarium » (absence) et « terminaison des doigts » (ongles). L'ancêtre commun à ces primates possédait donc les trois innovations évolutives : pouces opposables, rhinarium absent et ongles.
– Au sein des primates, le babouin, le bonobo, le saki, le gorille et l'homme présentent l'état dérivé du caractère « orbites » (fermées). Ces taxons partagent un ancêtre commun qui possédait des orbites fermées et présentent donc un lien de parenté plus étroit qu'avec le tarsier, qui présente des orbites ouvertes, état ancestral du caractère.
– Le babouin, le bonobo, le gorille et l'homme présentent l'état dérivé du caractère « narines » (rapprochées). Ces taxons partagent un ancêtre commun qui possédait des narines rapprochées et présentent donc un lien de parenté plus étroit qu'avec le saki, qui présente des narines écartées, état ancestral du caractère.
– Le bonobo, le gorille et l'homme présentent l'état dérivé du caractère « queue » (absence). Ces taxons partagent un ancêtre commun qui ne possédait pas de queue et présentent donc un lien de parenté plus étroit qu'avec le babouin qui présente une queue, état ancestral du caractère.

> **Étape 3 :** l'ancêtre commun au groupe bonobo, gorille et homme est donc plus récent que celui partagé avec le babouin, lui-même plus récent que celui partagé avec le saki, lui-même plus récent encore que celui partagé avec le tarsier. L'innovation « queue absente » est donc plus récente que « orbites fermées », elle-même plus récente que « narines rapprochées ».

3 Comparer des données moléculaires pour argumenter des relations de parenté

> Voir le sujet 4 mettant en œuvre cette méthode.

Méthode

> **Étape 1 :** repérer, dans la matrice des distances, les taxons présentant le minimum de différences, en nombre ou en pourcentage, dans les séquences des molécules données (ADN, ARN ou protéines). Conclure sur leur étroite parenté.

> **Étape 2 :** repérer le taxon présentant le minimum de différences avec les séquences du premier groupe créé. Conclure sur sa parenté moins étroite.

> **Étape 3 :** poursuivre le même raisonnement jusqu'au traitement de la totalité de la matrice des distances en concluant à chaque fois à un ancêtre commun plus ancien.

Application

Dégager de la matrice des distances les informations qui permettent de justifier l'arbre phylogénétique fourni.

Le cytochrome C est une protéine indispensable au métabolisme de tous les êtres vivants.

	Bactérie	Riz	Thon	Bonite	Cheval
Bactérie (134 aa)	0	79	70	69	68
Riz (111 aa)		0	44	40	40
Thon (103 aa)			0	2	13
Bonite (103 aa)				0	12
Cheval (104 aa)					0

DOC. 9 Matrice des distances réalisée à partir de l'analyse de séquences complètes du cytochrome C de différents organismes (aa = acides aminés).

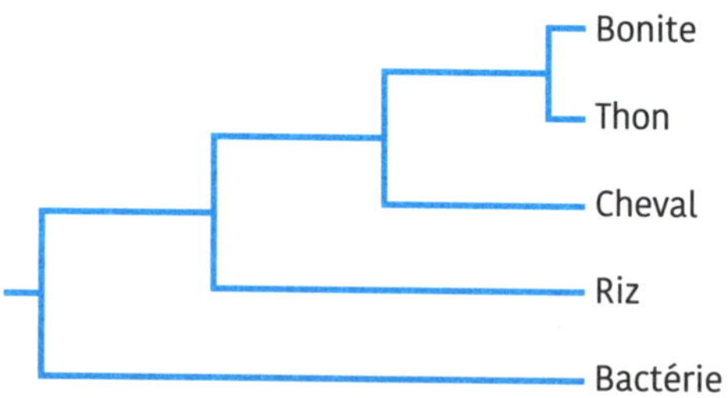

DOC. 10 Arbre phylogénétique de référence construit à partir de la matrice des distances.

> **Étape 1 :** le thon et la bonite présentent un cytochrome C de 103 acides aminés, avec 2 différences. Ce sont les deux organismes les plus étroitement apparentés.

> **Étape 2 :** le cheval présente un cytochrome C de 104 acides aminés, avec 13 et 12 différences dans la séquence, respectivement avec le thon et la bonite. Le cheval a un ancêtre commun plus éloigné que celui que partagent le thon et la bonite.

> **Étape 3 :** le riz présente un cytochrome C de 111 acides aminés, avec 44, 40 et 40 différences dans la séquence, respectivement avec le thon, la bonite et le cheval. Le riz a un ancêtre commun plus éloigné que celui que partagent le thon, la bonite et le cheval.

> **Étape 3 :** la bactérie présente un cytochrome C de 134 acides aminés, avec 79, 70, 69 et 68 différences dans la séquence, respectivement avec le riz, le thon, la bonite et le cheval. La bactérie a un ancêtre commun plus éloigné que celui que partagent le riz, le thon, la bonite et le cheval. Ceci est bien en accord avec la représentation des liens de parenté entre ces organismes sur l'arbre phylogénétique fourni.

SUJETS DE TYPE BAC

1 L'homme et les chimpanzés

60 min

Ce sujet est un exercice de synthèse des connaissances. La maîtrise des notions des chapitres 2 et 3 est essentielle pour l'aborder, il constitue donc un excellent exercice de révision.

> Voir la méthode et stratégie générale en fin d'ouvrage.

Homo sapiens a longtemps été placé au-dessus de toutes les espèces. Il est aujourd'hui regardé, sur le plan évolutif, comme toute autre espèce.
Après avoir exposé les principes permettant d'établir des liens de parenté entre les organismes, présenter les mécanismes à l'origine des différences entre l'homme et le chimpanzé.
La diversification génétique qui résulte du brassage génétique au cours de la méiose et de la fécondation ne sera pas traitée.

2 Relation de parenté entre quatre homininés

20 min

Voici un exercice très classique, de type 2.1 au baccalauréat, et qu'il faut absolument maîtriser.

> Voir la méthode et stratégie 1.

L'arbre présenté dans le document illustre une phylogénie possible pour trois fossiles de la lignée humaine.
À l'aide des données de la matrice taxons-caractères :
– justifier la phylogénie proposée ;
– placer les différentes innovations évolutives et *Homo sapiens* sur l'arbre.

DOC. Arbre phylogénétique de trois homininés.

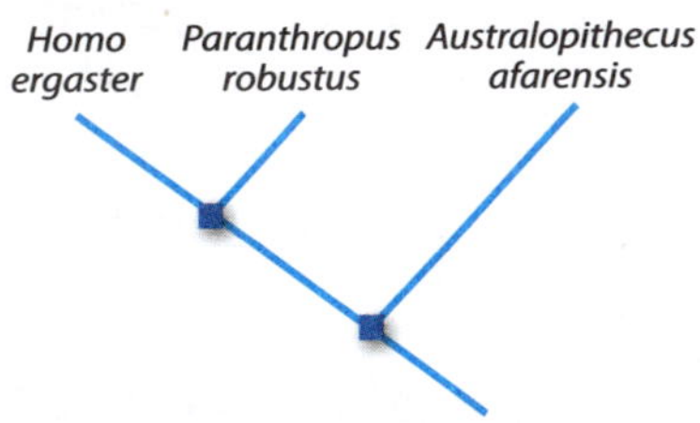

Matrice taxons-caractères pour les quatre homininés

	Arcade dentaire	Canines	Première phalange	Épaisseur de l'émail des dents
Australopithecus afarensis	En U	Développées	Incurvée	Épais
Paranthropus robustus	En U	**Réduites**	**Droite**	**Épais**
Homo ergaster	**Parabolique**	**Réduites**	**Droite**	**Épais**
Homo sapiens	**Parabolique**	**Réduites**	**Droite**	**Épais**

Les caractères en gras sont à l'état dérivé.

3 Relation de parenté au sein du genre *Homo*

30 min

Ce type d'exercice 2.1 au baccalauréat est plus difficile car il ne propose pas la visualisation sous la forme d'un arbre. Il est d'ailleurs déconseillé, car c'est souvent assez complexe, de tenter de construire à la main ces arbres. Ce n'est, de plus, pas une compétence exigible dans le programme.

> Voir la méthode et stratégie 2.

Utiliser les informations apportées par l'étude du document pour déterminer les liens de parenté entre les taxons présentés. Établir également la chronologie d'apparition des différentes innovations évolutives dans l'histoire du genre *Homo*.

DOC. Matrice taxons-caractères de quelques représentants de la lignée humaine.
Les caractères morpho-anatomiques, se trouvant à l'état primitif ou *dérivé* (italique), ont été choisis en raison de leur pertinence. Seul *Australopithecus africanus* ne fait pas partie du genre *Homo*, mais sert de référence extérieure à ce groupe.

	Cage thoracique	Saillie des pommettes	Prognathisme	Forme mandibule	Bourrelet sus-orbitaire
Homo sapiens	*Tonneau*	*Peu saillante*	*Absent*	*Parabolique*	*Absent*
Australopithecus africanus	Tronc de cône	Saillante	Marqué	En U ou V ouvert	Développé
Homo neanderthalensis	*Tonneau*	*Peu saillante*	*Absent*	*Parabolique*	Développé
Homo habilis	Tronc de cône	Saillante	*Réduit*	*Parabolique*	Développé
Homo ergaster	Tronc de cône	*Peu saillante*	*Réduit*	*Parabolique*	Développé

4 Phylogénies moléculaires au sein des primates

30 min

Cet exercice a pour objectif d'évaluer votre compréhension des constructions de phylogénies moléculaires et leur traitement afin de retracer des liens de parenté. C'est un exercice de type 2.1 au baccalauréat.

> Voir la méthode et stratégie 3.

Grâce aux données moléculaires issues du séquençage des molécules, on peut préciser les relations de parenté au sein des primates.
Après avoir justifié la construction de l'arbre phylogénétique obtenu à partir de la comparaison des séquences de la cytochrome oxydase 2, proposer une méthode permettant de résoudre les relations de parenté entre les primates.

DOC. 1 Matrice de distance en nombre de différences des séquences polypeptidiques de la cytochrome oxydase 2 (Cox2), une enzyme intervenant dans la respiration cellulaire.

	Bonobo	Chimpanzé	Homme	Gorille	Orang-outan	Gibbon
Bonobo	0	2	6	7	12	14
Chimpanzé		0	6	7	12	14
Homme			0	7	14	13
Gorille				0	9	14
Orang-outan					0	14
Gibbon						0

DOC. 2 Arbre phylogénétique obtenu à partir de l'étude de la matrice de distance.

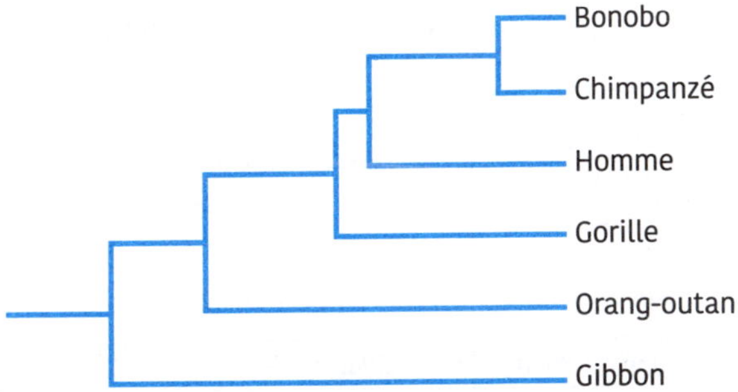

DOC. 3 Arbre phylogénétique obtenu à partir de l'étude des séquences polypeptidiques des globines epsilon.

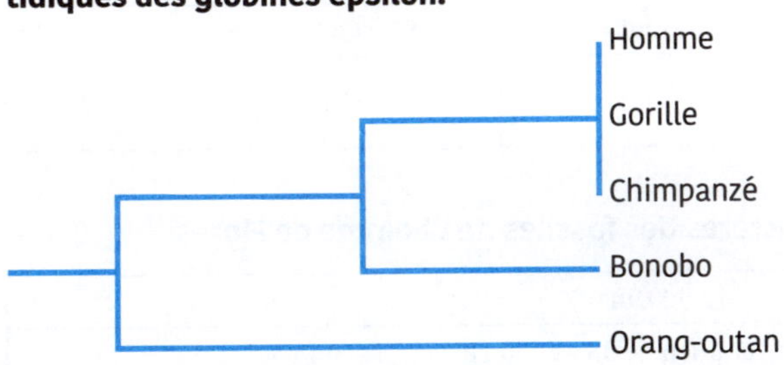

5 Débats autour de l'homme de Florès

60 min

La difficulté de l'exercice (de type 2.2) réside dans la comparaison des données relatives à différents représentants de la lignée humaine, ce qui nécessitera une bonne mise en relation de différents documents, et donc un bon entraînement !

Les premiers restes fossiles de l'homme de Florès ont été découverts en 2003 sur une île de l'archipel indonésien. Ses caractéristiques en font un fossile difficile à classer dans la lignée humaine, et les débats sont vifs au sein de la communauté scientifique. Deux hypothèses s'affrontent. La première fait de l'homme de Florès une espèce *Homo floresiensis* à part entière. La seconde considère l'homme de Florès comme un *Homo sapiens* souffrant d'une pathologie de type nanisme microcéphalique.

À partir de l'exploitation des documents mis en relation avec vos connaissances, déterminer l'hypothèse la plus probable et identifier en quoi la découverte de ces fossiles modifie les connaissances sur l'évolution humaine.

DOC. 1 Données relatives aux australopithèques et à des espèces du genre *Homo*.

	Australopithèques	*H. sapiens*	*H. neandertalensis*	*H. erectus*
Période	– 4,4 à – 1 Ma	– 200 000 ans à l'actuel	– 300 000 à 30 000 ans	– 1,6 Ma à – 150 000 ans
Os du crâne	Épais	Fins	Épais	Épais
Capacité crânienne	400 à 500 cm^3	1 300 à 1 500 cm^3	1 500 à 1 700 cm^3	800 à 1 200 cm^3
Taille	1 m à 1,30 m	1,60 m à 1,80 m	1,50 m à 1,70 m	1,60 m à 1,80 m
Outils	Inconnus	Très finement taillés Outils et matériaux diversifiés	Bifaces finement taillés Outils très diversifiés (rasoirs, pointes…)	Éclats retaillés Bifaces
Maîtrise du feu	Non	Oui	Oui	Oui
Langage articulé	?	Oui	Oui	Probable

DOC. 2 Données sur les caractères des fossiles de l'homme de Florès.

Datation	– 95 000 à – 12 000 ans
Crâne	– Volume crânien de 380 à 530 cm^3 – Trou occipital centré, boîte crânienne épaisse, faible prognathisme, petites canines, bourrelet sus-orbitaire réduit
Morphologie	– Taille entre 1,06 et 1,20 m – Locomotion bipède, mais avec un gros orteil presque préhensible
Outils trouvés sur le site des fouilles	 Pointe Poinçon Lame

DOC. 3 Activités de l'homme de Florès.

« Lors des fouilles qui ont mis à jour *Homo floresiensis*, des outils bien plus élaborés ont été trouvés au milieu de restes d'éléphants nains [...]. Pour les découvreurs, cela suggère qu'*Homo floresiensis* était un chasseur d'éléphants nains. S'il est possible qu'un seul individu ait pu venir à bout d'un jeune éléphant nain, les restes de spécimens adultes pesant jusqu'à une demi-tonne laissent penser que les petits hommes de Florès pratiquaient une chasse coordonnée, une activité qui [...] nécessitait un langage. Des restes d'animaux carbonisés ont aussi été retrouvés dans la caverne : la cuisine faisait partie du répertoire culturel d'*Homo floresiensis*. »

D'après Kate Wong, « *Homo floresiensis*, le plus petit humain », *Pour la science*, mars 2005.

DOC. 4 Étude des os du poignet de l'homme de Florès.

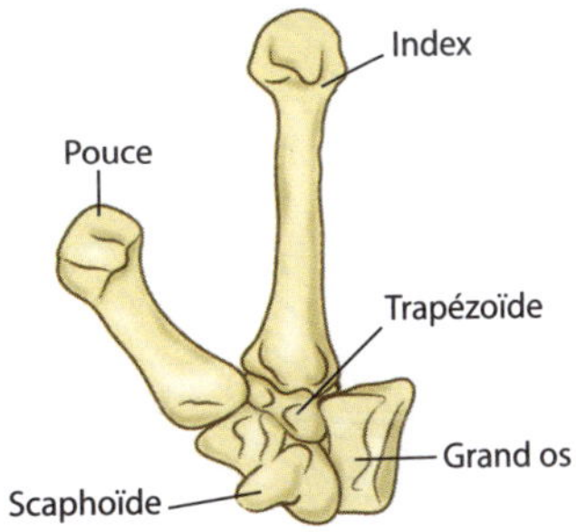

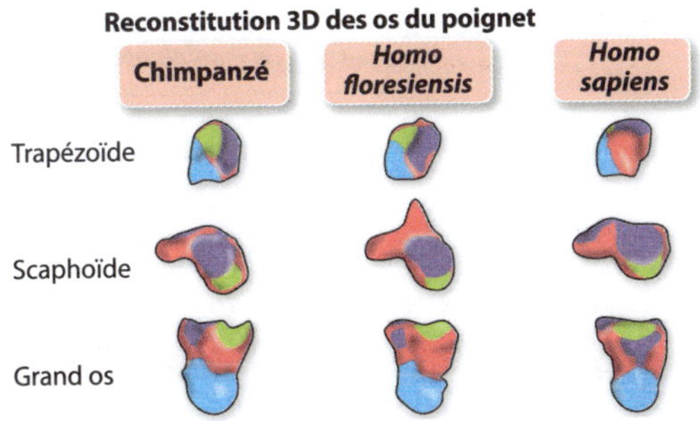

DOC. 5 Proportions corporelles de l'homme de Florès et de différentes populations d'*Homo sapiens*.

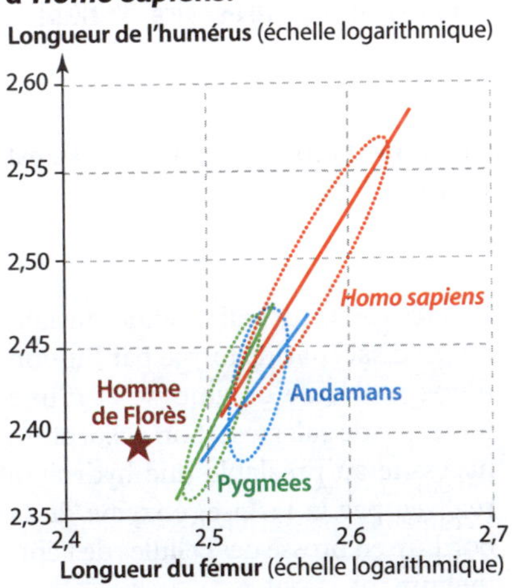

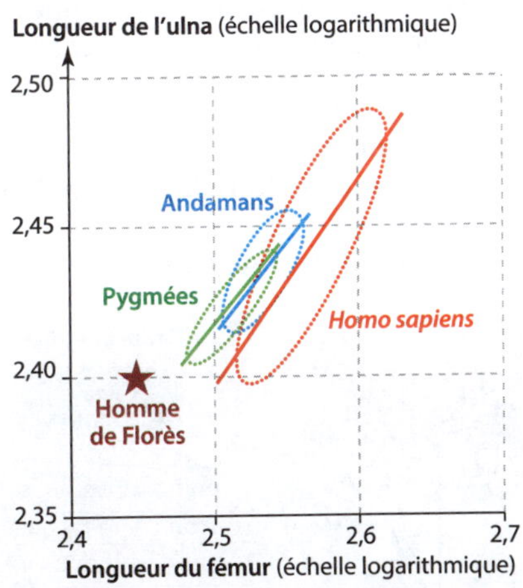

Les graphiques indiquent la longueur du bras (humérus) et de l'avant-bras (ulna) rapportée à celle de la cuisse (fémur). Ces données distinguent également l'homme de Florès des populations humaines de petite taille (comme les Pygmées ou les habitants des îles Andamans).

DOC. 6 Évolution des volumes crâniens en fonction du temps dans la lignée humaine.

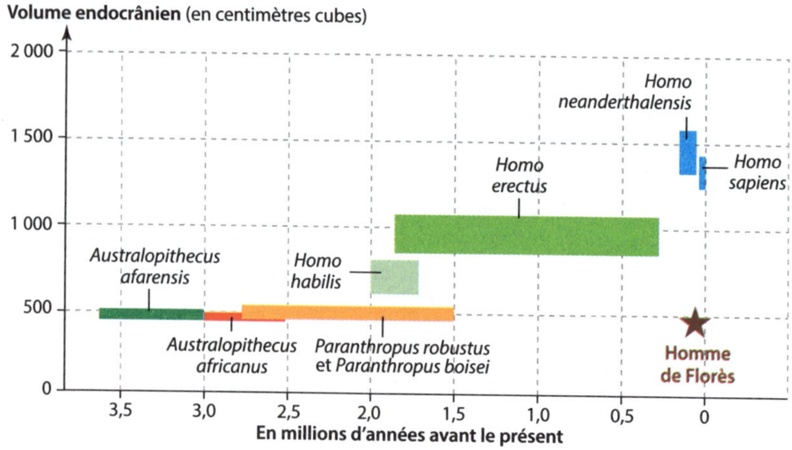

SUJETS D'APPROFONDISSEMENT

6 Intolérance au lactose et évolution

60 min

Cet exercice de type 2.2 permet de réfléchir à l'influence de l'environnement sur l'évolution des populations humaines. Pour l'aborder, il est nécessaire d'utiliser des connaissances vues dans le chapitre 2.

Montrer, à partir de l'exploitation des documents, que la tolérance au lactose est liée à l'évolution culturelle des populations humaines.

DOC. 1 La tolérance au lactose.

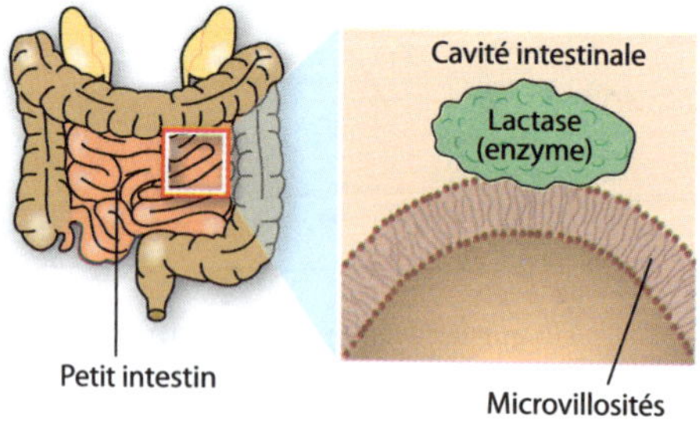

Le lactose, principal glucide du lait, est un disaccharide formé par l'union d'une molécule de glucose et d'une molécule de galactose. Son absorption nécessite au préalable une hydrolyse réalisée par la lactase, enzyme de la bordure en brosse des cellules de l'épithélium intestinal.

Le gène de la lactase humaine, situé sur le chromosome 2, comporte 17 exons et code pour un polypeptide de 1 927 acides aminés.

Chez les mammifères, la digestion du lactose ne peut s'effectuer que chez les jeunes, durant l'allaitement. Chez les adultes, l'enzyme n'est plus produite.

Chez les humains, on trouve deux phénotypes héréditaires. Les individus « lactase non persistants » (LNP) qui manifestent une intolérance au lactose vers 3 à 5 ans (ballonnement abdominal, douleurs abdominales, borborygmes et, dans les cas les plus nets, des diarrhées) et les individus « lactase persistants » (LP), qui gardent l'aptitude à digérer le lactose une fois adultes.

DOC. 2 Répartition mondiale des phénotypes LP et LNP.

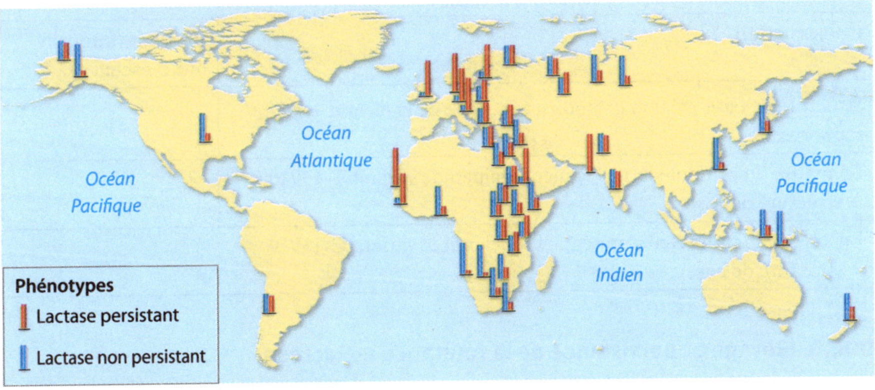

DOC. 3 Identification de mutations.

La comparaison des séquences des gènes de la lactase pour des individus LP et LNP n'a pas montré de différences. En revanche, différentes mutations ont été mises en évidence dans les introns du gène voisin, MCM6.

Chez les Européens, on a constaté une différence nucléotidique à la position − 13 910 en amont du point de départ de la transcription du gène de la lactase, entre les individus « lactase persistants » et « lactase non persistants » : une thymine chez les LP, une cytosine chez les LNP.

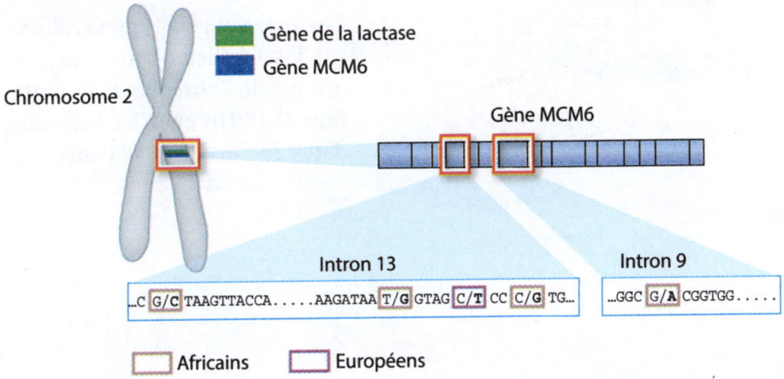

DOC. 4 Expériences de transgenèse.

Trois types de constructions génétiques comprenant toutes une même structure de base, la séquence d'un gène rapporteur, la luciférase, associée à la région promotrice du gène de la lactase, ont été utilisés. Le gène de la luciférase code pour une protéine, la luciférine, enzyme qui, en présence de son substrat, provoque une réaction s'accompagnant d'une émission de lumière.

Ces constructions génétiques ont ensuite été insérées dans des cellules intestinales *in vitro*. Ces types de constructions reviennent à placer la transcription du gène de la luciférase sous la dépendance de la région promotrice du gène de la lactase. La quantité de luciférine synthétisée, mesurée par luminescence, traduit l'importance de la transcription.

Construction	Résultat (intensité luminescence)
Structure de base : région promotrice du gène de la lactase + gène rapporteur.	+
En amont du promoteur, un segment incluant le variant T-13910 + structure de base.	+++++++++
En amont du promoteur, un segment incluant le variant C-13910 + structure de base.	++

DOC. 5 Élevage et persistance de la tolérance au lactose.

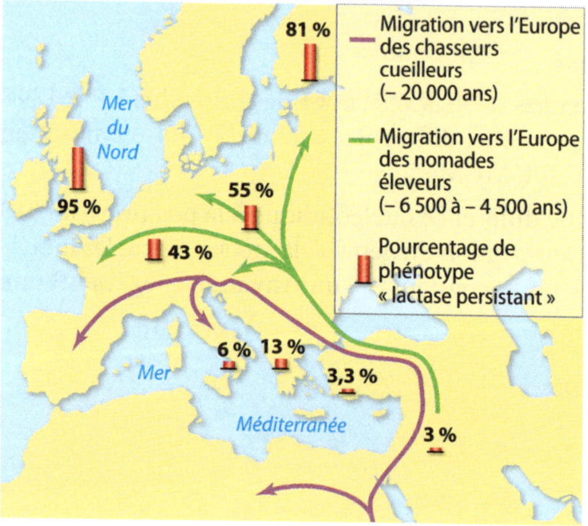

Les analyses génétiques réalisées sur les fossiles d'*Homo sapiens* ont révélé l'absence de la mutation T-13910 chez les individus datés de plus de 10 000 ans.

7 Les bipédies des grands primates

90 min

L'intérêt de cet exercice est de réfléchir sur la bipédie au sein des primates, caractère qui a longtemps été considéré comme une spécificité humaine. Certains documents peuvent faire partie d'un sujet au baccalauréat. Ils sont cependant plus nombreux ici.

La bipédie est un mode de locomotion observé dans plusieurs groupes. Certains lézards pratiquent provisoirement la bipédie lors de courses. Les oiseaux volent mais ont une marche bipède au sol. Toutefois, la bipédie reste classiquement un critère d'appartenance à la lignée humaine.

À partir de l'exploitation des documents, montrer que la vision rectiligne d'un perfectionnement de la bipédie au cours du temps est erronée.

DOC. 1 Répertoire locomoteur varié des grands singes.

Grâce aux études réalisées au cours des trente dernières années, on sait que les grands singes pratiquent la bipédie, hanches et genoux fléchis. Ils sont capables de se déplacer sur plusieurs dizaines de mètres de cette façon. En milieu naturel, on peut observer ce mode de déplacement lors du transport d'aliments, des jeunes, ou à l'occasion de comportements sociaux tels que des rites de domination. Les jeunes chimpanzés sont par ailleurs facilement bipèdes.

Les adultes orangs-outans sont quadrupèdes au sol et se déplacent par brachiation dans les arbres. Il arrive toutefois que les très jeunes individus se déplacent au sol sur leurs deux membres postérieurs. Les orangs-outans pratiquent également la « bipédie arboricole » en s'agrippant avec les mains à des branches.

Le squelette des grands singes n'est pas affecté par la bipédie, comme chez l'homme, mais rien ne l'empêche fonctionnellement (voir doc. 3). Ce sont des bipèdes occasionnels.

Locomotion	Hommes	Chimpanzés	Bonobos	Gorilles
$\frac{\text{Longueur membre supérieur}}{\text{Longueur membre inférieur}}$	72 %	105 %	102 %	116 %
Bipédie	98 %	5 à 10 %	10 à 20 %	2 %
Quadrupédie	1 %	40 à 60 %	30 à 40 %	50 à 80 %
Suspension/grimper	1 %	40 à 60 %	50 à 60 %	20 à 40 %

DOC. 2 Comparaison de caractères anatomiques entre l'homme et le chimpanzé.

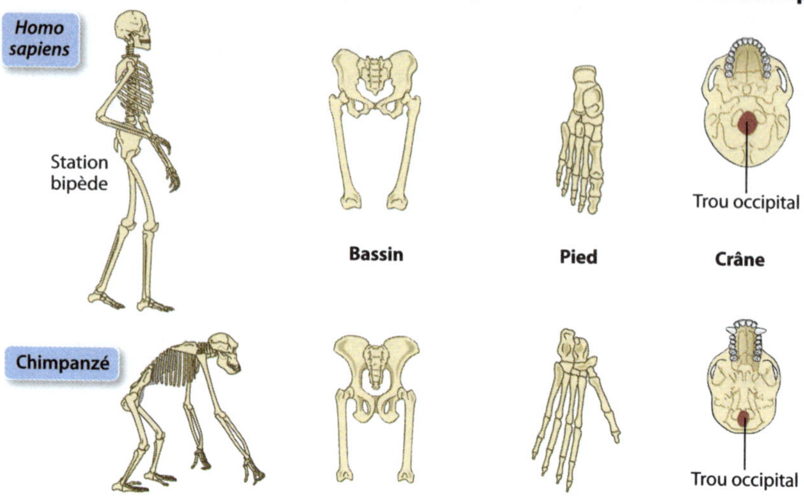

L'homme moderne est un bipède exclusif. Il se tient debout, le tronc érigé verticalement au-dessus des membres inférieurs, en extension complète au niveau des genoux. Son centre de gravité est à la verticale de ses deux pieds.

DOC. 3 Une locomotion qui s'apprend ?

Des chercheurs de l'université de Kyoto ont entraîné des macaques, plus éloignés de l'homme que le chimpanzé, à marcher en bipédie. Ils ont montré que, si cet entraînement a lieu durant la phase de croissance, l'anatomie de l'animal en est affectée et la bipédie peut devenir une composante non négligeable de son répertoire locomoteur, alors qu'elle n'est que très occasionnelle chez le macaque dans son milieu naturel.

Les « enfants sauvages » ou les « enfants placards » privés, partiellement ou totalement, de contacts avec des adultes et de soutien affectif dans l'apprentissage de la marche ne se redressent pas spontanément. L'apprentissage de la marche à un âge avancé reste très difficile pour eux et ils ont souvent recours à la marche sur quatre membres.

DOC. 4 Des humains quadrupèdes.

En 2008, un article paru dans la revue *Nature* signalait le cas d'une famille en Turquie marchant sur les quatre membres. Depuis, d'autres personnes présentant ce même mode de locomotion ont été découvertes en Iraq et au Brésil.

Au sommet de la Société européenne de génétique humaine, à Barcelone en Espagne (2008), des chercheurs ont présenté un gène, appelé VLDLR, qui est affecté dans certaines familles quadrupèdes. Ce gène code une protéine appelée « récepteur de lipoprotéine à très basse densité », requise pour un développement neuronal correct. Toutefois, certains chercheurs affirment que les mutations du VLDLR ont un effet plus général sur le développement du cerveau, plus particulièrement dans la région du cerveau appelée le cerebellum, qui joue un rôle important dans le contrôle moteur.

Au même moment, l'analyse génétique suggère que le syndrome n'est pas limité aux mutations de VLDLR. La marche à quatre pattes est liée, dans certaines familles, à un chromosome différent de celui qui porte VLDLR (le n° 9).

DOC. 5 La bipédie d'*Australopithecus afarensis* (Lucy).

Les vestiges fossiles de l'espèce *A. afarensis*, à laquelle appartient Lucy, sont particulièrement intéressants : ils sont très nombreux. L'analyse du squelette de ces fossiles a mis en évidence certaines caractéristiques liées à une marche bipède, confirmée par les traces de pas fossilisés datées de 3,7 Ma (empreintes de Laetoli). Cependant, cette marche est marquée par un balancement du bassin (démarche chaloupée), comme c'est le cas chez le chimpanzé. D'autres caractéristiques anatomiques témoignent en outre de la capacité à la suspension dans les arbres.

Le schéma ci-contre résume les traits associés à la marche bipède (à gauche), et les caractères associés à la locomotion dans les arbres (à droite).

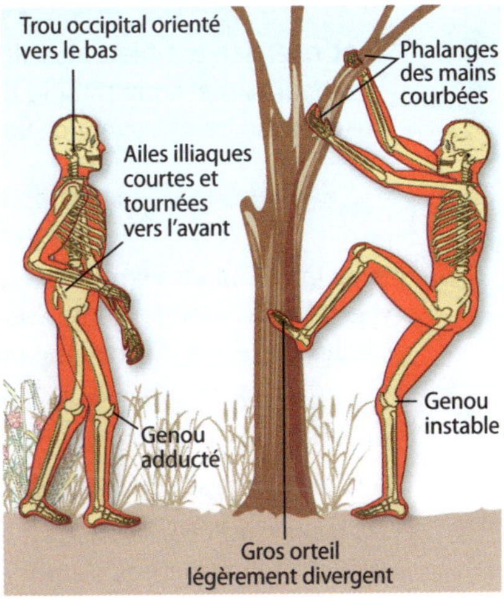

DOC. 6 La bipédie d'*Orrorin*.

Orrorin tugenensis est connu à partir de différents fragments osseux. Ce fossile, daté de 6 Ma, a été découvert en 2000 au Kenya. Une étude a comparé les fémurs et les coupes transversales du col du fémur d'un homme actuel, d'*Orrorin* et d'un chimpanzé.

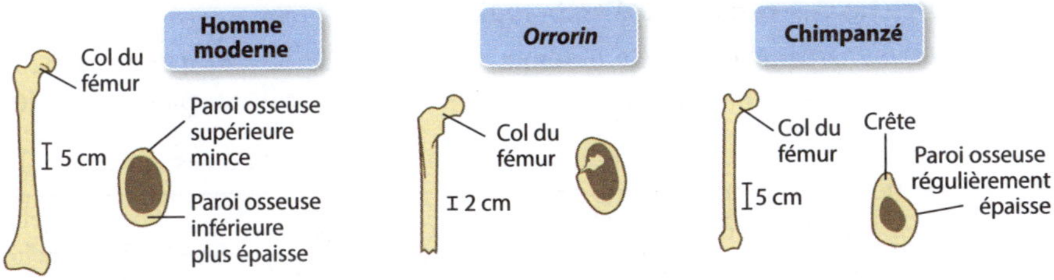

DOC. 7 Le squelette locomoteur de différentes espèces.

Les espèces représentées en bleu présentent des caractéristiques liées à une bipédie proche de celle de l'homme moderne. En vert, les autres espèces présentent des caractéristiques liées à une bipédie plus proche de celle des grands singes. Un ton plus foncé signifie que l'on dispose de davantage de vestiges post-céphaliques.

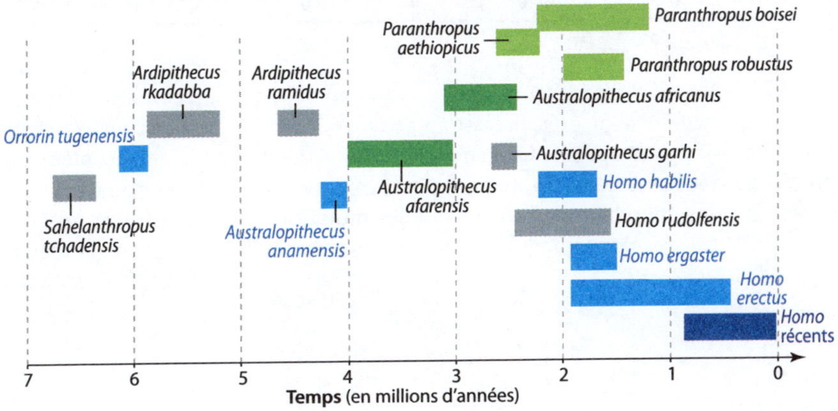

POST BAC

8 Phylogénie des embryophytes

⏱ 45 min

Cet exercice est bien plus difficile que ceux proposés dans le cadre du baccalauréat car la méthode pour le traiter s'appréhende dans les classes préparatoires. La résolution de cet exercice vous permettra de vous y préparer.

> Voir les méthodes et stratégies 1, 2.

Les embryophytes sont des plantes terrestres définies par la présence d'un embryon végétal qui se développe après la fécondation et qui dépend, au moins pour les premiers stades, de réserves d'origine maternelle.

1. Construire l'arbre phylogénétique des embryophytes correspondant à la matrice. Justifier la construction.

2. Citer un caractère non informatif en justifiant votre réponse.

3. Placer sur l'arbre construit les innovations évolutives. Le groupe des ptéridophytes est défini comme des « embryophytes, vascularisés (possédant des trachéides), sans graine ».

4. Entourer les taxons appartenant à ce groupe et discuter de sa validité dans le cadre d'une classification phylogénétique.

DOC. Matrice taxons-caractères d'embryophytes.

La matrice taxons-caractères a été obtenue suite à l'étude de taxons appartenant aux embryophytes. Les apomorphies (présence) sont codées 1, les plésiomorphies (absence) 0.

	Fleur	Ovule/ Graine	Paroi complètement lignifiée des trachéïdes	Croissance pseudomonopodiale	Trachéïdes	Archégones inclus dans le gamétophyte
Angiospermes	1	1	1	1	1	1
Coniférophytes	0	1	1	1	1	1
Filicophytes	0	0	1	1	1	1
Lycophytes	0	0	1	0	1	1
Bryophytes	0	0	0	0	0	0

CORRIGÉS

1 L'homme et les chimpanzés

L'origine commune de tous les êtres vivants est aujourd'hui admise par l'ensemble des scientifiques. Au sein du vivant, les chimpanzés sont les plus proches parents actuels de l'homme. La date de divergence entre la lignée des chimpanzés et la lignée humaine est estimée entre 6 et 7 Ma.

Pour éviter de poser deux problèmes successifs sur des sujets de ce type, posez le problème de la seconde partie, la première partie étant ensuite annoncée dans le plan comme essentielle à la compréhension de la seconde.

Quels sont les mécanismes de diversification à l'origine de la divergence entre la lignée des chimpanzés et celle de l'homme, à partir d'une population ancestrale commune (ancêtre commun hypothétique) ?
Avant d'expliquer les divers mécanismes de diversification impliqués dans la divergence, nous montrerons que la compréhension de la reconstitution des liens de parenté entre espèces a conduit à identifier les chimpanzés comme les plus proches parents actuels de l'homme.

1. Établissement des liens de parenté entre organismes

- Identification de caractères pertinents de comparaison, avec des états différents. Le travail se fait sur des caractères morpho-anatomiques ou moléculaires.
- Définition des états ancestraux et dérivés des caractères macroscopiques (polarisation). L'état dérivé d'un caractère résultant d'une innovation évolutive.
- Tous les organismes partageant une même innovation évolutive l'ont hérité d'un ancêtre commun hypothétique, à savoir une population ancestrale commune à partir de laquelle des processus de spéciation ont fait diverger des lignées.
- Pour les caractères moléculaires, on effectue une comparaison des séquences. Le pourcentage de ressemblance traduit l'accumulation de mutations aléatoires et est d'autant plus grand que la divergence est récente.

2. Mécanismes impliqués dans la divergence des deux lignées

- Les chimpanzés sont actuellement les plus proches parents de l'homme.
- De l'accumulation de mutations ponctuelles indépendantes, résultent les 98,5 % de génome identique entre les deux espèces.
- Il y a quelques mutations de plus grande ampleur : délétions, insertions et un événement de fusion chromosomique expliquant la taille du chromosome n° 2 humain.
- Des différences d'expression de gènes du développement communs, liées à des mutations dans leurs séquences régulatrices, expliquent des différences de chronologie et de domaines d'expression ayant pour conséquence des différences dans la construction du phénotype des espèces.

On observe une influence de l'environnement, influence surtout sociale, dans l'apparition et l'apprentissage de nouveaux comportements.

2 Relation de parenté entre quatre homininés

> **Étapes 1 et 2 :** justification de l'arbre et du positionnement des innovations.

- *Australopithecus afarensis*, *Paranthropus robustus* et *Homo ergaster* partagent l'état dérivé « épais » du caractère « épaisseur de l'émail des dents ». Cette innovation évolutive est héritée de l'ancêtre commun aux trois espèces.
- *Paranthropus robustus* et *Homo ergaster* partagent les états dérivés des caractères « première phalange » (droite) et « canines » (réduites). Ces deux innovations évolutives étaient possédées par leur ancêtre commun exclusif, plus proche de celui qu'ils partagent avec *Australopithecus afarensis*.
- *Homo ergaster* est le seul à présenter le caractère « arcade dentaire » à l'état dérivé « parabolique ». Cette innovation est donc apparue après la divergence avec la lignée de *Paranthropus robustus*.

> **Étapes 1 et 2 :** justification du positionnement du taxon.

Homo sapiens présente l'ensemble des caractères étudiés à l'état dérivé, tout comme *Homo ergaster*. Ils partagent un ancêtre commun qui leur est exclusif, et qui possédait toutes les innovations évolutives : émail des dents épais, première phalange droite, canines réduites et arcade dentaire parabolique.

> **Étape 3 :** arbre phylogénétique des quatre taxons.

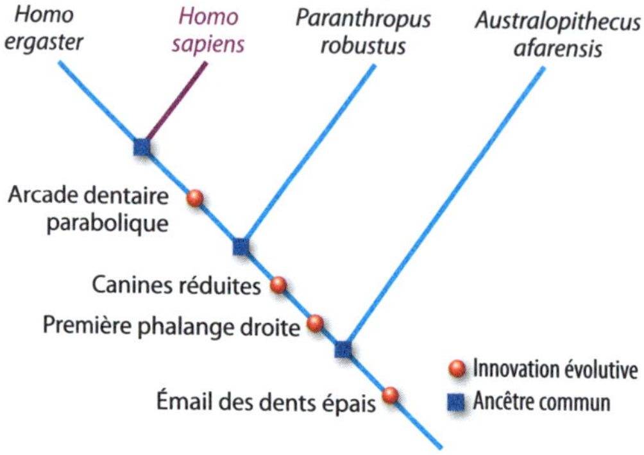

3 Relation de parenté au sein du genre *Homo*

Australopithecus africanus ne fait pas partie du genre *Homo* et présente tous les caractères étudiés à l'état ancestral.

> **Étapes 1 et 2**

- *Homo sapiens*, *Homo neanderthalensis*, *Homo habilis* et *Homo ergaster* présentent les états dérivés des caractères « forme de la mandibule » (parabolique) et « prognathisme » (absent ou réduit). L'ancêtre commun à ces quatre taxons possédait donc les deux innovations évolutives, prognathisme réduit ou absent et mandibule parabolique, que ne possédait pas l'ancêtre commun qu'ils partagent avec *Australopithecus africanus*.
- *Homo sapiens*, *Homo neanderthalensis* et *Homo ergaster* présentent l'état dérivé du caractère « saillie des pommettes » (peu saillante). Ces taxons partagent donc un ancêtre

commun qui possédait des pommettes peu saillantes, et présentent un lien de parenté plus étroit qu'avec *Homo habilis* qui présente des pommettes saillantes, état ancestral du caractère.

- *Homo sapiens* et *Homo neanderthalensis* présentent l'état dérivé du caractère « cage thoracique » (en tonneau). Ces deux taxons ont donc un ancêtre commun qui possédait cette innovation évolutive, et ont donc un lien de parenté plus étroit qu'avec *Homo ergaster* qui présente une cage thoracique en « tronc de cône », état ancestral du caractère.

- *Homo sapiens* est le seul taxon à posséder l'innovation « absence de bourrelets sus-orbitaires ».

> **Étape 3 :** l'ancêtre commun à *Homo sapiens* et *Homo neanderthalensis* est donc plus récent que celui qu'ils partagent avec *Homo ergaster*, lui-même plus récent que celui qu'ils partagent avec *Homo habilis*. L'innovation évolutive « absence de bourrelets sus-orbitaires » est la plus récente. L'innovation « cage thoracique en tonneau » est plus récente que « pommettes peu saillantes ». Les deux innovations « forme de la mandibule parabolique » et « prognathisme absent ou réduit » sont les plus anciennes, sans que l'on puisse établir de chronologie entre ces deux dernières par manque de données.

4 Phylogénies moléculaires au sein des primates

> **Étape 1 :** on relève 2 acides aminés différents dans les séquences de Cox2 du chimpanzé et du bonobo. Ces deux taxons sont les plus apparentés (doc. 1).

> **Étape 2 :** l'homme présente 6 acides aminés différents lorsque l'on compare sa séquence de Cox2 avec celles du chimpanzé et du bonobo. L'homme partage un ancêtre commun plus éloigné que celui que partagent le chimpanzé et le bonobo.

> **Étape 3**

- La séquence de Cox2 du gorille présente 7 acides aminés différents lorsqu'on la compare avec les séquences de l'homme, du chimpanzé et du bonobo. Le gorille a donc un ancêtre commun avec les trois autres taxons plus éloigné que celui qu'ils partagent entre eux.

- La séquence de Cox2 de l'orang-outan présente 12, 14 et 9 différences, respectivement avec le chimpanzé et le bonobo, l'homme, et le gorille. L'ancêtre commun qu'il partage avec les quatre autres taxons est donc plus éloigné que celui que partagent le chimpanzé, le bonobo, l'homme et le gorille.

- Enfin, la séquence de Cox2 du gibbon présente de 13 à 14 acides aminés différents par rapport aux séquences de Cox2 des autres taxons. Le gibbon partage un ancêtre commun avec le chimpanzé, le bonobo, l'homme, le gorille et l'orang-outan, plus éloigné que celui qu'ils partagent entre eux.

- L'arbre phylogénétique du doc. 2 construit est bien en accord avec les données issues de la comparaison des séquences polypeptidiques des cytochromes oxydases des différents primates. La comparaison des séquences polypeptidiques des globines epsilon de l'homme, du chimpanzé, du gorille, du bonobo et de l'orang-outan donne des résultats différents sur la parenté. L'homme, le gorille et le chimpanzé sont les taxons les plus apparentés, le bonobo a un ancêtre commun avec ce groupe plus éloigné. L'ancêtre commun que l'orang-outan partage avec les quatre autres taxons est plus éloigné encore. La comparaison de diverses molécules ne donne donc pas les mêmes résultats.

Il s'agit ensuite de proposer une façon de résoudre les relations de parenté, qui semblent différentes selon la molécule étudiée.

- Pour résoudre les relations de parenté entre les primates, il faudrait prendre en compte un maximum de données issues de la comparaison de molécules séquençables pour éviter les erreurs liées à des mutations aléatoires survenant dans les séquences de chaque molécule. La prise en compte d'un grand nombre de molécules permettrait d'obtenir un arbre phylogénétique « solide ».

5 Débats autour de l'homme de Florès

À partir des données recueillies sur les fossiles de l'homme de Florès et de leur comparaison avec les autres représentants du genre *Homo*, il s'agit de déterminer si ces fossiles appartiennent à une **nouvelle espèce**.

- D'après les documents 1 et 2, l'homme de Florès (– 95 000 à – 12 000 ans) est **contemporain d'*Homo neanderthalensis* et d'*Homo sapiens***. Les caractéristiques crâniennes et la taille de l'homme de Florès sont proches de celles des australopithèques : un volume crânien faible de 380 à 530 cm^3, une taille comprise entre 1,06 et 1,20 m. Sa boîte crânienne est épaisse comme celles des australopithèques, d'*Homo erectus* et d'*Homo neanderthalensis*, à la différence de celle d'*Homo sapiens* qui présente des os fins. En revanche, les outils retrouvés sur le site de découverte de l'homme de Florès, pointes, poinçons ou lames, se rapprochent davantage des outils taillés par *Homo sapiens* ou *Homo neanderthalensis*.

- D'après le doc. 3, les fouilles mettent en évidence des pratiques de chasse coordonnée et donc la **nécessité d'un langage**. Ce caractère est partagé par les espèces du genre *Homo* (doc. 1), notamment *Homo sapiens*. Par ailleurs, les restes d'animaux carbonisés indiquent que l'homme de Florès **maîtrisait le feu**, tout comme les espèces du genre *Homo*.

- L'étude des os du poignet de l'homme de Florès et leur comparaison avec ceux du chimpanzé et d'*Homo sapiens* (doc. 4), mettent en évidence que le trapézoïde, le scaphoïde, comme le grand os, présentent plus de similitudes avec les os du chimpanzé qu'avec les os d'*Homo sapiens*. D'après le doc. 2, le gros orteil de l'homme de Florès est presque préhensible, tout comme chez les chimpanzés.

- L'homme de Florès présente donc des caractères davantage similaires à ceux des chimpanzés (poignet, gros orteil presque préhensible) qu'à ceux des espèces du genre *Homo*. Il partage avec les australopithèques une petite taille et un faible volume endocrânien, mais ses capacités de langage articulé, de taille d'outils et la maîtrise du feu le rapprochent plus des représentants du genre *Homo*.

- Les comparaisons entre la longueur de l'humérus ou de l'ulna et la longueur du fémur (doc. 4) dans différentes populations d'*Homo sapiens* indiquent que ces rapports ont une **gamme de variation**. Pour les populations d'*Homo sapiens* de petite taille, comme les Pygmées ou les habitants des îles Andamans, les variations recoupent celles des autres *Homo sapiens*. En revanche, les mesures réalisées sur les hommes de Florès montrent des longueurs de ces os inférieures, non comprises dans les variations des différentes populations d'*Homo sapiens*.

- La forme des os du poignet de l'homme de Florès, comme les proportions corporelles établies par la mesure des os, distinguent nettement ces fossiles d'*Homo sapiens*, ce qui rend l'hypothèse selon laquelle l'homme de Florès serait un *Homo sapiens* souffrant d'une **pathologie de type nanisme microcéphalique peu probable**. Ceci confirme l'hypothèse de l'appartenance des fossiles à une **nouvelle espèce du genre *Homo* : *Homo floresiensis***.
- Les volumes endocrâniens des australopithèques et des paranthropes, genres de la lignée humaine ayant vécu entre – 3,7 et – 1,5 Ma, sont voisins de 500 cm^3. Le volume endocrânien des représentants du genre *Homo* est supérieur et semble augmenter au cours du temps : 600 à 700 cm^3 pour *Homo habilis* entre – 2 et – 1,6 Ma et 1 500 cm^3 pour *Homo neanderthalensis* (– 300 000 ans, doc. 6). Le volume endocrânien de 500 cm^3 environ de l'homme de Florès, dont les derniers spécimens retrouvés datent de – 12 000 ans, semble totalement bouleverser cette tendance à l'augmentation : leur volume endocrânien est proche de celui des australopithèques alors qu'ils étaient contemporains d'*Homo sapiens*.
- De même, certains caractères comme le gros orteil presque préhensible ou la forme des os du poignet, sont comparables à ceux des chimpanzés alors que la divergence entre la lignée humaine et la lignée des chimpanzés est datée de 7 à 8 Ma.
- La mosaïque de caractères que présente *Homo floresiensis* **modifie donc certaines connaissances sur l'évolution humaine**.

6 Intolérance au lactose et évolution

- On cherche à comprendre l'évolution de la tolérance au lactose dans les populations humaines. Chez les jeunes mammifères allaités, la dégradation du lactose en glucose et galactose est réalisée par une enzyme, la lactase (doc. 1). Celle-ci se trouve dans la bordure en brosse des cellules de l'intestin grêle. Chez l'homme, la lactase est un polypeptide de 1 927 acides aminés, codée par un gène du chromosome 2. Cette enzyme n'est plus produite chez les mammifères adultes, mais certains humains dits « lactose persistants » gardent la capacité de dégrader le lactose. Les individus « lactose non persistants » perdent cette capacité à l'âge adulte et la consommation de lactose provoque des troubles digestifs.
- D'après la carte du doc. 2, on voit que **la répartition des phénotypes LP et LNP**, phénotypes héréditaires, **est inégale**. Certaines populations sont majoritairement LNP, comme au Japon, en Nouvelle-Guinée, en Chine, en Amérique du Nord et au sud de l'Afrique. D'autres sont majoritairement LP, comme en Europe du Nord, en Afrique de l'Ouest ou au sud du Pakistan.
- La séquence du gène de la lactase est identique quel que soit le phénotype de l'individu, LP ou LNP (doc. 3). Chez les Africains et les Européens, des mutations ont été mises en évidence dans les introns (parties non codantes) d'un gène voisin de celui de la lactase : MCM6. Chez les Européens, un nucléotide diffère en position – 13 910, en amont du point de départ de la transcription du gène de la lactase : T chez les individus LP, C chez les LNP.

Pour comprendre les expériences du doc. 4, vous pouvez vous référer à la méthode 2 du chapitre 2.

▬ Dans des cellules intestinales, *in vitro*, on a inséré par transgenèse trois constructions génétiques différentes (doc. 4). Les résultats indiquent que la transcription du gène de la luciférase est réalisée dans toutes les cellules intestinales, mais qu'elle est plus importante lorsque l'on a ajouté les segments contenant C-13910 ou T-13910 en amont du promoteur. L'amplification du gène rapporteur est même quatre à cinq fois plus importante avec la structure contenant le variant T-13910 des individus LP. Ces expériences montrent que les mutations trouvées dans les introns du gène MCM6 influencent l'augmentation de la transcription du gène de la lactase, ce sont des **séquences régulatrices**. Les individus LP présentant la mutation T-13910 gardent la capacité de dégradation du lactose à l'âge adulte car cette mutation entraîne une transcription, et donc une production, importante de la lactase par rapport aux individus LNP présentant le variant C-13910.

▬ D'après le doc. 5, les analyses de l'ADN d'*Homo sapiens* datés de plus de 10 000 ans révèlent l'absence de la mutation T-13910. Les populations du sud de l'Europe proviennent de populations africaines de chasseurs cueilleurs ayant migré vers – 20 000 ans, soit avant l'apparition de cette mutation. La proportion d'individus LP dans les populations du sud de l'Europe varie entre 3 et 13 %. Les populations du nord de l'Europe dérivent de populations nomades d'éleveurs ayant migré entre – 6 500 ans et – 4 500 ans. Dans ces populations, le pourcentage d'individus LP varie entre 43 et 95 %.

Pour proposer des mécanismes explicatifs des différences entre les populations, il faut faire appel aux notions concernant la sélection naturelle et la dérive génétique vues dans le chapitre 2.

▬ Les populations nomades s'étant installées au nord de l'Europe pratiquaient l'élevage. On peut émettre l'hypothèse que la forte fréquence de l'allèle T-13910 est liée à un **avantage sélectif** des individus LP qui pouvaient consommer le lait produit à l'âge adulte, contrairement aux individus LNP. Par ailleurs, un faible nombre de migrants en Europe du Nord peut aussi expliquer les fréquences élevées des individus LP par **effet de fondation**. Quoi qu'il en soit, il apparaît que les pratiques culturelles comme l'élevage ont joué un rôle dans l'évolution des populations humaines en favorisant les individus LP dans les populations consommant du lait.

▬ On peut également envisager un mécanisme similaire pour certaines populations africaines, avec des mutations différentes dans la séquence régulatrice du gène de la lactase, mais des effets semblables (doc. 3).

7 Les bipédies des grands primates

L'analyse croisée des documents 1 et 2 doit permettre de mettre en évidence les caractères associés à une bipédie exclusive.

▬ *Homo sapiens* pratique une bipédie exclusive (doc. 2). Depuis trente ans, les études du répertoire locomoteur des grands singes ont montré que tous pratiquaient des formes de bipédie pour transporter des aliments, les jeunes, ou lors de rites de domination (doc. 1). Les jeunes chimpanzés, comme les jeunes orangs-outans, sont davantage bipèdes que les adultes. Les adultes orangs-outans pratiquent cependant une « bipédie arboricole ». D'après le doc. 1, les hommes, les chimpanzés, les bonobos et aussi les gorilles présentent la bipédie dans leur répertoire locomoteur. Mais l'homme pratique la marche bipède à 98 %, contrairement aux autres grands singes qui la pratiquent à hauteur de 2 % pour les gorilles et 10 à 20 % pour les bonobos. Le squelette de ces grands singes n'est donc pas affecté par la bipédie, mais ils sont **fonctionnellement capables de la pratiquer**.

Pour aller plus loin, on peut même conclure à l'existence de la bipédie dans le répertoire locomoteur de l'ancêtre commun à ces grands primates.

- La comparaison des squelettes de l'homme et du chimpanzé met en évidence les caractéristiques associées à une bipédie exclusive : colonne vertébrale à quatre courbures, raidissement de la jambe par verrouillage du genou, bassin large et évasé, fémurs formant un angle avec la verticale, gros orteil non opposable, trou occipital centré à la base du crâne (doc. 2). On note également que le rapport entre la longueur du membre supérieur et celle du membre inférieur est de 72 % chez l'homme, contrairement aux autres grands singes où ce rapport est supérieur à 100 %. Les membres inférieurs sont proportionnellement plus longs chez l'homme (doc. 1). Chez le chimpanzé, une courbure unique de la colonne, un bassin haut et étroit, un gros orteil écarté et opposable et un trou occipital en arrière sont **compatibles avec une bipédie occasionnelle et une capacité à la quadrupédie ainsi qu'à la suspension**.

Les documents 3 et 4 permettent de discuter du caractère spécifique de la bipédie chez l'homme.

- D'après le doc. 3, des macaques entraînés durant la phase de croissance à pratiquer une marche bipède présentent une locomotion bipède pour une part non négligeable de leur répertoire locomoteur alors que, dans la nature, les macaques ne se déplacent que très peu de cette manière. Par ailleurs, l'anatomie de ces macaques entraînés est affectée, ce qui montre bien que **la marche bipède exerce des contraintes sur l'organisme de ces macaques pendant leur croissance**. Les difficultés d'apprentissage de la bipédie pour les « enfants sauvages » ou les « enfants placards » montrent également bien que ce mode de locomotion, s'il est permis par des caractéristiques du squelette humain, est un **comportement qui s'apprend au contact des congénères** durant la croissance. Non pratiquée durant l'enfance, la bipédie n'est pas spontanée chez ces enfants, et ils ont souvent recours à la marche sur quatre membres.
- Certaines mutations, notamment du gène VLDLR, sont à l'origine d'une locomotion sur les quatre membres dans certaines familles retrouvées en Turquie, au Brésil ou en Iraq (doc. 4). La protéine codée par ce gène, appelée « récepteur de lipoprotéine à très basse densité », intervient dans un développement neuronal, voire plus généralement dans le développement du cerveau, et particulièrement dans le cerebrellum qui joue un rôle dans le contrôle moteur. Ce document montre que certaines mutations affectant des familles humaines sont à l'origine d'une marche quadrupède.

La pratique d'une bipédie exclusive chez l'homme est donc associée à des caractéristiques squelettiques, mais également à un apprentissage de ce comportement et à des **propriétés du contrôle moteur sous la dépendance de gènes**.

Les documents 5 et 6 permettent maintenant de discuter des bipédies de fossiles appartenant à la lignée humaine, au regard des conclusions faites sur les bipédies des grands singes.

- Les *Australopithecus afarensis*, comme Lucy, étaient capables de bipédie (doc. 5). Le trou occipital centré, les ailes iliaques courtes et tournées vers l'avant ainsi que le genou adducté (orienté vers l'intérieur) sont des caractéristiques squelettiques mises en relation avec une marche bipède chaloupée (balancement du bassin). D'autres particularités anatomiques, comme des doigts courbés et un gros orteil légèrement divergent, montrent qu'*A. afarensis* était aussi capable de se déplacer en suspension dans les arbres. **La bipédie n'était donc pas exclusive chez cette espèce fossile** datée de 3,7 Ma, et cette bipédie présente des **points communs avec celle pratiquée par les chimpanzés.**
- Le fémur d'*Orrorin*, fossile daté de 6 Ma, présente un col plus marqué comme chez l'homme, contrairement au chimpanzé (doc. 6). Les coupes transversales dans les fémurs révèlent que, chez l'homme, la paroi osseuse supérieure est mince et la paroi osseuse inférieure est plus épaisse. Chez le chimpanzé, la paroi osseuse est régulièrement épaisse et présente une crête. L'étude du fémur d'orrorin montre que les épaississements ne sont pas réguliers, comme chez l'homme, et qu'il n'y a pas de crête. La bipédie d'*Orrorin* serait donc plus proche de celle de l'homme que de celle des chimpanzés ou d'*Australopithecus afarensis*.

Le document 7 étaye la conclusion.

- Les espèces du genre *Homo* présentent toutes des caractéristiques liées à une bipédie proche de celle de l'homme actuel (doc. 7). D'autres fossiles des genres *Australopithecus*, comme *A. afarensis*, et *Paranthropus* présentent des caractéristiques d'une bipédie plus proche de celle des grands singes. Mais d'autres fossiles, plus anciens, tels *A. anamensis* et *Orrorin tugenensis* présentent des caractéristiques plus proches de celles de l'homme. **Les caractères associés à une bipédie exclusive n'ont donc pas une évolution linéaire**.
- Tous les grands primates étudiés possèdent la bipédie dans leur répertoire locomoteur. Leur ancêtre commun présentait donc sans doute cette capacité à la marche bipède. Au cours d'une évolution buissonnante, les représentants de la lignée humaine ont présenté **différents répertoires locomoteurs** incluant des bipédies plus ou moins proches de celle de l'homme actuel. Il faut également noter que la bipédie exclusive de l'homme est un comportement dépendant en partie d'un apprentissage. Certains hommes actuels, pour des raisons génétiques ou un défaut d'apprentissage, ne sont pas bipèdes, ce qui montre bien qu'une vision rectiligne d'un perfectionnement progressif de la bipédie au cours du temps est fausse.

POST BAC

8 Phylogénie des embryophytes

1.

- Les angiospermes, les coniférophytes, les filicophytes et les lycophytes partagent le même état dérivé des caractères « paroi complètement lignifiée des trachéides », « trachéïdes » et « archégones inclus dans le gamétophyte ». Ils partagent un ancêtre commun plus proche que celui qu'ils partagent avec les bryophytes.
- Les angiospermes, coniférophytes et filicophytes possèdent l'état apomorphe du caractère « croissance pseudomonopodiale » : ils ont hérité cette innovation d'un ancêtre commun qu'ils partagent, plus proche que celui qu'ils partagent avec les lycophytes.

- Angiospermes et coniférophytes possèdent l'état dérivé du caractère « ovule/graine » : ils partagent un ancêtre commun exclusif, plus proche que ceux qu'ils partagent avec les autres taxons.
- Les angiospermes sont les seules à présenter le caractère « fleur » à l'état dérivé : l'innovation évolutive est donc postérieure à l'ancêtre commun partagé avec les coniférophytes.

L'analyse de la matrice taxons-caractères permet ainsi de déterminer le nombre de nœuds (ancêtres communs) nécessaires à la construction de l'arbre (prendre en compte l'ancêtre commun à tous les taxons). Mais aussi de justifier le positionnement des innovations évolutives.

2. Caractères non informatifs :
– la fleur, car seul un taxon (les angiospermes) présente l'état apomorphe, ce qui ne permet pas de le rapprocher d'un autre taxon ;
– ou l'un des trois caractères apportant la même information sur la parenté entre les taxons considérés.

3. Innovations évolutives placées sur les branches :

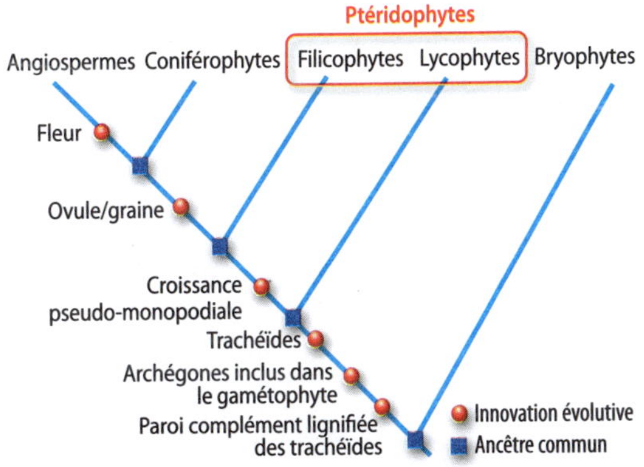

4. Les filicophytes et les lycophytes sont des ptéridophytes : ils ont des trachéïdes (vascularisés), et n'ont pas de graine.
Ce groupe est qualifié de paraphylétique : il regroupe deux taxons parmi les quatre présentant des trachéïdes. Tous les descendants de l'ancêtre commun qui possédait cette innovation ne sont pas pris en compte. Ce groupe est basé sur le partage d'une plésiomorphie (symplésioporphie), l'absence de graine.

CHAPITRE 4

La vie fixée chez les plantes

COURS

La vie fixée chez les plantes

Les angiospermes*, plantes à fleurs majoritaires dans la flore actuelle, mènent une vie fixée qui rend difficiles l'approvisionnement en matières premières et la reproduction sexuée. Ces plantes ont développé des adaptations remarquables pour répondre à ces contraintes.

I. Des surfaces d'échange reliées par des flux de sèves

- Une plante, **organisme** autonome, comprend plusieurs **organes** : la tige, les racines et les feuilles dans l'appareil végétatif, les fleurs et les fruits dans l'appareil reproducteur.
- Chaque organe est composé de plusieurs **tissus**, chacun regroupant des cellules de même forme et de même fonction.

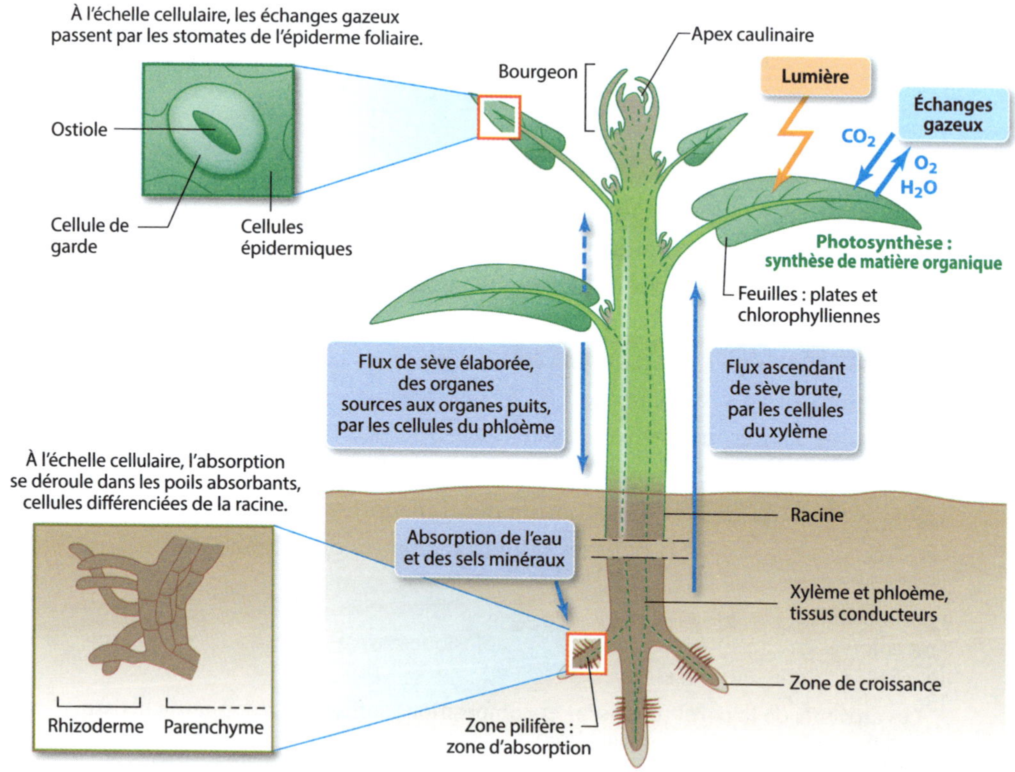

DOC. 1 Organisation fonctionnelle d'une plante angiosperme. La racine, qui assure l'ancrage au sol et l'absorption, et les feuilles, siège de la photosynthèse et des échanges gazeux, sont interdépendantes et complémentaires : les tissus conducteurs de la tige permettent de les relier.

1. De vastes surfaces d'échanges

- L'approvisionnement en eau et en sels minéraux est assuré par un tissu racinaire : l'**assise pilifère** ou rhizoderme, et ses cellules spécialisées, les **poils absorbants**. Chez certaines espèces, l'absorption est assurée par les **mycorhizes**, une symbiose entre les cellules racinaires et un mycélium de champignons (voir le chapitre 2). Dans les deux cas, on mesure une vaste surface de contact plante – sol.
- Les échanges gazeux se déroulent dans les feuilles, au niveau des **stomates**. Ce sont des structures de l'épiderme foliaire composées de deux cellules de garde encadrant un orifice contrôlé, l'ostiole. L'épiderme est par ailleurs recouvert d'une **cuticule** imperméable, s'opposant aux échanges. La feuille offre une vaste surface pour la capture de la lumière et une multitude de points d'échanges gazeux contrôlés (doc. 1).

2. Les sèves et les tissus conducteurs

- Les sèves sont les liquides circulant dans la plante *via* des tissus spécialisés qui les conduisent. La sève brute provient de l'absorption des éléments du sol par les racines, alors que la sève élaborée contient le sucre produit par photosynthèse. Les deux types de sève ont une composition, des tissus conducteurs et un sens de déplacement qui leur sont propres (doc. 1).

	Sève brute	Sève élaborée
Composition	– Eau – Sels minéraux (potassium, nitrate…)	– Eau – Saccharose (glucide) à 300 g/L en moyenne
Tissus conducteurs	Dans le **xylème**. Les cellules du xylème sont réunies en massifs triangulaires dans les jeunes plantes. Elles composent le bois des plantes plus âgées.	Dans le **phloème**.
Sens de déplacement	Des racines vers les organes aériens : flux ascendant.	Des feuilles (organes sources **autotrophes**) aux organes puits **hétérotrophes** (racines, fleurs, fruits…) : flux ascendant ou descendant.

- Les cellules du xylème sont des cellules allongées et disposées en tubes verticaux, à paroi lignifiée. Les cellules du phloème sont des cellules allongées et disposées en tube, à paroi cellulosique. Lorsque les cellules sont vidées à l'eau de Javel et que les parois sont colorées au carmino-vert, les parois cellulosiques apparaissent roses et les parois liquéfiées apparaissent vertes (doc. 2).
- Les attributs de la paroi (épaisseur et composition) suffisent à reconnaître le tissu auxquelles elles appartiennent (doc. 2).

* Les mots suivis d'un astérisque sont définis dans le lexique.

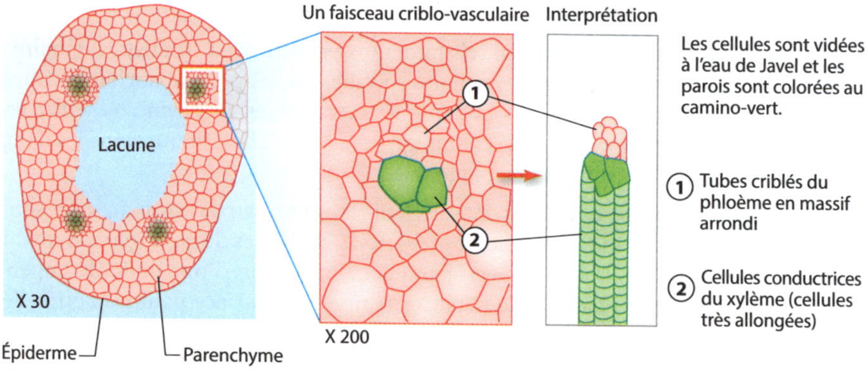

DOC. 2 Les tissus conducteurs en coupe transversale et longitudinale. Les cellules végétales sont caractérisées par la présence d'une paroi squelettique autour de la membrane plasmique, et d'une vacuole. Elles mesurent en moyenne 100 µm.

3. La protection de la plante face aux agressions du milieu

Contraintes liées à la vie fixée	Réponses de la plante
1. Contraintes climatiques annuelles liées à l'alternance des saisons	– Adaptation anatomique : cuticule épaisse… – Adaptation physiologique : perte des feuilles caduques
2. Contraintes climatiques quotidiennes	– Adaptation physiologique : fermeture des stomates en cas de fort ensoleillement
3. Risques d'attaques par des parasites ou des phytophages	– Adaptation anatomique : cuticule, épines, cire… – Adaptation métabolique : production de toxines variées (cette réponse peut être induite par l'attaque)

II. Fleurs, graines et fruits

1. La fleur, organe hermaphrodite

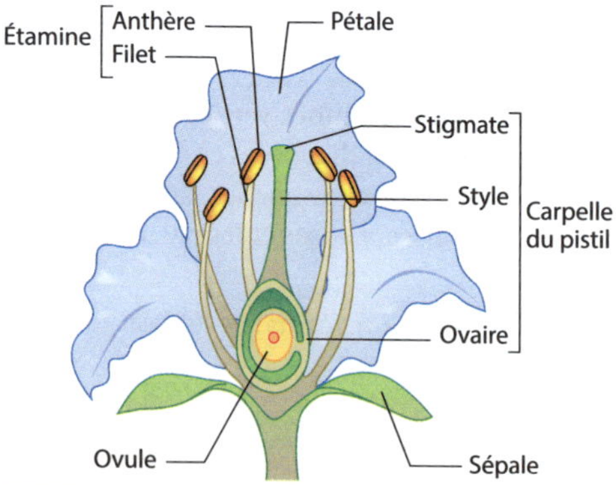

DOC. 3 Architecture d'une fleur d'angiosperme.

La fleur se met en place au sommet de la tige, par modification du fonctionnement du méristème apical*, sous le contrôle de gènes du développement, comme *Agamous* et *Apetala*. Elle possède :

– des pièces stériles, les **pétales**, dont le nombre est habituellement compris entre 3 et 6 et dont l'ensemble forme la **corolle**, et les **sépales**, dont l'ensemble forme le **calice** ;

– des pièces fertiles, les **étamines**, dont l'extrémité (ou **anthère**) produit le pollen* et dont l'ensemble forme l'androcée, portion mâle de la fleur, et les **carpelles*** formant le **pistil** femelle (ou gynécée), qui renferment les ovules, futures graines.

On trouve des fleurs, du pollen et des graines chez les spermaphytes, groupe incluant les angiospermes mais aussi les conifères. Le fruit est propre aux angiospermes. On ne trouve pas de fleurs, pollens et graines dans les autres groupes de plantes (fougère, mousse…) ni chez les champignons.

2. De la pollinisation à la fructification

La **pollinisation** est le déplacement du pollen des étamines d'une fleur vers le pistil d'une autre fleur de la même espèce : par le vent ou par des animaux pollinisateurs. Ce mouvement est un préalable à la rencontre des gamètes, difficile en vie fixée. Une fois le pollen réceptionné par le sommet du pistil, la **fécondation** entre le gamète mâle, apporté par le pollen, et le gamète femelle contenu dans l'ovule* a lieu. La pollinisation favorise ainsi la fécondation croisée, ou **allofécondation**. L'embryon se développe au cœur de l'organe femelle, dans l'ovule qui se transforme en graine*.

La **fructification** suit la fécondation : c'est la transformation du pistil de la fleur en fruit*. Le fruit participe à la protection puis à la **dissémination** des graines, par le vent (fruit sec ailé), les animaux (fruit charnu) ou en éclatant (fruit sec de type capsule).

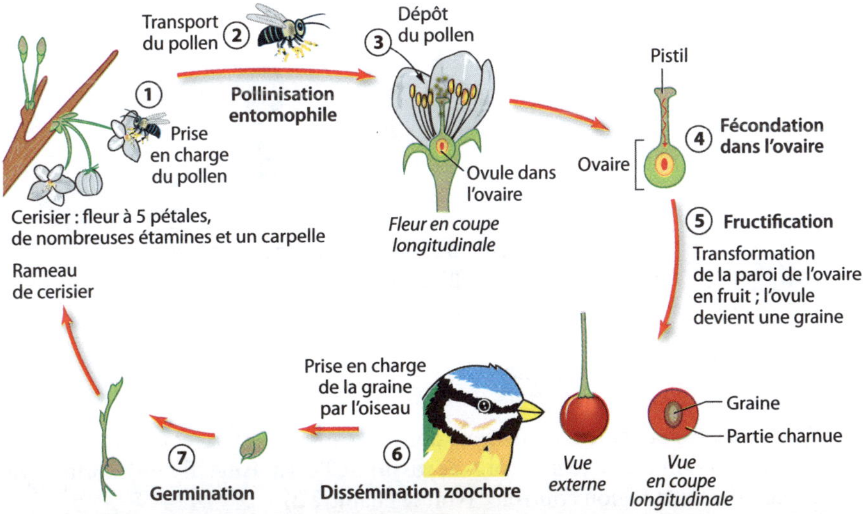

DOC. 4 La reproduction des angiospermes. Pollinisation et dissémination peuvent reposer sur l'interaction entre un animal et la plante : des phénomènes de coévolution conservant et améliorant la prise en charge du pollen ou du fruit par l'animal existent.

POST BAC

Les gènes du développement chez l'arabette

> Voir le sujet 7.

- L'arabette des dames (*Arabidopsis thaliana*) est une plante modèle pour étudier le développement des angiospermes car son génome assez court est bien connu. Elle se développe en six semaines et produit, à chaque génération, de nombreuses graines. En laboratoire, de nombreux mutants du développement apparaissent spontanément.
- Le mutant *agamous* ne possède pas l'allèle sauvage du gène *Agamous* et ne produit pas de protéine *agamous*.
- Le phénotype du mutant *agamous* renseigne sur le rôle de la protéine *agamous* (absente). On peut ainsi relier l'absence de la protéine à l'absence des pièces fertiles, étamines et carpelles, sur la fleur. On en déduit que **la protéine *agamous* est nécessaire** pour organiser la mise en place des pièces fertiles.
- Le gène *Apetala* contrôle quant à lui la mise en place du calice et de la corolle.

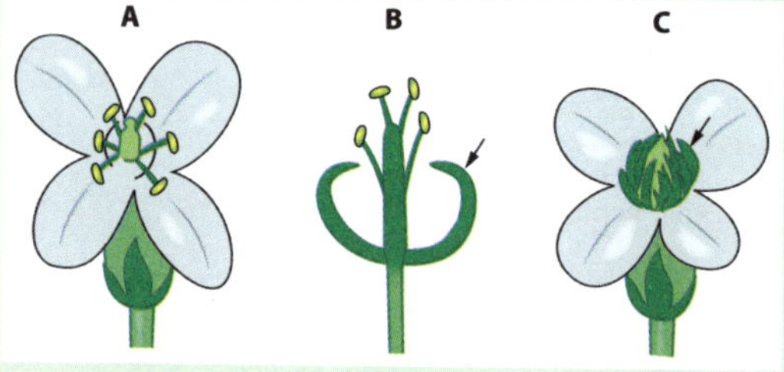

DOC. 5 Phénotype de fleurs sauvage (A), mutante *apetala2* (B) et mutante *agamous* (C). Sur le dessin B, la flèche pointe un carpelle surnuméraire. Sur C, la flèche pointe un sépale en position anormale.

- Un gène du développement est un gène dont l'expression est nécessaire et suffisante pour la construction d'une région (organe, tissu) de l'organisme. Il ne s'exprime que dans les cellules de la région contrôlée (voir le chapitre 2).

On peut donc localiser son territoire d'expression. *Agamous* s'exprime dans toutes les cellules du méristème floral qui donneront les étamines et les carpelles, et ne s'exprime dans aucune autre cellule de la plante.

Un gène du développement se nomme aussi **gène d'identité** : toute cellule exprimant *Agamous* est nécessairement une cellule de pièce florale fertile.

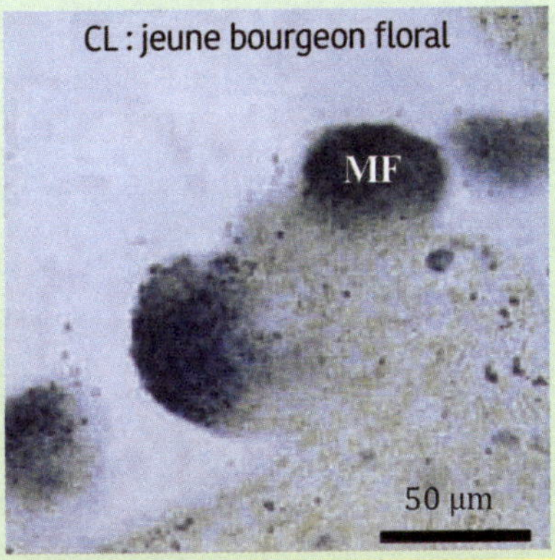

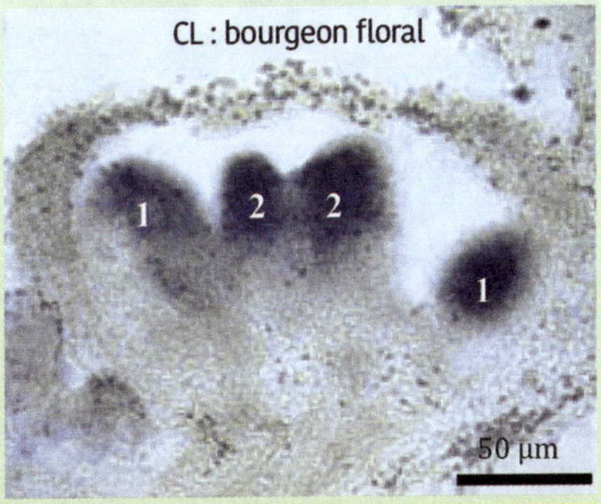

DOC. 6 Localisation du domaine d'expression du gène *Agamous* par hybridation avec une sonde complémentaire à l'ARNm d'*Agamous*. Cette sonde, ici colorée en bleu foncé, se fixe sur les ARNm du gène *Agamous*. Or, ces ARNm ne sont présents que dans les cellules exprimant le gène, alors que le gène est présent dans le noyau de toutes les cellules de la plante. Les cellules apparaissant en bleu foncé sont donc uniquement celles exprimant le gène étudié.

On constate, dans le jeune bourgeon floral en coupe longitudinale (CL), que le gène *Agamous* s'exprime dans toutes les cellules du méristème floral (MF). Il y a ensuite une restriction progressive du domaine d'expression du gène *Agamous* aux étamines (1) et aux carpelles (2) de la fleur. Il existe d'autres méthodes de détermination d'un territoire d'expression, comme l'utilisation de gènes rapporteurs (voir le chapitre 2).

1 Se repérer dans une coupe histologique végétale

> Voir les sujets 4, 6 et 7 mettant en œuvre cette méthode.

Méthode

> **Étape 1 : identifier le sens de la coupe.**

- La racine et la tige ont globalement une forme cylindrique :
– une **coupe transversale** de racine ou de tige donne un disque dans lequel les cellules montrent des sections polygonales de 50 à 200 µm environ ;
– une **coupe longitudinale** est plus ou moins rectangulaire, la longueur des cellules est variable : autour de 100 µm pour la plupart des types cellulaires, mais très longue pour les cellules conductrices ;
– une coupe peut être **partielle**, et ne montrer que certains tissus.

- La feuille a une forme aplatie : une coupe transversale se présente comme une bande fine à symétrie bilatérale.

> **Étape 2 : vérifier la technique de coloration employée.**

– une **coupe non colorée** permet d'observer les couleurs réelles des cellules, et en particulier d'identifier les chloroplastes ;
– une **coupe vidée** à l'eau de Javel ne conserve que les parois qui dessinent le contour cellulaire. Une coupe vidée est en général colorée au carmino-vert : le colorant vert d'iode colore les parois lignifiées et le colorant carmin colore les parois cellulosiques. La couleur et l'épaisseur des parois sont des critères d'identification ;
– on peut utiliser des colorants très variés : par exemple, l'eau iodée sur des coupes non vidées permet de repérer l'amidon par une couleur bleu sombre.

> **Étape 3 :** identifier les tissus en se référant au tableau ci-après.

Position des cellules	Forme des cellules	Épaisseur de la paroi	Chimie de la paroi déduite de la coloration carmino-vert	Interprétation
Externe	Jointive	Fine	Cellulosique	Tissu de revêtement : si on observe un stomate, c'est un épiderme, si on observe des poils absorbants, c'est un rhizoderme
En large bande, sous le tissu de revêtement, jusqu'au centre de l'organe	Peu jointive, chloroplastes possibles	Fine	Cellulosique	Parenchyme

Position des cellules	Forme des cellules	Épaisseur de la paroi	Chimie de la paroi déduite de la coloration carmino-vert	Interprétation
En petits groupes	En tube	Épaisse	Lignifiée	Xylème
En petits groupes	En tube	Fine	Cellulosique	Phloème
En petits groupes	–	Très épaisse	Lignifiée ou cellulosique	Tissu de soutien

Application

Légender les coupes histologiques du document.

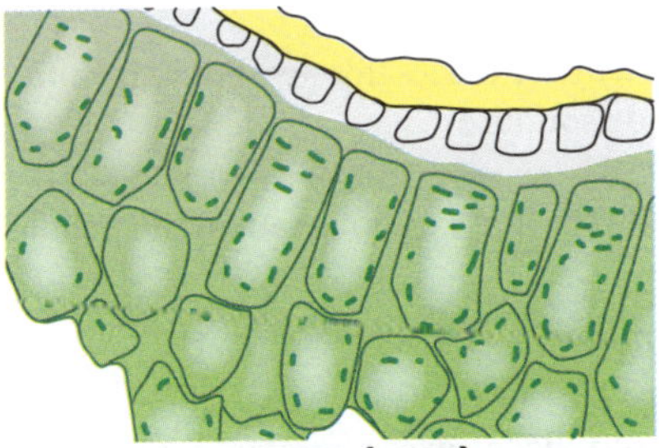

Coupe 1 (× 200)

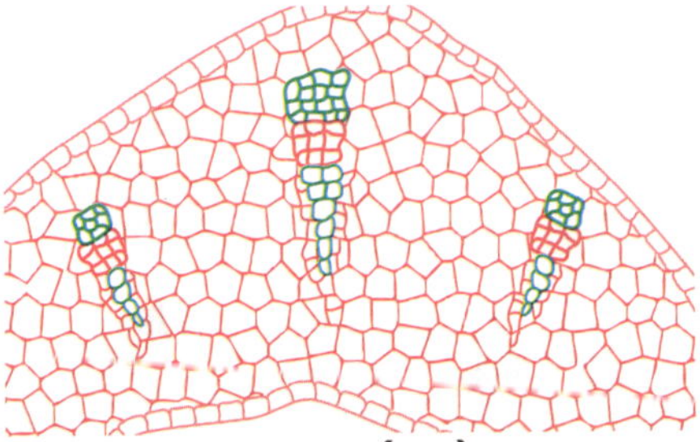

Coupe 2 (× 20)

DOC.7 La feuille de muguet, préparée de deux façons.

	Coupe 1	Coupe 2
> Étape 1 Identifier le sens de la coupe	Les cellules ont des sections pseudo-circulaires et des tailles proches : coupes transversales.	
	On compte une vingtaine de cellules vertes surmontées d'une dizaine de cellules translucides. Aucune symétrie n'est observable : c'est une coupe transversale partielle.	Symétrie bilatérale, l'épiderme apparaît sur les deux faces : c'est une coupe transversale quasi complète.
> Étape 2 Vérifier la technique de coloration	On voit des chloroplastes : la coupe n'est ni vidée ni colorée.	Les cellules sont vides : c'est une coupe vidée colorée (seules les parois sont présentes).
> Étape 3 Identifier les tissus	On reconnaît deux tissus : – le tissu translucide (en haut) se situe en périphérie : c'est un épiderme, couvert d'une cuticule ; – le tissu vert (en bas) contient des chloroplastes : c'est un parenchyme chlorophyllien.	On compte 5 tissus : le parenchyme (grandes cellules) remplit l'essentiel de la coupe, le tissu de soutien très vert comporte des parois épaisses, le xylème (vert clair) et le phloème (petites cellules très roses) et l'épiderme. 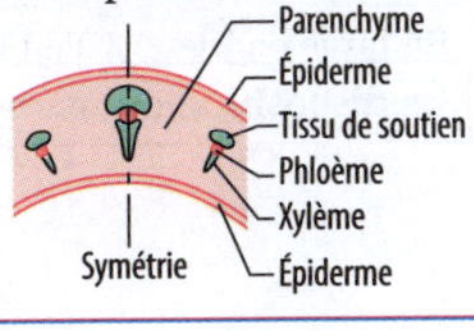

2 Décrire une fleur et retranscrire les observations sous la forme d'un diagramme floral conventionnel

> Voir les sujets 1 et 3 mettant en œuvre cette méthode.

Méthode

> Étape 1 : identifier la symétrie de la fleur. Deux organisations sont possibles :
– si la fleur possède un plan de symétrie et des pétales de tailles différentes, elle est qualifiée de **zygomorphe** ;
– si la fleur possède une symétrie axiale et des pétales tous semblables, elle est qualifiée d'**actinomorphe**.

> Étape 2 : rechercher, de l'extérieur vers l'intérieur, les pièces florales. Pour chacune, les compter et vérifier la présence ou l'absence de soudures.
– Les sépales, externes, souvent petits et verts ;
– les pétales, souvent colorés et plus faciles à compter (il y a toujours autant de pétales que de sépales) ;
– les étamines, qui peuvent être libres, soudées entre elles, ou soudées aux pétales ;
– les carpelles.

> Étape 3 : Le comptage des carpelles étant le plus difficile, on se réfère soit à une coupe transversale de l'ovaire placé sous une loupe, soit à une coupe de fruit. En effet, le fruit dérive de l'ovaire et en conserve l'architecture. On admettra qu'un carpelle contient en général deux rangs d'ovules.

> Étape 4 : vérifier le point d'attache des pièces florales sur la tige. Il faut déterminer si les sépales sont tous accrochés au même niveau, et de même pour les pétales et les étamines. Il faut enfin vérifier que les pétales et les sépales sont bien disposés en quinconce.

> Étape 5 : appliquer les conventions de représentation.

La symétrie	Conditionne la forme du diagramme : – en cercle pour les fleurs actinomorphes, – en ovale pour les fleurs zygomorphes.
Les pièces florales	Sont schématisées, sur des cercles ou des ovales concentriques, par : – une lune blanche pour chaque sépale, – une lune noire pour chaque pétale – un « B » pour chaque étamine, – un petit cercle coupé en autant de quartiers que de carpelles pour le pistil.
Les soudures	Sont, si elles existent, matérialisées par un pont.
La disposition quinconciale	Doit être respectée si c'est le cas.

Application

À partir des dessins fournis dans le document, proposer un diagramme floral de l'arabette des dames.

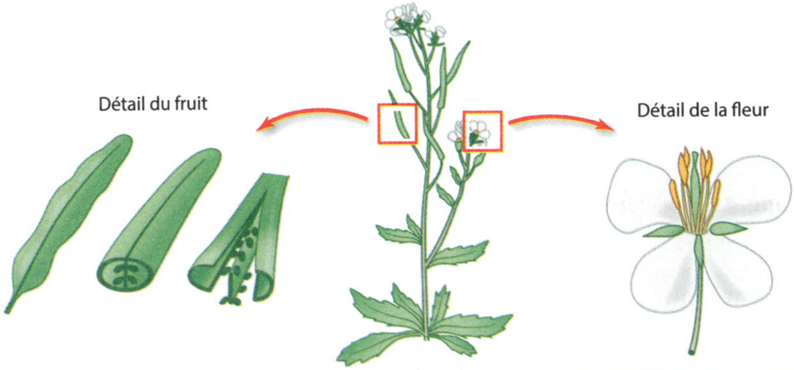

DOC. 8 La fleur d'arabette des dames.

> **Étape 1 :** la fleur est régulière et présente une symétrie axiale, le diagramme est donc circulaire.

> **Étape 2 :** on compte, de l'extérieur vers l'intérieur, 4 sépales verts libres, 4 pétales blancs, libres, coudés, 6 étamines libres : 2 petites plus externes, et 4 grandes plus internes, un pistil.

> **Étape 3 :** la coupe du fruit révèle la présence de 2 loges et de 4 rangées de graines : il y a deux carpelles soudés, séparés par une cloison.

> **Étape 4 :** les sépales sont plus externes que les pétales, qui sont plus externes que les étamines. Les petites étamines ne sont pas accrochées au même niveau que les étamines plus grandes. On représente quatre cercles de pièces, en séparant les étamines sur deux cercles distincts et en mettant le pistil au centre.

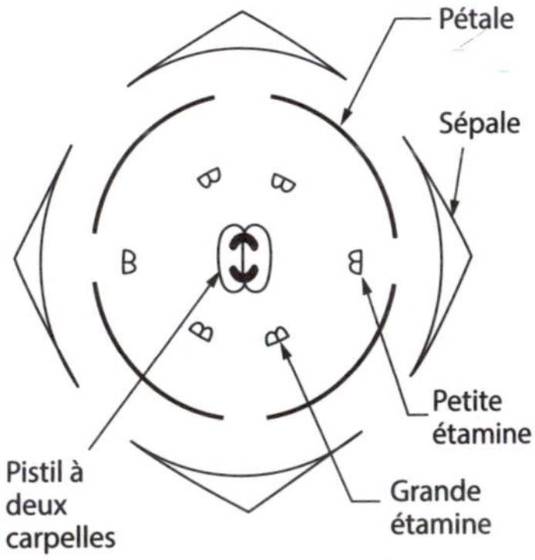

DOC. 9 Diagramme floral de l'arabette des dames.

> **Étape 5 :** représenter le diagramme selon les conventions.

3 Réaliser un schéma fonctionnel à partir d'une analyse expérimentale

> Voir les sujets 4, 5, 6 et 7 mettant en œuvre cette méthode.

Un schéma fonctionnel décrit les interactions (causalité, consommation, production, chronologie) entre les différents éléments d'un système. Le schéma fonctionnel est la dernière étape d'une analyse de documents.

Méthode

> Étape 1 : au préalable, faire une analyse détaillée de chaque document afin d'en extraire les informations et d'aboutir à un ensemble d'interprétations.

> Étape 2 : ensuite, au brouillon, classer les idées déduites des documents. Selon le cas on établit : un classement chronologique (ordre des faits relevés dans les documents), des liens de cause à effet.

> Étape 3 : réaliser un organigramme simple, sur lequel on matérialise le classement établi par des flèches.

> Étape 4 : replacer l'organigramme dans un schéma en indiquant le contexte, le légender et ne pas oublier le titre et l'échelle (ou le grossissement).

Application

En mettant en relation les informations relevées dans les documents, construire un schéma fonctionnel expliquant le contrôle des stomates.

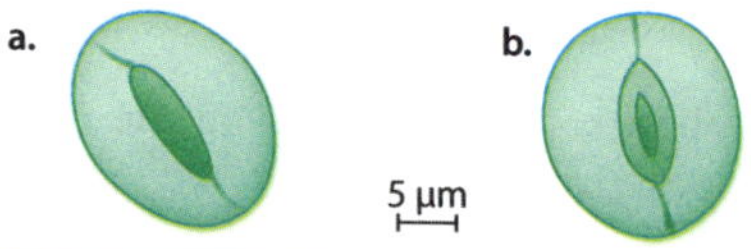

DOC. 10 Observation d'un stomate. **a.** Stomate issu d'une feuille cultivée à l'ombre. **b.** Stomate issu d'une feuille exposée au soleil

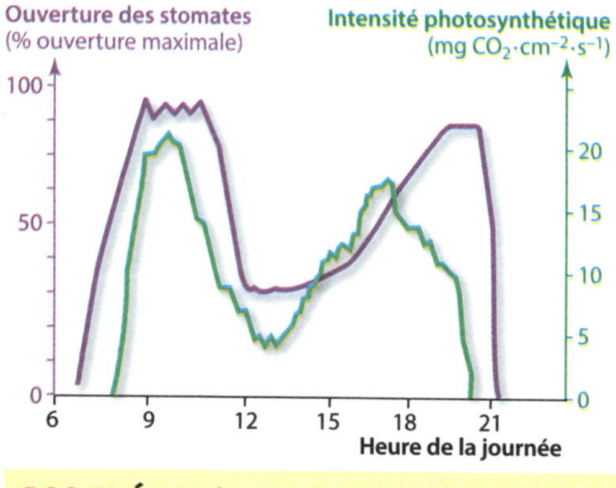

DOC. 11 Évolution du pourcentage de stomates ouverts et de l'activité photosynthétique d'une feuille durant une journée ensoleillée.

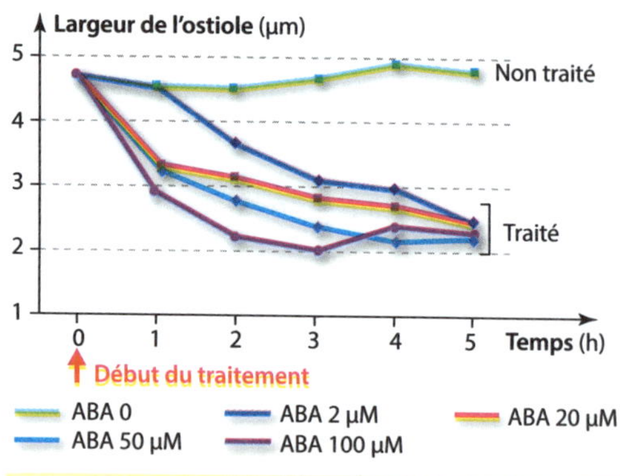

DOC. 12 Mesure de la largeur des ostioles sur une feuille traitée ou non avec l'hormone végétale ABA. La feuille est cultivée dans des conditions d'éclairement et de température matinales et reçoit de l'ABA (acide abscissique, de 0 à 100 µM ou µmol/L) à partir de $t = 0$.

> Étape 1 : énoncé des faits importants relevés dans les trois documents.

- Le doc. 10 rappelle que le stomate possède deux positions, ostiole ouvert de 5 µm de large, et ostiole fermé de 2,5 µm de large. Ces valeurs se retrouvent sur le graphe du doc. 12.

- Le doc. 11 montre qu'au cours d'une journée, les stomates oscillent entre état ouvert et état fermé. L'état fermé correspond à la partie la plus chaude de la journée.
Il montre aussi une correspondance entre :
– les moments d'ouverture des stomates et une activité photosynthétique maximale,
– la fermeture des stomates et l'activité photosynthétique minimale.

- Le doc. 12 montre qu'indépendamment des conditions extérieures, un traitement à l'ABA provoque la fermeture des stomates.

> Étape 2 : établissement des relations déduites (au brouillon).
– Corrélation entre la température externe et la fermeture des stomates : un lien de cause à effet est probable ;
– corrélation entre la fermeture des stomates et le ralentissement de la photosynthèse : en intégrant le fait que les stomates participent à l'entrée de CO_2, le lien de cause à effet est avéré ;
– lien de cause à effet sans équivoque entre la présence de l'hormone ABA et la fermeture des stomates ;
– lien probable entre le stimulus chaleur et la présence *in vivo* d'ABA.

> Étape 3 : on résume toutes ces relations sur un schéma simple.

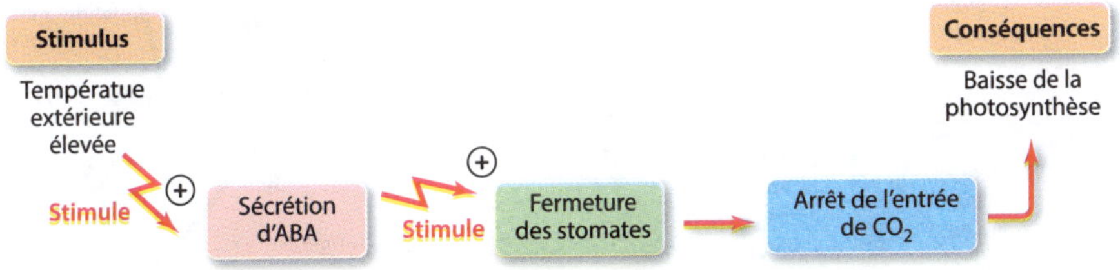

DOC. 13 Organigramme de synthèse des relations établies.

> Étape 4 : on transfère l'organigramme dans le contexte biologique de la cellule stomatique pour réaliser le schéma fonctionnel demandé. Pour l'échelle, on utilise la taille moyenne d'une cellule végétale.

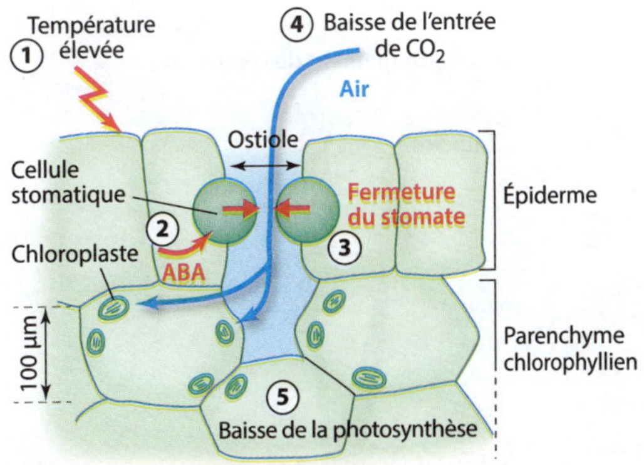

DOC. 14 Schéma fonctionnel final.

SUJETS DE TYPE BAC

1 Comparaison de trois fleurs

30 min

L'intérêt de cet exercice est la vérification directe des compétences du programme : savoir établir un diagramme floral et comprendre la différence entre pollinisation et dissémination. L'observation florale peut être envisagée en ECE (Évaluation des capacités expérimentales) sur matériel vivant ou sur document.

> Voir la méthode et stratégie 2.

1. À partir des documents, proposer un diagramme floral de la fleur de lamier et de la fleur de benoite.

2. Construire un tableau donnant des arguments relevés dans les documents, et les conclusions auxquelles ils permettent d'aboutir pour :
– comparer le mode de pollinisation des trois fleurs, lamier, benoite et blé ;
– comparer la dissémination chez ces trois espèces.

DOC. 1 Le lamier.

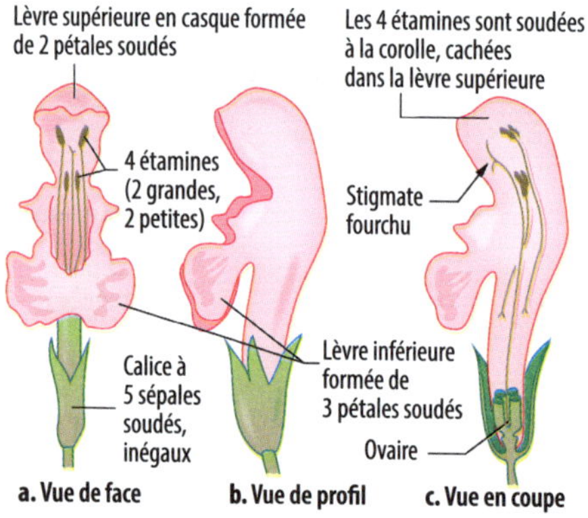

DOC. 2 La benoite.

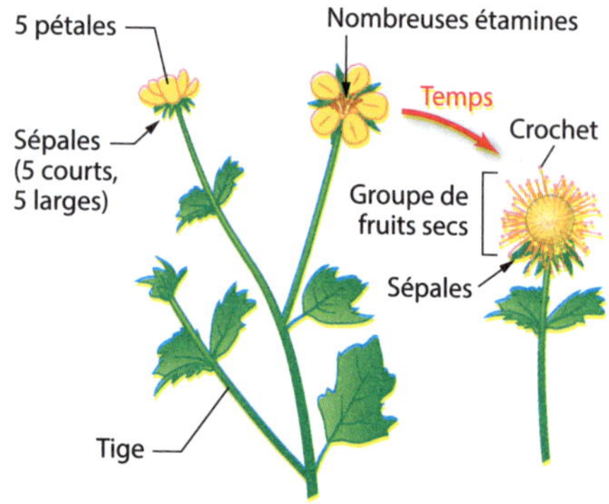

DOC. 3 Le blé.

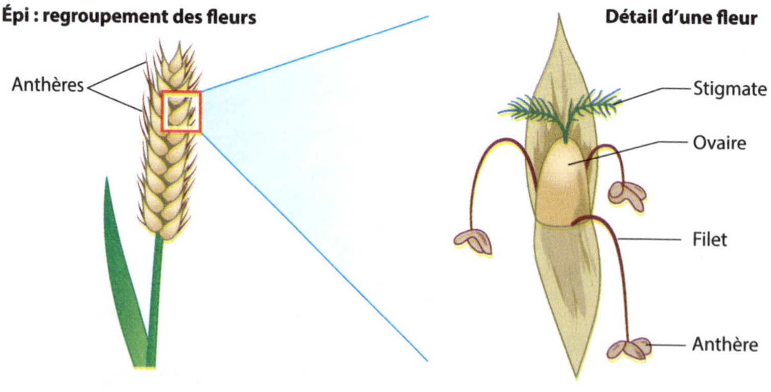

2 Les restrictions d'eau

60 min

Ce sujet de synthèse est l'occasion de faire le point sur vos connaissances. Il ne devrait pas poser de problème de construction car deux axes sont clairement suggérés dans l'intitulé.

> Voir la méthode générale de traitement d'une question de synthèse en fin d'ouvrage.

Chaque été, des restrictions d'arrosage sont imposées par les préfectures pour lutter contre le gaspillage d'eau lorsque le niveau des nappes est au plus bas. Ces restrictions sont quelquefois mal acceptées par les agriculteurs, ou même par les particuliers pratiquant le jardinage : ils se plaignent que les plantes risquent de souffrir du manque d'eau. **En utilisant vos connaissances, justifier le besoin en eau des plantes et exposer les stratégies qui leur permettent de limiter l'effet de la sécheresse.**

3 Les mutants du développement

30 min

Cet exercice propose une utilisation originale des diagrammes floraux, ainsi qu'une nouvelle approche des gènes du développement. C'est l'occasion de constater que ces gènes influencent la forme de l'organe fleur tout autant que la structure des tissus.

> Voir la méthode et stratégie 2.

1. À partir du doc. 1, proposer un diagramme floral du mutant *apetala* de l'arabette des dames.

2. Comparer le diagramme du mutant et le diagramme de la fleur sauvage (doc. 2), et en déduire le rôle du gène *Apetala*.

3. On compare à présent l'épiderme d'un plant sauvage et d'un mutant *apetala*, en l'observant au microscope électronique à balayage (MEB, doc. 3). Que peut-on ajouter sur la fonction du gène *Apetala* ?

DOC. 1 Mutant *apetala* de l'arabette des dames.

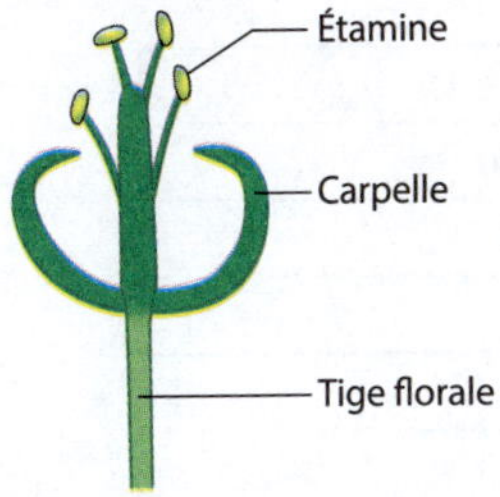

DOC. 2 Diagramme de l'arabette des dames sauvage.

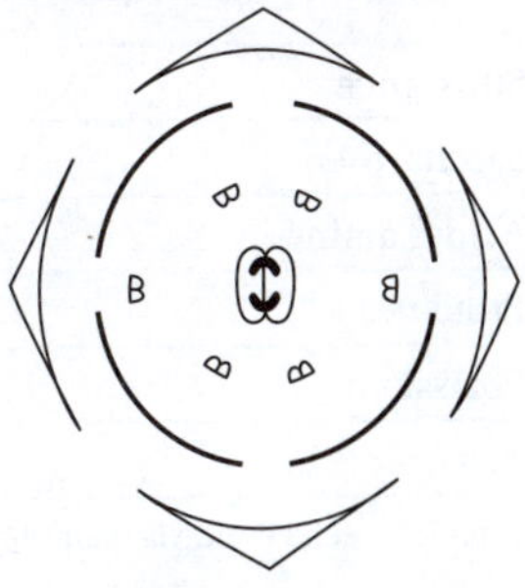

DOC. 3 Épidermes observés au MEB. A. Pièce florale externe d'un plant sauvage. **B.** Pièce florale centrale d'un plant sauvage. **C.** Pièce florale externe d'un mutant *apatela*.

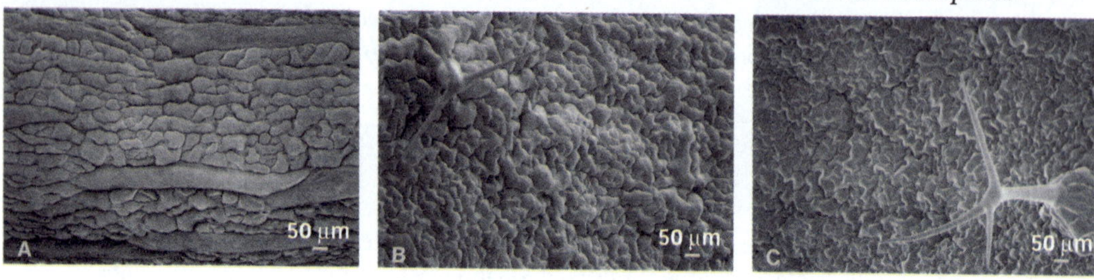

SUJETS D'APPROFONDISSEMENT

4 La sève élaborée

30 min

Cet exercice rassemble des documents classiques, qu'il faut s'approprier, et propose de les relier en un schéma fonctionnel. Soyez à la fois inventif et rigoureux pour le concevoir. La correction proposera une possibilité de schéma, mais d'autres versions sont envisageables. La notion de photosynthèse, vue dans les classes antérieures et reprise en spécialité, doit être maîtrisée.

> Voir les méthodes et stratégies 1 et 3.

La sève élaborée est l'un des deux flux de liquides circulant dans la plante. Certaines caractéristiques de la sève élaborée sont étudiées ici chez le ricin, arbuste tropical dont les graines sont toxiques. Cette toxicité a généré de nombreuses recherches sur cette plante. **À partir de l'analyse des trois documents et de vos connaissances, présentez le flux de sève élaborée et ses fonctions biologiques pour les angiospermes. Vous élaborerez un schéma fonctionnel.**

DOC. 1 Composition de la sève élaborée.

On mesure la concentration moyenne des principales substances en solution aqueuse dans la sève élaborée de ricin.

Substance	Concentration (en g/L)
Saccharose	100
Acides aminés	5
Protéines	2
Potassium	2
Matière sèche	110

La matière sèche évalue la quantité globale de matière dans la sève hormis l'eau.

DOC. 2 Coupe longitudinale colorée d'une portion de tige observée au microscope optique.

La coupe longitudinale d'une portion de tige est traitée à l'eau de Javel et vidée de son contenu cellulaire, puis colorée au carmino-vert.

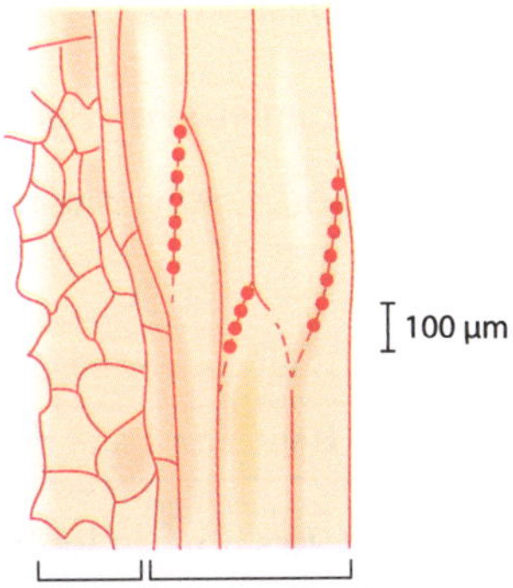

DOC. 3 Évolution de la quantité moyenne de sucres dans un plant.

On mesure la quantité de sucre dans les feuilles à différents moments de la journée. La quantité de sucre est donnée en mg par gramme de feuille. Attention, on ne mesure pas, ici, la composition de la sève, mais de l'ensemble des tissus des feuilles.

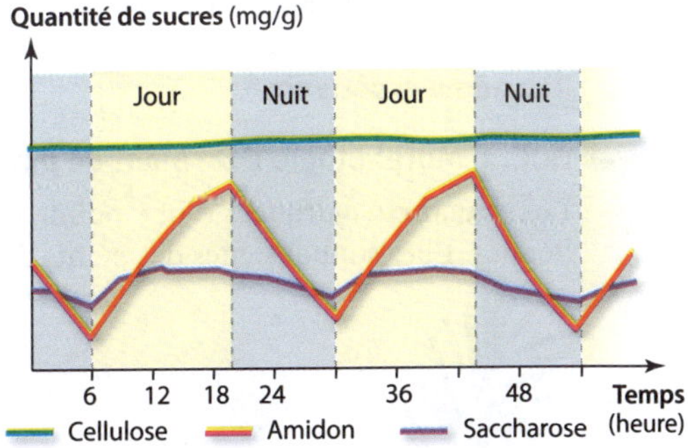

5 Les mycorhizes

30 min

L'objectif est de dégager les caractéristiques de l'interaction champignon mycorhizien – pin. L'analyse est facilitée par un questionnaire de type QCM ciblant les informations importantes. Prenez le temps de bien lire les protocoles pour en comprendre les objectifs. Lisez également attentivement les items du QCM, où chaque mot compte. Le schéma bilan demandé en fin de QCM vous permettra de synthétiser et de vérifier les informations collectées au cours de l'exercice.

> Voir la méthode et stratégie 3.

On étudie la croissance de pins, avec ou sans mycorhizes, au cours de leur première année, selon le protocole suivant. On cultive, dans des conditions de température et d'arrosage identiques, 50 jeunes pins répartis en deux lots :
– le lot A, de 25 plants, est cultivé en bac sur de la terre forestière ;
– le lot B, de 25 plants, est cultivé en bac sur de la terre forestière stérilisée, c'est-à-dire ayant été chauffée à 120 °C pour éliminer tous les êtres vivants.
Les expériences présentées ont été conçues pour étudier les échanges entre le pin et les champignons du sol s'associant aux racines de l'arbre.

Dans les questions 1 à 8, analyser les expériences et leurs résultats en répondant au QCM proposé, où chaque item n'admet qu'une seule réponse exacte. Puis, à la question 9, rassembler les informations dans un schéma bilan.

Première expérience

DOC. 1 Moyenne mensuelle des hauteurs des plants des lots A et B.

	Mars	Avril	Mai	Juin	Juillet	Août
Hauteur moyenne du lot A (cm)	2	2	3	4,5	7	10
Hauteur moyenne du lot B (cm)	2	2	2,5	3,5	5	7

1. Les pins du lot B poussent moins vite que les pins du lot A :
a. à cause de la composition chimique différente de la terre
b. à cause de la présence d'êtres vivants dans leur terre
c. à cause de l'absence d'êtres vivants dans leur terre
d. à cause de la température de culture trop élevée

Deuxième expérience

DOC. 2 Morphologie d'un plant de pin du lot A.

Les structures marquées d'une pointe de flèche sont identifiées comme étant mycéliennes. Elles sont absentes des plants du lot B.

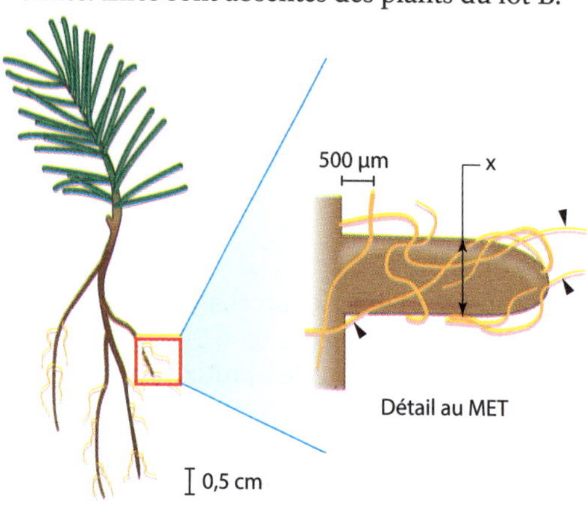

2. Les filaments montrés par une pointe de flèche :
a. étouffent les racines
b. bloquent l'absorption racinaire
c. limitent la surface de contact entre la racine et le sol
d. sont des sites d'absorption occupant une vaste surface

3. L'objet X :
a. est une courte racine
b. est un poil absorbant
c. est un filament de mycélium
d. a un diamètre de 1 cm

Troisième expérience

On analyse à présent les échanges de matière entre le pin et le mycélium en utilisant un plant C cultivé dans un support original.

DOC. 3 Mode de culture du plant de pin C, âgé de deux ans.

On arrose la terre I ou II avec une solution d'engrais contenant un sel minéral radioactif, marqué par l'isotope ^{32}P ou ^{16}N radioactif. On recherche, après plusieurs jours, la présence de molécules radioactives dans les aiguilles du pin C.

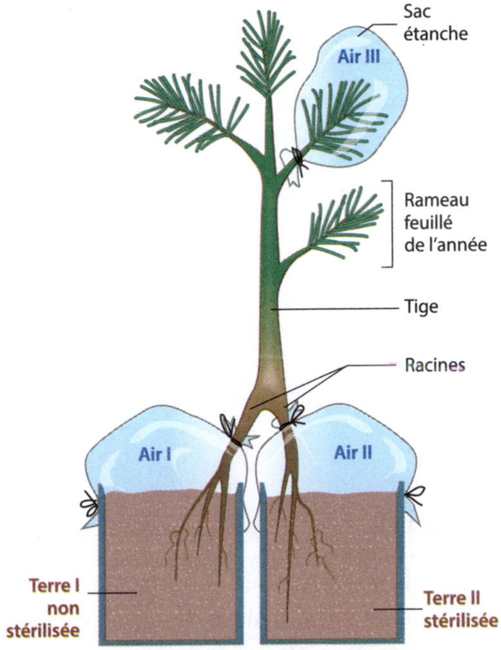

Élément minéral marqué		Présence (+) ou absence (–) de radioactivité dans les aiguilles du pin
Ajout dans la terre I	PO_4^{2-} marqué au ^{32}P	+++
	NO_3^- marqué à ^{16}N	+
	NH_4^+ marqué à ^{16}N	+++
Ajout dans la terre II	PO_4^{2-} marqué au ^{32}P	+
	NO_3^- marqué à ^{16}N	+
	NH_4^+ marqué à ^{16}N	–

4. La terre du bac II, stérilisée :
a. contient des sels minéraux radioactifs et des sels minéraux non radioactifs
b. permet la réalisation de mycorhizes
c. contient du mycélium
d. contient des êtres vivants

5. Le sel minéral PO_4^{2-} :
a. est absorbé dans la terre I par les mycorhizes et transmis à l'arbre
b. est absorbé dans la terre II par les mycorhizes et transmis à l'arbre
c. ne peut pas être directement absorbé par les poils absorbants du pin

6. Concernant les sels minéraux azotés :
a. les mycorhizes n'absorbent pas les ions azotés présents dans le sol
b. les mycorhizes transmettent à l'arbre des ions NH_4^+ et des ions NO_3^-
c. les mycorhizes transmettent à l'arbre des ions NH_4^+ mais pas des ions NO_3^-

Quatrième expérience

DOC. 4 Recherche de molécules radioactives dans les terres I et II.

On ajoute du CO_2 radioactif, marqué au ^{14}C dans l'air I, II ou III : on recherche des molécules organiques radioactives dans la terre I et II.

CO_2 radioactif	Terre I	Terre II
Dans l'air I	–	–
Dans l'air II	–	–
Dans l'air III	+++	–

7. Les molécules organiques radioactives repérées dans la terre I :
a. sont produites par les mycorhizes
b. sont produites par le pin
c. sont produites par les êtres vivants de la terre I

8. Entre le pin et le mycélium des mycorhizes, il y a passage :
a. de molécules de l'arbre vers le champignon seulement
b. de molécules du champignon vers l'arbre seulement
c. de molécules de l'arbre vers le champignon, et du champignon vers l'arbre

Bilan

9. Construire un schéma bilan des échanges entre le pin, le mycélium et le milieu.

6 Le mûrissement de la tomate

45 min

Cet exercice propose une analyse de plusieurs documents qu'il s'agit de mettre en relation pour élaborer un scénario biologique, celui du passage de la fleur au fruit chez la tomate. N'oubliez pas la problématique pour concevoir efficacement le schéma bilan demandé. Le dernier document se base sur une technique classique en biologie moléculaire : l'immunolocalisation.

> Voir les méthodes et stratégies 1 et 3.

Par une analyse détaillée des documents fournis, dégager à l'échelle de l'organe et de la cellule les modifications permettant le passage de l'ovaire au fruit chez la tomate. Construire un schéma bilan pour conclure.

Observation du fruit et de ses composants

DOC. 1 De la fleur au fruit.

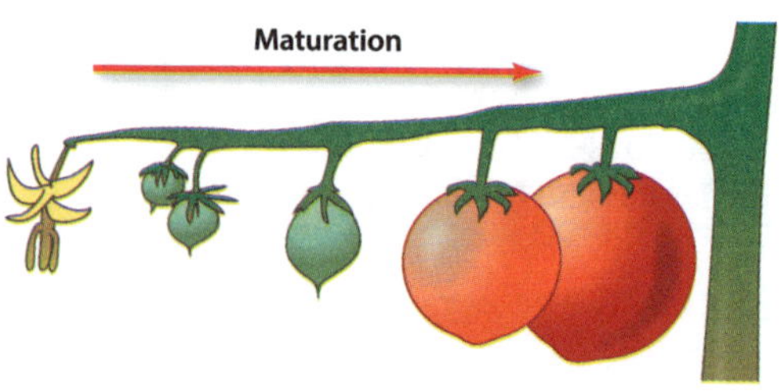

DOC. 2 Observation au microscope optique d'un prélèvement de parenchyme dans la pulpe de tomate verte et de tomate mûre. a. Pulpe de tomate verte. b. Pulpe de tomate mûre.

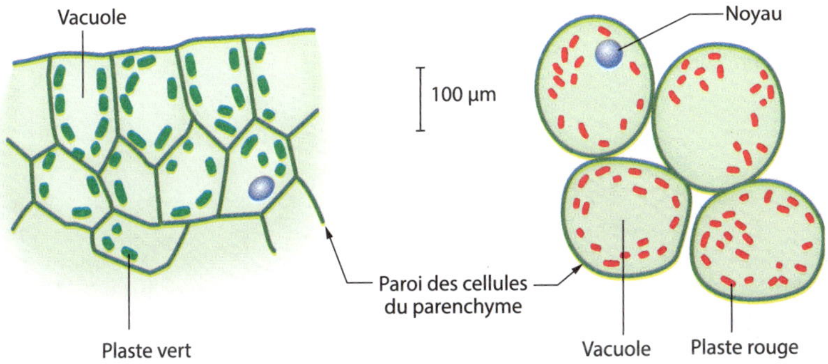

Expériences d'immunomarquage

On s'intéresse enfin à la chimie de la paroi pectocellulosique des fruits. On dispose de deux anticorps dirigés contre deux versions d'un composé de la paroi, la pectine :
- l'anticorps nommé IM1, qui reconnaît les pectines non modifiées chimiquement ;
- l'anticorps IM2, qui reconnaît les pectines méthylées.

DOC. 3 Immunomarquage des parois de fruits verts avec IM1 ou IM2.

L'immunolocalisation est une technique qui consiste à fixer, sur une coupe biologique, un anticorps marqué. Le marquage métallique, fluorescent ou radioactif rend l'anticorps repérable. Un anticorps est une protéine ultra spécifique ne reconnaissant qu'un seul antigène (voir les chapitres 8 et 9). Les anticorps anti-pectine portent une particule d'or, ce qui les rend visibles au microscope électronique sous la forme de points noirs. La lamelle moyenne correspond à la ligne au centre de la paroi.

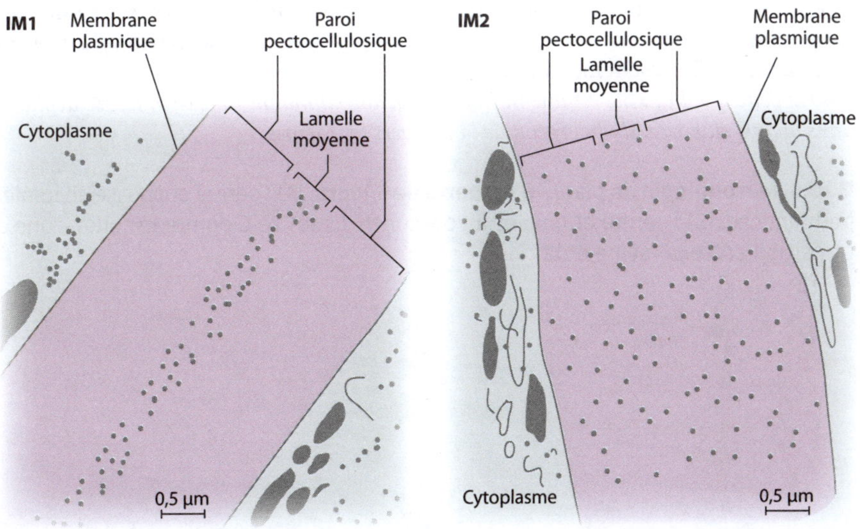

DOC. 4 Double immunolocalisation d'une paroi de fruit rouge.

Celui-ci est réalisé avec l'anticorps IM1 portant des particules d'or de 10 nm (dont certaines sont montrées par des flèches rouges), et avec l'anticorps IM2 portant des particules d'or de 20 nm (montrées par des flèches noires).

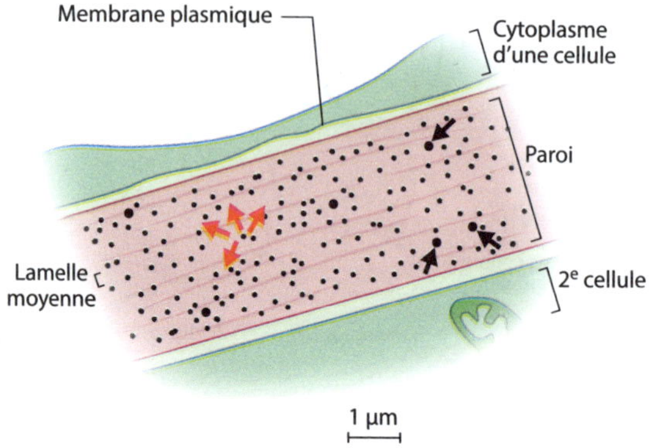

POST BAC

7 Localisation des transporteurs d'auxine dans les cellules racinaires de l'arabette

45 min

Cet exercice met en œuvre la technique citée dans l'encadré post bac de localisation d'un territoire d'expression d'un gène. Il vous mènera à passer de l'échelle de la plante à celle des molécules : n'oubliez pas la problématique au fur et à mesure de votre analyse des documents.

> Voir les méthodes et stratégies 1 et 3.

Par une étude des trois documents fournis, proposer un scénario expliquant l'effet de la lumière sur la croissance de la racine de l'arabette. Ce scénario sera présenté sous la forme d'un schéma bilan.

On rappelle que l'auxine est une hormone végétale stimulant la croissance, se déplaçant dans la sève élaborée, du bourgeon de la tige vers les racines.

DOC. 1 Morphologie de plants d'arabette de 5 jours. (A) : germé et poussé en lumière permanente, (B) : germé et poussé à l'obscurité. La lettre C pointe le collet, zone de transition entre la racine et la tige.

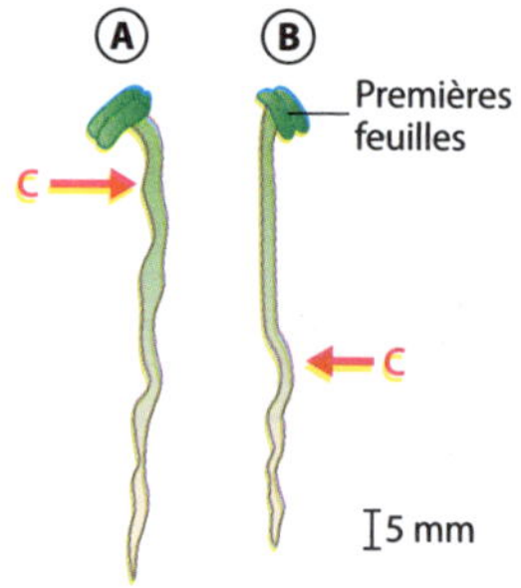

DOC. 2 Mesure des flux d'auxine dans la racine de plants d'arabette de 5 jours.

On mesure le flux d'auxine, descendant ou ascendant, dans la racine de deux lots de 30 plants de même taille : un lot poussé 5 jours en lumière permanente et un lot poussé à l'obscurité permanente. Le flux est exprimé en pourcentage du flux maximal.

Remarque : L'histogramme fournit les valeurs moyennes des quatre mesures associées à une barre d'erreur. La barre d'erreur résulte d'un traitement statistique des données et traduit la dispersion des valeurs réelles par rapport à la moyenne. Une barre d'erreur courte signale des mesures très proches lors de la reproduction des expériences. On admet que, lorsque des barres d'erreur se chevauchent, les valeurs moyennes ne sont pas statistiquement différentes. Cette représentation est conventionnelle dans les publications scientifiques.

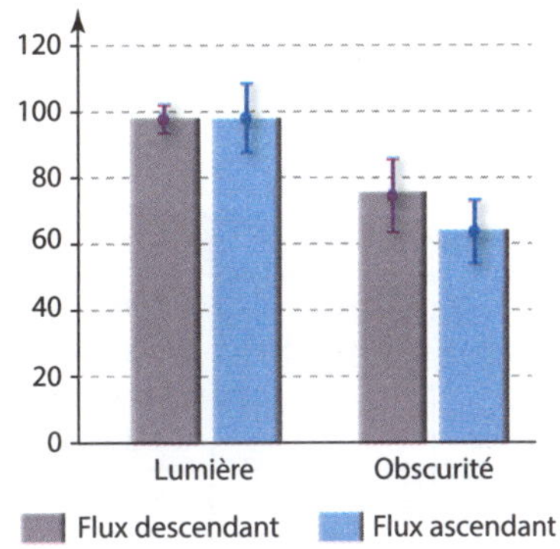

DOC. 3 Localisation de transporteurs d'auxine de la famille PIN dans la racine.

Les protéines PIN sont des transporteurs membranaires de l'auxine : elles assurent le passage spécifique de cette hormone à travers les cellules. On localise les protéines PIN1, PIN2 et PIN7 par la technique de la fluorescence verte :
- la protéine PIN étudiée est couplée à la protéine fluorescente verte et apparaît donc en vert sur les observations au microscope ;
- la cellulose est colorée à la fluorescence rouge, pour visualiser la forme d'ensemble des cellules et de l'organe.

Sur des coupes longitudinales de racines d'arabette de 5 jours, poussées à la lumière ou à l'obscurité permanente, on obtient les résultats suivants :

	Plantes ayant poussé à la lumière	Plantes ayant poussé à l'obscurité
PIN1	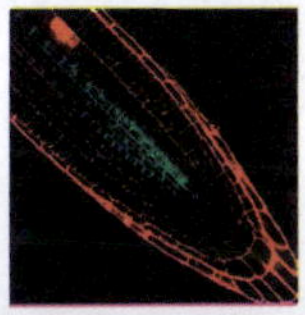	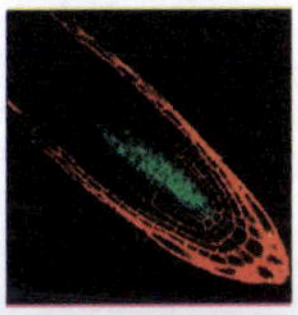
PIN2	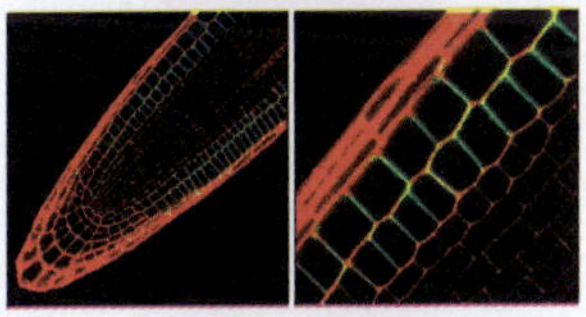	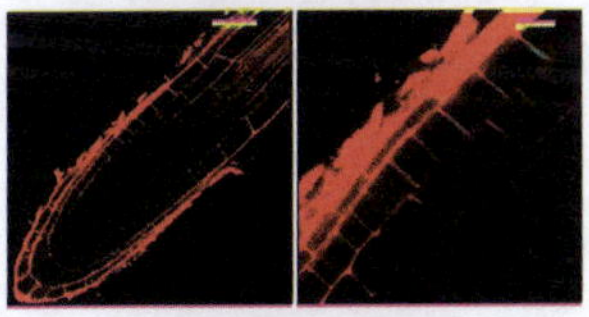
PIN7	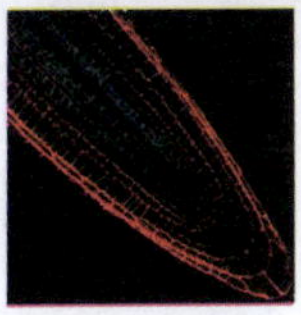	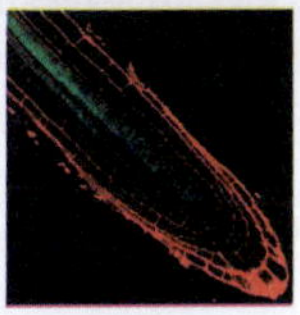

CORRIGÉS

1 Comparaison de trois fleurs

Le diagramme floral du lamier et de la benoite s'établit en appliquant la méthode 2. La seule particularité est la présence d'un double calice discret sur la benoite.

1.

	Lamier blanc	Benoite
Étape 1 La symétrie	Le lamier possède une corolle en deux lèvres et un plan de symétrie : c'est une **fleur zygomorphe**. On dessinera un **diagramme ovale**.	La benoite possède 5 pétales identiques, elle est **actinomorphe**. On dessinera un **diagramme rond**.
Étape 2 Le comptage des pièces	– 5 sépales soudés – 5 pétales soudés – 4 étamines	– 10 sépales : 5 grands et 5 petits – 5 pétales – un nombre important d'étamines
Étape 3 L'ovaire	On voit, au fond de la fleur, un ovaire discret en quatre parties.	Le fruit est composé de nombreux carpelles indépendants.
Étape 4 Les attaches	Étamines attachées aux pétales.	Aucune soudure Sépales probablement sur deux cercles.

Diagrammes floraux

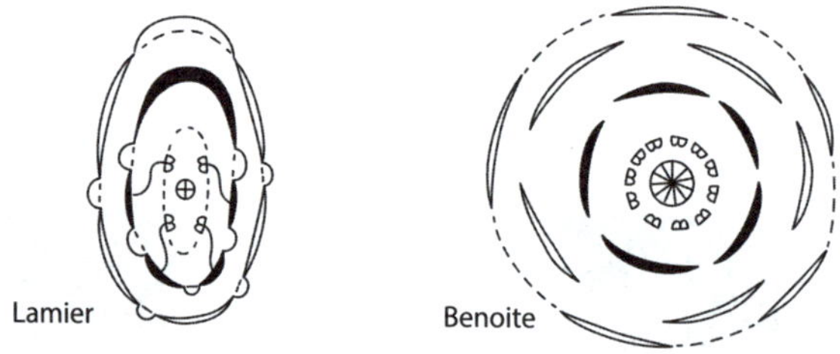

2.

	Lamier	Benoite	Blé
Pollinisation	Corolle zygomorphe, colorée, étamines non saillantes > **Pollinisation entomophile**	Corolle très colorée > **Pollinisation entomophile**	Étamines pendantes, absence de corolle > **Pollinisation anémophile**
Dissémination	Le fruit dérive de l'ovaire situé au fond de la corolle : il semble petit. > Fruit sec, ne semblant pas présenter d'adaptation particulière à la dissémination	Le fruit est muni de crochets. > Fruit sec qui est disséminé en s'accrochant sur les animaux	Le fruit, ou grain de blé, est un fruit sec. > Fruit ne présentant pas d'adaptation particulière à la dissémination

2 Les restrictions d'eau

Introduction

L'été, lors des restrictions d'eau, les agriculteurs et les jardiniers se plaignent du risque de dépérissement des plantes. Ces plantes mènent une vie fixée et sont, de fait, sensibles aux conditions du milieu et aux ressources disponibles. Elles appartiennent, pour la plupart, au groupe des angiospermes, dont l'appareil végétatif regroupe une tige, des racines et des feuilles. Comment les plantes exploitent-elles l'eau du milieu en été ? Nous démontrerons que les angiospermes prélèvent l'eau du sol pour constituer leurs sèves, et qu'elles se protègent de la déshydratation saisonnière.

Le plan suivi s'inspire des deux pistes indiquées dans l'énoncé : une justification des besoins en eau des plantes et une présentation des stratégies de limitation des pertes.

I. De l'eau du sol à la sève brute

Ce titre est classique. On peut aussi imaginer une formule du type « Les plantes ont besoin de l'eau du sol » pour correspondre davantage à l'intitulé.

1. L'absorption racinaire est le prélèvement d'eau et de solutés minéraux dans le sol

Les angiospermes sont fixées au sol par leurs racines, organes souterrains qui assurent aussi l'absorption de l'eau.

a. Un tissu racinaire spécialisé dans l'absorption

Les paragraphes 1 et 2 sont très denses : c'est un choix que d'être très démonstratif, par l'utilisation de valeurs et par la construction de démonstrations. La présentation du poil absorbant peut être plus descriptive.

Les racines comportent à leur extrémité une **zone pilifère**, dont les cellules périphériques sont allongées en **poils absorbants**. Chaque poil possède une forme cylindrique de 1 mm de long et une surface élémentaire de contact avec le sol de l'ordre de 1 mm^2. Les racines sont ramifiées et la densité des poils absorbants sur chaque racine est élevée : on arrive à une surface de contact sol – racine de l'ordre du m^2 à la centaine de m^2 selon les espèces. De plus, ces poils absorbants sont dotés d'une paroi fine et poreuse. Vaste et fine, la surface composée de l'ensemble des poils absorbants est un bon candidat pour être une surface d'échange.

Ce paragraphe doit être illustré par un dessin de poil absorbant, isolé ou porté par une racine.

b. Mécanismes de l'absorption

L'absorption racinaire est le prélèvement d'eau et de sels minéraux dans le sol. La solution du sol est diluée. Or, les **flux osmotiques** dirigent l'eau des compartiments pauvres en solutés vers les solutions concentrées en solutés, qui sont alors dilués. L'eau se déplace donc spontanément du sol vers le cytoplasme des poils absorbants. Ces échanges sont **accompagnés d'échanges d'ions**.

c. La possibilité de mycorhizes

Une mycorhize est une **symbiose** associant un champignon du sol et une angiosperme : le champignon, de forme filamenteuse, possède une grande surface de contact avec le sol et procède à l'absorption des ions et de l'eau, pour lui-même et la plante associée.

2. La sève brute est une solution minérale circulant dans le xylème

- La sève brute est une solution aqueuse riche en sels minéraux, notamment K^+, NO_3^- et PO_4^{2-}. Elle réalise un **mouvement ascendant**, de la racine vers la tige. Ce flux assure sa distribution à l'ensemble des parties aériennes. Le moteur du flux est la **transpiration foliaire** : le départ d'eau par les feuilles impose une tension au xylème sous-jacent.
- La sève brute circule dans le xylème, un tissu végétal spécialisé : les cellules du xylème, allongées et disposées en colonne, forment des tuyaux. Leur paroi riche en lignine assure la **rigidité** de l'édifice.

Bilan : les plantes prélèvent eau et sels minéraux dans le sol, et fabriquent la sève brute distribuée à l'ensemble des cellules. Cette fonction rend les plantes **dépendantes du réservoir hydrique du sol**.

II. Les limitations des pertes d'eau par transpiration

La transpiration, émission de vapeur d'eau, est la principale perte d'eau par l'appareil aérien. L'évaporation de l'eau est favorisée par les températures élevées.

1. Limitation physiologique de la transpiration stomatique

a. Les stomates sont les sites des échanges gazeux

> Vous pouvez insérer le schéma légendé d'un stomate.

Les stomates sont des structures de l'épiderme des feuilles, et parfois des tiges. Ils sont composés de deux cellules de garde encadrant l'ostiole. Plusieurs **échanges gazeux** s'y déroulent, entre l'intérieur de la feuille et l'atmosphère (entrée et sortie de CO_2 et d'O_2, sortie de vapeur d'eau).

b. Les stomates peuvent se fermer

Lors des périodes les plus chaudes de chaque journée, les stomates se ferment, ce qui **limite les pertes hydriques**. Cette fermeture a aussi des conséquences sur le **rendement de la photosynthèse**.

2. Limitation anatomique de la transpiration

Une adaptation anatomique est permanente.

a. Limitation par la position des stomates

Certaines plantes ont des stomates protégés, regroupés sur l'épiderme inférieur, à l'abri des rayons directs du soleil ou enfouis dans des replis de la feuille. Ils sont moins sujets à l'évaporation.

b. Limitation par la cuticule

La cuticule désigne la **couche lipidique imperméable** située sur les cellules épidermiques. Cette couche empêche toute sortie d'eau par les cellules épidermiques autres que les stomates. Plus la cuticule est épaisse, plus cette barrière est protectrice.

Bilan : Les plantes présentent des **systèmes de protection** pour pallier aux conditions quelquefois déshydratantes du milieu : **système modulable** comme les stomates, **système permanent** comme les adaptations anatomiques.

Conclusion

L'eau est une ressource consommée et économisée par les plantes. Elle circule du sol aux sèves puis dans l'atmosphère. Les conditions estivales peuvent être agressives et nécessiter des stratégies de protection. Les conditions déshydratantes sont diverses : le vent et la salinité excessive, par exemple. Elles permettent la vie de plantes adaptées et le développement de peuplements végétaux originaux sur les dunes littorales ou autour des lagunes salées.

La dernière phrase n'est qu'un exemple d'ouverture. On peut ouvrir sur d'autres sujets comme la limitation des pertes en eau chez les animaux du milieu aérien, la photosynthèse, qui est aussi influencée par les conditions, ou encore la sélection de variétés plus résistantes à la sécheresse.

3 Les mutants du développement

La seule difficulté du diagramme floral d'*apetala* est de lire la structure du pistil central : on admettra qu'il est identique à celui de la plante sauvage.

1. *Apatela* présente une **forme régulière**, actinomorphe. On observe un pistil central dont on ne voit pas la structure, et deux étamines. On observe aussi deux carpelles surnuméraires plus externes. On construit donc un **diagramme circulaire avec trois groupes de pièces florales, sur trois cercles concentriques**.

Diagramme floral d'*apetala*

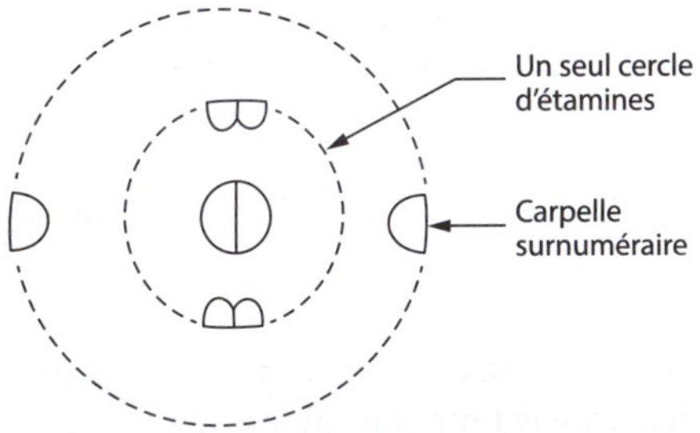

2.

En comparant le diagramme du mutant au digramme du sauvage, on note :
– une **absence de pièces stériles**, sépales et pétales, chez le mutant, alors qu'ils sont au nombre de quatre chacun chez le sauvage ;
– une **position anormale des pièces femelles** : certains carpelles occupent la position attendue des pétales ;
– une **réduction des pièces mâles** chez le mutant : un cercle d'étamines est absent.

Pour démontrer le rôle d'un gène, on relie l'absence du gène fonctionnel et l'absence d'un caractère : on en déduit le phénotype codé par le gène lorsqu'il est présent.

- L'absence du gène *Apetala* conduit à de multiples malformations de la plante : c'est un **gène architecte**, ou gène du développement floral. En particulier, son absence correspond à l'absence des pièces stériles. Ainsi, le rôle architecte d'*Apetala* est essentiellement le **contrôle de la mise en place des sépales et pétales.**

3.

Les photographies du doc. 3 proposent un changement d'échelle : on passe de l'échelle de l'organe à celui de la cellule.

- On observe que les **cellules épidermiques sont variables** d'un organe à l'autre : chez le sauvage, les pièces florales externes que sont les sépales possèdent des cellules épidermiques rectangulaires, et les pièces centrales, à savoir les carpelles, possèdent des cellules au contour ondulé ainsi que quelques poils épineux.
- On observe que l'épiderme de la pièce externe d'*apetala* ressemble, avec ses cellules ondulées et ses poils épineux, à l'épiderme des carpelles sauvages. Ainsi, *Apetala* contrôle non seulement la forme de l'organe, mais aussi le **phénotype des tissus** le constituant.

4 La sève élaborée

- La composition de la sève élaborée montre que sa matière sèche est quasi exclusivement **organique** : les acides aminés, et surtout le saccharose, sont ses principaux constituants. Or, ces substances sont produites par les cellules chlorophylliennes lors de la photosynthèse. **La sève élaborée transporte donc les produits de la photosynthèse.**
- La sève élaborée circule dans le phloème. Les cellules du phloème sont des cellules allongées dont la longueur dépasse 500 µm et surpasse la hauteur des cellules parenchymateuses voisines. Les contacts entre deux cellules superposées comportent une paroi discontinue, trouée, ce qui favorise les échanges. Ainsi, ces cellules forment des tubes longs, aptes à conduire la sève **sur toute la hauteur de la plante**.
- Le graphique donnant l'évolution de la quantité de sucres dans la feuille au cours du temps montre que :
  - la quantité de cellulose, composé majeur des parois cellulaires, est **constante** ;
  - le stock d'amidon **augmente le jour et diminue la nuit** ;
  - la quantité de saccharose est **peu fluctuante**, on note une légère augmentation en début de journée et une légère baisse en début de nuit.

Après l'analyse de chaque document, on constate que la composition de la sève élaborée et la photosynthèse sont liées. Identifions les relations fonctionnelles entre ces deux éléments.

- Le rythme jour – nuit permet de **relier les variations observées à la photosynthèse** : le jour, la photosynthèse permet la production de sucres, dont une partie est incorporée au stock d'amidon. Le saccharose est la molécule glucidique distribuée dans la sève élaborée : sa quantité est optimale le jour, lorsque la photosynthèse a lieu. La nuit, le taux de saccharose circulant est à peine moindre : la sève élaborée est toujours alimentée. Or, l'amidon est consommé, il est donc à l'origine des sucres distribués la nuit. Au final, la sève élaborée joue son rôle jour et nuit.

Le schéma bilan doit montrer le lien entre la photosynthèse produisant des sucres et la sève élaborée. Il doit tenir compte du rythme jour – nuit de la photosynthèse et du caractère continu de la conduction de la sève. Le cadre peut être un végétal simplifié sur lequel figure la feuille et le phloème.

Schéma bilan : la sève élaborée dans l'organisme végétal.

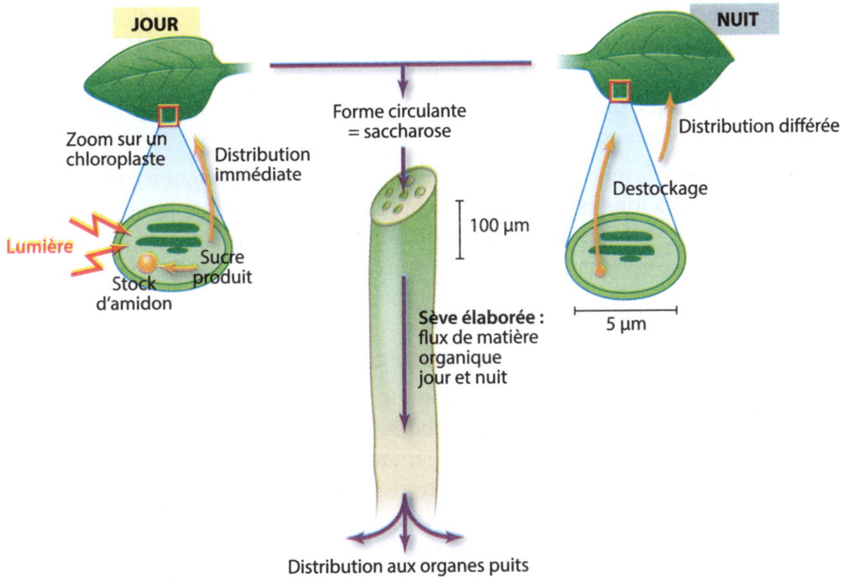

5 Les mycorhizes

1. Les pins du lot B poussent moins vite que les pins du lot A à cause de l'absence d'êtres vivants dans leur terre, la **réponse c** est correcte. On peut en effet relier les deux seules différences entre les lots A et B : la différence de croissance et le traitement de stérilisation de la terre. Seule la terre du lot B a été stérilisée et privée des organismes qui y vivent habituellement.

2. Les filaments montrés par les têtes de flèches sont des sites d'absorption occupant une vaste surface (**réponse d**). Les filaments mycéliens remplacent les poils absorbants et absorbent efficacement la solution du sol. Chaque filament est fin mais, par leur nombre, ils occupent une surface vaste à l'interface plante – sol. Aucun blocage ou étouffement n'est dû aux mycorhizes.

3. Sur le cliché de détail, l'objet X est une courte racine (**réponse a**). X mesure environ 1 000 µm (soit 1 mm) de large, ce qui est trop épais pour une cellule comme le poil absorbant.

Pour les questions suivantes il faut comprendre le montage : on cherche la partie de l'arbre recevant des éléments radioactifs, fournis individuellement et non simultanément. Ils sont traçables du milieu à la plante. On lit par exemple la première ligne du tableau de cette façon : quand on met du phosphate radioactif dans la terre I, on retrouve de la radioactivité dans les aiguilles de pin. On en déduit que le phosphate est passé du sol à la plante.

4. La terre du bac II, stérilisée, contient des sels minéraux radioactifs et non radioactifs (**réponse a**). La stérilisation tue tous les êtres vivants de la terre, y compris le mycélium, ce qui empêche la réalisation des mycorhizes : les items b, c et d sont éliminés. Le sol contient de la matière minérale et de la matière organique, non radioactives, auxquelles se rajoutent les engrais radioactifs choisis.

5. Le sel minéral phosphate est absorbé dans la terre I par les mycorhizes et transmis à l'arbre (**réponse a**). La présence de phosphate radioactif dans les aiguilles de pin signe le passage de cet ion du sol à l'arbre. Ce passage a lieu dans la terre I et II, mais est plus efficace dans la terre I. Dans cette terre I, l'absorption du phosphate est assurée par les mycorhizes, alors que dans la terre II, sans mycorhize, l'arbre absorbe avec ses poils absorbants, ce qui invalide l'item c.

6. Concernant les sels minéraux azotés, les mycorhizes transmettent à l'arbre des ions $NH4^+$ mais pas des ions $NO3^-$ (**réponse c**). La présence d'azote radioactif dans les aiguilles de pin signe le passage d'ions azotés de la terre à la plante. On remarque que le passage de nitrate est équivalent dans les deux terres : les mycorhizes ne facilitent pas l'alimentation en nitrate, qui se déroule plutôt au niveau des poils absorbants, ce qui invalide l'item b. Le passage d'ammonium est efficace dans la terre I mais nul dans la terre II : seules les mycorhizes savent prélever cet ion ammonium dans le sol.

7. Les molécules radioactives repérées dans la terre I sont produites par le pin (**réponse b**). Le CO_2 comportant du carbone radioactif est prélevé par le pin dans l'air III, puis est incorporé à la matière organique par photosynthèse. Une partie de la matière organique produite par l'arbre est transmise au mycélium (uniquement présent dans la terre I) dans le cadre de la symbiose.

8. Entre le pin et le mycélium des mycorhizes, il y a passage des molécules de l'arbre vers le champignon, et du champignon vers l'arbre (**réponse c**). Ceci est le bilan de l'étude : des échanges minéraux se font du champignon vers l'arbre, et des échanges organiques de l'arbre vers le champignon. Dans une symbiose, les deux organismes tirent bénéfice de l'association.

9. Schéma bilan : report des deux échanges identifiés.

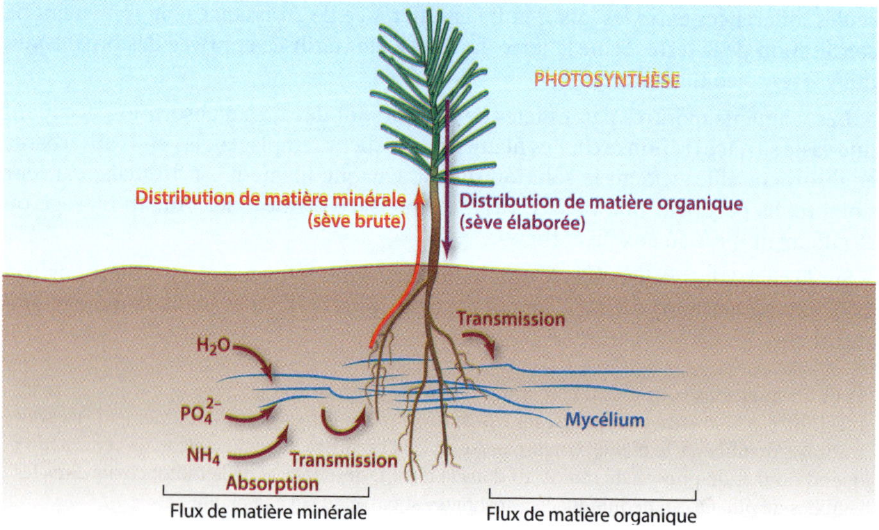

6 Le mûrissement de la tomate

- **Doc. 1 :** la tomate dérive de l'ovaire de la fleur, les sépales sont les seules autres pièces florales qui perdurent. L'ovaire augmente en diamètre et passe du vert au rouge.
- **Doc. 2 :** le parenchyme de la tomate verte est constitué de cellules chlorophylliennes comportant des chloroplastes riches en chlorophylle. Les cellules sont polygonales. Le parenchyme de la tomate rouge comporte des cellules plutôt rondes, peu liées les unes aux autres, et avec des plastes rouges. La transformation ou le remplacement des plastes est donc, à l'échelle cellulaire, responsable du **changement macroscopique de couleur**. La modification de la forme de la cellule traduit la modification de la résistance de la paroi. La modification pariétale est, à l'échelle cellulaire, responsable du **ramollissement du fruit**.
- **Doc. 3 :** sur la paroi d'un fruit vert, l'anticorps IM1 se fixe seulement **dans la zone centrale** de la paroi dite lamelle moyenne. L'anticorps IM2 se fixe **sur toute la paroi**, lamelle moyenne comprise. On en déduit que toute la paroi contient des pectines méthylées. Ces pectines méthylées sont accompagnées, uniquement dans la lamelles moyenne, de pectines non méthylées. La paroi du fruit vert est **zonée**.
- **Doc. 4 :** sur le fruit mûr, IM1 se fixe dans toute la paroi alors que IM2 ne se fixe quasiment pas. On en déduit que la paroi du fruit mûr ne contient que des pectines non méthylées. Au cours du mûrissement, on assiste à une **déméthylation des pectines pariétales,** associée à une baisse de la rigidité. On peut supposer que le ramollissement des parois est une conséquence de la déméthylation des pectines. Peut-être d'autres modifications chimiques ont-elles lieu dans cette paroi.
- **Schéma bilan : les transformations du parenchyme de tomate au cours de la maturation.**

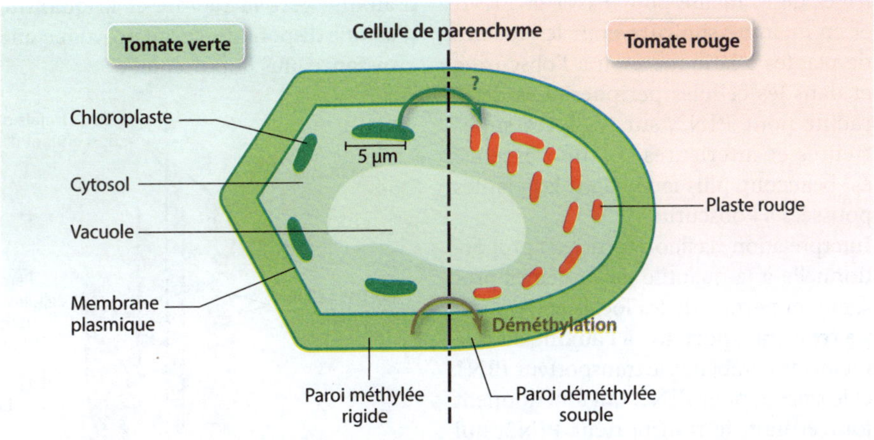

Le schéma bilan doit rassembler les données tirées des documents et relier très clairement les changements macroscopiques et les modifications cellulaires. Le cadre biologique proposé sur le schéma ci-dessous se situe à l'échelle cellulaire, mais on peut envisager un schéma à l'échelle du fruit. Le titre du schéma répond à la problématique.

7 Localisation des transporteurs d'auxine dans les cellules racinaires de l'arabette

On commence par étudier chaque document, en séparant, selon la démarche expérimentale, les observations de leur interprétation.

- Résultats du doc. 1 : les plants de 5 jours germés en lumière ou à l'obscurité permanente ont la même taille mais pas la même morphologie. La position du collet permet de voir que le plant à la lumière possède une racine très longue, tandis que le plant à l'obscurité possède une racine courte.

Interprétation : la lumière est un **facteur stimulant la croissance de la racine**.

- Résultats du doc. 2 : le flux ascendant et le flux descendant d'auxine sont identiques chez la plante à la lumière et chez la plante à l'obscurité. Mais les valeurs de la plante à l'obscurité sont inférieures de 30 % aux valeurs de la plante éclairée.

Interprétation : la plante à l'obscurité contient moins d'auxine circulante que la plante éclairée. Or, l'auxine est une hormone stimulant la croissance. La **différence de quantité d'auxine** explique donc la **différence de croissance des plantes** selon les **conditions d'éclairage**.

On peut commencer à construire une relation de cause à effet : la croissance est contrôlée par l'auxine, qui est contrôlée par l'éclairage. Cette relation est le début d'un organigramme bilan.

- Résultats du doc. 3 : la fluorescence verte correspondant aux transporteurs PIN est localisée dans les cellules centrales de la racine pour PIN1 et PIN7, et en quantité similaire pour les racines de plantes à la lumière ou à l'obscurité, et dans les cellules périphériques de la racine pour PIN2, sur les faces supérieures et inférieures. La fluorescence est beaucoup plus faible dans les plantes poussées à l'obscurité.

Interprétation : la fluorescence est proportionnelle à la quantité de protéines présentes et permet de les localiser. Ainsi, il y a **trois transporteurs à l'auxine** dans la racine de l'arabette : le transporteur PIN1 et le transporteur PIN7, qui fonctionnent jour et nuit, le transporteur PIN2, qui n'est présent qu'à la lumière et ne permet un approvisionnement de la racine en auxine qu'en présence de lumière. **Le flux plus élevé d'auxine à la lumière est une conséquence du travail de PIN2.**

- **Schéma bilan :** le schéma doit montrer que la lumière stimule la disposition des protéines PIN2, ce qui augmente le flux d'auxine vers la racine, et la quantité d'auxine disponible, ce qui provoque une croissance plus importante.

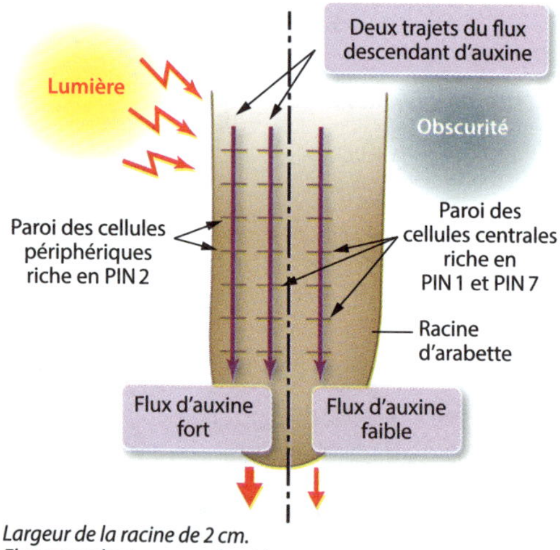

Largeur de la racine de 2 cm.
Flux ascendant non représenté.

Géologie

CHAPITRE 5

Caractérisation du domaine continental

COURS

Caractérisation du domaine continental

Le domaine continental se caractérise par une croûte continentale essentiellement granitique, présente des différences d'altitude et peut être immergé. Il est constitué de roches dont l'âge s'étend de quelques milliards à quelques millions d'années.

I. Structure du domaine continental

- La **lithosphère continentale,** épaisse de 140 km environ, est constituée d'une croûte continentale de 30 km d'épaisseur. Le manteau supérieur à sa base atteint 110 km d'épaisseur. L'observation d'enclaves remontées des profondeurs prouve que les roches à ce niveau sont constituées de péridotites. Leur densité est de 3,3.
- La **lithosphère océanique** ne mesure que 70 km. Elle est composée d'une croûte océanique d'une dizaine de kilomètres au-dessus d'un manteau supérieur identique à celui de la lithosphère continentale.

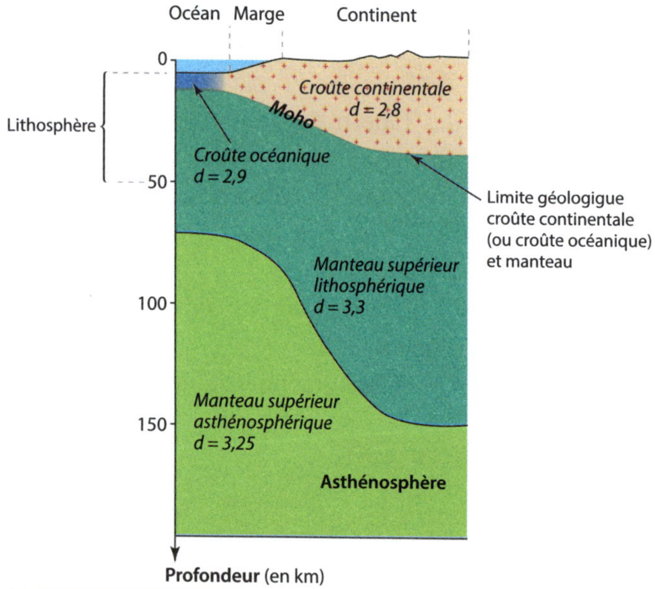

DOC. 1 Comparaison lithosphère continentale et lithosphère océanique. La limite géologique océan – continent n'est pas la ligne de rivage mais se situe à l'extrémité de la marge, où les roches de la croûte continentale sont remplacées par des roches de la croûte océanique. Le Moho sépare la croûte continentale du manteau.

- La croûte continentale diffère notamment de la croûte océanique par ses roches d'origines diverses et par sa densité plus légère.

	Nature des roches	Densité moyenne
Croûte continentale	– Roches sédimentaires – Roches métamorphiques – Roches granitiques : granites d'anatexie (crustaux) et granodiorites (mantelliques)	2,8
Croûte océanique	– Roches sédimentaires – Basaltes – Gabbros	2,9

II. Géodynamique du domaine continental

1. Mouvements verticaux et équilibre isostatique

a. L'isostasie et le rebond post-glaciaire de la Scandinavie

- Au XIXe siècle, Lyell affirme que la Scandinavie, autrefois recouverte d'une calotte glaciaire, se serait soulevée à la suite de la fonte des glaces. Ce soulèvement n'est pas terminé aujourd'hui : des plages datées de plus de 6 000 ans sont actuellement à 250 mètres d'altitude.

- La notion d'**isostasie*** correspond à l'application du **principe d'Archimède**. La Scandinavie, avec sa calotte glaciaire très épaisse, s'est enfoncée comme un solide s'enfonce dans un liquide. Mais dès que la calotte glaciaire fond, le solide remonte à cause de la poussée d'Archimède.

b. L'équilibre isostatique* à l'échelle de la croûte continentale : le modèle d'Airy

- Airy indique en 1855 que des matériaux légers de la croûte continentale « flottent » sur une zone de plus forte densité : le manteau. Le relief d'une montagne est compensé en profondeur par une **racine crustale** dont la densité est faible par rapport à celle du manteau.

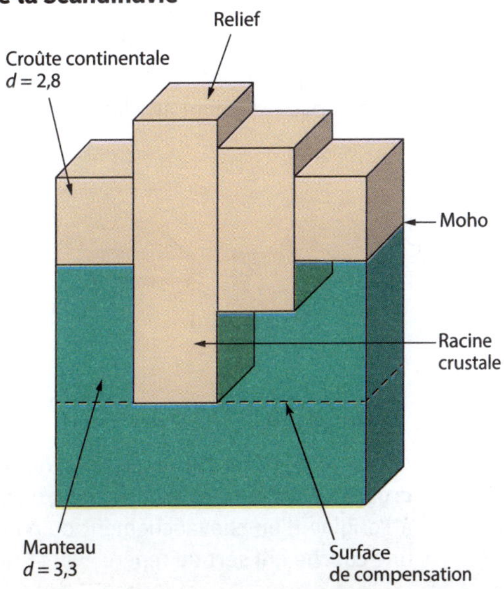

DOC. 2 Le modèle d'Airy appliqué à une zone en relief avec compensation isostatique. La surface de compensation passe par la base de la racine. Chaque colonne exerce une pression identique au-dessus de la surface de compensation.

- L'une des conséquences de l'isostasie est la remontée de roches en surface si une partie du relief est érodée (voir le chapitre 7). L'isostasie induit une **géodynamique verticale** des roches.

* Les mots suivis d'un astérisque sont définis dans le lexique.

2. Mouvements horizontaux et épaississement de la croûte continentale

a. Les indices visibles à l'échelle du paysage

DOC. 3 Pli en *S* (ou pli couché). Ce pli en *S* témoigne de l'intense compression locale.

- Depuis longtemps, on a décrit la présence de couches redressées qui sont plissées dans les chaînes de montagnes. Les **plis** concourent à épaissir la croûte continentale (doc. 3).
- Des empilements de matériel sont également observables : des mouvements tectoniques sont à l'origine de déplacements de terrain, et créent une surface de **chevauchement** matérialisée par des terrains anciens recouvrant des terrains plus jeunes. Les chevauchements sont appelés **charriages** lorsqu'ils atteignent des grandes dimensions.
- D'autres mouvements de terrain correspondent à des failles (cassures avec déplacements). Les **failles normales** se déroulent en phase distensive, alors que les **failles inverses** se produisent en phase de compression. Les failles inverses contribuent elles aussi à l'épaississement crustal.

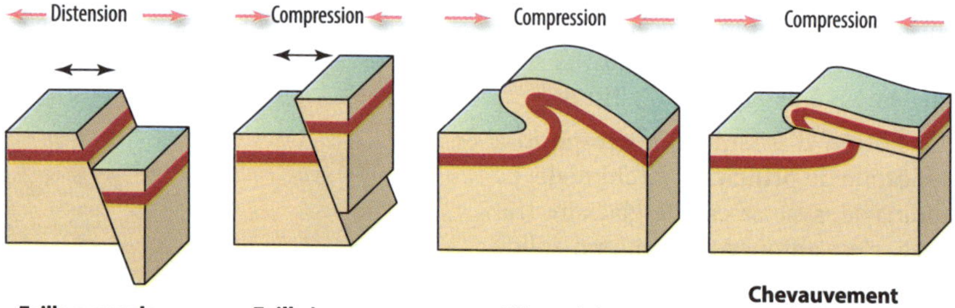

DOC. 4 Différents types de déformations souples ou cassantes qui affectent la croûte continentale. Bien souvent, un pli couché se casse et donne une faille inverse à l'origine d'un chevauchement ou d'une nappe de charriage. La couche rouge est une couche qui sert de repère.

- L'épaississement de la croûte continentale au niveau d'une chaîne de montagnes est lié à des forces compressives dont le résultat sont les **nappes de charriages**, bien visibles en surface. Ces empilements se distinguent aussi dans des zones plus profondes de la croûte dans les profils sismiques. La discontinuité de Mohorovičic, habituellement de 30 km, passe alors à 60 km sous les montagnes. C'est la racine crustale décrite par Airy.

b. Les indices visibles à l'échelle de la roche

- Sous l'effet de l'augmentation de la température et de la pression provoquée à la fois par l'enfouissement mais aussi, et surtout, par les forces de compression, les roches vont se transformer à l'état solide : il s'agit du **métamorphisme***. Toutes les roches sont susceptibles d'être transformées, qu'elles soient d'origine sédimentaire, volcanique ou plutonique.

- Les **roches métamorphiques** présentent souvent des feuillets appelés **schistosités**. La schistosité est due aux forces de compression, et non à l'enfouissement.
- Suite à l'augmentation de pression et de température, des minéraux nouveaux apparaissent à l'état solide. C'est le cas du grenat, de la staurotide, ou d'un **silicate d'alumine**, qui cristallise sous trois formes différentes selon le domaine de pression et de température. Ce dernier est un excellent indicateur de pression et de température.
- Si les conditions de pression et de température augmentent davantage, il y a fusion partielle (**anatexie**). Les roches résultant de cette fusion partielle sont appelées migmatites, mélange de roches métamorphiques non fondues et de roches fondues de type granitique. Le fluide obtenu par fusion a une composition de nature quartzo-feldspathique ; il peut migrer et donner des **granites crustaux** qui se rapprochent de la surface. Ils apparaîtront, avec l'érosion des reliefs, en surface grâce à l'isostasie.
- Le graphique pression – température (P/T) permet de connaître les conditions d'apparition ou de disparition de certains minéraux du métamorphisme. On peut aussi connaître les conditions de fusion partielle des roches, c'est-à-dire le moment où elles commencent à fondre. L'observation sur le terrain de ces mêmes minéraux et de l'apparition de l'anatexie permet de reconstituer la géodynamique qui a modifié les roches initiales (voir la méthode et stratégie 3).

III. Les âges de la croûte continentale

1. Principes de la datation des roches au rubidium – strontium

- Le couple rubidium – strontium est utilisé pour dater des roches de type granite sur des durées extrêmement longues. La période, ou demi-vie, est de 50×10^9 ans. Le ^{87}Rb, élément père radioactif, se désintègre en ^{87}Sr. Il existe aussi un isotope du Sr (^{86}Sr) qui n'est pas **radiogénique***.
- Lors de la formation d'une roche magmatique, ces trois éléments sont incorporés dans le magma. Dès que celui-ci cristallise, le système devient clos : l'élément ^{87}Rb décroît tandis que l'élément fils, ^{87}Sr, croît. Le ^{86}Sr reste stable.
- Les géologues mesurent les rapports $\left(\frac{^{87}\text{Rb}}{^{86}\text{Sr}}\right)$ et $\left(\frac{^{87}\text{Sr}}{^{86}\text{Sr}}\right)$ actuels sur plusieurs minéraux différents (au moins trois). S'ils ont le même âge, les résultats de ces rapports s'alignent sur une droite qualifiée d'**isochrone***, dont la pente $a = e^{\lambda t} - 1$ permet de déduire l'âge de la roche. La valeur de la constante de désintégration $\lambda = 1{,}42 \times 10^{-11} \cdot \text{an}^{-1}$ signifie que la vitesse de désintégration de l'élément père est extrêmement lente (voir la méthode et stratégie 2).

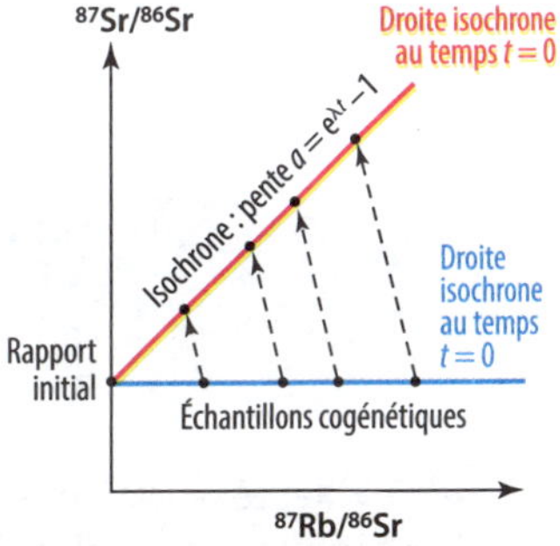

DOC. 5 Construction de la droite isochrone à partir de quatre échantillons de même âge (cogénétiques). Au temps $t = 0$, tous les échantillons ont le même rapport ^{87}Sr/^{86}Sr : la droite est horizontale. Les rapports ^{87}Rb/^{86}Sr diffèrent selon les échantillons. Au temps t, la droite isochrone est inclinée : la pente augmente avec le temps qui passe.

2. Géochronologie de granites de la croûte continentale alpine

La géodynamique de la Terre a provoqué dans les Alpes, à différentes époques, des épisodes de granitisation d'origines différentes.

- Le granite du Mont-Blanc est vieux de 320 Ma. Il s'est créé dans une chaîne de montagnes très ancienne : la chaîne hercynienne.
- Le granite le plus récent est celui de Pohorje, en Slovénie. Il s'agit d'un **granite mantellique** de 17 Ma. En Italie, le massif d'Adamello, également granite mantellique, est âgé de 42 Ma. En Suisse, le granite de Novate, granite crustal, a 25 Ma.
- Les techniques de datation permettent aussi d'opposer la **vieillesse de la croûte continentale** (de 4 Ga à quelques Ma) à la relative **jeunesse de la croûte océanique**, qui ne dépasse pas 200 Ma.

POST BAC

Le modèle d'Airy-Meinesz

> Voir le sujet 6.

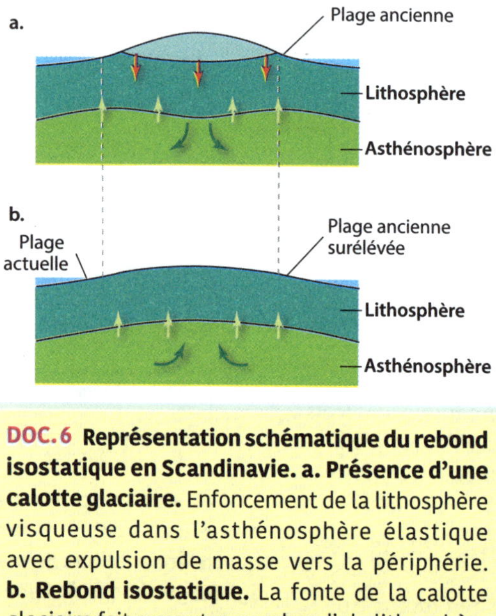

DOC. 6 Représentation schématique du rebond isostatique en Scandinavie. a. Présence d'une calotte glaciaire. Enfoncement de la lithosphère visqueuse dans l'asthénosphère élastique avec expulsion de masse vers la périphérie. **b. Rebond isostatique.** La fonte de la calotte glaciaire fait remonter ou rebondir la lithosphère vers le haut. Du matériel asthénosphérique nouveau comble le déficit de masse. Les flèches rouges correspondent au poids de la calotte et de la lithosphère, les flèches jaunes à la poussée d'Archimède et les flèches vertes aux mouvements de masse dans l'asthénosphère.

- Si le modèle d'Airy correspond à l'illustration d'une isostasie locale, celui d'Airy-Meinesz s'adapte bien au modèle de la tectonique des plaques.
- Dans l'illustration du rebond isostatique en Scandinavie, selon ce modèle, le solide correspond à la plaque lithosphérique qui flotte, le liquide à l'asthénosphère (ces notions sont à relativiser puisqu'il s'agit en fait d'une différence de viscosité, les roches étant solides dans les deux cas).
- Le satellite *Grace* a détecté au-dessus de la Scandinavie une forte **anomalie gravimétrique** négative due à un déficit de masse. Ce secteur correspond aux endroits où la lithosphère remonte plus vite et où la calotte glaciaire était sans doute plus épaisse.
- Cette remontée correspond à un réajustement, ou **équilibre isostatique**, qui n'est pas achevé aujourd'hui. Le déficit de masse due à la perte de calotte glaciaire n'est pas encore comblé.

MÉTHODES ET STRATÉGIES

1 Dater une roche par radiochronologie au rubidium – strontium

> Voir les sujets 2 et 3 mettant en œuvre cette méthode.

Méthode

Les éléments Rb et Sr se trouvent essentiellement dans des feldspaths et dans des micas. Un spectromètre de masse permet de mesurer la quantité de ^{87}Rb, ^{87}Sr, ^{86}Sr pour différents minéraux d'un granite. Le rapport d'éléments fils mesurés $^{87}Sr/^{86}Sr$ est :

$$\left(\frac{^{87}Sr}{^{86}Sr}\right)_{\text{mesuré}} = \left(\frac{^{87}Rb}{^{86}Sr}\right)_{\text{mesuré}} \times \left(e^{\lambda t} - 1\right) + \left(\frac{^{87}Sr}{^{86}Sr}\right)_{\text{initial}}$$

> **Étape 1 :** on reporte sur un graphique les rapports $\left(\frac{^{87}Sr}{^{86}Sr}\right)$ en ordonnée et les rapports $\left(\frac{^{87}Rb}{^{86}Sr}\right)$ en abscisse pour trois minéraux différents du même granite.

> **Étape 2 :** on calcule ensuite la pente $a = e^{\lambda t} - 1$ de la droite isochrone obtenue.

> **Étape 3 :** par un calcul de t à l'aide de la formule $t = \frac{\ln\ (a+1)}{\lambda}$ ou en s'aidant d'un tableau où, à chaque valeur de pente, on fait correspondre un temps écoulé, on calcule l'âge du granite.

Application

Calculer l'âge du granite en vous aidant des informations du document ci-après.

Coefficient directeur de l'isochrone	Âge du granite (en millions d'années)
0,001	70,4
0,002	141
0,003	211
0,004	281
0,005	351
0,006	421
0,007	491
0,008	561
0,009	631
0,010	701

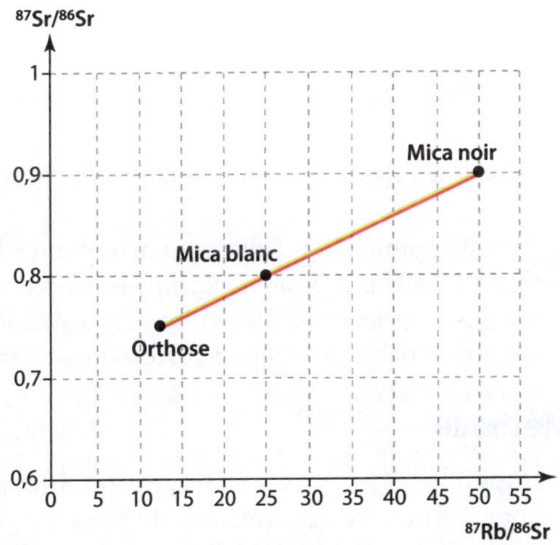

DOC.7 Correspondance entre coefficient directeur – âge du granite (à gauche) et droite isochrone d'un granite (à droite).

> Étape 1 : les résultats des rapports $^{87}Rb/^{86}Sr$ et $^{87}Sr/^{86}Sr$ des différents minéraux du granite (orthose, mica blanc et mica noir) sont bien alignés sur la droite isochrone donnée.

> Étape 2 : pour calculer la pente, on prend la différence entre l'ordonnée du mica noir et l'ordonnée de l'orthose, que l'on divise par la différence de leurs abscisses :

$$a = \frac{(0{,}9 - 0{,}75)}{(50 - 12{,}5)} = \frac{0{,}15}{37{,}5} = 0{,}004$$

> Étape 3 : en se référant au tableau, on voit que la pente de 0,004 correspond à un temps de 281 Ma, âge du granite.

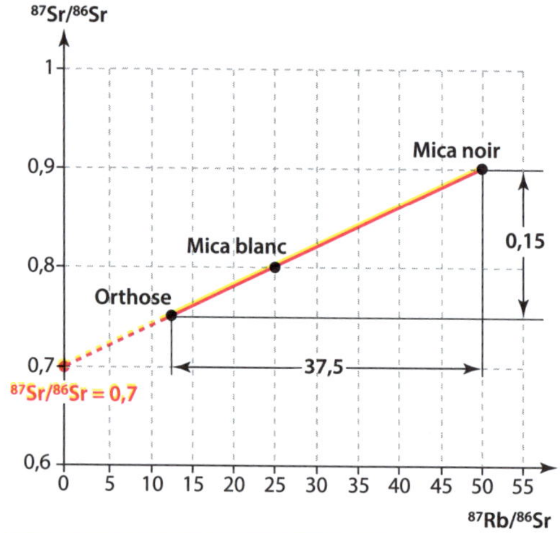

DOC. 8 Calcul de la pente de la droite isochrone.

2 Lire un diagramme pression – température

> Voir les sujets 4 et 5 mettant en œuvre cette méthode.

Sur un diagramme P/T, l'abscisse correspond à la température et l'ordonnée inversée correspond à la profondeur exprimée en Gpa ou en km. Les géologues peuvent ainsi suivre pas à pas les transformations des roches. Pour découvrir l'histoire de ces roches, il faut être capable de se situer correctement dans ces diagrammes.

Méthode

> Étape 1 : repérer dans la réalité, c'est-à-dire sur les échantillons ou sur la carte géologique, l'ensemble des minéraux du métamorphisme. Repérer, s'il y a lieu, dans quel secteur se fait la fusion partielle.

> Étape 2 : repérer les minéraux du métamorphisme sur le diagramme P/T.

- On attachera une grande importance au silicate d'alumine ($Si_2Al_2O_5$), qui cristallise sous trois formes selon les conditions de pression et de température : l'andalousite, la sillimanite et le disthène. Ces trois minéraux sont qualifiés de géobaromètres et de géothermomètres car ils donnent une bonne image de la pression et de la température du secteur étudié. L'andalousite correspond à un domaine de température élevée mais à basse pression, le disthène nécessite une pression plus élevée et une température plus élevée et la sillimanite requiert une pression moyenne et une température plutôt élevée.
- Rechercher ensuite sur le diagramme P/T la position des minéraux rencontrés sur le terrain. Commencer par le minéral qui a été soumis aux pressions et températures les plus faibles. Repérer, des trois silicates d'alumine, lequel ou lesquels sont présents.

> Étape 3 : repérer, dans le diagramme P/T, où a lieu la fusion partielle.
La fusion partielle hydratée est matérialisée par une courbe appelée **solidus hydraté** car elle exige de l'eau. À gauche de la courbe, les roches restent solides ; dès qu'une roche franchit le solidus vers la droite, elle fond naturellement. Le solidus est une courbe qui délimite une phase solide d'une phase où du liquide apparaît.

> Étape 4 : établir un bilan des conditions de pression et de température qui ont régné dans le secteur étudié.

Application

Voici l'exemple du métamorphisme et de la fusion partielle dans un couloir de décrochement le long du fleuve rouge à Ailao Shan, en Chine. Ce cisaillement provoque une élévation assez forte de la température dans le sous-sol.

Le problème est de connaître les conditions de pression et de température qui ont abouti à la formation de roches métamorphiques dans cette zone de cisaillement : des gneiss, des migmatites et des granites intrusifs, c'est-à-dire des granites crustaux.

À l'aide des documents ci-dessous, établir un bilan des conditions de pression et de température qui ont régné dans le secteur étudié et déterminer, parmi les trois trajets proposés, celui qui convient.

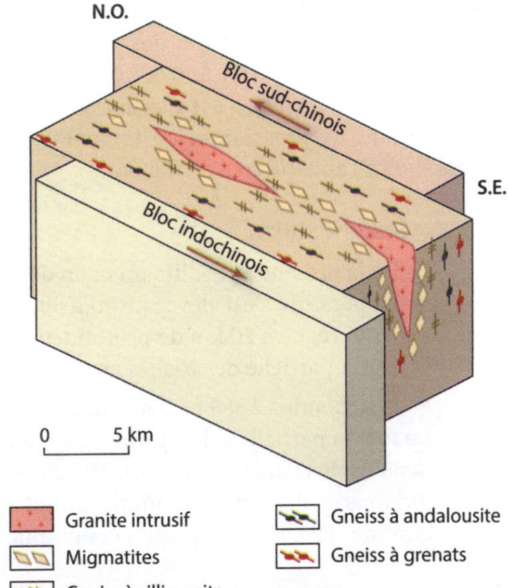

DOC. 9 Zone de cisaillement le long du fleuve Rouge dans les gneiss d'Ailao Shan.

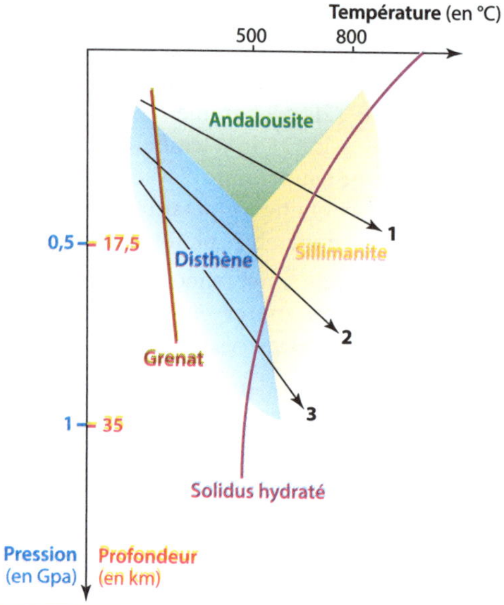

DOC. 10 Diagramme pression – température des minéraux repères et des conditions de fusion partielle. Le silicate d'alumine possède un point triple à l'intersection des trois axes, soit à 0,5 Gpa et environ 500 °C. De part et d'autre de ce point triple, il est aisé de connaître les conditions de pression et de température nécessaires à l'apparition d'un minéral.

> Étape 1 : on observe, dans la zone de cisaillement d'Ailao Shan, du grenat, de l'andalousite et de la sillimanite.

> Étape 2 : sur le bloc diagramme, on repère comme minéral de métamorphisme d'abord du grenat, qui correspond à une zone de température plutôt faible mais avec un domaine de pression soit moyen, soit élevé. On rencontre ensuite, par ordre de température croissante, l'andalousite puis la sillimanite.

La présence d'andalousite signifie que la pression ne s'est pas beaucoup élevée alors que l'augmentation de température est forte. La sillimanite apparaît pour des températures élevées et une pression qualifiée de moyenne. Le disthène absent confirme bien que la pression dans ce secteur ne s'est pas beaucoup élevée.

> Étape 3 : on observe une fusion partielle matérialisée par des migmatites dans le prolongement du « trajet » issu de la zone à sillimanite. Les conditions de température et, dans une moindre mesure, les conditions de pression ont donc augmenté.

> Étape 4 : bilan.

- De la présence de sillimanite, on déduit que, dans le secteur soumis au cisaillement, la température s'est élevée jusqu'à 800 °C. La pression, elle, n'a guère dépassé la pression qui règne à 20 km de profondeur. Cela correspond au trajet 1 qui se termine par la fusion partielle des roches en milieu hydraté.
- Les chemins 2 et 3 ne peuvent être retenus, le disthène étant absent dans ce secteur. La fusion partielle a donné naissance à un liquide de composition granitique, donc de densité plus faible, ce qui est suffisant pour qu'il migre en hauteur. Toutes ces transformations géologiques se sont produites à faible profondeur c'est-à-dire dans la croûte continentale. C'est pourquoi ces granites sont dits crustaux.

SUJETS DE TYPE BAC

1 La fenêtre des Tauern

15 min

Cet exercice de type 2.1 sous forme de QCM permet une étude géologique au-delà de la frontière française des Alpes, où les forces de compression se sont beaucoup plus exprimées que dans notre pays. Il met en évidence l'importance des empilements et des raccourcissements dans l'épaississement du domaine continental.

> Voir la partie II du cours.

Dans les Alpes franco-autrichiennes, on trouve des indices de l'empilement de nappes de socles qui correspondent à la collision des lithosphères européenne et apulienne. Des restes de la croûte océanique et une partie du manteau supérieur sont également visibles. Ils sont appelés ophiolites.

Cette observation est facilitée sur le terrain par la présence d'une fenêtre d'érosion correspondant à la fenêtre des Tauern : l'érosion a décapé une grande partie de la plaque apulienne, appelée aussi plaque africaine, de telle sorte que l'on voit apparaître les unités inférieures.

À partir du document, souligner l'importance de l'empilement et du raccourcissement dans ce domaine continental en répondant au QCM.

Chaque question n'admet qu'une seule réponse exacte.

DOC. Coupe des Alpes autrichiennes au niveau de la fenêtre des Tauern.

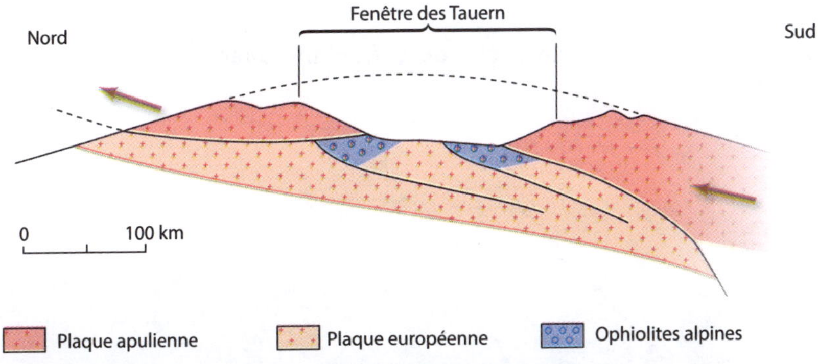

1. Sur les bords de la fenêtre des Tauern, l'empilement des unités :

a. correspond à la superposition, de bas en haut, de la plaque apulienne surmontée de la plaque européenne

b. prend en « sandwich » les ophiolites alpines

c. a quintuplé l'épaisseur du domaine continental

d. a réduit l'épaisseur du domaine continental

2. Les chevauchements visibles dans la fenêtre des Tauern impliquent un déplacement de la plaque apulienne :

a. d'environ 100 km sur la plaque européenne parsemée d'ophiolites

b. sous la plaque européenne parsemée d'ophiolites de plus de 300 km

c. sur la plaque européenne parsemée d'ophiolites d'un peu plus de 300 km

d. sous la plaque européenne parsemée d'ophiolites d'environ 100 km

2 Datation d'une roche du Groenland

30 min

Cet exercice de type 2.1 propose de revoir l'ensemble des savoir-faire liés à la datation absolue par radiochronologie : construction d'une droite isochrone, calcul d'une pente et application numérique. Mais la roche étudiée révèle un âge étonnant…

> Voir la méthode et stratégie 1.

À l'extrémité sud du Groenland, se trouvent des roches anciennes qui ont été datées par la méthode Rb – Sr. Dans cette formation, plusieurs mesures ont été réalisées sur différents échantillons à l'aide d'un spectromètre de masse pour mesurer la quantité de ^{87}Rb, ^{87}Sr, ^{86}Sr pour des fractions globales de la roche. Le rapport d'éléments fils mesurés, $^{87}Sr/^{86}Sr$, est :

$$\left(\frac{^{87}Sr}{^{86}Sr}\right) = \left(e^{\lambda t} - 1\right)\left(\frac{^{87}Rb}{^{86}Sr}\right) + \left(\frac{^{87}Sr_0}{^{86}Sr}\right)$$

Sur un graphique, les rapports $\left(\frac{^{87}Sr}{^{86}Sr}\right)$ en ordonnées et $\left(\frac{^{87}Rb}{^{86}Sr}\right)$ en abscisses pour cinq échantillons donnent une droite isochrone dont la pente est $a = e^{\lambda t} - 1$, d'où $t = \frac{\ln\,(a+1)}{\lambda}$. En simplifiant, car λ est très petit, on obtient $t = \frac{a}{\lambda}$.

En prenant $\lambda = 1{,}42 \times 10^{-11} \cdot an^{-1}$, calculer l'âge de la roche du sud du Groenland.
Vous préciserez le principe de la mesure et vous indiquerez en quoi la valeur trouvée est particulière.

DOC. Droite isochrone d'une roche du Groenland avec cinq échantillons cogénétiques.

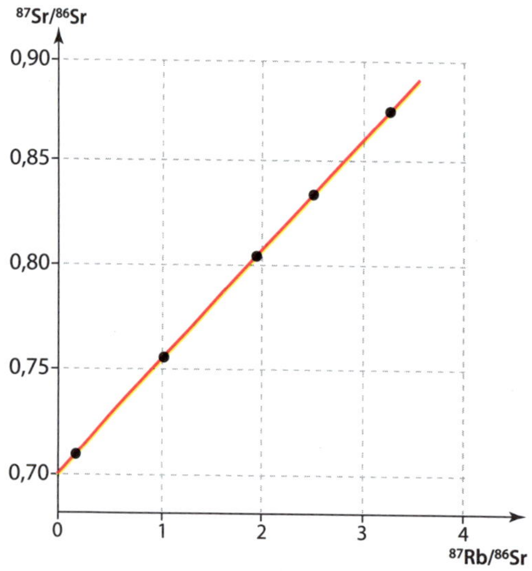

3 Datation d'un granite d'Athis en Bretagne

30 min

Cet exercice de type 2.2 consiste en l'exploitation de deux documents, avec confrontation de deux méthodes de datation : l'une donne une fourchette d'âge en utilisant des données de terrain, l'autre donne un âge en millions d'années (Ma) à partir de la méthode rubidium – strontium. Il faut cette fois-ci construire la droite isochrone et calculer sa pente.

> Voir la méthode et stratégie 1.

Le granite d'Athis, en Bretagne, est en contact avec trois formations :
- du protérozoïque supérieur, ou Briovérien, daté avec l'échelle stratigraphique de 600 Ma environ ;
- du cambrien, daté d'environ 520 Ma ;
- du jurassique, daté d'environ 160 Ma.

Tracer la droite isochrone et calculer l'âge du granite. Les observations du géologue de terrain sont-elles confirmées ?

DOC. 1 Extrait de carte géologique : le granite d'Athis et observations du géologue de terrain.

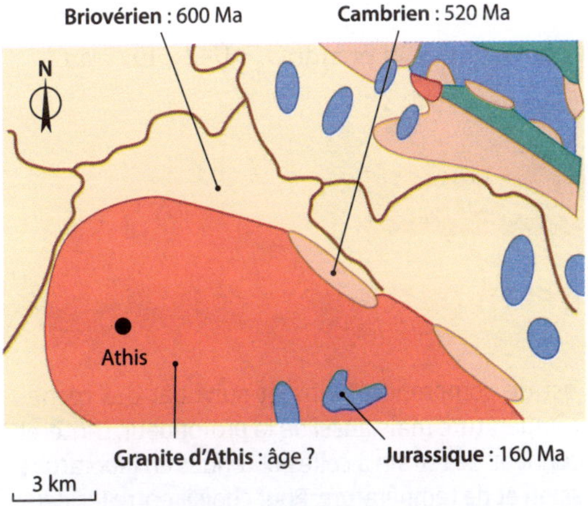

Si on examine le granite d'Athis, on s'aperçoit que, lorsqu'il est monté dans les terrains supérieurs alors qu'il était chaud, il a « cuit » les terrains encaissants. Or, les seuls terrains modifiés à sa périphérie sont ceux du Briovérien mais pas ceux du Cambrien, ni ceux du Jurassique. On en déduit que le granite a cristallisé entre le Briovérien, où le granite était encore chaud, et le Cambrien, où le granite était déjà froid. Le granite se serait donc mis en place entre 600 et 520 Ma. La radiochronologie du granite d'Athis le confirme-t-elle ?

DOC. 2 Mesure des rapports $\left(\frac{^{87}Sr}{^{86}Sr}\right)$ et $\left(\frac{^{87}Rb}{^{86}Sr}\right)$ pour quatre minéraux.

Pour dater le granite d'Athis, on a fait appel au couple rubidium – strontium et, grâce à un spectromètre de masse, on a mesuré les rapports $^{87}Sr/^{86}Sr$ et $^{87}Rb/^{86}Sr$. Les valeurs sont indiquées dans le tableau ci-contre :

	$\left(\frac{^{87}Sr}{^{86}Sr}\right)$	$\left(\frac{^{87}Rb}{^{86}Sr}\right)$
Orthose	0,741	4,07
Plagioclase	0,71	0,07
Mica 1	1,1	50,2
Mica 2	0,94	29,60

On rappelle que la quantité d'éléments fils mesurés $^{87}Sr/^{86}Sr$ peut être exprimée par l'équation suivante :

$$\left(\frac{^{87}Sr}{^{86}Sr}\right) = (e^{\lambda t} - 1)\left(\frac{^{87}Rb}{^{86}Sr}\right) \times + \left(\frac{^{87}Sr_0}{^{86}Sr}\right)$$

Cette équation est l'expression d'une droite de type $y = ax + b$ ayant pour ordonnées $\left(\frac{^{87}Sr}{^{86}Sr}\right)$, et pour abscisses $\left(\frac{^{87}Rb}{^{86}Sr}\right)$. La pente de la courbe est : $a = e^{\lambda t} - 1$, d'où $t = \frac{\ln(a+1)}{\lambda}$ ou, en simplifiant (comme λ est très petit), $t = \frac{a}{\lambda}$. On prendra $\lambda = 1{,}42 \times 10^{-11} \cdot an^{-1}$.

SUJETS D'APPROFONDISSEMENT

4 Métamorphisme et fusion partielle dans le Limousin

40 min

Le but de cet exercice de type 2.2 est de comprendre le trajet suivi par des roches métamorphiques, en fonction de la température mais aussi de la profondeur. L'intérêt se trouve dans la confrontation des données de terrain à celles obtenues en laboratoire pour connaître les conditions de pression et de température. Pour choisir entre les deux trajets, soyez bien attentif au domaine dans lequel la fusion des roches commence.

> Voir la méthode et stratégie 2.

L'épaississement de la croûte continentale, ainsi que les forces de collision, au niveau de la vieille chaîne de montagnes qui existait dans le Limousin ont abouti à l'apparition d'une grande variété de roches métamorphiques et de minéraux de métamorphisme. La remontée de la racine crustale et l'érosion font aujourd'hui apparaître ces roches en surface. Lorsque la température et la pression ont été suffisantes, une fusion partielle de ces roches s'est produite et a donné des migmatites. La zone claire ayant fondu a la composition d'un granite. Elle peut donner naissance à un liquide granitique, qui peut migrer vers le haut pour constituer un granite d'anatexie.

Au laboratoire, les géologues ont établi les conditions de stabilité de différents minéraux du métamorphisme : biotite, grenat, staurotide et disthène. Le même silicate d'alumine peut, selon les conditions de pression et de température, donner soit de la sillimanite, soit du disthène, soit de l'andalousite.

À partir de la carte et du diagramme, préciser, en choisissant la bonne réponse du QCM, pourquoi les géologues considèrent que le trajet des roches lors de l'enfouissement n'a pas été tout à fait le même dans le secteur de Saint-Yrieix et dans le secteur d'Uzerche.

DOC. 1 Carte géologique simplifiée de la série métamorphique du Limousin issue d'anciennes roches sédimentaires. L'apparition des différents minéraux repères du métamorphisme est mentionnée.

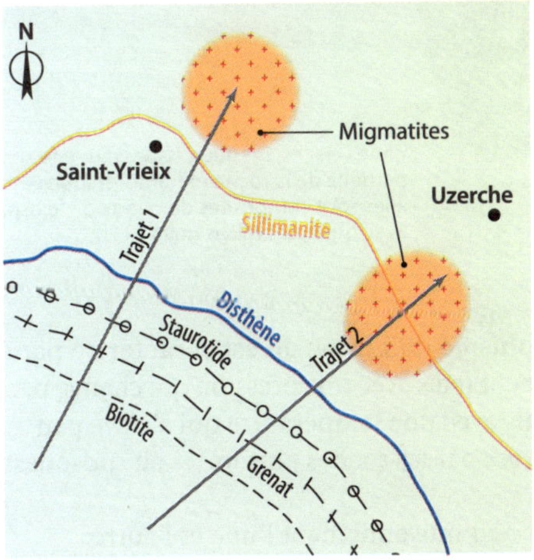

DOC. 2 Trajet des roches métamorphiques et localisation des minéraux repères en fonction de la pression et de la température.

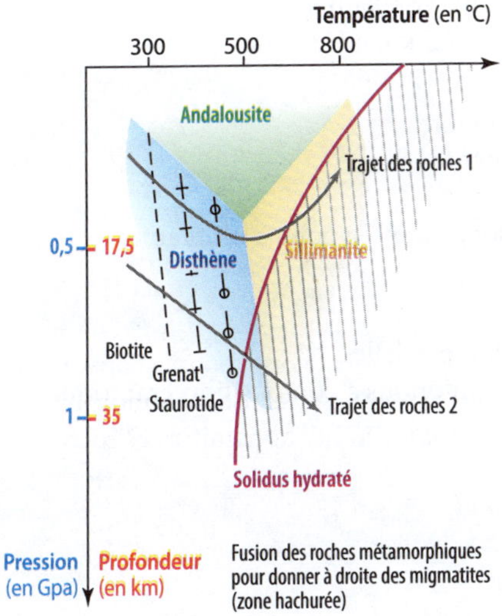

DOC. 3 Migmatite ou anatexite.

Une migmatite est une roche associant à la fois du matériel métamorphique et du matériel granitique. Elle résulte d'une fusion partielle : la partie fondue correspond à la zone claire de composition granitique. La partie non fondue, sombre, correspond à des minéraux réfractaires à la fusion (en particulier des biotites). Une autre partie, qui n'a pas subi la fusion, correspond à la roche métamorphique « mère ».

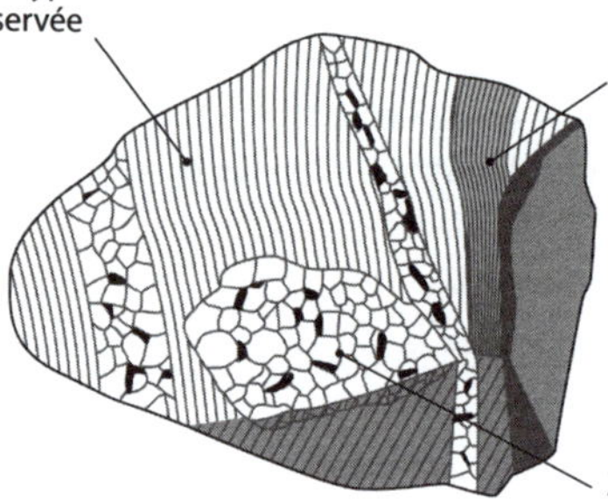

Chaque item n'admet qu'une réponse exacte.

1. Dans le trajet 1 des roches, le métamorphisme du Limousin est caractérisé par :
a. une température qui s'élève considérablement mais avec une pression qui change peu
b. une pression qui augmente beaucoup mais avec une température qui s'élève peu
c. une pression et une température enregistrées par les roches plus fortes au sud-ouest qu'au nord-est
d. une pression et une température qui s'élèvent moyennement l'une et l'autre

2. Les conditions de fusion partielle à Uzerche et à Saint-Yrieix :
a. sont identiques
b. se produisent à une pression plus faible à Saint-Yrieix qu'à Uzerche
c. se produisent à une pression plus forte à Saint-Yrieix qu'à Uzerche
d. apparaissent à une profondeur de moins de 17,5 km à Uzerche

3. La fusion partielle à Uzerche
a. se produit uniquement dans la zone à sillimanite
b. se produit uniquement dans la zone à disthène
c. se produit dans la zone à grenat
d. se produit dès la zone à disthène et se prolonge dans la zone à sillimanite

4. La migmatite représentée est :
a. une roche purement métamorphique
b. une roche granitique qui résulte d'une fusion partielle
c. une roche hétérogène, composée de résidus infondus à composition granitique
d. une roche hétérogène

5 Le Haut-Himalaya

30 min

Dans L'Himalaya, certains granites occupent une position assez élevée dans la chaîne, ce qui est inhabituel. Vous allez étudier dans cet exercice d'approfondissement de type 2.2 la mise en place de ces granites dans les unités supérieures.

> Voir la méthode et stratégie 2.

Les sommets de l'Himalaya sont recouverts de calcaires très anciens (460 Ma). Sous ces sommets se trouvent parfois des massifs granitiques dont on se propose de rechercher l'origine. Dans cette chaîne de montagnes, le Haut-Himalaya, ou unité supérieure (US), recouvre par un chevauchement important appelé MCT le Bas-Himalaya, ou unité inférieure (UI). De part et d'autre de ce chevauchement, des événements sont à l'origine de l'apparition de granites.

L'UI s'enfonce, se refroidit et subit des réactions de métamorphisme à l'origine de gneiss libérant de l'eau dans la base de l'US, qui remonte à la suite de mouvements tectoniques ; elle est chaude. À la limite du chevauchement, l'expulsion d'eau et la chaleur provoquent une fusion partielle, ou migmatisation, de la base de cette unité. Des filons facilitent l'ascension du liquide résultant de la fusion et alimentent des plutons granitiques.

Les géologues voulant reconstituer les conditions de pression et de température font appel au silicate d'alumine et à la courbe du solidus hydraté de la croûte continentale. On rappelle que le silicate d'alumine Al_2SiO_5 peut, selon les conditions de pression et de température, donner de la sillimanite, du disthène ou de l'andalousite.

Indiquer, à partir du texte et des documents, les événements qui se sont succédé pour aboutir à la mise en place des granites dans le Haut-Himalaya.

Vous discuterez les deux trajets proposés.

DOC. 1 Mise en place des granites du Haut-Himalaya.

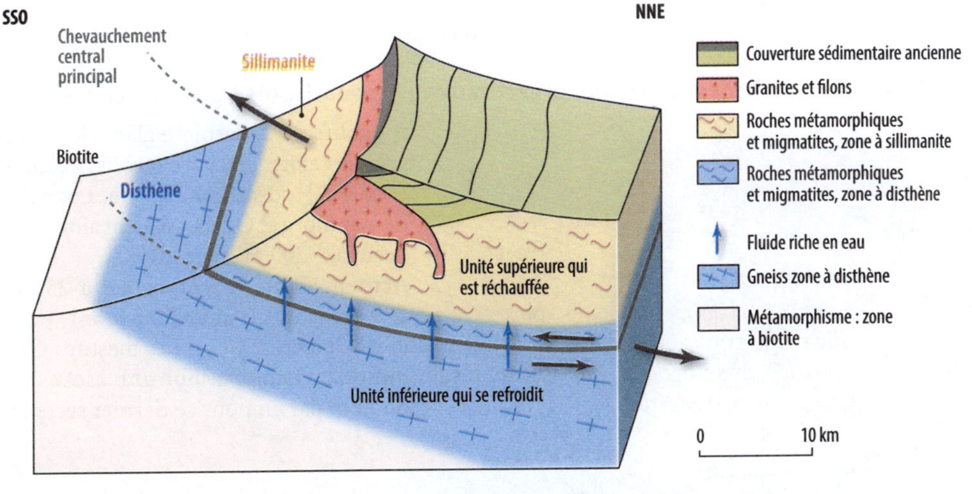

DOC. 2 Domaines de stabilité du silicate d'alumine et conditions de fusion de la croûte continentale.

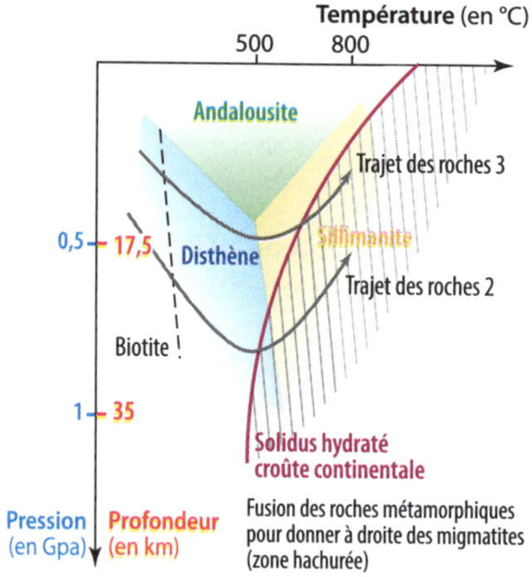

POST BAC

6 Anomalies gravimétriques au Canada

30 min

Le but de cet exercice de type 2. 2 est d'identifier les causes d'un mouvement isostatique et de les relier à une carte des anomalies gravimétriques. Vous aurez à relier les informations gravimétriques satellitaires avec la remontée isostatique de la baie d'Hudson. L'explication sur les anomalies gravimétriques n'a pas à être reprise telle quelle, seule la lecture des anomalies est à prendre en compte.

À partir des documents, indiquer les mécanismes responsables de l'élévation de la baie d'Hudson au Canada.

Une illustration du phénomène est attendue.

DOC. 1 Carte des mouvements verticaux au Canada depuis 6 000 ans (en mètres).

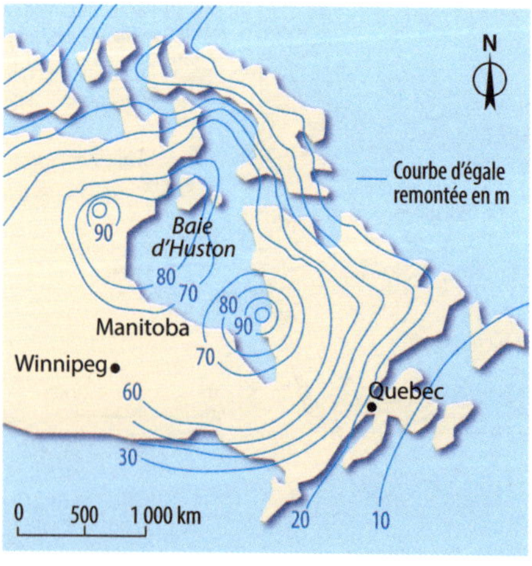

Au cours de la dernière glaciation, une grande calotte glaciaire recouvrait toute la baie d'Hudson, au Canada. Les villes de Winnipeg et Québec étaient alors sous l'eau, à − 200 m environ.

Actuellement, Winnipeg est à 250 m d'altitude alors que Québec est, pour la ville basse, à 10 m. Les mesures GPS indiquent aujourd'hui une ascension de 1 cm par an pour ce dernier secteur.

DOC. 2 Anomalies gravimétriques de la Terre (images satellitaires de *Grace*).

La gravimétrie correspond à l'étude de l'intensité de la gravité (ou pesanteur) et de ses variations. Elle peut être mesurée au sol ou par l'analyse des orbites satellitaires. La Terre n'est pas tout à fait sphérique à cause de l'altitude et de l'aplatissement des pôles. Par ailleurs, la Terre présente une certaine hétérogénéité dans la répartition des masses.

Tous ces éléments vont provoquer de légères perturbations orbitales du satellite. On calcule alors la différence entre la théorie et la réalité révélée par les gravimètres. Les anomalies de gravimétrie sont définies par l'écart entre la valeur mesurée et la valeur de référence. Elles sont reportées en couleurs et exprimées en mGal. Elles sont positives ou négatives.

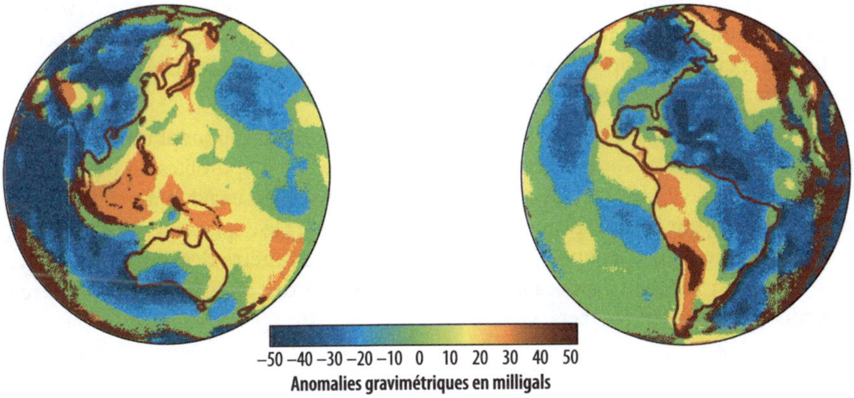

CORRIGÉS

1 La fenêtre des Tauern

L'essentiel de l'exercice repose sur l'observation de la coupe géologique et du dynamisme des unités qui se chevauchent.

1. Sur les bords de la fenêtre des Tauern, l'empilement des unités prend en « sandwich » les ophiolites alpines (**réponse b**). L'empilement des unités n'a pas réduit l'épaisseur du domaine continental, c'est l'inverse qui s'est produit. La réponse d est donc fausse. De même, l'empilement correspond à la superposition de la plaque européenne et de la plaque apulienne, de bas en haut ; la réponse a est donc fausse. Enfin, la réponse c est fausse : la valeur proposée est excessive, le document suggère un épaississement de l'ordre du double ou du triple.

2. Les chevauchements visibles dans la fenêtre des Tauern impliquent un déplacement de la plaque apulienne sur la plaque européenne parsemée d'ophiolites d'un peu plus de 300 km (**réponse c**). L'ordre de grandeur de la réponse b est exact, mais c'est l'inverse qui se produit pour la superposition, elle est donc fausse ; le déplacement proposé dans la réponse a ne peut convenir, puisqu'il déborde de la fenêtre des Tauern et dépasse les 100 km. La réponse d est également fausse : ni l'ordre de grandeur ni l'ordre de superposition ne sont corrects.

2 Datation d'une roche du Groenland

On suit ici les étapes de la méthode et stratégie 1.

> **Étape 1 :** on constate que les cinq échantillons sont disposés sur une droite isochrone. Ils se sont donc bien formés au même moment, à partir d'un même magma.

> **Étape 2 :** la pente de cette droite isochrone donne l'âge de fermeture du système. On calcule la pente a de la droite sur le graphique, dont l'équation est :

$$\frac{^{87}Sr}{^{86}Sr} = \left(e^{\lambda t} - 1\right)\frac{^{87}Rb}{^{86}Sr} + \frac{^{87}Sr_0}{^{86}Sr}$$

Sachant que $a = \left(e^{\lambda t} - 1\right)$, on en déduit que :

$$a = \frac{\left(\frac{^{87}Sr}{^{86}Sr} - \frac{^{87}Sr_0}{^{86}Sr}\right)}{\frac{^{87}Rb}{^{86}Sr}}$$

On remplace les expressions en se reportant sur le graphique :

$$a = \frac{(0{,}875 - 0{,}70)}{3{,}25}$$

$$a = \frac{0{,}175}{3{,}25}$$

$$a = 0{,}0538$$

Calcul de la pente de la droite isochrone.

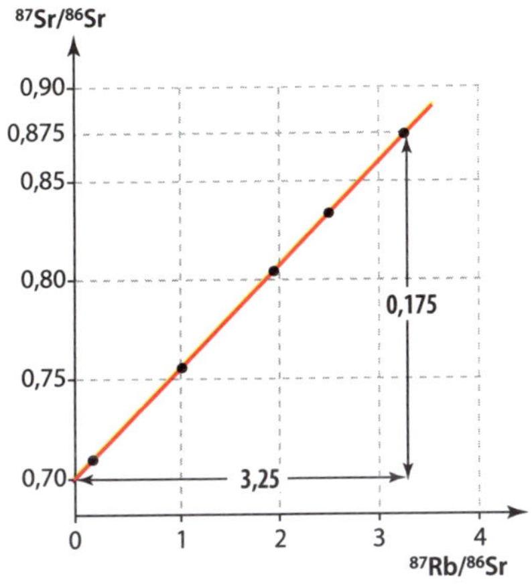

> **Étape 3 :** $a = \left(e^{\lambda t} - 1\right)$, d'où $t = \dfrac{\ln(a+1)}{\lambda}$.

- En remplaçant les termes par leurs valeurs :

$t = \dfrac{\ln(0{,}0538+1)}{1{,}42 \times 10^{-11}}$ = 3 690 millions d'années, **soit 3,69 milliards d'années.**

- En utilisant la formule simplifiée, comme λ est très petit, $a = \left(e^{\lambda t} - 1\right) \approx \lambda t$:

$t = \dfrac{a}{\lambda}$ = 3 788 millions d'années, soit **3,79 milliards d'années.**

Les deux valeurs sont proches. Il ne faut pas oublier les erreurs de mesure : il est inutile de donner, dans ces conditions, des précisions à plus de 4 chiffres (même si la calculatrice les fournit).

- L'âge de cette roche du Groenland est de **3,69 milliards d'années** environ, ce qui en fait l'une des roches continentales les plus anciennes de la Terre.

3 Datation du granite d'Athis en Bretagne

- Le géologue de terrain observe au niveau du granite une transformation uniquement au contact du Briovérien : le granite s'est introduit dans une formation déjà présente. Il est donc postérieur à 600 Ma. Comme l'autre formation ne s'est pas modifiée à son contact, le granite était déjà froid. Le granite est donc antérieur à 520 Ma.

Vérifions cette observation par la méthode de radiochronologie décrite dans la méthode et stratégie 1.

> **Étape 1 :** on reporte sur la droite isochrone les valeurs indiquées pour chaque minéral.

> **Étape 2 :** pour connaître l'âge du granite, on mesure la pente a de la courbe :

$a = \dfrac{0{,}39}{49{,}93} = \mathbf{0{,}00781}$.

Droite isochrone pour le granite d'Athis et calcul de la pente a.

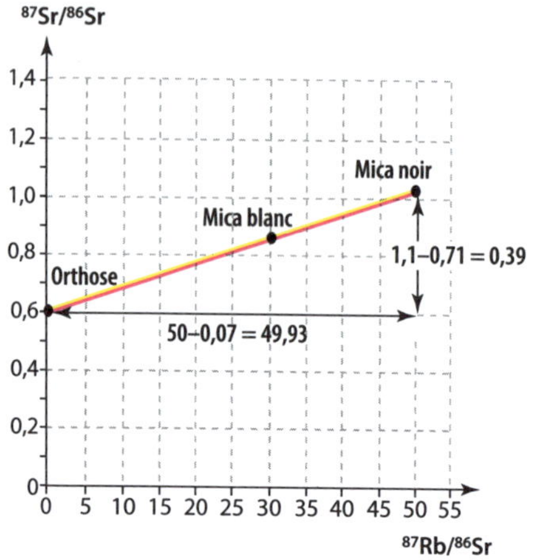

> **Étape 3 :** comme $t = \dfrac{\ln(a+1)}{\lambda}$, ou $t = \dfrac{a}{\lambda}$ car λt est proche de 1, on peut calculer l'âge de cristallisation du granite :

$t = \dfrac{\ln(0{,}00781+1)}{1{,}42 \times 10^{-11}} = \mathbf{548\ Ma}$ ou $t = \dfrac{0{,}00781}{1{,}42 \times 10^{-11}} = \mathbf{550\ Ma}$.

Ces deux chiffres sont très proches, la valeur moyenne retenue par les géologues est 548 Ma environ.

– La valeur obtenue par radiochronologie corrobore donc les résultats obtenus par le géologue de terrain, qui affirmait que le granite d'Athis était antérieur à 520 Ma.

4 Métamorphisme et fusion partielle dans le Limousin

1. Dans le trajet des roches 1, le métamorphisme du Limousin est caractérisé par une température qui s'élève considérablement mais avec une pression qui change peu (**réponse a**). La réponse b est fausse, c'est l'inverse qui se produit : la pression s'élève peu, tandis que la température augmente tout au long du trajet. De même, la réponse c est fausse car c'est aussi l'inverse (le gradient de pression et de température est plus fort au nord qu'au sud-ouest puisqu'une anatexie s'y est produite). La réponse d ne peut être correcte puisque c'est surtout la température qui a augmenté.

2. Les conditions de fusion partielle à Uzerche et à Saint-Yrieix se produisent à une pression plus faible à Saint-Yrieix qu'à Uzerche (**réponse a**). Les conditions de fusion partielle ne peuvent être identiques, la pression étant différente. La réponse a est fausse. La réponse c est également fausse, car c'est l'inverse qui se produit (la pression est plus forte à Uzerche). Enfin, la fusion apparaît à une profondeur d'environ 25 km, et non à moins de 17,5 km comme il est proposé dans la réponse d.

3. La **réponse d** est correcte : la fusion partielle à Uzerche se produit dès la zone à disthène et se prolonge dans la zone à sillimanite. La réponse a ne peut être correcte, car la fusion se produit avant la zone à sillimanite, dans la zone à disthène. Plus précisément, elle se produit d'abord dans la zone à disthène, puis dans la zone à sillimanite, la réponse b est fausse. Enfin, elle se produit bien après la zone à grenat, car les conditions de pression et de température sont insuffisantes (réponse c).

4. La migmatite représentée est une roche hétérogène. La **réponse d** est typiquement le genre de réponse courte pouvant se révéler exacte. La migmatite n'est pas une roche purement métamorphique (réponse a) car c'est un mélange de roches métamorphique et granitique. Elle n'est pas non plus une roche granitique résultant d'une fusion partielle, car s'il existe bien des zones granitiques originaires d'une fusion partielle, il existe aussi d'autres zones, notamment une zone gneissique. La réponse b est fausse.

Repérer le « piège » : une roche granitique qui résulte d'une fusion partielle est une connaissance exacte, mais sans rapport avec l'affirmation.

Enfin, la migmatite est bien une roche hétérogène comportant des zones infondues, mais ces zones ne sont pas de composition granitique. La réponse c est, par conséquent, fausse.

5 Le Haut-Himalaya

Le texte précise que l'unité supérieure est réchauffée. Comme cette unité remonte, on en déduit que la pression a tendance à diminuer dans ce secteur.

> **Étape 1 :** l'unité inférieure se refroidit et libère de l'eau lors du métamorphisme des roches. Le bloc diagramme du Haut-Himalaya se découpe en deux unités :

– l'unité inférieure, qui se refroidit et dans laquelle on distingue des **minéraux index du métamorphisme** tels que la biotite puis le disthène ;

– l'unité supérieure, réchauffée, qui se décompose à sa base en un **mélange de roches métamorphiques et de migmatites** (c'est-à-dire de roches en fusion partielle) avec du disthène. Dans la partie supérieure, les roches métamorphiques et les migmatites ont désormais **un autre minéral index** : la sillimanite. L'unité supérieure se termine enfin dans les granites **en connexion avec des filons.**

> **Étape 2 :** le doc. 2 montre **l'emplacement des trois types de silicate d'alumine** (andalousite, sillimanite et disthène). Le solidus de la croûte hydratée est figuré. On rappelle que le solidus est la limite entre une phase solide à gauche du solidus et une phase liquide à droite du liquidus.

Interprétation

Il faut ici faire le lien entre les documents, comme cela a été fait dans la méthode et stratégie 2, et notamment localiser sur le chemin P/T les minéraux repères que l'on a identifiés. Ainsi, il faut localiser la biotite, le disthène et la sillimanite, puis localiser la zone de fusion (**étape 3**).

- Le graphique du doc. 2 précise que l'on se trouve plutôt dans la partie inférieure, avec une augmentation de pression sans échauffement pour l'unité inférieure, alors que pour l'unité supérieure, la présence de sillimanite essentiellement à la place du disthène montre un **changement barothermique** avec une augmentation de température mais une baisse de pression (puisque cette unité remonte).
- La fusion des roches métamorphiques se produit à la fois dans la zone à disthène et dans la zone à sillimanite. Ceci correspond au **trajet 2**, et non au trajet 3, où la fusion n'a lieu que dans la zone à sillimanite.

Bilan

Le métamorphisme de l'unité inférieure débute dans la biotite et se prolonge dans le disthène. Il produit de l'eau qui fait baisser la température de fusion de l'unité supérieure. Cette unité supérieure chaude fond et donne des migmatites, d'abord dans la zone à disthène, puis des migmatites dans la zone à sillimanite, avec l'augmentation de température et la baisse de pression. La partie fondue des migmatites, plus légère, peut alors migrer par des filons pour donner des plutons avec des granites crustaux qui cristallisent.

POST BAC

6 Anomalies gravimétriques au Canada

- Il s'agit d'un exemple mettant en évidence un rebond isostatique post-glaciaire suite à la fonte rapide d'une grande calotte glaciaire. Ce rebond n'est pas immédiat et n'est pas achevé aujourd'hui : certaines parties du Canada remontent de 1 cm par an (secteur de Québec).
- Lorsque le Canada était recouvert d'une calotte glaciaire, cette masse supplémentaire a provoqué un enfoncement de la croûte et de la lithosphère toute entière. Quand l'enfoncement est stabilisé, cela signifie qu'un équilibre isostatique est atteint.
- Aujourd'hui, la calotte glaciaire fond. On peut observer sur le doc. 2, au niveau de la baie d'Hudson au nord du Canada, une zone fortement colorée en bleu indiquant une anomalie gravimétrique négative de 40 milligals.
Cela prouve que le réajustement isostatique n'est pas achevé aujourd'hui et que la lithosphère rebondit alors vers le haut.
- Un schéma permet d'illustrer le rebond isostatique.

Même si les schémas ne sont pas exigés, ils sont toujours appréciés dans les copies, car ils sont une autre représentation des différentes phases d'un phénomène. Si certains d'entre eux sont délicats, la plupart des schémas en géologie ne demandent pas beaucoup de technique de dessin.

Illustration du rebond isostatique de la lithosphère du Canada

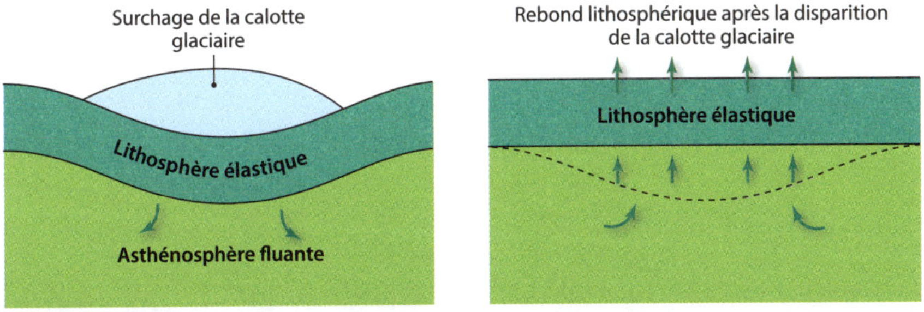

Enfoncement de la lithosphère et expulsion de matériaux du manteau asthénosphérique visqueux

Remontée de la lithosphère et réinjection de matériaux du manteau asthénosphérique

- On pourrait aussi accepter une autre illustration (modèle d'Airy), où la calotte glaciaire crée une racine crustale qui compense le relief de la calotte glaciaire. Celle-ci disparaît avec la fonte de la calotte glaciaire. Ce modèle ancien a été créé un siècle avant la théorie de la tectonique des plaques et son principe reste valable aujourd'hui. Dans le cas du modèle d'Airy, on se limite à la croûte continentale et à l'existence d'une racine. Dans le cas ci-dessus, la compensation isostatique se réalise au niveau global de la lithosphère. Les deux modèles, malgré un siècle d'écart, restent cohérents.

CHAPITRE 6

La production de nouveaux matériaux continentaux

COURS

MÉTHODES ET STRATÉGIES

SUJETS DE TYPE BAC

SUJETS D'APPROFONDISSEMENT

CORRIGÉS

COURS

La production de nouveaux matériaux continentaux

Dans un contexte de subduction, du matériel mantellique fond partiellement et donne naissance à des roches de type granitique ou de type andésitique.

I. Production de roches dans les zones de subduction

1. Caractéristiques de la subduction

- La subduction correspond au plongement d'une plaque sous une autre. La plaque plongeante, de nature océanique, s'enfonce dans l'asthénosphère. L'autre plaque est qualifiée de **chevauchante**.

- La zone de subduction est toujours accompagnée d'une fosse océanique profonde de 5 000 à 11 000 mètres. Un **volcanisme explosif** situé sur la plaque chevauchante y est associé. On observe une répartition particulière des séismes sur un plan incliné appelé plan de Benioff. Les séismes superficiels sont proches de la fosse ; ils deviennent de plus en plus profonds en s'éloignant de la fosse.

2. Origine et entretien de la subduction

- L'origine de la subduction est à corréler avec l'éloignement de la plaque de la dorsale. Dans ces conditions, la lithosphère refroidit et l'**isotherme 1 300 °C**, qui définit la limite inférieure de la lithosphère, s'enfonce. Il en résulte un épaississement progressif de la lithosphère, en s'éloignant de la dorsale.

- Cet épaississement augmente la masse volumique de la lithosphère océanique, qui finit par plonger dans l'asthénosphère, car le manteau lithosphérique est un peu plus dense que le manteau asthénosphérique. Ces forces facilitent la subduction. Elles doivent s'opposer à des forces de résistance de la plaque au plongement (voir le complément post bac).

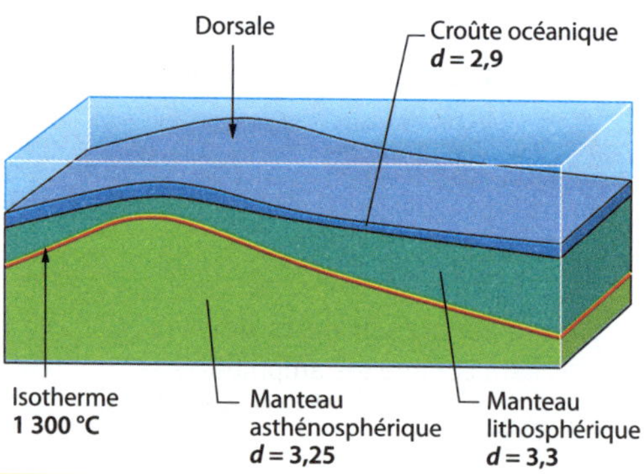

DOC. 1 Variation de l'épaisseur de la lithosphère océanique à l'origine de la subduction.

3. Arrivée de nouvelles roches dans la plaque chevauchante

- Dans une zone de subduction, le volcanisme explosif est lié à un rejet important de vapeur d'eau et de laves volcaniques visqueuses. On peut rencontrer des roches de type basaltique, andésitique ou rhyolitique avec une teneur en silice croissante.
- Des roches plutoniques se forment aussi dans les zones de subduction. Ce sont principalement des roches grenues*, appelées granitoïdes ou granodiorites ou **granites mantelliques**. La structure grenue est indicatrice d'un refroidissement lent du magma.

	Phénocristaux Gros cristaux visibles à l'œil nu	**Microlites** Cristaux en baguettes visibles au microscope polarisant	**Pâte amorphe**
Andésites	– Minéraux hydroxylés[1] : amphiboles et micas (biotites) – Pyroxènes (sombres) – Feldspaths de type plagioclase (clairs)	Feldspaths	Verre
Granodiorites	– Quartz – Feldspaths blancs dont les plagioclases – Amphiboles (sombres) – Biotites (sombres)		

1. Avec un groupement OH.

DOC. 2 Analyse comparée de deux types de roches dans les zones de subduction. La structure microlitique témoigne d'un refroidissement rapide des roches volcaniques. La présence de minéraux hydroxylés souligne l'importance de l'hydratation du magma.

II. Circulation d'eau et fusion des péridotites

1. Le métamorphisme par hydratation

Près de la dorsale, des circulations d'eaux très chaudes transforment minéralogiquement les roches anhydres issues de la dorsale. Il s'agit d'un métamorphisme par hydratation*.

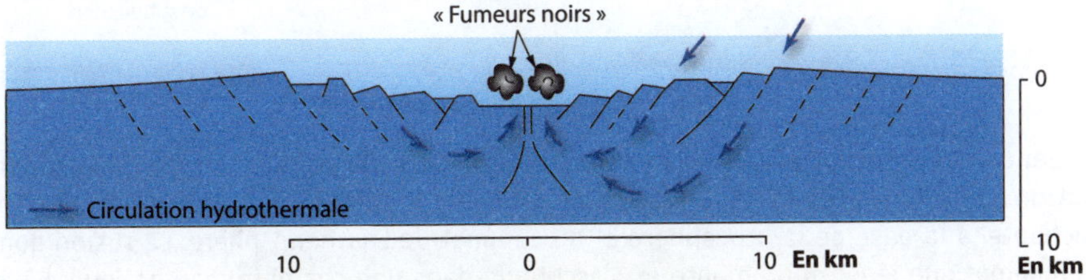

DOC. 3 Hydrothermalisme au niveau de la dorsale. Des minéraux hydroxylés (groupement OH issu de l'eau) comme les amphiboles se forment. Les gabbros ainsi transformés prennent une couleur verte à cause des amphiboles. Ils se présentent près de la fosse océanique avant d'être engloutis dans la zone de subduction.

* Les mots suivis d'un astérisque sont définis dans le lexique.

2. Le métamorphisme par déshydratation

- Quand la plaque s'enfonce le long du plan de Benioff, la pression augmente. Des minéraux nouveaux apparaissent, comme le glaucophane (de couleur bleue). On obtient alors des métagabbros à glaucophane. En descendant davantage, du grenat minéral rouge apparaît. La roche acquiert une couleur rose, il s'agit d'une éclogite.

- Lors de la subduction, le métamorphisme produit de l'eau : il s'agit d'un métamorphisme par déshydratation*. On observe une augmentation de la pression avec une faible augmentation de la température. On qualifie ce métamorphisme de haute pression et basse température (**métamorphisme HP-BT**).

III. Formation des andésites et des granodiorites en présence d'eau

1. La fusion partielle de la péridotite

- Les péridotites renferment 40 % de silice avant de fondre. Le liquide issu de la **fusion partielle* hydratée des péridotites** produit un magma riche en silice (60 %). Ce magma donne des roches de type granodiorites et andésites. La partie non fondue des péridotites est qualifiée de résiduelle : elle reste dans le manteau qui s'est appauvri en silice.

- D'autres sites de fusion partielle de la péridotite se rencontrent (sous une dorsale, par exemple) mais, paradoxalement, en condition anhydre (car l'eau ne pénètre pas en profondeur). Cette **fusion partielle anhydre** du manteau fabrique des gabbros et des basaltes contenant peu de silice.

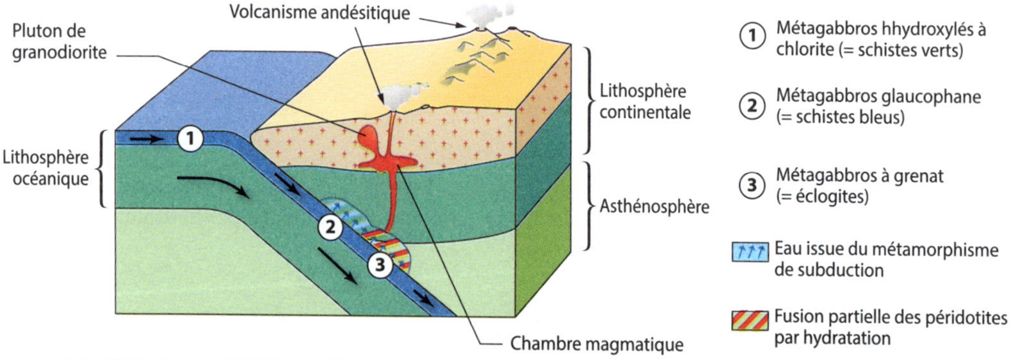

DOC. 4 Genèse de nouveaux matériaux continentaux en relation avec le métamorphisme de subduction. La fusion partielle ne se produit que dans la zone 3 hachurée du manteau de la plaque chevauchante, à la base de la lithosphère et au sommet de l'asthénosphère. La fusion donne un liquide magmatique léger qui remonte et s'accumule dans une chambre magmatique. Là, soit le magma parvient rapidement en surface et donne des roches volcaniques, soit il est bloqué dans son ascension. Il cristallise alors en profondeur sous forme de plutons granodioritiques.

2. Les conditions de pression et de température

- Pour préciser les conditions de fusion de la péridotite, on utilise un diagramme P/T. On rappelle que le **solidus** est la limite entre un état solide et un état liquide (voir la méthode et stratégie 1).
- Le solidus hydraté concerne les zones de subduction ; dans une zone de subduction, la fusion partielle hydratée des péridotites d'un secteur de la plaque chevauchante donne un liquide riche en silice à l'origine des granites mantelliques ou d'andésites.

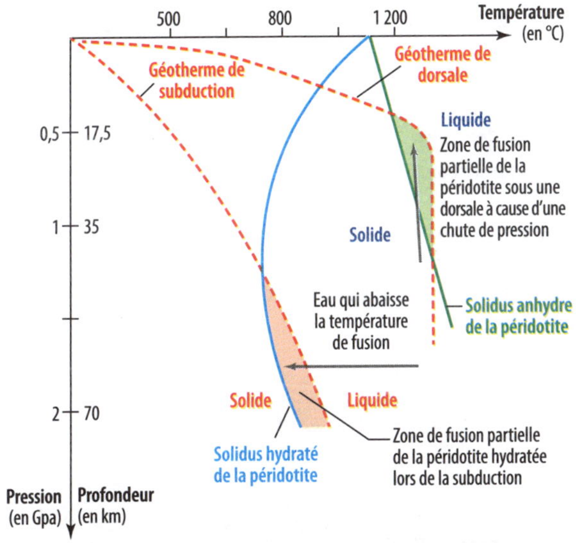

DOC. 5 Liens entre fusion partielle mantellique et subduction et comparaison avec la fusion partielle sous une dorsale.

IV. Géodynamisme et localisation des zones de fusion

- Le métamorphisme a lieu dans la croûte continentale et se termine par l'anatexie ou dans la lithosphère océanique, par hydratation (faciès schistes verts), en liaison avec l'hydrothermalisme, et par déshydratation lors de la subduction (faciès schistes bleus et faciès éclogites).
- Le magmatisme se produit :

– dans les zones de fusion partielle (**1**, doc. 6), sous une dorsale dans le manteau. Il donne une chambre magmatique localisée au-dessus, à l'origine de basaltes et de gabbros ;
– dans les zones de fusion partielle lors de la subduction (**2**, doc. 6), soit dans le manteau asthénosphérique, soit dans le manteau lithosphérique. Il donne une chambre magmatique à l'origine de roches volcaniques ou de granodiorites (granites mantelliques) ;
– dans les zones de fusion dans la croûte continentale (**3**, doc. 6), à l'origine de magmas et de granites d'anatexie.

Remarque : les granites d'anatexie qui prennent naissance dans la croûte continentale sont aussi appelés granites crustaux (voir le chapitre 5).

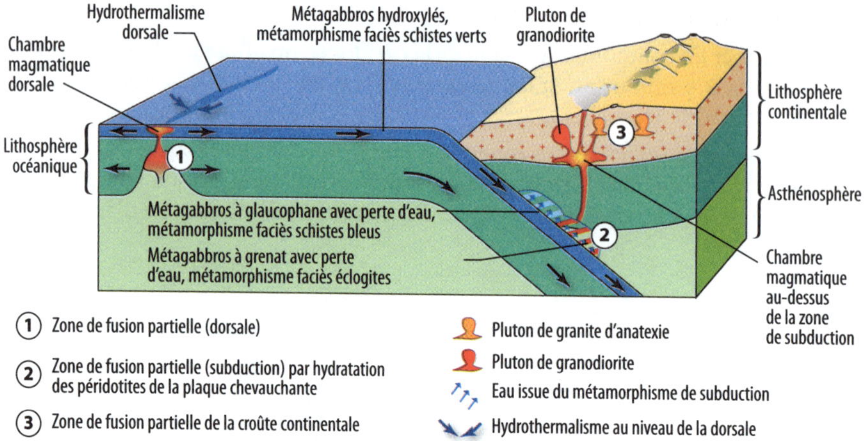

DOC. 6 Localisation des fusions partielles, mantelliques et crustales du métamorphisme et du volcanisme basaltique et andésitique. On remarquera que des magmas mantelliques (issus de **2**) peuvent contaminer des magmas issus de la fusion crustale (**3**).

POST BAC

Exhumation des roches métamorphiques de haute pression

> Voir le sujet 6.

La remontée des roches profondes était, jusqu'à une vingtaine d'années, expliqué uniquement par l'érosion et la remontée par isostasie de la racine crustale. Aujourd'hui, on imagine deux autres processus possibles qui viennent amplifier ce phénomène.

L'effondrement gravitaire

- Le modèle d'effondrement gravitaire est lié :
  - à la fin de la phase de compression qui se traduit par un relief et une racine crustale consécutifs à des empilements d'unités ;
  - à la présence de nombreux éléments radioactifs sources de chaleur qui ramollit l'ensemble de la chaîne ;
  - à des glissements de la chaîne aux extrémités quand les forces de compression deviennent plus faibles que les forces de gravité ;
  - à la transformation de failles inverses en failles normales : de telles failles normales sont connues dans les Alpes, dans les zones de métamorphisme de haute pression et de grande profondeur.
- Ce modèle d'effondrement gravitaire aboutit à la remontée des zones enfouies en grande profondeur à cause de l'isostasie affectant la racine crustale.

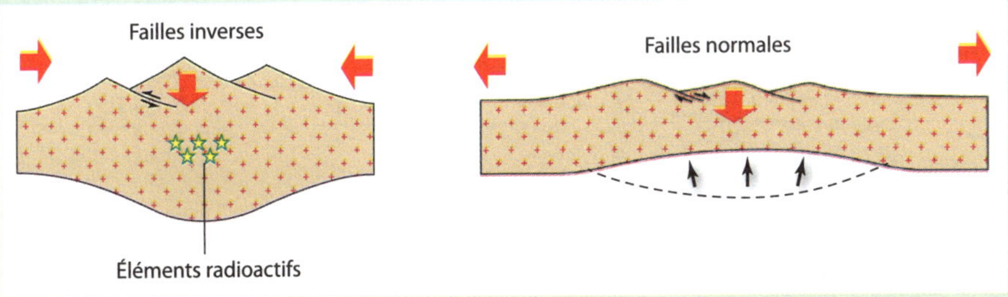

DOC. 7 Remontée des unités profondes après érosion et intervention de l'isostasie.

La rupture du panneau plongeant

Le deuxième modèle qui explique la remontée des roches profondes est lié à la rupture du panneau plongeant. Les forces s'inversent alors, et une partie de la zone continentale subductée à grande profondeur peut remonter par un phénomène de rebond.

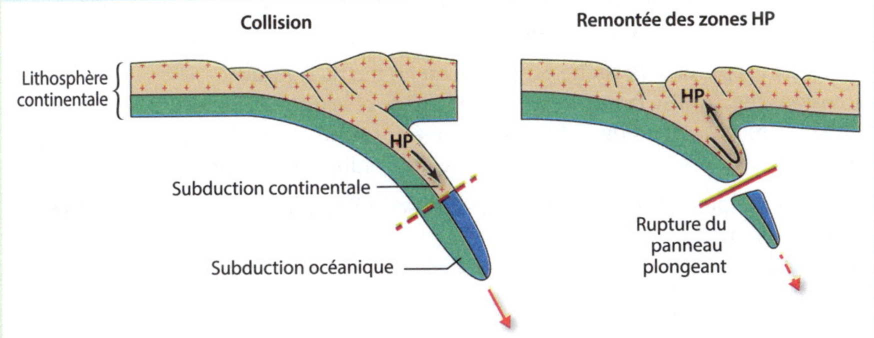

DOC. 8 Remontée des unités profondes après rupture du plan de subduction et rebond des unités enfouies en profondeur.

1 Lire un graphique pression – température (2)

> Voir les sujets 2, 3 et 4 mettant en œuvre cette méthode.

La première lecture du graphique (voir la méthode et stratégie 2, chapitre 5) permettait d'étudier la fusion au niveau de la croûte continentale, avec augmentation de pression et de température. Ici, on étudie aussi la fusion, mais générée par l'arrivée d'eau ou la baisse de pression sur un diagramme P/T. Ce genre d'événement peut se produire aussi bien au niveau de la croûte (fusion crustale) qu'au niveau du manteau (fusion mantellique).

Méthode

Influence de la présence d'eau sur les conditions de fusion d'une roche

Les informations relatives à la fusion partielle : deux courbes sont présentes, le solidus hydraté et le solidus anhydre d'une roche (souvent la péridotite, roche du manteau, mais la même chose existe pour les roches de la croûte). La courbe en pointillés correspond au géotherme de subduction et représente les conditions de pression et de température rencontrées le long du **plan de subduction.**

> Étape 1 : repérer si la roche est solide ou en partie liquide

Le solidus matérialise la frontière entre le solide et le liquide. Dans des conditions de température et de pression faibles, la roche étant solide, ce qui se trouve à gauche du solidus est solide. Ce qui se trouve à droite du solidus représente la partie qui fond.

> Étape 2 : le passage d'une roche de l'état sec à l'état hydraté et ses conséquences sur une fusion

Dans certains cas, cela peut induire une fusion. L'arrivée d'eau déplace le solidus vers la gauche, c'est-à-dire dans des domaines de température plus faibles.

Application

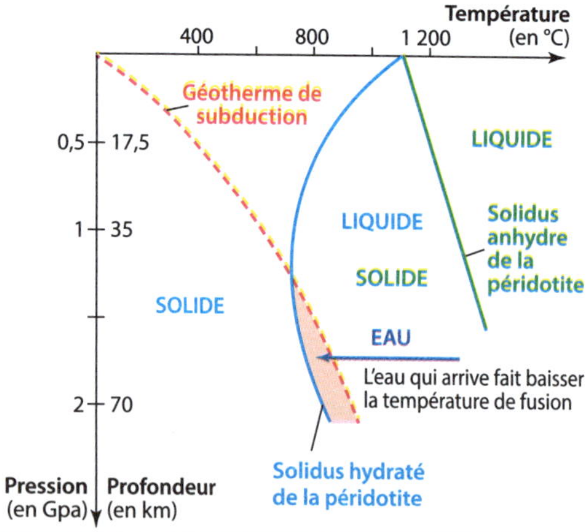

DOC. 9 La fusion hydratée des péridotites.

Que se passe-t-il le long du plan de subduction matérialisé par le géotherme de subduction ?

- On voit ici que, dans les profondeurs de la subduction (à 60 km pour 800 °C), l'apport d'eau est suffisant pour engendrer la fusion des roches mantelliques.
- En revanche, vers 35 km de profondeur, l'apport d'eau n'est pas suffisant pour déclencher une fusion : d'après le géotherme, les roches restent à l'état solide. Les conditions de pression (1 GPa, soit 35 km de profondeur) et de température (600 °C) ne sont pas favorables à la fusion des roches.

Méthode

Influence de la pression sur la fusion des roches du manteau ou de la croûte

Il peut arriver que du matériel remonte. C'est le cas au niveau des dorsales, mais ce n'est pas le seul exemple. La remontée correspond alors à une baisse de pression. Lorsque cette remontée est rapide, la perte de température est faible voire négligeable.

Application

Que se passe-t-il lors de la remontée des péridotites sous une dorsale ?

- Sous une dorsale, à 70 km de profondeur et à 1 300 °C, les roches sont solides. Lorsqu'elles remontent, et si la perte de température est faible, elles croisent alors leur solidus et se mettent à fondre vers 35 km et à 1 300 °C. On remarquera sur le graphique que, si cette remontée s'accompagne d'une chute de température, les roches restent solides.
- Par exemple, si lors d'une remontée les péridotites passent de 1 300 °C à 1 150 °C, elles ne pourront jamais fondre.

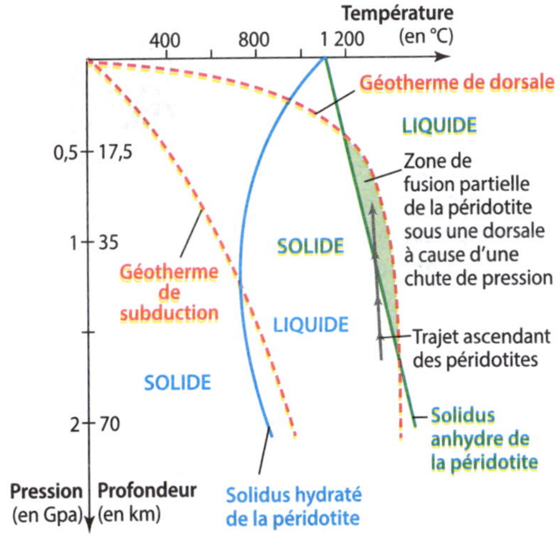

DOC. 10 La fusion des péridotites par chute de pression.

2 Utiliser l'identification des minéraux au microscope polarisant

> Voir le sujet 6 mettant en œuvre cette méthode.

L'identification des minéraux permet de comprendre le contexte géodynamique (gradient P/T) de la zone étudiée. Mise en relation avec le diagramme P/T, la description de photographies réalisées au microscope polarisant peut aider à reconstituer l'histoire de la mise en place d'une roche.

Méthode

Lorsque l'on observe une auréole autour d'un minéral, cela signifie que cette auréole s'est produite après la formation du cœur du minéral. La question est de savoir si les conditions de formation P/T de ce minéral nouveau sont plus fortes ou moins fortes que le minéral du centre antérieur.

Application

> **Exemple 1.** Dans un métagabbro, on a observé du glaucophane autour d'une amphibole. Que peut-on en déduire, en se reportant au diagramme P/T (doc. 11) ?

> Exemple 2. On observe ensuite une éclogite à grenat et une éclogite à grenat avec auréole d'amphibole (hornblende). De la même façon, que peut-on en déduire (doc. 12) ?

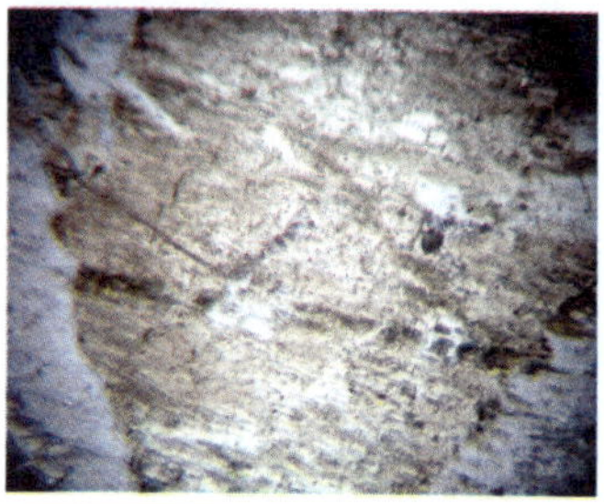

DOC. 11 Métagabbro avec auréole bleue de glaucophane autour d'une amphibole brune. Observation au microscope polarisant (LPNA × 40).

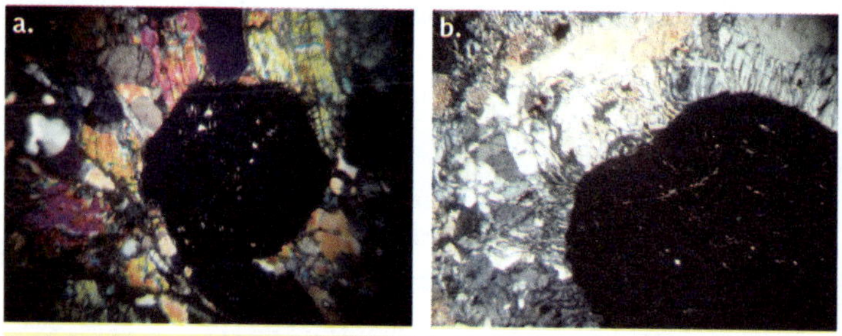

DOC. 12 Éclogite à grenat (a) et éclogite à grenat avec amphibole (hornblende) (b). Observation au microscope polarisant (LPA × 40).

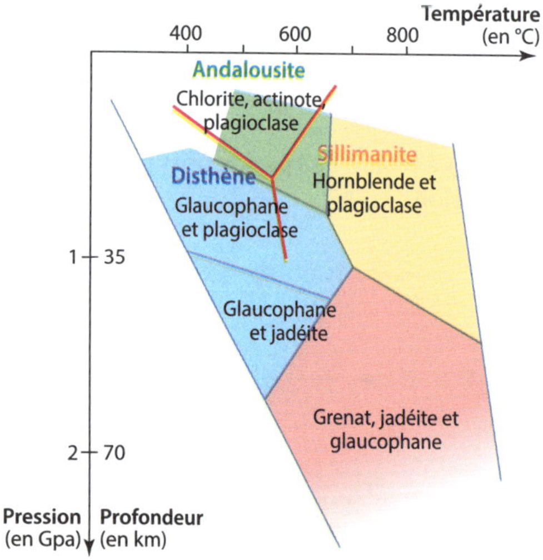

DOC. 13 Diagramme P/T et domaine de stabilité de quelques minéraux de métamorphisme.

> Exemple 1. D'après le diagramme P/T, le glaucophane exige une pression plus élevée que l'amphibole (hornblende). On en déduit que la roche descend le long du plan de subduction, puisque c'est surtout la pression qui augmente. Lors de cette descente, l'auréole traduit cette augmentation de profondeur.

> Exemple 2. On voit également sur le graphique que le grenat (a) s'est formé à grande profondeur (70 km), alors que le minéral suivant (b), l'amphibole (hornblende) en couronne, s'est formé dans un domaine de profondeur de 20 km environ. On en déduit que la roche remonte le long du plan de subduction.

SUJETS DE TYPE BAC

1 Début de subduction

50 min

La subduction correspond au plongement d'une plaque océanique sous une plaque. Cependant, le mécanisme ne fonctionne pas toujours de façon homogène. Les fonds marins révèlent par leur âge que certaines parties sont rétives à la subduction. Pourquoi ? La résolution de cet exercice de type 2.2 apporte une réponse.

> Voir la partie I du cours.

À l'aide de l'ensemble des documents concernant l'Amérique du Sud et de vos connaissances, expliquer pourquoi les plaques océaniques sont plus récentes que les plaques continentales.

Vous prouverez que le mécanisme invoqué présente des modalités différentes dans l'océan Atlantique et dans l'océan Pacifique. Un schéma de synthèse illustrera le mécanisme et présentera quelques hypothèses sur des variations possibles de ce modèle.

DOC. 1 Carte géologique simplifiée de l'Amérique du Sud.

Zones océaniques
- Pliocène 0-4 Ma
- Miocène 5-24 Ma
- Oligocène 24-38 Ma
- Éocène 34-56 Ma
- Paléocène 56-65 Ma
- Crétacé 65-140 Ma
- Jurassique 140-200 Ma

Zones continentales
- Roches volcaniques 0-30 Ma
- Roches plutoniques 30-100 Ma
- Autres roches d'âge intermédiaire
- Roches plutoniques 300 Ma à 3 Ga

Fosse océanique de subduction

Dorsale avec failles transformantes

DOC. 2 Densité des matériaux océaniques.

On rappelle que l'isotherme 1 300 °C sépare le manteau lithosphérique du manteau asthénosphérique. Avec l'éloignement de la dorsale, la lithosphère refroidit et s'épaissit, en particulier au niveau du manteau lithosphérique.

	Densité
Croûte océanique (basalte, gabbro)	2,9
Manteau lithosphérique	3,3
Manteau asthénosphérique	3,25

DOC. 3 Données chiffrées dont la comparaison de la masse d'une colonne de lithosphère à celle d'une même colonne d'asthénosphère.

Tant que la masse d'une colonne de lithosphère océanique est inférieure à la masse d'une même colonne d'asthénosphère, le plongement dans l'asthénosphère n'est pas possible.

Âge de la lithosphère (10^6 ans)	2	10	15	25	30	40	60	80	100
Distance à l'axe de la dorsale (km)	160	800	1 200	2 000	2 400	3 200	4 800	6 400	8 000
Épaisseur de la croûte océanique (km)	5	5	5	5	5	5	5	5	5
Épaisseur du manteau lithosphérique (km)	8	24	31	41	45	53	66	77	87
Masse d'une colonne de lithosphère océanique de surface égale à 1 m^2 (10^3 tonnes)	40,7	93,5	116,6	149,5	162,8	189,2	232,1	268,4	301,4
Masse d'une colonne d'asthénosphère de même surface et de même épaisseur	42,3	94,3	117	149,5	162,5	188,5	230,7	266,5	299

2 Conditions du magmatisme tardif

20 min

Le but de cet exercice de type 2.2 sous forme de QCM est de relier l'apparition de granites tardifs au comportement isostatique de la racine crustale d'une chaîne de montagnes.La géochronologie prouve que tous les granites, dans une même chaîne de montagnes, ne sont pas contemporains (voir le chapitre 5). Comment, alors, expliquer l'apparition de granites tardifs ?

> Voir la méthode et stratégie 1.

Autrefois, on imaginait que la disparition des reliefs résultait uniquement de l'érosion. Cette érosion joue un rôle important, mais pas suffisant. En effet, si l'érosion était le seul facteur de disparition des reliefs, cela entraînerait un dépôt très épais de sédiments de type molasse autour de la chaîne de montagnes, ce qui n'est généralement pas le cas. D'autres mécanismes interviennent.

D'après ces informations et les documents, préciser les phénomènes qui sont à l'origine de la disparition des reliefs et du recyclage de la croûte terrestre en sélectionnant la réponse exacte.

DOC. 1 Hypercollision, rééquilibration isostatique et extension gravitaire.

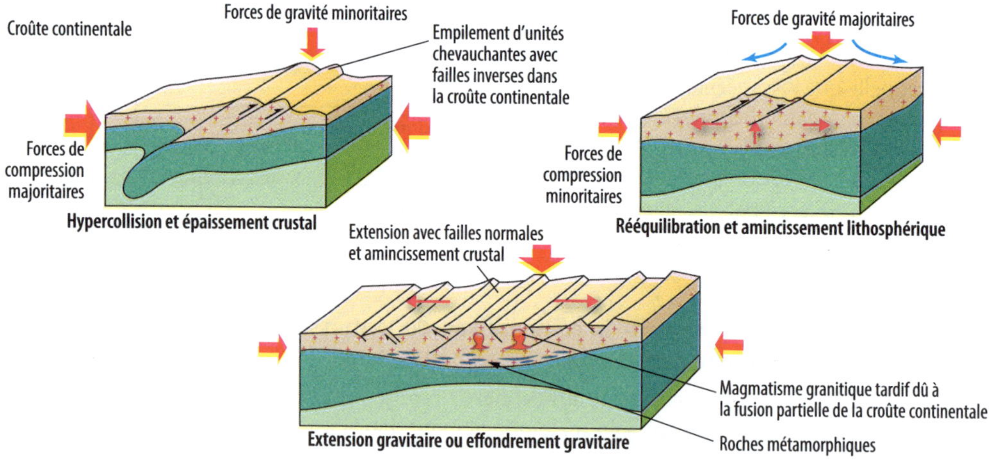

DOC. 2 Diagramme P/T des conditions d'apparition des granites en fin d'évolution des chaînes de montagnes.

La racine crustale au niveau des montagnes, aux températures et pression qui existent, devient de plus en plus plastique. Cet effet est augmenté par l'abondance d'éléments radioactifs dans la croûte continentale, épaisse suite aux nombreux chevauchements. Les failles inverses de la chaîne de montagnes à l'origine de la racine crustale deviennent des failles normales. Le relief est peu à peu décapé, et les forces de gravité l'emportent sur les forces de collision. Peu à peu, la racine crustale remonte. Les roches métamorphiques subissent une chute de pression dans un laps de temps relativement court, sans qu'il y ait une baisse de température. Lors de ce trajet retour, elles se mettent à fondre et donnent naissance à des granites tardifs.

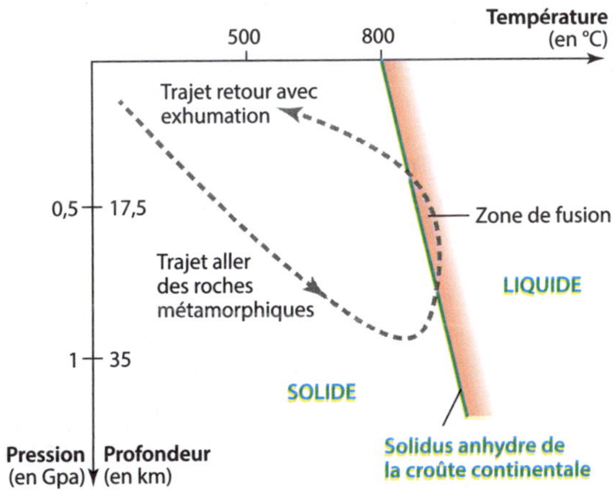

Chaque item n'admet qu'une réponse exacte.

1. La diminution d'altitude d'une chaîne de montagnes est due :
a. en partie à l'érosion
b. uniquement à l'érosion
c. uniquement à la disparition des phases de compression
d. uniquement à la transformation des failles inverses en failles normales

2. Lorsque les phases de compression deviennent minoritaires dans une chaîne de montagnes, la racine crustale :
a. reste identique
b. remonte à cause de la radioactivité
c. remonte en partie à cause de la disparition de matériaux enlevés par l'érosion
d. remonte uniquement à cause de l'étalement gravitaire des unités qui s'étaient empilées lors de la phase de compression

3. Des granites tardifs apparaissent en fin de « vie » des chaînes de montagnes ; leur fusion partielle s'est produite à partir :
a. de matériaux mantelliques chauffés par la radioactivité
b. de matériaux mantelliques qui subissent une chute de pression et une remontée isostatique
c. de matériaux crustaux qui subissent une hausse de pression lors de leur remontée
d. de matériaux crustaux qui subissent une baisse de pression

SUJETS D'APPROFONDISSEMENT

3 La fusion partielle hydratée

50 min

Cet exercice d'approfondissement de type 2.2, sous forme de synthèse, montre que la fusion hydratée se produit à différents niveaux de profondeur. Elle donne naissance à des roches granitiques voisines, mais distinctes.

> Voir la méthode et stratégie 1 et la méthode générale en fin d'ouvrage.

Les granodiorites proviennent de la fusion partielle mantellique ; les granites d'anatexie proviennent de la fusion partielle de la croûte continentale (fusion crustale). Dans les deux cas, l'eau facilite la fusion.

À l'aide des informations tirées du document et de vos connaissances, comparer les deux modes de fusion partielle.

DOC. Localisation de la fusion des granites mantelliques et crustaux dans le bloc diagramme et le graphique P/T. Le manteau asthénosphérique est coloré en vert clair, le manteau lithosphérique en vert foncé, la croûte océanique en bleu et la croûte continentale en jaune.

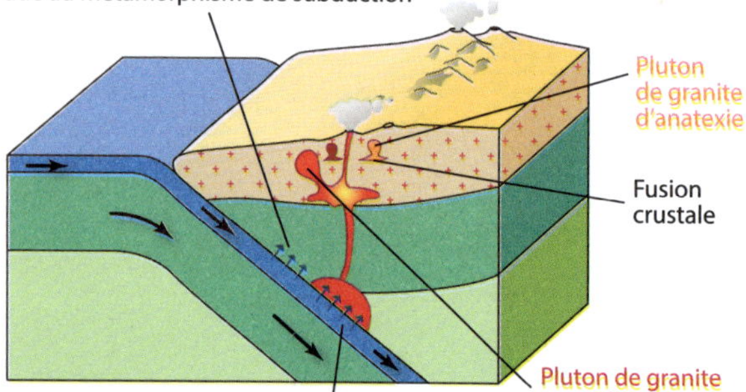

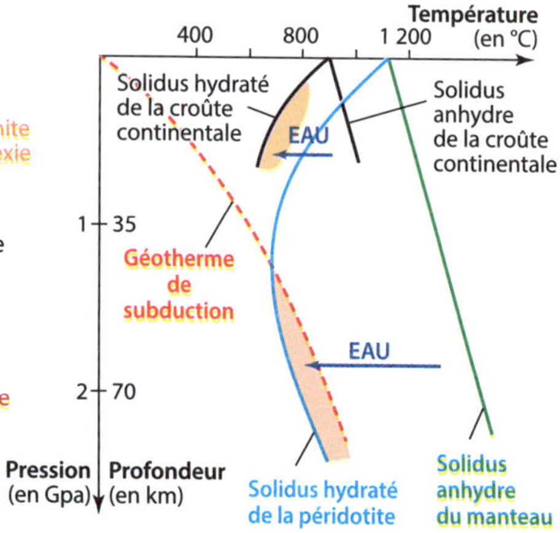

4 La fusion partielle anhydre

60 min

Voici un exercice de type 2.2 montrant l'influence de la baisse de pression brutale en termes de géologie. Cet événement se produit à l'aplomb des dorsales ou au niveau d'une chaîne de montagnes en fin d'orogenèse.

> Voir la méthode et stratégie 1.

Comparer les deux modes de fusion partielle (fusion mantellique et fusion crustale) à l'aide des documents.

Vous illustrerez votre rédaction en complétant les documents 1 et 2.

DOC. 1 Représentation des deux types de fusion partielle anhydre.

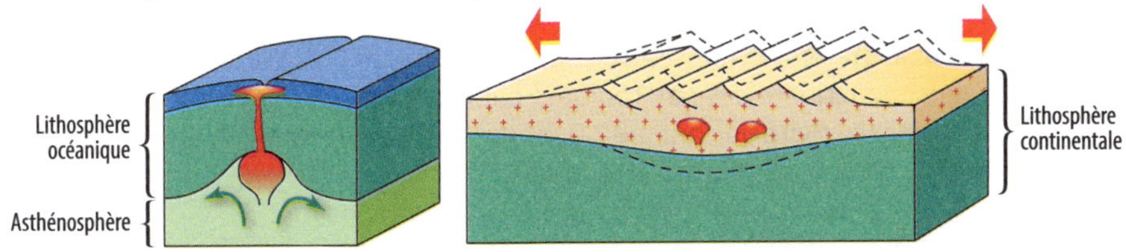

Fusion partielle sous une dorsale

Fusion partielle dans une chaîne de montagnes en effondrement gravitaire

- La fusion mantellique sous une dorsale (à gauche) se produit dans un milieu déshydraté grâce à une remontée rapide, sans perte de chaleur. Cette remontée est la conséquence des mouvements de convection ascendants qui existent sous les dorsales. Les géophysiciens considèrent que cette fusion se produit vers 1 300 °C et à 35 km de profondeur environ.

- La fusion crustale dans une plaque continentale (à droite) peut aussi avoir lieu en milieu déshydraté, lors d'une remontée rapide de matériaux, sans perte de chaleur, à une profondeur de 15 km et pour une température d'environ 900 °C. Cet événement s'effectue en fin de vie des chaînes de montagnes, après une forte érosion. Dans un premier temps, l'empilement des différentes unités lors de l'orogenèse crée une élévation de température à cause de la surabondance des éléments radioactifs. L'arrêt des forces de compression en fin de cycle orogénique favorise des mouvements d'extension qui conduisent à un effondrement gravitaire de la chaîne de montagnes. Selon le principe d'isostasie, la perte de reliefs se traduit par une brusque élévation de la racine crustale. Des roches métamorphiques incluses dans la racine remontent et subissent une fusion partielle.

DOC. 2 Solidus anhydre croûte continentale – lithosphère océanique.

Le géotherme de la dorsale correspond aux variations de température à l'axe de la dorsale et, sur un plan vertical, en fonction de la profondeur.

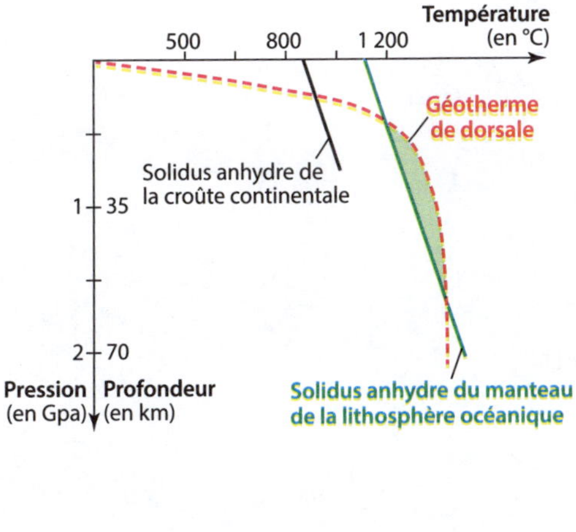

5 Lacunes de production de matériaux volcaniques

60 min

La production de matériaux nouveaux, comme des roches de type andésique, dans une zone de subduction n'est pas toujours continue. Quelles sont les raisons de ces lacunes dans l'activité volcanique ? Dans cet exercice de type 2.2, une synthèse de l'ensemble des documents est attendue.

> Voir la partie I du cours.

L'activité volcanique n'est pas constante le long de la cordillère des Andes. Les volcans sont notamment absents entre le Pérou sud et la Bolivie, à la latitude de Lima. Ces lacunes de volcanisme sont corrélées à la présence de rides océaniques issues de l'activité d'un point chaud depuis plusieurs dizaines de millions d'années. L'un d'entre eux est à proximité de la dorsale Pacifique.

À partir des documents et de vos connaissances, rappeler le fonctionnement d'une zone de subduction, indiquer l'origine des matériaux volcaniques puis préciser les raisons pour lesquelles le volcanisme est absent dans le secteur de Lima.

DOC. 1 La cordillère des Andes et ses lacunes de volcanisme.

La forte activité d'un point chaud engendre une ride océanique qui vient grossir la production de croûte océanique de la dorsale Pacifique à proximité de Lima. On rappelle que la plaque océanique, en s'éloignant de la dorsale, s'épaissit au profit de la partie manteau lithosphérique.

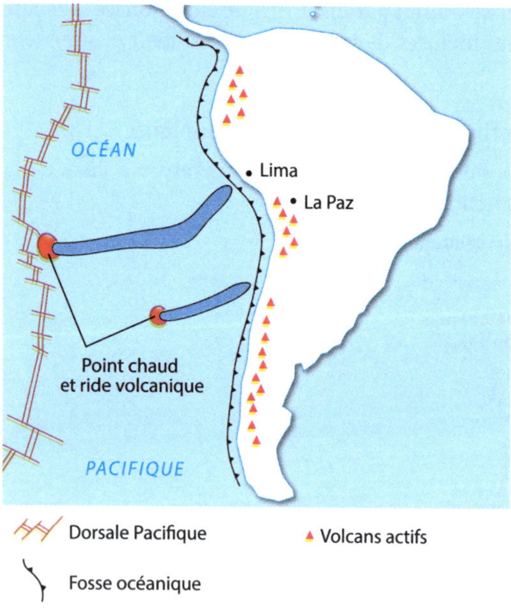

DOC. 2 Masses volumiques du manteau et de la croûte océanique.

Masse volumique croûte océanique	$2{,}85 \times 10^3$ kg/m^3
Masse volumique manteau lithosphérique	$3{,}3 \times 10^3$ kg/m^3
Masse volumique manteau asthénosphérique	$3{,}25 \times 10^3$ kg/m^3

DOC. 3 Inclinaison du plan de Benioff pour une zone avec activité volcanique près de La Paz (a) et pour une zone dépourvue d'activité volcanique dans le secteur de Lima (b).

La pente du plan de Benioff est déduite de la localisation de la profondeur des séismes.

Lorsque les courbes d'égale profondeur des séismes à 100 et 150 km de profondeur sont rapprochées, à environ 100 km de distance, alors il s'agit d'un secteur avec forte activité volcanique.

En revanche, quand les courbes d'égale profondeur des séismes à 100 et 150 km de profondeur sont distantes de plus de 300 km, cela correspond à un endroit dépourvu d'activité volcanique.

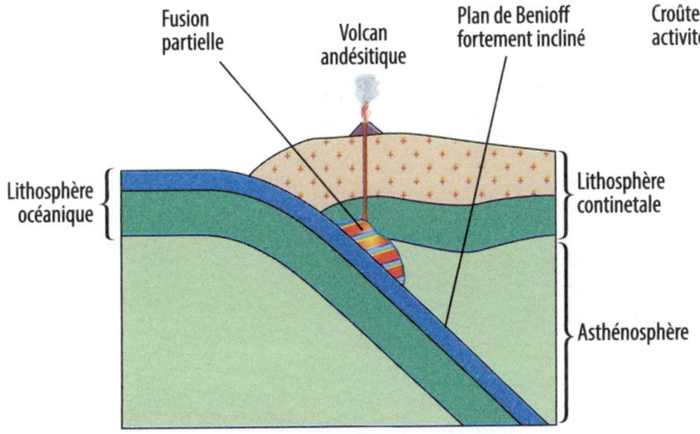

Volcanisme actif

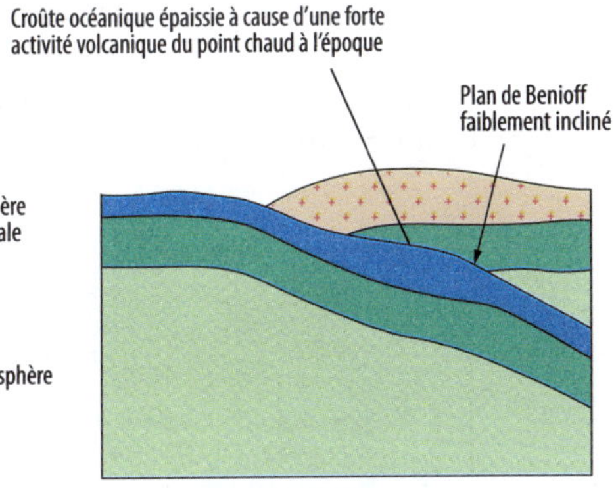

Lacune de volcanisme

POST BAC

6 Enfouissement et exhumation d'une ancienne roche

50 min

Les roches de la plaque océanique s'enfoncent dans les zones de subduction, cependant, un certain nombre remontent en surface. Le but de cet exercice de type 2.2 est de chercher à savoir si la roche descend ou remonte le long du plan de subduction.

> Voir la méthode et stratégie 2.

L'analyse géochimique des éclogites du Bas-Limousin montrent que ces roches sont d'anciens basaltes ou gabbros. Il s'agit de roches qui ont subi un métamorphisme où la pression a fortement augmenté, événement qui s'est produit le long d'un plan de subduction.

Sur le diagramme P/T, tracer le trajet d'enfouissement et d'exhumation des éclogites du Bas-Limousin. Commenter ce circuit des roches en vous aidant d'un schéma de subduction. Il ne faudra pas oublier le rôle de l'eau…

DOC. 1 Observation de l'éclogite du Puy des Ferrières à l'œil nu (a) et au microscope polarisant en LPA × 40 (b).

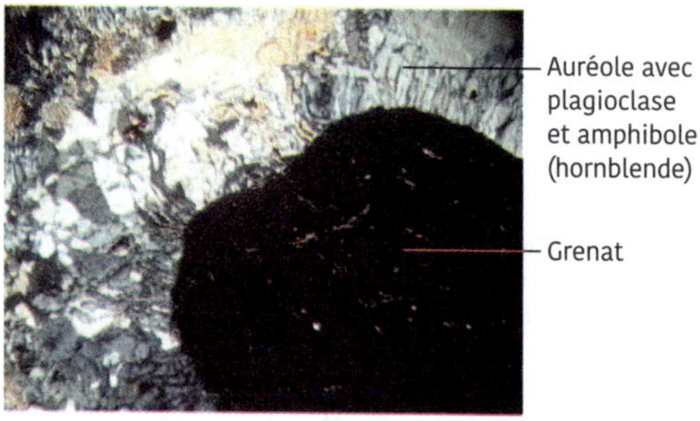

DOC. 2 Diagramme P/T et domaine de stabilité de quelques minéraux de métamorphisme.

Il est précisé que le grenat est un minéral déshydraté, que l'amphibole (hornblende) est un minéral hydraté qui contient un groupement OH issu de l'eau.

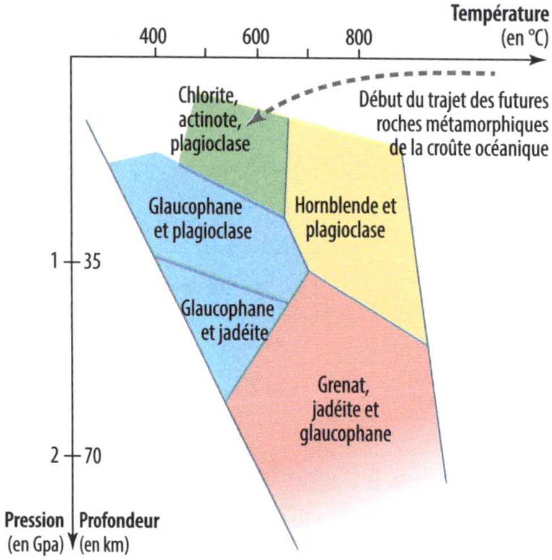

CORRIGÉS

1 Début de subduction

L'observation rapide de la carte géologique montre un âge très ancien des plaques continentales, de 0 à 3 Ga, alors que, pour le domaine océanique, la fourchette d'âges est comprise entre 0 et 200 Ma. La jeunesse relative des océans est à rechercher dans le mécanisme de subduction, qui fait disparaître la plaque océanique dans l'asthénosphère sous une marge continentale active.

> Quelle est la cause de l'enfoncement de la lithosphère ?

L'analyse du doc. 2 indique une augmentation de l'épaisseur de la lithosphère avec l'âge. C'est notamment le manteau lithosphérique qui s'épaissit. En effet, avec l'éloignement de la dorsale, le refroidissement est important, ce qui abaisse l'isotherme 1 300 °C. Ainsi, en s'éloignant de la dorsale, **l'isotherme 1 300 °C s'approfondit**, ce qui accroît d'autant l'épaisseur de la lithosphère, et en particulier le manteau asthénosphérique.

La comparaison des densités montre que le manteau lithosphérique est plus dense que le manteau asthénosphérique.

La question qui se pose est : À partir de quel moment la rupture d'équilibre se produira-t-elle, entraînant avec elle la disparition de la plaque océanique dans la zone de subduction ?

L'analyse du doc. 3 indique :
– une masse lithosphérique qui ne cesse d'augmenter pour la partie du manteau lithosphérique alors que la croûte océanique reste constante ;
– que c'est à l'âge de $25 \cdot 10^6$ ans qu'il existe un **équilibre** entre la masse d'une même colonne de lithosphère et la masse d'une même colonne d'asthénosphère.

Interprétation : dans ces conditions, une lithosphère âgée de plus de 25 millions d'années devrait subducter systématiquement. Or, l'analyse détaillée de la carte géologique mondiale montre qu'il n'en est pas toujours ainsi. Mais au niveau du sud du Chili, de la Colombie et de l'Équateur, la subduction de la plaque océanique se produit effectivement pour un âge d'environ 25 Ma Miocène (5-24 Ma) et Oligocène (24-38 Ma). L'interprétation est donc confirmée.

Les exceptions sont cependant assez fréquentes. Pour le Pérou, l'âge du début de subduction est un peu plus élevé, à environ 50 Ma. Mais les écarts avec la théorie sont encore beaucoup plus conséquents du côté de l'Atlantique, puisque les valeurs atteignent 65 à 140 Ma pour la subduction au niveau de l'arc des Antilles. On trouve même des zones de presque 200 Ma qui n'ont pas commencé la subduction (vers la Floride).

> Quelle est l'origine possible de ce retard à la subduction ?

Les retards à la subduction sont dus, en particulier, à la résistance à la flexion d'une plaque ancienne devenue très épaisse et rigide.

En conclusion, on peut illustrer le mécanisme classique de la subduction au large du Pérou et un mécanisme de subduction retardée du côté de la subduction au niveau des Antilles. Celle-ci fait appel à une rigidité plus grande de la plaque, qui a du mal à se plier malgré la différence de masse entre les colonnes lithosphériques et asthénosphériques.

DOC. **Subduction « classique » (a), comme en Équateur à 25-30 Ma et subduction tardive (b), comme aux Antilles.**

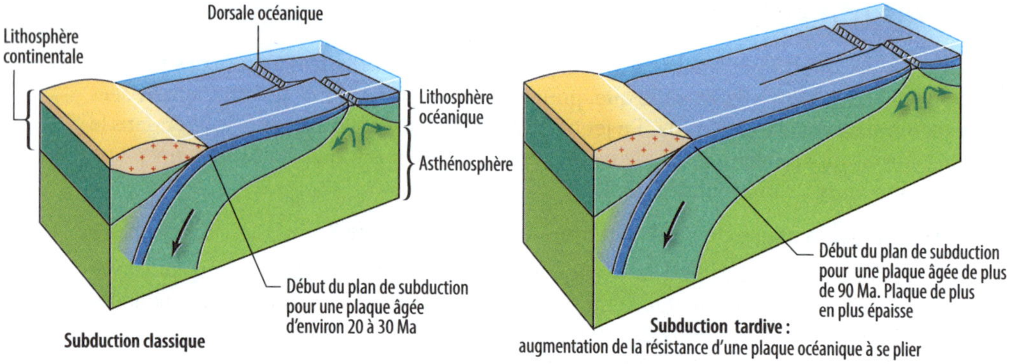

2 Conditions du magmatisme tardif

1. La diminution d'altitude d'une chaîne de montagnes est due en partie à l'érosion (**réponse a**). La réponse b est fausse, il y a aussi l'effondrement gravitaire. La réponse ne peut être correcte, car l'érosion qui enlève des matériaux en altitude est indépendante des forces de compression. Enfin, la réponse d est fausse, car la transformation des failles inverses en failles normales traduit une extension et concourt à un effondrement gravitaire.

2. Lorsque les phases de compression deviennent minoritaires dans une chaîne de montagnes, la racine crustale remonte en partie à cause de la disparition de matériaux enlevés par l'érosion (**réponse c**) : si du matériel est enlevé par érosion, la remontée isostatique se produira. La racine crustale ne reste pas identique (réponse a fausse), et ne remonte pas à cause de la radioactivité (réponse b). Elle ne remonte pas uniquement à cause de l'étalement gravitaire des unités qui s'étaient empilées lors de la phase de compression (réponse d), il faut rajouter l'effet de l'érosion. Mais il est vrai que l'étalement gravitaire agit aussi dans la remontée de la racine crustale.

3. La fusion partielle des granites tardifs s'est produite à partir de matériaux crustaux qui subissent une baisse de pression (**réponse d**). C'est lors de la remontée de la racine que des roches crustales subissent une baisse de pression rapide, sans perte de chaleur, comme le montre le doc. 2 (voir la méthode et stratégie 1). Elle ne peut provenir de matériaux mantelliques chauffés par la radioactivité (réponse a) : l'origine est crustale, ce sont des roches métamorphiques qui entrent en fusion partielle. La remontée isostatique existe bien mais seules les roches de la croûte continentale fondent partiellement. La réponse b est fausse. Quant aux matériaux crustaux (réponse c), ceux-ci fondent, mais pas à cause d'une hausse de pression.

3 La fusion partielle hydratée

La famille des « granites » est issue :
– soit de la fusion partielle des roches de la croûte continentale, qui se produit à faible profondeur. Ces granites sont qualifiés de **crustaux** (pour croûte continentale) ;
– soit de la fusion partielle des roches du manteau. Ces granites sont qualifiés de granites **mantelliques**.

I. Modalités de la fusion crustale

Il s'agit de granites d'anatexie clairs avec, souvent, des feldspaths potassiques roses de type orthose. La fusion se fait en présence d'eau et nécessite deux étapes.

1. Le métamorphisme crustal

Sous l'action de l'augmentation de la pression et de la température consécutive à la superposition d'écailles de croûte continentale, les roches enfouies subissent des transformations minéralogiques qui **produisent de l'eau**.

2. La fusion partielle hydratée

La présence d'eau en profondeur fait baisser la température de fusion des roches (voir la méthode et stratégie 1). Ceci revient en fait à **déplacer le solidus anhydre en direction du solidus hydraté**. Les conditions de fusion se feront dans des conditions de pression et de température moindres. En conséquence, les roches métamorphiques rentrent en fusion pour une profondeur de 15 km et une température de 700 °C environ. Le magma obtenu remonte lentement pour donner des granites crustaux.

II. Modalités de la fusion mantellique

Ici, il y a un lien avec le métamorphisme. Mais ce métamorphisme se produit à plus grande profondeur, le long d'un plan de subduction.

1. Métamorphisme et déshydratation le long du plan de Benioff

- Au niveau des zones de subduction, la croûte océanique qui s'enfouit se métamorphise. Un **métamorphisme de haute pression** se met en place. Des minéraux comme le glaucophane ou le grenat se forment selon les réactions suivantes :

$$\text{Pyroxène} + \text{Plagioclase} \rightarrow \text{Glaucophane} + \text{Eau}$$
$$\text{Plagioclase} + \text{Glaucophane} \rightarrow \text{Grenat} + \text{Eau}$$

- Dans les deux cas, il s'agit d'une **réaction de déshydratation**. Cependant, l'apparition de grenat se fait à une profondeur plus grande que celle de l'amphibole (glaucophane). Par conséquent, les deux réactions produisent de l'eau (flèches bleues sur le schéma), mais à des profondeurs distinctes.

2. Fusion partielle

Ce sont les roches du manteau de la plaque chevauchante qui vont rentrer en fusion partielle à cause de l'arrivée d'eau. En effet, l'eau est un fondant qui facilite l'entrée en fusion ; elle fait **baisser la température de fusion**. La courbe de référence est celle du solidus hydraté, et non plus celle du solidus anhydre. Compte tenu des conditions du géotherme de subduction (variations de température en fonction de la profondeur le long du plan de subduction), la fusion partielle est possible.
Une observation attentive du graphique des solidus montre que le géotherme de subduction croise le solidus hydraté pour des conditions de l'ordre de 70 km de profondeur et de température de 800 °C. Cette fusion partielle se produit dans le manteau de la plaque chevauchante, soit dans la partie inférieure de la lithosphère, soit dans la partie supérieure de l'asthénosphère. On remarquera que cette fusion partielle se produit à un niveau profond, qui correspond au métamorphisme à l'origine de l'apparition des grenats.

Conclusion

Les modalités de fusion partielle, sont les mêmes dans les deux cas, puisqu'il faut un fondant naturel, l'eau. Il s'agit d'une fusion partielle hydratée.
On peut aussi noter quelques différences : les granodiorites sont issues d'un magma profond situé dans le manteau, juste au-dessus d'une zone de subduction. Les granites d'anatexie naissent à des profondeurs moindres puisqu'ils proviennent de la fusion partielle hydratée de la croûte continentale.

Bien regarder le document : la fusion mantellique est colorée en rose, alors que la fusion crustale est colorée en orange.

4 La fusion partielle anhydre

Lors d'une remontée des roches sans perte de chaleur ou presque, la pression diminue et les roches finissent par croiser le solidus anhydre du manteau ou de la croûte. Elles passent de l'état solide à l'état liquide. Le solidus est une courbe qui matérialise la frontière entre le solide et le liquide. Cette situation se présente dans deux cas : lors de l'ascension des roches dans une dorsale consécutivement aux mouvements de convection mantellique, et au cours de l'effondrement gravitaire d'une chaîne de montagnes lors de la remontée de la racine crustale.

I. Fusion partielle sous une dorsale

Ce cas de fusion est illustré en vert sur le diagramme P/T. La fusion partielle se trouve dans une zone située sous la dorsale, à 50 km de profondeur. La partie liquide, légère, remonte ensuite en surface et se retrouve dans une poche magmatique sous la dorsale. Elle donnera, en cas de **remontée rapide**, des roches volcaniques comme le **basalte**. En cas de **remontée lente**, des **gabbros** cristalliseront en profondeur. Sur le graphique, la flèche grise qui matérialise l'ascension de matériaux solides (péridotites) remonte presque à la verticale. On passe de l'état solide à l'état liquide. **La fusion partielle des péridotites se produirait à 50 km pour une température de 1 300 °C sous une dorsale.**

II. Fusion partielle dans une chaîne de montagnes en effondrement gravitaire

Le deuxième cas de fusion est illustré en orange. Il a lieu sous une chaîne de montagnes en effondrement gravitaire. En cas d'érosion forte liée à une érosion tectonique par effondrement gravitaire, le relief de la chaîne montagneuse diminue considérablement. La racine crustale continentale remonte alors rapidement à cause de l'isostasie. Les roches métamorphiques sont transformées par une augmentation de température due à l'empilement crustal renfermant beaucoup de matériaux radioactifs qui dégagent de l'énergie. Dans ces conditions, le trajet de ces roches s'approche du solidus et finit par croiser celui-ci. Les roches métamorphiques, en fondant, donnent naissance à un magma granitique à l'origine de granites d'anatexie. C'est donc bien une baisse de pression qui provoque, ici aussi, la fusion partielle. **Le passage de l'état solide à liquide se produit à 15 km de profondeur pour une température de 900 °C.**

Bilan

Les modalités de fusion partielle sont les mêmes dans les deux cas : **diminution de pression sans perte de chaleur** dans les deux types de magmatisme. On complète la légende des documents de la façon suivante :

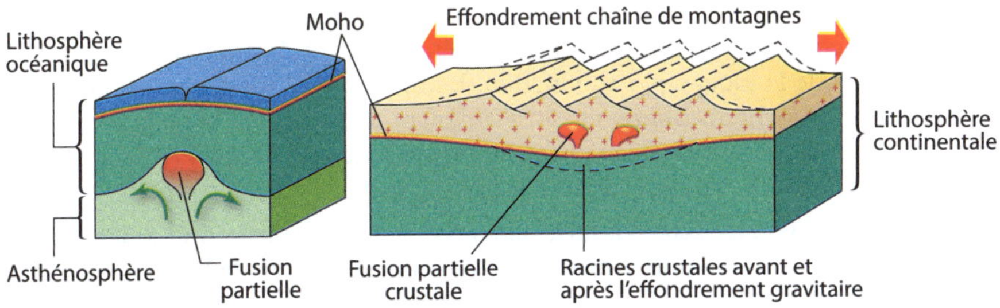

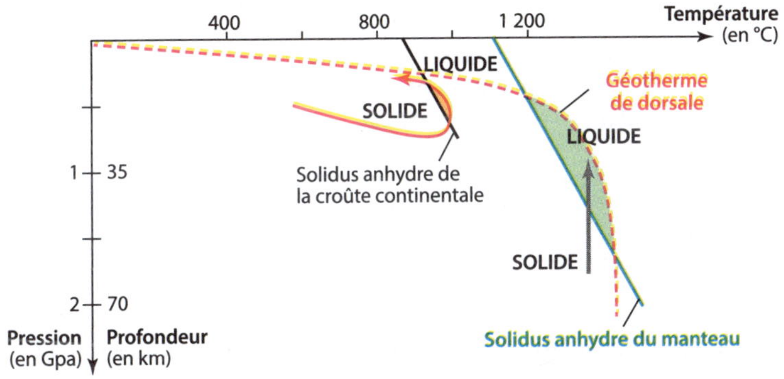

Les conditions de pression et de température diffèrent. La fusion partielle sous une dorsale est beaucoup plus profonde que pour une anatexie dans une chaîne de montagnes en « fin de vie ». Les causes ne sont pas les mêmes : sous une dorsale, c'est le géodynamisme global qui provoque la fusion avec les mouvements de convection. En revanche, l'anatexie tardive dans une chaîne de montagnes est consécutive au mécanisme d'isostasie, qui fait remonter la racine crustale.

5 Lacunes de production de matériaux volcaniques

On cherche à comprendre l'origine de la production de matériaux volcaniques dans la Cordillère des Andes, mais aussi pourquoi, dans certains secteurs, cette production est absente.

I. Les raisons de la production de matériaux volcaniques dans les Andes

- **Analyse du doc. 1 :** à proximité des Andes, se trouve une fosse océanique qui est un marqueur du début de la subduction d'une plaque océanique. Celle-ci s'enfonce sous la plaque continentale de l'Amérique du Sud.
- **Analyse du doc. 2 :** les masses volumiques des manteaux lithosphérique et asthénosphérique sont proches. Cependant, le manteau lithosphérique est un peu plus dense que le manteau de l'asthénosphère.

Interprétation : si la masse volumique d'une colonne de lithosphère devient supérieure à celle d'une colonne asthénosphérique, cela engendre un déséquilibre et provoque l'enfoncement de la plaque par subduction. **La lithosphère n'est plus en équilibre isostatique sur l'asthénosphère**. Or, en s'éloignant de la dorsale, la plaque s'épaissit en augmentant la proportion de manteau lithosphérique plus dense. En conséquence, la plaque s'alourdit de plus en plus et finit par subducter.

Analyse doc. 3a. : le secteur à forte activité volcanique correspond à des séismes répartis sur le plan de Benioff. La pente de ce plan est déduite de la profondeur des séismes. Or, dans la région de La Paz, les courbes d'égale profondeur des séismes 100 km et 150 km de profondeur sont rapprochées, c'est-à-dire à environ 100 km de distance. Une fusion partielle des roches du manteau a lieu.
Interprétation : si ces lignes sont rapprochées, cela signifie que l'on passe rapidement d'une profondeur 100 km à 150 km, **la pente du plan de subduction est donc forte**. C'est ce qui apparaît dans la coupe du doc. 3a.

Dans une zone de subduction, la croûte océanique est hydratée. Des minéraux hydroxylés sont présents dès le début de la subduction. Au cours de la descente, les roches se déshydratent pendant un métamorphisme de subduction. L'eau expulsée à ces grandes profondeurs provoque la fusion partielle des roches du manteau, à des profondeurs de plus de 100 km.

II. Les raisons de la non-production des matériaux volcaniques dans le secteur de Lima

Analyse du doc. 1. : la fosse océanique est associée à l'arrivée d'une ride océanique, produit de l'activité d'un point chaud.
Interprétation : il y a donc un **début de subduction**, malgré l'arrivée d'une ride océanique

Analyse du doc. 2. : la ride apporte du matériel de croûte océanique supplémentaire. Or, ce matériel est léger.
Interprétation : le principe « si la masse volumique d'une colonne de lithosphère devient supérieure à celle d'une colonne asthénosphérique, cela engendre un déséquilibre et provoque l'enfoncement de la plaque par subduction » n'est plus applicable, car la plaque allégée comporte une sorte de bouée matérialisée par une croûte épaissie qui s'oppose à la subduction. La plaque ne peut s'enfoncer fortement à cet endroit. **Les lois de l'isostasie s'opposent à un fort enfoncement**.

Analyse du doc. 3b. : les courbes d'égale profondeur des séismes 100 km et 150 km de profondeur sont distantes de plus de 300 km. Cela correspond à un endroit dépourvu d'activité volcanique. L'illustration montre un plan de Benioff peu incliné et une absence de volcans. Ainsi que l'absence de zone de fusion partielle.
Interprétation : la subduction étant presque horizontale, l'endroit où devait se réaliser la fusion partielle des roches du manteau se trouve beaucoup plus haut dans des conditions de température moins élevées. **La fusion partielle des péridotites du manteau ne peut plus se produire**. C'est pourquoi il n'y a pas d'activité volcanique dans le secteur de Lima.

POST BAC

6 Enfouissement et exhumation d'une ancienne roche

Au brouillon, commencez par représenter un schéma de subduction. Localisez les endroits où se passe ce type de métamorphisme. Il n'est pas utile de faire figurer dans ce schéma la fusion partielle du manteau, puisqu'on n'en parle pas. Cela évite le développement hors du sujet. Essayez de lier ce trajet de descente avec le trajet amorcé dans le bloc diagramme. Il faudra faire de même avec le trajet de la remontée.

Observations de l'échantillon

– présence de grenat dans une roche qui était un ancien basalte ou un ancien gabbro ;
– présence, autour du grenat, d'une auréole d'amphibole et de plagioclase.
L'auréole est postérieure à la fabrication des grenats.

Interprétation

Lors du métamorphisme de subduction, les roches métamorphiques sont entraînées en profondeur, le long du plan de subduction. Après être passées par le stade schistes bleus (glaucophane et jadéite), les roches métamorphiques continuent de s'enfouir pour devenir des éclogites (grenat, jadéite et glaucophane). Il s'agit du trajet aller, qualifié de **prograde**. Au cours de ce trajet, la pression augmente beaucoup et la température s'élève moins : on parle d'un **métamorphisme de haute pression**.

Métamorphisme de subduction et localisation des éclogites

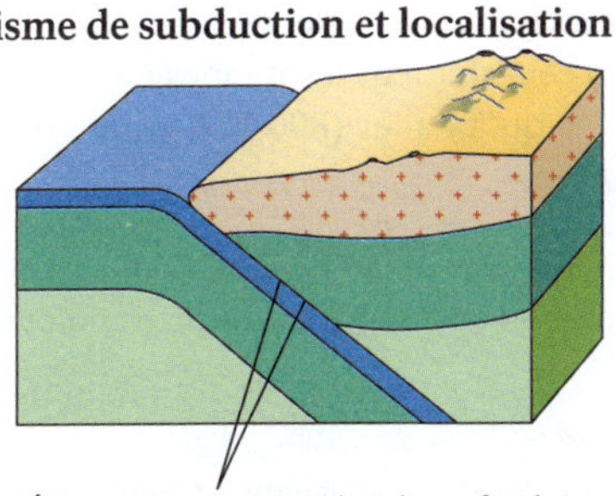

À ce stade, on peut commencer à compléter le diagramme P/T pour le trajet de la descente, ou trajet prograde (les conditions de pression augmentent beaucoup et, dans une moindre mesure, celles de la température).

La méthode et stratégie 2 indique qu'une auréole autour d'un minéral signifie que le minéral central est antérieur et que l'auréole est **postérieure**. Cela signifie que l'amphibole et le plagioclase sont **postérieurs** au grenat. Les conditions de pression et de température sont plus faibles : on est dans la phase retour, ou remontée, encore appelée **phase rétrograde**.

L'origine de cette transformation à moins grande profondeur est à relier à la présence d'eau qui réhydrate les éclogites. L'eau permet d'hydroxyler des minéraux pour former des amphiboles, par exemple. Dans ces conditions, il se forme un minéral, la hornblende, $(CaNaK)_2 (MgFe^{2+} Al)_5 [Si_6(AlSi)_2O_{22}] (\mathbf{OHF})_2$, tout autour du grenat, qui constitue une auréole, comme le montre la photographie.

– On remarque ainsi, en se reportant sur le diagramme, que cette roche s'est trouvée dans des conditions de pression et de température différentes pour le cœur du minéral (70 km et 600 °C), alors que, pour l'auréole, ces conditions sont de 35 km et 800 °C.

Trajet aller-retour des éclogites du Limousin

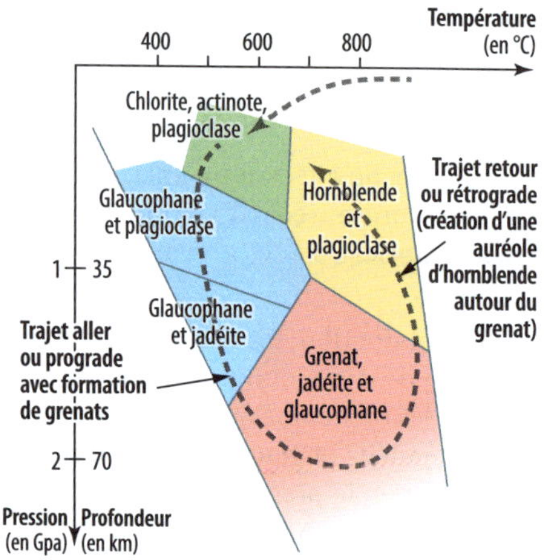

– On constate que les conditions de pression et de température lors du trajet aller et du trajet retour ne sont pas exactement les mêmes : au retour, le diagramme indique une température plus élevée qu'à l'aller (800 °C), et on voit également une **baisse de pression lors de la remontée**.

Quelles hypothèses peut-on formuler pour la remontée des éclogites ? On peut suggérer une érosion de la vieille chaîne de montagnes induisant une remontée de la racine par isostasie. La pression aurait ainsi baissé.

– Parmi les autres causes, on pourrait aussi envisager la rupture du plan de subduction qui, comme un élastique tendu par les forces de traction de la subduction, se relâche brusquement après la rupture, entraînant la remontée des roches ayant atteint un métamorphisme de haute pression.

Principe de la rupture du plan de subduction

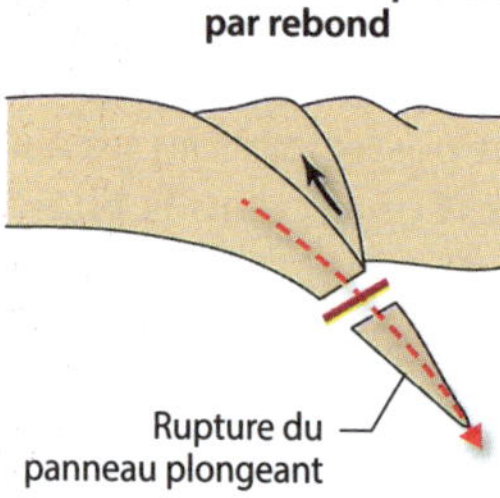

CHAPITRE 7

Formation et recyclage des chaînes de montagnes

COURS

Formation et recyclage des chaînes de montagnes

La convergence de deux lithosphères provoque la subduction de la plus dense, ce qui peut entraîner l'orogenèse*, du fait du volcanisme et de l'empilement répété de nappes à proximité du prisme d'accrétion*. Cependant, la plupart des chaînes de montagnes sont issues de la collision entre deux lithosphères continentales de densité équivalente, une fois que l'océan a été subducté.

I. Les traces de l'histoire d'une chaîne de montagnes

1. Les traces de l'ancien bassin océanique

On retrouve, dans la plupart des chaînes de montagnes, des traces :

– des anciennes **marges passives**, caractérisées par une succession de **blocs basculés** le long de grandes failles normales listriques*. Mises en place lors du rifting* ayant donné naissance à l'océan, ces marges sont dites passives car elles n'ont plus d'activité tectonique une fois la dorsale en place ;

– de **l'ancienne lithosphère océanique** : lors de la collision continentale, des lambeaux de lithosphère océanique peuvent être piégés entre les deux blocs, voire être charriés sur la lithosphère océanique (obduction). Ces **ophiolites** (associations de basalte/gabbro/péridotite caractéristiques de la lithosphère océanique) sont généralement très serpentinisées (métamorphisme BP-BT, voir le chapitre 6) et associées à des sédiments océaniques (schistes lustrés).

2. Les traces de la subduction

- La fermeture du bassin océanique est due à la mise en place d'une zone de subduction, où la lithosphère océanique subductée se métamorphise (métamorphisme HP-BT) : les roches passent successivement dans le **faciès schiste bleu** puis **éclogite** (voir le chapitre 6).

- Lors de l'orogenèse, des lambeaux de cette lithosphère océanique subductée peuvent se retrouver charriés sur le continent, ou peuvent se retrouver à l'affleurement suite à la disparition des parties supérieures de la chaîne.

3. Les traces de la collision

- L'affrontement des deux lithosphères continentales entraîne un épaississement de la lithosphère (plis et failles inverses). Soumises à des pressions et des températures croissantes, les roches continentales de la racine crustale se métamorphisent (**métamorphisme MP – MT**). On observe alors de nouveaux minéraux (biotite, grenat, staurotide), une schistosité*, voire une anatexie. Ces roches peuvent se retrouver à l'affleurement suite à la disparition des reliefs supérieurs (voir le chapitre 5).

* Les mots suivis d'un astérisque sont définis dans le lexique.

On retrouve actuellement, dans les Alpes, tous les indices de son histoire passée : failles normales et ophiolites marquant l'océanisation, schistes bleus et éclogites marquant la subduction, plis et failles inverses dus à la collision proprement dite.

<table>
<tr><th>Coupes schématiques</th><th>Événements géologiques majeurs</th></tr>
<tr><td>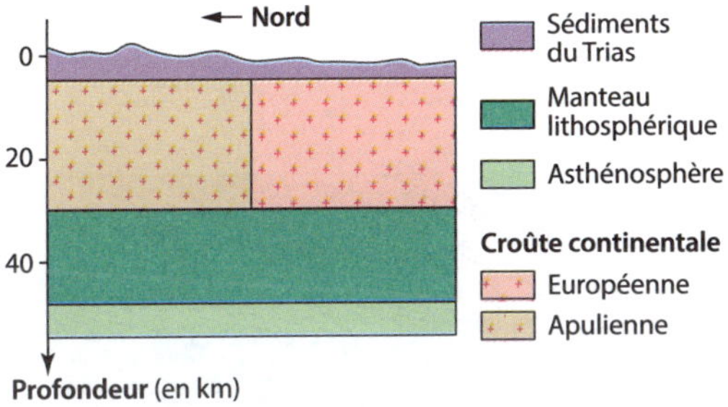
</td><td>À – 245 Ma, tous les continents sont réunis en un continent unique, la Pangée.</td></tr>
<tr><td>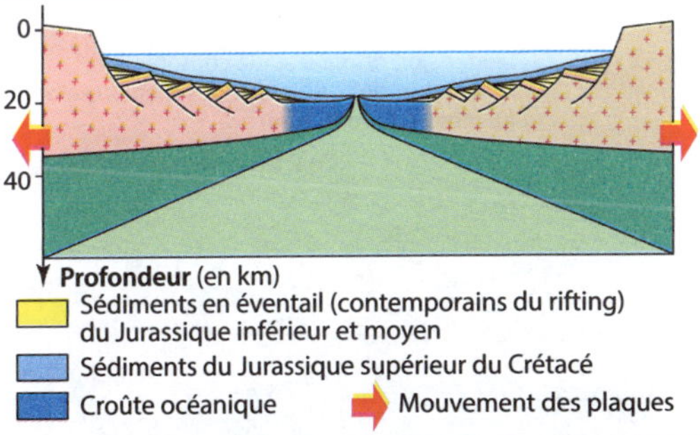
</td><td>À – 180 Ma, l'extension débute, d'où l'apparition de failles normales et de blocs basculés. L'océanisation est complète au Jurassique supérieur.</td></tr>
<tr><td>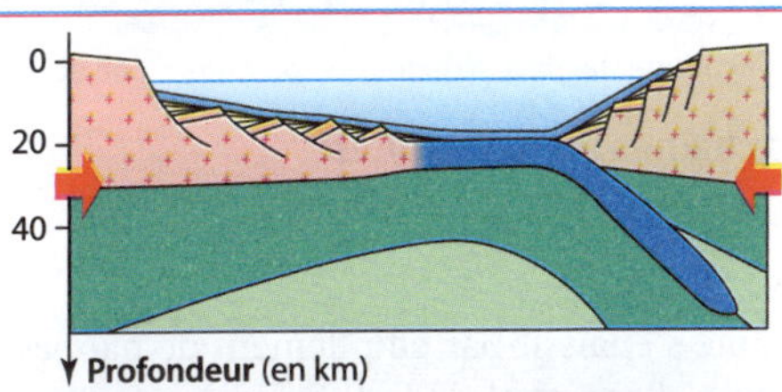
</td><td>À – 80 Ma, la subduction débute (disparition de la croûte océanique du côté apulien).</td></tr>
<tr><td>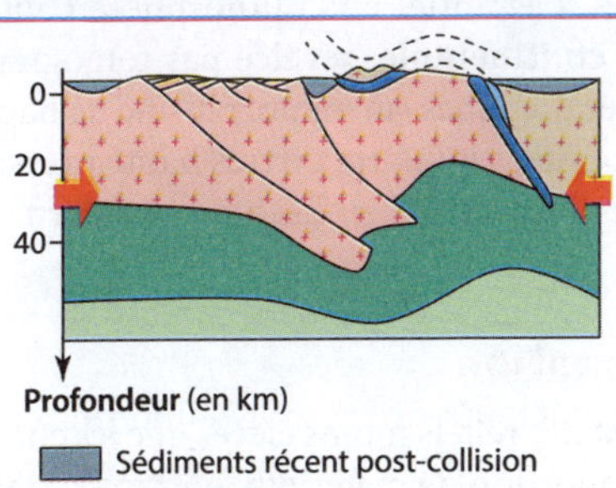
</td><td>Depuis – 30 Ma, la subduction océanique a fait place à une subduction et une collision continentales, d'où le relief, les plis et les failles inverses. Subsistent, au cœur de la chaîne, des marqueurs des étapes précédentes.</td></tr>
</table>

DOC. 1 Histoire géologique des Alpes.

II. Le recyclage des chaînes de montagnes

Depuis 1 Ga, la superficie des continents a peu augmenté, donc les roches continentales fabriquées dans les zones de subduction ou de collision sont recyclées.

Dès sa formation, la chaîne de montagnes est soumise à des contraintes extensives (effondrement gravitaire, voir le chapitre 6) contribuant à sa pénéplanation. Cette extension peut aboutir à une océanisation, qui entraînera la formation d'une nouvelle chaîne de montagnes.

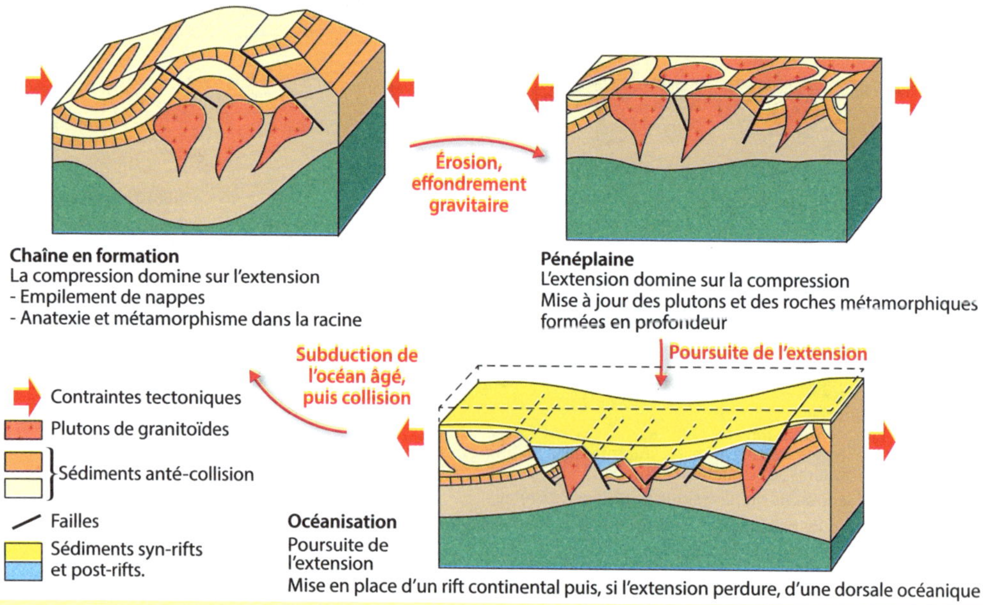

DOC. 2 Cycle de formation et disparition des chaînes de montagnes.

1. La subduction continentale

Alors que la partie supérieure de la croûte s'épaissit par empilement de nappes dans la zone de contact entre les deux plaques, l'essentiel de la lithosphère continentale continue de subduire. Cette **subduction continentale**, révélée par tomographie sismique, nécessite des transformations minéralogiques (métamorphisme de haute, voire ultrahaute pression, avec apparition de coésite, un quartz de très haute pression), qui permettent à cette lithosphère d'acquérir une densité suffisante pour permettre son plongement dans l'asthénosphère.

2. Altération, érosion et sédimentation

Les chaînes de montagnes anciennes ont des reliefs moins élevés que les chaînes plus récentes, et on y observe une plus forte proportion de matériaux portant la trace d'une formation (granite d'anatexie) ou d'une transformation (métamorphisme MP – MT) en profondeur. Les parties superficielles des reliefs ont donc tendance à disparaître, mettant à découvert les zones profondes de la chaîne (racine crustale, voir le chapitre 5).

- Les roches sont en effet altérées à la fois physiquement et chimiquement. Des agents comme l'alternance gel/dégel, l'eau, les variations de température, la végétation ou les glaciers participent à la fracturation et à la fragmentation (**altération physique**) des roches. Les minéraux sont alors plus exposés à l'eau qui, par hydrolyse ou oxydation, modifie leur structure interne (**altération chimique**) et facilite la désagrégation de la roche (voir le chapitre 6).
- Les produits de ce démantèlement sont ensuite transportés sous forme solide (par l'eau, le vent ou les glaciers) ou soluble (ions dans l'eau) puis déposés : c'est la **sédimentation**. Altération et sédimentation constituent l'érosion, qui participe à l'effacement des reliefs et au recyclage des chaînes de montagnes

3. Les phénomènes tectoniques permettant le démantèlement rapide

- Dès sa formation, la chaîne de montagnes correspond à un excès de masse (relief) qui a tendance à s'effondrer sur les côtés, du fait de son propre poids (**effondrement gravitaire**). On observe ainsi de nombreuses failles normales actives dans les chaînes de montagnes, qui trahissent l'existence de contraintes extensives dans une région pourtant en compression.
- De plus, l'érosion des reliefs est compensée par une remontée de la racine crustale par **isostasie**, ce qui contribue à entretenir les reliefs et à favoriser l'érosion jusqu'à ce que la chaîne soit entièrement aplanie (voir le chapitre 5).
- Ces phénomènes (érosion, tectonique) débutent dès la naissance du relief et permettent un vaste recyclage de la croûte continentale.

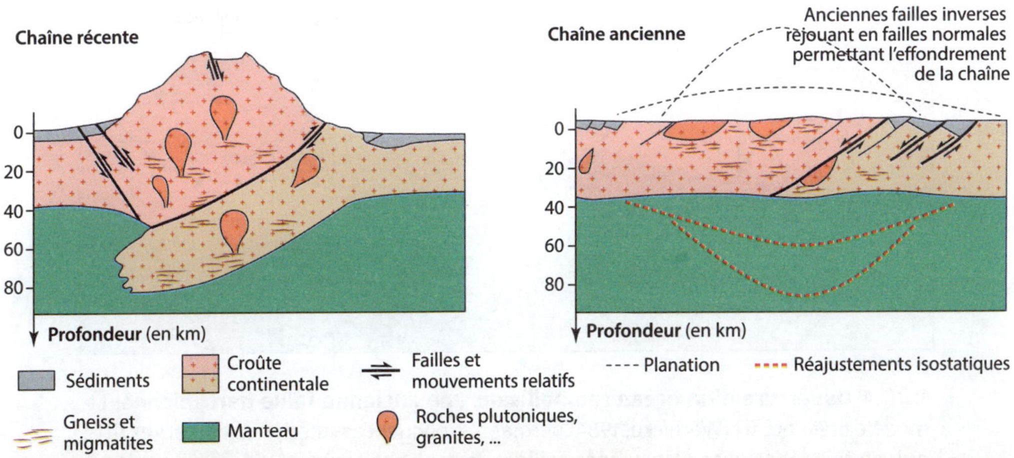

DOC. 3 Le vieillissement d'une chaîne de montagnes. Lorsque les contraintes compressives cessent, les reliefs disparaissent très rapidement et cèdent la place à une plaine (pénéplanation), en une dizaine de millions d'années tout au plus. Ceci est permis par l'érosion, mais également par des phénomènes tectoniques.

POST BAC

Les cycles de Wilson

> Voir le sujet 10.

- La **position des continents actuels** dérive de l'éclatement de la Pangée, amorcé à la fin du Trias (il y a 200 Ma). La reconstitution des positions des continents met en évidence la présence de supercontinents, avant la Pangée. Les continents étaient autrefois rassemblées dans les supercontinents Pannotia (– 600 Ma), Rhodinia (– 1,1 Ga à – 750 Ma), Columbia (– 1,8 à – 1,5 Ga), Kenorland (– 2,7 à – 2,1 Ga), Ur (– 3 Ga) et Vaalbara (– 3,6 à – 2,8 Ga).

- Ces **alternances de phases** de formation puis de dislocation de supercontinents sur une période de 400 à 600 Ma ont été nommées cycles de Wilson.

- On observe que les océans se forment généralement dans des **zones déjà fracturées**, correspondant à la zone de suture d'anciennes chaînes de montagnes. Ainsi, l'océan Atlantique s'est formé en faisant rejouer des failles qui s'étaient déjà mises en place lors de l'orogenèse hercynienne (à l'origine de la Pangée), et la dorsale de la mer Tyrrhénienne s'est formée dans l'axe de la chaîne pyrénéo-provençale. En effet, la croûte continentale est souvent plus fine et plus fracturée dans les pénéplaines que dans les parties les plus anciennes de continents (cratons continentaux). Cette zone particulièrement fragile est donc la plus susceptible de rompre, dès lors que cette lithosphère continentale est soumise à des contraintes extensives.

- Les **futurs océans** ont donc tendance à se former en lieu et place des anciens océans disparus, ce qui conduit au ballet des continents décrit par Wilson.

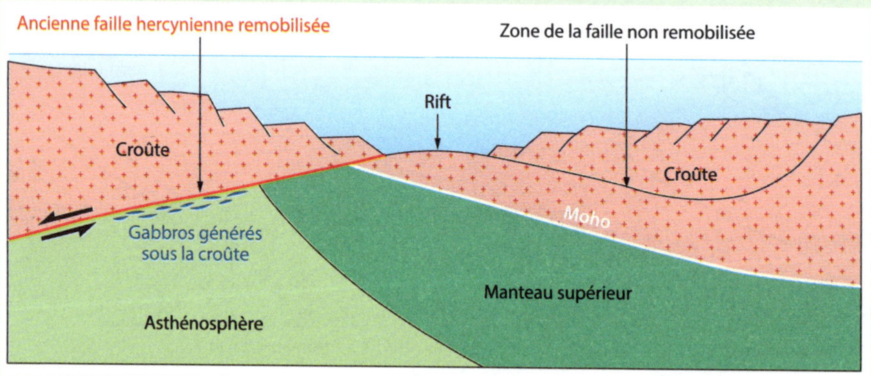

DOC. 4 Ouverture d'un océan remobilisant une ancienne faille hercynienne. Le modèle présenté ici (Wernicke, 1984) permet d'expliquer l'asymétrie de nombreux rifts qui, en faisant rejouer d'anciennes failles, ne sont pas toujours situés exactement à la verticale de la remontée de l'asthénosphère. Ici, une faille inverse de l'époque hercynienne qui rejouerait en faille normale lors du démembrement de la Pangée. Le déplacement actuel des continents devrait conduire à la mise en place, selon la plupart des modélisations, d'un futur supercontinent, la Pangée ultime, dans 250 Ma, par la rencontre de l'Afrique, de l'Eurasie et des Amériques.

MÉTHODES ET STRATÉGIES

1 Calculer la profondeur du Moho d'après le modèle d'Airy

> Voir les sujets 4 et 7 mettant en œuvre cette méthode.

Méthode

> **Étape 1 :** reporter sur un schéma (au brouillon) toutes les données de l'énoncé, connues ou inconnues (donc à calculer).

> **Étape 2 :** déterminer la surface de compensation, choisie arbitrairement dans le manteau. Le modèle prévoit que les colonnes de même section aient une masse équivalente au-dessus de cette surface. En général, il est plus commode de la placer à la base de la racine crustale la plus profonde, de façon à faciliter les calculs.

> **Étape 3 :** identifier deux colonnes de matière qui ne font intervenir qu'une inconnue et des quantités connues.

> **Étape 4 :** écrire l'équation de l'équilibre isostatique, après avoir rappelé que l'on prend des colonnes de matière de section identique (si leur section variait, on ne pourrait pas faire les calculs).

> **Étape 5 :** isoler l'inconnue, puis résoudre l'équation.

Application

Sous une plaine d'altitude moyenne h_p = 100 m, le Moho se trouve à une profondeur M_p de 35 km.

Calculer la profondeur M_m du Moho sous le cœur d'une chaîne de montagnes telle l'Himalaya, dont l'altitude moyenne h_m vaut 4 500 m.

On rappelle que la densité de la croûte continentale est $d_c = 2{,}7$ *et que la densité du manteau lithosphérique est* $d_m = 3{,}3$.

> **Étape 1 :** d'après les données, nous avons besoin de dessiner une chaîne de montagnes qui surplomberait de 4 500 m la plaine voisine. On matérialise cela sur le schéma ci-contre.

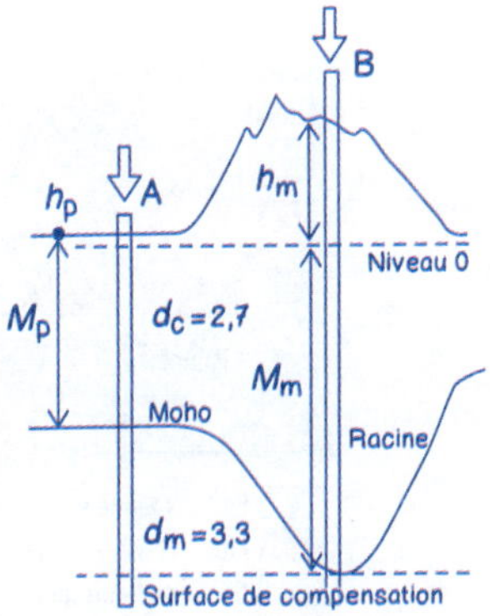

> **Étape 2 :** en plaçant la surface de compensation plus bas, on serait contraint d'introduire une variable supplémentaire, la distance entre la base de la racine et la surface de compensation.

> **Étape 3 :** dans cet exemple, les deux colonnes à utiliser correspondent aux flèches A et B du schéma, puisqu'elles ne font intervenir que des quantités connues, hormis l'inconnue M_m, à évaluer.

> **Étape 4 :** d'après le modèle d'Airy, au-dessus de la surface de compensation, deux colonnes de matière de même section ont une masse équivalente. On peut donc écrire :

$$(M_p + h_p) \times d_c + (M_m - M_p) \times d_m = (M_m + h_m) \times d_c$$

> Étape 5 : on en déduit donc $M_m(d_m - d_c) = (h_m - M_p - h_p) \times d_c + M_p \times d_m$

Donc : $M_m = \dfrac{(h_m - M_p - h_p)\times d_c + M_p \times d_m}{d_m - d_c}$ soit $M_m = 54{,}8$ km

Ainsi, le Moho sous le cœur de la chaîne himalayenne est à environ 55 km de profondeur.

2 Reconstituer l'histoire d'une chaîne de montagnes

> Voir les sujets 3, 5 et 8 mettant en œuvre cette méthode.

Méthode

> Étape 1 : préparer au brouillon la liste chronologique des étapes liées à l'apparition d'une chaîne de montagnes, avec les indices principaux attendus.

> Étape 2 : observer minutieusement la carte ou la coupe et y repérer prioritairement les failles, les ophiolites, les traces de métamorphisme et les traces de plutonisme. Pour ces deux dernières catégories, et si les roches sont datées, vérifier que les dates correspondent bien à la formation de la chaîne étudiée et non à une chaîne plus ancienne ou plus récente (ainsi, dans les Alpes françaises, la plupart des granites retrouvés à l'affleurement sont contemporains de la formation de la chaîne hercynienne, et non de la collision alpine beaucoup plus récente).

> Étape 3 : classer les indices dans la chronologie préparée au brouillon.

> Étape 4 : distinguer les étapes qui ont effectivement eu lieu (et dont on trouve des indices) des étapes qui ne concernent pas la chaîne étudiée.

Application

L'orogenèse pyrénéenne commence il y a 40 Ma, et reprend les terrains d'une ancienne chaîne de montagnes, la chaîne hercynienne ou varisque, datant du Permien – Carbonifère (– 300 Ma).

Reconstituer l'histoire de la chaîne pyrénéenne à partir du document.

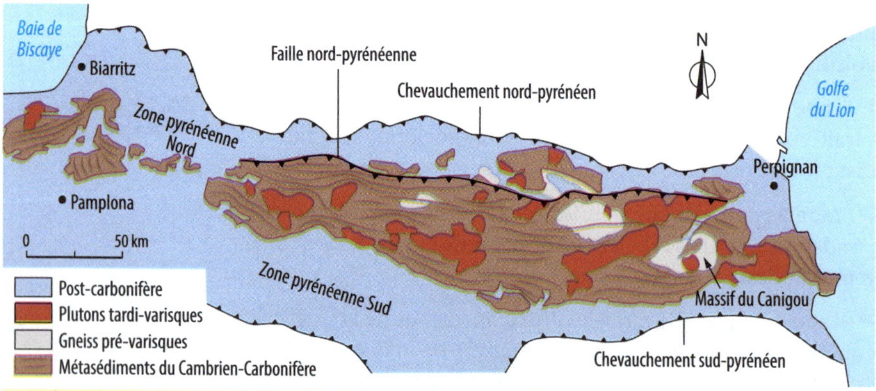

DOC. 5 Carte géologique simplifiée des Pyrénées.

> **Étape 1 :** généralement, la formation d'une chaîne de montagnes comprend les étapes :
1. Séparation des masses continentales (failles normales séparant les blocs basculés) et éventuellement océanisation (ophiolites).
2. Subduction (ophiolites métamorphisées en faciès schiste bleu et éclogite).
3. Collision (plis, failles inverses et chevauchements, épaississement crustal entraînant en profondeur métamorphisme et anatexie).
4. Érosion et effondrement tectonique de la chaîne (failles normales, mise à l'affleurement des roches métamorphiques et des plutons d'anatexie).

> **Étape 2 :** on repère sur la carte de nombreuses failles inverses (faille nord-pyrénéenne, chevauchements nord et sud pyrénéens), aucune ophiolite, des roches métamorphiques (gneiss, sédiments du Carbonifère métamorphisés pendant l'épisode varisque) et des plutons de la fin de l'épisode varisque.
L'énoncé précise bien que les roches métamorphiques ou plutoniques du Carbonifère et de l'époque varisque datent d'une chaîne de montagnes plus ancienne que les Pyrénées, la chaîne hercynienne. Ces roches ne peuvent donc servir à la reconstitution de l'histoire pyrénéenne proprement dite.

> **Étape 3 :** les failles inverses sont à lier à l'étape 3 de la chronologie. Il n'y a donc, sur cette carte, ni trace d'océanisation majeure (1), ni de subduction (2). La mise à l'affleurement de roches anciennes (Carbonifère), donc profondes, peut servir à démontrer qu'il y a eu érosion de la chaîne (4) : en effet, tous les sédiments post-Carbonifère sont absents.

> **Étape 4 :** on peut donc reconstituer l'histoire de la chaîne.

- Au milieu de la pénéplaine hercynienne (plutons et métasédiments du Cambrien – Carbonifère), des mouvements tectoniques permettent la collision, il y a 40 Ma, de l'Ibérie et de la France, sans qu'il y ait eu subduction au préalable (l'éventuel bras de mer les séparant était donc de nature continentale). Cette collision entraîne des chevauchements de grande ampleur (chevauchement nord et sud-pyrénéens).
- Actuellement, cette chaîne est en cours de démembrement. L'effondrement tectonique et l'érosion permettent l'affleurement de roches anciennes et profondes, constituant l'ancien socle hercynien (en effet, dans la zone axiale, la plupart des sédiments post-Carbonifère ont été érodés).
- Les Pyrénées sont donc une chaîne particulière, puisqu'elles sont issues d'une collision qui ne suit visiblement pas une expansion océanique et une subduction. On pourrait donc imaginer que la « collision » suit plutôt un mouvement de coulissage qu'un mouvement de divergence/convergence classique.

SUJETS DE TYPE BAC

1 L'histoire des chaînes de montagnes

20 min

Cet exercice de type 2.1 est un QCM comme ceux que l'on peut rencontrer en partie I d'un sujet de baccalauréat. Il ne présente pas de difficulté particulière, mais comme il balaie l'ensemble du chapitre, il permet de vérifier rapidement que les principales connaissances sont acquises.

> Voir les parties I et II du cours.

1. Quelle que soit leur latitude, les chaînes de montagnes portent toujours les traces :
a. d'un ancien domaine océanique
b. d'érosion glaciaire
c. de la collision entre les lithosphères continentales
d. d'un épaississement crustal

2. Les traces de la collision entre les lithosphères continentales peuvent être :
a. des fossés d'effondrement
b. des failles inverses
c. des failles normales
d. des failles transformantes

3. Dès le début de l'orogenèse, les parties superficielles de la chaîne subissent :
a. l'érosion
b. une subduction continentale
c. un métamorphisme de type BP-BT
d. un charriage vers les bassins sédimentaires

DOC. Classements des principaux ions selon leur rayon ionique (en Angström 1 Å = 10^{-10} m) et leur charge (ex. : pour Fe^{3+}, Z = 3).

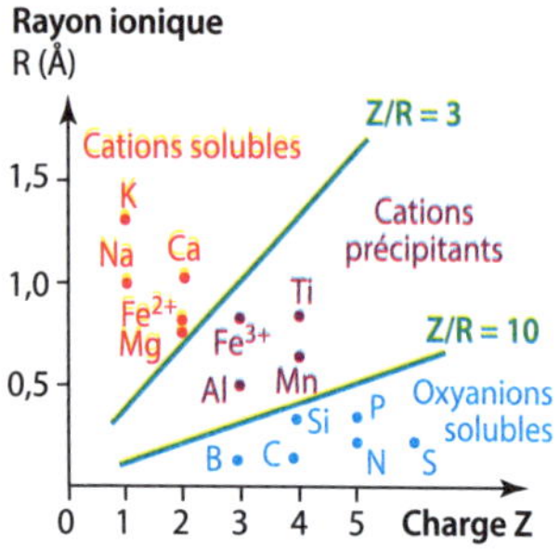

4. D'après le document, si l'érosion chimique des minéraux libère :
a. du Fe^{2+}, celui-ci précipite sur place
b. du Fe^{3+}, celui-ci précipite sur place
c. du Ca^{2+}, celui-ci précipite sur place
d. du PO_4^{3-}, celui-ci précipite sur place

5. D'après le document, l'érosion peut être à l'origine de la formation de minerais :
a. d'aluminium (Al)
b. de soufre (S)
c. de magnésium (Mg)
d. de bore (B)

6. L'érosion des parties supérieures de la chaîne entraîne :
a. un effondrement gravitaire de la partie centrale de la chaîne
b. la formation de reliefs périphériques
c. une remontée par isostasie de la racine crustale
d. un arrêt des mouvements de convergence

2 Les Vosges

80 min

Ce sujet est une synthèse nécessitant de mettre en commun les connaissances du chapitre 7 avec celles du chapitre 6. De plus, même si elles ne sont pas à présenter de façon détaillée, les connaissances de 1re S sur le fonctionnement des dorsales restent utiles dans ce sujet.

> Voir les chapitres 6 et 7 et la méthode générale en fin d'ouvrage.

Les Vosges sont l'un des derniers reliefs de l'ancienne chaîne hercynienne, formée il y a environ 300 Ma après la fermeture de l'océan séparant les deux grands continents de l'époque, la Laurussia au nord, et le Gondwana au sud. De nombreux granites et des roches métamorphiques y affleurent, trahissant une formation à grande profondeur.
Rappeler comment se forme et disparaît une chaîne de montagnes, afin d'expliquer l'abondance à l'affleurement des roches profondes dans les Vosges.
Votre exposé sera structuré, avec une introduction et une conclusion, et sera illustré de schéma(s).

3 Histoire des Alpes

45 min

Ce sujet est un classique de type 2.1. Il nécessite une bonne maîtrise de la lecture des cartes géologiques simplifiées afin de pouvoir remettre dans leur contexte tous les indices observables dans le document.

> Voir la méthode et stratégie 2.

Les Alpes représentent l'orogenèse la plus récente de l'histoire géologique française. Elles comptent parmi les plus hauts sommets d'Europe, le Mont-Blanc n'étant éclipsé que par les points culminants du Caucase.
Relever, dans la carte ci-dessous, des indices afin de reconstituer l'histoire des Alpes.

DOC. Carte géologique simplifiée des Alpes.

Dans les massifs externes, on observe des successions de failles normales formant des blocs basculés (Taillefer, Roquail, etc.) sur lesquels les sédiments se sont déposés en éventail, donc pendant la phase de fonctionnement des failles. Les flyschs sont des sédiments formés en même temps que l'orogenèse, par l'accumulation de matériaux arrachés aux montagnes et qui s'accumulent dans le bassin d'avant-pays.

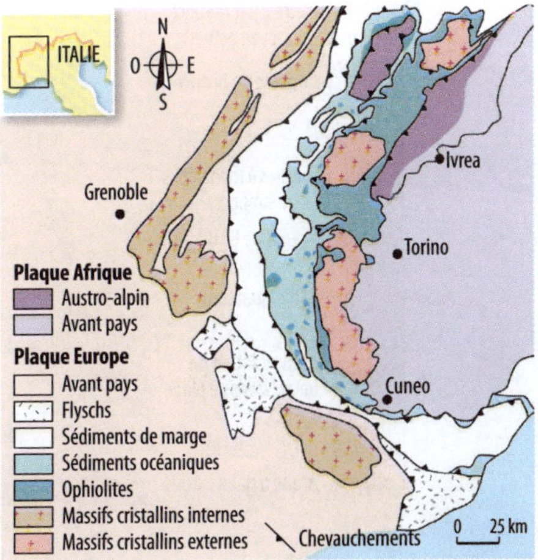

4 La Scandinavie

60 min

Cet exercice, à mi-chemin entre les types 2.1 et 2.2, nécessite de bonnes connaissances sur le modèle d'Airy : la principale difficulté est donc de répertorier, dans les documents, les données qui permettront de faire le calcul demandé.

> Voir la méthode et stratégie 1.

À partir de l'étude des documents, vous lèverez le paradoxe sous-entendu par ce vieux dicton scandinave : « Le Norvégien laboure là où son grand-père a pêché. »
Votre étude sera accompagnée d'une estimation de l'épaisseur minimale de la calotte glaciaire en Scandinavie lors du dernier maximum glaciaire (rappel : $d_{glace} = 0{,}9$, $d_{croûte\ cont.} = 2{,}7$ *et* $d_{manteau} = 3{,}3$*).*

DOC. 1 Carte de l'extension des glaciers durant la dernière glaciation (Würm).

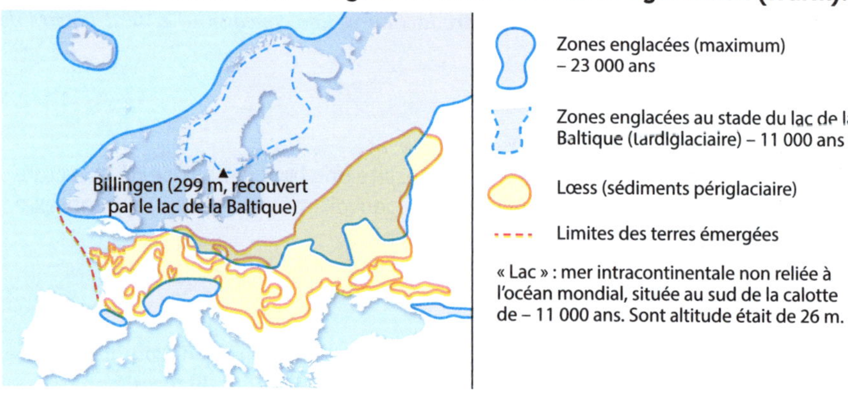

DOC. 2 Dépôts de Tromsø.

Les dépôts étudiés appartiennent à une terrasse située actuellement à + 9,8 m par rapport au niveau moyen des mers. BP = *Before Present* (avant 1950).

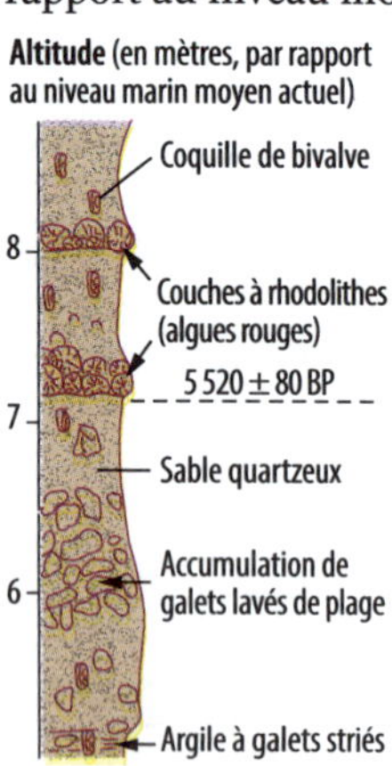

DOC. 3 Reconstitution du niveau absolu des mers depuis 20 000 ans, par l'étude des profondeurs de formation des récifs coralliens.

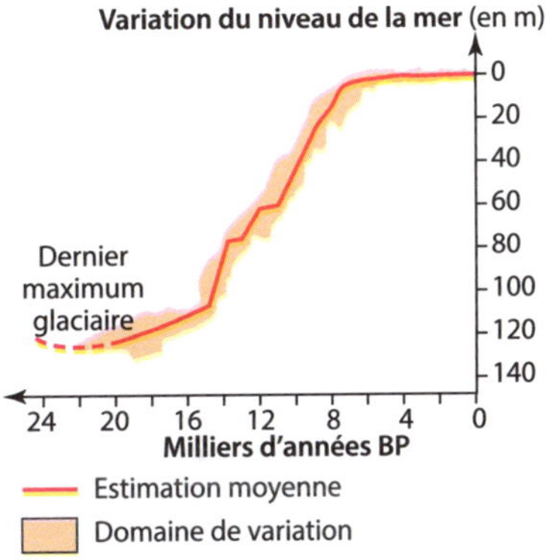

5 Histoire des Vosges

80 min

Ce sujet de type 2.2 propose d'étudier une chaîne de montagnes anciennes, dont l'histoire est plus difficile à reconstituer car l'érosion en a depuis longtemps éliminé la majorité. C'est donc un bon entraînement à la mise en relation de nombreux documents.

> Voir la méthode et stratégie 2.

Les Vosges font partie, comme le Massif central ou le Massif armoricain (se prolongeant en Angleterre), d'une vaste chaîne de montagnes (la chaîne hercynienne) dont il ne subsiste plus que de rares reliefs.

À partir des documents et de vos connaissances, reconstituer l'histoire des Vosges.

DOC. 1 Bloc diagramme schématique des Vosges du Nord et des Vosges moyennes.

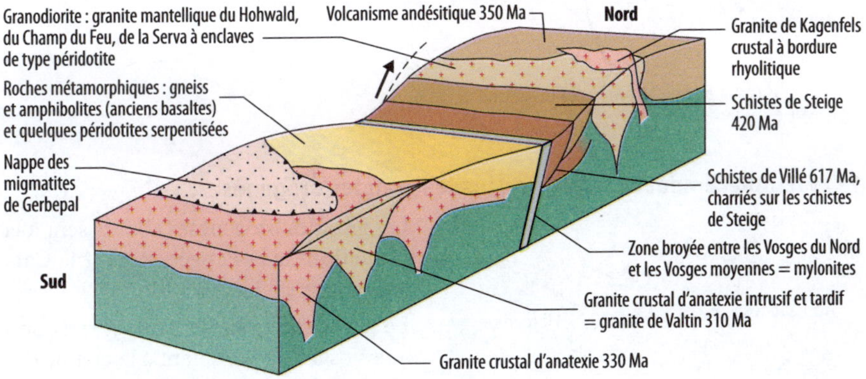

DOC. 2 Les schistes de Villé, plissés en chevrons.

DOC. 3 Isobathes du Moho dans l'est de la France.

La formation du fossé rhénan (et donc le jeu des failles nord-sud du document) date du Tertiaire (à partir de – 34 Ma). Ces failles affectent les roches du Carbonifère, mais également des roches sédimentaires post-Carbonifère qui se sont déposées sur une plaine horizontale, à une époque où la chaîne des Hercynides était déjà érodée. La faille de Vittel date de l'érosion de la chaîne.

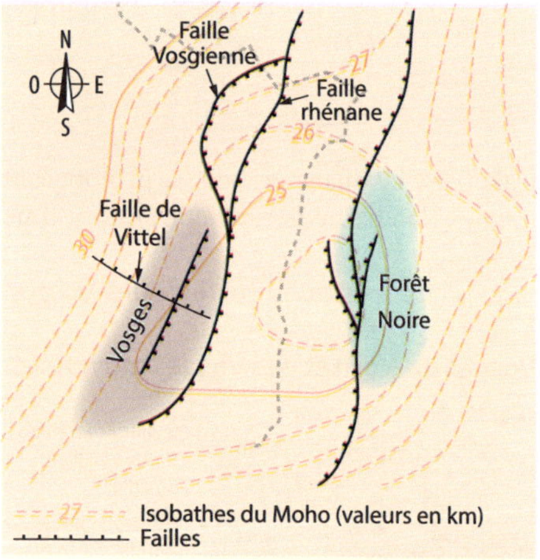

DOC. 4 Emplacement des Vosges dans les grandes orogenèses.

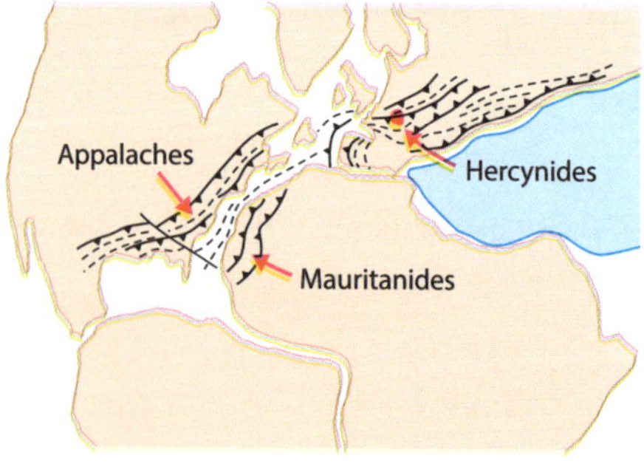

Les grandes orogenèses aboutissent à la formation de la Pangée, durant le Carbonifère (– 359 à – 299 Ma).

Le point rouge sur la carte correspond aux Vosges (appartenant à la chaîne des Hercynides).

DOC. 5 Groupe de diamants retrouvés dans un affleurement de granulites des monts de Bohême.

Les monts de Bohême font aussi partie de la chaîne hercynienne (ou Hercynides). Ces diamants coexistaient avec de la coésite, minéral également retrouvé dans le Massif central, un autre relief de la chaîne hercynienne.

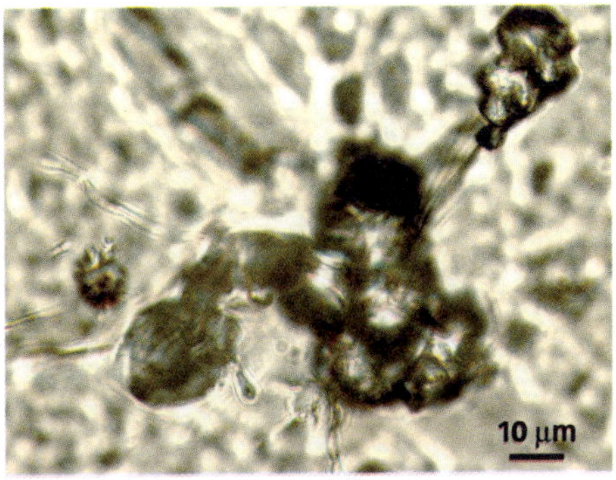

DOC. 6 Domaines de stabilité de quelques minéraux, avec les principaux géothermes.

Le quartz et le graphite ne sont pas stables en profondeur et se métamorphisent respectivement en coésite et diamant.

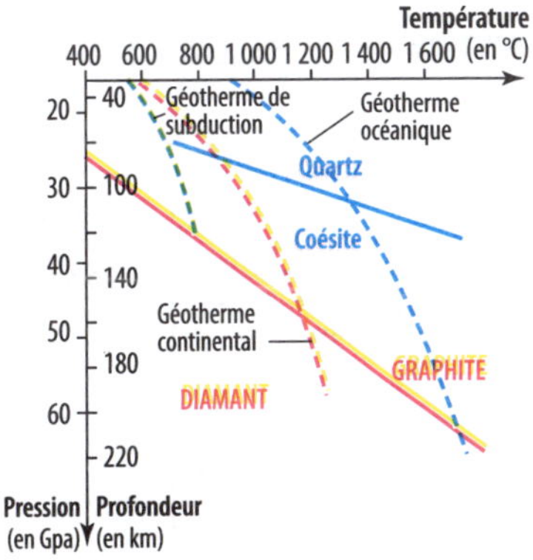

SUJETS D'APPROFONDISSEMENT

6 Le bassin de Lodève

80 min

La principale difficulté de cet exercice de type 2.2 est de reconstituer le mécanisme de formation des gisements d'uranium, car il faudra avoir bien compris les mécanismes d'érosion et de transport des ions ainsi que la mise en relation des informations.

> Voir la partie II du cours.

Le bassin sédimentaire de Lodève s'est formé en milieu tropical au cours du Carbonifère et du Permien, lors de l'effondrement de la chaîne hercynienne. Ce bassin constitue également le plus grand gisement d'uranium d'Europe (160 000 tonnes de minerai et 530 tonnes d'uranium en 1995), et fut exploité à ciel ouvert et en galerie jusqu'en 1997. **À partir des documents et de vos connaissances, reconstituer l'histoire de ce bassin et expliquer la formation des gisements d'uranium.**

DOC. 1 Coupe géologique du bassin de Lodève.

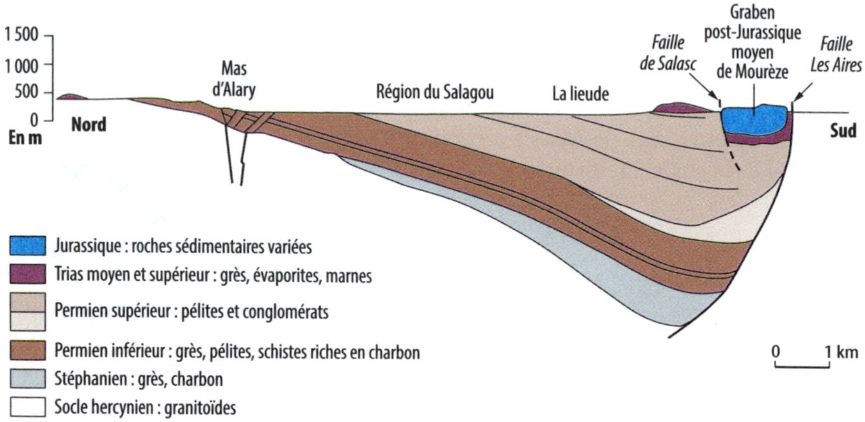

DOC. 2 Classification de quelques roches sédimentaires.

Roche	Description et principaux minéraux	Milieu de formation le plus fréquent
Calcaire	Calcite $CaCO_3$	En milieu marin.
Grès	Essentiellement du quartz et un peu de feldspaths altérés	Dans une plaine ou un delta où la vitesse de l'eau est très faible. Roche très poreuse, favorable à l'infiltration des eaux de ruissellement et à la mise en place de nappes phréatiques, dont certaines, piégées entre deux niveaux imperméables, peuvent être très réductrices.
Pelite	Argiles	Varié (roche imperméable).
Évaporite	Variés	Milieu lacustre subissant une intense évaporation (milieu sec et chaud).
Conglomérat	Galets variés emprisonnés dans une matrice gréseuse	Milieu côtier, à proximité d'une chaîne de montagnes en cours d'érosion.
Charbon	Matière organique	Marécage ou delta riche en végétation (chaud et humide), périodiquement envahi par les eaux, entraînant la formation d'un milieu réducteur favorable à la conservation de la matière organique.

DOC. 3 Composition de granitoïdes du Carbonifère.

	Granite	Granodiorite	Diorite
Composition chimique (en %)			
Silice	70	62,3	57,4
Al_2O_3	15,6	17	18,8
Oxydes ferro-magnésiens	3,1	7,7	10,2
Oxydes calco-alcalins	7,8	8,8	9,6
Autres	3,5	4,2	4
Dont UO_2	*0,0003*	*0,0003*	*0,0003*
Composition minéralogique (en %)			
Quartz	33,7	18,9	11,4
Feldspath orthose	14,4	9,5	10,9
Feldspath plagioclase	39,4	53,2	52,3
Minéraux hydratés (micas, amphiboles)	2,9	9,8	13,7
Autres minéraux	9,6	8,6	11,7

Note : l'analyse correspond ici à des roches du Briançonnais, mais on peut considérer que le socle hercynien de Lodève est de la même nature. Les granites contiennent souvent des éléments rares, à l'état de traces. Parmi ces éléments, on retrouve du rubidium, du strontium, de l'uranium, du césium, du samarium, etc. Généralement, ces éléments ne sont pas en quantité exploitable dans le granite : ainsi, il faudrait des teneurs d'au moins 0,1 % en uranium pour que celui-ci soit considéré comme exploitable.

DOC. 4 Principales réactions d'altération des minéraux.

Équations d'altération chimique de quelques minéraux en milieu tempéré :

Olivine + Dioxygène → Oxyde ferrique + Quartz
Pyroxène / Amphibole + Eau → Vermiculite + Oxyde ferrique + Ions
Biotite (mica noir) + Eau → Vermiculite + Oxyde ferrique + Ions
Muscovite (mica blanc) + Eau → Illite + Ions
Orthose (feldspath) + Eau → Illite + Quartz + Ions
Plagioclase (feldspath) + Eau → Vermiculite + Ions

En milieu tropical, les argiles de type illite et vermiculite peuvent se dégrader encore en une autre argile, la kaolinite. Le quartz, lui, est quasi inaltérable. L'oxyde ferrique (Fe_2O_3), non soluble, précipite sur place.

DOC. 5 Caractéristiques des principaux ions.

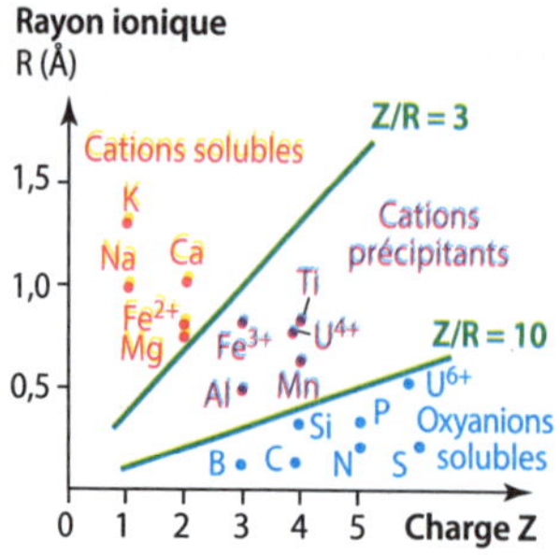

En milieu réducteur (tel un marécage peu oxygéné où s'accumule de la matière organique morte réductrice), le fer est plutôt sous forme Fe^{2+} et l'uranium sous forme U^{4+}. En milieu oxydant, le fer est principalement de type Fe^{3+} et l'uranium U^{6+}.

DOC. 6 Teneur en uranium et en matière organique des échantillons du Mas d'Alary.

Numéro des échantillons	Teneur en uranium (%)	Teneur en matière organique (%)
1	0,01	5,00
2	0,07	5,35
3	0,14	10,54
4	1,65	23,58
5	2,35	31,64

7 L'érosion de la chaîne de l'Himalaya

30 min

Ce QCM nécessite un véritable raisonnement (même si on reste dans des notions mathématiques élémentaires) pour chacune des questions, et met en jeu une bonne compréhension du modèle d'isostasie d'Airy. Contrairement aux QCM proposés généralement au baccalauréat, les questions ne sont pas ici indépendantes les unes des autres.

> Voir la méthode et stratégie 1.

L'Himalaya est née de la collision entre l'Inde et l'Eurasie, amorcée il y a 50 Ma. On peut estimer la masse de roches déjà érodées en mesurant la masse de sédiments retrouvés dans les bassins péri-himalayens soit $m = 70 \times 10^{15}$ tonnes de roches. L'Himalaya et ses chaînes secondaires recouvrent une superficie de $S = 10 \times 10^{12}$ m² (pour une masse volumique moyenne $\rho = 2,5$ t · m⁻³). L'Inde se déplace encore actuellement vers le nord à une vitesse d'environ 6 cm/an. On rappelle que $d_{croûte} = 2,7$ et $d_{manteau} = 3,3$.
De ces informations, déduire la bonne réponse.

1. L'Himalaya a perdu, en 50 millions d'années, environ :

a. 1 800 m
b. 2 800 m
c. 4 500 m
d. 7 000 m

2. La vitesse d'érosion moyenne de la chaîne himalayenne est d'environ :
a. 0,14 mm/an
b. 0,09 mm/an
c. 0,06 mm/an
d. 0,04 mm/an

3. La chaîne himalayenne :
a. est encore en phase de croissance (l'altitude devrait continuer à augmenter)
b. est en phase d'équilibre entre érosion et croissance
c. est déjà en phase d'aplanissement
d. devrait avoir disparu dans moins de dix millions d'années

4. L'érosion de la chaîne himalayenne, en négligeant les mouvements des plaques, devrait provoquer :
a. une augmentation de la profondeur de la racine crustale
b. une augmentation de l'épaisseur de la lithosphère continentale
c. une remontée de la discontinuité de Mohorovičic
d. une remontée de la discontinuité de Gutenberg

5. La hauteur de roches déjà érodées, en négligeant les mouvements des plaques, peut être évaluée à :
a. 12 600 m
b. 9 240 m
c. 7 560 m
d. 622 m

8 L'histoire du Caucase

30 min

> Voir la méthode et stratégie 2.

Le Caucase est une chaîne de montagnes orientée nord-ouest, sud-est, située entre la Russie, les républiques du Caucase (Arménie, Géorgie, Azerbaïdjan), la Turquie et l'Iran. Son point culminant, l'Elbrouz (5 642 m) est le plus haut sommet d'Europe.
Grâce à l'étude du document, reconstituer l'histoire de cette chaîne.

DOC. Coupe géologique du Caucase.

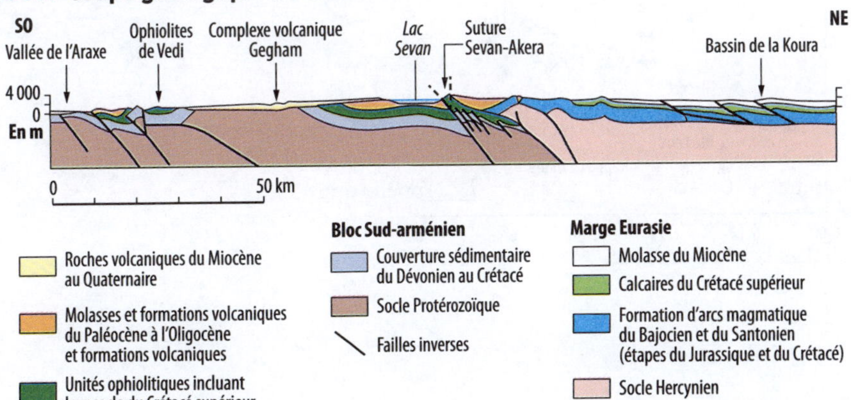

9 Séismes dans les Alpes

30 min

Dans une zone de collision, tous les séismes ne sont pas liés à une compression. Ce sujet propose de vous initier à la variété des types de séismes dans les Alpes du Sud, grâce à un mode de représentation très utilisé dans l'enseignement supérieur.

> Voir la partie II du cours.

Les mécanismes au foyer (disques sur le schéma) représentent les mouvements des compartiments lors du séisme. La couleur noire représente les zones de compression, et le blanc les zones de distension.

Les trois grands types de failles sont alors représentés ainsi :

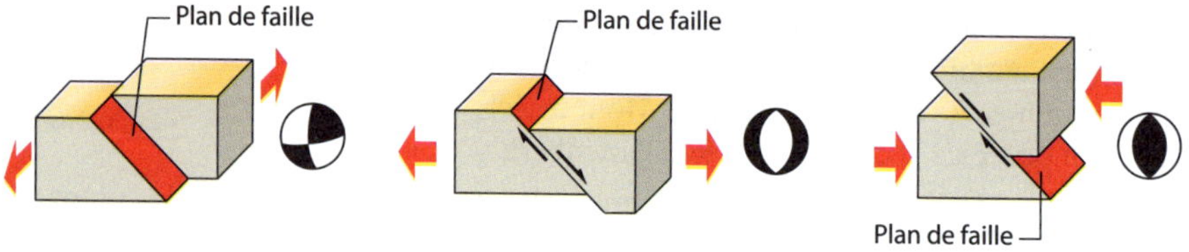

Expliquer la variété des types de séismes observée dans la région cartographiée dans le document ci-dessous.

DOC. Sismicité dans la région de Barcelonnette (Alpes du Sud).

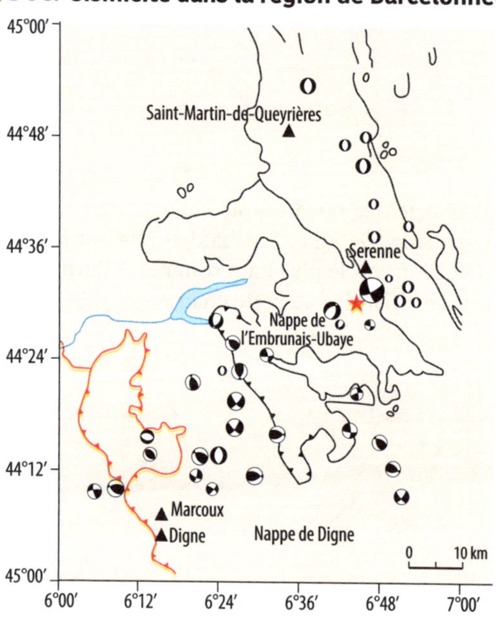

POST BAC

10 Ceintures orogéniques du sud de l'Afrique

30 min

Ce sujet de type 2.1 permet d'illustrer la notion de « cycles de Wilson ». La disposition des ceintures orogéniques décrite ici est généralisable à la plupart des cratons de notre planète.

Décrire et expliquer la disposition des ceintures orogéniques autour des vieux cratons Médio-Archéens du sud de l'Afrique.

DOC. Cratons et ceintures orogéniques d'Afrique australe.

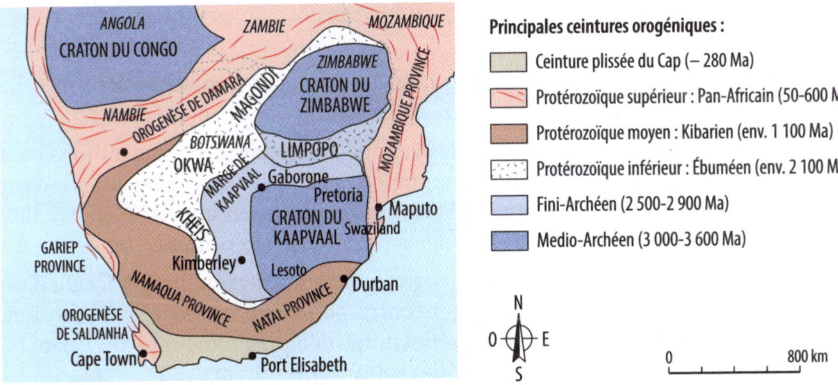

Tous les noms en capitales désignent des épisodes orogéniques.

CORRIGÉS

1 L'histoire des chaînes de montagnes

1. Réponse d. Certaines chaînes de collision (Pyrénées) ne correspondent pas à la fermeture d'un océan, et les ophiolites y sont donc absentes. D'autres (Andes), ne sont dues qu'à un épaississement local suite à la subduction, et non à une collision continentale. Enfin, celles situées dans la zone intertropicale présentent rarement des traces d'érosion glaciaire, les glaciers ne pouvant y exister qu'à plus de 5 000 m d'altitude.

2. Réponse b. La collision implique des mouvements de convergence, donc un raccourcissement horizontal. Les fossés d'effondrement et les failles normales indiquent des mouvements de divergence, tandis que les failles transformantes sont caractéristiques des zones de coulissage (cours de 1re S).

3. Réponse a. L'érosion débute dès l'orogenèse. La subduction continentale concerne les zones profondes de la chaîne. Les autres propositions sont fantaisistes.

4. Réponse b. Seul Fe^{3+} est classé dans les cations précipitants. Les autres ions sont considérés comme solubles, ils seront donc emportés par les eaux. La précipitation sur place du Fe^{3+} est d'ailleurs à l'origine de la formation des sols rouges (couleur rouille) en milieu tropical (on parle aussi de bauxite et de cuirasse latéritique).

5. Réponse a. Logiquement, un minerai correspond à une accumulation locale d'un élément chimique particulier : si cet élément correspond à un ion libéré par l'érosion, la meilleure façon pour qu'il s'accumule serait donc qu'il précipite sur place. Parmi les propositions, seul l'aluminium fait partie des cations précipitants.

6. Réponse c. L'érosion provoque un déficit de masse, donc une remontée par isostasie de la racine crustale. L'effondrement gravitaire n'est pas dû à l'érosion, et la réponse b ne correspond à aucune réalité.

2 Les Vosges

> Lecture et analyse du sujet

Le sujet propose deux parties :

– la formation d'une chaîne de montagnes : il faut donc parler des **mouvements de convergence**, et évoquer **la subduction et la collision continentale**. En effet, l'introduction précise que la chaîne hercynienne est due à la fermeture d'un océan et à la collision entre deux continents, la Laurussia et le Gondwana ;

– sa disparition, et la mise à jour des matériaux profonds (granites et roches métamorphiques) : il faudra donc évoquer l'**érosion**, l'**effondrement gravitaire** et la **remontée par isostasie** de la racine crustale.

Le relief actuel des Vosges n'est pas lié à la mise en place de cette vieille chaîne de montagnes mais il est dû à la poussée des Alpes associée à l'effondrement du bassin rhénan. Sans cet épisode, les reliefs vosgiens seraient comparables à ceux du massif Armoricain, dont ils partagent l'histoire hercynienne. Il existe d'ailleurs des traces de pénéplaine dans les Vosges dues à l'érosion de la vieille chaîne hercynienne.

> Proposition de rédaction

Introduction

Il y a 300 Ma, la fermeture du bassin océanique et la collision des continents Laurussia et Gondwana entraînait la formation d'une immense chaîne de montagnes, la chaîne hercynienne (ou varisque). Quelques dizaines de millions d'années plus tard, cette chaîne avait presque entièrement disparu, et laissait la place à une vaste pénéplaine. Nous allons donc expliquer comment s'est formée cette chaîne de montagnes, et comment sa disparition a permis de mettre à jour des roches formées en profondeur (granite, roches métamorphiques), telles celles qui abondent dans les Vosges.

Dans l'idéal, l'introduction comprend une mise en situation (on peut reprendre les informations de l'introduction du sujet pour la rédiger), la reformulation de la problématique et l'annonce du plan. Ici, la problématique est directement incluse dans l'annonce du plan, puisqu'on fait le lien entre la disparition de la chaîne et la mise à jour des roches profondes.

I. La formation de la chaîne hercynienne

1. La mise en place d'une zone de subduction

- Avant la mise en place de la chaîne hercynienne, un océan séparait la Laurussia du Gondwana. La lithosphère océanique située près des côtes était âgée, puisqu'éloignée de la dorsale qui lui avait donné naissance. On peut donc en déduire que :
– la croûte océanique était **froide et hydratée** : au cours de son refroidissement, elle subit un métamorphisme hydrothermal conduisant à la formation de minéraux hydratés (faciès schiste vert : hornblende, chlorite, actinote) ;
– la lithosphère océanique était **épaissie** : comme la limite inférieure de la lithosphère océanique est une limite thermique (l'isotherme 1 300 °C), le refroidissement de la lithosphère entraîne son épaississement (au niveau du manteau lithosphérique) ;
– comme le manteau lithosphérique est plus froid et plus rigide que l'asthénosphère, il est également plus dense (3,3 contre 3,25). L'épaississement de la lithosphère océanique conduit donc également à une **augmentation de la densité moyenne de la lithosphère océanique**.

- Lorsqu'elle est suffisamment âgée, la lithosphère océanique devient plus dense que l'asthénosphère et peut commencer à plonger : c'est la **subduction.**

Ce paragraphe peut être illustré par les documents 1 ou 4 du chapitre 6 concernant la mise en place des zones de subduction. Si vous choisissez le doc. 4, pensez à indiquer sous le titre qu'une partie des informations ne sera présentée que plus tard, à la fin du paragraphe 2. En effet, la formation des plutons granitiques lors de la subduction devrait plutôt être évoquée plus loin, lorsque l'on parlera de la mise au jour des matériaux profonds. Les granitoïdes des vieilles chaînes de hercyniennes peuvent également avoir une autre origine : l'anatexie (fusion des roches de la racine crustale, soit lorsqu'elles se retrouvent à très grande profondeur, soit du fait d'une remontée trop rapide lors d'une érosion importante).

2. De la subduction océanique à la collision continentale

- Les plaques formant des ensembles rigides, la lithosphère océanique subduite entraîne derrière elle l'ensemble de la plaque dont elle faisait partie, y compris les domaines continentaux. Ainsi, lorsque l'ancien océan a entièrement disparu, les deux blocs continentaux que celui-ci séparait vont s'affronter : c'est **la collision continentale**.

- Cette collision va conduire à un épaississement de la croûte continentale, dont des traces sont visibles à l'affleurement : plis et failles inverses pouvant déboucher sur la formation de nappes de charriage de grande ampleur.
- Cet épaississement conduit également à la **formation d'une racine crustale**, dont la profondeur dépend directement, par isostasie, de l'importance des reliefs superficiels. Dans cette racine, les roches subissent un **métamorphisme de type MP – MT** (formation de schistes et de gneiss) pouvant conduire parfois à **l'anatexie**, c'est-à-dire la fusion partielle des roches (formation de migmatites et de granites d'anatexie).

Illustration possible : voir le schéma 1 du doc. 2 du cours.

- Les granites qui affleurent dans les vieilles chaînes de montagnes peuvent également trouver leur origine dans la subduction. La déshydratation de la croûte océanique subductée permet d'hydrater les péridotites du manteau lithosphérique, entraînant leur **fusion partielle**. En remontant, ce magma basaltique va progressivement s'enrichir en silice (cristallisation fractionnée). En fin de différenciation, le magma riche en silice (et donc visqueux), peut donner naissance à un pluton granitique : dans ce cas, il s'agit d'un granite mantellique par opposition aux granites crustaux (voir la partie IV, chapitre 6).

II. La disparition de la chaîne hercynienne

1. L'érosion

Dès que la chaîne se forme, ses parties superficielles subissent **l'érosion** : exposées aux agents de l'environnement (gel, eau, vent, glaciers…), les roches s'altèrent mécaniquement, tandis que l'eau s'infiltre dans les roches, modifie leur constitution minéralogique (par hydrolyse ou oxydation, principalement) et achève de les fragmenter (altération chimique). Les produits de l'érosion (ions solubles, fragments en suspension ou charriés par roulement) sont transportés vers les bassins sédimentaires limitrophes.

2. Les phénomènes tectoniques associés

La chaîne a tendance à s'étaler horizontalement sous l'effet de son propre poids. Cet **effondrement gravitaire** se traduit par la présence de failles normales et accentue le déficit de masse dû à l'érosion. Cet aplanissement accélère **la remontée par isostasie de la racine**, et explique la présence à l'affleurement dans les anciennes chaînes de montagnes de roches formées en profondeur (granite, roches métamorphiques).

Illustration possible : doc. 3 du cours.

Conclusion

La formation de la chaîne de montagnes conduit certaines roches en profondeur, où elles vont se modifier sous l'effet de la pression et de la température, tandis que la disparition des reliefs permet une remontée par isostasie de ces roches qui vont alors affleurer. C'est pourquoi les roches métamorphiques et les granites affleurent dans les chaînes anciennes et érodées, telles les Vosges. L'extension due à l'effondrement de la chaîne peut parfois entraîner une nouvelle océanisation : ainsi, l'océan Atlantique s'est ouvert approximativement à l'emplacement de l'ancienne chaîne hercynienne.

La conclusion doit permettre de synthétiser les informations en une ou deux phrases, et ouvrir le débat. Cette ouverture n'est pas exigée au bac, mais sa présence est toujours valorisée.

3 Histoire des Alpes

Pour réaliser ce sujet, il est conseillé de reprendre les étapes de la méthode 2, donc de faire au brouillon une chronologie des principales étapes de l'histoire d'une chaîne de montagnes et d'y reporter les informations tirées des documents. Ci-dessous, un tableau que l'on pourrait ainsi obtenir, et qui servirait à rédiger la réponse.

Chronologie	Indices à rechercher	Observations tirées du document
Océanisation	Failles normales des anciennes marges passives, sédiments de marge	– Failles normales et structure en blocs basculés des massifs cristallins externes (Taillefer, Roquail…). – Sédiments de marge entre les massifs cristallins externes et la zone de suture verte, sédiments en éventail (syn-rift) sur les blocs basculés.
	Ophiolites et sédiments océaniques	Ophiolites (vert sombre), sédiments océaniques (vert clair) dans la zone de suture entre les massifs cristallins externes et internes.
Subduction	Roches magmatiques et roches métamorphiques de subduction	Aucune donnée particulière dans le document.
Collision Subduction continentale	Failles inverse, plis, chevauchements, nappes de charriage Roches continentales formées en profondeur	– Les ophiolites (croûte océanique obductée et charriée sur la croûte continentale). – Les flyschs et les sédiments de marge chevauchent les massifs externes et les ophiolites, la plaque africaine austro-alpine chevauche les massifs internes et les ophiolites.
Disparition	Érosion, failles normales, affleurement de roches de la racine crustale	Aucune donnée particulière dans le document.

Voir le doc. 2 du cours pour retrouver chacune de ces étapes en schéma, avec les dates correspondantes. Ici, aucune date n'était exigible, puisque la carte géologique ne comporte aucune indication d'âge géologique particulier. Il s'agit donc davantage d'un schéma structural que d'une véritable carte géologique.
Les traces de la subduction ne sont pas vraiment présentées dans ce document, mais elles existent sur le terrain (schistes bleus et éclogites du Queyras, par exemple, ou le granite mantellique d'Adamello en Italie daté de – 40 Ma, voir le chapitre 5). De même, les traces de la disparition des Alpes existent aussi, mais n'ont pas été présentées ici (voir le sujet 9).

4 La Scandinavie

> Analyse des documents

Doc. 1 : la Scandinavie, est occupée par un vaste glacier au Würm (– 23 000 ans). Il y a 11 000 ans, cette calotte laissait la place, au sud, à un lac qui recouvrait le Billingen. Aujourd'hui, les terres immergées à l'époque ont émergé, et les côtes du Würm étaient situées plus au large qu'actuellement.

- **Doc. 2** : on retrouve, à plus de 7 m au-dessus du niveau actuel des mers, des sédiments d'origine marine (galets lavés, bivalves, algues rouges). Ces sédiments étaient donc immergés lors de leur formation, il y a 5 520 ans.
- **Doc. 3** : le niveau des mers a augmenté de 130 m depuis le dernier maximum glaciaire, et de 70 m depuis l'époque lac de la Baltique (– 11 000 ans).

> Éléments pour la rédaction et la mise en relation des informations

- Le doc. 2 et la présence d'un lac au tardiglaciaire semblent indiquer que le niveau des mers était plus haut au Würm que maintenant, ce qui est **paradoxal** car le doc. 3 et le niveau des côtes dans le doc. 1 indiquent clairement que le niveau des mers a augmenté depuis le Würm.
- Il faut donc imaginer que c'est le continent qui s'est surélevé. On peut parler de **« rebond » isostatique** lié à la disparition de la glace, et se lancer dans le calcul de l'épaisseur de la calotte glaciaire.
- Il s'agit de calculer l'épaisseur « minimale » car, pour faire les calculs, on va devoir considérer que **l'équilibre isostatique est actuellement atteint**. Aucun schéma n'est explicitement demandé, mais pour l'isostasie, il est conseillé d'en faire (voir la méthode et stratégie 1), au moins pour préciser les notations utilisées ensuite.
- Pour réaliser le schéma, on doit identifier deux colonnes de masse, qui correspondent ici aux **deux époques étudiées** (l'époque actuelle, où l'on considérera que le rebond est terminé, et l'époque glaciaire).
- Dans ce schéma, on notera :

g = épaisseur de la calotte glaciaire (en m) ; c'est l'inconnue à calculer,
c = épaisseur de la croûte continentale ; elle n'est pas donnée, mais comme on va le voir, elle va disparaître assez vite des calculs,
i = remontée isostatique, que l'on va estimer d'après les documents.

Schéma du rééquilibrage isostatique induit par la fonte de la calotte scandinave

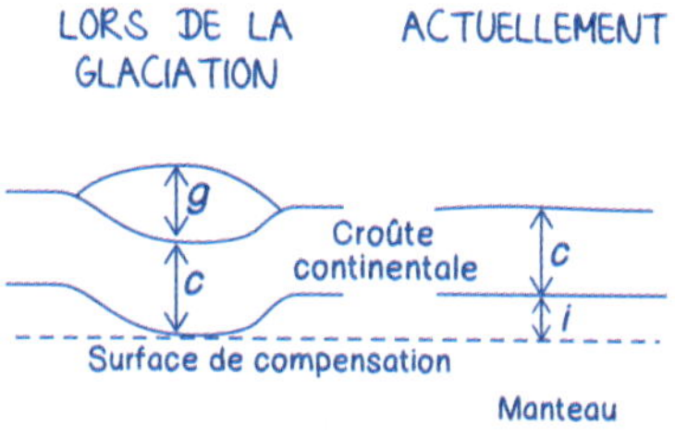

- On peut alors écrire l'équation, si l'on considère deux colonnes de matière de section identique :

$G \times d_{glace} + c \times d_{c.cont} = c \times d_{c.cont} + i \times d_{manteau}$
donc $g = i \times d_{manteau} / d_{glace}$

- d_{glace} et $d_{manteau}$ étant données dans l'énoncé, il faut maintenant estimer *i*. On sait qu'à l'époque du lac de la Baltique, le Billigen était sous les eaux (doc. 1). Ce sommet a une altitude de 299 m, et le lac lui-même n'était qu'à 26 m d'altitude (par rapport à la mer de l'époque) : le Billigen était au moins à 299 – 26 = 273 m plus bas qu'actuellement. Comme le niveau des mers a augmenté de 70 m depuis (doc. 3), le Billigen est donc lui-même remonté de 273 + 70 = 343 m.
- On peut donc appliquer la formule démontrée précédemment :

$g = 343 \times 3{,}3 / 0{,}9 =$ **1 260 m** environ

- Ainsi, la Scandinavie était recouverte d'une calotte d'au moins 1 260 m d'épaisseur. L'époque lac de la Baltique n'étant pas le maximum glaciaire, on retrouve l'idée qu'il s'agit d'une épaisseur « minimale ».

5 Histoire des Vosges

Chronologie	Indices à rechercher	Observations tirées des documents
Océanisation	Failles normales, etc.	Aucune donnée dans les documents.
	Ophiolites et sédiments océaniques	**Doc. 1** : roches basaltiques (amphibolites). Ce ne sont pas de véritables ophiolites. Des ophiolites bien identifiées et datant de cette orogenèse existent au Cap Lizard (Angleterre).
Subduction	Roches magmatiques (andésite, etc.).	**Doc. 1** : roches andésitiques, plutonisme granodioritique avec enclaves mantelliques (Hohwald, Champ du Feu, Serva).
	Roches métamorphiques (schistes bleus, éclogites)	Aucun indice dans les documents. On retrouve cependant sur l'île de Groix (sud de la Bretagne) des métagabbros et des métasédiments dans le faciès schiste bleu et schiste vert, datant de l'orogenèse hercynienne.
Collision (et subduction continentale)	Failles inverses, plis, nappes de charriage	– **Doc. 1** : nappes de charriage (schistes de Villé sur ceux de Steige plus récents, nappe de Gerbépal). Noter aussi les roches broyées dans la zone de suture de Lalaye-Lubine (grande faille inverse correspondant à l'ancien front de collision). – **Doc. 2** : les schistes de Villé ont été plissés. – **Doc. 4** : les Vosges font partie de l'ancienne chaîne hercynienne, qui s'est formée par collision entre les plaques Laurentia-Baltica et Gondwana, au Carbonifère.
	Roches continentales formées en profondeur (anatexie, subduction continentale)	– **Doc. 1** : granites d'anatexie du début de l'orogenèse (– 330 Ma), migmatites (Gerbépal), gneiss et schistes (roches métamorphiques formées dans la racine crustale). – **Doc. 5** : diamants et coésites existent dans les roches de la chaîne hercynienne. – **Doc 6** : ces minéraux ne se forment qu'en très grande profondeur. Selon le géotherme continental, le diamant ne se forme qu'à au moins 160 km de profondeur, ce qui est trop profond pour une croûte continentale classique. Il y a donc eu subduction continentale : la coésite se forme alors à partir de 100 km de profondeur, et le diamant à partir de 120 km de profondeur.
Disparition	Érosion, failles normales liées au démembrement de la chaîne	**Doc. 3** : faille de Vittel. Cette faille agit plutôt en décrochement, mais le document précise que son fonctionnement date de l'érosion de la chaîne.
	Affleurement de roches de la racine crustale	**Doc. 1** : les granites d'anatexie affleurent actuellement. Les granites intrusifs tardifs (Valtin, – 310 Ma) se sont mis en place lors de la remontée de la racine crustale.
Histoire postérieure	**Doc. 3** : le fossé rhénan correspond à une remontée du Moho, qui n'est plus qu'à 24 km de profondeur sous Colmar et Fribourg. Nombreuses failles normales (faille rhénane, faille de Vittel, faille vosgienne…) trahissant l'effondrement du fossé rhénan au Tertiaire, lors de l'orogenèse alpine. En effet, la compression nord-sud due aux Alpes entraîne une extension est-ouest, d'où le fossé rhénan.	

6 Le bassin de Lodève

> Éléments pour la rédaction et mise en relation des documents

- La reconstitution de l'histoire du bassin nécessite une mise en relation des documents 1 et 2. Le doc. 1 permet de retracer la **chronologie**, et sa mise en relation avec le doc. 2 permet de reconstituer l'**environnement** régnant à chaque époque.
- Montrer le **lien entre roches hercyniennes et roches sédimentaires** nécessite une mise en relation des documents 1 et 2 (qui décrivent les roches sédimentaires) avec les documents 3 (pour retrouver la constitution minéralogique des roches granitiques hercyniennes) et 4 (qui permet de faire le lien entre le quartz des granitoïdes et celui des grés, ou entre les argiles formés par altération des micas et feldspaths des granites avec les pélites sédimentaires).
- Enfin, retracer la **formation du gisement d'uranium** nécessite de localiser ces gisements dans le fond du bassin (doc. 1), dans des couches poreuses de grés situées sous des argiles imperméables (doc. 2). Cet uranium est contenu en faible quantité dans les granitoïdes (doc. 3), mais les gisements, comme ils se sont formés dans les mêmes conditions que le charbon (doc. 6) doivent nécessiter un milieu réducteur. Dans ce milieu, l'uranium est sous forme d'U^{4+} insoluble (doc. 5) et précipite, alors qu'il a pu être transporté par les eaux oxygénées des rivières depuis les montagnes sous forme d'U^{6+} soluble.

> Proposition de rédaction complète

L'une des difficultés majeures de ce sujet étant la mise en relation des informations, nous vous proposons ici une piste de rédaction envisageable. Les titres ne sont pas exigibles.

Introduction

Le bassin de Lodève constitue le principal gisement d'uranium en Europe. Nous allons reconstituer l'histoire de ce bassin et l'origine des sédiments qui s'y sont accumulés, puis nous expliquerons comment l'uranium a pu s'y accumuler.

I. Reconstituer l'histoire de ce bassin

- L'**effondrement** de la chaîne hercynienne, trahi par la présence de failles normales (faille de Salasc et faille des Aires, doc. 1), a permis l'enfoncement progressif du bassin de Lodève.

On parle aussi de « subsidence » plutôt que d'enfoncement, mais ce terme n'est pas exigible dans le contexte des bassins de sédimentation.

- Dans ce bassin situé en région tropicale (en abondance de charbons, doc. 2) des grès se sont déposés au Stéphanien et au Permien inférieur (doc. 1), ce qui indique que la région ressemblait à un marécage deltaïque périodiquement inondé (doc. 2). Ce delta s'est asséché au Permien supérieur et au Trias, d'où la formation d'évaporites caractéristiques d'un milieu sec et chaud (doc. 2). Enfin, ce delta cède la place à la mer au Jurassique (formation de calcaires).
- Au cours de cette époque, l'Europe remonte progressivement vers le nord. Elle va donc traverser la zone équatoriale puis arriver dans la ceinture tropicale désertique (assèchement trahi par la présence d'évaporites).

II. L'origine des roches sédimentaires

- Les grès, les conglomérats et les pélites forment l'essentiel des roches sédimentaires du bassin de Lodève (doc. 1). Les conglomérats possèdent une matrice gréseuse, donc riche en quartz, et présentant en quantité plus faible des feldspaths altérés (doc. 2). Or, les quartz et les feldspaths sont les minéraux les plus fréquents dans les granites et les diorites (doc. 3), caractéristiques de la croûte continentale. On peut donc supposer que ces roches sédimentaires correspondent aux **produits de l'érosion des roches continentales** de la chaîne hercynienne toute proche, transportés par les rivières et sédimentant dans la plaine alluviale.

- Le quartz est inaltérable (doc. 4), ce qui explique qu'on le retrouve dans les produits d'érosion à l'état de grains dans les grés ou le conglomérat. L'orthose s'altère en argile et en quartz, ce qui explique également la forte teneur en quartz du grès. Les autres minéraux s'altèrent en argiles de type illite ou kaolinite et, une fois transportés par les fleuves, pourraient être à l'origine des pélites. Les éléments les plus gros sont transportés par roulement et vont se retrouver dans les galets des conglomérats. Ainsi, les roches sédimentaires du bassin de Lodève ont une composition minéralogique qui correspond à celle des produits d'érosion de roches continentales.

- On peut également avancer l'idée qu'une chaîne de montagnes expose une quantité importante de roches à l'érosion, que ce soit à l'altération mécanique ou l'altération chimique. Ceci pourrait expliquer le remplissage relativement rapide du bassin sédimentaire, et l'épaisseur des couches formées.

III. La formation des gisements d'uranium

- On observe que la teneur en uranium est d'autant plus importante dans les échantillons que ceux-ci sont riches en matière organique (doc. 6). Or, cette matière organique ne se conserve qu'en milieu réducteur (doc. 2) et, dans ce milieu, l'uranium n'est plus sous forme U^{6+} soluble, mais sous forme d'U^{4+} précipitant (doc. 5).

- L'uranium étant présent en faible quantité dans les granitoïdes hercyniens (0,0003 %, doc. 3), on peut supposer que, lors de l'érosion de ces roches, l'uranium libéré est lessivé et transporté par les fleuves sous forme d'U^{6+} soluble. Ces eaux arrivent ensuite dans le marécage deltaïque. Lorsque ce delta est envahi par les eaux, la végétation abondante est détruite et s'y accumule, ce qui entraîne une baisse importante de la teneur en O_2. Dans ce milieu réducteur favorable à la conservation de la matière organique, l'uranium passe de l'état U^{6+} à U^{4+} et précipite, d'où la corrélation entre la teneur en uranium et la teneur en matière organique.

Formation des minerais d'uranium du bassin de Lodève

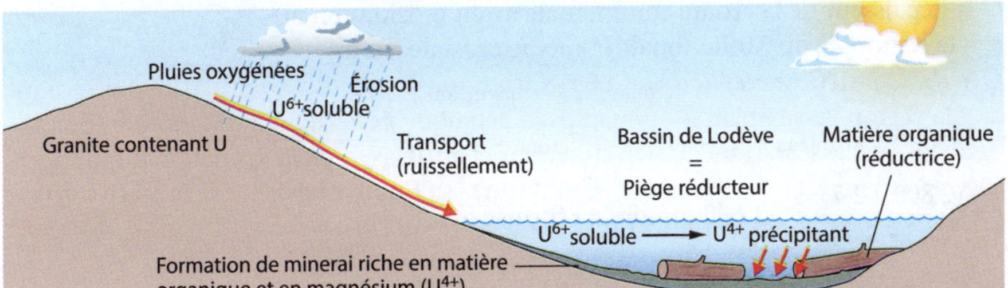

En réalité, c'est un peu plus compliqué. L'érosion du socle hercynien permet la sédimentation des grès et des argiles déjà enrichis en uranium, mais souvent insuffisamment pour être exploitables. Ces grès permettent la mise en place d'aquifères (doc. 2) réducteurs (car situés entre deux niveaux d'argile imperméable). L'eau de ruissellement, oxydante, peut remobiliser l'uranium (sous forme d'U^{6+}) des niveaux Permien supérieur et s'infiltrer dans ce grès. En s'enfonçant dans ce milieu réducteur, l'U^{6+} va se réduire en U^{4+} et précipiter de nouveau. Cette deuxième phase permet donc un enrichissement encore plus important en uranium des niveaux gréseux du Permien inférieur, situés au fond du bassin.

Conclusion

L'érosion de la chaîne hercynienne a permis la formation de roches sédimentaires qui se sont accumulées dans le bassin de Lodève. Au début de son histoire, ce bassin ressemblait à un vaste marécage, dont les fréquentes inondations ont permis la formation en milieu réducteur de charbon et de minerais d'uranium.

Ce n'était que rappelé dans les documents, mais le mode de formation des roches carbonées (charbons, pétrole, etc.) est considéré comme connu (notion de 2de, souvent reprise en 1re S).

7 L'érosion de la chaîne de l'Himalaya

1. On veut déterminer la hauteur de roches érodées, en connaissant le volume et la masse volumique. Si on note e cette épaisseur et V le volume, on a donc logiquement :

$m = V \times \rho = S \times e \times \rho$, donc $e = \dfrac{m}{(S \times \rho)}$, $e = \dfrac{70 \times 10^{15}}{(10 \times 10^{12} \times 2{,}5)} =$ **2 800 m**, soit la **réponse b.**

2. La vitesse v d'érosion est égale à : $v = \dfrac{e}{t}$ avec t le temps d'érosion.

$v = \dfrac{2\,800 \times 10^3}{50 \times 10^6} =$ **0,056 mm/an** soit la **réponse c.**

3. Comme l'Inde se déplace vers le nord à une vitesse de 6 cm/an, et que l'Himalaya ne s'érode qu'à 0,056 mm/an, on peut donc dire que son altitude devrait continuer à augmenter (cette chaîne est encore en phase de croissance), soit la **réponse a.**

4. L'érosion correspond à une disparition des reliefs supérieurs. En oubliant les mouvements des plaques, une disparition des reliefs supérieurs correspond à une remontée de la racine crustale, donc une remontée du Moho, soit la **réponse c.**

5. En appliquant le modèle d'Airy, on peut noter :
C = l'épaisseur de la croûte continentale avant érosion (en m)
r = la remontée du Moho (ou de la racine crustale, en m)
$C \times d_{croûte} = (C - r - e) \times d_{croûte} + r \times d_{manteau}$

Donc $r \times (d_{manteau} - d_{croûte}) = e \times d_{croûte}$ et $r = \dfrac{(e \times d_{croûte})}{(d_{manteau} - d_{croûte})}$

$r = \dfrac{(2\,800 \times 2{,}7)}{(3{,}3 - 2{,}7)} =$ **12 600 m**, soit la **réponse a.**

8 Histoire du Caucase

> Informations tirées du document

– **Ancien océan** : ophiolites (notamment de Vedi) recouvertes de formations sédimentaires du Crétacé supérieur.

– **Ancienne subduction** : formations d'arcs magmatiques du Bajocien et du Santonien, situées sur le compartiment européen. C'est donc sans doute l'Arménie du Sud qui subductait sous l'Europe.

– **Collision** : nombreuses failles inverses, entraînant des vastes nappes de charriage (les ophiolites et la couverture sédimentaire ont été charriées sur l'Arménie du Sud près du Lac Sevan et dans la zone de suture de Sevan-Akera).

Quand on peut, dans ce type de sujet, il faut essayer de dater les événements. Ici, la coupe donnait l'âge de certaines des formations, ce qui permet de dater les principaux épisodes (au moins au niveau de l'échelle des temps géologiques).

9 Sismicité dans les Alpes

Même si le sujet ne le demande pas, il est conseillé de faire un petit schéma de la carte, en localisant les principales zones sismiques. Cela permet de localiser plus facilement les structures dont on va parler dans le texte ensuite.

- Les mécanimes au foyer représentent les secteurs en présence selon un code coloré :
– en noir, les zones ayant subi une **compression** ;
– en blanc, les zones ayant subi une **extension**.

- Ainsi, une faille normale correspond à un **contexte extensif** : la partie centrale est donc en blanc (extension), tandis que les parties latérales ont été **compressées** contre le reste de la plaque (donc en noir). Pour les failles inverses, ce sera le contraire.

> L'étude du document **permet de distinguer 3 zones principales**

- En jaune, sur le schéma ci-contre : une zone au sud de la nappe de l'Embrunais, que l'on peut relier à quelques séismes plus isolés au sud, où dominent des séismes de type faille inverse, en compression nord-sud. Ceci est caractéristique d'une **zone de compression** (donc d'une collision) : le raccourcissement horizontal entraîne des compressions horizontales nord-est / sud-ouest, qui entraînent la mise en place de failles inverses orientées selon une direction sud-est / nord-ouest et de nappes de charriage.

- En bleu, sur le schéma : de façon plus isolée, au nord de Marcoux, quelques séismes de type faille transformante. Ceci trahit un **décrochement**, sans doute lié à la nappe de charriage de l'Embrunais.

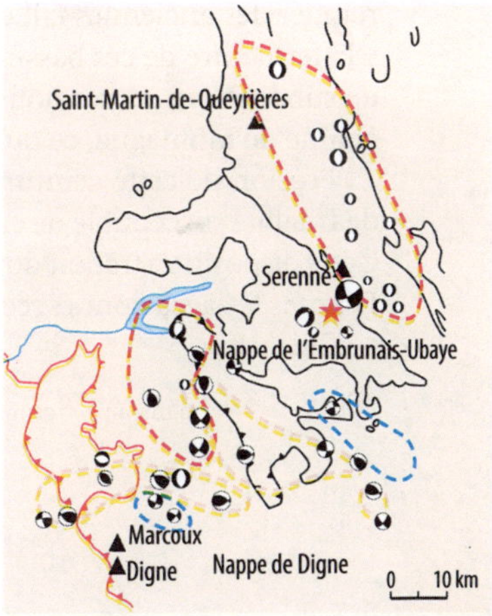

- En rouge, sur le schéma : une zone de Saint-Martin-de-Queyrières jusqu'à Sérenne, où dominent des séismes de type faille normale, en extension est-ouest. On retrouve des mécanismes similaires à l'ouest de la nappe de l'Embrunais. Ceci trahit l'**effondrement de la chaîne**, qui entraîne une extention horizontale est-ouest de la chaîne et la mise en place de failles normales.

POST BAC

10 Ceintures orogéniques du sud de l'Afrique

- La principale observation à effectuer est que l'âge des différentes ceintures orogéniques augmente à mesure que l'on s'éloigne du craton central. C'est particulièrement évident en se déplaçant vers l'ouest, en partant des cratons Kapvaal / Zimbabwe. Ainsi, on a l'impression que les continents grossissent par ajout de ceintures autour d'un noyau central, et que l'ouverture de nouveaux océans fracture moins les vieux cratons que les zones périphériques : ceci est à mettre en lien avec les **cycles de Wilson**.
Le document nous montre que les différentes chaînes de montagnes sont disposées selon des ceintures d'âge croissant à mesure que l'on s'éloigne du noyau central, le vieux craton médio-archéen. Ainsi, en s'éloignant vers le nord du craton Kapvaal médio-archéen (– 3 à – 3,5 Ga), on retrouve d'abord la ceinture de Limpopo Fini-Archéenne (– 2,5 à – 2,9 Ga), qui a permis de réunir ce craton avec celui de Zimbabwe. Ces deux cratons réunis semblent se comporter ensuite comme **un seul continent**, et on retrouve en se déplaçant vers l'ouest la ceinture Kheis – Okwa – Magondi de l'Eburnéen (– 2,1 Ga), puis la ceinture Natal – Namaqua du Kibarien (– 1,1 Ga), celle de Damara – Gariep – Saldanha (– 500 à – 600 Ma) et, enfin et uniquement au sud, la ceinture du Cap (– 280 Ma).

- Ces différentes ceintures ne semblent pas modifier le cœur du craton, mais se mettent en place autour de celui-ci. Si on imagine que chaque orogenèse a suivi la subduction d'un océan préexistant, il faut donc supposer que chaque océan s'est mis en place, à peu près, dans l'axe de la dernière ceinture orogénique.
Cette disposition en **ceintures concentriques** trahirait donc une répétition de phénomènes du type :
– l'ouverture d'un bassin océanique dans la chaîne érodée la plus récente, en faisant rejouer des anciennes failles liées à l'orogenèse ;
– la fermeture de ces bassins entraîne une accrétion continentale au niveau des zones de subductions, et ces nouvelles roches sont ensuite prises lors de la collision dans la chaîne de montagne, ce qui forme une nouvelle ceinture orogénique ;
– l'érosion de cette ceinture entraîne un amincissement de la croûte, donc une zone de fragilité susceptible de casser si la lithosphère est soumise à une nouvelle extension.
Cette disposition traduit donc le « ballet des continents » décrit par les cycles de Wilson. D'après les âges donnés, ces cycles durent en moyenne **500 Ma**.

Corps humain et santé

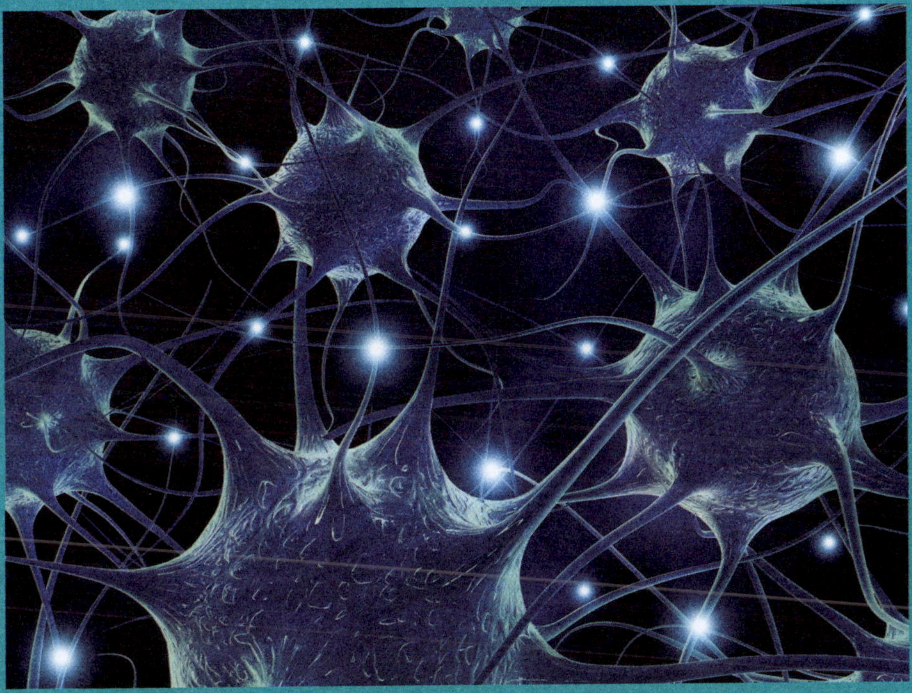

CHAPITRE 8

La réaction immunitaire innée et acquise

COURS

La réaction immunitaire innée et acquise

En contact permanent avec l'environnement et ses éléments, l'organisme se protège des agressions externes pour conserver son intégrité. Lorsque des éléments pathogènes (antigènes) sont reconnus, la réponse immunitaire innée soutenue par la réaction immunitaire adaptative permet de les éliminer.

I. La réaction inflammatoire aiguë, immunité innée

1. Symptômes et caractérisation de la réaction inflammatoire

- Les barrières naturelles lésées suite à une blessure permettent la pénétration d'agents infectieux. Rapidement, il se développe une réaction inflammatoire. Celle-ci s'accompagne presque toujours d'une **rougeur** et d'une sensation de **chaleur**, avec **gonflement** et **douleur**.

- Certaines molécules sont communes à de nombreux micro-organismes (composants de la paroi des bactéries, des champignons, ARN ou ADN de virus). Les cellules de l'immunité intervenant dans la réaction inflammatoire ont des récepteurs capables de reconnaître de manière spécifique ces molécules. Les récepteurs PRR, ou **TLR** chez les mammifères, dépendent de gènes et sont héréditaires, c'est un **caractère inné**.

2. Mécanismes de la réaction inflammatoire

- Quand des éléments étrangers pénètrent dans l'organisme, les cellules immunitaires présentes en permanence dans les tissus (phagocytes, macrophages, monocytes et cellules dendritiques) vont reconnaître les antigènes (Ag) et déclencher la réponse inflammatoire.

- La phagocytose, première réponse, s'oppose à la multiplication de l'agent infectieux et permet sa dégradation. Le phagocyte, transformé en **cellule présentatrice d'antigène** (CPA) suite à l'association des débris de l'antigène avec ses protéines membranaires, libère des **cytokines*** à l'origine de la réaction inflammatoire.

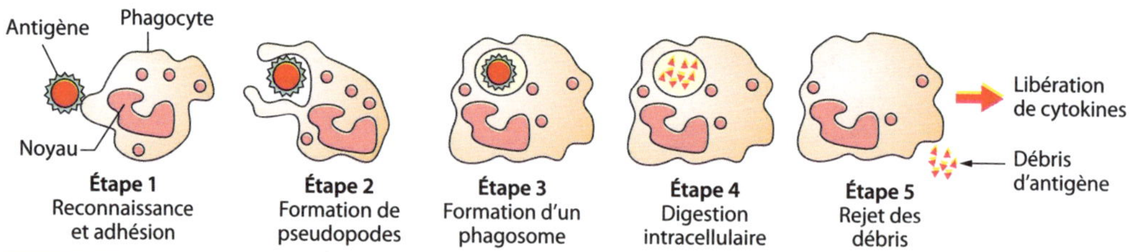

DOC. 1 Les étapes de la phagocytose. La phagocytose se déroule en plusieurs étapes : la reconnaissance de l'antigène (Ag) par le phagocyte (**1**), puis son ingestion et sa digestion par des enzymes (**2, 3, 4**), et enfin le rejet des débris de l'antigène ou leur association à des protéines à la surface du phagocyte (CMH*) (**5**), celui-ci devenant alors une cellule présentatrice d'antigène (CPA).

* Les mots suivis d'un astérisque sont définis dans le lexique.

Pour limiter les signes de la réaction inflammatoire, dus en partie à la production des prostaglandines, on utilise des **anti-inflammatoires non stéroïdiens** (AINS). Ceux-ci bloquent les enzymes Cox, intervenant dans la synthèse des prostaglandines, ce qui a pour effet de diminuer la douleur, le gonflement et la chaleur.

DOC. 2 Mécanisme simplifié de la réaction inflammatoire aiguë. Suite à la phagocytose, des réactions dues à la libération de médiateurs chimiques par le phagocyte, les cytokines, conduisent à la réaction inflammatoire.
L'histamine permet la dilatation des vaisseaux sanguins et leur perméabilité, le TNF favorise la mise en place de sélectines qui permettent le passage de nouveaux phagocytes du sang vers le tissu lésé (diapédèse*) et les prostaglandines sont responsables, entre autres, de l'apparition de la douleur.

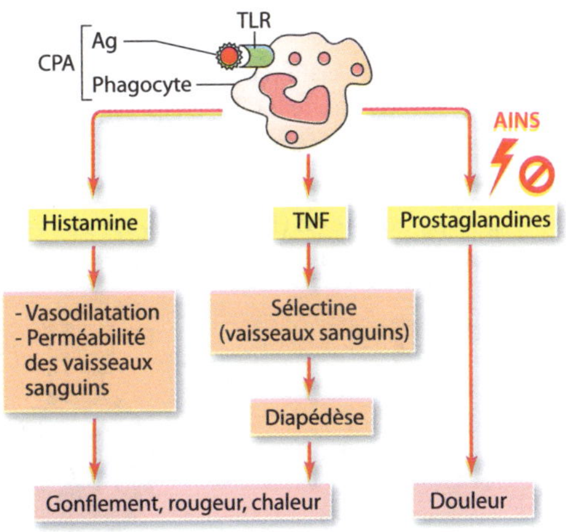

Suite à une blessure et l'apparition d'une réaction inflammatoire aiguë, les micro-organismes présents tendent à proliférer plus rapidement qu'ils ne sont éliminés et risquent d'infester l'organisme. Une seconde réaction immunitaire plus spécifique de l'antigène est alors nécessaire. Des cellules présentatrices de l'antigène migrent vers les ganglions lymphatiques où se trouvent les lymphocytes, et déclenchent la **réaction immunitaire adaptative**.

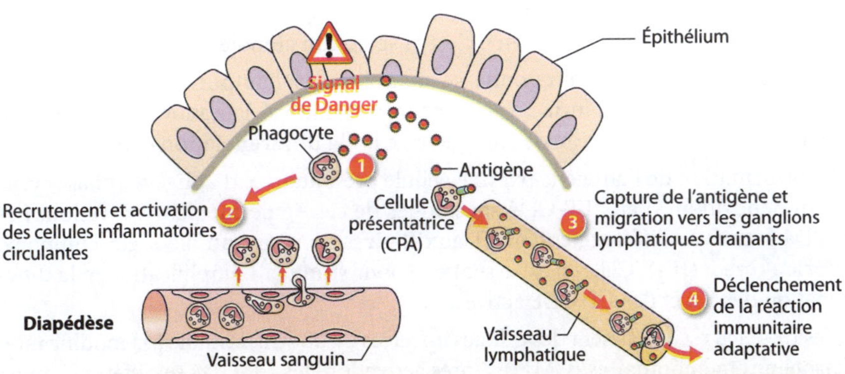

DOC. 3 Synthèse de la réaction inflammatoire aiguë (RIA). Étapes chronologiques à partir de l'agression d'un épithélium (ex. : la peau). Les CPA migrent, par les vaisseaux lymphatiques, vers les ganglions et déclenchent une réponse immunitaire adaptative plus efficace et plus importante que la RIA.

II. L'immunité adaptative, prolongement de la réponse innée

1. Cellules de l'immunité adaptative

- Celle-ci s'observe uniquement chez les vertébrés et fait intervenir un autre type cellulaire dans les tissus lésés : les lymphocytes, dont il existe plusieurs catégories.
- Les **lymphocytes T** (LT) possèdent un récepteur reconnaissant les antigènes de manière spécifique, le **TCR**. Deux catégories de LT se distinguent en fonction de la présence d'un deuxième récepteur membranaire : les **LT-CD4**, portant le récepteur CD4, et les **LT-CD8**, portant le récepteur CD8.
- Les **lymphocytes B** (LB) sont caractérisés par la présence d'anticorps membranaires, récepteurs de l'antigène, appelés **BCR**.

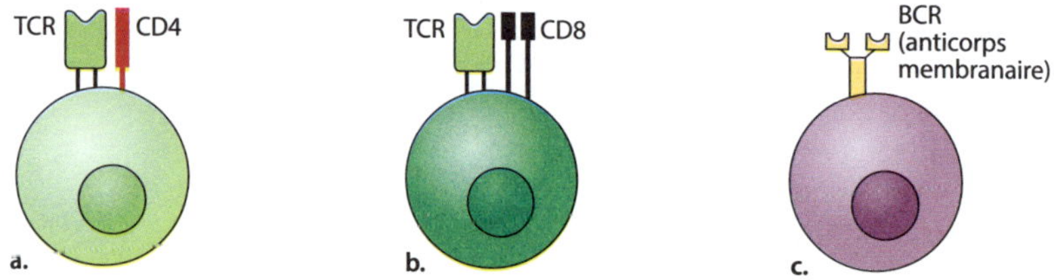

DOC. 4 Schématisation des différents lymphocytes et de leurs récepteurs. a. Lymphocyte T-CD4, **b.** Lymphocyte T-CD8, **c.** Lymphocyte B. Les récepteurs sont présents en grand nombre à la surface membranaire des lymphocytes.

2. Rôle des lymphocytes

- Les lymphocytes B et T sont capables de fixer un antigène grâce à leurs récepteurs (TCR ou BCR), c'est-à-dire de le reconnaître de façon spécifique. Cette reconnaissance engendre l'activation du lymphocyte : c'est la **sélection clonale**.
- Le lymphocyte, une fois sélectionné, se multiplie, c'est l'**amplification clonale**. Les lymphocytes nouvellement formés subissent ensuite une spécialisation leur permettant d'intervenir dans l'élimination de l'antigène : c'est la **différenciation clonale**.
- La présentation de l'antigène par une cellule présentatrice d'antigène (phagocytes, cellules dendritiques) aux LT-CD4 spécifiques de cet Ag permet leur activation. Les LT-CD4 activés se différencient en **LT auxilliaires** sécrétant un messager chimique, l'**interleukine 2** (IL_2). Celle-ci est essentielle pour stimuler l'amplification et la différenciation des LB et des LT-CD8 activés.
- Les LT-CD8 reconnaissent des cellules infectées ou anormales suite à la modification de protéines membranaires (CMH). Après activation, les LT-CD8 se différencient en **LT cytotoxiques** (LTc). Ces derniers détruisent alors les cellules par contact (lyse). On parle de réponse immunitaire à **médiation cellulaire**.
- Les lymphocytes B activés se différencient en plasmocytes* libérant dans le sang des anticorps (Ac) spécifiques de l'antigène, les **immunoglobulines**.

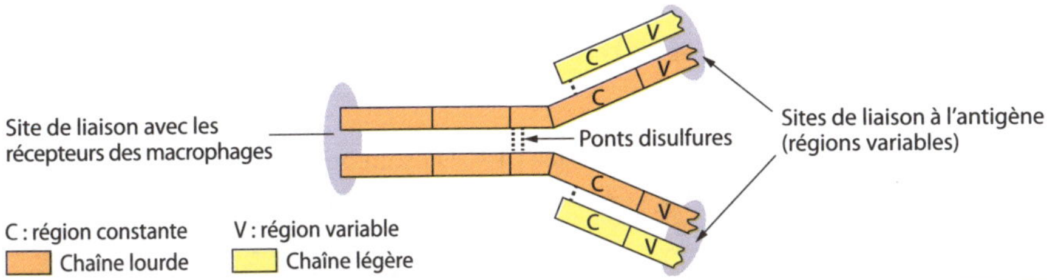

DOC. 5 Schéma d'une immunoglobuline. Les immunoglobulines (anticorps) sont caractérisées par deux chaînes lourdes et deux chaînes légères. La reconnaissance spécifique de l'Ag se fait au niveau de la partie variable des chaînes.

- Si certaines d'entre elles sont membranaires, d'autres sont capables de reconnaître des antigènes circulants. Ces Ac viennent alors se fixer sur l'Ag et le neutralisent, formant des **complexes immuns***. Il s'agit de la réponse immunitaire à **médiation humorale**.

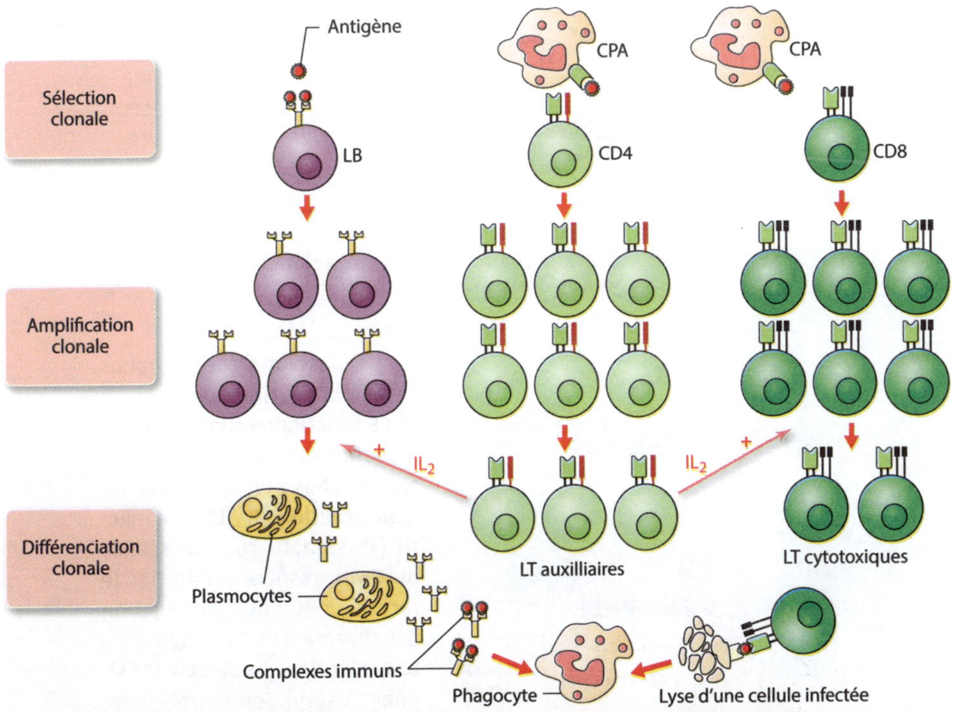

DOC. 6 Rôle des différents lymphocytes dans la réaction immunitaire adaptative. La réponse débute toujours par la présentation de l'Ag par un phagocyte aux LT-CD4. Les LB et LT-CD8 ne peuvent intervenir que s'ils possèdent un récepteur reconnaissant spécifiquement l'Ag, et s'il y a eu au préalable l'activation et la différenciation des LT-CD4 en LT auxilliaires secrétant l'IL_2. Les phagocytes sont capables de reconnaître les chaînes lourdes des Ac grâce à des récepteurs membranaires permettant l'élimination des complexes immuns et des débris des cellules lysées par les LTc.

POST BAC

La stimulation des lymphocytes

> Voir le sujet 7.

- La reconnaissance et la stimulation des LT-CD4 sont en fait plus complexes. D'une part, les phagocytes ne sont pas les seules cellules présentatrices d'antigènes. En effet, les LB sont aussi des CPA.

- D'autre part, l'activation des LT nécessite une costimulation, c'est-à-dire la reconnaissance simultanée de plusieurs molécules de surface du LB. Le LB peut alors activer un LT-CD4, dont le récepteur TCR reconnaît l'Ag et le CMH.

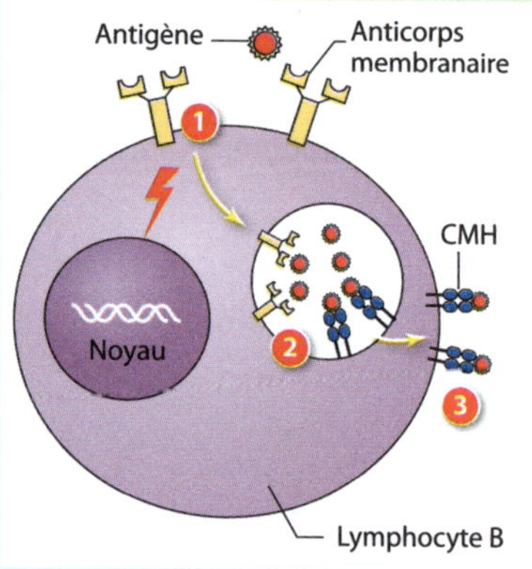

DOC. 7 Présentation de l'antigène par le lymphocyte B. Si le récepteur BCR, anticorps membranaire, reconnaît un Ag libre (**1**), il y a alors absorption (endocytose), digestion de l'Ag et association à la protéine CMH (**2**). Le CMH avec l'Ag est ensuite présenté à la surface du LB (**3**).

- Le LT-CD4 différencié en LT auxilliaire libère de l'interleukine 2 permettant l'activation du LB, sa prolifération et sa différentiation en plasmocyte.

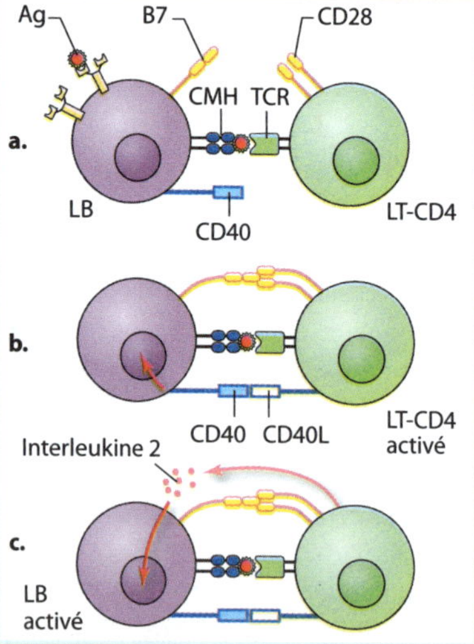

DOC. 8 Activation des lymphocytes par costimulation.
Le LB fonctionne comme CPA : il présente l'Ag associé au récepteur du CMH à un LT-CD4 inactif.
a. Interaction LB – LT-CD4 inactif (1er signal) : reconnaissance du CMH associé à l'Ag par le récepteur TCR et costimulation des récepteurs B7 et CD28.
b. Activation du LT-CD4 (2e signal) : expression du récepteur CD40L et interaction CD40L – CD40.
c. Activation du LB (3e signal) : production d'IL_2 par le LT-CD4.

MÉTHODES ET STRATÉGIES

1 Appliquer l'analyse et l'interprétation des résultats expérimentaux à l'immunologie

> Voir les sujets 2, 3, 4, 5 et 6 mettant en œuvre cette méthode.

De nombreuses expériences en immunologie sont caractérisées par des injections d'antigène, des greffes de cellules et des tests d'agglutination en présence de l'antigène. Les étapes de l'expérimentation et les résultats obtenus sont en général consignés dans un tableau à double entrée.

Méthode

> **Étape 1 : repérer l'expérience témoin.**

C'est-à-dire l'expérience qui servira d'élément de comparaison par rapport aux autres expériences. Souvent, cette expérience correspond à des résultats obtenus sans aucun traitement.

> **Étape 2 : identifier les paramètres expérimentaux.**

Repérer, pour chaque expérience, les paramètres ou facteurs qui ont été modifiés.

> **Étape 3 : analyser les résultats.**

Comparer deux à deux les résultats, soit par rapport au témoin, soit en comparant des résultats d'expérience différant d'un seul paramètre à la fois.

> **Étape 4 : interpréter les résultats.**

Il s'agit alors de confronter les résultats en les mettant en lien avec les conditions d'expérience (modifications des paramètres) et en s'appuyant sur ses connaissances.

> **Étape 5 : conclure.**

En déduire la propriété, ou le facteur, mis en évidence dans ces expériences.

Application

La production d'anticorps est mise en évidence par un test d'agglutination, qui correspond à la formation de complexes immuns Ac – Ag.

On cherche à identifier dans quelles conditions on a cette production d'anticorps.

1. Irradiation de souris (destruction des cellules immunitaires) puis injection de lymphocytes en culture			**Aucun traitement**
Lot 1 Lymphocytes B 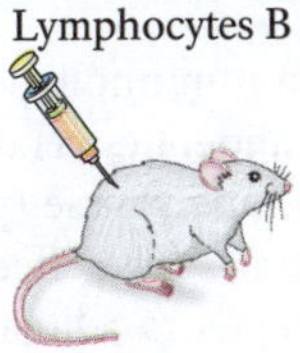	**Lot 2** Lymphocytes T 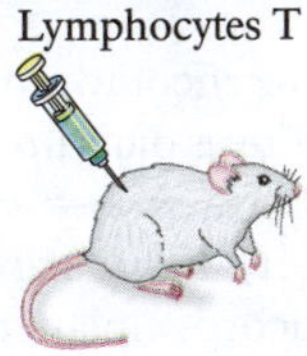	**Lot 3** Lymphocytes B et T 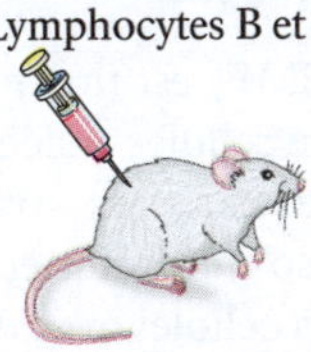	**Lot 4** 

2. Prélèvement du sérum (sang) des différents individus et mise en contact avec des globules rouges de moutons GRM (jouant le rôle d'antigènes)			
Sérum du lot 1 + GRM	Sérum du lot 2 + GRM	Sérum du lot 3 + GRM	Sérum du lot 4 + GRM
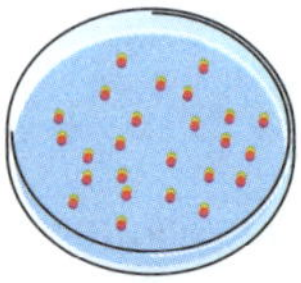	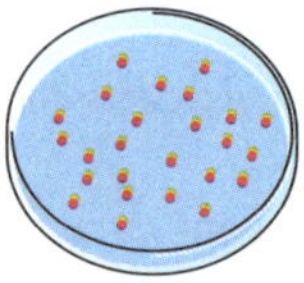	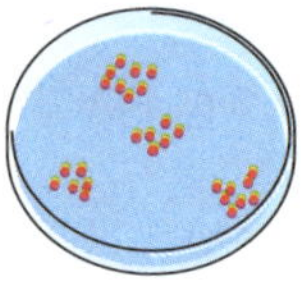	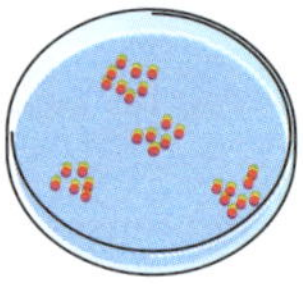
Pas d'agglutination	**Pas d'agglutination**	**Agglutination**	**Agglutination**

DOC. 9 Expériences d'agglutination sur des sérums de souris après irradiation.

> **Étape 1 :** le lot 4 constitue l'expérience témoin car il ne subit aucun traitement.

> **Étape 2 :** les lots 1 à 3 ont tous été irradiés et ne possèdent plus de cellules immunitaires, ils diffèrent par des injections différentes de lymphocytes.
Le lot 1 permet de voir le rôle des LB, le lot 2 permet de voir le rôle des LT, le lot 3 permet de voir le rôle à la fois des LB et LT. Le lot 4, non irradié, possède à la fois des LB et des LT.

> **Étape 3 :** les résultats sont donc comparés à ceux de l'expérience témoin. Le lot 1 montre que son sérum ne présente pas d'agglutination des GRM, contrairement au lot 4. Le lot 2 montre les mêmes résultats. Le lot 3 présente les mêmes résultats d'agglutination des GRM que le lot 4.

> **Étape 4 :** l'agglutination des GRM correspond à la formation de complexes immuns Ac – Ag, les GRM étant les Ag. Cela met en évidence la production d'anticorps anti-GRM. Les résultats montrent donc que la présence seule de LB (lot 1) ou de LT (lot 2) ne permet pas la production d'anticorps. Seule la présence conjointe de LB et de LT (lot 3) permet la production d'Ac et donc l'agglutination des GRM.

> **Étape 5 :** les résultats montrent ainsi que la réaction immunitaire aboutissant à la production d'Ac nécessite la coopération entre LT et LB. Cependant, ces résultats ne suffisent pas pour mettre en évidence le rôle précis des LT et LB dans cette réaction.

2 Analyser les résultats expérimentaux de cytométrie en flux

> Voir le sujet 5 mettant en œuvre cette méthode.

La cytométrie en flux (CMF) est une technique incontournable en immunologie. Il s'agit de l'étude précise de cellules isolées entraînées dans un flux liquide. Les cellules, alignées les unes derrière les autres, sont analysées en défilant à grande vitesse (plus de 30 km/h) devant une source lumineuse (laser). Pour faciliter l'analyse, on effectue un immunomarquage des cellules avec des anticorps ciblant des récepteurs cellulaires (CD4, CD8, Ag, etc.) et porteurs d'une fluorescence.

Méthode

On représente les résultats sous la forme d'un graphique. Chacun des deux signaux de fluorescence est mesuré sur l'un des axes. On obtient des nuages de points, chaque point représentant une cellule. Les traits pointillés représentent le seuil de positivité vis-à-vis du signal. On pourra alors déterminer si les cellules sont :

– négatives, donc non porteuses de l'Ag de surface recherché ;
– simples positives, porteuses de l'une des deux molécules de surface ;
– doubles positives, porteuses des deux molécules de surface.

> **Étape 1 :** déterminer les récepteurs ou antigènes mesurés (intensité du signal). Ici, nous avons les molécules A et B.

> **Étape 2 :** repérer la localisation des nuages de points par rapport à chacun des axes. La zone 3 correspond à des cellules non porteuses de A ou B. Les zones 1 et 4 correspondent à des cellules porteuses d'une seule molécule, respectivement A (zone 4) et B (zone 1). La zone 2 correspond à des cellules porteuses des deux molécules, A et B.

> **Étape 3 :** identifier s'il s'agit d'une réponse simple positive ou double positive, et conclure. Dans le graphique ci-contre, il y a des réponses doubles positives et des réponses simples positives pour B.

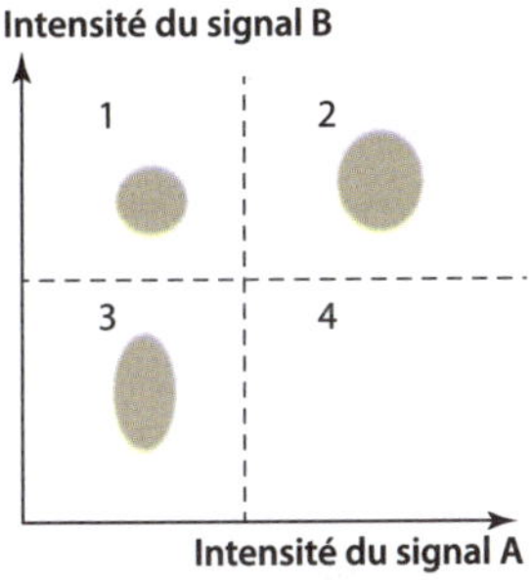

DOC. 10 Principes de lecture.

Application

On a mesuré la réponse immunitaire lors d'une infection virale et réalisé une analyse par cytométrie en flux du sang dans la zone infectée. On obtient les résultats ci-dessous.

On cherche à savoir quelles sont les cellules impliquées dans cette réponse immunitaire.

> **Étape 1 :** on mesure le signal du récepteur CD8 en abscisses, le signal du récepteur CD4 en ordonnées.

> **Étape 2 :** il y a deux nuages de points donc deux types cellulaires présents. L'un correspond à un type cellulaire ne réagissant que pour le CD8. L'autre type cellulaire correspond à des cellules ne réagissant que pour le récepteur CD4.

> **Étape 3 :** il s'agit de réponses simples positives, puisque les nuages apparaissent dans les zones 1 et 4. On en déduit que le lot de cellules réagissant pour le CD8 sont des LT-CD8, et le lot réagissant avec CD4 sont principalement des LT-CD4.

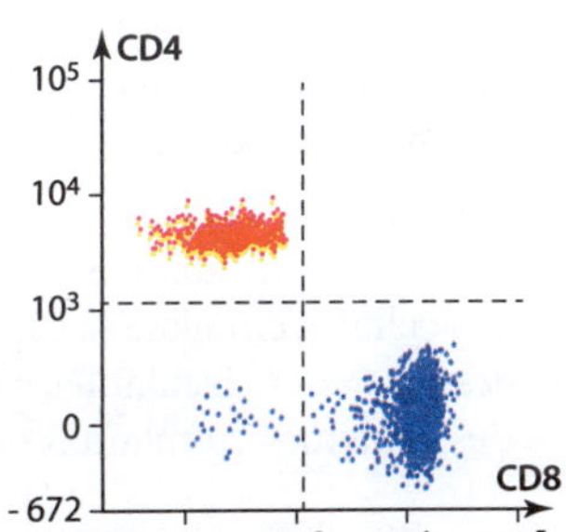

DOC. 11 Résultats obtenus par CMF.

SUJETS DE TYPE BAC

1 Les réactions immunitaires

10 min

Au baccalauréat, un sujet de type 1 peut prendre la forme d'un QCM permettant de faire un bilan rapide de ses connaissances. C'est aussi un type d'exercice que l'on trouve en 1re année commune aux études de santé.

> Voir l'ensemble du cours du chapitre 8.

Pour chaque proposition, retrouver l'affirmation correcte.

1. L'action principale de la réaction inflammatoire est :
a. la production d'interleukine
b. la douleur
c. la phagocytose des agents infectieux au niveau d'une lésion
d. la production d'anticorps

2. Indiquer le mécanisme ne faisant pas partie du système immunitaire inné :
a. la phagocytose
b. la production d'anticorps
c. la synthèse de médiateurs chimiques de l'inflammation
d. la diapédèse

3. Les anti-inflammatoires non stéroïdiens (AINS) :
a. empêchent la multiplication des cellules de l'immunité innée
b. empêchent la migration des lymphocytes vers une lésion
c. arrêtent complètement la réaction inflammatoire
d. limitent la libération de certaines molécules chimiques médiatrices de l'inflammation

4. Un antigène est :
a. une bactérie uniquement
b. un virus uniquement
c. une molécule étrangère à l'organisme
d. une molécule défensive bloquant l'entrée des éléments étrangers dans l'organisme

5. Les anticorps sont :
a. des cellules circulantes capables de neutraliser un antigène
b. des cellules circulantes capables de détruire un antigène
c. des protéines circulantes capables de détruire un antigène
d. des protéines circulantes capables de neutraliser un antigène

2 Structure et propriétés des immunoglobulines

10 min

L'immunothérapie permet de détruire les cellules cancéreuses tout en préservant les cellules saines. Le rôle des parties d'une molécule d'immunoglobuline, dont la connaissance est indispensable à cette thérapie, est abordé ici grâce à un QCM centré sur l'analyse et l'interprétation de documents.

> Voir la méthode et stratégie 1.

Retrouver l'affirmation juste pour chacune des propositions.

DOC. 1 Résultats expérimentaux de dégradation d'anticorps.

Traitement de l'anticorps	Masse moléculaire des fragments obtenus (KDa)	Propriétés des fragments obtenus	
		Fixation de l'antigène	Fixation sur des phagocytes
1. Aucun	150 000	Oui	Oui
2. Rupture des liaisons faibles et des liaisons fortes (covalentes)	53 000 (chaînes lourdes)	Non	Non
	22 000 (chaînes légères)	Non	Non
3. Digestion par une enzyme	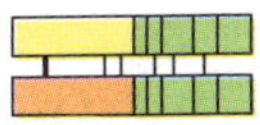 50 000	Oui	Non
	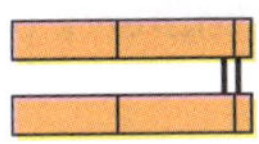 50 000	Non	Oui

DOC. 2 Schéma d'un anticorps.

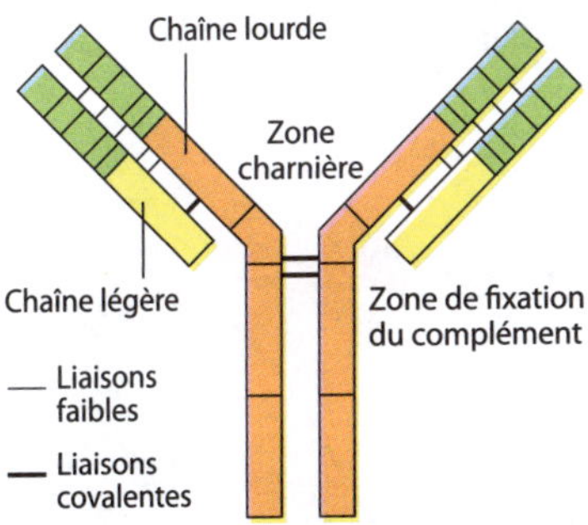

1. Les résultats expérimentaux montrent que la reconnaissance de l'antigène :
a. s'effectue uniquement par les chaînes légères
b. est réalisée grâce à l'association des chaînes légères et lourdes
c. s'effectue grâce aux chaînes lourdes seules
d. est réalisée uniquement par les liaisons covalentes

2. La digestion enzymatique :
a. permet de montrer que les chaînes légères reconnaissent les cellules phagocytaires
b. provoque la destruction du site de reconnaissance de l'antigène
c. permet de dissocier les chaînes lourdes des chaînes légères
d. met en évidence le site de fixation de l'antigène

3. Le rôle des chaînes lourdes est :
a. uniquement de stabiliser la structure des anticorps
b. de posséder un site de fixation des cellules phagocytaires
c. de fixer l'antigène
d. neutre, elles ne jouent aucun rôle dans la reconnaissance de l'antigène

3 Le développement du sida

60 min

Le sida (syndrome de l'immunodéficience acquise) est une infection par un virus, le VIH, qui se transmet principalement par voie sexuelle. C'est une pathologie évolutive qui s'attaque au système immunitaire et provoque, en phase terminale, la mort par le développement d'infections diverses. Cet exercice de type 2.2 au baccalauréat nécessite de mettre en relation ses connaissances avec celles extraites de l'analyse des documents afin de répondre au problème posé.

> Voir la méthode et stratégie 1.

Vous êtes auteur dans le journal de votre lycée et vous devez rédiger un article.

Grâce aux documents et à vos connaissances, vous allez montrer que le VIH infecte principalement les LT-CD4. Vous en profiterez pour expliquer l'évolution de l'infection.

DOC. 1 Évolution de la concentration en LT-CD4, anticorps et antigène spécifiques durant le développement de l'infection par le VIH chez un individu non traité.

Les Ac anti-p24 et anti-gp160 sont des anticorps contre des antigènes du VIH.

La virémie Ag p24 représente la quantité de virus circulant.

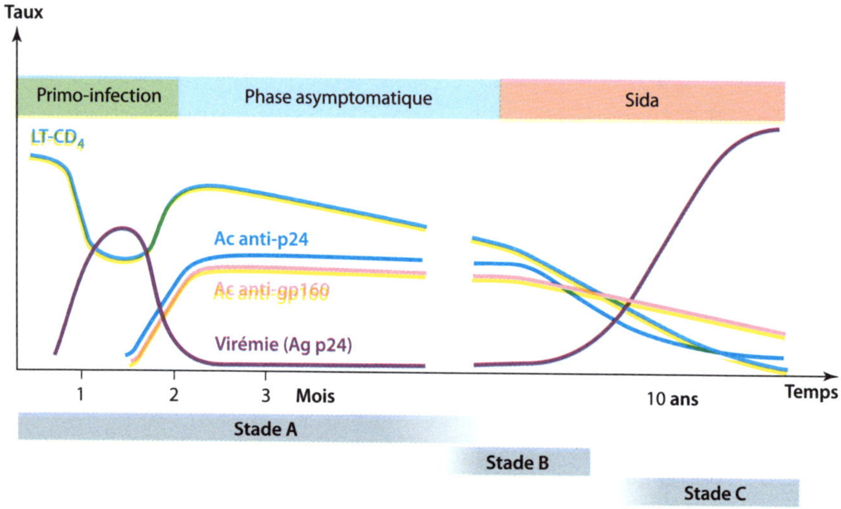

DOC. 2 Expérience de Morgan et Rescetti (1975).

À partir d'un prélèvement sanguin provenant d'un individu sain, un mélange de cellules immunitaires enrichi en lymphocytes est préparé par centrifugation. Les cellules sont mises en culture en présence d'une substance, la PHA (polyhydroxyalcanoate), qui joue le rôle d'antigène. Le sérum surnageant de cette culture (ne contenant que des molécules solubles) est prélevé, puis introduit dans des cultures de lymphocytes T ou B. Celles-ci ne se multiplient pas avant l'introduction du sérum.

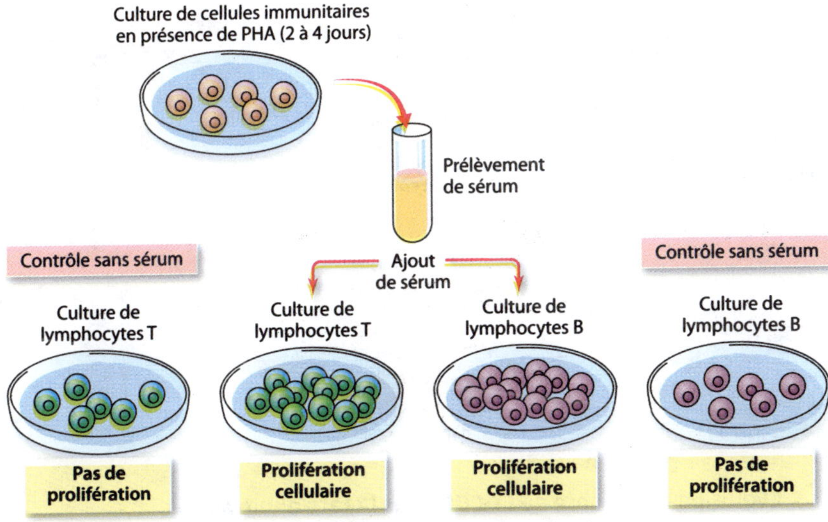

DOC. 3 Dispositif de culture en chambre de Marbrook et résultats obtenus.

Des lymphocytes T et B sensibilisés par contact avec un antigène soluble Z sont placés dans une chambre de culture de Marbrook.

Les résultats des différentes cultures sont présentés dans le tableau ci-dessous.

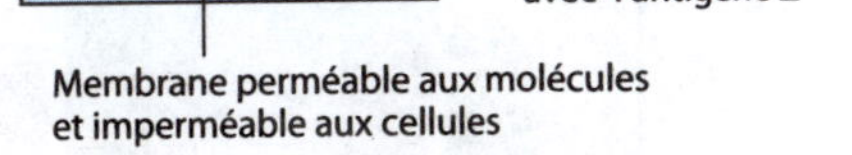

Culture	Nature des lymphocytes sensibilisés placés dans la chambre		Nombres de plasmocytes secrétant des anticorps anti-Z présents dans la chambre inférieure
	supérieure	inférieure	
1	Pas de cellules	LT + LB	960×10^6
2	Pas de cellules	LB	72×10^6
3	LT-CD4	LB	$1\,011 \times 10^6$

DOC. 4 Mécanismes d'entrée du virus par fusion *via* les protéines de l'enveloppe virale et les récepteurs membranaires.

La particule virale entre en contact avec la cellule cible grâce à la gp120, protéine située à la surface du virus, et qui reconnaît le récepteur CD4 (**a** et **b**). Cette liaison conduit à un changement de conformation de la protéine membranaire virale gp41 (**c** et **d**), ce qui permet le rapprochement des deux membranes, leur fusion (**e** et **f**) et l'infection de la cellule cible.

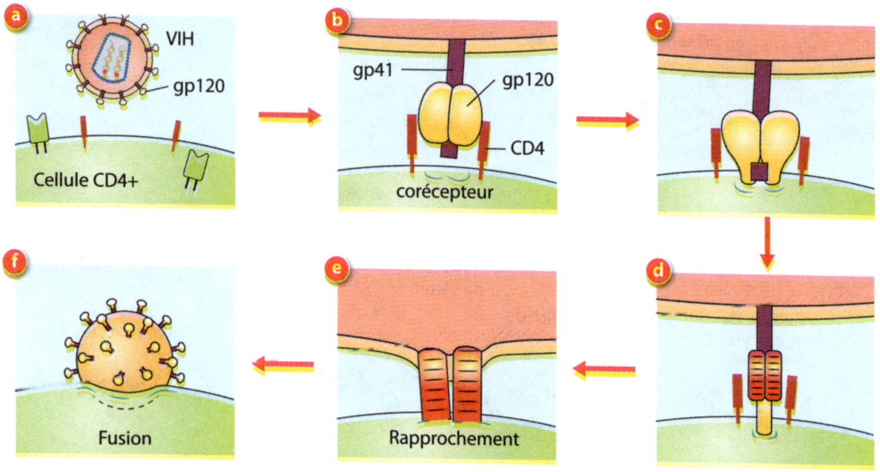

DOC. 5 Évolution du nombre de LT-CD8 dans la rate d'une souris.

On étudie la réponse immunitaire consécutive à une infection virale chez des individus mutants déficients en interleukine 2 et chez des souris normales.

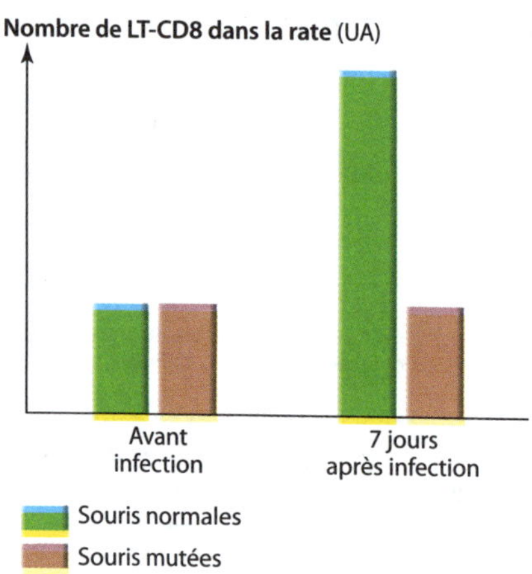

SUJETS D'APPROFONDISSEMENT

4 La spécificité de la réponse innée

45 min

Pendant des années, on a considéré la réponse immunitaire innée comme non spécifique, contrairement à la réponse adaptative. Les recherches récentes dont sont issus les documents de cet exercice de type 2.2 tendent à montrer qu'il existe aussi une spécificité dans les défenses immunitaires innées. Attention, vous devrez faire preuve de rigueur pour mettre en relation les informations des différents documents.

> Voir la méthode et stratégie 1.

À partir de l'analyse des documents, montrer que la peau possède des défenses innées et spécifiques contre des micro-organismes.

DOC. 1 Les différents TLR situés sur la membrane des phagocytes de l'épiderme et leur spécificité connue.

Il existe deux grandes familles de bactéries, les Gram$^+$ et les Gram$^-$, caractérisées respectivement par des différences chimiques de leur paroi.

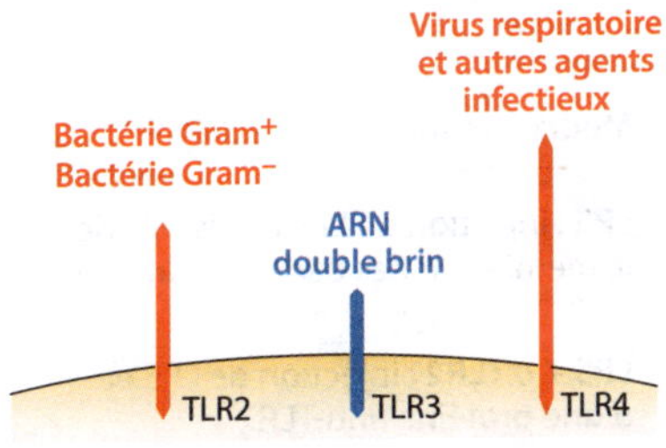

DOC. 2 Exposition de la peau humaine à deux types de bactéries.

On a inoculé la peau de doigts lavés avec des bactéries (10^4 cellules/mL d'*Escherichia coli* et de *Staphylococcus aureus*). On observe les résultats des empreintes des doigts après 30 min de culture avec *S. aureus* (**a**) et *E. coli* (**b**). On réalise une culture témoin de doigts non lavés pour observer les bactéries commensales (présentes naturellement, **c**).

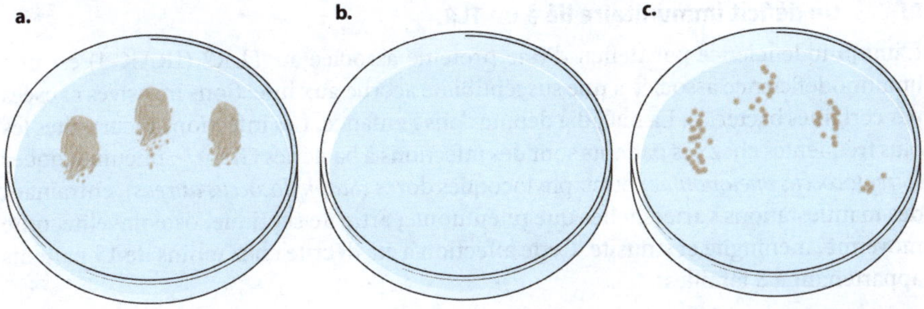

DOC. 3 Action de la psoriasine sur diverses bactéries.

La localisation de la psoriasine a été mise en évidence au niveau de l'épiderme et dans les glandes sébacées de la peau. Des tests ont été réalisés sur la spécificité de cette molécule avec différentes bactéries. *Escherichia coli* et *Pseudomonas aeruginosa* sont des bactéries Gram^{-}, *Staphylococcus aureus* et *Staphylococcus epidermidis* sont Gram^{+}.

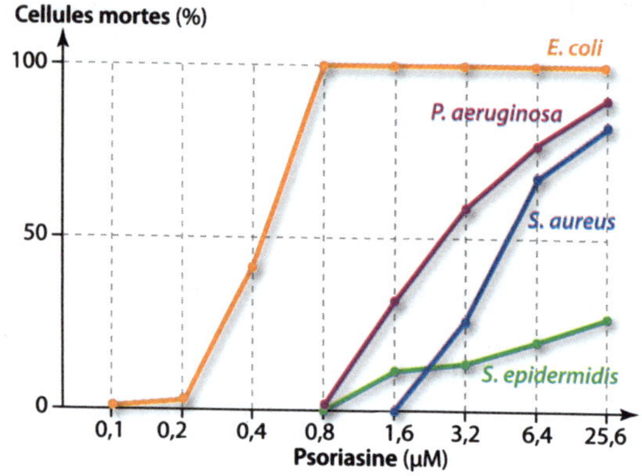

DOC. 4 Rôle des TLR dans la reconnaissance des bactéries Gram^{-}.

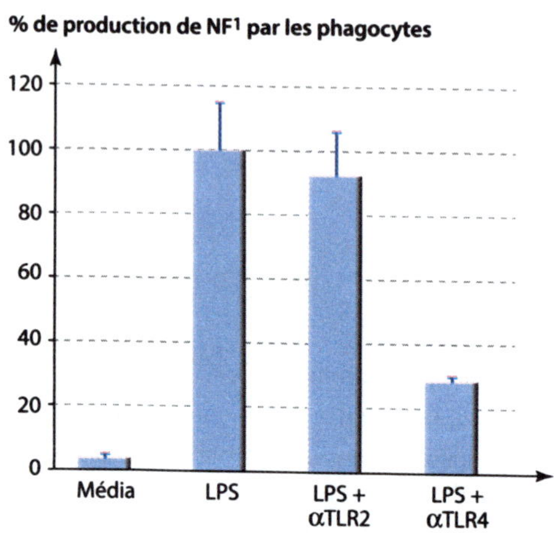

Média : témoin

LPS : injection de LPS (molécule de la membrane des bactéries Gram^{-})

LPS + αTLR2 : injection de LPS et d'une protéine anti-TLR2

LPS + αTLR4 : injection de LPS et d'une protéine anti-TLR4

1. **NF** : cytokine produite par les phagocytes lors du contact avec un élément pathogène.

DOC. 5 Un déficit immunitaire lié à un TLR.

L'immunodéficience par déficit d'une protéine associée au TLR2 (IRAK-4) est une immunodéficience associée à une susceptibilité accrue aux infections invasives causées par certaines bactéries. La maladie débute dans l'enfance. Les infections récurrentes les plus fréquentes chez ces patients sont des infections à bactéries Gram^{+} : pneumocoques (*Streptococcus pneumoniae*) ou staphylocoques dorés (*Staphylococcus aureus*), entraînant des manifestations variées telles que pneumonie, arthrite septique, ostéomyélite, otite moyenne, méningite et sinusite. Cette affection a été décrite chez moins de 15 patients appartenant à 8 familles.

5 Réponse immunitaire adaptative à médiation cellulaire

60 min

Les virus sont des entités biologiques nécessitant un hôte pour se répliquer. Ils infectent des cellules pour se multiplier, provoquant parfois leur destruction. L'élimination des cellules infectées nécessite des mécanismes immunitaires particuliers dont traite ce sujet de type 2.2. La difficulté repose, ici, sur l'interprétation des documents, et particulièrement celle du doc. 4, résultat d'une cytométrie en flux.

> Voir les méthodes et stratégies 1 et 2.

À partir des informations extraites des documents, mises en relation avec vos connaissances, déterminer quelles sont les cellules immunitaires impliquées dans la destruction d'une cellule infectée par un virus et leur mode d'action.

DOC. 1 Résultats expérimentaux sur des fibroblastes.

On infecte un lot de souris A par un virus pathogène mais non mortel, le virus de la chorioméningite (LCM), qui attaque certaines cellules dont les fibroblastes (cellules présentes dans les tissus conjonctifs).

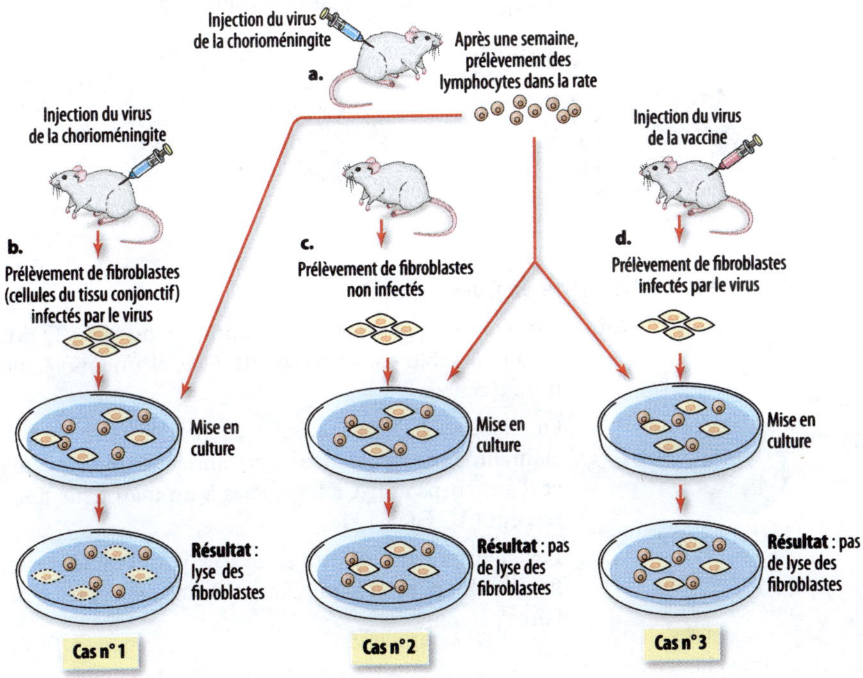

DOC. 2 Résultats expérimentaux après ablation du thymus ou irradiation.

La souris, comme l'homme, est capable de lutter contre certains virus. On a pratiqué sur plusieurs lots de souris les traitements indiqués dans le tableau ci-après et on observe, pour chaque lot, les réactions immunitaires à la suite d'une infection virale.

On rappelle que l'irradiation détruit les cellules à multiplication rapide, et notamment les lymphocytes. Le thymus est l'organe où les lymphocytes T acquièrent leur fonction.

Souris	Traitement effectué	Conséquences pour l'organisme	Résultat après infection virale
Lot 1	Aucun	Présence de lymphocytes B et T	Disparition des virus
Lot 2	Ablation du thymus	Présence de lymphocytes B Absence de lymphocytes T	Prolifération des virus
Lot 3	Irradiation + injection de lymphocytes T provenant d'une souris infectée par le même virus	Présence de lymphocytes T Absence de lymphocytes B	Disparition des virus

DOC. 3 Microphotographies de lymphocytes T en présence de cellules infectées par le virus.

L'observation est réalisée au microscope électronique à transmission.

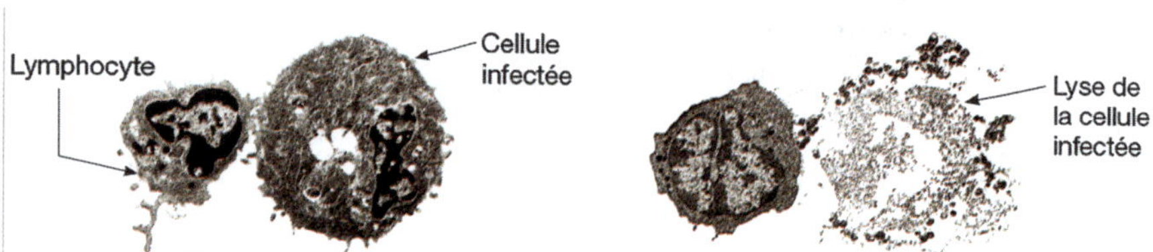

Temps *t* — Temps *t* + 1 h

DOC. 4 Analyse par cytométrie en flux.

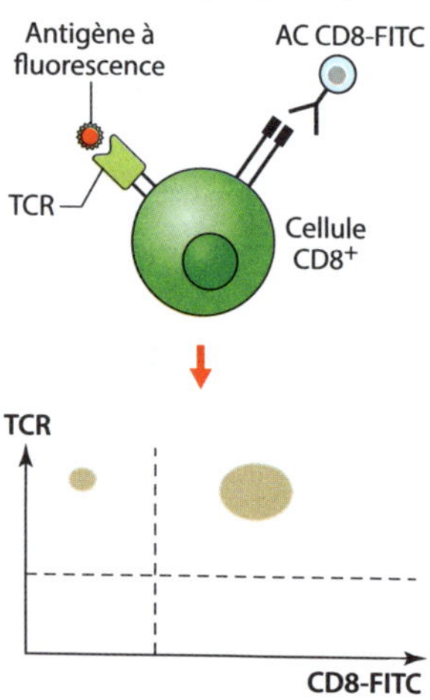

On réalise un composé avec l'antigène du virus LCM, reconnaissable par le récepteur TCR et une molécule fluorescente.

On place les LT d'un rat infecté par le virus de la chorioméningite en présence de ces antigènes fluorescents et d'anticorps anti-CD8 associés à un marqueur fluorescent (AC CD8-FITC).

Les cellules sont ensuite analysées par cytométrie en flux, ce qui permet la mise en évidence des types cellulaires présents.

6 Influence de l'usage du cannabis sur le système immunitaire

45 min

Le THC est l'un des composants actifs du cannabis. Il s'agit de la molécule responsable des effets recherchés par les consommateurs de cette drogue. Ce sujet de type 2.2 nécessite une analyse précise des documents, mais aussi l'utilisation de ses connaissances pour émettre des hypothèses ou proposer des interprétations en réponse au problème posé.

> Voir la méthode et stratégie 1.

À partir des documents et de vos connaissances, montrer l'impact du THC sur le système immunitaire ainsi que les mécanismes mis en jeu.

DOC. 1 Implantation de cellules cancéreuses de poumon sur deux lots de souris soumises à injection de THC.

Lot A : souris normales, lot B : souris ayant un système immunitaire déficient.

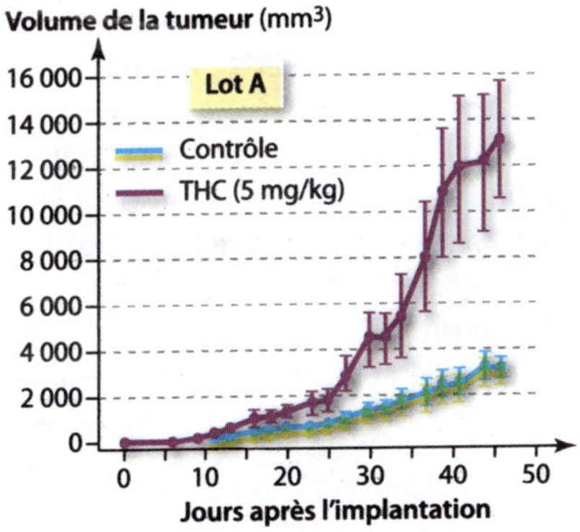

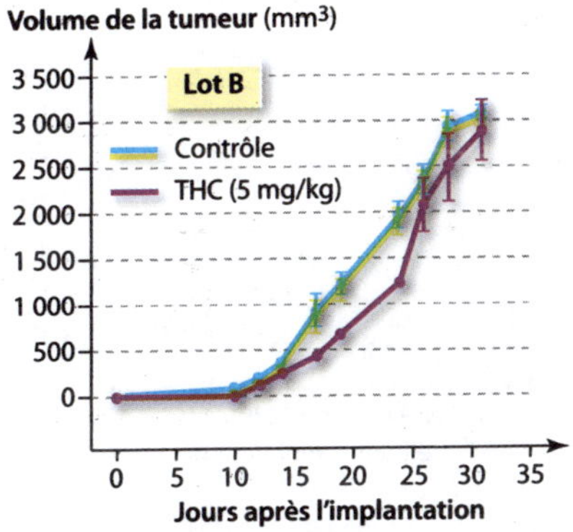

DOC. 2 Impact du THC et de l'IL10 sur le volume d'une tumeur de souris normales (contrôle) et de souris ayant subi des injections de THC (THC).

L'interleukine 10 est produite par les monocytes et les lymphocytes T-CD4.

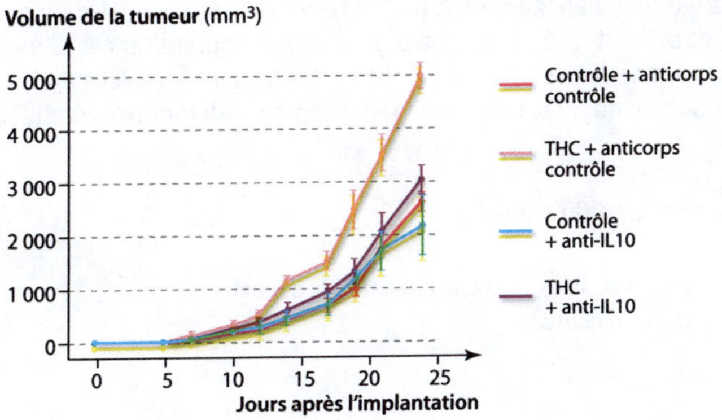

DOC. 3 Mesure de la quantité d'ARNm correspondant au récepteur CB2.

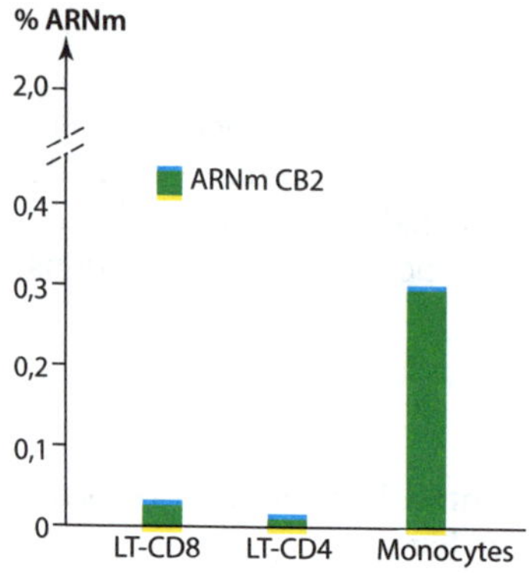

La mesure est effectuée dans différents types cellulaires immunitaires, les LT-CD8 et CD4 ainsi que les monocytes, une catégorie de phagocytes. Le récepteur CB2 est le récepteur du THC.

DOC. 4 Évaluation de la prolifération de lymphocytes T.

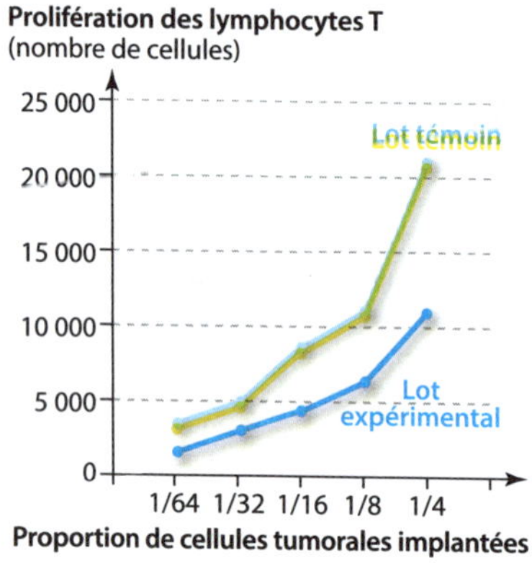

Face au développement d'une tumeur, une réaction immunitaire mettant en jeu les lymphocytes est activée. Ces derniers reconnaissent des antigènes de surface, CMH modifiés, sur les cellules cancéreuses. Le lot témoin représente une souris normale, le lot expérimental représente une souris avec injection de THC. L'axe des abscisses correspond à la proportion de cellules tumorales implantées par rapport au nombre de lymphocytes T avant prolifération (par exemple, 1/64 signifie 1 cellule tumorale pour 64 LT).

POST BAC

7 Les phagocytes

60 min

Cet exercice est une synthèse intégrant des connaissances supplémentaires à celles du niveau du baccalauréat (voir l'encadré post bac). Il nécessite une connaissance approfondie du cours, et surtout une capacité à organiser ses connaissances. Son intérêt et sa difficulté résident dans le fait qu'il sollicite des notions abordées dans plusieurs parties du chapitre, qu'il faut mettre en relation pour démontrer le rôle crucial des phagocytes.

> Voir la méthode générale en fin d'ouvrage.

Présenter le rôle des phagocytes dans les réponses immunitaires.
Votre exposé sera illustré par des schémas.

CORRIGÉS

1 Les réactions immunitaires

1. La réponse juste est l'affirmation **c.** La douleur (réponse b.) est une conséquence de cette réaction. Quant aux affirmations a. et d., elles ne correspondent pas à la réaction inflammatoire, mais à la réaction immunitaire adaptative.

2. L'affirmation correcte est la **b.** La phagocytose ainsi que la synthèse de substances chimiques de l'inflammation sont des propriétés des phagocytes, acteurs de la réaction immunitaire innée. La diapédèse est la migration des cellules de l'immunité à travers la paroi des vaisseaux sanguins, en réponse aux molécules chimiques sécrétées par les phagocytes.

3. L'affirmation correcte est la **d.** En effet, les anti-inflammatoires inhibent une enzyme conduisant à la synthèse de molécules chimiques (prostaglandines) à l'origine des signes de l'inflammation. La réponse a. est fausse, les AINS n'agissent pas sur la multiplication des cellules immunitaires : cela diminuerait les défenses de l'organisme. La réponse b. est fausse car les AINS n'agissent principalement que sur la douleur, et non sur la production d'histamine et de TNF par les phagocytes. La réponse c. est fausse car ils n'empêchent ni la diapédèse ni la phagocytose.

4. Réponse **c.** En effet, les agents pathogènes sont constitués de molécules étrangères à l'organisme, de la même façon que les cellules d'un autre individu possèdent des molécules de surface (CMH) différentes de ses propres molécules. Les réponses a. et b. sont fausses car les virus et les bactéries sont des antigènes, mais pas exclusivement. La réponse d. est la définition d'un anticorps.

5. La réponse juste est la réponse **d.** Les réponses a. et b. sont fausses car les anticorps ne sont pas des cellules. La réponse c. est fausse : un anticorps ne peut éliminer par lui-même un antigène, il le reconnaît et le neutralise.

2 Structure et propriétés biologiques des immunoglobulines

> Étape 1 : repérer l'expérience témoin. Il s'agit ici de l'expérience sans aucun traitement.

> Étape 2 : identifier les paramètres expérimentaux. Pour l'expérience 2, on sépare les chaînes lourdes et les chaînes légères. Pour l'expérience 3, on sépare la partie ne contenant que les chaînes lourdes de celle possédant à la fois des chaînes légères et des chaînes lourdes.

> Étape 3 : analyser les résultats. On compare les résultats entre le témoin et l'expérience 2. On constate que la séparation des deux chaînes provoque la disparition de toutes les propriétés des Ac. Les résultats de l'expérience 3 montrent que l'association chaîne légère – chaîne lourde permet de reconnaître l'antigène, et que la fraction de chaînes lourdes permet la fixation par des phagocytes.

Les étapes 4 et 5 permettent de répondre au QCM.

1. La reconnaissance de l'antigène est liée à l'association chaîne lourde – chaîne légère (**réponse b.**, expérience 3). La partie contenant uniquement les chaînes lourdes permet la fixation sur des phagocytes. Cette association des chaînes s'effectue par la présence de liaisons faibles et covalentes, donc l'affirmation d. est fausse.

2. La digestion enzymatique met en évidence le site de fixation de l'antigène (**réponse d.**). La réponse b. est fausse, car l'expérience 2 montre que les chaînes légères ne permettent pas la reconnaissance de l'antigène. La réponse c. est fausse également, car la digestion enzymatique sépare le site de reconnaissance de l'antigène du fragment constitué des chaînes lourdes.

3. Le rôle des chaînes lourdes est de posséder un site de fixation des cellules phagocytaires (**réponse b.**). Les autres réponses sont fausses car les chaînes lourdes interviennent en s'associant aux chaînes légères pour la reconnaissance de l'antigène.

3 Comprendre le développement du sida

Document 1

Dans ce genre de graphiques, il est important de caractériser les différentes phases avant de décrire l'évolution des différents paramètres durant chaque phase. Il est conseillé d'analyser chaque phase puis, ensuite, d'interpréter les résultats.

- On constate une baisse rapide des LT-CD4 entre 1 et 2 mois après l'infection. Puis le taux de LT-CD4 baisse régulièrement durant toute la phase asymptomatique. Cette baisse s'accélère dans la phase sida.
- On constate une augmentation du taux des anticorps anti-VIH à partir du 2e mois. Ensuite, le taux d'anticorps reste stable durant toute la phase asymptomatique. Durant la phase sida, on constate une baisse du taux d'anticorps concomitante à la baisse du taux de LT-CD4.
- Le taux d'antigène p24, caractéristique du taux de virus, présente un pic entre 1 et 2 mois suivant l'infection puis reste très faible durant toute la phase asymptomatique. Ce taux augmente ensuite progressivement durant la phase sida.
- **Interprétation** : on constate que la baisse du taux d'anticorps s'effectue en même temps que le taux de LT-CD4 durant la phase sida. On peut donc en déduire qu'il existe une **relation entre la présence des LT-CD 4 et la production d'anticorps**.

Document 2

> **Étape 1 :** il y a deux expériences témoins, ce sont les expériences contrôles sans sérum.

> **Étape 2 :** le paramètre expérimental est la présence du sérum ayant été en contact avec des cellules immunitaires.

> **Étape 3 :** on constate que, si on ajoute le sérum d'une culture de cellules immunitaires mises en présence d'un antigène (PHA) à une culture de LT ou de LB, on observe une prolifération cellulaire.

> **Étape 4 :** on peut en déduire que le sérum contient, en plus du PHA, une substance qui induit la prolifération des lymphocytes T et B. Cette molécule est produite par les lymphocytes en présence d'un antigène.

Document 3

Il s'agit ici de repérer les conditions dans lesquelles on observe la réponse immunitaire la plus importante.

- Dans la culture 2, il n'y a pas de cellules dans la chambre supérieure, et seulement des LB dans la chambre inférieure. On observe alors le nombre de plasmocytes le plus faible (72×10^6). Par contre, dans la culture 1, si dans la chambre inférieure il y a des LB et des LT, on observe un nombre important de plasmocytes (960×10^6). On observe des résultats similaires dans la culture 3, s'il y a uniquement des LT-CD4. Les LT-CD4 vont donc induire une multiplication des plasmocytes à partir des LB.
- Cependant, dans la culture 3, les LT-CD4 et les LB ne sont pas dans le même compartiment. Il y a donc eu passage d'une molécule du compartiment supérieur dans le compartiment inférieur induisant l'accroissement du nombre des plasmocytes.
- **Interprétation** : la prolifération et la différenciation des plasmocytes dépendent donc de la présence de LT-CD4 *via* une molécule provoquant la différenciation des lymphocytes B en plasmocytes.

Ici, il faut faire appel à des connaissances du cours. Les plasmocytes sont des cellules différenciées provenant de la sélection clonale, de l'amplification clonale puis de la différenciation des lymphocytes B après reconnaissance d'un antigène.

Document 4

- On constate que le **VIH reconnaît spécifiquement le récepteur CD4** grâce à une protéine, la gp120, et induit l'infection des cellules possédant ce récepteur. Le VIH infecte donc les LT-CD4.
- La molécule gp41 située sur le virus permet d'**ancrer le virus** sur le LT-CD4 et facilite son infection.

Document 5

- L'expérience témoin est le taux de LT-CD8 chez une souris normale.
- On constate, chez la souris mutante avant infection, la même quantité de LT-CD8 que dans l'expérience témoin.
- Après infection, on observe une augmentation du nombre de LT-CD8 chez la souris normale, en réponse à la présence du virus. En revanche, chez les souris mutantes, le nombre de LT-CD8 reste le même qu'avant l'infection.
- **Interprétation** : on peut donc en déduire que la mutation empêche la prolifération des LT-CD8. Or, cette mutation provoque une **déficience en interleukine 2**. Ce sont donc les interleukines 2 qui permettent l'augmentation des LT-CD8 et ainsi la réponse immunitaire vis-à-vis d'un virus.

Pour les exercices de type 2.2, vous pouvez aussi réaliser un tableau pour vous aider à synthétiser les informations, et dans lequel vous indiquerez, pour chaque document, les différents éléments.

N° du document	Analyse	Interprétation	Mise en relation avec les connaissances du cours et les documents

Le sida, une infection mortelle pour le système immunitaire

On essaie ici d'adopter un style simple, correspondant à un article s'adressant à des lycéens.

Le sida est une infection transmise par voie sexuelle et qui provoque, encore aujourd'hui, la mort de près 1,7 million de personnes et la contamination de 2,5 millions d'individus. Cette infection est provoquée par un virus, le VIH. Celui-ci possède des récepteurs à sa surface, reconnaissant spécifiquement les cellules exprimant la molécule CD4 (doc. 4), caractéristique des LT-CD4. Cette infection conduit à une diminution de ces lymphocytes dans le sang (doc. 1).
Or, les LT-CD4 ont un rôle important dans les défenses immunitaires adaptatives. Dès 1975, des chercheurs s'étaient aperçus que les lymphocytes activés par un antigène libèrent dans le sang des substances qui, à leur tour, provoquent l'activation des lymphocytes B et T (doc. 2). D'autres expériences ont permis de montrer qu'il s'agit des LT-CD4 qui, en présence d'un antigène, produisent une substance conduisant à la prolifération et à la différenciation de lymphocytes B en plasmocytes (doc. 3). Cette substance est l'interleukine 2. Cette molécule agit aussi sur les LT-CD8 et permet leur prolifération lors d'une infection virale (doc. 5).
Ainsi, après la contamination par le VIH, la diminution du nombre de LT-CD4 conduit à une diminution des plasmocytes, et donc à une diminution des anticorps dont ceux neutralisant le VIH (Ac anti-p24 et Ac anti gp-60), ce qui provoque l'augmentation du nombre de particules virales présentes dans le sang (doc. 1). De même, la diminution des LT-CD4 aboutit à une absence d'activation des LT-CD8. Les défenses immunitaires adaptatives diminuent, provoquant alors le développement de maladies et d'infections diverses conduisant à la mort de la personne.
Alors ne soyez pas suicidaire, prenez vos précautions, utilisez un préservatif !

4 La spécificité de la réponse innée

> **Étape 1 :** il s'agit ici de montrer que la peau possède des **défenses innées**, et que celles-ci sont **spécifiques contre des antigènes**. Une problématique possible serait : « Par quels mécanismes la peau se protège-t-elle des agressions microbiennes ? »

> **Étape 2 : analyse et interprétation des documents.**

- Doc. 1 : il présente les différents récepteurs situés sur les phagocytes de l'épiderme. On constate qu'il existe **différents TLR**. Certains sont spécifiques aux grandes familles de bactéries.

- Doc. 2 : l'expérience témoin montre la présence de bactéries sur la peau non lavée. Si on inocule sur la peau lavée différents types de bactéries, on constate que ***S. aureus*** **se développe à la surface de la peau**. En revanche, la peau ne permet pas le développement d'*E. coli*.

- Doc. 3 : on observe le pourcentage de cellules mortes en présence de psoriasine, à différentes concentrations et avec différentes bactéries. À partir de 0,8 µM, il y a 100 % d'*E. coli* mortes. Par contre, il faut 25,6 µM pour avoir 90 % de *P. aeruginosa* détruites, 80 % de *S. aureus* et 25 % de *S. epidermidis*. On peut en conclure que **la psoriasine est plus efficace sur *E. coli*** et détruit cette bactérie dès l'utilisation de faibles concentrations.

- Doc. 4 : on mesure ici, de manière indirecte, l'activation des phagocytes par la production de NF. Si on injecte le LPS, antigène des bactéries $Gram^-$, on observe le déclenchement d'une réaction inflammatoire avec l'activation des phagocytes. Si on bloque les récepteurs TLR4, on observe une diminution très importante (80 %) de la réponse des phagocytes. Par contre, cela n'a pas d'effet si on bloque les récepteurs TLR2. La reconnaissance des bactéries type $Gram^-$ est réalisée grâce à un récepteur situé sur les phagocytes : le **TLR4**.

- Doc. 5 : la déficience en Irak-4 est une déficience des défenses de l'organisme contre les bactéries de type $Gram^+$ liées au récepteur TLR2. Cette pathologie est familiale et touche les individus dès la naissance. On peut donc en déduire que la réaction inflammatoire et la reconnaissance des différents éléments pathogènes sont des **caractères génétiques**, et donc innés.

> Étape 3 : rédaction de la réponse.

La présence de nombreux documents nécessite ici de réaliser un plan afin de répondre de manière structurée à la question. Au brouillon, vous pouvez réaliser un tableau.

Problématique	Éléments issus des documents et du cours
La peau, une barrière spécifique aux microbes	Peau, barrière physique innée (cours).
	La peau élimine certaines bactéries (doc. 2). Car elle produit une substance, la psoriasine. Celle-ci est efficace principalement contre *E. coli* et d'autres bactéries $Gram^-$, elle est peu efficace contre les bactéries $Gram^+$ (doc. 3).
Rôle des phagocytes de la peau	Cellules des réactions immunitaires innées (cours).
	Ils possèdent des récepteurs nombreux et différents, les TLR (doc. 1). Les TLR réagissent de manière spécifique aux antigènes ; le TLR4 réagit avec le LPS des bactéries $Gram^-$ (doc. 4), le TLR2 réagit avec les bactéries $Gram^+$ (doc. 1 et 5). Il existe une déficience familiale de ce récepteur, c'est-à-dire une origine génétique (doc. 5).
Conclusion	Les défenses de la peau sont liées au système immunitaire inné et à des caractères héréditaires. Elles sont spécifiques contre des types d'agents pathogènes.

5 La réponse immunitaire adaptative à médiation cellulaire

Il s'agit ici de s'intéresser uniquement aux mécanismes de l'immunité adaptative dans le cas de cellules infectées par un virus. On peut se demander comment le système immunitaire reconnaît les cellules infectées et de quelle façon il les élimine.

Document 1

- On prélève les lymphocytes d'une souris ayant été contaminée par le virus LCM et on les met en contact avec différents fibroblastes. Quand on compare le cas n° 1 au cas n° 2, on constate que les fibroblastes ne sont détruits par les lymphocytes que si la souris a été contaminée par le virus LCM. Quand on compare le cas n° 1 au cas n° 3, on constate que les fibroblastes ne sont détruits que si la souris a été contaminée par le même virus que les lymphocytes de la souris A.
- **Interprétation** : les lymphocytes T provenant d'une souris infectée par un virus ne peuvent reconnaître et détruire des cellules que si elles sont infectées par le même virus.

Document 2

On utilise la méthode et stratégie 1.

> **Étape 1 :** l'expérience témoin est le lot sans traitement.

> **Étape 2 :** le lot 2 est sans lymphocytes T, le lot 3 sans lymphocytes B.

> **Étape 3 :** en l'absence de LT, malgré la présence de LB, il y a prolifération des virus. En présence de LT et absence de LB, il y a disparition des virus.

> **Étape 4 :** les LT sont les cellules immunitaires impliquées dans la disparition des cellules infectées par un virus.

Document 3

Le lymphocyte T entre en contact avec la cellule infectée et la détruit par contact en 1 heure.

Document 4

On utilise la méthode et stratégie 2.

> **Étape 1 :** on mesure la présence du récepteur TCR et du récepteur CD8.

> **Étape 2 :** le document montre que l'on retrouve essentiellement une réponse pour des cellules avec $CD8^+$ et TCR, mais aussi pour quelques cellules avec TCR seul.

> **Étape 3 :** ainsi, les cellules intervenant dans la réponse immunitaire face à un virus sont les lymphocytes porteurs du récepteur TCR. Il s'agit donc de lymphocytes T. Les cellules répondant aussi au signal $CD8^+$ sont donc des cellules LT-CD8. Par contre, les cellules ne répondant qu'au signal TCR (et non au CD8) sont des LT-CD4.

Conclusion

Il faut ici interpréter les résultats par déduction, sachant qu'il n'existe que deux types de LT.

Lors d'une infection virale, ce sont les cellules possédant le récepteur TCR qui sont activées (docs 2 et 4) et spécifiques de l'antigène (doc. 1). Les lymphocytes B n'interviennent pas (doc. 2).
Les LT-CD8 sont les cellules les plus présentes lors d'une infection virale (doc. 4). Il y a cependant intervention des LT-CD4 ayant été en contact avec le virus (doc. 2) pour activer les LT-CD8 et déclencher leur différenciation en LT cytotoxiques, grâce à l'interleukine 2. Ces LT cytotoxiques détruisent les cellules infectées, par contact (doc. 3).

6 Influence de l'usage du cannabis sur le système immunitaire

Document 1

Il faut analyser les résultats des témoins par rapport à ceux de l'expérimentation, mais aussi comparer les résultats des deux graphiques entre eux. Attention à la lecture des courbes contrôles : pour le lot A, il s'agit de souris normales, pour le lot B ce sont des souris ayant un système immunitaire déficient. Mais, dans les deux cas, elles ne reçoivent pas d'injection de THC.

- On constate, dans le graphique du lot A, que l'injection de THC suite à l'implantation de cellules cancéreuses provoque une **augmentation du volume de la tumeur** des souris normales traitées (× 6,5 de 25 à 50 jours, contre × 3 pour les souris contrôles sur la même période).
- Si on réalise la même expérience sur des souris ayant un système immunitaire déficient (graphique du lot B), on constate que **le volume de la tumeur augmente plus chez les souris déficientes**, avec ou sans injection de THC, que chez les souris normales contrôles du lot A : à 30 jours, on a un volume de 3 000 mm^3 en moyenne pour le lot B au lieu de 1 500 mm^3 pour les contrôles du lot A. Il n'y a pas, ou peu, de différence de résultats entre les souris contrôles et celles soumises à un traitement au THC dans le lot B.
- On en déduit que le THC **entraîne le développement des tumeurs**. Les résultats de l'expérience avec le lot B permettent de préciser le mécanisme : le THC agit au niveau des cellules immunitaires en bloquant leur action contre les cellules cancéreuses.

Document 2

Il y a ici deux expériences témoins : « Contrôle + Ac contrôle » et « Contrôle + anti-IL10 ». Il s'agit de comparer l'évolution entre les deux courbes contrôles et d'observer si on obtient les mêmes résultats avec le THC.

- L'injection d'anticorps anti-IL10 modifie peu la prolifération de la tumeur dans le cas des courbes contrôles. Par contre, on observe que l'injection d'anti-IL10 diminue le volume de la tumeur chez des souris traitées au THC par rapport à celles traitées à l'anticorps contrôle (5 000 à 3 000 mm^3 en 25 jours). On obtient alors des résultats proches de ceux des témoins sans THC.

- L'IL10 n'a donc pas d'influence sur la croissance des tumeurs chez des souris normales. Par contre, **l'usage du THC est associé à une production d'IL10** car, si on bloque l'action de l'interleukine 10, on diminue le volume des tumeurs.

Document 3

Rappel : les récepteurs membranaires sont très souvent des protéines. Il existe donc un ARN messager (ARNm) correspondant au gène de ce récepteur et permettant la production de cette protéine. Ainsi, la quantité d'ARNm est proportionnelle à la quantité de protéines synthétisées.

- On mesure ici la quantité d'ARNm permettant la synthèse du récepteur CB2 du THC pour les LT et les monocytes. On constate que les monocytes, et dans une moindre mesure, les LT-CD8 et les LT-CD4 produisent des ARNm pour le CB2.
- On peut en déduire que ces cellules possèdent des **récepteurs au THC** et seront donc sensibles à cette molécule.

Document 4

- On observe la prolifération des lymphocytes T en fonction du nombre de cellules tumorales injectées. On constate que l'augmentation des LT est proportionnelle à l'augmentation du nombre de cellules cancéreuses injectées. Si on compare le lot témoin au lot traité au THC, on constate une prolifération moins rapide pour le lot traité.
- Il semblerait donc que **le THC modifie la réponse immunitaire des LT**, puisqu'il diminue la prolifération de ces cellules.

Proposition d'un plan pour la rédaction de la réponse

I. Action du THC sur les tumeurs

– Le THC entraîne le développement des tumeurs en empêchant les systèmes de défense s'opposant au développement de la tumeur (doc. 1).
– Si le système immunitaire est déficient, le THC n'a plus d'effet. Mais l'augmentation des tumeurs est plus important (doc. 1).

II. Mécanismes d'action

– Le THC se fixe sur les cellules portant le récepteur CB2 (au niveau des monocytes, doc. 3) et induit l'augmentation de la production d'interleukine 10 (doc. 2).
– Cette molécule produit une diminution de la prolifération des LT-CD4 et des LT-CD8 (doc. 4) qui, lorsqu'ils sont activés, se différencient en LT cytotoxiques éliminant les cellules cancéreuses.

Bilan

Le THC provoque une inhibition du système immunitaire en favorisant l'activation des monocytes, ce qui a pour conséquence la prolifération de tumeurs.

POST BAC

7 Les phagocytes

> **Étapes 1 et 2 : cerner le sujet, dégager la problématique.**

Il s'agit de traiter du rôle des phagocytes, non seulement dans la réaction inflammatoire aiguë, mais aussi dans la présentation des antigènes aux lymphocytes, et enfin de leur intervention dans les réactions immunitaires adaptatives.

> **Étape 3 : dégager le plan.**

Le plus simple ici est de réaliser un plan qui suit la chronologie des événements biologiques lorsqu'il y a une plaie. Il faudrait d'abord parler du rôle des phagocytes dans l'immunité innée puis, dans un deuxième temps, de l'importance des phagocytes dans les réactions immunitaires adaptatives.

Dans la réalisation du plan, il est conseillé d'y inclure des schémas essentiels et attendus dans ce sujet. Le schéma de la phagocytose dans la partie 1 du plan et un schéma de synthèse en fin de rédaction semblent indispensables.

> **Étape 4 : rédaction de la réponse (corrigé type).**

Introduction

Le système immunitaire a pour fonction de **maintenir l'intégrité de l'organisme**. Il met en jeu deux types de réponses lorsqu'il est confronté à un antigène : une **réaction innée** et une **réaction adaptative**. Les phagocytes colonisent les tissus et exercent une « surveillance générale ». Nous allons démontrer que ces cellules sont essentielles dans la réaction inflammatoire aiguë, mais qu'elles participent aussi aux réactions immunitaires adaptatives. Dans une première partie, après avoir brièvement décrit ces cellules, nous examinerons leur fonction de « cellules présentatrices d'antigène » (**CPA**) avant d'étudier plus en détail leur participation aux réactions immunitaires adaptatives.

I. Des cellules phagocytaires présentatrices d'antigènes

Les phagocytes sont des cellules mobiles. Ils sont capables de phagocyter les éléments étrangers et les cellules mortes.

1. La reconnaissance d'éléments étrangers

Les phagocytes possèdent des **récepteurs TLR** (protéines membranaires) capables de reconnaître les micro-organismes. L'association de ces récepteurs avec ces micro-organismes déclenche la **phagocytose**.

2. La phagocytose

Lorsqu'un élément étranger a été ingéré par un macrophage à l'intérieur d'un phagosome (endocytose), leurs enzymes assurent la lyse des macromolécules antigéniques en fragments de plus petite taille. Ces fragments vont alors s'associer, dans des vésicules intracellulaires, à des protéines récepteurs membranaires (CMH). L'ensemble **migre vers la surface cellulaire** et fusionne avec la membrane plasmique.

Le schéma de la phagocytose (doc. 1 de la partie I du cours) est très fortement souhaité ici.

3. L'induction de la réaction inflammatoire

Dès le déclenchement de la phagocytose, le phagocyte libère un ensemble de molécules chimiques (**cytokines**) dans le milieu extracellulaire conduisant aux manifestations de la réaction inflammatoire. Entre autres, l'**histamine** et le **TNF** vont provoquer la **diapédèse** et la venue sur la zone d'autres cellules du système immunitaire.

4. La présentation des antigènes

Les récepteurs membranaires (CMH) du phagocyte associés à des antigènes seront alors reconnus par des lymphocytes de manière spécifique pour permettre le déclenchement de la réaction immunitaire adaptative. Les cellules capables de reconnaître les molécules du CMH à la surface des phagocytes sont les **lymphocytes T**.

II. Le déclenchement des réponses immunitaires adaptatives

1. La stimulation des LT-CD4

La liaison CPA – LT-CD4 a pour conséquence la sécrétion par le phagocyte de messagers chimiques, les interleukines, et une stimulation des LT-CD4 qui prolifèrent et sécrètent à leur tour des **interleukines 2** stimulant les cellules effectrices. Les LT-CD4 différenciés sont qualifiés, pour cette raison, d'auxiliaires (LT4 aux.).

2. La stimulation des LT-CD8

La différenciation des LT-CD8 en LT cytotoxiques nécessite une **coopération cellulaire**. Les LT-CD8, dotés eux aussi de récepteurs T, ne reconnaissent un antigène que s'il est présenté par un phagocyte. Ils répondent alors aux IL sécrétées par les LT-CD4 et les chimiokines des phagocytes en devenant cytotoxiques et ainsi capables de détruire leur cible spécifique.

3. L'interaction avec les LB

Seule cette troisième partie fait appel à des connaissances supplémentaires (voir l'encadré post bac).

Il n'y a pas, dans ce cas, de contact entre les LB et les phagocytes, mais les LB ayant lié un antigène par leur récepteur de surface sont stimulés par les LT auxiliaires activés par le phagocyte. La stimulation s'exerce *via* les IL_2 sécrétées par les LT-CD4 à la suite de leur stimulation par le phagocyte. La production d'anticorps circulants par les plasmocytes (issus des LB activés) conduit à la neutralisation des antigènes par agglutination avec des anticorps et formation de **complexes immuns**. Or, les anticorps possèdent, au niveau des chaînes lourdes, un fragment reconnu par des récepteurs membranaires des phagocytes. Ainsi, ces derniers vont reconnaître puis phagocyter les complexes immuns.

Conclusion

Les phagocytes occupent une **position centrale** dans le système immunitaire puisqu'ils sont à la fois **effecteurs de la réponse innée**, et **déclencheurs de la réponse adaptative** par leurs propriétés de CPA. De même, ils interviennent en fin de réaction immunitaire pour « enlever les restes » : les cellules lysées par les LT cytotoxiques et les complexes immuns.

Un schéma de synthèse du même type que le doc. 6 de la partie II du cours est attendu ici.

CHAPITRE 9

L'immunocompétence

COURS

MÉTHODES ET STRATÉGIES

SUJETS DE TYPE BAC

SUJETS D'APPROFONDISSEMENT

CORRIGÉS

COURS

L'immunocompétence

Les réactions immunitaires adaptatives requièrent des cellules capables de reconnaître les antigènes de manière exclusive et d'induire une réponse immunitaire ciblée, spécifique : les cellules immunocompétentes.

I. Développement de l'immunocompétence

1. Origine des cellules immunitaires

- Les cellules immunitaires proviennent de cellules souches de la **moelle rouge des os**. À la sortie de la moelle rouge, toutes les cellules immunitaires sont différenciées et immunocompétentes (capables de participer à une réaction immunitaire), exceptés les lymphocytes T.
- Les précurseurs de ces derniers, les pré-lymphocytes T, migrent de la moelle rouge vers le **thymus***, où ils achèvent leur différenciation et leur maturation.

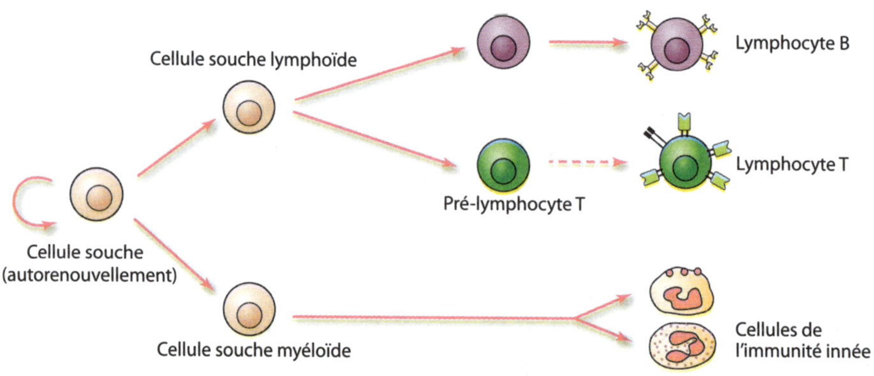

DOC. 1 La lignée des cellules immunocompétentes. Les cellules immunitaires se distinguent en deux groupes : les cellules provenant des cellules souches myéloïdes (phagocytes, monocytes…), et les cellules provenant des cellules souches lymphoïdes, à l'origine des lymphocytes.

2. Immunocompétence des lymphocytes

- Les lymphocytes circulants interviennent dans l'immunité adaptative grâce à des récepteurs (TCR ou BCR) spécifiques, capables de reconnaître des antigènes différents. Cette propriété s'explique par la formation de ces récepteurs.
- Les récepteurs des LB résultent d'un réarrangement génétique. Ils proviennent, pour la partie variable des chaînes lourdes et légères, de l'association aléatoire de différents segments.

* Les mots suivis d'un astérisque sont définis dans le lexique.

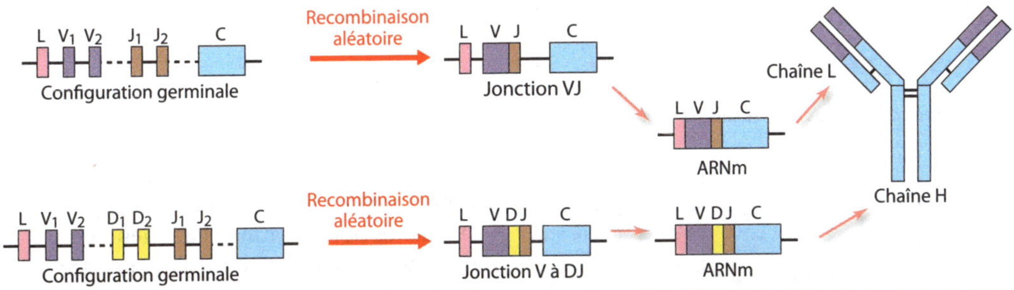

DOC. 2 Expression des BCR. Les gènes des chaînes lourdes (H) comprennent environ 70 segments regroupés en trois familles dites de variabilité (V), de diversité (D) et de jonction (J). Il y a deux locus pour les gènes des chaînes lourdes. Les chaînes légères (L) sont aussi le résultat d'une recombinaison au niveau des segments de la partie variable intervenant dans la reconnaissance de l'Ag. Chaque chaîne sera ainsi constituée d'un segment variable, V-D-J ou V-J, et d'un segment C (constant).

- À la sortie de la moelle rouge, chaque LB possède un récepteur différent, capable de reconnaître deux motifs antigéniques identiques. Il s'agit des **lymphocytes B immunocompétents naïfs***.
- De même, chacun des pré-LT, suite à des réarrangements génétiques, présente à sa surface un récepteur TCR particulier, capable de reconnaître un antigène spécifique, sur un site unique. La partie variable de ces récepteurs provient d'une recombinaison génétique aléatoire, comme pour les lymphocytes B.

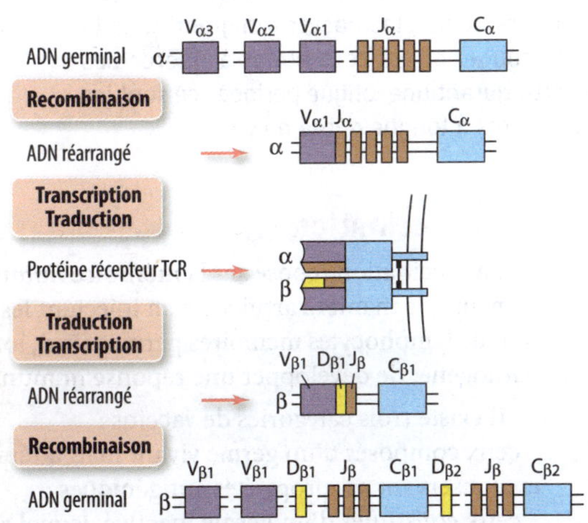

DOC. 3 Expression des TCR. Ces récepteurs sont constitués de deux sous-unités, α et β. Celles-ci proviennent de l'expression de gènes, dont la partie permettant de reconnaître l'antigène résulte d'une recombinaison aléatoire de fragments variables (V et J) associés à des fragments constants.

- Lors de leur maturation dans le thymus, certains lymphocytes T reconnaissent des molécules de l'organisme comme antigènes. Ils sont appelés lymphocytes auto-réactifs et seront détruits. Seuls les LT capables de reconnaître des molécules antigéniques pourront migrer dans le sang : les **lymphocytes T immunocompétents naïfs**.

II. Phénotype immunitaire au cours de la vie

1. La mémoire immunitaire

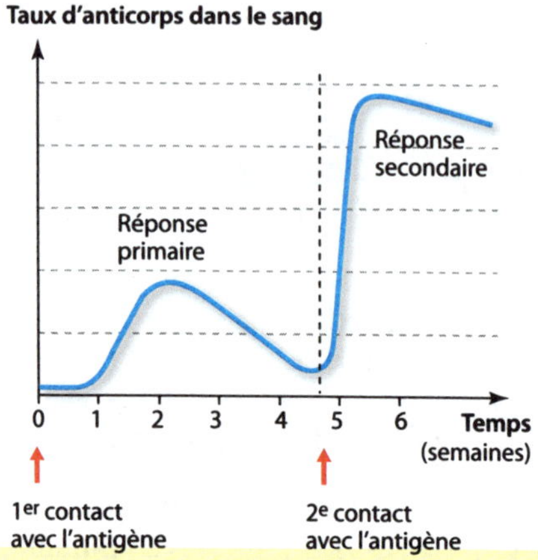

DOC. 4 Évolution du taux d'anticorps après deux infections successives. La brièveté de la réponse primaire s'explique par la courte durée de vie des plasmocytes et des anticorps circulants. La réponse secondaire est plus rapide et plus intense grâce aux lymphocytes mémoires. De plus, certains plasmocytes migrent dans la moelle rouge, où ils continuent à libérer des anticorps durant une longue période : ce sont les plasmocytes à longue durée de vie.

- Le premier contact avec un antigène provoque une réponse immunitaire adaptative des LT et LB avec sécrétion d'anticorps, peu abondante mais suffisante pour éliminer l'antigène en quelques semaines : c'est la **réponse primaire**.
- Lors de cette première exposition à l'antigène, certains lymphocytes B, LT-CD4 et LT-CD8 activés par l'antigène deviennent des **cellules mémoires**.
- Un contact ultérieur avec ce même antigène conduit à une réponse plus rapide et plus intense, avec une sécrétion très abondante d'anticorps et une prolifération des lymphocytes conduisant à l'élimination de l'Ag en quelques jours. Cette **réponse secondaire** est due aux cellules mémoires, capables de réagir plus rapidement que les lymphocytes naïfs.

2. La vaccination

- La vaccination repose sur la **mémoire immunitaire**. Il s'agit d'induire une réponse primaire de manière artificielle en injectant les antigènes d'une infection. La production de lymphocytes mémoires permet ainsi, lors d'un contact ultérieur avec l'élément pathogène, de développer une réponse immunitaire secondaire rapide et efficace.
- Il existe trois catégories de vaccins :

– ceux composés d'un germe vivant mais atténué, traité pour perdre sa virulence tout en conservant ses propriétés antigéniques ;
– ceux constitués d'un germe inactivé, lequel a été tué mais a conservé ses propriétés antigéniques (il faut alors plusieurs injections, car le germe ne peut se reproduire) ;
– ceux composés d'une anatoxine*, molécule ressemblant à un antigène mais ne présentant aucun risque.

- Pour faciliter et améliorer l'efficacité de la réponse immunitaire, les vaccins contiennent des adjuvants*, qui agissent comme un support facilitant la présentation des antigènes et provoquant une réaction inflammatoire aiguë, indispensable au déclenchement de la réponse adaptative.

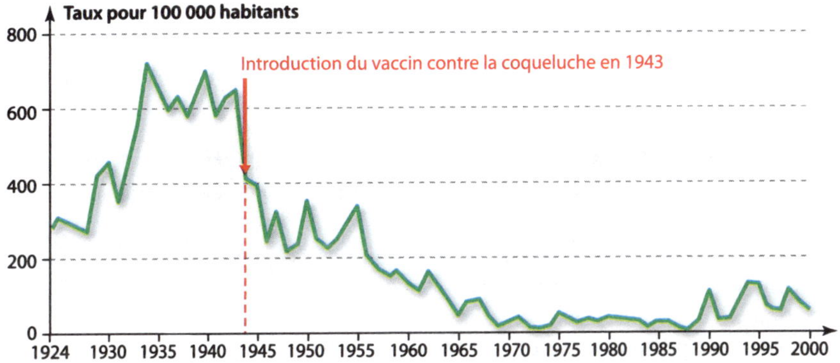

DOC. 5 Cas de coqueluche de 1924 à 2000. La vaccination a pour objectifs la protection collective et l'éradication du pathogène. Dans le cas de la coqueluche, la vaccination a provoqué une chute du nombre de cas et la diminution de sa propagation.

3. Évolution du phénotype immunitaire

- Le phénotype immunitaire correspond à l'ensemble des cellules immunocompétentes (plasmocytes, LB, LT-CD4, LT-CD8), des molécules effectrices (anticorps) et des cellules impliquées dans l'immunité innée (voir le chapitre 8).

- Ce phénotype varie constamment au cours de la vie, en fonction des confrontations avec de nouveaux antigènes, et retrace ainsi l'histoire des expositions d'un individu aux antigènes.

- L'immunité adaptative subit des modifications à chaque contact avec des antigènes, induisant la production de nouvelles cellules mémoires et d'anticorps circulants. De même, chaque vaccination permet de développer une immunité contre un nouvel antigène et de modifier le phénotype immunitaire grâce au développement de nouvelles cellules mémoires.

POST BAC

La commutation de classe des immunoglobulines

> Voir le sujet 7.

- Les anticorps sont aussi appelés **immunoglobulines** (Ig). On peut les séparer après électrophorèse des protéines du sérum (sang). On distingue cinq classes d'immunoglobulines : IgG, IgM, IgA, IgE et IgD, dont la différence de structure repose essentiellement sur les chaînes lourdes.

- Chaque classe d'immunoglobuline possède des propriétés particulières : les IgA et IgG possèdent un site permettant la reconnaissance des phagocytes, les IgG et IgM sont capables d'activer des protéines que l'on appelle système du complément et intervenant dans les mécanismes immunitaires inné et adaptatif.

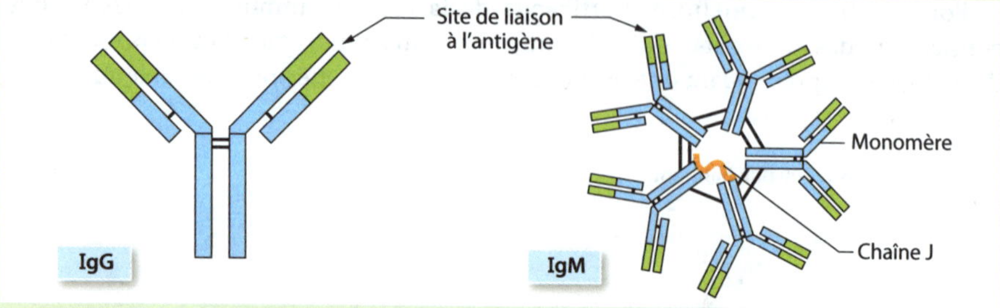

DOC. 6 Représentation schématique des IgG et IgM circulants. Les IgG permettent de fixer deux antigènes, alors que les IgM circulants peuvent en neutraliser dix.

- Les lymphocytes B naïfs utilisent des IgM comme récepteurs d'antigènes membranaires. On observe des changements de classe durant les divisions cellulaires et l'expansion clonale. Un lymphocyte B peut ensuite présenter différentes immunoglobulines de surface, mais possédant toujours la même spécificité antigénique.
- De même, lors d'un contact avec un antigène, on observe une modification des classes d'immunoglobulines produites par le LB. Des lymphocytes B naïfs à IgM vont ainsi donner des plasmocytes produisant des IgM et des IgG.
- Cette commutation des immunoglobulines est sous le contrôle des interleukines produites par les lymphocytes T auxiliaires.

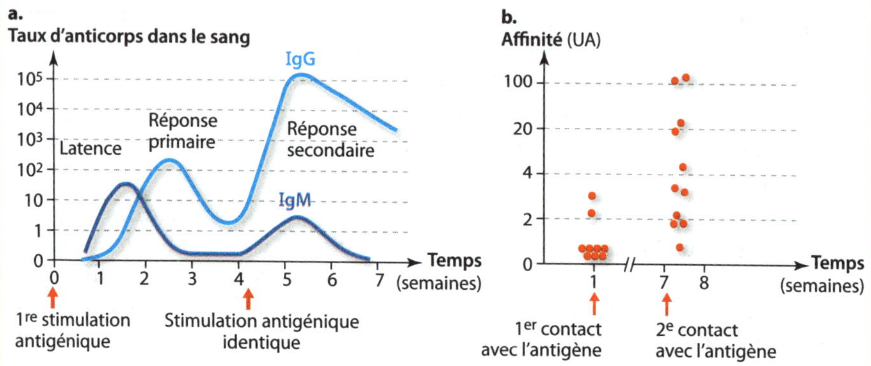

DOC. 7 Évolution des classes d'Ig (a) et de l'affinité des anticorps (b) entre la réponse primaire et la réponse secondaire. Lors de la réponse immunitaire secondaire, il y aura surtout production d'IgG. Cette commutation de classe est souvent associée à une modification du site de reconnaissance de l'Ag qui augmente alors l'affinité des anticorps produits par le plasmocyte.

MÉTHODES ET STRATÉGIES

1 Analyser un protéinogramme

> Voir le sujet 7 mettant en œuvre cette méthode.

On peut mesurer et séparer les protéines circulant dans le sang grâce à une électrophorèse (aussi appelée Western Blot) du sérum d'un individu. Les protéines, molécules chargées, se déplacent dans un champ électrique selon leur poids moléculaire. Chaque type de protéine migre ainsi de manière particulière et peut être identifié.

Méthode

Les anticorps circulants sont les gammaglobulines (IgM et IgG) et les globulines bêta-2 (IgA). On peut calculer le pourcentage de chacun des types de ces protéines et différencier un profil normal d'un profil présentant une anomalie.

> **Étape 1 :** ici, il ne s'agit pas de décrire l'évolution de la courbe, mais de repérer les différents pics, correspondant chacun à un type de protéines contenues dans le sérum.

> **Étape 2 :** noter, pour chaque protéine, la valeur maximale du pic.

> **Étape 3 :** comparer l'allure du tracé, les valeurs des différents pics et la surface du graphique pour chaque type de protéines à un sujet témoin.

> **Étape 4 :** en déduire les différences, et donc les anomalies, par rapport à une composition normale.

Application

Un individu sujet à des infections microbiennes récurrentes réalise un protéinogramme.

À partir de cet examen, indiquer les anomalies permettant d'expliquer sa pathologie.

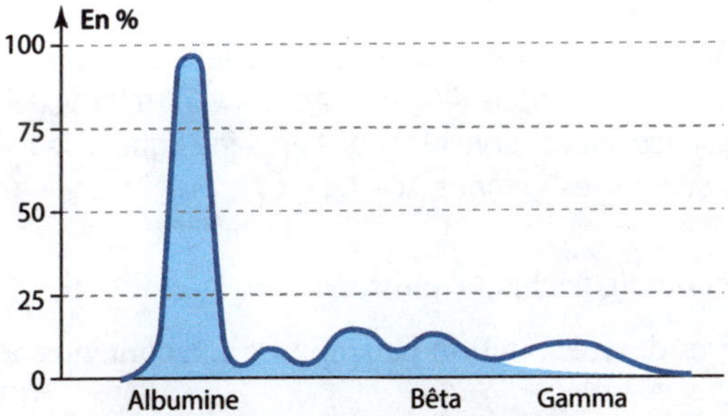

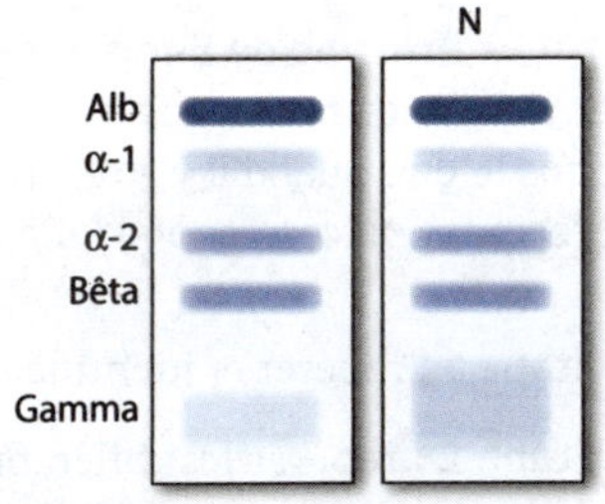

DOC. 8 Résultats de l'électrophorèse. Les résultats du patient apparaissent en bleu, le tracé bleu foncé correspond à un sujet normal (N).

> **Étapes 1 et 2 :** on observe pour le sujet un pic d'albumine, d'α-1, d'α-2 et de bêta.

> **Étape 3 :** quand on compare les valeurs obtenues à celles d'un individu témoin, on constate des valeurs identiques pour les différentes protéines, excepté pour les gammaglobulines. Ces dernières sont totalement absentes du protéinogramme de l'individu testé.

> **Étape 4 :** le sujet présente donc une absence d'immunoglobulines correspondant aux IgM et IgG. Par conséquent, l'individu a un déficit en anticorps, ce qui explique ses symptômes : son organisme ne peut déclencher d'immunité adaptative.

2 Analyser la spécificité d'une substance antigénique par immunodiffusion

> Voir les sujets 4 et 5 mettant en œuvre cette méthode.

Méthode

Un Ac réagit de manière spécifique avec un Ag, et forme un complexe immun capable de précipiter. On cherche donc à mettre en contact des Ag et des Ac afin d'évaluer leur spécificité. L'observation ou non d'arcs de précipitation permet une interprétation.

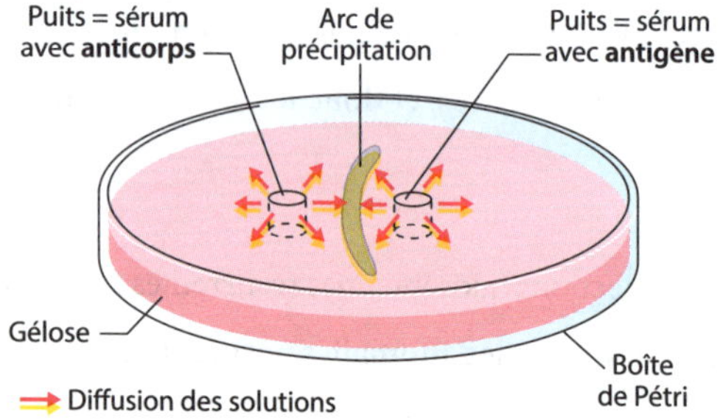

DOC.9 Principe de l'immunodiffusion. Dans une boîte de gélose, des puits équidistants sont creusés. Ils sont ensuite remplis d'Ag ou d'Ac, qui vont migrer dans le gel. Quand il y a reconnaissance, on observe alors des arcs (ou lignes) de précipitation correspondant à des complexes immuns Ac – Ag.

> **Étape 1 :** repérer et identifier le contenu de chaque puits.

> **Étape 2 :** repérer les différents arcs de précipitation par rapport aux contenus des puits.

> **Étape 3 :** en déduire les complexes immuns formés et les Ac et Ag impliqués.

> **Étape 4 :** conclure sur la spécificité antigénique ou d'anticorps.

Application

La méningite bactérienne à méningocoque est une pathologie mortelle touchant le cerveau. On cherche à identifier, parmi quatre personnes, celles qui n'auraient pas été en contact avec la méningite pour les vacciner. On prélève le sérum de ces individus et on teste la présence d'anticorps contre le méningocoque par immunodiffusion.

Que peut-on en déduire ?

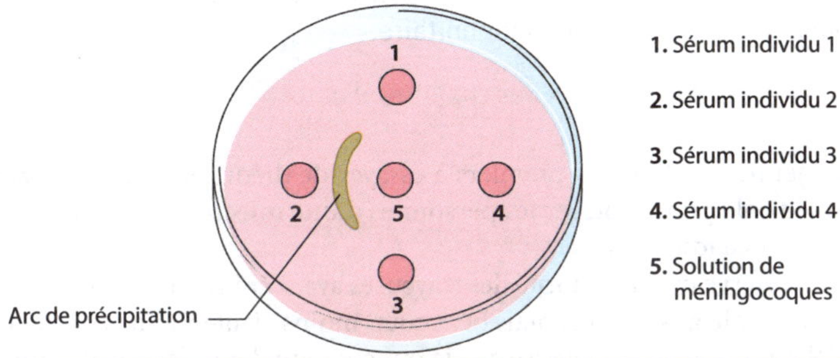

DOC. 10 Résultats du test d'immunodiffusion 24 h après les dépôts.

> **Étape 1 :** les puits 1 à 4 contiennent les sérums à tester (les anticorps), le puits 5 contient l'antigène à tester, celui du méningocoque.

> **Étape 2 :** on observe un seul arc de précipitation, situé entre le puits 5 et le puits 2.

> **Étape 3 :** il y a donc eu la formation d'un complexe immun entre les anticorps du sérum 2 et l'antigène du méningocoque. On en déduit que le sérum de l'individu 2 contient des anticorps anti-méningocoque.

> **Étape 4 :** seul l'individu 2 a été en contact avec la bactérie. Les autres individus ne sont pas immunisés contre cette bactérie, il faudra donc les vacciner.

SUJETS DE TYPE BAC

1 La vaccination

60 min

Cet exercice correspond à un sujet de bac de type 1. Il s'agit d'une description historique de l'expérimentation de Jenner. Ce sujet nécessite une bonne maîtrise du cours, et surtout une capacité à organiser ses connaissances. Il fait appel à des notions sur le déroulement de la réponse immunitaire adaptative et sur le développement d'une mémoire immunitaire.

> Voir les parties II des cours des chapitres 8 et 9.

Le docteur Jenner fut l'un des premiers à essayer de théoriser et d'expérimenter une méthode médicale pour protéger les personnes d'une infection grave au XVIIIe siècle : la variole, une maladie virale.
Jenner avait observé que la majorité des trayeuses ayant contracté la vaccine des vaches (maladie semblable à la variole, mais beaucoup moins virulente) ne contractaient pas la variole. Il a alors émis l'hypothèse que le pus contenu dans les vésicules apparaissant sur leurs mains les protégeait de la variole.
Le 14 mai 1796, Jenner a testé sa théorie en inoculant à James Phipps, un jeune garçon de huit ans, le contenu des vésicules de vaccine de la main d'une trayeuse. Cette inoculation n'a provoqué chez le jeune garçon que de la fièvre et un vague malaise général. Puis, un peu plus tard, il a inoculé la variole au jeune garçon : aucune maladie ne s'est déclarée.

À l'aide de vos connaissances, décrire la réaction immunitaire du jeune Phipps suite à l'expérience. Expliquer pourquoi le procédé de Jenner est un prototype de la vaccination.

2 Le rejet de greffe

15 min

Cet exercice de type 2.1 permet de réfléchir sur le rôle de la mémoire dans les phénomènes de rejet de greffe. Des expériences ont été réalisées afin de comprendre le mécanisme d'immunisation des individus greffés. Celles-ci ont permis de mieux appréhender ces mécanismes.

> Voir la partie II du cours et la méthode et stratégie 1 du chapitre 8.

En 2012, en France, 5 023 personnes ont subi une greffe d'organe. Sans l'usage d'un traitement, l'organisme receveur peut provoquer la destruction des tissus ou organes greffés : c'est ce que l'on appelle le rejet de greffe.

À l'aide de l'étude du document et de vos connaissances, retrouver l'affirmation correcte.

DOC. Expériences de greffe de peau.

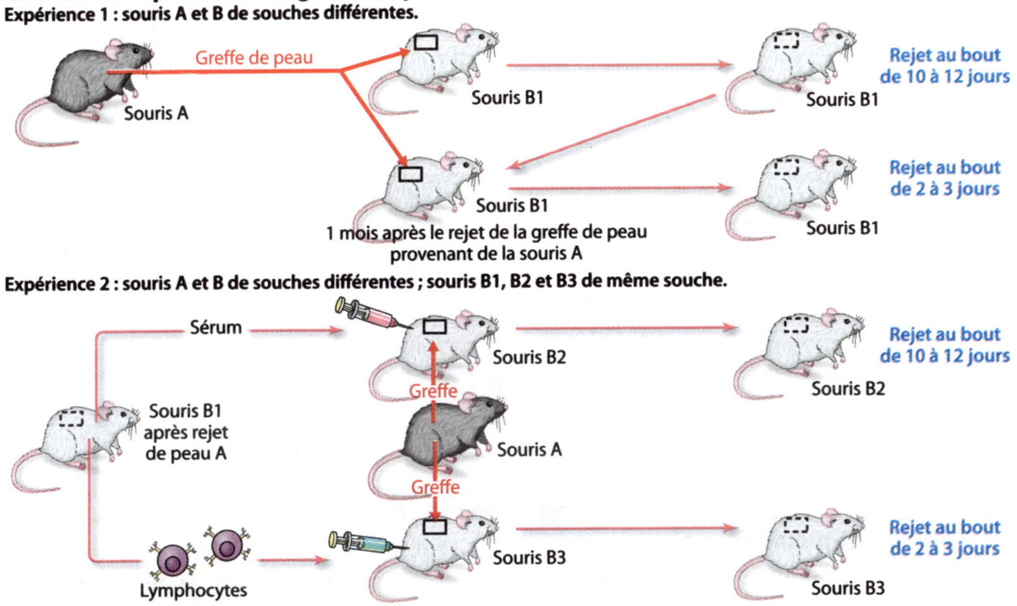

1. L'expérience 1 montre que :

a. l'on peut mettre au point un vaccin pour éviter le rejet de greffe
b. la souris A est atteinte d'une maladie
c. le système immunitaire de la souris B1 garde en mémoire la greffe de peau de la souris A
d. le rejet de greffe résulte uniquement du système immunitaire inné

2. L'expérience 2 montre que :

a. le rejet de greffe est dû à des anticorps
b. l'injection de sérum agit comme un vaccin
c. par rapport à l'expérience 1, aucune information supplémentaire n'est fournie
d. le rejet de greffe de la souris B3 est dû aux lymphocytes mémoires

3 La séropositivité au VIH

30 min

Cet exercice correspond à un sujet de type 2.2. Il fait peu appel aux connaissances théoriques de l'immunité : il s'agit avant tout de mettre en relation les documents afin de répondre au problème posé. La séropositivité indique la présence, dans le sang, d'anticorps spécifiques à un antigène.

> Voir la partie II du cours.

On cherche à comprendre l'évolution du phénotype immunitaire de deux enfants : l'enfant E1, né de la mère M1, et l'enfant E2, né de la mère M2.

À partir de l'analyse des documents et de vos connaissances, expliquer l'origine et les évolutions différentes de la séropositivité des deux enfants vis-à-vis du VIH (virus responsable du sida).

DOC. 1 Résultats de tests sanguins réalisés sur différents individus.

Le test Elisa permet d'identifier la présence d'Ac anti-VIH grâce à une réaction colorée. La charge virale indique la quantité de copies d'ARN viral présentes dans le plasma.

Individus testés	Témoin T1 Non contaminé par le VIH	Témoin T2 Infecté par le VIH	Mère M1 Tests réalisés lors de la grossesse	Enfant E1 Tests réalisés à la naissance	Mère M2 Tests réalisés lors de la grossesse	Enfant E2 Tests réalisés à la naissance
Test Elisa	Négatif : cupule non colorée	Positif : cupule colorée	Cupule colorée	Cupule colorée	Cupule colorée	Cupule colorée
Charge virale en copies d'ARN.mL^{-1}	0	Comprise entre 10^1 et 10^5	Environ 10^4	0	Environ 10^4	Environ 5.10^2

DOC. 2 Évolution de la concentration totale d'anticorps chez un jeune enfant durant sa première année.

Les anticorps d'origine maternelle proviennent du sang maternel (durant la vie *in utero* de l'enfant) et du lait maternel.

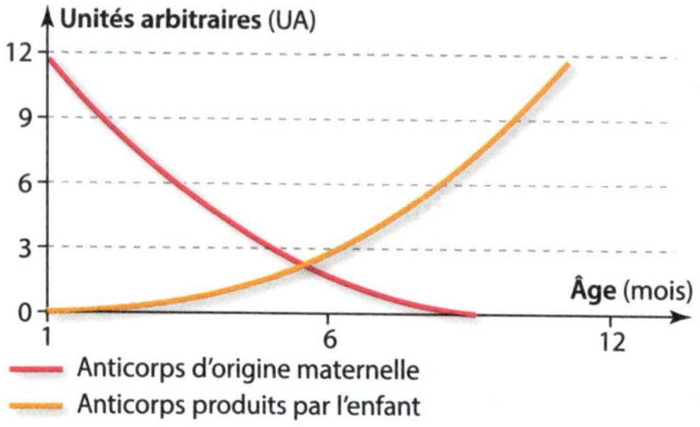

DOC. 3 Mesures du taux d'anti-VIH chez E1 et E2.

On a mesuré, au cours de la première année, la variation des anticorps anti-VIH pour les deux enfants.

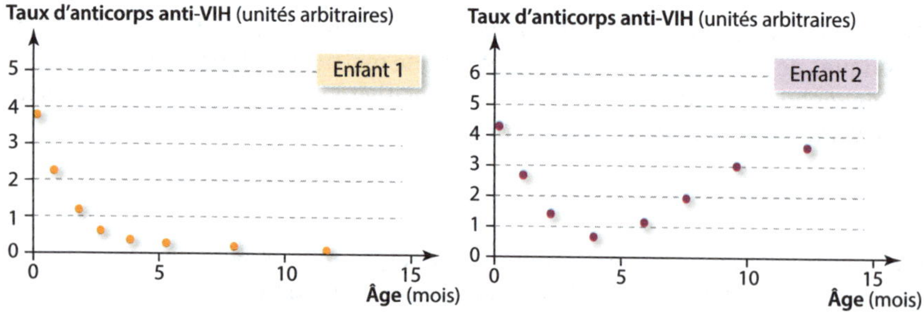

SUJETS D'APPROFONDISSEMENT

4 Diagnostic d'une pathologie

30 min

La présence d'anticorps ou d'antigènes dans le sang est un élément important pour établir le diagnostic d'une maladie. Cet exercice de type 2.2 applique une utilisation originale du test d'immunodiffusion et de la démarche d'investigation médicale. Il s'agit d'un extrait d'une étude de cas réelle, publiée dans une revue médicale brésilienne.

> Voir la méthode et stratégie 2.

Dans une région du nord-est du Brésil, deux fermiers viennent se présenter à l'hôpital pour des symptômes assez différents et peu fréquents dans cette partie du monde. Après une série d'examens, dont certains sont indiqués dans les documents ci-dessous, le médecin considère qu'il s'agit de la même pathologie : une infection due à un champignon microscopique, le *Coccidioidomycosis*.

À partir de l'étude des documents, confirmer le diagnostic du médecin.

DOC. 1 Description des deux cas cliniques.

Patient	Âge / sexe	Durée de l'infection	Symptômes	Examen radiologique
1	33/M	14 jours	Fièvre, toux sèche, plaques d'irritations sur la peau	Légère opacité alvéolaire au poumon droit
2	22/M	20 jours	Fièvre, toux sèche, insuffisance respiratoire importante	Atteinte des deux poumons et présence de nombreux nodules exempts de bactéries

DOC. 2 Cycle de développement du *Coccidioidomycosis*.

C'est un champignon microscopique se développant sur le sol. Les arthrospores libèrent des spores dans l'air, qui infectent l'homme puis forment des sphérules (vésicules) qui, à maturité, libèrent à leur tour des spores.

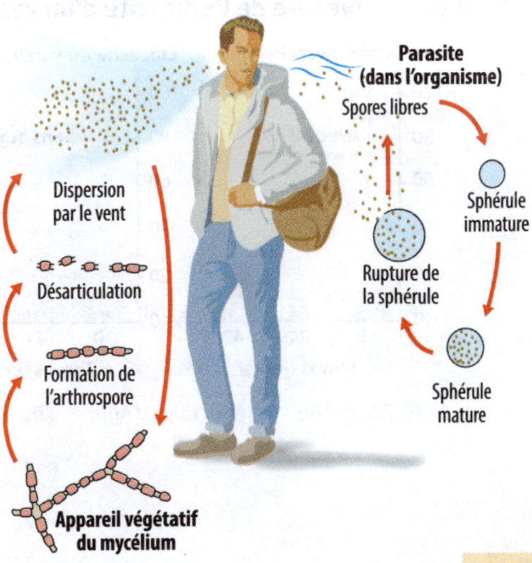

DOC. 3 Test d'immunodiffusion.

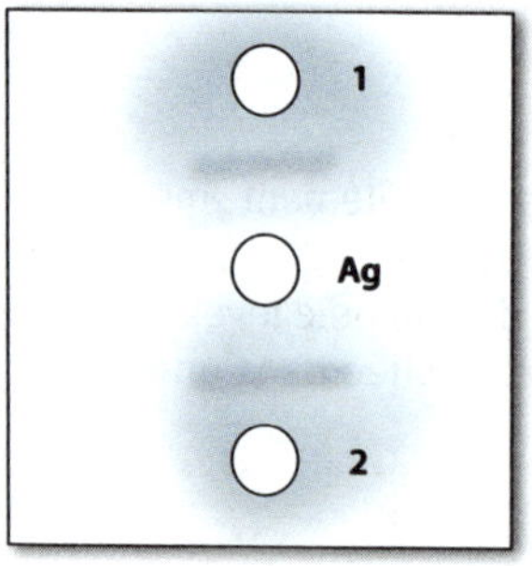

Ag : antigène de spore de *Coccidioidomycosis*

1 : sérum du patient 1 au niveau des irritations de la peau

2 : sérum bronchique (poumon) du patient 2

5 La vaccination contre la grippe aviaire

45 min

Cet exercice correspond à un sujet de type 2.2. Il nécessite une bonne compréhension du principe de la vaccination et une capacité à interpréter une variante de l'immunodiffusion. La difficulté de cet exercice réside dans la mise en relation des documents, dont certains sont directement issus de la recherche scientifique.

> Voir la méthode et stratégie 2.

Le virus H5N1, très pathogène, est responsable de la grippe aviaire spécifique aux oiseaux. En 1997, des cas de transmission à l'homme ont été signalés. Un risque de pandémie était dès lors à craindre chez l'homme, à l'instar de la pandémie de la grippe espagnole (qui a tué plus 50 millions de personnes en 1918). Les chercheurs ont ainsi tenté de mettre au point un vaccin efficace contre ce virus. Plusieurs stratégies devaient intervenir dans la fabrication du vaccin : le choix de l'antigène, de l'adjuvant…

À partir de l'ensemble des documents, indiquer les stratégies les plus efficaces pour produire un vaccin contre le virus H5N1.

DOC. 1 Mesure de l'efficacité d'un vaccin après injection d'une seconde dose.

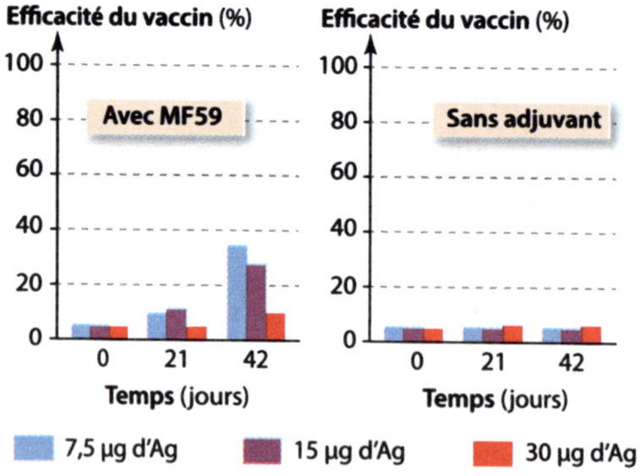

Le vaccin est réalisé avec une souche de virus H5N3, différentes quantités d'antigène et avec ou sans adjuvant, le squalène (MF59). Le virus H5N3 est une souche virale peu pathogène découverte en 2009. L'efficacité est mesurée avec différentes quantités d'antigène (Ag) de virus H5N1.

DOC. 2 Taux de survie après infection par le H5N1.

Les mesures ont été réalisées sur des souris immunisées après deux injections de différents vaccins et sur des souris témoins, non immunisées.

« 2.0 mod » correspond à une dose de 2 µg d'un antigène du virus H5N1 modifié génétiquement, « 2.0 » et « 0.4 » correspondent à des vaccins avec, respectivement, 2 et 0,4 µg d'antigène de la souche sauvage de H5N1.

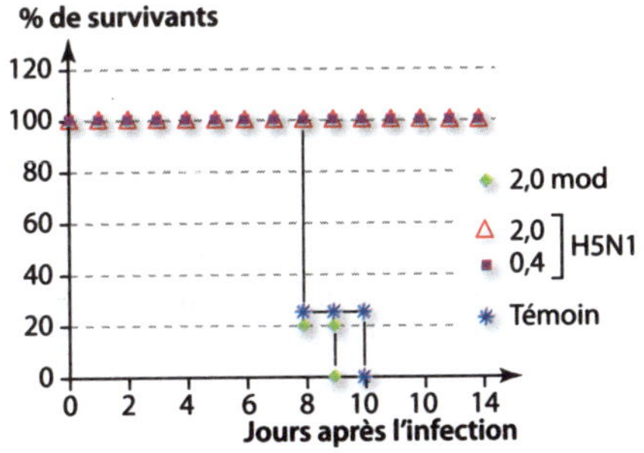

DOC. 3 Mesure de l'efficacité d'un vaccin (à partir d'Ag de H5N3), avec ou sans squalène, par la méthode d'hémolyse radiale.

Les virus de la grippe possèdent des antigènes capables de se fixer sur les hématies. Dans le cas de l'hémolyse radiale, le gel contient des hématies, des particules virales (H5N3 ou H5N1) et des protéines. On dépose le sérum de la personne vaccinée avec les anticorps dans le puits central. Si des anticorps reconnaissent les hématies avec les particules virales, les protéines contenues dans le gel provoquent la destruction des hématies et la formation d'une auréole d'hémolyse, dont on peut mesurer la surface, proportionnelle à l'efficacité des anticorps.

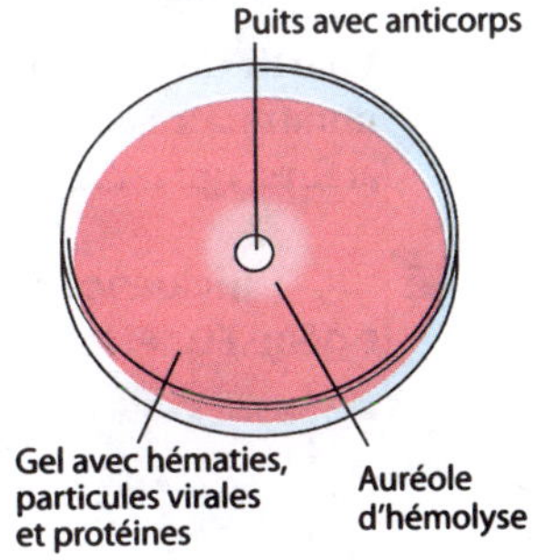

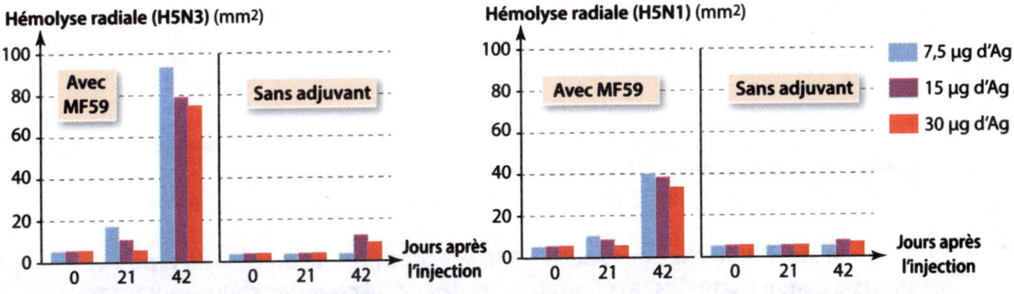

DOC. 4 Quantité d'IgG spécifiques contre l'antigène H5 chez des souris immunisées avec différents types de vaccins.

On mesure la quantité d'anticorps anti-H5 28, 120 et 180 jours après vaccination. « 0.4 mod » et « 2 mod » correspondent respectivement à 0,4 µg et 2 µg d'antigène de H5N1 modifié génétiquement. « 0.4 H5N1 » et « 2.0 H5N1 » correspondent respectivement à 0,4 µg et 2 µg d'antigène de H5N1 sauvage.

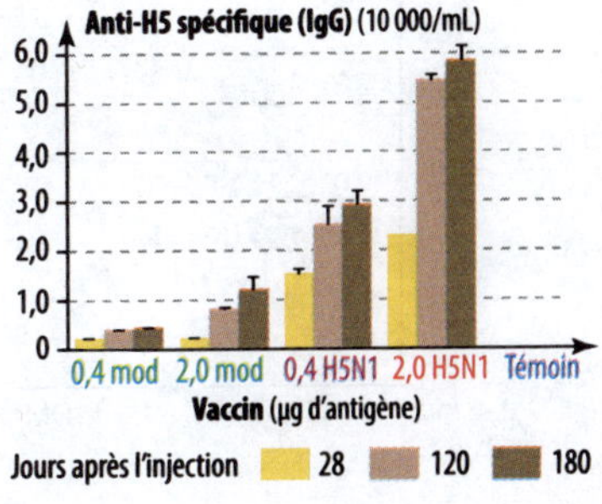

6 Le diabète de type 1

60 min

Cet exercice construit comme un sujet de type 2.2 vous place dans un contexte d'investigation de recherche scientifique. Il ne nécessite pas d'avoir suivi l'enseignement de spécialité et permet aux élèves ayant choisi cette option d'aborder le diabète de type 1 sous un nouvel aspect. L'analyse des documents ne présente pas de réelles difficultés, mais l'interprétation et la mise en relation des différents documents nécessitent une réflexion particulière.

> Voir la partie II du cours.

Le diabète de type 1 correspond à une hyperglycémie (taux de glucose supérieur à 1 $g.L^{-1}$ dans le sang). Il est dû à l'absence de production d'une hormone régulant le taux de glucose sanguin suite à la destruction des cellules bêta du pancréas. Les recherches actuelles mettent en cause des dysfonctionnements du système immunitaire.

À partir des documents, montrer que le diabète de type 1 est lié à des mécanismes immunitaires, en particulier la déficience d'un type de lymphocytes : les LT régulateurs, qui auraient pour effet de limiter les réactions immunitaires adaptatives.

DOC. 1 Incidence du diabète, après la naissance, chez des souris déficientes pour le gène FOXP3.

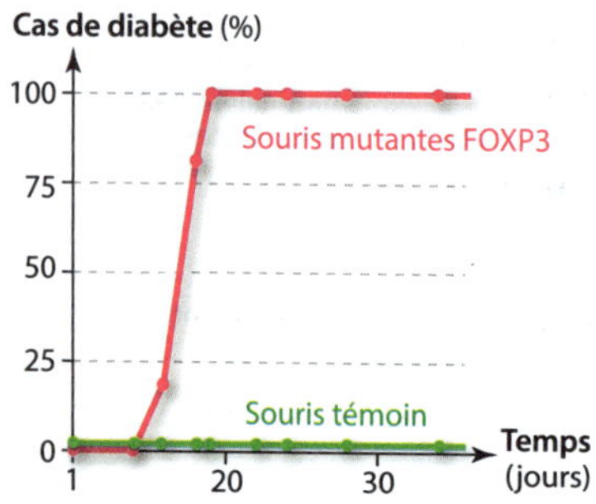

DOC. 2 Quantité d'IL 10 chez des souris « T1DM » atteintes de diabète de type 1 et des souris « cont » normales (a) et production de LT-CD4 chez des souris mutantes ne produisant pas d'IL 10 (b).

a.

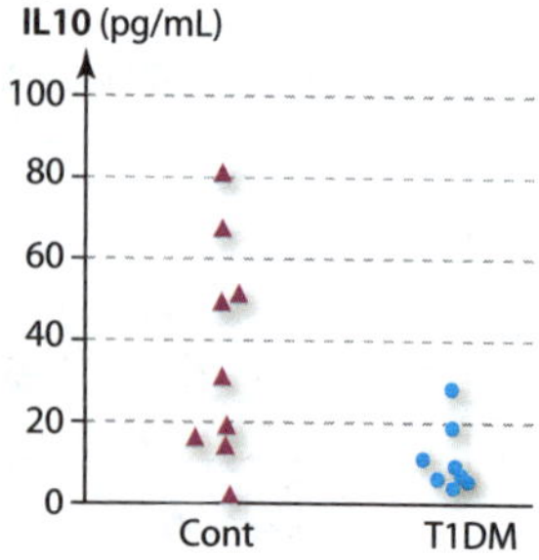

b.

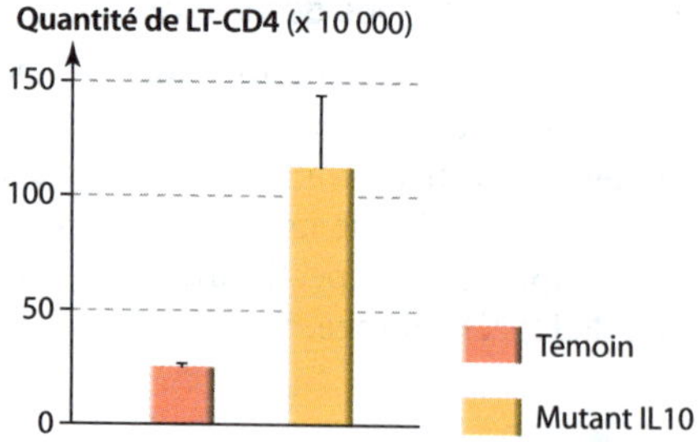

DOC. 3 Schéma d'un lymphocyte T régulateur avec ses différents récepteurs et l'expression d'un gène particulier FOXP3. Ce type de lymphocyte sécrète surtout de l'IL10, au lieu de l'IL2 (LT auxiliaires).

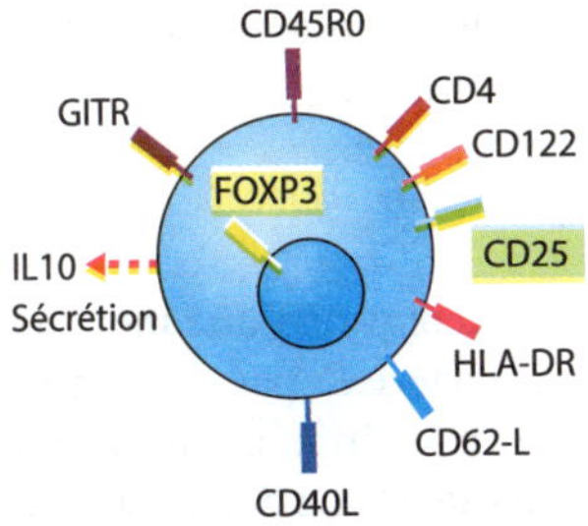

DOC. 4 Survenue du diabète chez des souris NOD après injection de différents types de LT à l'âge de 4 semaines.

Les souris NOD (*Non-Obese Diabetic*) représentent un modèle d'étude du diabète de type 1. Elles développent une insulite (inflammation du pancréas). Le témoin négatif sous-entend que l'injection de solution saline ne modifie pas le caractère de ces souris mutantes.

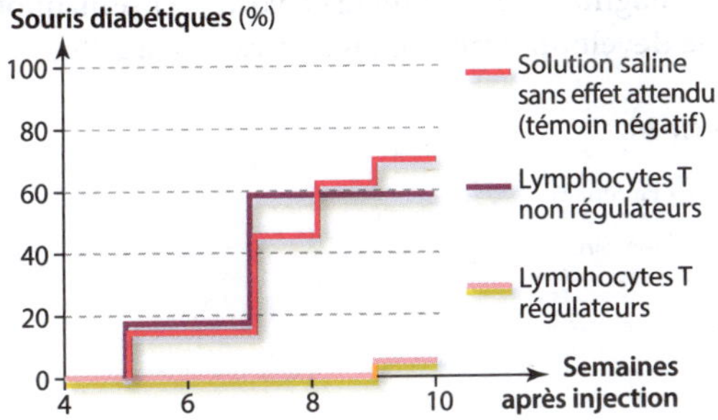

DOC. 5 Marquage des lymphocytes T-CD8 cytotoxiques dans le pancréas de souris NOD ayant reçu ou non une injection de lymphocytes T régulateurs à l'âge de 4 semaines.

Marquage/Protocole	Souris NOD	
	Sans injection de LT régulateurs	Avec injection de LT régulateurs
Lymphocytes T-CD8 cytotoxiques	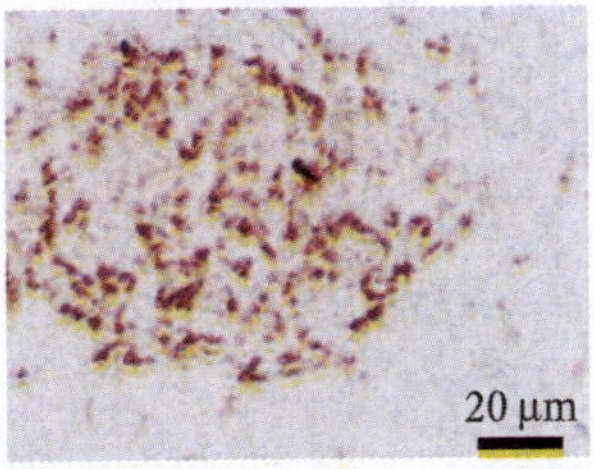	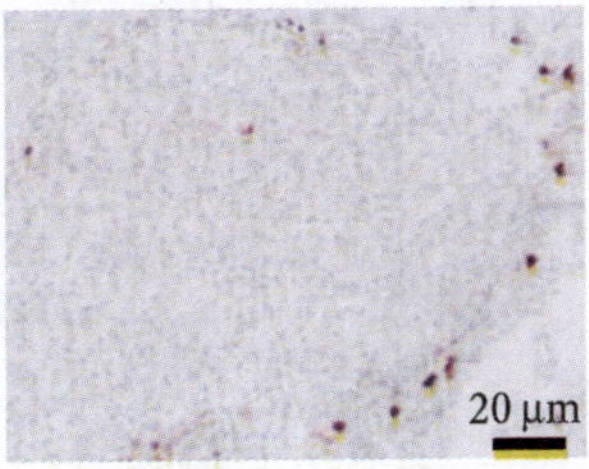

7 Infection par le trypanosome

45 min

La difficulté de cet exercice de type 2.2 tient à l'exploitation de nombreux documents devant être mis en relation. Il est l'occasion de mettre en évidence une pathologie pour laquelle la mise au point d'un vaccin est difficile...

> Voir la méthode et stratégie 1.

La trypanosomiase est une maladie parasitaire transmise par la piqûre d'une mouche retrouvée principalement en Afrique équatoriale. Elle est caractérisée par des symptômes cliniques : fièvre persistante, résistance aux antibiotiques, inflammation des ganglions, troubles neurologiques (troubles du sommeil et moteur). Le diagnostic est confirmé par une hypergammaglobulinémie M (taux élevé d'IgM) et la présence du parasite à l'observation d'un frottis sanguin.
Monsieur M., après des vacances en Afrique, souffre de fièvre, de maux de tête et d'endormissement. Il se rend à l'hôpital pour une consultation car les traitements classiques, à base de paracétamol, n'ont aucun effet. Le médecin lui indique qu'il est atteint d'une trypanosomiase. Le patient ne comprend pas qu'il n'ait pas été vacciné contre ce genre de pathologie fréquente en Afrique.

À partir des documents, confirmer le diagnostic du médecin et expliquer pourquoi il n'est pas possible, actuellement, de développer un vaccin contre ce parasite.

DOC. 1 Protéinogramme de monsieur M.

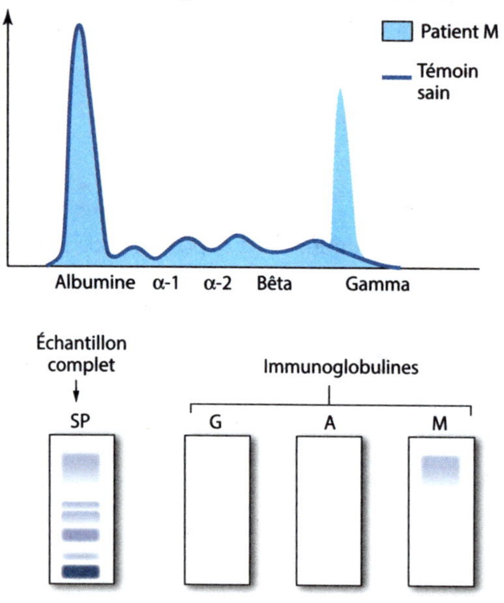

DOC. 2 Observation microscopique de l'action d'IgM anti-VSG sur des trypanosomes vivants. **a.** Avant l'ajout des IgM, **b.** 5 min après l'ajout des IgM, **c.** 30 min après l'ajout des IgM. Les anti-VSG sont des anticorps spécifiques de la membrane des trypanosomes (VSG est une protéine située à leur surface).

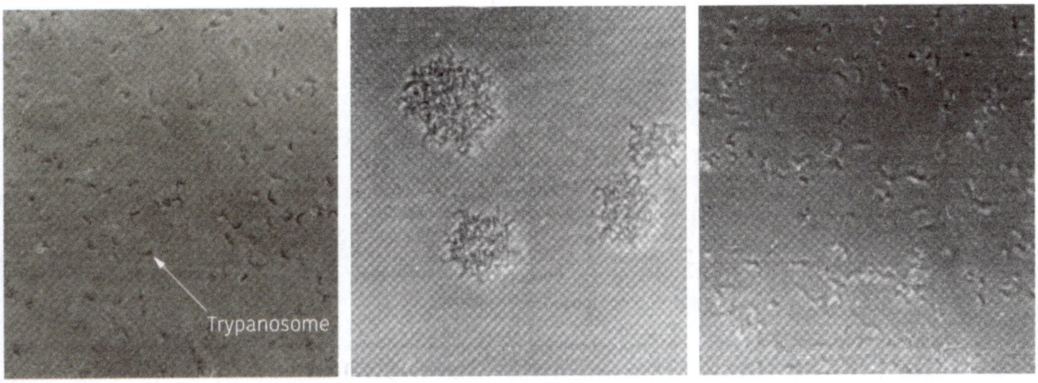

DOC. 3 Spécificité des IgG et IgM de rats avant et après infection par le trypanosome.

Les Ig réagissant avec le trypanosome sont extraites des rats puis mises en contact avec différents antigènes : l'enzyme β-galactosidase (β-galactos), la ferritine (protéine du sang) et une solution d'antigènes de trypanosome (Tryp. Lysate).

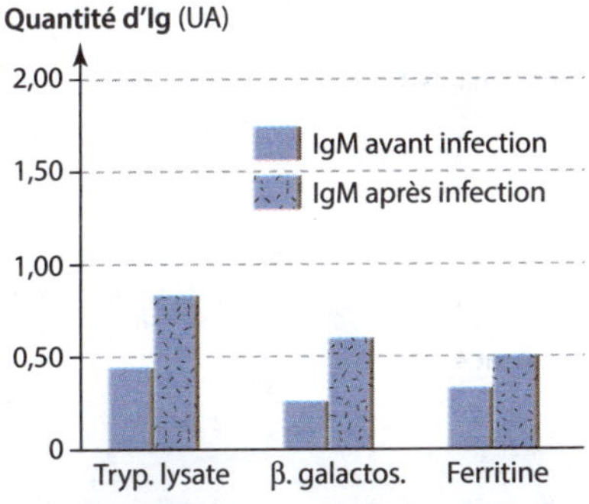

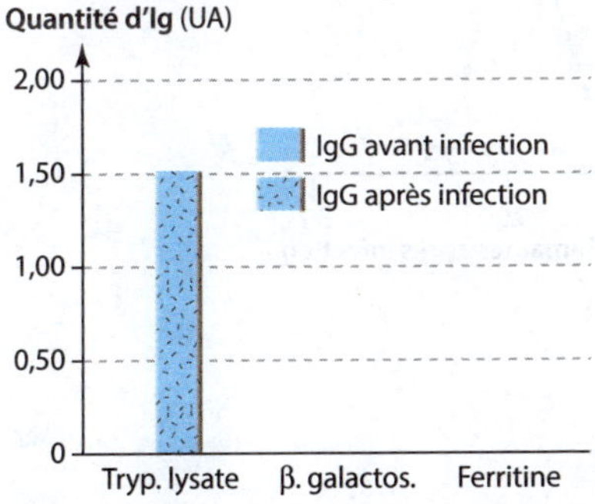

DOC. 4 Évolution du nombre de parasites chez un individu contaminé par le trypanosome.

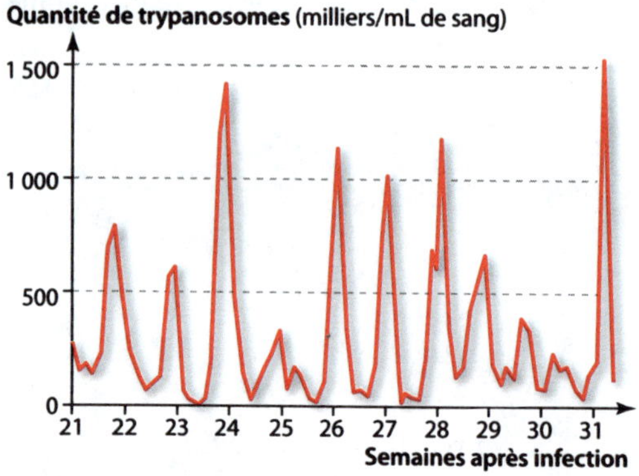

DOC. 5 Évolution des différents variants du VSG de trypanosome et des anticorps correspondants en fonction de la durée après infection.

Il existe environ 1 500 gènes différents de VSG. Cependant, un seul gène est à la fois actif et exprimé chez un même trypanosome.

Le gène actif est obtenu suite à des mécanismes de réarrangement génétique.

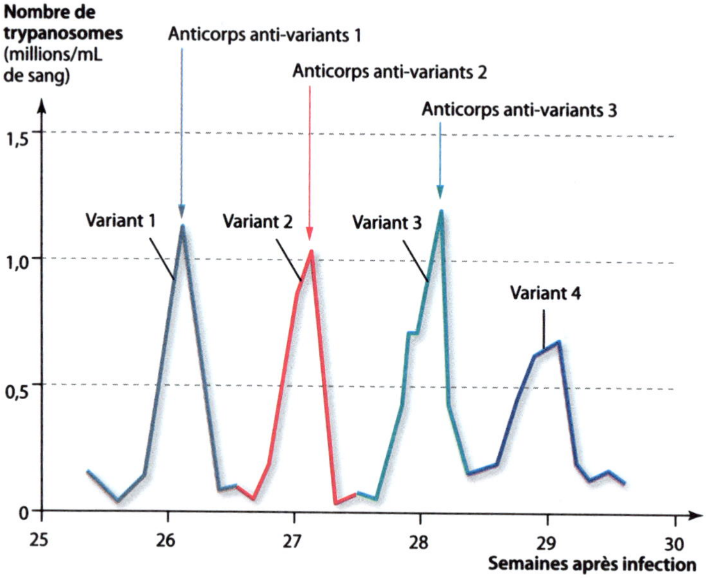

POST BAC

8

Diminuer la douleur inflammatoire

60 min

L'originalité de ce sujet de type 2.2 est de mêler des connaissances de deux parties du programme, l'immunologie (la synthèse des prostaglandines) et la communication nerveuse (la dépolarisation membranaire et la naissance des potentiels d'action). Cet exercice vous entraînera à développer votre esprit de synthèse et une méthodologie d'analyse approfondie des documents.

> Voir les chapitres 8, 9 et 10.

La douleur dans la réaction inflammatoire est provoquée par l'excitation des fibres C de la région concernée. Pour limiter cette douleur, on utilise le plus souvent des anti-inflammatoires non stéroïdiens (AINS) comme antalgiques.

À partir des documents, expliquer comment la réaction inflammatoire provoque une douleur et montrer que le DFP est un antalgique spécifique de cette réaction.

DOC. 1 Mode d'action des prostaglandines sur les fibres C.

a.

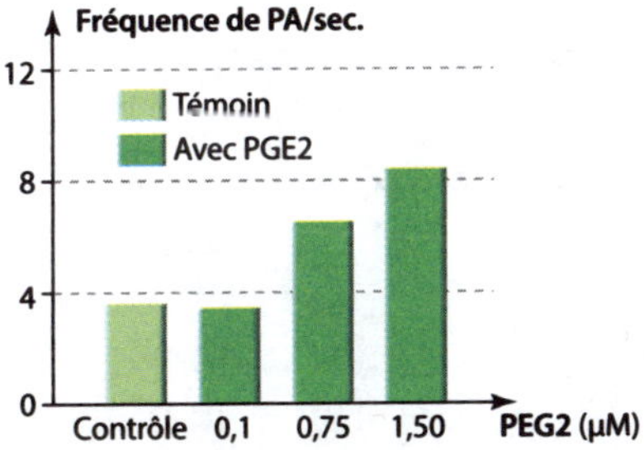

b.

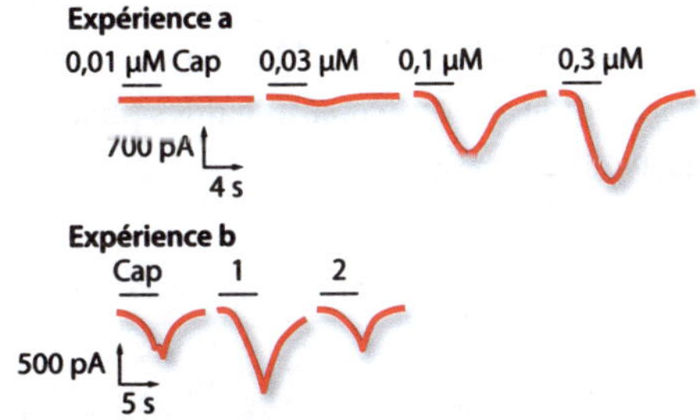

a. Mesure de l'activité d'une fibre nerveuse de type C

La mesure est effectuée après injection de capsaïcine, en présence de différentes concentrations de PGE2 (prostaglandine). La capsaïcine est une molécule provoquant une sensation de douleur au niveau des fibres C.

PA = potentiel d'action.

b. Mesure des courants ioniques d'une fibre nerveuse de type C

On enregistre les courants ioniques d'une fibre nerveuse C : un courant ionique enregistré vers le bas est un courant entrant, vers le haut il s'agit d'un courant sortant.

Les enregistrements ont été réalisés dans une solution riche en Na^+ (voir l'encadré post bac du chapitre 10).

Dans l'expérience a, la mesure est effectuée après injection de différentes concentrations de capsaïcine (Cap) dans le milieu.

Dans l'expérience b, la mesure est effectuée après injection de capsaïcine seule à 0,1 µM, après 5 min de perfusion de PGE_2 à 1,5 µM (1) ou après 15 min (2).

pA = picoampère.

DOC. 2 Concentration de PGE2 en fonction de la concentration de LPS et de différentes substances anti-inflammatoires.

La dexaméthasone est un corticoïde, l'aspirine et le DFP sont des AINS. Le trait en pointillés représente la valeur normale de PGE2 dans le sang. Le LPS est un antigène reconnu par le TLR4 des phagocytes.

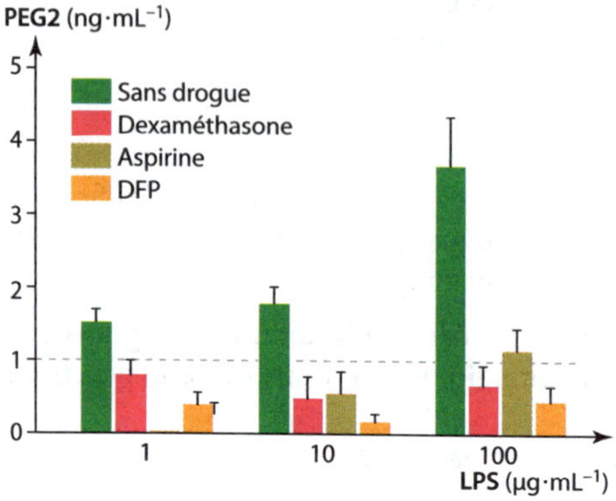

DOC. 3 Expression des enzymes Cox-1 et Cox-2 chez des phagocytes.

LPS modifié = non reconnu par les phagocytes.

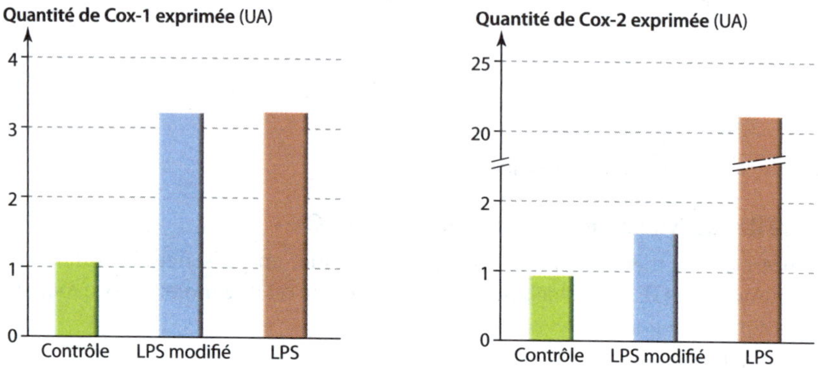

DOC. 4 Mesure de l'activité de Cox-1 et Cox-2 en fonction de la concentration en DFP.

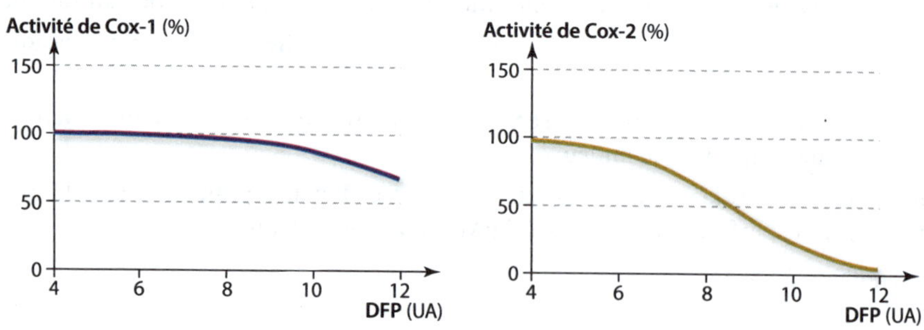

CORRIGÉS

1 La vaccination

Il s'agit d'expliquer la réaction immunitaire décrite par Jenner, mais à l'aide de vos connaissances actuelles et, ensuite, de faire un rapprochement entre sa méthode empirique et le processus de vaccination actuel.

Introduction

Jenner fut l'un des premiers à tenter de pratiquer une méthode de prévention contre la variole alors qu'il ne connaissait pas les mécanismes de l'immunité. Le terme « vaccination » vient d'ailleurs de sa méthode expérimentale sur la maladie de la vaccine.

I. Les mécanismes immunitaires mis en jeu dans le protocole de Jenner

- En prélevant du pus dans les vésicules de la main de la trayeuse, Jenner a recueilli le virus de la vaccine. L'inoculation de ce pus au jeune Phipps a alors déclenché une **réaction immunitaire**.

- La pénétration d'éléments étrangers sous la peau active le système immunitaire inné et provoque une **réaction inflammatoire aiguë**, ce qui se traduit, entre autres, par une fièvre. Les phagocytes vont ingérer le virus et se transformer en cellules présentatrices d'antigènes (**CPA**) pour transporter les éléments antigéniques du virus jusqu'aux ganglions lymphatiques. Ces CPA entrent alors en contact avec des lymphocytes B et T (LT-CD4 et LT-CD8).

- Les lymphocytes capables de reconnaître les éléments antigéniques de la vaccine grâce à leurs récepteurs membranaires sont activés : c'est la **sélection clonale**. Il s'en suit une prolifération des LT-CD4, c'est la **différenciation clonale**. Lors de la phase de différenciation clonale, certains LT-CD4, LT-CD8 et LB deviennent des **lymphocytes mémoires**.

- D'autres LT-CD4 activés se différencient en **LT auxiliaires**. Ces derniers libèrent de l'**interleukine 2**, qui va permettre l'amplification clonale des LB et des LT-CD8 activés et leur différenciation.

- Le reste des LB activés se transforme en **plasmocytes**, qui vont libérer des anticorps anti-vaccine. Quant aux LT-CD8, ils vont se transformer en **LT cytotoxiques** capables d'éliminer les cellules infectées par le virus.

Un schéma de synthèse comme le doc. 4 du chapitre 8 serait souhaitable en ajoutant, au niveau de la phase de différenciation, les lymphocytes mémoires.

- Lors de l'inoculation de la variole au jeune Phipps, celui-ci n'a pas développé de maladie. En effet, lors de ce contact, après une réaction inflammatoire aiguë, il y a eu activation des lymphocytes mémoires, ainsi que leur multiplication et leur différenciation. Les plasmocytes, LT auxiliaires et LT cytotoxiques ont permis une **élimination rapide** du virus et des cellules infectées.

II. Le processus de la vaccination

- La vaccination est l'**activation artificielle** du système immunitaire, par introduction d'antigènes provoquant une réaction immunitaire adaptative et la production de lymphocytes mémoires. Ces derniers, lors d'un contact ultérieur avec l'antigène, produisent une réponse plus rapide et plus efficace contre cet antigène (voir le doc. 4 du cours).
- Dans le cas de Jenner, l'observation avait montré que les personnes ayant eu la vaccine étaient **immunisées** contre la variole. L'antigène de la vaccine était alors une sorte de **germe atténué** de la variole. Celui-ci a été efficace sur le jeune Phipps puisque, lorsqu'il a été mis en contact avec le virus de la variole, il n'est pas tombé malade.

Conclusion

Cette manipulation réalisée par Jenner est en fait un prototype de la vaccination. Cependant, il s'agit d'une démarche expérimentale peu rigoureuse, car le pus de la trayeuse aurait pu contenir d'autres germes pathogènes et conduire à la contamination du jeune Phipps.

2 Le rejet de greffe

Avant de répondre au QCM, il s'agit d'analyser les résultats expérimentaux. On peut s'appuyer sur la méthode et stratégie 1 du chapitre 8.

> Étape 1 : repérer l'expérience témoin.
Il n'y a pas vraiment de témoin dans l'expérience 1. En revanche, les résultats de l'expérience 1 peuvent servir pour interpréter ceux de l'expérience 2.

> Étape 2 : identifier les paramètres expérimentaux.
Dans l'expérience 1, on mesure le temps séparant la greffe du rejet. Dans l'expérience 2, le paramètre qui varie est l'injection, avant la greffe, de sérum ou de lymphocytes d'une souris ayant déjà été en contact avec la peau de la souris A.

> Étapes 3 et 4 : analyser et interpréter les résultats.

- Dans l'expérience 1, après la greffe de peau de la souris A, la souris B1 rejette la greffe en 10 jours. Par contre, lors de la deuxième greffe, le rejet est beaucoup plus rapide (2 à 3 jours). Il y a donc un phénomène de **mémoire immunitaire** impliqué dans la réponse lors du deuxième contact avec l'antigène.
- Dans l'expérience 2, la souris greffée avec de la peau de la souris A après avoir reçu une injection de sérum de la souris B1 (souris B2) rejette la greffe au bout de 10 jours, comme la souris B1 lors de l'expérience 1. Le sérum, dans le cas de la greffe, n'a donc pas d'influence sur la mémoire immunitaire. En revanche, pour la souris B3, l'injection de lymphocytes induit un rejet de greffe au bout de 2 jours, comme la souris B1 lors de la deuxième greffe de l'expérience 1. Ce sont donc les lymphocytes mémoires qui sont à **l'origine du rejet**.

1. La réponse correcte est la **réponse c.** car, dans l'expérience 1, on constate le rejet lors du deuxième contact. Ceci est caractéristique des cellules mémoires. La réponse a. est fausse puisque le principe du vaccin consiste justement en la mise en mémoire d'un antigène (cas de la greffe). La réponse b. est fausse car la souris A possède des antigènes

naturels différents de ceux de la souris B1, qui seront donc reconnus comme éléments étrangers par l'organisme de la souris B1. Enfin, la réponse d. est fausse : le rejet est dû aux lymphocytes, et repose donc sur le système immunitaire adaptatif.

2. L'affirmation juste est la **réponse d.** : l'injection des lymphocytes de la souris B3 induit un rejet plus rapide de la greffe. La réponse b. est fausse car l'injection du sérum n'accélère pas le rejet de greffe pour la souris B2. La réponse a. est fausse (le sérum ne contient pas d'antigènes de la souris A) et la c. est évidemment fausse.

3 La séropositivité au VIH

Document 1

- On compare les résultats des mères (M1 et M2) et de leurs enfants (E1 et E) aux résultats de deux sujets témoins : l'un, T1, non contaminé et l'autre, T2, infecté par le VIH. Pour la mère M1, on observe une réaction colorée au test Elisa et une charge virale d'environ 10^4 copies d'ARN. Ces résultats se rapprochent de ceux de T2. Pour l'enfant E1, à la naissance, on observe un résultat coloré au test Elisa, comme pour T2, mais une charge virale nulle, comme T1. La mère M2, présente les mêmes résultats que la mère M1 et le sujet T2 : une réaction colorée au test Elisa et une charge virale d'environ 10^4 copies d'ARN. L'enfant E2, à la naissance, présente un résultat coloré au test Elisa et une charge virale de 5.10^2, résultats semblables à ceux de T2.
- **Interprétation** : le test Elisa met en évidence la présence d'anticorps anti-VIH, il permet donc de déterminer la **séropositivité au VIH**. Les mères M1 et M2 présentent les mêmes résultats que le témoin T2, infecté par le VIH. Elles sont donc séropositives et infectées par le VIH. Les enfants E1 et E2 sont également tous deux séropositifs, leur test Elisa présentant une réaction colorée comme pour le témoin T2. Chez E2, on observe également une charge virale identique à celle de T2 : il semble aussi infecté par le virus. En revanche, la **charge virale nulle** de l'enfant E1 ne permet pas d'affirmer son infection au VIH.

Document 2

Le doc. 2 n'est pas réellement à interpréter : il constitue un document de référence permettant d'interpréter les résultats du doc. 3.

Dans ce document, on observe l'évolution de l'origine des anticorps chez un jeune enfant durant sa première année. On constate que, durant les premiers mois (entre 0 et 5 mois), le jeune enfant ne possède pas ses propres anticorps. Ils proviennent du lait et du sang maternels (durant la grossesse). Puis le taux d'anticorps maternels diminue, pour disparaître vers le 8e mois. Parallèlement, le jeune enfant **développe sa propre immunité** en produisant ses anticorps à partir du 4e mois. Ceux-ci deviennent majoritaires par rapport aux anticorps maternels après le 6e mois.

Document 3

- Pour l'enfant E1, on observe une diminution du taux d'anticorps anti-VIH entre la naissance et le 5e mois (de 4 UA à 0). Pour l'enfant E2, on observe la même diminution du taux d'anticorps anti-VIH que pour E1 (de 0 à 5 mois), mais le taux d'anticorps augmente ensuite de nouveau (de 5 à 12 mois).

Interprétation : la diminution des anticorps anti-VIH chez E1 et E2 de 0 à 5 mois montre que ceux-ci sont d'origine maternelle (doc. 2). Après 6 mois, les anticorps présents sont majoritairement produits par l'enfant. L'augmentation des anti-VIH chez E2, à partir de 6 mois, est donc due à une production d'anticorps par l'enfant lui-même. Pour E1, la séropositivité « passagère » semble être **d'origine uniquement maternelle**.

Bilan

E1 était séropositif à la naissance, mais sa séropositivité était due à l'infection de sa mère. L'absence de charge virale et la disparition de la séropositivité vers 8 mois confirme qu'il n'est pas infecté. Par contre, E2, séropositif à la naissance et présentant une charge virale à la naissance, développe sa propre séropositivité après 6 mois. Il est donc infecté par le VIH et a été contaminé par sa mère.

4 Diagnostic d'une pathologie

Analyse des documents

– **Doc. 1** : les deux patients présentent de la fièvre et une toux. Par contre, le patient 1 présente des plaques sur la peau tandis que le patient 2 présente une pathologie pulmonaire, avec des nodules non microbiens.
– **Doc. 2** : le *Coccidioidomycosis* produit des spores dispersées par le vent et qui produisent des sphérules dans l'organisme humain avant de libérer de nouvelles spores dans l'air.

Analyse du test d'immunodiffusion (doc. 3)

> **Étape 1 :** le puits central contient l'antigène du *Coccidioidomycosis*, le puits 1 contient le sérum du patient 1 au niveau de la peau, le puits 2 contient le sérum bronchique du patient 2.

> **Étape 2 :** on observe deux arcs de précipitation, entre l'Ag et le puits 1 ainsi qu'entre l'Ag et le puits 2.

> **Étape 3 :** il y a donc eu formation de complexes immuns anticorps anti *Coccidioidomycosis* – antigène de *Coccidioidomycosis* pour les deux patients.

> **Étape 4 :** la peau du patient 1 et les poumons du patient 2 ont donc produit des anticorps contre les spores de *Coccidioidomycosis*.

Bilan

Les patients 1 et 2 sont atteints de la **même maladie parasitaire**. Le patient 1 est surtout atteint au niveau de la peau, tandis que le patient 2 a une atteinte pulmonaire. Ces données confirment le diagnostic du médecin.

5 La vaccination contre la grippe aviaire

Doc. 1 : on mesure ici l'efficacité d'un vaccin réalisé avec la souche H5N3. On constate que, sans adjuvant, il y a une très faible réaction (5 %). Le vaccin est donc **inefficace** si on n'ajoute **aucun adjuvant** dans sa composition. Par contre, l'ajout de squalène (MF59) dans le vaccin permet une réaction positive. Celle-ci est maximale après 42 jours avec 37,5 % d'efficacité, et pour des doses de 7,5 µg d'antigène.

- **Doc. 2** : on observe le taux de survie de souris vaccinées, soit avec 2 µg d'antigène provenant d'un virus H5N1 modifié génétiquement, soit avec des vaccins contenant l'antigène de la souche sauvage à différentes concentrations. Pour les souris témoins et les souris vaccinées avec l'antigène modifié, le **taux de survie** passe de 100 à **0 %** entre le 8e et 10e jour. Les souris immunisées avec l'antigène naturel présentent **100 % de survie**. L'immunisation avec l'antigène modifié n'est pas du tout efficace contre le virus H5N1.

- **Doc. 3.**

On mesure l'efficacité du vaccin avec la méthode de l'hémolyse radiale, qui se rapproche de celle de l'immunodiffusion. L'anticorps se propage dans la gélose contenant l'antigène, mais aussi des protéines. Ainsi, la formation des complexes immuns, au lieu de créer des arcs, provoque la lyse des hématies.

Quand on réalise le test avec les anticorps anti-H5N3, on constate que l'absence d'adjuvant empêche toute réaction, sauf après 42 jours, où l'on observe une réponse très faible de 10 mm^2 pour la dose de 15 µg. Si le vaccin contient du MF59, on observe alors une réponse importante après 42 jours, quelle que soit la concentration en antigène dans le vaccin. Quand on réalise le test avec des anticorps anti-H5N1, on n'observe également une réponse que pour le vaccin contenant l'adjuvant, et au bout de 42 jours. **Le vaccin sans adjuvant est donc inefficace**. Le vaccin réalisé à partir d'antigène de H5N3 avec l'adjuvant est donc efficace contre le virus **H5N3**, mais aussi contre **H5N1**.

- **Doc. 4** : les souris ne produisent que très peu d'immunoglobulines avec l'antigène modifié « mod ». La vaccination avec l'antigène naturel est en revanche efficace dès le 28e jour après l'injection, et la production d'anticorps est d'autant plus importante que la quantité d'antigènes dans le vaccin est importante. De même, la durée après l'injection augmente la production d'anticorps anti-H5. Ces résultats sont à mettre en relation avec le doc. 3. La mort des souris avec le vaccin « mod » s'explique donc par une **absence d'anticorps anti-H5**.

- **Bilan** : la mise au point d'un vaccin efficace contre le virus H5N1 nécessite donc l'utilisation de la souche sauvage du virus H5N1 à une dose de 2 µg, mais avec des risques puisqu'il s'agit du virus de la maladie. (À ce jour, il n'a pas été possible d'élaborer d'antigène de synthèse capable d'induire de réponse immunitaire efficace.) La **seconde stratégie** consiste à utiliser une souche de virus peu pathogène, le H5N3, qui, associé à un adjuvant (le squalène), donne des résultats très efficaces contre le H5N3, mais aussi contre le virus H5N1. En agissant sur les doses d'antigènes et de squalène, on pourrait améliorer l'efficacité contre ce dernier virus et réussir à produire un vaccin qui pourrait éviter une nouvelle pandémie à la population mondiale.

6 Le diabète de type 1

- **Doc. 1** : on constate que l'absence du gène FOXP3 provoque la survenue du diabète au bout de 10 jours pour 100 % des individus mutés. L'absence du gène FOXP3 provoque l'**apparition du diabète**.

- **Doc. 2a** : on observe une production très basse d'IL10 chez les individus malades. Un taux faible d'IL10 **favorise** donc le développement du diabète.

- **Doc. 2b** : on constate que des souris mutantes ne produisant pas d'interleukine 10 présentent une production importante de **lymphocytes T-CD4**.

- **Doc. 3** : le **lymphocyte T régulateur** présenté est caractérisé par l'expression du gène FOXP3. Ce lymphocyte libère de l'interleukine 10.

C'est un document de référence qui permet d'interpréter les résultats des expériences des documents suivants.

- **Doc. 4** : quand on injecte des lymphocytes T non régulateurs, on observe une évolution du nombre de cas de diabète semblable à celle du témoin, c'est-à-dire une apparition rapide du diabète. Par contre, après l'injection de LT régulateurs, on observe une absence de souris diabétique jusqu'à la 9e semaine. Les LT régulateurs **diminuent** donc le développement du diabète de type 1.
- **Doc. 5** : on observe l'aspect d'un îlot de Langerhans de souris NOD sans et avec injection de LT régulateurs. On constate une quantité importante de LT-CD8 cytotoxiques dans le cas des souris sans LT régulateurs. On peut supposer que les cellules bêtas sont **détruites par les LT-CD8 cytotoxiques**.
- **Bilan** : le diabète de type 1 lié à la disparition des cellules β des îlots de Langerhans du pancréas induit l'apparition d'une hyperglycémie. La disparition de ces cellules s'expliquerait par une destruction par les LT-CD8 cytotoxiques. En effet, cette maladie apparaît chez des organismes mutants pour le gène FOXP3, exprimé au niveau des LT régulateurs. De même, on constate une sécrétion faible d'IL10 chez des individus diabétiques, ce qui laisse supposer une absence ou un dysfonctionnement des LT régulateurs chez ces individus (gène FOXP3 et sécrétion d'IL10). Ainsi, chez des souris mutantes diabétiques, l'injection de LT régulateurs peu de temps après la naissance empêche le développement du diabète. On peut émettre comme hypothèse que cette diminution d'action des LT régulateurs engendrerait des modifications dans le système immunitaire. La baisse d'IL10 augmenterait la quantité de LT-CD4, ce qui conduirait à une différenciation des LT-CD8 en LT cytotoxiques, et donc à la destruction des cellules du pancréas. D'autres travaux doivent être réalisés pour confirmer ces premiers résultats. Par exemple, **tester la réaction spécifique** des LT-CD8 sur les cellules du pancréas.

7 Infection par le trypanosome

Dans un premier temps, confirmons le diagnostic du médecin.

Analyse du protéinogramme (doc. 1)

> **Étapes 1-2 :** on observe un pic pour l'albumine, alpha 1, alpha 2, la bêta globine et les gammaglobulines.

> **Étape 3 :** le profil est identique à celui du témoin, excepté pour les gammaglobulines.

> **Étape 4 :** il y a donc un excès de gammaglobulines. L'analyse des bandes montre qu'il s'agit uniquement d'IgM. En effet, il n'apparaît ni IgA ni IgG. Ce résultat coïncide avec la trypanosomiase.

Dans un deuxième temps, expliquons la difficulté de concevoir un vaccin.

Analyse des documents

- **Doc. 2 : 5 min** après l'ajout des IgM, on observe une agglutination des trypanosomes. Les IgM reconnaissent bien l'antigène et forment des complexes immuns. Cependant, **30 min** après l'ajout, les trypanosomes échappent à l'agglutination des anticorps.

- **Doc. 3** : on observe ici la spécificité des IgM avant et après infection par le trypanosome. On constate qu'il y a une augmentation du taux d'IgM réagissant aux différents antigènes. Cependant, les anticorps réagissant aux antigènes du trypanosome réagissent aussi avec les autres antigènes que sont la β-galactosidase et la ferritine, mais dans des proportions moindres. Les **IgM** contre le trypanosome ne sont donc **pas spécifiques de cet antigène**. Les IgG obtenues après l'infection sont totalement absentes avant l'infection et ne réagissent qu'avec les antigènes du trypanosome. Les **IgG** sont, par contre, **spécifiques de cet antigène**.

Il s'agit d'une **commutation de classe** : les lymphocytes se différencient en plasmocytes et produisent, au lieu d'IgM, des IgG spécifiques de l'antigène du trypanosome. Ce changement modifie le site de reconnaissance de l'Ag et améliore la spécificité. Cependant, la quantité d'IgG produite durant une infection est très faible (doc. 1).

- **Doc. 4** : il apparaît des **fluctuations importantes** du nombre de parasites. En une semaine, il peut y avoir une forte baisse (de 1.10^6 à presque 0), puis de nouveau une augmentation de la population. Le système immunitaire semble être capable, au moins pendant un temps, d'éliminer les trypanosomes. Puis, ceux-ci échappent au système immunitaire et se multiplient à nouveau.

- **Doc. 5** : on observe une évolution des variants au cours du temps. Il y a augmentation du nombre de trypanosomes possédant un variant (jusqu'à 1 million/mL de sang), puis diminution de ce variant, correspondant à la synthèse d'anticorps contre celui-ci. Une **nouvelle population** de trypanosomes possédant un nouveau variant se développe alors. Le trypanosome possède 1 500 gènes de VSG, qui s'expriment au hasard chez chaque individu : cela leur permet d'échapper au système immunitaire et de continuer à se développer.

- **Bilan** : les trypanosomes possèdent des antigènes reconnus par le système immunitaire et induisant la production d'anticorps anti-VSG. Cependant, ces anticorps produits en grande quantité et principalement des IgM (caractéristiques de cette maladie), ne sont pas spécifiques de cet antigène (doc. 3) et semblent peu efficaces dans la neutralisation des antigènes (doc. 2). Seules les IgG sont efficaces. De plus, on observe des variations importantes dans la population de trypanosomes (doc. 4 et 5). En fait, les trypanosomes développent des **variants** en modifiant leur antigène VSG par **réarrangement génétique**. L'organisme, qui produit des anticorps spécifiques contre ce VSG, sera alors incapable d'agir contre les autres variants pouvant se développer par la suite. Le principe d'un vaccin est de produire des anticorps spécifiques d'un antigène. Or, le trypanosome produit une très grande diversité d'antigènes VSG différents. Il apparaît dès lors impossible de réaliser un vaccin contre le trypanosome, du moins par le biais d'anticorps anti-VSG. Il faudrait trouver un **antigène stable** permettant d'obtenir un vaccin efficace.

8 Diminuer la douleur inflammatoire

- **Doc. 1a** : en présence de capsaïcine, l'augmentation de PGE2 provoque une augmentation de la fréquence des potentiels d'action au niveau d'une fibre C.

- **Doc. 1b** : dans l'expérience a, la capsaïcine provoque un courant entrant, c'est-à-dire une entrée de Na^+ dans la fibre C. Ce courant entrant est proportionnel à la concentration de capsaïcine. Il y a donc **dépolarisation de la membrane** jusqu'à l'apparition d'un PA. Dans l'expérience b, l'ajout de PGE2 avec 0,1 µM de capsaïcine donne le même résultat qu'avec une concentration de 0,3 µM de capsaïcine. Il faut attendre 15 min après l'arrêt de la perfusion de PGE2 pour retrouver une valeur normale du courant entrant. **La PGE2 accentue l'effet de la capsaïcine** en le décuplant : elle augmente la sensation de douleur.

- **Doc. 2** : le LPS est un antigène qui réagit avec le **TLR4** situé sur les phagocytes et provoque leur activation. On observe une augmentation de la production de PGE2 (sans drogue) proportionnelle à la concentration de LPS injecté. Cette quantité de PGE2 diminue fortement avec l'usage d'anti-inflammatoires. L'aspirine limite la production de PGE2, mais celle-ci reste proportionnelle à la quantité de LPS présente. Plus il y a de LPS, plus la dose de PGE2 augmente. La dexaméthasone diminue la production de PGE2, légèrement inférieure à la valeur normale. Le DFP diminue fortement la quantité de PGE2 et semble être un AINS efficace contre la production de PGE2.

- **Doc. 3** : quand on active des phagocytes avec du LPS intact ou modifié (non reconnu par le TLR4), on constate une expression de Cox-1 après 18 h d'incubation, mais sans aucune différence entre les deux expériences. Il y a donc une **production continue de Cox-1**, et celle-ci n'est pas en réponse à la présence d'un élément antigénique. En revanche, dans les mêmes conditions, on constate une **expression de Cox-2 différente** si le LPS est modifié ou non. En effet, on observe une expression à 22 UA pour le LPS contre 3 UA pour le LPS modifié. Le LPS, reconnu par les phagocytes, provoque donc leur activation et la production de l'enzyme Cox-2.

- **Doc. 4** : l'activité de la Cox-1 est peu modifiée par le DFP, sauf pour des doses de 10 UA, à partir desquelles l'activité baisse jusqu'à 60 %. L'activité de la Cox-2 diminue dès une concentration de 6 UA, et atteint 0 % à 12 UA. Le **DFP est donc une molécule efficace contre l'enzyme Cox-2.**

- **Bilan** : lors d'une réaction inflammatoire, les phagocytes sont activés par des éléments étrangers reconnus par leurs TLR. Cette activation concerne principalement la synthèse de l'enzyme Cox-2 (doc. 4 et 5), qui induit la production de prostaglandine 2 (PGE2). Cette dernière agit alors au niveau des fibres nerveuses C, spécialisées dans la transmission des messages de douleur (doc. 1). En effet, la PGE2 provoque une dépolarisation de la membrane des fibres C (doc. 2) conduisant à leur excitation et à la production de potentiels d'action, à l'origine de la sensation de douleur. Pour limiter la douleur, il s'agit donc de bloquer la synthèse de PGE2. Parmi les anti-inflammatoires, le DFP semble le plus efficace (doc. 3). Cette molécule est particulièrement efficace pour diminuer l'activité de la Cox-2 (doc. 5) produite lors de la réaction inflammatoire (doc. 4).

CHAPITRE 10

Communication nerveuse : le réflexe myotatique

COURS

Communication nerveuse : le réflexe myotatique

Le réflexe myotatique est la contraction d'un muscle en réponse à son propre étirement. Dans le cadre d'un test médical, un léger choc administré sur le tendon déclenche soit l'extension de la jambe (réflexe rotulien), soit celle du pied (réflexe achilléen).

I. Description du réflexe myotatique

1. Les acteurs du réflexe myotatique

- On constate que ce réflexe n'est pas aboli chez un animal décérébré (l'encéphale est détruit, mais la moelle épinière est laissée intacte). En revanche, il disparaît chez l'animal démédullé (la moelle épinière est détruite). Le réflexe myotatique fait donc intervenir la **moelle épinière,** un **centre nerveux** intégrateur.
- L'extension du muscle est perçue au niveau de **récepteurs** sensibles à l'étirement et situés dans le muscle : les **fuseaux neuromusculaires** (FNM). La réponse à l'étirement est une contraction de l'**effecteur**, qui est le **muscle étiré**.

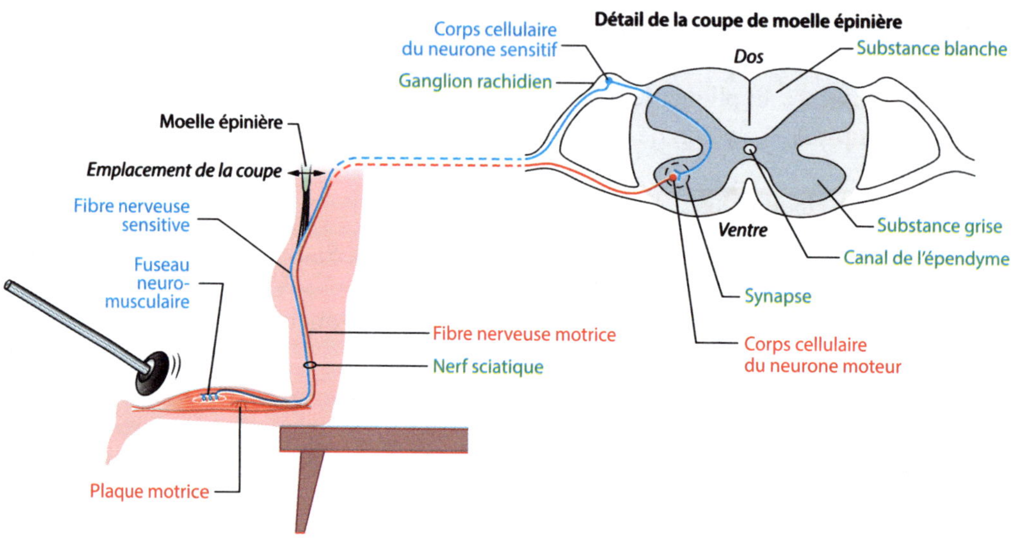

DOC. 1 Structures impliquées dans le réflexe myotatique achilléen. La moelle épinière et le muscle sont liés par des nerfs constitués de fibres nerveuses. La coupure de ces nerfs rachidiens abolit le réflexe myotatique : les nerfs conduisent donc le message nerveux circulant entre muscle et moelle épinière.

2. Déroulement du réflexe myotatique

- Lors de l'étirement du muscle, les fuseaux neuromusculaires sont stimulés. Cela génère un **message nerveux sensitif**, ou **afférent**, lequel est transmis à la moelle épinière *via* les fibres nerveuses du **neurone sensitif** ou afférent.
- Dans la moelle épinière, un neurone moteur, ou **motoneurone**, est excité. Celui-ci transmet un **message nerveux moteur**, ou **efférent**, qui circule dans des **fibres nerveuses motrices** ou efférentes. Ce message arrive au niveau de la **plaque motrice**, il est à l'origine de la contraction du muscle qui a été étiré.
- Il n'y a que deux neurones en jeu dans ce réflexe, donc une seule synapse entre eux : on parle de **circuit monosynaptique**.

II. La communication nerveuse à l'origine du réflexe myotatique

1. Potentiel de repos et potentiel d'action

- Les concentrations ioniques à l'intérieur ou à l'extérieur de la cellule ne sont pas identiques. Il existe, dans la membrane des cellules, des pompes dont l'activité se traduit par une dépense énergétique. Ces différences de répartition ionique génèrent une **différence de potentiel** (ddp) entre les faces interne et externe de la membrane plasmique.
- En l'absence de toute stimulation, cette différence est appelée **potentiel de repos***. Toutes les cellules n'ont pas le même potentiel de repos : – 50 à – 70 mV pour les neurones, – 90 mV pour une cellule musculaire, – 100 à – 130 mV pour la plupart des cellules végétales. Le signe « – » indique que la face interne de la cellule est chargée négativement par rapport à la face externe.
- Le potentiel de repos de cellules dites excitables, comme le neurone ou la cellule musculaire, peut être modifié ponctuellement. Cette modification transitoire de la polarisation membranaire est liée à un déplacement ionique de part et d'autre de la membrane plasmique. Lorsque cette modification entraîne le déclenchement de la réponse d'une cellule effectrice, on la nomme **potentiel d'action*** (PA).

2. Codage du message nerveux

- Le potentiel d'action n'apparaît que lorsque l'intensité de stimulation dépasse le **seuil d'excitabilité** de la fibre.
- Au sein d'une même cellule, le potentiel d'action prend toujours la même forme et a toujours la même amplitude, quelle qu'ait pu être l'intensité de la stimulation : le potentiel d'action est une réponse stéréotypée.
- On parle de **loi du « tout ou rien »** : si l'intensité de stimulation a permis l'apparition du potentiel d'action, celui-ci aura une amplitude et une forme constantes.
- L'intensité de l'information nerveuse n'est pas codée par l'amplitude du potentiel d'action lui-même. Ce codage se traduit par la fréquence des potentiels transmis par la fibre nerveuse ainsi que par le nombre de fibres nerveuses recrutées.

* Les mots suivis d'un astérisque sont définis dans le lexique.

3. Transmission du message nerveux d'une cellule à l'autre

- La transmission se fait au niveau d'une **synapse** : celle-ci est constituée d'une cellule pré-synaptique et d'une cellule post-synaptique, séparées par une **fente synaptique**.
- Si le message nerveux est transmis électriquement le long d'une fibre nerveuse, il est transformé en **message chimique** lorsqu'il circule de la cellule pré-synaptique à la cellule post-synaptique.
- Le neurone pré-synaptique présente des **vésicules** contenant des **neurotransmetteurs***. Le neurotransmetteur présent dans les motoneurones est l'**acétylcholine**.
- Il existe d'autres neurotransmetteurs comme l'adrénaline, la noradrénaline, le GABA, la dopamine, la sérotonine…

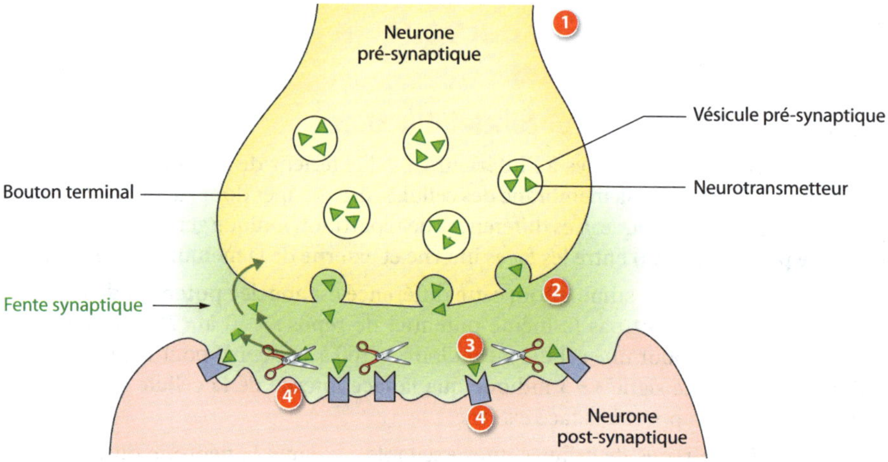

DOC. 2 Organisation et fonctionnement de la synapse chimique. Le neurotransmetteur reste fixé peu de temps au niveau du récepteur post-synaptique puis il est rapidement détruit dans la fente synaptique, ce qui limite son action dans le temps.

- Lorsqu'un potentiel d'action arrive au niveau du bouton synaptique (**1**), cela provoque l'**exocytose*** des vésicules (**2**). Le neurotransmetteur est alors déversé dans l'espace séparant le neurone pré-synaptique de la cellule post-synaptique, la fente synaptique.
- La cellule post-synaptique présente une membrane plissée, ce qui augmente la surface de contact avec le milieu extérieur dans lequel le neurotransmetteur a été déversé.
- Dans cette membrane, sont enchâssés des **récepteurs** sur lesquels peuvent se fixer les neurotransmetteurs (**3**). Dans le cas de récepteurs à l'acétylcholine, on parle de récepteurs cholinergiques.
- Lorsque ces récepteurs fixent les molécules de neurotransmetteurs, il y a ouverture de canaux ioniques, ce qui modifie le **potentiel membranaire**.

- S'il s'agit d'une dépolarisation (diminution de la différence de potentiel transmembranaire) supérieure à une valeur dite seuil, cela déclenche une réponse de la cellule post-synaptique (4) : la **création d'un potentiel d'action** s'il s'agit d'un neurone, la contraction d'une cellule musculaire ou encore la libération d'une molécule s'il s'agit d'une cellule sécrétrice.
- La destruction du neurotransmetteur est catalysée par une enzyme présente dans la fente synaptique (4'). Les produits issus de cette hydrolyse sont ensuite réabsorbés par le neurone pré-synaptique.

POST BAC

Les mouvements ioniques à l'origine des potentiels d'action

> Voir le sujet 7.

- Les potentiels d'action enregistrés le long des fibres nerveuses sont dus aux déplacements d'ions de part et d'autre de la membrane.
- La **dépolarisation** (élévation de la différence de potentiel de membrane, initialement négative) enregistrée dans un premier temps est liée à une **entrée d'ions Na^+** dans la cellule.
- La **repolarisation** (la différence de potentiel membranaire négative s'approche de 0 mV) puis l'**hyperpolarisation** (obtention d'une différence de potentiel plus négative que celle enregistrée au repos) sont liées à une **sortie d'ions K^+** hors de la cellule (voir la méthode et stratégie 1).
- La membrane des fibres nerveuses des neurones présente des canaux capables, lorsqu'ils s'ouvrent, de laisser passer majoritairement une espèce ionique. On peut trouver deux types de **canaux ioniques** : des canaux sodiques et des canaux potassiques.
- Ces deux types de canaux sont **voltage dépendants** : cela signifie qu'ils s'ouvrent lorsque le potentiel membranaire de la fibre nerveuse atteint une valeur seuil.
- La dépolarisation de la membrane supérieure ou égale au seuil d'excitabilité déclenche l'ouverture des canaux. Les canaux sodiques sont rapides : ils s'ouvrent donc les premiers. Les canaux potassiques sont, eux, un peu plus lents. Ils s'ouvriront donc un peu plus tard.
- Cette séquence entraînera successivement une entrée d'ions Na^+, et donc une dépolarisation membranaire, puis, dans un deuxième temps, la sortie d'ions K^+ responsable de la repolarisation et de l'hyperpolarisation.
- Les canaux sodiques sont particuliers puisqu'ils possèdent, du côté cytoplasmique, une partie appelée **segment d'inactivation** qui va venir obturer le canal juste après l'ouverture.
- Les canaux sodiques sont alors dans un état inactivé, différent des états ouvert et fermé. Dans cet état, le canal ne laisse plus passer les ions mais, contrairement à l'état fermé, ne peut pas s'ouvrir de nouveau, quelle que soit la différence de potentiel membranaire, et ce jusqu'à la fin de l'état inactivé.

Ce mécanisme empêche le déclenchement d'une nouvelle ouverture des canaux sodiques et les potentiels d'action ne peuvent être cumulés. La période d'inactivation des canaux sodiques est à l'origine de ce que l'on appelle la **période réfractaire absolue** : cela signifie qu'un nouveau potentiel d'action ne peut plus être déclenché sur la fibre nerveuse.

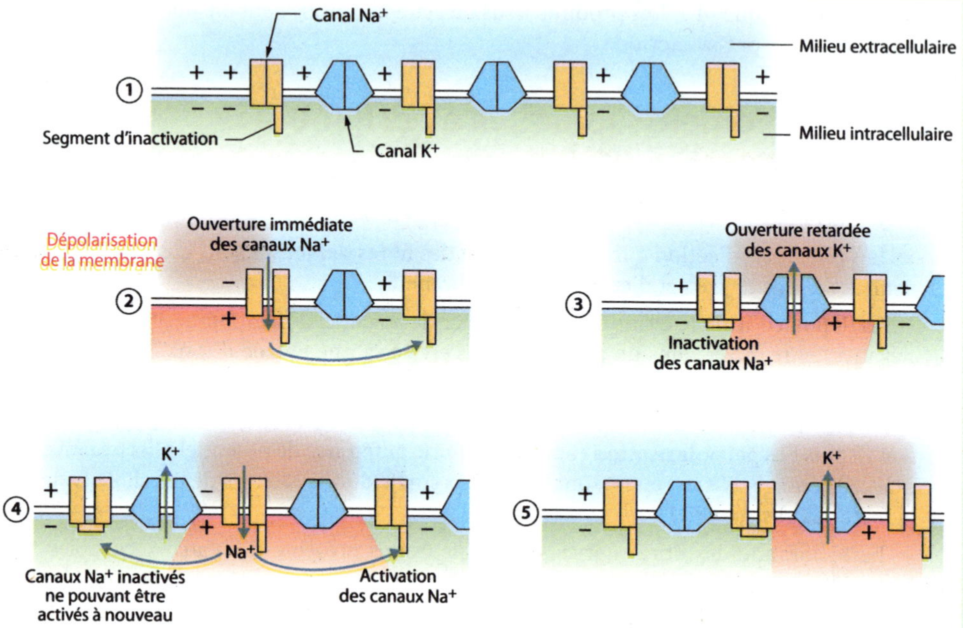

DOC. 3 Période réfractaire absolue. Il existe aussi une période réfractaire dite relative, qui correspond à la phase d'hyperpolarisation. La fibre nerveuse étant hyperpolarisée, atteindre la valeur seuil pour déclencher l'ouverture des canaux sodiques nécessite une stimulation plus forte. Les potentiels d'action peuvent donc s'enchaîner très rapidement si la stimulation est importante.

MÉTHODES ET STRATÉGIES

1 Analyser l'enregistrement d'une différence de potentiel membranaire

> Voir les sujets 1, 5 et 7 mettant en œuvre cette méthode.

Les techniques actuelles permettent de réaliser des mesures de la variation de la différence de potentiel membranaire (ddp) des cellules excitables. Une microélectrode de mesure est piquée dans la fibre, tandis qu'une électrode de référence se situe dans le milieu extérieur (le liquide physiologique dans lequel baigne la fibre nerveuse). Les deux électrodes sont reliées à un amplificateur et à un oscilloscope. On mesure la différence de potentiel entre les deux électrodes. En amont de cet ensemble, un dispositif permettant éventuellement d'envoyer une décharge pour déclencher un potentiel d'action peut être ajouté.

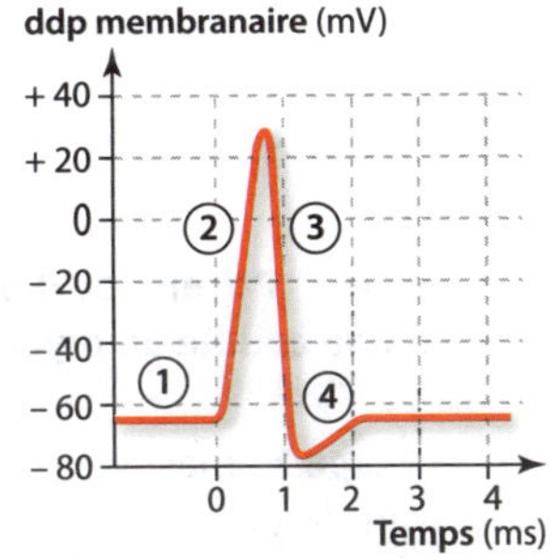

DOC. 4 Enregistrement du PA dans une fibre nerveuse isolée.

Méthode

Il est important de savoir décrire les variations de la différence de potentiel membranaire (ddp), point de départ de la compréhension des mécanismes à l'origine des réactions se produisant dans les cellules excitables.

> Étape 1 : mesurer la différence de potentiel membranaire d'une cellule au repos.

Sur la partie 1 du graphique du doc. 4, la membrane plasmique présente une différence de potentiel d'environ – 65 mV. L'intérieur de la cellule est donc chargé négativement par rapport à l'extérieur. On représente, par convention, la répartition des charges de part et d'autre de la membrane par des signes « + » et « – » (doc. 5).

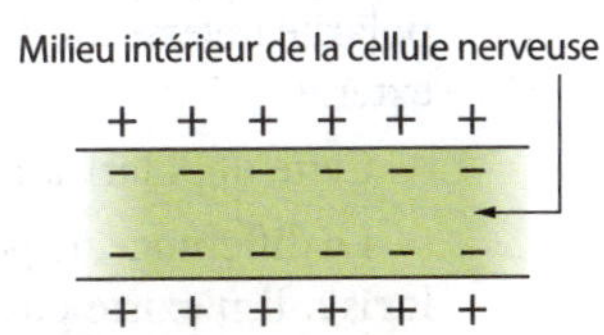

DOC. 5 Cellule nerveuse au repos.

> Étape 2 : déterminer et interpréter les variations de potentiel membranaire.

- Sur la partie 2 du graphique du doc. 4, la ddp membranaire passe tout d'abord de – 65 à 0 mV : la cellule est passée d'une polarisation à une absence de polarisation de sa membrane, elle s'est *dé*polarisée. Par la suite, la ddp membranaire a atteint + 30 mV à la fin de la phase 2. La membrane de la cellule présente donc une polarité inverse à celle observée au repos. Toutefois, l'ensemble de la partie 2 est classiquement appelé phase de dépolarisation.
- Sur la partie 3 du doc. 4, la ddp est de nouveau négative : la face interne de la membrane redevient négative par rapport à la face externe. Il y a donc *re*polarisation de la cellule.
- En 4, la ddp membranaire observée est inférieure à celle observée au repos puisqu'elle est mesurée à – 75 mV : l'électrode interne mesure une charge plus négative que celle enregistrée au repos. La cellule est dite *hyper*polarisée (doc. 6).

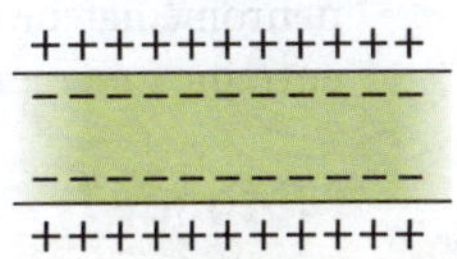

DOC. 6 Cellule nerveuse hyperpolarisée.

Application

Voici l'enregistrement de la variation de la différence de potentiel membranaire (ddp) d'une cellule contractile du myocarde (cellule appartenant au muscle cardiaque). **Analyser cet enregistrement pour en faire ressortir les étapes majeures.**

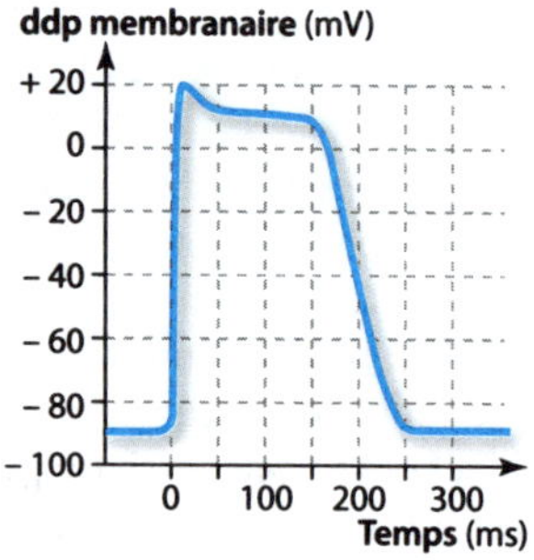

DOC. 7 Potentiel d'action d'une cellule du myocarde.

> **Étape 1 : mesurer le potentiel de repos.**

Avant le début du potentiel d'action, la cellule présente une différence de potentiel membranaire de − 90 mV. Il s'agit de son potentiel de repos.

> **Étape 2 : déterminer et nommer les variations de la différence de potentiel membranaire.**

- À partir de $t = 0$ ms, et pendant environ 15 ms, le potentiel de membrane passe de − 90 mV à + 20 mV : la membrane de la cellule se **dépolarise** et atteint même une polarité inverse. Son milieu intérieur est donc chargé plus positivement que son milieu extérieur.
- Cette dépolarisation se maintient pendant un temps long (environ 175 ms).
- La différence de potentiel diminue ensuite et redevient négative : la cellule se **repolarise**. Il n'existe pas ici de phase d'hyperpolarisation : la répartition des charges de part et d'autre de la membrane est identique à celle observée au repos.

2 Caractériser l'action agoniste ou antagoniste d'une molécule

> Voir les sujets 4, 5, 6 et 7 mettant en œuvre cette méthode.

Il existe de très nombreuses substances, d'origine naturelle ou synthétique, pouvant agir sur la synapse chimique, que celle-ci soit entre deux neurones ou qu'elle relie un neurone à un autre type de cellule excitable. Une molécule qui a un effet comparable à celui du neuromédiateur naturel est qualifiée d'**agoniste**. À l'inverse, une substance **antagoniste** entraîne une réponse opposée à celle obtenue en présence de la substance naturelle.

Méthode

> **Étape 1 : montrer qu'une substance est neurologiquement active.**

Une substance pharmacologique neuroactive peut avoir des effets rapides sur le système nerveux et visibles au niveau de l'organisme : perte de tonus musculaire ou, au contraire, contraction constante, tremblements, modification du comportement (excitation ou apathie), etc.

> Étape 2 : définir si l'on a affaire à une molécule agoniste ou antagoniste.
On peut caractériser ces substances en fonction de leur action.

- Lorsque l'application de la substance déclenche la même réponse que la molécule naturelle (situation **A**, doc. 8), il s'agit d'un agoniste. Si cet effet est identique à celui de la molécule naturelle, on parle alors d'**agoniste entier**. Lorsque l'effet est inférieur à celui de la molécule naturelle, on parle d'**agoniste partiel**. Dans ce cas, on peut enregistrer une baisse de l'activité normale ce qui, mal analysé, peut être confondu avec l'action d'un antagoniste. La substance agoniste peut aussi prolonger l'effet de la substance agoniste naturelle ou empêcher son élimination (situation **B**).
- L'application d'une substance antagoniste entraîne une réponse opposée à celle obtenue en présence de la molécule naturelle. Si l'antagoniste se fixe sur le récepteur au même niveau que le neurotransmetteur, et empêche ainsi son action, on parle d'**antagoniste compétitif** (situation **C**). S'il ne se fixe pas sur le même site que le neurotransmetteur, mais empêche tout de même son action, on parle d'**antagoniste non compétitif** (situations **D** et **E**).

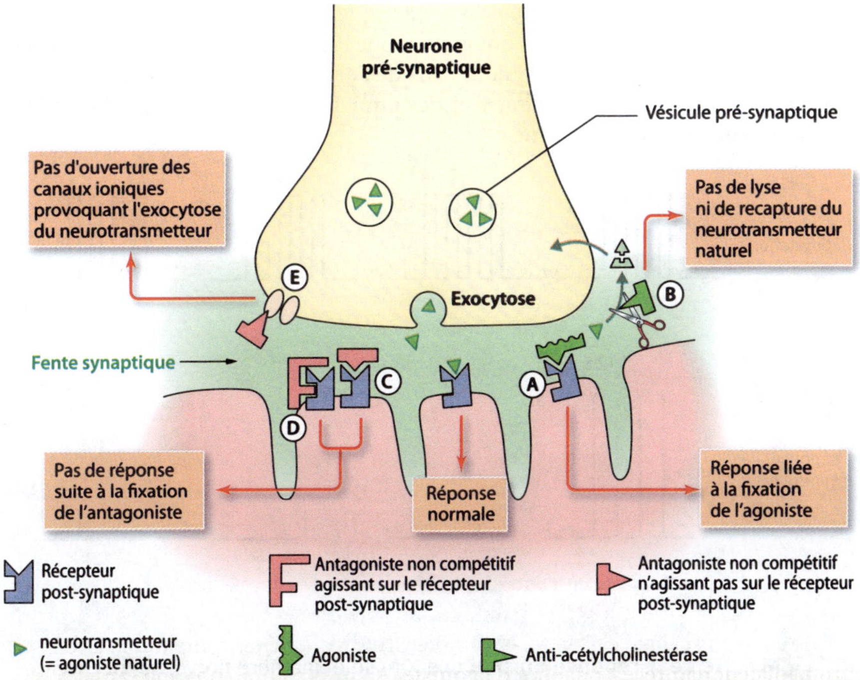

DOC. 8 Mode d'action d'agonistes ou d'antagonistes au niveau d'une synapse.
La fixation d'un agoniste ou d'un antagoniste influence la réponse de la cellule. En B, l'agoniste empêche l'action de l'acétylcholinestérase. En E, l'antagoniste empêche l'ouverture des canaux ioniques à l'origine de l'exocytose des vésicules contenant le neurotransmetteur.

> Étape 3 : déterminer le site d'action de la molécule.
Cette détermination ne se fait pas sans mal, et il convient de s'adapter aux données fournies. En fonction de l'emplacement au niveau duquel les données sont obtenues, diverses questions peuvent conduire l'étude.

Données obtenues dans le neurone pré-synaptique

– Peut-on enregistrer les événements (en réalité des courants ioniques) à l'origine de l'exocytose ?
– L'exocytose se produit-elle lors de l'arrivée d'un message nerveux ?

Données obtenues dans la cellule post-synaptique

– Peut-on enregistrer une réponse électrique (là encore, des courants ioniques) dans la cellule post-synaptique ?
– Peut-on enregistrer la réponse effectrice (par exemple, dans le cas d'une cellule musculaire, une contraction musculaire) ?

Application

On cherche à comprendre les effets de la tubocurarine (un curare), substance entraînant une paralysie musculaire.
Pour cela, on effectue des mesures sur la fibre musculaire ainsi qu'un enregistrement des courants au niveau de la cellule post-synaptique.
Des observations complémentaires ont montré que l'exocytose des vésicules contenant le neurotransmetteur se produit toujours lors de l'arrivée d'un message nerveux.
À partir de l'ensemble documentaire et des informations, déterminer le type et le mode d'action de la tubocurarine.

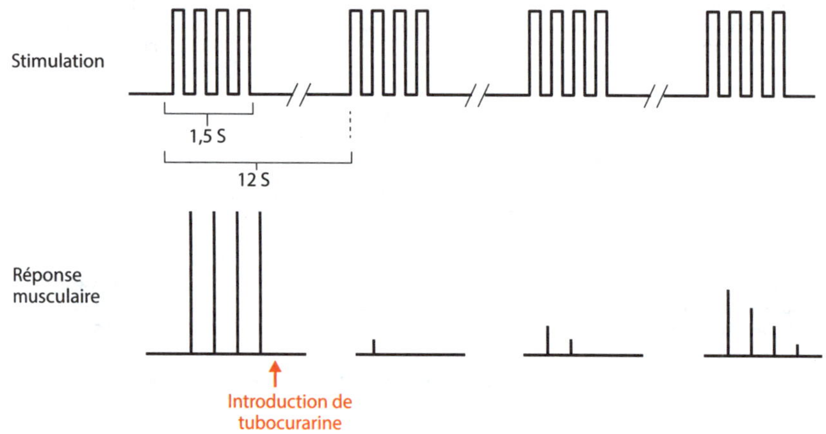

DOC. 9 Mesure de la réponse musculaire. On isole une fibre nerveuse motrice et la fibre musculaire associée. Une stimulation électrique de la fibre nerveuse est réalisée. Après une première série de stimulations (témoin), on introduit de la tubocurarine dans le milieu.

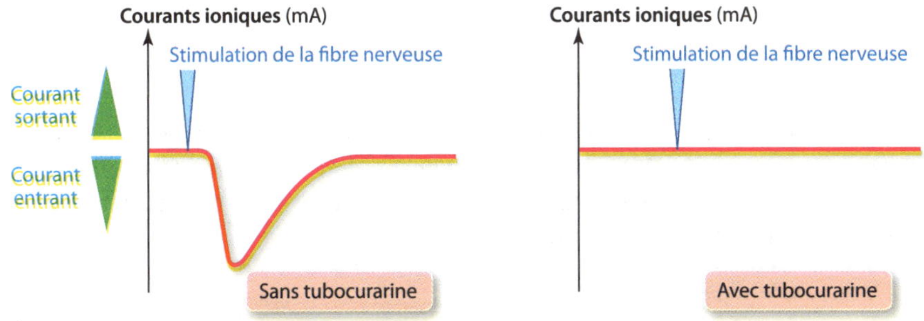

DOC. 10 Enregistrements des courants ioniques. Noter qu'il ne s'agit pas de l'enregistrement d'une différence de potentiel, mais de celui des courants traversant la membrane : le courant entrant est marqué par une déviation de la courbe vers le bas, le courant sortant est, lui, marqué par une déviation vers le haut. Les enregistrements permettent de visualiser le déclenchement de courants entrants ou sortants au niveau de la membrane.

> **Étape 1 :** en introduction, on nous indique que la tubocurarine entraîne une paralysie musculaire. Il s'agit donc d'une substance neurologiquement active.

> **Étape 2 :** sur le doc. 9, on constate la quasi disparition de la réponse musculaire (le muscle ne se contracte quasiment plus). La molécule est donc un antagoniste. Par contre, on peut aussi constater une réapparition progressive de la réponse musculaire : cet antagoniste a une action réversible.

> **Étape 3 :** on précise que l'exocytose des vésicules contenant le neurotransmetteur a toujours lieu lors de l'arrivée d'un message nerveux, ce qui indique que cet antagoniste n'a pas d'effet sur la cellule pré-synaptique. Reste donc à savoir à quel endroit de la cellule post-synaptique se fait le blocage.
Sur le doc. 10, l'enregistrement sans tubocurarine montre la réponse « normale » à la suite de la stimulation de la fibre nerveuse (enregistrement témoin). L'enregistrement montre un courant entrant. L'enregistrement avec tubocurarine montre une absence de courants : cette molécule agit donc sans doute au niveau du récepteur post-synaptique.

SUJETS DE TYPE BAC

1 Mesures sur une fibre nerveuse

10 min

Il s'agit ici de vérifier que la transmission du message nerveux dans la fibre nerveuse est comprise. Ce QCM, exercice de type 2.1, doit vous permettre de vérifier que vous comprenez et que vous êtes capable d'utiliser des enregistrements de variations du potentiel membranaire.

> Voir la méthode et stratégie 1.

On réalise des mesures de la différence de potentiel membranaire (ddp) au niveau de neurones.

Cocher la ou les bonnes réponses.

Partie A – Préambule

On tente de réaliser la mesure de la différence de potentiel de membrane d'un neurone. On mesure 0 mV.

1. Cela peut signifier que :

a. la cellule est hyperpolarisée
b. la cellule est au repos
c. la cellule est morte
d. l'électrode de mesure n'a pas été introduite dans la cellule

Partie B – Mesures complémentaires

On réalise le montage expérimental suivant sur un deuxième neurone, et on obtient les enregistrements présentés.

DOC. Montage expérimental et résultats.

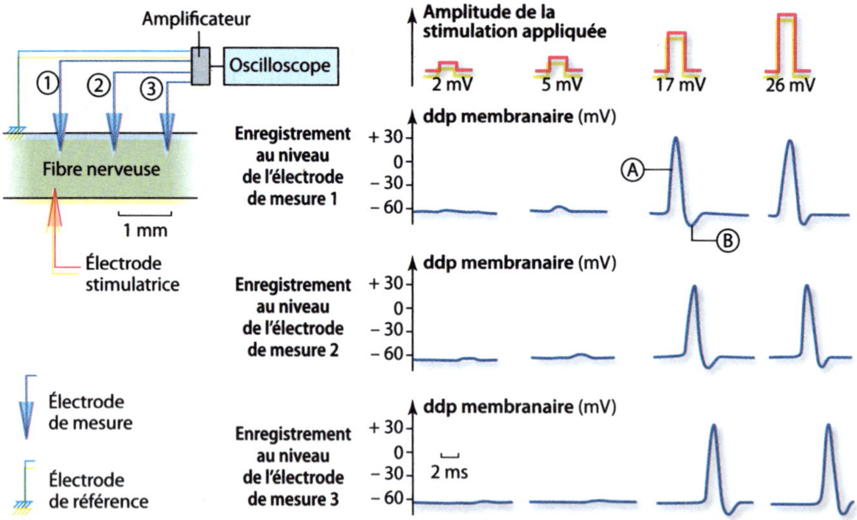

2. Le seuil de dépolarisation de cette fibre nerveuse est :

a. compris entre 3 et 5 mV
b. compris entre 5 et 17 mV
c. supérieur à 17 mV
d. de 17 mV

3. **La vitesse de conduction dans cette fibre nerveuse est de :**

a. 1 m/s **b.** 10 m/s **c.** 0,5 m/s **d.** 5 m/s

4. **À partir de la réponse enregistrée par l'électrode 1 pour une stimulation de 17 mV, la répartition des charges dans la fibre neuronale pourrait être représentée :**

a. ainsi au point A : 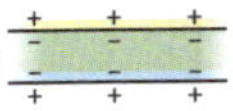

b. ainsi au point A : 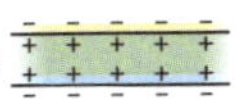

c. ainsi au point B : 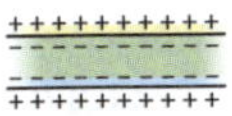

d. ainsi au point B : 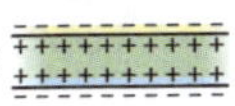

2 La jonction neuromusculaire

10 min

Il est impératif de savoir reconnaître, sur une image de microscopie électronique, les cellules constitutives d'une jonction neuromusculaire car c'est un document classique que l'on peut retrouver à diverses occasions. C'est ce que propose cet exercice de type 2.1 de restitution de connaissances ou d'analyse documentaire.

> Voir la partie II du cours.

Légender le plus complètement possible l'image A ainsi que les deux zooms associés (B et C), lesquels ont été réalisés à deux moments différents. Ces moments sont à déduire de vos observations.

DOC. Représentation de la microscopie électronique d'une jonction neuromusculaire.

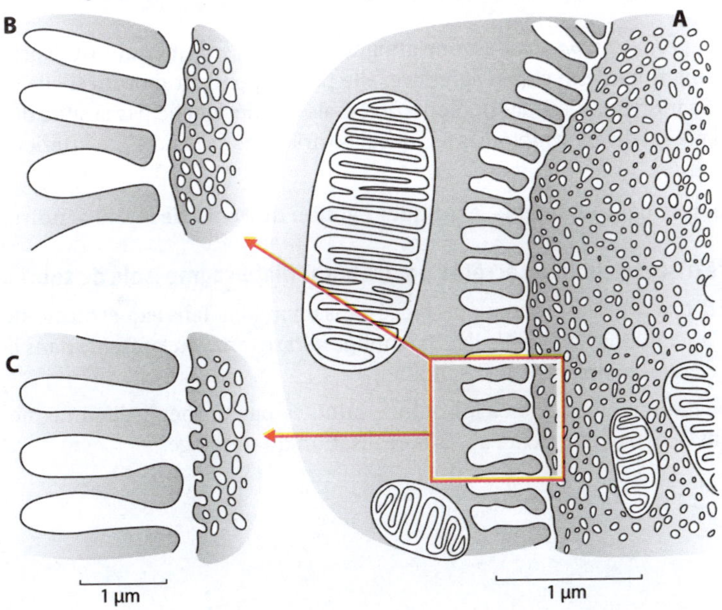

3 Expliquer le réflexe myotatique

30 min

Cet exercice de type 1 nécessite une connaissance de la première partie du cours, et surtout une capacité à simplifier les informations. En effet, vous devez mettre votre réponse en situation et adapter votre vocabulaire.

> Voir la partie I du cours.

Vous avez été engagé par le nouveau journal scientifique *Sciences et conscience* afin de répondre aux questions des lecteurs. Votre réponse doit être un texte court s'adressant au lecteur en termes simples, et pourra éventuellement être complétée d'images.

La première question a été envoyée par Mme F. :
« *À la suite d'un accident de voiture, ma jambe droite a été sérieusement touchée. J'ai donc été conduite à l'hôpital. J'étais immobilisée, et le médecin a alors frappé sur mon genou avant de m'annoncer que le nerf sciatique n'avait pas été touché. Comment a-t-il pu faire cette déduction ?* »

À l'aide de vos connaissances, rédiger une réponse à Mme F.

4 Le venin de la veuve noire

60 min

Ce sujet de type 2.2 porte sur l'action d'un venin au niveau de la jonction neuromusculaire. Il s'agit d'un sujet plutôt classique, mêlant des documents sous forme de graphiques et des images de microscopie électronique, lesquels doivent être observés et interprétés.

> Voir la méthode et stratégie 2.

La veuve noire, *Latrodectus mactans*, est une araignée présente en Amérique du Nord. De taille relativement modeste et peu agressive, elle peut cependant mordre si elle se sent en danger. Sa morsure n'est pas douloureuse, mais elle déclenche par la suite des spasmes musculaires et divers symptômes tels que des variations de la pression artérielle ou de la température.

À partir de l'analyse des documents, expliquer l'action du venin de la veuve noire.

DOC. 1 Quantité d'acétylcholine sécrétée par un hémi-diaphragme isolé de souris.

Le diaphragme d'une souris est extrait puis placé dans un milieu dans lequel on ajoute de l'ésérine. Celle-ci inhibe l'action de l'acétylcholinestérase (enzyme présente dans la fente synaptique et qui hydrolyse l'acétylcholine).

On dose l'acétylcholine émise toutes les quinze minutes par un hémi-diaphragme. L'enregistrement démarre une heure après la réalisation du montage.

Une heure et demie après la mise en place du montage, on réalise une stimulation électrique des fibres nerveuses innervant l'hémi-diaphragme. Cette première stimulation dure une heure. Une deuxième stimulation d'un quart d'heure est réalisée une demi-heure après la fin de la première stimulation.

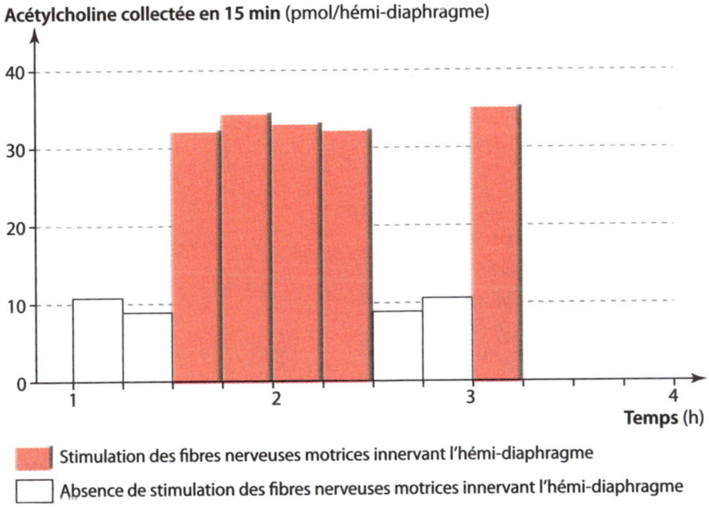

DOC. 2 Quantité d'acétylcholine sécrétée par un diaphragme de souris en présence de venin de veuve noire.

Sur un deuxième montage, identique à celui présenté dans le doc. 1, on réalise une stimulation d'un quart d'heure puis, une demi-heure plus tard, on introduit pendant une heure du venin de veuve noire dans le milieu. Un rinçage permettant l'élimination du venin est ensuite effectué et, enfin, une demi-heure plus tard, une nouvelle stimulation d'un quart d'heure est réalisée.

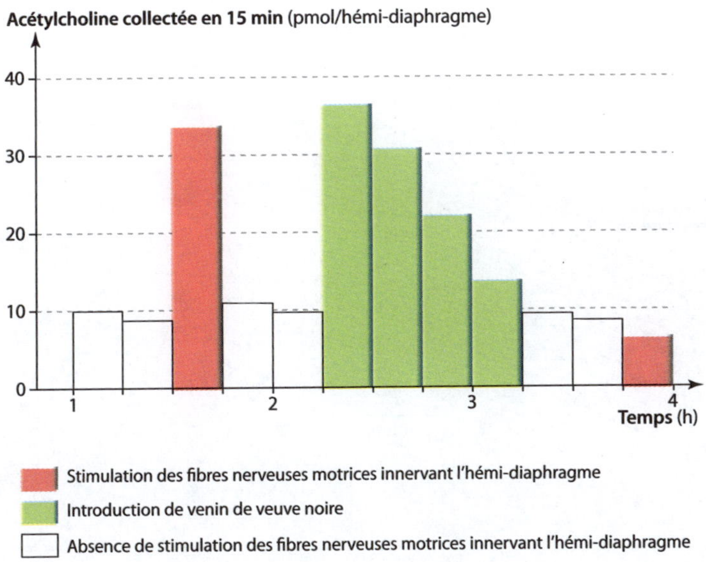

DOC. 3 Aspect d'une jonction neuromusculaire du diaphragme avant et après traitement au venin de veuve noire.

Une coupe d'une jonction neuromusculaire diaphragmatique est réalisée avant la mise en présence de venin de veuve noire puis observée au microscope électronique à transmission.

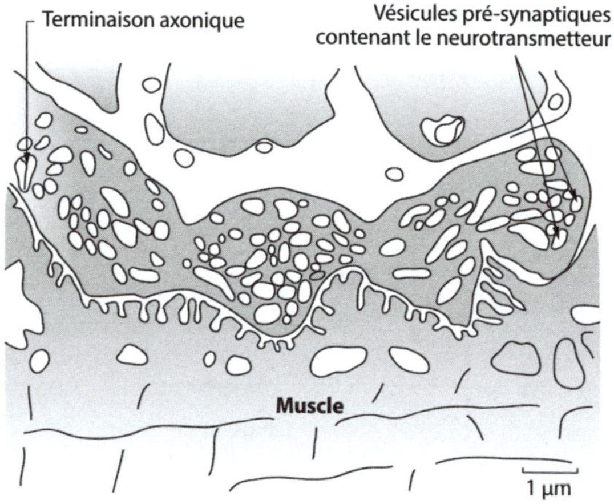

Une coupe d'une jonction neuromusculaire diaphragmatique est réalisée après une heure de mise en présence de venin de veuve noire puis observée au microscope électronique à transmission.

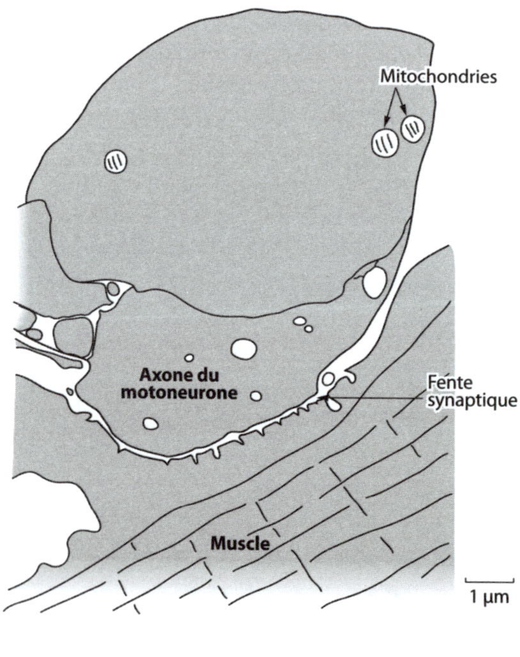

SUJETS D'APPROFONDISSEMENT

5 Mode d'action d'une molécule toxique

60 min

L'étude de l'action des neurotoxiques nécessite de réaliser de nombreuses analyses à différents niveaux pour comprendre leur mode d'action. C'est l'objet de ce sujet de type 2.2, qui nécessite, en plus d'une analyse de documents classiques, l'interprétation d'une autoradiographie et d'électrophorèses.

> Voir les méthodes et stratégies 1 et 2.

L'α-bungarotoxine est une substance contenue dans le venin de serpents du genre *Bungarus*. Nous allons tenter de comprendre quelques éléments de son mode d'action.

À partir d'une analyse des documents, expliquer l'action de ce neurotoxique.

DOC. 1 Potentiel de membrane d'une cellule musculaire.

On suit l'évolution du potentiel de membrane d'une cellule musculaire suite à la stimulation d'un motoneurone en présence ou en absence (contrôle) d'α-bungarotoxine.

La stimulation est réalisée par introduction d'acétylcholine au niveau de la jonction neuromusculaire.

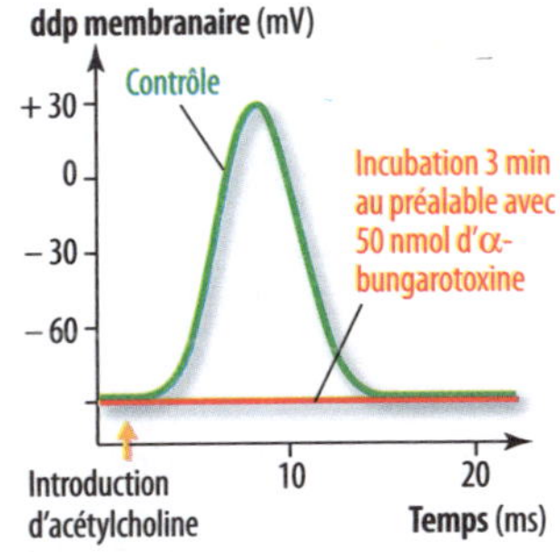

DOC. 2 Autoradiographie d'une coupe de jonction neuromusculaire.

Une coupe au niveau d'une jonction neuromusculaire, incubée avec de l'α-bungarotoxine marquée par de l'iode radioactif, est observée au microscope électronique à transmission à la suite d'une autoradiographie. Les zones radioactives sont révélées sous forme de filaments noirs plus ou moins torsadés.

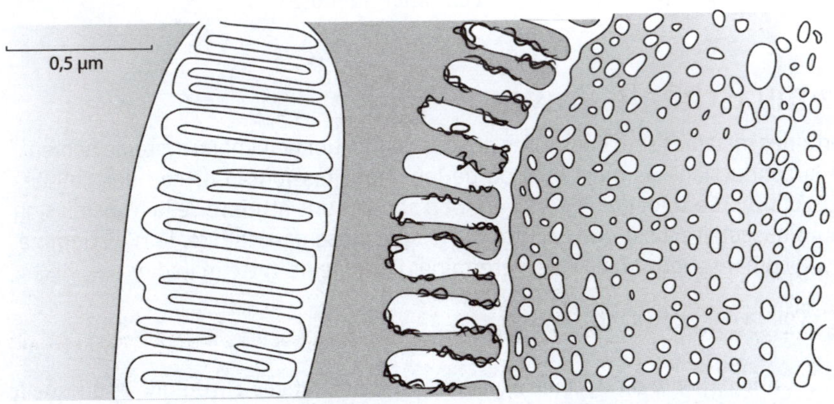

DOC. 3 Résultat de l'électrophorèse du récepteur cholinergique.

Après purification des récepteurs à l'acétylcholine, on réalise une incubation dans le sodium dodécyl sulfate (SDS), qui permet de dissocier les sous-unités d'une protéine lorsqu'elles existent. Une électrophorèse permettant de séparer les protéines en fonction de leur poids moléculaire est ensuite réalisée. Les protéines ne peuvent être directement visibles. Pour les mettre en évidence, il faut une coloration spécifique, par exemple au bleu de Coomassie.

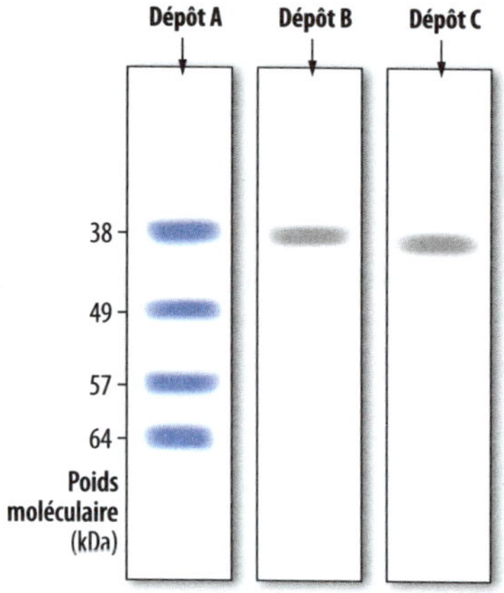

Dépôt A. Le premier dépôt est réalisé à partir du récepteur à l'acétylcholine isolé.

Dépôt B. On isole la sous-unité α du récepteur à l'acétylcholine, et on pratique une seconde électrophorèse. Dans ce cas, on ne fait aucune coloration. En revanche, on introduit de l'α-bungarotoxine marquée à l'iode radioactif. Après lavage, l'électrophorèse est révélée par autoradiographie.

Dépôt C. Une troisième électrophorèse est réalisée : elle est identique à la deuxième, mais l'α-bungarotoxine marquée est remplacée par de l'acétylcholine marquée radioactivement.

DOC. 4 Variations du courant transmembranaire.

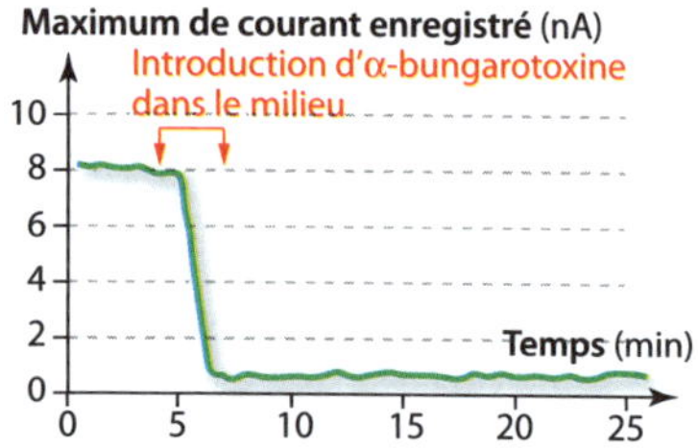

On suit l'évolution des courants ioniques entrants enregistrés dans la cellule musculaire.

Dans ce cas, la stimulation pré-synaptique a été faite toutes les 30 s.

Un rinçage a été réalisé après le temps de mise en contact avec l'α-bungarotoxine de façon à l'éliminer du milieu.

6 La myasthénie grave

90 min

Certaines maladies sont liées à des déficits du fonctionnement du système nerveux, de la conduction des messages ou de leur transmission au niveau des cellules musculaires. Ce sujet de type 2.2 permet d'aborder une atteinte de la transmission neuromusculaire ainsi que l'action d'une substance particulière, la néostigmine. Les documents vous aideront à déterminer l'origine de cette maladie.

> **Voir la méthode et stratégie 2.**

Mme X., une patiente du docteur M., se plaint d'une fatigue chronique et dit que les objets qu'elle saisit lui échappent régulièrement. Elle commence à s'en inquiéter, d'où sa visite chez le médecin.

1. À partir de l'étude des documents 1 et 2, expliquer les symptômes de Mme X. et proposer une origine possible de cette atteinte.

2. Un traitement symptomatique possible consiste en l'administration de néostigmine. À partir de l'étude des documents 3 à 5, proposer une hypothèse permettant de comprendre l'action de cette molécule.

3. Terminer par l'analyse du doc. 6 : conseilleriez-vous à Mme X. de prendre de la néostigmine pour un traitement à long terme ?

DOC. 1 **Mme X.** à quelques minutes d'intervalle.

En parlant avec sa patiente, le docteur s'aperçoit de quelque chose…

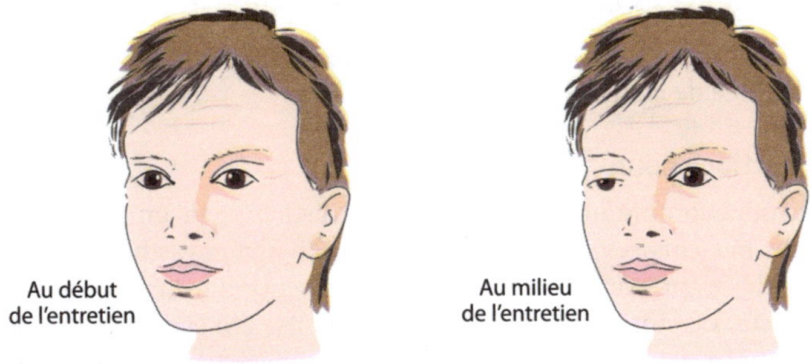

À la suite de cet entretien, le docteur M. suspecte une myasthénie, c'est-à-dire un problème de faiblesse musculaire.

Pour confirmer son diagnostic, il envoie sa patiente dans un laboratoire spécialisé.

DOC. 2 **Résultats d'électromyogrammes.**

Le laboratoire réalise une exploration électrophysiologique.

Pour cela, une stimulation d'un nerf moteur est effectuée, des électrodes permettant l'enregistrement de la réponse musculaire.

On procède à 10 stimulations successives de 141 V toutes les 200 ms.

L'électromyogramme de Mme X. donne le résultat suivant :

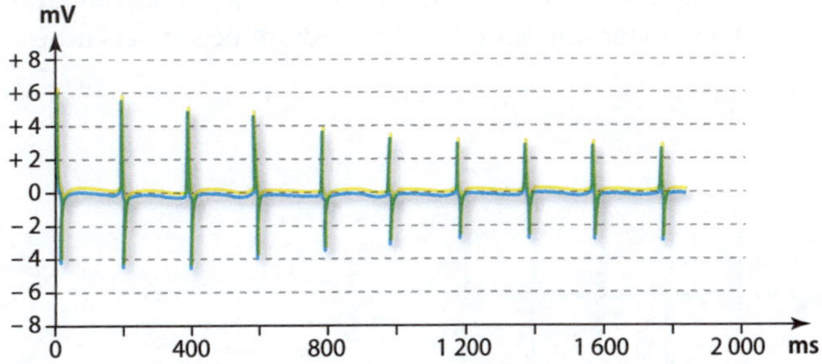

Chez une personne non myasthénique, dans les mêmes conditions, on obtient le résultat suivant :

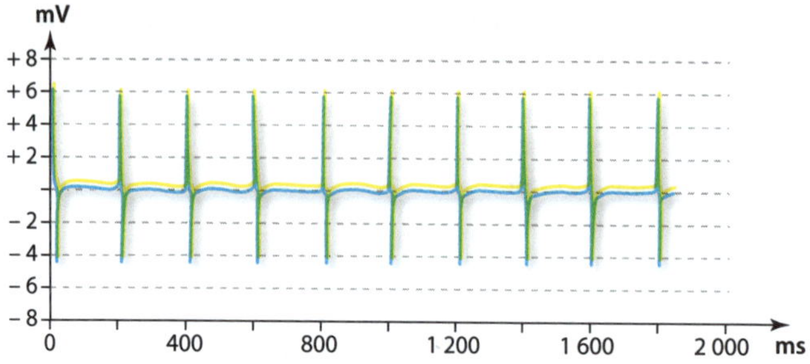

Note : les pics observés sont appelés « potentiels musculaires évoqués ». Leur amplitude permet de mesurer la force de contraction du muscle.

DOC. 3 Coupes de jonctions neuromusculaires.

Des chercheurs ont voulu comprendre l'origine de la myasthénie. Ils ont réalisé des préparations de fibres musculaires dénervées issues d'individus myasthéniques (**a**) ou non (**b**). Chacune de ces préparations est placée en présence d'α-bungarotoxine[1] marquée radioactivement. L'autoradiographie des préparations permet de repérer, sous forme de petits points noirs, les sites au niveau desquels la radioactivité est présente.

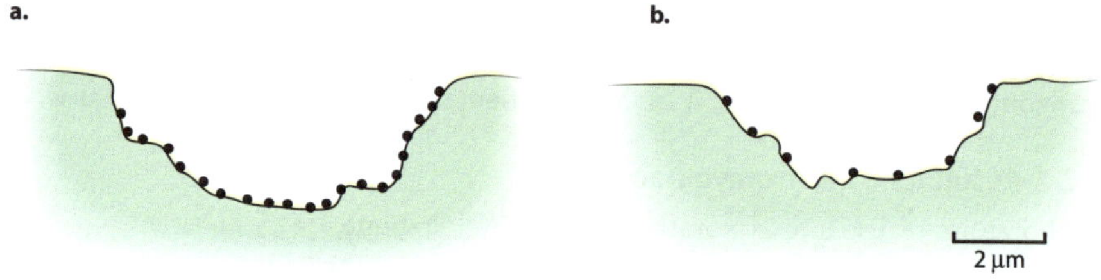

DOC. 4 Électromyogramme d'un patient traité à la néostigmine.

Une exploration électrophysiologique a été réalisée chez un patient atteint de myasthénie après traitement à la néostigmine. Ce traitement a été administré 5 min auparavant (ce délai ne permet pas d'envisager une action de la néostigmine sur la synthèse protéique).

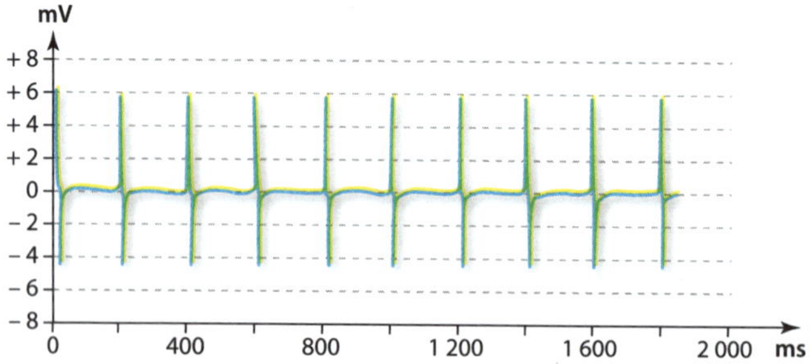

1 L'α-bungarotoxine est un antagoniste compétitif de l'acétylcholine.

DOC. 5 Résultat d'électrophorèse.

Des récepteurs à l'acétylcholine ont été purifiés. Après dénaturation, et donc séparation des sous-unités les composant, on réalise une électrophorèse de l'ensemble. Cette électrophorèse est colorée à l'aide d'un colorant spécifique des protéines : le bleu de Coomassie.

L'électrophorèse a ensuite été reproduite mais, dans ce cas, on a introduit de la néostigmine marquée radioactivement. Après rinçage, une autoradiographie permettant de révéler la radioactivité a été réalisée.

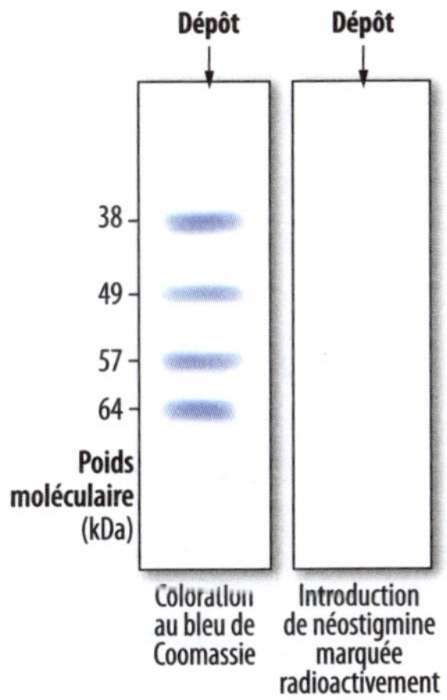

DOC. 6 Conséquences d'un traitement à la néostigmine.

De la néostigmine a été administrée à une personne non atteinte de myasthénie. Les chercheurs ont mesuré le nombre de récepteurs à l'acétylcholine avant et après un traitement de 7 jours à la néostigmine.

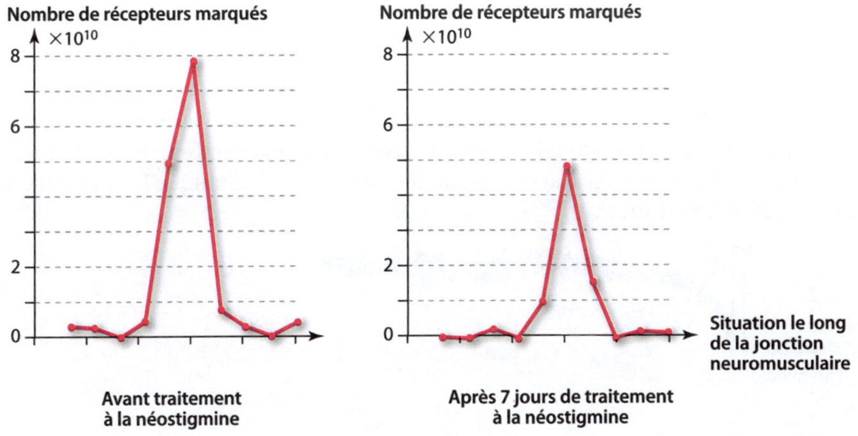

POST BAC

7 Courants ioniques dans la jonction neuromusculaire

45 min

Cet exercice nous donnera l'occasion de comprendre quelques aspects du fonctionnement de la jonction neuromusculaire au travers de documents peu habituels pour une classe de terminale, mais sans difficulté d'analyse : l'enregistrement de courants transmembranaires.

> Voir les méthodes et stratégies 1 et 2.

Les documents suivants présentent le résultat d'enregistrements réalisés au niveau d'un motoneurone et de la cellule musculaire qu'il innerve.

À partir de leur analyse, expliquer les conséquences de l'arrivée d'un potentiel d'action au niveau d'un motoneurone.

DOC. 1 Enregistrement de la variation de potentiel membranaire et des courants transmembranaires de la cellule musculaire.

On stimule électriquement un motoneurone, et on enregistre le potentiel de membrane de la cellule musculaire ainsi que les courants ioniques la traversant. Un courant ionique enregistré vers le bas est un courant entrant ; vers le haut, il s'agit d'un courant sortant.

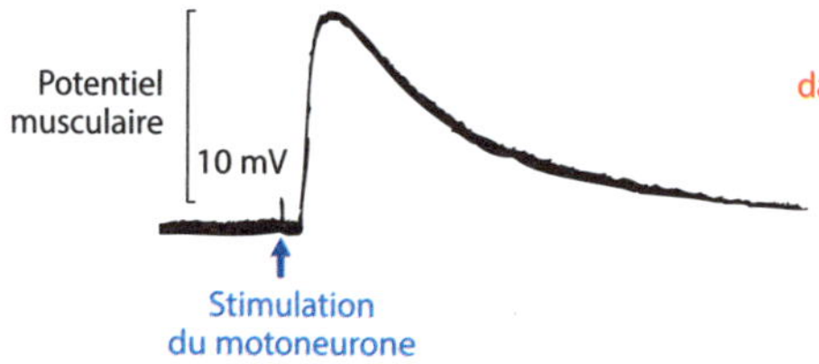

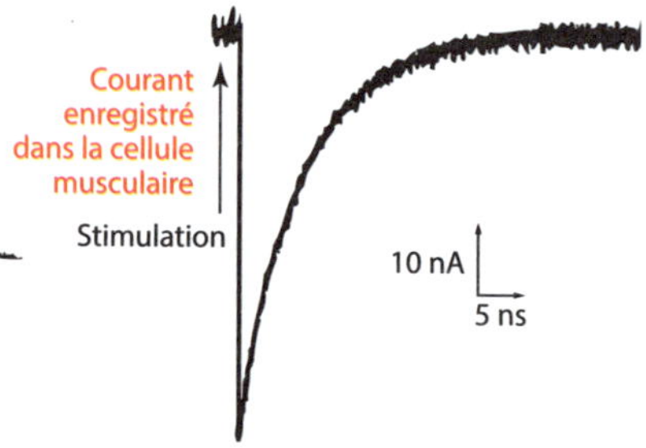

DOC. 2 Courants transmembranaires dans un milieu pauvre en sodium.

L'expérience précédente d'enregistrement des courants transmembranaires est maintenant réalisée dans un milieu dépourvu de sodium. La flèche indique le moment où le motoneurone est stimulé.

DOC. 3 Effet du dépôt d'acétylcholine sur les courants transmembranaires de la cellule musculaire.

On arrache les boutons synaptiques d'un motoneurone au niveau d'une cellule musculaire. On dépose ensuite de l'acétylcholine dans les espaces ainsi ménagés, soit au niveau de **a** (courbe a), soit au niveau de **b** (courbe b), soit simultanément en **a** et en **b** (courbe a + b).

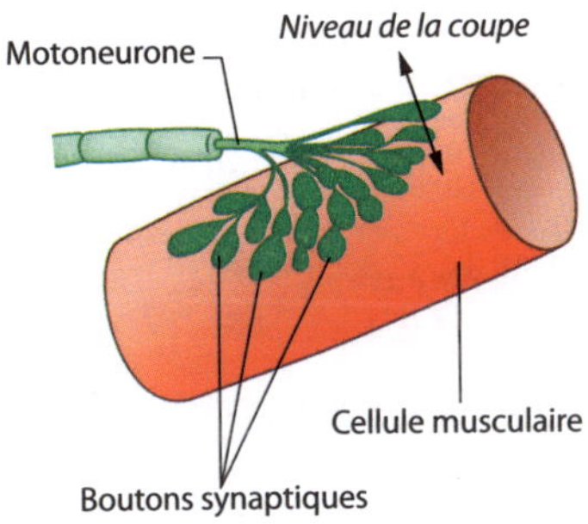

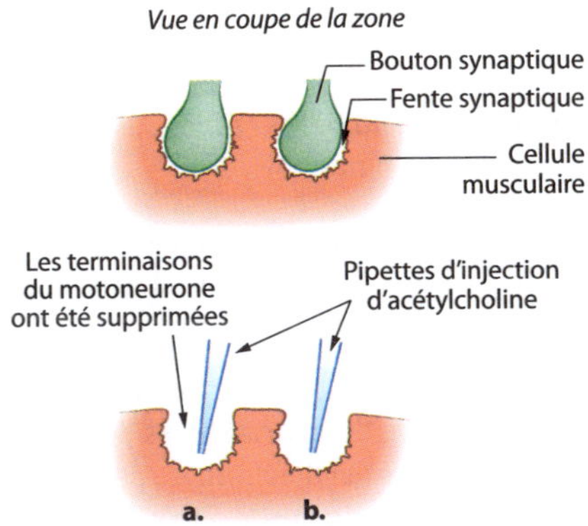

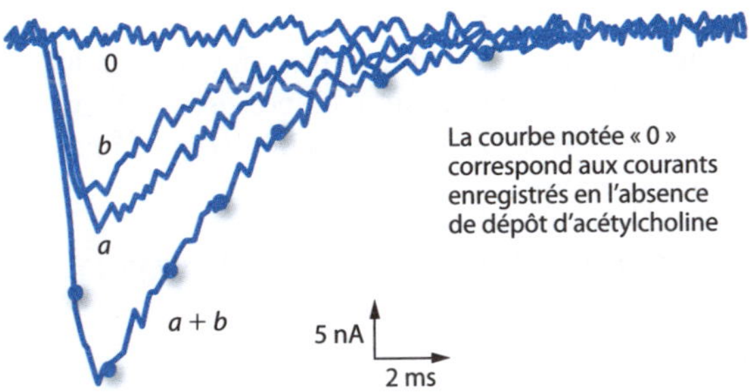

Courant enregistré dans la cellule musculaire

DOC. 4 Enregistrements des variations de la différence de potentiel de membrane et de la réponse musculaire liée.

Un motoneurone est stimulé de façon répétitive, en abaissant progressivement le délai séparant les stimulations. Les différences de potentiel membranaire ainsi que les contractions musculaires de la cellule musculaire innervée par le motoneurone stimulé sont enregistrées.

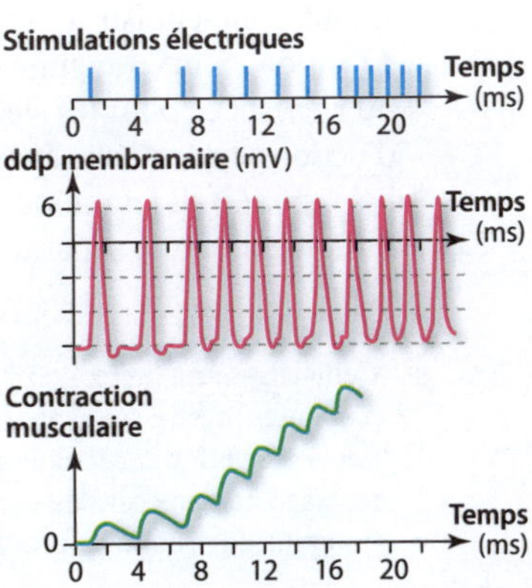

1 Mesures sur une fibre nerveuse

1. Il faut cocher les **réponses c. et d.** : la différence de potentiel de membrane d'une cellule étant lié à la présence de pompes actives, si la cellule est morte, ces pompes ne fonctionnent plus et le potentiel de membrane retourne à 0 mV. Par ailleurs, si l'électrode n'a pas été piquée dans la cellule, elle est donc dans le même milieu que l'électrode de référence, et la différence de potentiel mesurée est alors de 0 mV. Si la cellule était hyperpolarisée ou au repos (réponses a. et b.), elle présenterait une polarisation et on ne mesurerait pas 0 mV.

Une cellule vivante présente une différence de charges entre les faces externe et interne de sa membrane, ce qui se traduit par une différence de potentiel membranaire.

2. Il faut choisir la **réponse b.** Entre 3 et 5 mV (réponse a.), on constate que la fibre présente une légère dépolarisation s'atténuant avec la distance : il n'y a pas eu déclenchement d'un potentiel d'action. Le potentiel d'action apparaît pour une stimulation de 17 mV, mais pas pour celle de 5 mV. Il faudrait donc tester les différentes intensités de stimulation comprises entre 5 et 17 mV pour déterminer le seuil de dépolarisation. La réponse d. est, par conséquent, incorrecte puisque rien ne montre qu'une stimulation inférieure à 17 mV ne puisse déclencher la dépolarisation. La réponse c. est inexacte, puisque le potentiel d'action a été déclenché à 17 mV : une stimulation d'intensité supérieure ne modifie pas la réaction de la fibre.

La création des potentiels d'action dans les fibres nerveuses suit la loi du « **tout ou rien** ».

3. La bonne réponse est la **réponse c.**

Pour mesurer la vitesse de conduction dans une fibre nerveuse, on regarde le temps séparant le déclenchement d'un potentiel d'action enregistré par des électrodes situées à des distances connues, le long d'une fibre nerveuse.

Il faut donc choisir les enregistrements réalisés pour les intensités de stimulation de **17 ou de 25 mV** (aucune différence entre les deux, toujours à cause de la loi du tout ou rien), et ce pour les électrodes 2 et 3 puisque la distance est donnée. Ici, le potentiel d'action se déclenche après 2 ms au niveau de l'électrode 2, et après 4 ms au niveau de l'électrode 3. Il faut donc 2 ms pour que le potentiel d'action parcoure 1 mm, distance indiquée comme séparant les deux électrodes. Soit une vitesse de 0,5 mm/ms donc 0,5 m/s.

Cette vitesse est lente, il existe des fibres dans lesquelles la conduction se fait à 150 m/s (fibres nerveuses myélinisées appartenant à des animaux vertébrés et possédant des manchons formés par des cellules particulières, dites cellules de Schwann), et dans lesquelles la conduction du message nerveux sera dite **saltatoire** : elle se produira entre les interruptions des manchons et non plus de proche en proche.

4. **Réponses a. et c.** En effet, le point A est situé sur la phase de dépolarisation du potentiel d'action, mais vers – 30 mV. La différence de charges entre les deux faces de la membrane est donc moins importante mais, contrairement à ce que montre le schéma de la réponse b., il n'y a pas encore d'inversion de polarité de la membrane. La réponse d. correspond à une forte inversion de la polarité membranaire, alors que le point B se trouve sur la partie hyperpolarisée du potentiel d'action, ce qui n'est pas compatible. Cette hyperpolarisation peut, en revanche, être schématisée par le schéma c.

2 La jonction neuromusculaire

Il faut chercher sur l'image des données permettant de faire des déductions : présence de vésicules, membrane plissée et présence de mitochondries.

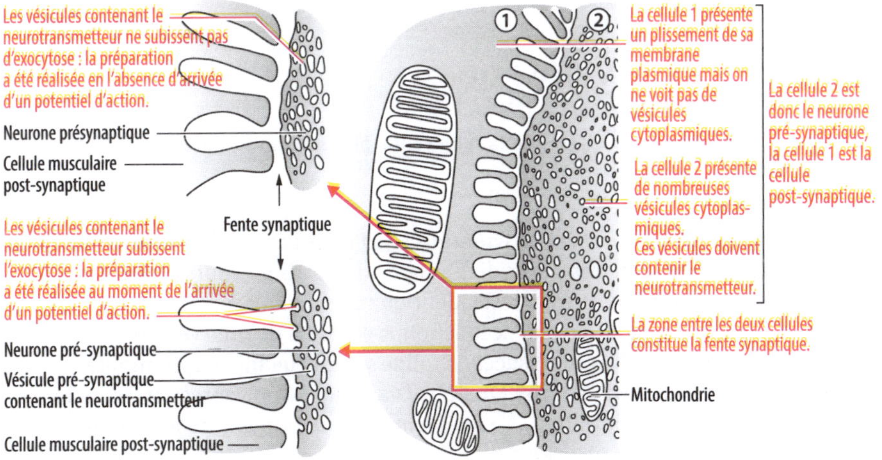

3 Expliquer le réflexe myotatique

Dans ce type de sujet, on attend que vous mettiez en scène votre réponse. Ici, vous devez vous mettre dans la peau du journaliste qui répond aux questions des lecteurs. Pensez que ce genre de rubrique doit rester tout public : tout le monde ne sait pas ce qu'est un fuseau neuromusculaire. À vous d'expliquer l'essentiel, tout en gardant un vocabulaire simple. Dans votre réponse, il faut mettre en avant les points indiqués ci-après.

- Le médecin souhaitait **vérifier** que le réflexe myotatique fonctionnait toujours. Le réflexe myotatique est un **mécanisme** déclenchant la contraction d'un muscle lorsque celui-ci est étiré.

Une petite explication peut être utile : le réflexe myotatique permet, par exemple, de se tenir debout, puisque chaque allongement du muscle déclenche sa contraction, et donc son raccourcissement.

- Le réflexe myotatique implique la **moelle épinière** : en frappant sur le genou, le médecin a provoqué la stimulation des récepteurs capables de percevoir le raccourcissement du muscle (la frappe mime un raccourcissement musculaire brutal).
- Le message est acheminé par un **nerf** jusqu'à la moelle épinière. Il stimule des neurones particuliers, qui commandent la contraction des muscles et sont appelés motoneurones.
- Pour que le réflexe myotatique puisse se produire, il faut donc que le **message nerveux** passe par la moelle épinière : si le nerf sciatique avait été touché, le message ne serait pas passé et le réflexe myotatique n'aurait pas pu avoir lieu.

Vous pouvez éventuellement utiliser un schéma simple (tel que celui présenté dans le doc. 1 du cours) pour illustrer votre explication.

4 Le venin de la veuve noire

Il faut d'abord déterminer le **type d'action** du venin, puis son **mode d'action**.

> Document 1

Ce document constitue l'**expérience témoin** : cela nous permet de connaître les quantités d'acétylcholine sécrétées par le diaphragme de souris au cours d'une stimulation longue, puis de savoir si ce niveau reste identique une demi-heure plus tard. L'ésérine permet d'éviter la dégradation de l'acétylcholine en cours de prélèvement. La stimulation montre qu'environ 30 pmol d'acétylcholine sont recueillies en 15 minutes à partir d'un hémi-diaphragme de souris. Quelques variations sont enregistrées, mais elles ne semblent pas très importantes. La deuxième stimulation courte montre un niveau d'acétylcholine recueillie identique.

> Document 2

L'expérience est réalisée dans les mêmes conditions que celles présentées dans le doc. 1, à l'exception de la mise en présence de venin de veuve noire pendant 1 h. On compare donc les résultats reportés dans les deux documents.

- La **première stimulation**, sans venin, permet de vérifier la réponse de l'hémi-diaphragme. Une demi-heure plus tard, l'injection de venin dans le milieu entraîne l'émission d'acétylcholine. Il faut noter que cette émission est décroissante au cours du temps (on passe d'une émission de 36 pmol à 14 pmol en 15 min). Le venin de veuve noire a donc le **même effet** que la stimulation des fibres nerveuses motrices : il s'agit d'un **agoniste**.
- Une demi-heure après la fin de l'application du venin, la stimulation qui, dans l'expérience témoin donnait le même résultat que la stimulation initiale, n'entraîne qu'une très faible émission d'acétylcholine (environ 7 pmol en 15 min). Le venin de veuve noire semble avoir **supprimé** les capacités d'émission d'acétylcholine par la fibre nerveuse motrice.

Pour comprendre l'effet d'un toxique, il est indispensable de réaliser une comparaison avec une expérience témoin faite sans le toxique.

> Document 3

Ce document présente l'aspect d'une jonction neuromusculaire non traitée. Il constitue, là encore, un **témoin**. On constate que de très nombreuses vésicules contenant le neurotransmetteur sont visibles dans la terminaison axonique (motoneurone pré-synaptique).

> Document 4

Il s'agit de l'aspect de la même jonction neuromusculaire que dans le doc. 3, mais après mise en contact avec le venin de veuve noire. Ici, la terminaison axonique ne présente quasiment plus de vésicules contenant de l'acétylcholine. Le venin de veuve noire semble donc avoir provoqué l'**élimination des vésicules**. Son action est donc présynaptique.

Pour conclure, il faut mettre en relation les informations concernant l'émission d'acétylcholine (le neurotransmetteur) et les vésicules pré-synaptiques.

> Conclusion

Le venin de veuve noire provoque une émission d'acétylcholine en l'absence de toute stimulation, ce qui doit sans doute expliquer, au moins en partie, les spasmes ressentis à la suite de la morsure. De plus, il entraîne l'élimination des vésicules contenant le neurotransmetteur : la jonction neuromusculaire ne permet alors plus le passage du message nerveux. Ce qui explique la paralysie. Le venin de veuve noire est un **agoniste non compétitif**, car, étant donnée son action présynaptique, il n'entre pas en compétition avec le neurotransmetteur au niveau du récepteur post-synaptique.

5 Mode d'action d'une molécule toxique

Il s'agit ici encore d'analyser les effets d'un toxique sur une jonction neuromusculaire. La méthodologie est toujours composée des mêmes étapes : détermination du type d'action, puis mode et site d'action.

> Document 1

Il s'agit de la **réponse d'une cellule musculaire** suite à sa stimulation par application du neurotransmetteur dans la fente synaptique : l'acétylcholine. L'expérience est réalisée en absence ou en présence d'α-bungarotoxine.

- La réponse obtenue en l'absence d'α-bungarotoxine constitue le **témoin**. On observe alors le déclenchement d'un potentiel d'action.
- En présence d'α-bungarotoxine, on n'observe aucune réponse : l'α-bungarotoxine a **empêché le déclenchement du potentiel d'action**.
- L'α-bungarotoxine a supprimé l'action de l'acétylcholine. Cette toxine est donc un **antagoniste**, puisqu'elle a un effet opposé à celui de l'acétylcholine, qui agit **au niveau post-synaptique**, puisque l'action du neurotransmetteur est supprimée.

> Document 2

Cette autoradiographie permet de **localiser le site de fixation** de l'α-bungarotoxine au niveau de la jonction neuromusculaire.

- Il convient tout d'abord d'**orienter l'image** : la fente synaptique apparaît au centre de l'image. La cellule située à gauche, dans laquelle une mitochondrie est visible, présente de nombreux replis membranaires. La cellule de droite ne présente pas de replis membranaires, en revanche, on peut y voir de très nombreuses vésicules. La **cellule de droite** est donc la cellule **pré-synaptique** présentant les vésicules contenant l'acétylcholine. La **cellule de gauche** est la cellule **post-synaptique**, la cellule musculaire.

- On constate que la révélation de l'autoradiographie a entraîné la formation de filaments noirs (appelés « grains ») au niveau des replis de la membrane plasmique de la cellule musculaire. L'α-bungarotoxine se fixe donc au niveau de la membrane plasmique de la cellule musculaire. On peut formuler l'hypothèse qu'elle se fixe au niveau du **récepteur cholinergique** (le récepteur à l'acétylcholine).

> Document 3

On cherche à vérifier et affiner l'hypothèse précédente. Pour cela, on cherche à montrer qu'il existe une fixation spécifique de la toxine sur le récepteur à l'acétylcholine.

- **Bande de dépôt A** : l'électrophorèse du récepteur à l'acétylcholine purifié, traité au SDS et coloré au bleu de Coomassie, montre quatre bandes. Le récepteur à l'acétylcholine est donc constitué de **quatre sous-unités** de poids moléculaires différents (38, 49, 57 et 64 kDa).

- **Bande de dépôt B** : l'électrophorèse n'est pas colorée au bleu de Coomassie, mais incubée avec l'α-bungarotoxine marquée à l'iode radioactif. On n'observe plus qu'une seule bande, celle de 38 kDa. Cela montre que l'α-bungarotoxine est bien capable de se fixer au récepteur à l'acétylcholine. La liaison se fait, au moins pour partie, au niveau de la **sous-unité α**, dont le poids moléculaire est de 38 kDa.

- **Bande de dépôt C** : l'électrophorèse présente le même profil que la deuxième. Seule la bande de 38 kDa apparaît. L'acétylcholine se fixe donc elle aussi à cette **sous-unité α** du récepteur.

- L'α-bungarotoxine semble donc être une **molécule antagoniste compétitive** se fixant au même endroit que l'agoniste naturel, mais sans en avoir l'action. On peut maintenant s'interroger sur les effets de l'α-bungarotoxine sur ce récepteur.

Un antagoniste qui entre en compétition avec le neuromédiateur naturel pour la fixation du récepteur est un antagoniste compétitif.

> Document 4

Ce document présente les courants enregistrés dans la cellule musculaire : on constate qu'environ 1 min après l'introduction de l'α-bungarotoxine dans le milieu, le maximum des courants entrants enregistrés tombe à environ 0 nA. L'α-bungarotoxine **empêche donc l'entrée des ions** dans la cellule musculaire. Cela doit être à l'origine de la disparition du potentiel d'action présentée sur le doc. 1. On constate aussi que, plus de 17 min après l'élimination de l'α-bungarotoxine, **le courant entrant n'est pas rétabli**. L'effet de la toxine ne semble pas s'atténuer avec le temps : on peut supposer qu'elle **reste fixée sur le récepteur**, contrairement à ce qui se produit pour l'acétylcholine qui, elle, a une fixation fugace.

Un neuromédiateur naturel ne reste fixé que très peu de temps à son récepteur.

> Conclusion

L'α-bungarotoxine est donc une **toxine antagoniste compétitive à action irréversible**. En tant qu'antagoniste, elle empêche le déclenchement des potentiels d'action dans le muscle : le muscle ne peut plus se contracter, d'où la paralysie observée après la morsure du serpent. Elle agit au même niveau que l'acétylcholine, et cette action est irréversible puisque la paralysie ne s'estompe pas avec le temps.

6 La myasthénie grave

Il s'agit, dans un premier temps, de mettre en évidence et comprendre l'atteinte nerveuse. Pour cela, un nouveau type de données est fourni : l'**électromyogramme**.

1.

> Document 1

L'œil droit de Mme X. **se ferme après quelques minutes**. Elle ne semble plus capable de maintenir sa paupière levée. Le muscle élévateur a probablement une faiblesse (on parle de **ptose de la paupière**). Cela est peut-être en relation avec la faiblesse des mains de la patiente, laquelle explique qu'elle laisse tomber de nombreux objets. La réalisation d'un électromyogramme est nécessaire pour le confirmer.

> Document 2

On présente deux électromyogrammes : celui d'un individu sain et celui de la patiente.

- L'électromyogramme de l'individu sain représente le **témoin** et nous permet de savoir si quelque chose d'anormal apparait sur celui de Mme X. L'électromyogramme témoin montre que l'amplitude des potentiels évoqués musculaires reste constante au cours du temps : de la première à la dixième stimulation, la réponse musculaire a une amplitude de 10 mV.
- Chez Mme X., on constate que les deux premières stimulations déclenchent des réponses de 10 mV d'amplitude. Dès la troisième stimulation, **l'amplitude décroît**. À partir de la cinquième stimulation, l'amplitude du potentiel musculaire évoqué n'est plus que de 8 mV environ, et elle diminue encore par la suite.
- Si les potentiels musculaires évoqués diminuent, cela peut expliquer que Mme X. manque de force : la baisse de l'amplitude des potentiels évoqués peut indiquer une **diminution de la force de contraction**. On peut s'interroger sur l'origine de la baisse de cette amplitude.

2.

> Document 3

Ce document présente l'autoradiographie de la jonction neuromusculaire traitée à l'α-bungarotoxine. Cette molécule étant un **antagoniste compétitif** de l'acétylcholine, on en déduit qu'elle se fixe sur les récepteurs à l'acétylcholine. Cette molécule nous permet donc de visualiser ces récepteurs après autoradiographie.

- L'image correspondant à la jonction neuromusculaire de l'individu non myasthénique constitue le **témoin**. Elle permet de visualiser la **densité normale** des récepteurs à l'acétylcholine au niveau d'une jonction neuromusculaire. On peut la comparer avec celle obtenue chez un individu myasthénique.
- On constate que la densité des points noirs (indicateurs des récepteurs à l'acétylcholine) est plus faible chez l'individu myasthénique. Cela peut être une explication de la baisse de l'amplitude des potentiels évoqués musculaires constatée précédem-

ment : l'acétylcholine déversée au niveau de la fente synaptique active les récepteurs présents, ce qui déclenche le potentiel évoqué. Progressivement, certains récepteurs restant **inaccessibles ou inactifs**, l'acétylcholine ne peut agir avant d'être dégradée par l'acétylcholinestérase.

> Document 4

On nous présente l'électromyogramme d'un patient myasthénique traité à la néostigmine.

- Cet enregistrement ne montre plus de baisse de l'amplitude des potentiels au cours du temps : ils restent **constants** et ont une amplitude semblable à celle observée chez un individu sain (doc. 2). Il semble donc que la néostigmine ait **amélioré la transmission neuromusculaire**.

- La néostigmine agit donc comme un **agoniste** de l'acétylcholine. Deux niveaux d'action sont envisageables : une action sur les récepteurs à l'acétylcholine ou une action sur l'acétylcholinestérase. Le temps d'action de la néostigmine étant très court, on ne peut envisager qu'elle agisse au niveau de la synthèse protéique : elle n'a donc pas pu entraîner une augmentation du nombre de récepteurs à l'acétylcholine au niveau de la jonction neuromusculaire.

> Document 5

Ce document présente une électrophorèse du récepteur à l'acétylcholine après sa dénaturation.

- La coloration au bleu de Coomassie met en évidence quatre bandes, ce qui indique que le récepteur à l'acétylcholine est constitué de **quatre sous-unités protéiques différentes**.

- La deuxième électrophorèse n'est pas colorée mais mise en présence de néostigmine marquée. Si celle-ci est capable de se lier au récepteur, au moins une bande sera révélée après autoradiographie.

> On rappelle que la fixation d'une molécule sur le récepteur post-synaptique d'un neuromédiateur montre que cette molécule est un antagoniste ou un agoniste compétitif du neuromédiateur naturel.

On constate qu'**aucune bande n'apparaît**. La néostigmine ne semble donc pas avoir d'affinité pour le récepteur à l'acétylcholine. Son action agoniste sur la jonction neuromusculaire ne se fait pas au niveau du récepteur à l'acétylcholine.

- On peut supposer que la néostigmine agit sur l'acétylcholinestérase : en empêchant l'**activité** de cette enzyme lytique, elle permet à l'acétylcholine d'agir plus longtemps. Même si les récepteurs sont moins abondants, l'acétylcholine n'est pas immédiatement éliminée et peut donc agir plus longtemps, d'où une meilleure excitation de la cellule musculaire (et donc une augmentation de l'amplitude des potentiels évoqués musculaires). Il s'agit ici du cas d'un **agoniste** (même effet que le neuromédiateur naturel) **non compétitif** (n'agissant pas directement au niveau du récepteur).

3. Le doc. 6 présente le nombre de récepteurs à l'acétylcholine le long d'une jonction neuromusculaire.

- Avant traitement, on constate que le nombre de récepteurs atteint $\mathbf{8 \times 10^{10}}$ récepteurs à certains endroits.

- Le traitement de 7 jours à la néostigmine entraîne, chez cette personne saine, une diminution du nombre de récepteurs : on en trouve, au maximum, 5×10^{10}. Le traitement de plusieurs jours à la néostigmine a donc entraîné la **diminution du nombre des récepteurs**.

La néostigmine semble donc rapidement entraîner une **accoutumance** : en maintenant l'acétylcholine plus longtemps dans la fente synaptique, on obtient le même effet que si une très grande quantité d'acétylcholine était en permanence émise par les motoneurones. L'organisme s'adapte à cette quantité inhabituelle par une diminution du nombre de récepteurs. C'est, par exemple, le même mécanisme qui pousse à augmenter la consommation de doses toujours plus grandes de certaines drogues.

- La myasthénie étant une maladie au cours de laquelle le nombre de récepteurs à l'acétylcholine diminue, administrer un produit qui entraîne, au bout de quelques jours, une **nouvelle diminution** du nombre de récepteurs ne semble pas être une bonne idée. On ne peut donc que déconseiller à Mme X. un traitement long à la néostigmine.

Dans ce cas, la néostigmine ne constitue qu'un traitement **ponctuel et symptomatique**.

> Conclusion

Mme X. est atteinte de myasthénie : il s'agit d'une maladie au cours de laquelle le nombre de récepteurs à l'acétylcholine au niveau de la jonction neuromusculaire diminue. Cela a pour conséquence la baisse d'efficacité de la transmission du message nerveux à la cellule musculaire, qui **perdra de son tonus** : la contraction ne se maintiendra pas au cours du temps. Un traitement à la néostigmine est possible. Il s'agit d'un inhibiteur de la cholinestérase. L'acétylcholine peut donc agir plus longtemps dans la fente synaptique. Cependant, cette molécule entraîne une **accoutumance rapide**, avec une baisse du nombre des récepteurs à l'acétylcholine, ce qui ne semble pas en faire un traitement adéquat.

POST BAC

7 Courants ioniques dans la jonction neuromusculaire

Les documents nous permettent de comprendre le fonctionnement de la jonction neuromusculaire, jonction permettant le passage du message nerveux du neurone à la cellule musculaire.

> Document 1

Ce document met en parallèle un potentiel musculaire déclenché par une stimulation et, au même moment, le courant enregistré au travers de la membrane de la cellule musculaire.

- On constate qu'au moment de la dépolarisation de la membrane de la cellule musculaire, un courant ionique se produit au travers de la membrane. Celui-ci représente une intensité de **54 nA**. L'orientation vers le bas indique un **courant entrant**.
- Ce courant entrant coïncide avec la **dépolarisation** de la membrane. La dépolarisation correspond à une polarité interne moins négative, voire positive : des charges

positives sont donc entrées dans la cellule. Le courant entrant mesuré est donc une **entrée de cations.**

Il faut être très attentif aux données des documents : une différence de potentiel est exprimée en mV alors qu'un courant transmembranaire est exprimé en nA (voire en pA).

> Document 2

Ce document présente l'enregistrement des courants membranaires dans la cellule musculaire après stimulation du motoneurone, mais lorsque la cellule est placée dans un milieu dépourvu de sodium. L'enregistrement montre un courant entrant de **14 nA.** Ce courant est **nettement plus faible** que celui visible sur le doc. 1. L'absence de sodium dans le milieu extérieur a donc fortement diminué le courant entrant. On peut alors supposer que le courant entrant enregistré à l'origine de la dépolarisation du potentiel musculaire est dû, majoritairement, à une **entrée de sodium** dans la cellule musculaire.

> Document 3

On enregistre encore les courants dans la cellule musculaire mais, cette fois, on ne stimule pas un motoneurone, on dépose de l'acétylcholine dans les fentes synaptiques.

- Sans acétylcholine (témoin, courbe notée « 0 »), on n'observe aucune modification du courant enregistré dans la cellule musculaire. L'injection seule en **b** déclenche un courant entrant de **15 nA,** et celle réalisée en **a** déclenche un courant quasi identique. L'acétylcholine a donc déclenché le même effet que le message nerveux issu du motoneurone. On peut supposer que l'arrivée du message nerveux au niveau de la synapse neuromusculaire provoque la libération, au niveau de la fente synaptique, d'une substance qui peut être soit l'acétylcholine, soit un analogue de cette substance.
- Le dépôt simultané d'acétylcholine en **a** et en **b** déclenche un courant entrant de **30 nA** : on constate une **additivité du courant enregistré** (le courant **a** additionné au courant **b** correspond au courant **a + b**).

> Document 4

On met ici en parallèle deux enregistrements : la variation de la différence de potentiel de membrane du motoneurone, et la contraction de la cellule musculaire lors de stimulations électriques de plus en plus rapprochées.

- Lorsque les stimulations sont séparées de 3 à 2 ms, on enregistre des potentiels d'action. Ils entraînent une contraction du muscle, qui décroît lentement.
- Lorsque les stimulations sont séparées d'1 ms, certaines d'entre elles n'entraînent pas le déclenchement d'un potentiel d'action. Cela est lié au comportement des canaux sodiques qui **s'inactivent après ouverture**. Une stimulation se produisant alors que ces canaux sont inactivés ne peut déclencher de nouveau potentiel d'action.

La contraction du muscle ne s'arrête pas et croît à chaque nouveau potentiel d'action : il y a donc une contraction continue de la cellule musculaire. C'est ce que l'on nomme un **tétanos.**

> Conclusion

La stimulation du motoneurone est à l'origine du potentiel musculaire. La dépolarisation de ce potentiel est liée à l'apparition d'un courant entrant dans la cellule. Celui-ci doit être majoritairement constitué de sodium.

CHAPITRE 11

Cortex, motricité et plasticité cérébrale

COURS

Cortex, motricité et plasticité cérébrale

La contraction musculaire peut être déclenchée de façon involontaire (réflexe myotatique), mais elle peut aussi être contrôlée. La potentielle altération de ce contrôle volontaire après une lésion cérébrale (comme un AVC*) souligne l'importance du cerveau. À la suite d'une telle lésion, une récupération est toutefois possible grâce aux propriétés plastiques du système nerveux.

I. La motricité volontaire

1. Zones corticales impliquées dans la motricité

- Le **cortex** du cerveau est la couche la plus externe de l'encéphale, ou substance grise, qui contient les corps cellulaires des neurones. Il présente à ce niveau des aires fonctionnelles spécialisées : les aires sensorielles, qui reçoivent les informations sensorielles et les convertissent en perceptions, les aires motrices, qui commandent les mouvements musculaires volontaires, et les aires associatives, au niveau desquelles est réalisée l'intégration des informations issues des différentes aires.

- Les aires corticales* motrices principales sont constituées de l'**aire motrice primaire** (aire 4 de Brodmann) et de l'**aire prémotrice** (aire 6 de Brodmann). D'autres zones interviennent dans la motricité oculaire, l'expression des émotions, la régulation du tonus musculaire ou le contrôle de la posture.

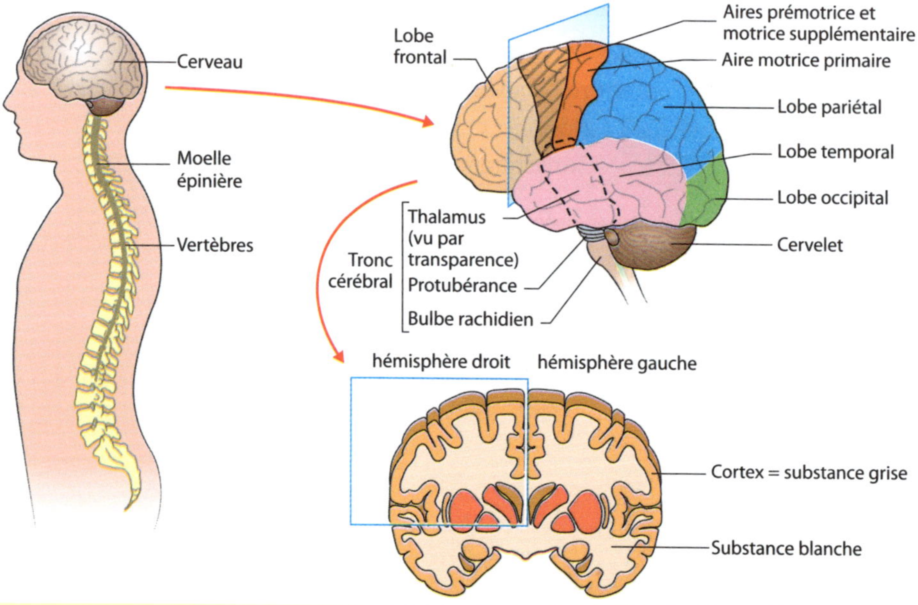

DOC. 1 Situation des aires corticales motrices. L'aire motrice primaire forme une bande au niveau de laquelle chaque zone commande la contraction des muscles d'une zone particulière du corps.

* Les mots suivis d'un astérisque sont définis dans le lexique.

- L'étendue de chaque zone ne dépend pas de la surface ou de la masse des muscles contrôlés, mais de la précision avec laquelle ils sont capables de se contracter.

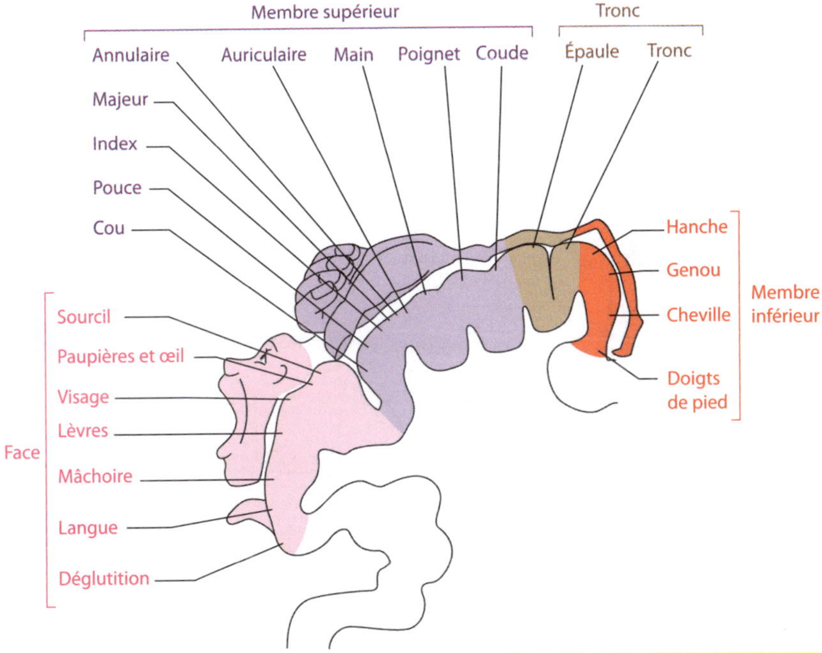

DOC. 2 Répartition des zones contrôlées par l'aire motrice primaire. Les mains ou le visage sont contrôlés par des zones plus étendues (donc avec plus de neurones) que celles correspondant aux jambes, par exemple. Cela autorisera des mouvements plus fins au niveau de ces zones.

- L'aire prémotrice a une implication dans la planification, la commande, le séquencement et la coordination des mouvements volontaires des membres.
- Le cortex moteur est lié aux motoneurones par une voie faisant intervenir le tronc cérébral et la moelle épinière.

2. Voies motrices reliant le cortex cérébral* aux motoneurones

- Une lésion de la moelle épinière dans sa partie inférieure entraîne une **paraplégie**, c'est-à-dire une incapacité à bouger les membres inférieurs. Si cette lésion se produit dans la partie supérieure, cela entraîne une tétraplégie, c'est-à-dire une impossibilité de mouvement des quatre membres.
- La moelle épinière est donc essentielle dans la transmission des messages à l'origine de la **motricité volontaire**.
- Les axones des neurones corticaux forment des faisceaux passant par le tronc cérébral. Au niveau de la jonction bulbe rachidien - moelle épinière, le passage des axones se fait du côté opposé. Ainsi, les neurones corticaux de l'hémisphère droit voient leur axone passer du côté gauche.

- Les axones forment des synapses au niveau des motoneurones situés dans la corne ventrale de la substance grise de la moelle épinière.
- La localisation de ces motoneurones est fonction des muscles innervés : les motoneurones innervant les muscles proches du buste sont situés vers le centre de la moelle, ceux innervant des muscles plus éloignés sont situés dans la partie plus externe de la corne ventrale.

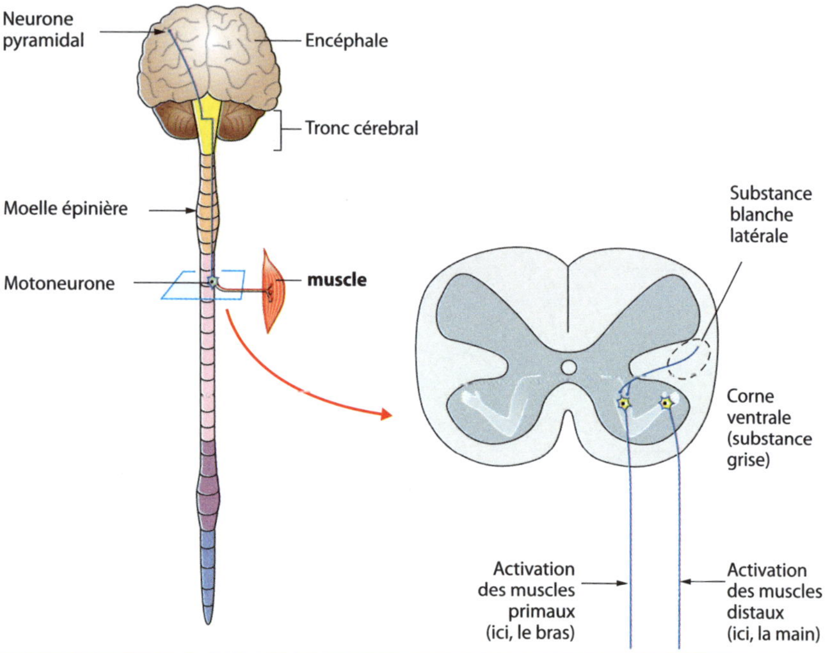

DOC. 3 Schéma de la voie cortico-spinale.

3. Rôle intégrateur des motoneurones

- Les motoneurones reçoivent des messages issus de divers neurones : le neurone pyramidal dont le corps cellulaire est situé dans la zone motrice du cortex, mais aussi le neurone afférent, par exemple.
- Les neurones qui forment une synapse avec le motoneurone ne sont pas tous identiques. Certains d'entre eux synthétisent des neurotransmetteurs excitateurs, déclenchant une dépolarisation de la membrane du motoneurone (comme l'acétylcholine), d'autres synthétisent des neurotransmetteurs inhibiteurs qui, eux, déclenchent une hyperpolarisation de la membrane (voir le chapitre 10).

- Un message nerveux est créé au niveau de l'axone du motoneurone lorsque sa membrane plasmique, au niveau du corps cellulaire, est dépolarisée au-delà d'une valeur seuil (voir le chapitre 10).
- Pour que la valeur seuil de différence de potentiel soit atteinte dans le neurone post-synaptique, une sommation est souvent nécessaire.
- Le motoneurone réalise une intégration* des différents messages qui lui parviennent : à partir des différents messages, il élabore le message le plus approprié.
- Cette intégration fait intervenir les mécanismes de sommation temporelle et de sommation spatiale.
- **Sommation temporelle** : lorsque **plusieurs potentiels d'action arrivent successivement**, et de façon suffisamment rapprochée, cela permet de cumuler les modifications de différence de potentiel au niveau du neurone post-synaptique.
- **Sommation spatiale** : lorsque plusieurs potentiels d'action **issus de plusieurs neurones pré-synaptiques** arrivent simultanément au niveau d'un même neurone post-synaptique, il peut y avoir cumul des différences de potentiel membranaire au niveau du neurone post-synaptique.

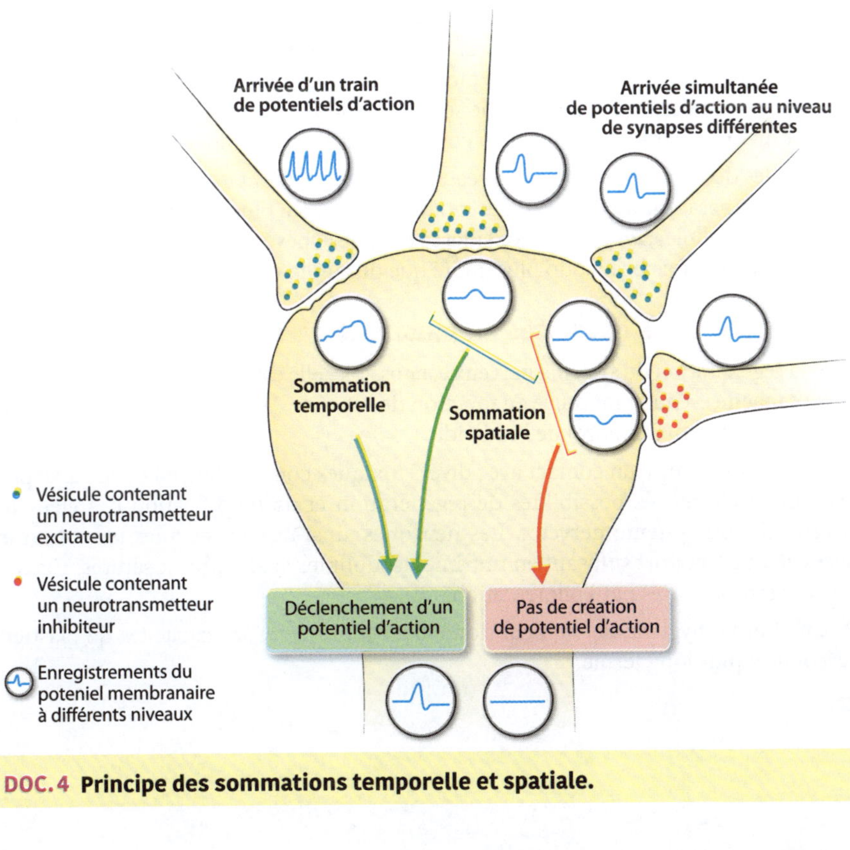

DOC. 4 Principe des sommations temporelle et spatiale.

II. La plasticité cérébrale

1. Mise en évidence de la plasticité cérébrale

- Les techniques d'imagerie cérébrale ont permis d'affiner la représentation de chaque zone de l'aire motrice primaire. Elles ont notamment montré que l'étendue de ces zones n'était pas tout à fait identique d'un individu à l'autre.
- Elles ont aussi permis de visualiser les effets de l'**apprentissage** : la **carte motrice** peut ainsi être remaniée en fonction des capacités acquises au cours de la vie.
- Ces évolutions corticales sont liées à la plasticité cérébrale, c'est-à-dire au recrutement des neurones participant à la réalisation d'une tâche, ainsi qu'à la mise en place de connexions synaptiques nouvelles entre neurones, et donc une modification fonctionnelle du réseau nerveux.
- L'**entraînement** à une tâche donnée peut ainsi modifier le cortex cérébral impliqué et permettre d'augmenter les performances dans la réalisation de cette tâche.
- Des modifications peuvent aussi être observées dans différents cas d'accidents :
  – après l'amputation d'un membre, on observe une grande diminution de la zone corticale allouée à la motricité de la partie amputée, et une greffe d'un nouveau membre s'accompagne du développement de la zone corticale correspondante ;
  – après un accident vasculaire cérébral (AVC), si les zones corticales motrices ont été touchées, on observe divers troubles moteurs allant jusqu'à la paralysie d'une ou plusieurs zones du corps. Ces troubles ne sont toutefois pas irréversibles : la **rééducation** permet une récupération partielle ou complète des facultés initiales.
- Dans les deux cas, de nouveaux réseaux neuronaux se sont donc formés, permettant ainsi la récupération du contrôle des motoneurones. De plus, même à l'âge adulte, la division des cellules, longtemps considérée comme achevée, reste possible. Ce phénomène reste toutefois beaucoup plus limité que durant la vie fœtale et l'enfance.

2. Entretenir ses capacités de plasticité cérébrale

- Si la régénération du système nerveux est possible, elle est limitée chez l'être humain. Cette capacité est aussi modulée en fonction de l'âge, de l'alimentation ou du mode de vie (sportif ou sédimentaire) de l'individu.
- L'usage ou la mise en contact avec divers toxiques comme l'alcool ou le tabac peut hautement altérer les possibilités de régénération et de modification des éléments constitutifs du système nerveux. Les neurones ainsi que les cellules les entourant nécessitent un apport suffisant en nutriments, dont les acides gras insaturés. Ceux-ci doivent être apportés par l'alimentation.
- Une bonne hygiène de vie peut donc aider à préserver les capacités de plasticité cérébrale à plus long terme.

POST BAC

Le développement du système nerveux et ses remaniements

> Voir les sujets 5 et 6.

1. Stades initiaux du développement

- Une fois que la fécondation a eu lieu, la cellule œuf débute ses divisions au cours d'une phase nommée **segmentation** (voir l'approfondissement post bac du chapitre 2).

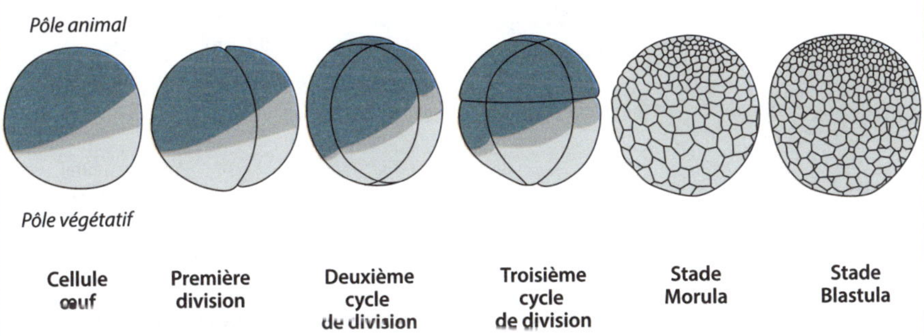

DOC. 5 La segmentation. Étapes au cours de la segmentation chez l'amphibien, un exemple couramment étudié dans le supérieur.

- Après la segmentation, à l'étape de la **gastrulation**, les divisions ralentissent un peu et la migration des cellules conduit à la formation d'un embryon comportant trois feuillets de cellules. On parle d'embryon triploblastique.
- La cavité qui se forme au sein de l'embryon constitue l'ébauche de son futur tube digestif.

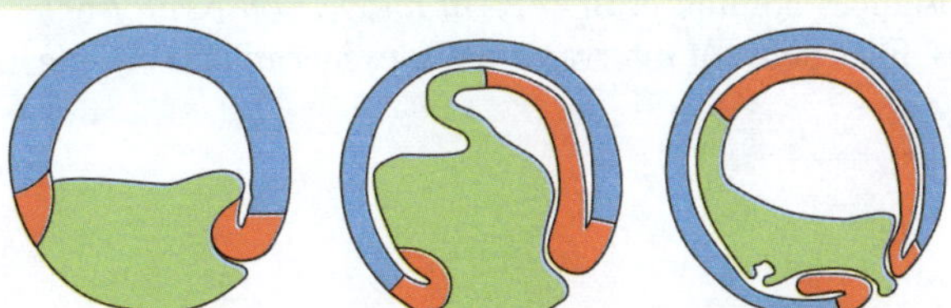

DOC. 6 Début de la gastrulation. Les cellules en bleu sont le futur ectoderme, qui deviendra l'épiderme et le système nerveux. Les cellules en rouge correspondent au futur mésoderme, qui donnera par exemple les muscles ou le squelette et celles en vert appartiennent à l'endoderme (système vasculaire et gonades, entre autres).

2. Mise en place du système nerveux

- Le développement se poursuit par la **neurulation**, ébauche du système nerveux central.

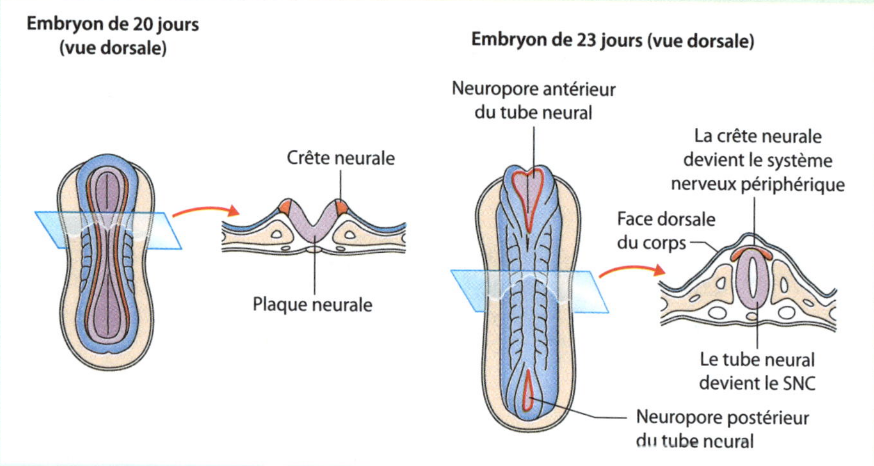

DOC.7 La neurulation. L'ectoderme du côté dorsal s'épaissit pour former la plaque neurale, puis se replie sur lui-même : le tube neural se différenciera pour la mise en place du cerveau et de la moelle épinière.

3. Construction et modification des réseaux neuronaux

- Les neurones établissent des jonctions entre eux grâce à la croissance de leur axone. Celui-ci se met en place grâce au cytosquelette (voir l'approfondissement post bac du chapitre 1).
- L'axone croît vers un neurone qui émet un signal chimique attracteur, des molécules de « guidage », comme celles de la famille des nétrines.
- Au cours de la vie, la survie et la croissance des divers types de neurones nécessitent l'action de substances comme le BDNF (*Brain-Derived Neurotrophic Factor*) ou les neurotrophines. Elles peuvent intervenir dans les mécanismes de plasticité cérébrale.

MÉTHODES ET STRATÉGIES

1 Les procédés en imagerie cérébrale

> Voir les sujets 1, 3 et 5 mettant en œuvre cette méthode.

Les différents types d'imagerie cérébrale ne fonctionnent pas sur le même principe et ne donnent pas les mêmes informations. Il convient d'être capable de lire les images obtenues afin d'en tirer le maximum d'informations.

> 1. Les rayons X et le scanner X (tomographie assistée par ordinateur)

- On utilise les propriétés des rayons X qui ont la capacité de traverser le corps humain, plus ou moins facilement selon les tissus traversés : les os, denses, sont moins aisément traversés que les tissus mous comme les muscles. L'image est obtenue en utilisant un film sensible aux rayons X. Si la traversée de tissus peu denses autorise une impression du film, qui devient alors noir, un tissu très dense empêche le passage des rayons X : l'impression du film est impossible, il reste blanc.

- Le scanner X repose sur le même principe, mais la source de rayons X et les récepteurs du rayonnement tournent autour d'un sujet lentement déplacé. L'irradiation émise peut être finement modulée afin de déterminer les tissus traversés. Les données enregistrées sont numérisées puis reconstituées par ordinateur. Les images numériques obtenues peuvent être de type « coupe » ou en 3D. Elles permettent de connaître l'**organisation structurale** de l'organe étudié. On peut, grâce à l'injection d'un produit opaque aux rayons X, visualiser des communications ou, au contraire, des barrières de séparation entre les compartiments.

- Au niveau du cerveau, le scanner X permet de différencier la substance grise de la substance blanche, mais aussi de reconnaître les différentes structures présentes. La résolution (précision) est bonne, de l'ordre de quelques millimètres.

> 2. L'imagerie par résonance magnétique nucléaire

- On exploite la mise en « résonance » (oscillation à une fréquence dépendant de l'intensité du champ de force appliqué) du noyau de certains atomes lorsque ceux-ci sont placés dans un champ magnétique fort.

- Ce sont, ici, les propriétés de l'hydrogène (que l'on trouve dans l'eau) qui sont exploitées. La distribution de l'eau variant d'un tissu à l'autre, on peut, par variation du champ magnétique utilisé, obtenir des images d'une très bonne résolution (moins d'1 millimètre).

- Au niveau cérébral, les substances blanche et grise ainsi que le détail de la vascularisation peuvent être visualisés.

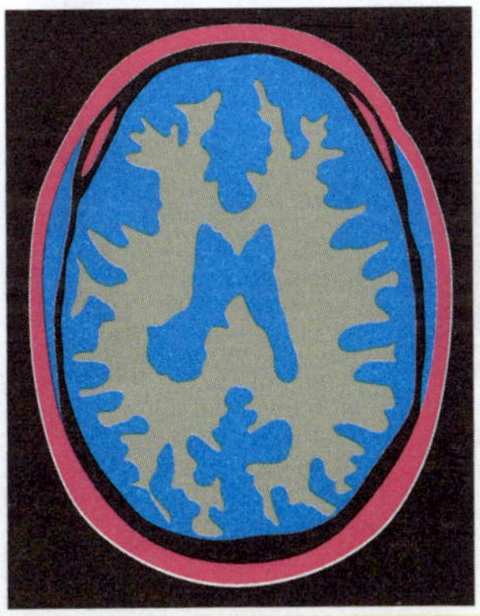

DOC. 8 Image obtenue par scanner X. Les couleurs ne montrent pas l'activité cérébrale (image colorisée).

- L'utilisation d'un champ magnétique n'a aucune conséquence sur l'organisme, ce qui rend cet examen praticable même sur de très jeunes enfants. En revanche, il n'est pas envisageable sur des personnes porteuses de prothèses métalliques ou de pacemakers.

Ces deux premiers types d'imagerie peuvent être complétés par des techniques d'imagerie fonctionnelle : dans ce cas, ce ne sont pas les structures que l'on cherche à voir, mais les variations d'activité.

> 3. La tomographie par émission de positons (TEP)

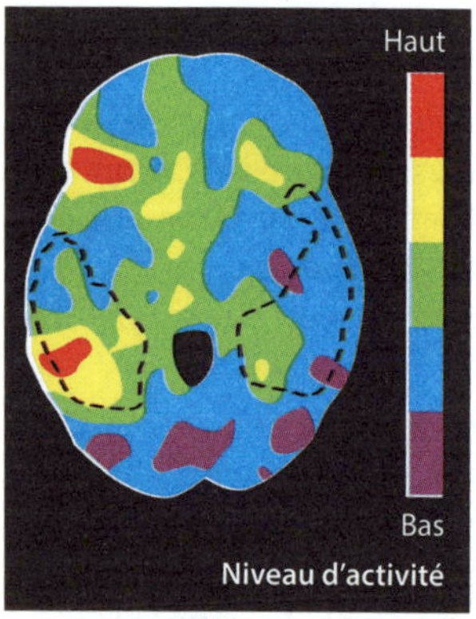

DOC. 9 Image obtenue par TEP.

- Ici, une injection de réactif comportant des isotopes instables (eau, glucose, précurseurs de neurotransmetteurs…) est réalisée dans la circulation sanguine.
- Ces molécules se fixent sur des sites particuliers : par exemple, des zones très actives et donc très consommatrices d'énergie dans le cas du glucose.
- La désintégration de ces isotopes instables entraîne une émission de positons (particules β^+ issues de la désintégration du noyau radioactif). L'analyse de ces émissions permet l'obtention d'images de l'activité cérébrale avec une résolution de l'ordre de 4 millimètres.

> 4. L'imagerie par résonance magnétique fonctionnelle (IRMf)

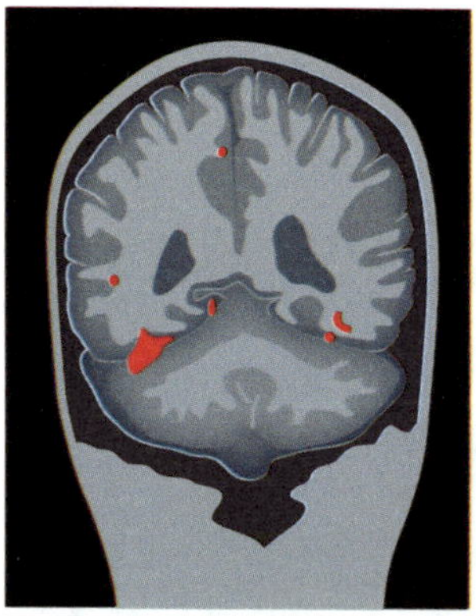

DOC. 10 Image obtenue par IRMf. La tache rouge indique une forte activité cérébrale.

- Ce type d'imagerie repose sur le fait que les zones actives du cerveau sont plus irriguées par un sang bien oxygéné que les zones moins actives.
- L'hémoglobine oxygénée venant perturber les noyaux d'hydrogène aux alentours de la zone irriguée, on peut visualiser les différences de débit sanguin et d'oxygénation par résonance magnétique.
- La bonne résolution spatiale (quelques millimètres) et l'analyse en temps quasi réel (quelques secondes) permet l'obtention d'une image de haute qualité.

2 Déterminer le sens et la situation d'une coupe cérébrale

> Voir les sujets 2 et 3 mettant en œuvre cette méthode.

Il n'est pas toujours aisé de savoir dans quel sens une coupe cérébrale en deux dimensions a été réalisée. Quelques points de repère permettent de se situer dans l'espace.

Méthode

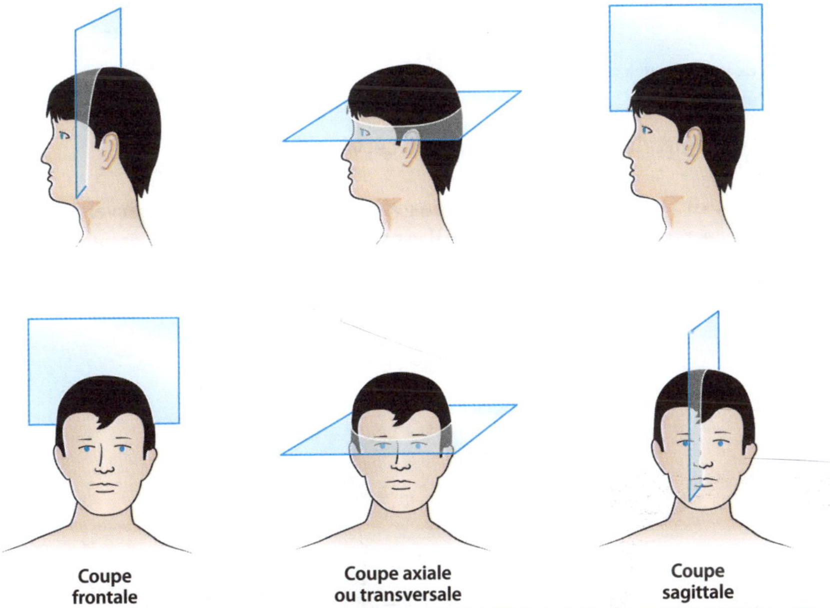

DOC. 11 Les trois types de coupes possibles.

> Étape 1 : mettre en lien la forme générale du cerveau avec le type de coupe.

- Le cerveau présente deux hémisphères. Si un seul d'entre eux est visible, la coupe réalisée est forcément sagittale. Si les deux hémisphères sont visibles sur la coupe, on sait alors que celle-ci correspond soit à une coupe frontale soit à une coupe axiale.
- Pour déterminer s'il s'agit d'une coupe frontale ou d'une coupe axiale, il faut observer le sillon interhémisphérique séparant les deux hémisphères cérébraux : s'il apparaît d'un seul tenant, il s'agit d'une coupe axiale réalisée vers le sommet du crâne.
- Lorsque ce sillon apparaît en deux parties avec une zone d'union entre elles :
  – si la longueur de cette zone d'union est fortement inférieure à la largeur d'un hémisphère, il s'agit d'une coupe frontale ;
  – si la longueur de la zone d'union est à peu près de même taille que la largeur d'un hémisphère, il s'agit d'une coupe axiale.

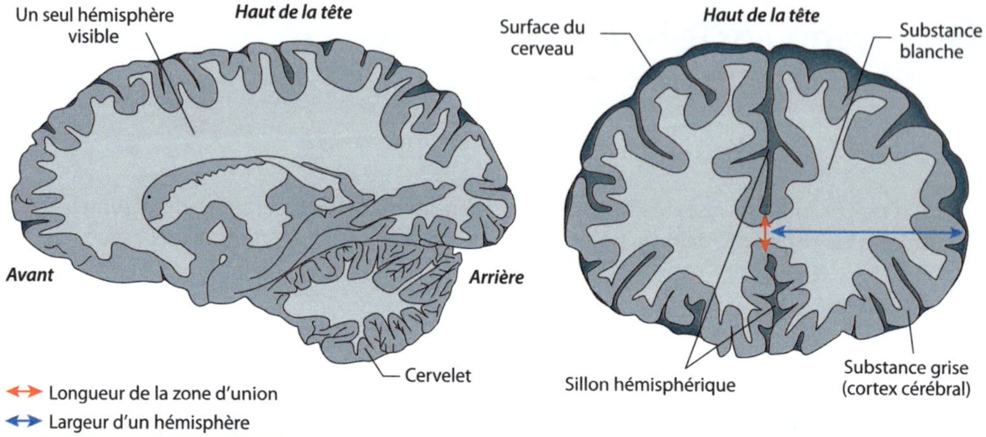

DOC. 12 Coupes sagittale (a) et frontale (b) du cerveau humain.

> Étape 2 : situer le niveau de la coupe grâce à l'observation du cervelet.
Le cervelet est très reconnaissable car il est très plissé. Il est situé à l'arrière et à la base du cerveau : sa présence ou son absence sur unc coupe donne une indication de niveau.

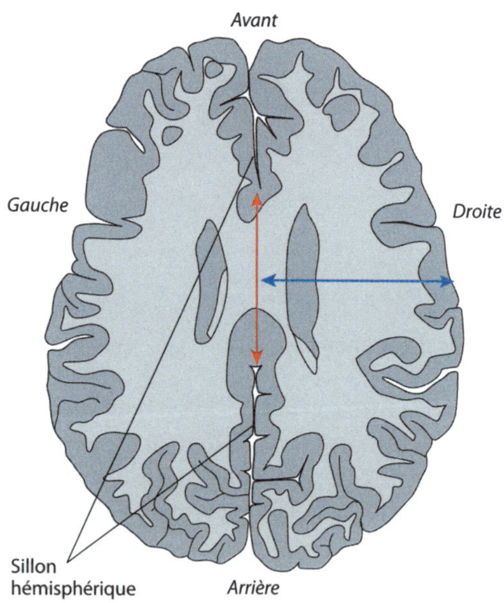

DOC. 13 Coupe axiale. Le cervelet n'apparaît pas : la coupe a été réalisée au sommet du crâne.

Application

Déterminer le sens et la situation de cette coupe.

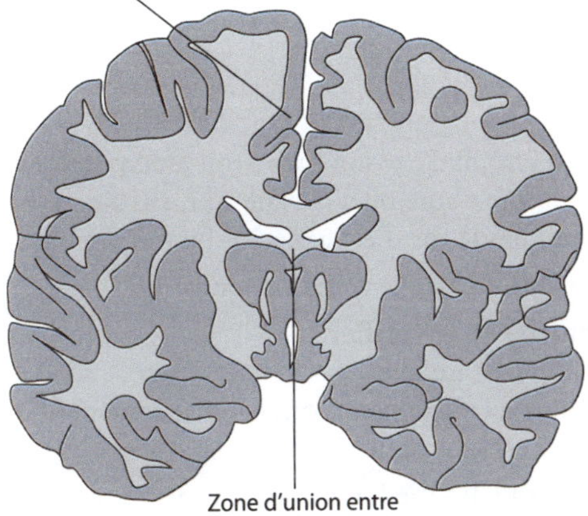

DOC. 14 Coupe à identifier.

> Étape 1 : déterminer le sens de la coupe.

- On constate la présence de deux hémisphères : il ne s'agit pas d'une coupe sagittale.
- On constate que le sillon interhémisphérique n'est visible que d'un côté (vers le haut de la tête) et que la longueur de la zone d'union est nettement inférieure à la largeur d'un hémisphère : il s'agit d'une coupe frontale.

> Étape 2 : déterminer le niveau de coupe.

- On ne voit pas le cervelet : la coupe n'a donc pas été faite en arrière du cerveau.
- On peut déduire qu'elle correspond globalement à cette situation :

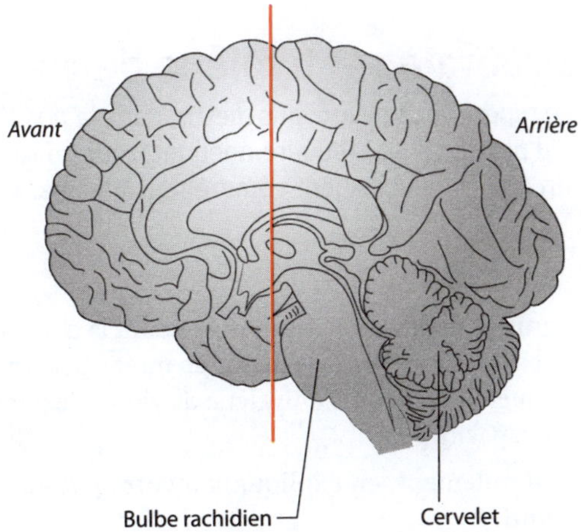

SUJETS DE TYPE BAC

1 Étude d'une paralysie

10 min

Cet exercice de type 1 permet de tester vos connaissances avec une mise en situation médicale. Il nécessite d'appliquer les compétences d'orientation au niveau de l'encéphale.

> Voir la méthode et stratégie 1.

M. X. a été emmené à l'hôpital car son bras droit était paralysé. Les pompiers lui ont demandé s'il avait fait une chute ou s'il avait eu un accident au cours des 24 heures précédentes : ce n'était pas le cas. Les médecins lui ont alors fait un scanner X.

Cocher la réponse la plus adaptée à chaque question.

1. Le but de cet examen est de vérifier :
a. que la boîte crânienne est intacte
b. qu'aucune anomalie de l'encéphale, comme un saignement, n'apparaît
c. que le cortex moteur est bien actif

2. La zone du cerveau que les médecins doivent observer est :
a. la zone située à l'arrière du cerveau (zone occipitale)
b. l'arrière du lobe frontal droit
c. l'arrière du lobe frontal gauche
d. l'arrière du lobe pariétal droit
e. l'arrière du lobe pariétal gauche

3. Les médecins découvrent un saignement ; celui-ci peut entraîner une paralysie :
a. parce qu'il a aboli le réflexe myotatique
b. parce qu'il a rompu les fibres nerveuses au niveau du tronc cérébral
c. parce qu'il comprime la substance grise du cortex moteur

4. Les médecins ont rapidement arrêté le saignement, M. X. :
a. devrait pouvoir récupérer la motricité de son bras droit
b. va avoir le bras gauche, lui aussi, paralysé
c. aura perdu la sensibilité au niveau du bras

2 Capacités cérébrales et hygiène de vie

35 min

Dans cet exercice de type 1, vous devez vous mettre dans la position d'un médecin. Il convient donc ici d'utiliser le vocabulaire adéquat, tout en restant simple dans vos explications afin que celles-ci soient compréhensibles par votre patient.

> Voir la partie II du cours.

Un patient, ancien pianiste, vient vous consulter. Pendant la consultation, il en vient à vous parler de son âge car il craint d'être de moins en moins performant en vieillissant. Vous décidez d'écrire quelques conseils d'hygiène de vie et d'exercices à réaliser pour l'aider à entretenir ses capacités.

Donner ces conseils simplement, en expliquant à votre patient l'intérêt des comportements recommandés.

3 Visualisation cérébrale d'une activité motrice

30 min

Ce sujet de type 1 est l'occasion de vérifier que vous êtes capable de situer une zone encéphalique à partir de l'outil d'observation, qui constitue la base d'analyse des documents du même type que vous serez amenés à rencontrer dans des sujets plus élaborés.

> Voir les méthodes et stratégies 1 et 2.

On cherche à visualiser l'effet de la réalisation d'un mouvement fin par les mains. Pour cela, on demande à un individu de manipuler un petit objet sans que l'on puisse l'observer.
On obtient les images présentées dans le document.

Donner un titre précis (dont la localisation et la technique d'imagerie utilisée) aux images obtenues, ainsi que des légendes à chacune d'entre elles. Quelle information peut-on tirer de l'étude de l'ensemble de ce document ?

DOC. Images obtenues à l'observation.

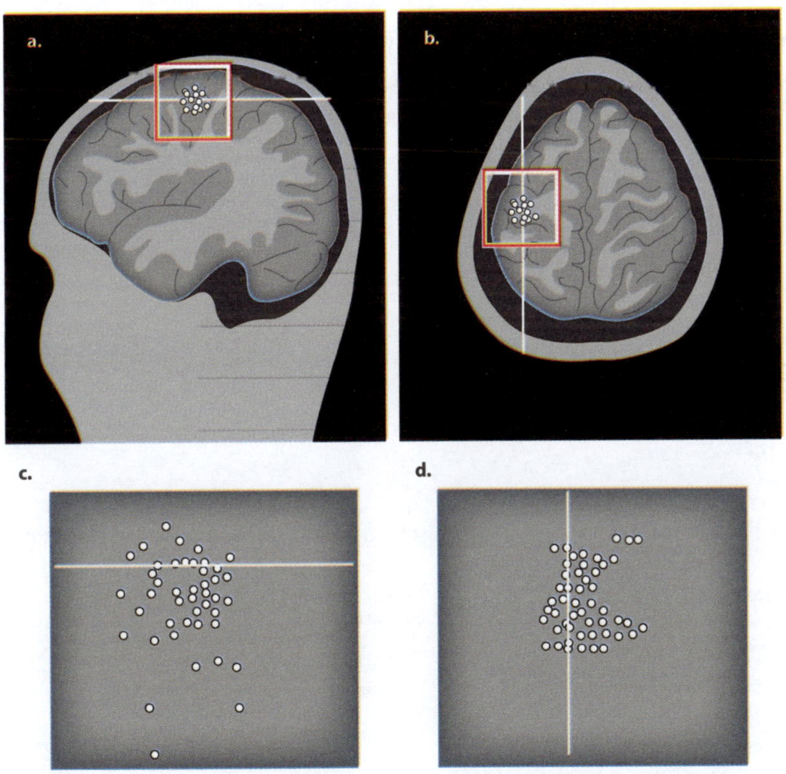

Détail de a. **Détail de b.**

SUJETS D'APPROFONDISSEMENT

4 Comprendre l'action du baclofène

80 min

Cet exercice de type 2.2 est l'occasion de réutiliser et d'enrichir les connaissances acquises au cours du chapitre 10. Pour le résoudre aisément, soyez très attentif aux conditions expérimentales, et surtout au lieu d'enregistrement de la réponse.

> Voir la partie I du cours, et les méthodes et stratégies du chapitre 10.

Le baclofène est actuellement étudié dans le cadre de la lutte contre l'alcoolisme. Auparavant connu pour son action myorelaxante, il était injecté dans le liquide céphalo-rachidien de la moelle épinière dans des cas de contraction constante de certains muscles.

1. À partir de l'analyse des documents 1 à 4, reconstituer le schéma du réseau nerveux mis en œuvre en cas de stimulation du muscle 1.

2. Puis, à partir de l'analyse des documents 5 à 7, expliquer le mode d'action du baclofène sur l'organisme.

DOC. 1 Mesure de l'activité motrice de deux muscles antagonistes.

Les muscles antagonistes ont une action opposée au niveau de l'articulation : la contraction du muscle 1 permet de plier le bras, la contraction du muscle 2 permet de l'étendre.

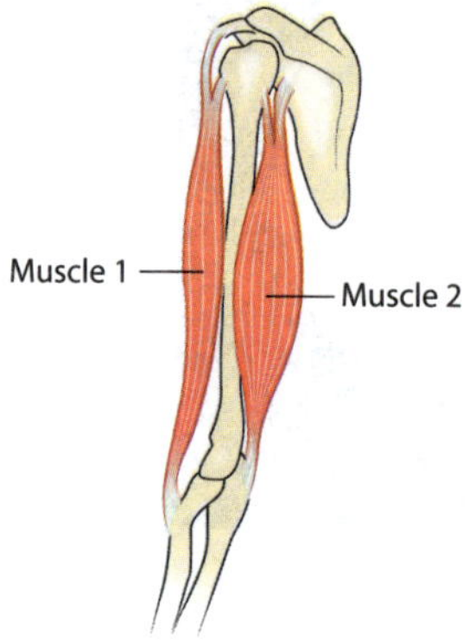

On mesure l'activité motrice de ces deux muscles à la suite de la stimulation électrique de l'un d'entre eux, de façon alternative.

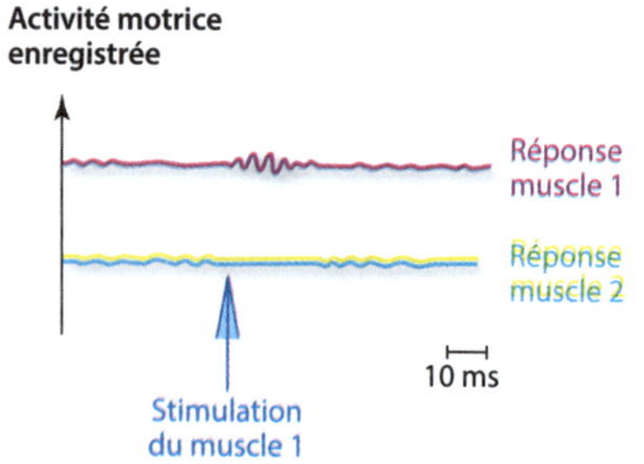

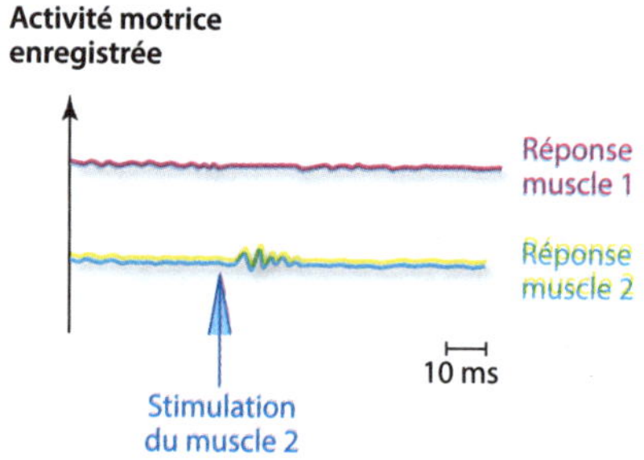

DOC. 2 Deux types de stimulation.

Un neurone ne peut sécréter, au niveau de ses synapses avec les autres cellules excitables, qu'un seul type de neurotransmetteur. Soit le montage expérimental :

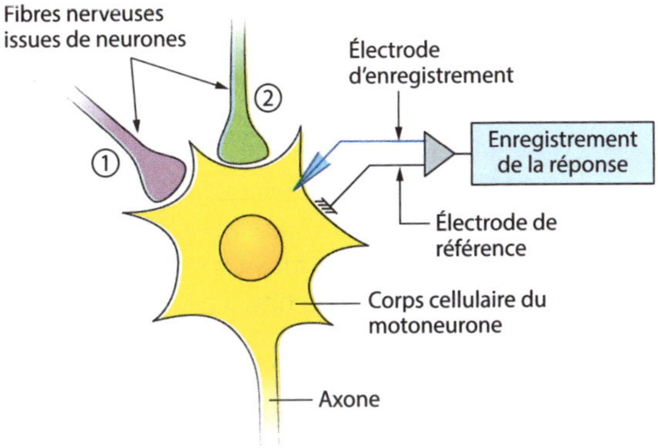

a. On réalise la stimulation des fibres nerveuses 1 et 2 innervant le motoneurone. On enregistre la réponse post-synaptique au niveau du corps cellulaire du motoneurone.

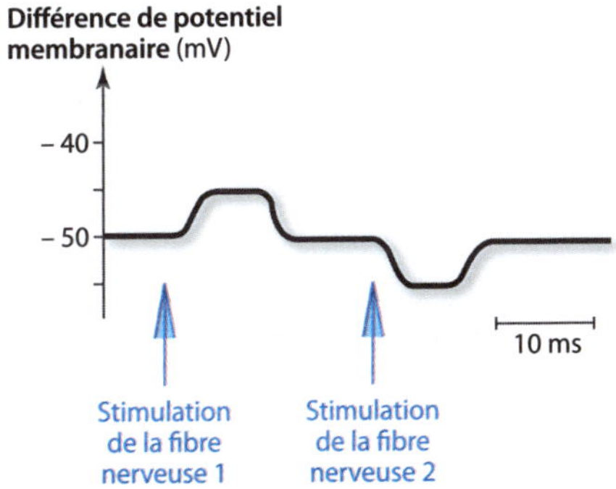

b. On supprime ensuite les fibres nerveuses 1 et 2, puis on applique successivement deux substances naturellement présentes dans l'organisme sur le motoneurone. On enregistre la ddp membranaire de celui-ci. Un rinçage est systématiquement effectué après chaque application.

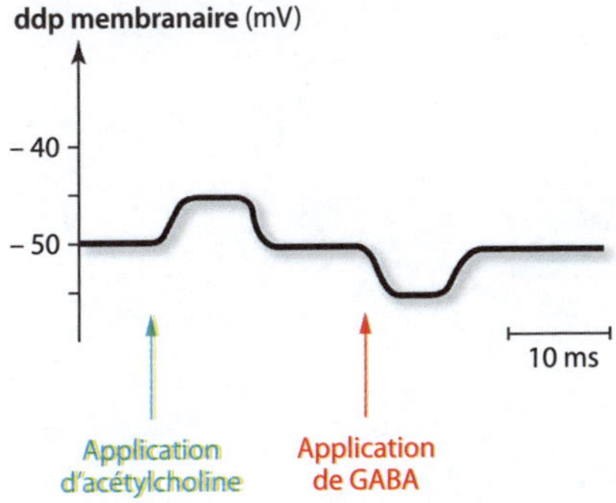

DOC. 3 Stimulation des muscles.

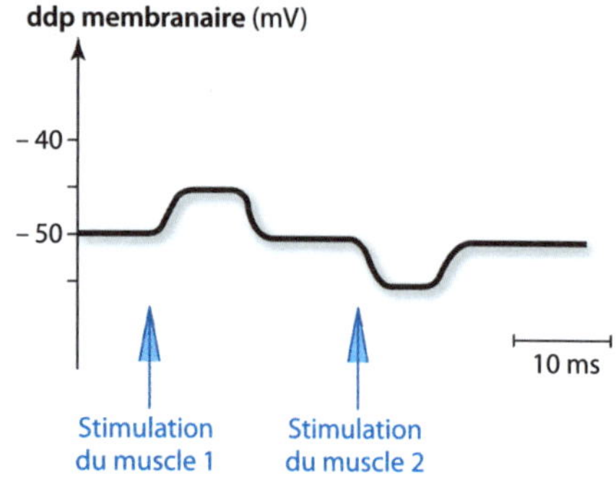

a. *In vivo*, on enregistre la variation de différence du potentiel membranaire au niveau du corps cellulaire d'un motoneurone commandant la contraction dans le muscle 1 (le placement des électrodes est identique à celui présenté sur le schéma du montage du doc. 2). La variation de la ddp membranaire enregistrée à la suite de la stimulation du muscle 2 apparaît avec un délai légèrement plus important que celle enregistrée après stimulation du muscle 1.

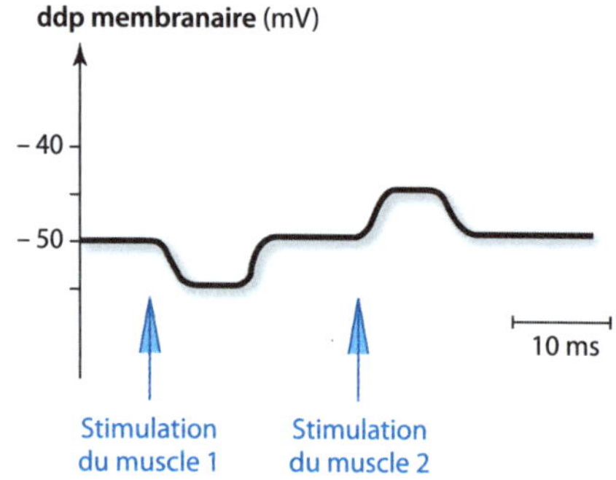

b. *In vivo*, on enregistre la variation de la ddp membranaire au niveau du corps cellulaire d'un motoneurone commandant la contraction dans le muscle 2 (le placement des électrodes est identique à celui présenté sur le schéma du montage du doc. 2). La variation de la ddp membranaire à la suite de la stimulation du muscle 1 apparaît avec un délai légèrement plus important que celle enregistrée après stimulation du muscle 2.

DOC. 4 Application d'un neurotransmetteur sur un motoneurone.

Soit le montage expérimental ci-après.

On peut ainsi faire des dépôts d'acétylcholine, de GABA, ou d'acétylcholine + GABA.

Un rinçage est effectué entre chaque dépôt.

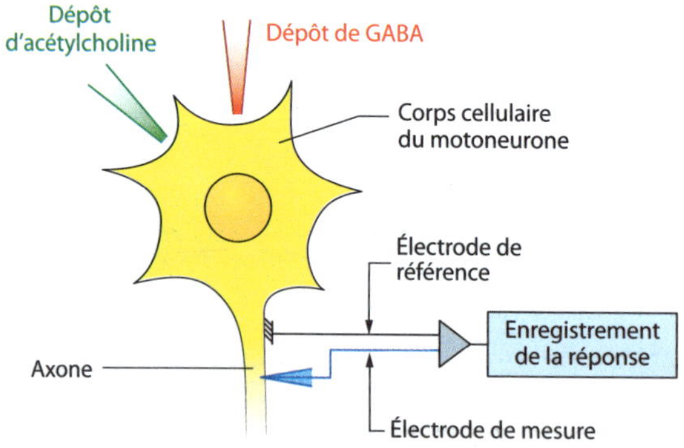

On obtient l'enregistrement suivant :

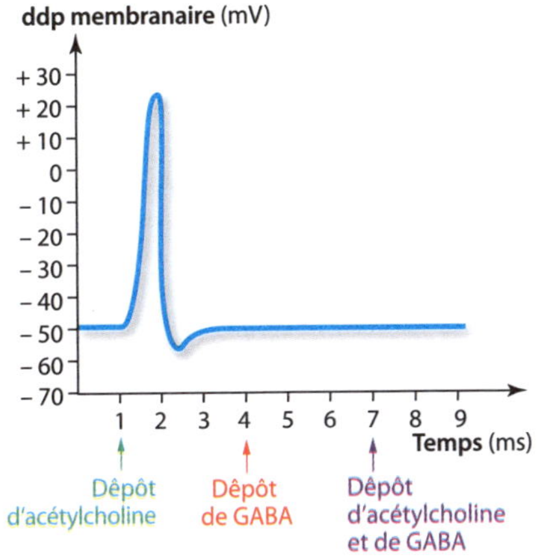

DOC. 5 Effet du baclofène sur le muscle.

Une première stimulation du muscle 1 est effectuée et une mesure dans le nerf moteur de ce même muscle est réalisée.

Le graphique est issu de la superposition de 32 mesures réalisées toutes les millisecondes. Lors d'une deuxième stimulation, du baclofène a été ajouté au milieu du motoneurone.

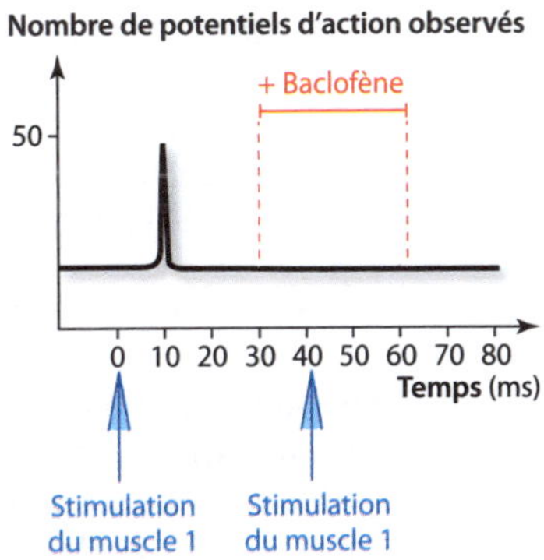

DOC. 6 Action du GABA et du baclofène sur le motoneurone.

On réalise un dépôt de GABA ou de baclofène au niveau d'un motoneurone, et on mesure la ddp membranaire au niveau du corps cellulaire (comme présenté sur le schéma du doc. 2).

Un rinçage est effectué immédiatement après dépôt.

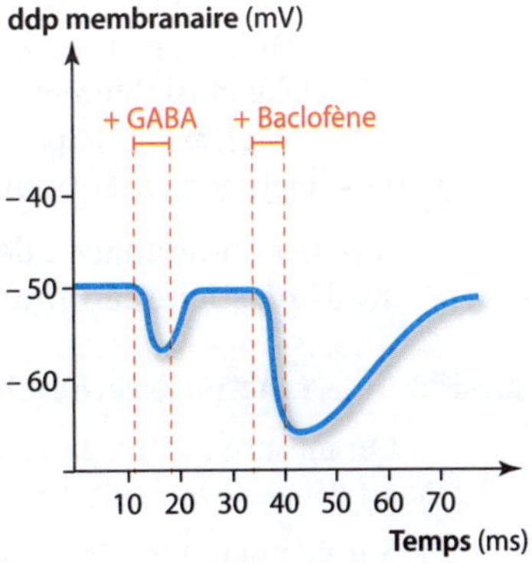

DOC.7 Action du GABA et du baclofène sur le motoneurone en milieu pauvre en chlore.

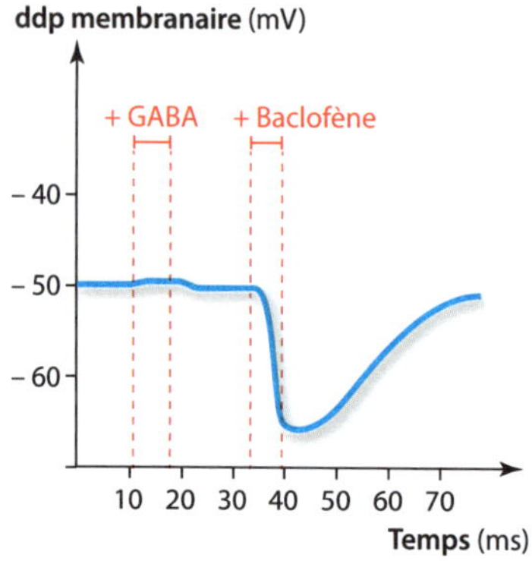

La même expérience que dans le doc. 6 est réalisée, mais le milieu dans lequel se trouve le motoneurone contient peu de chlore.

Un rinçage est effectué juste après dépôt.

POST BAC

5 Plasticité cérébrale et mutations

45 min

La plasticité cérébrale est un mécanisme permettant à un individu d'augmenter ses capacités à la suite d'un entraînement. La motricité peut être une agilité ou une rapidité à l'exécution d'une tâche, par exemple. Dans cet exercice de type 2.1, nous allons voir que l'entraînement n'est pas seul en cause dans les mécanismes de plasticité cérébrale.

> Voir la méthode et stratégie 1.

78 personnes en bonne santé, toutes droitières et âgées entre 18 et 29 ans, ont été recrutées pour participer à une étude. Chez ces individus, la protéine BDNF (*Brain-Derived Neurotrophic Factor*) est mutée. Celle-ci peut être présente sous deux formes, la forme « val », où le 66e acide aminé de la protéine BDNF est la valine, et la forme « met », où la méthionine remplace la valine au niveau du 66e acide aminé.

On trouve trois types d'individus :

– Val/Val, ayant deux allèles *val* et produisant uniquement des protéines BDNFval ;

– Val/Met, ayant un allèle *val* et un allèle *met* et produisant à la fois des protéines BDNFval et BDNFmet ;

– Met/Met, ayant deux allèles *met* et produisant uniquement des protéines BDNFmet.

Les sujets ont été entraînés à trois tâches de motricité fine effectuées avec les doigts.

À partir d'une analyse des documents fournis, montrer que le génotype peut influer sur la plasticité cérébrale.

DOC.1 Activité cérébrale de la zone motrice chez les différents types d'individus.

On mesure l'activité cérébrale des individus par tomographie à émission de positons au cours de la réalisation de ces tâches, avant et après entraînement.

Sur ce document, les résultats d'un seul individu de chaque génotype sont présentés (une image avant et une image après l'entraînement). Les points rouges indiquent une zone de faible activité, les points verts une zone d'activité plus importante, les points bleus une zone de très forte activité.

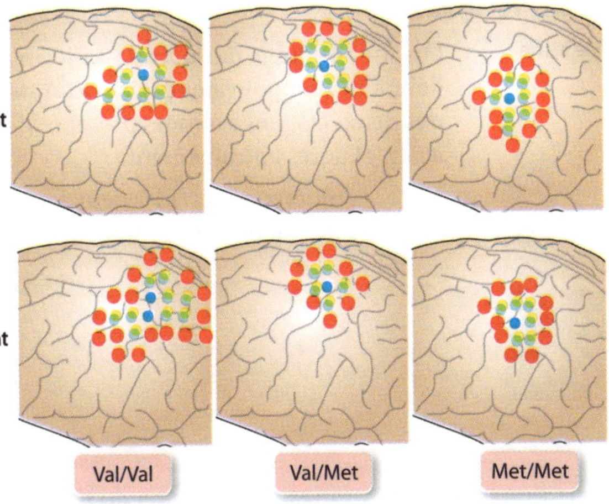

DOC. 2 Mesure de la surface de l'aire corticale des trois types d'individus.

La surface de l'aire corticale active est mesurée par TEP chez les différents individus avant et après entraînement.

Les histogrammes correspondent aux moyennes calculées à partir des différents sujets appartenant aux trois génotypes.

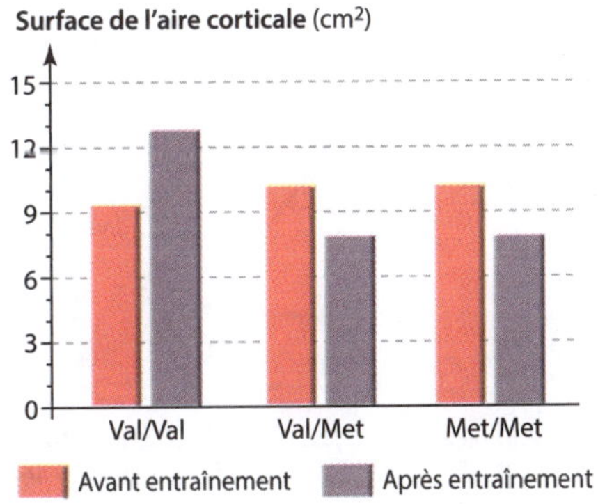

POST BAC

6 Conséquences cellulaires de l'entraînement

45 min

Vous avez appris qu'un entraînement peut provoquer une augmentation de l'aire corticale activée lors de la réalisation d'une tâche. Cet exercice de type 2.2 a pour but d'approfondir et d'étendre cette notion de plasticité, dont vous verrez qu'elle n'est pas uniquement applicable au cortex cérébral.

> Voir la partie II du cours du chapitre 10.

Des rats apprennent à saisir leur nourriture à travers un système en plexiglas, qui ménage une ouverture permettant à l'animal de ne glisser qu'une seule patte. Les animaux sont séparés en deux lots. Le premier lot n'est nourri qu'avec des aliments de petit diamètre. Le deuxième lot est nourri avec des aliments dont le diamètre est progressivement augmenté (préhension de plus en plus difficile pour les rats). Les entraînements sont réalisés pendant 30 jours.

À partir de l'analyse des documents fournis, indiquer les conséquences de l'entraînement des rats.

DOC. 1 Mesure de la capacité de saisie.

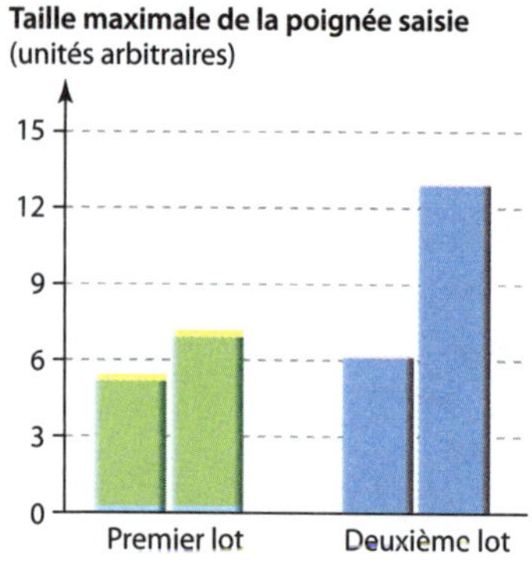

On a cherché à mesurer la taille maximale de l'aliment que pouvaient saisir les rats de chacun des deux lots. Les données présentent les résultats avant et après entraînement.

Note : la différence entre les deux lots de rats avant entraînement n'est pas significative.

DOC. 2 Évolution de certaines caractéristiques des cellules du cortex moteur au cours de l'entraînement.

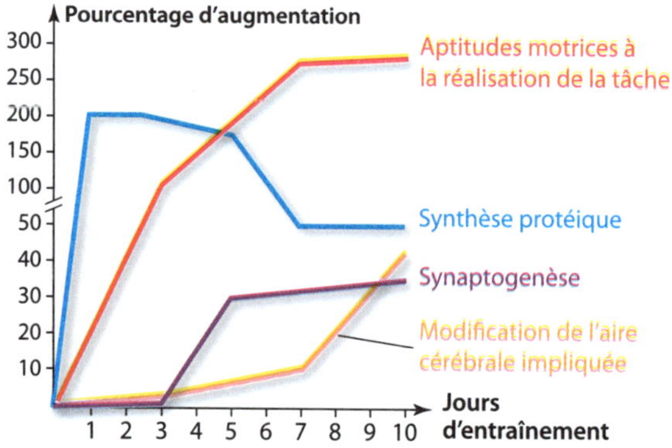

Plusieurs mesures ont été réalisées sur l'aire motrice corticale chez les rats du deuxième lot, au fur et à mesure de l'entraînement.

La synaptogenèse correspond à l'augmentation du nombre de synapses apparues entre les neurones corticaux.

DOC. 3 Évolution du nombre de synapses.

On mesure le nombre de synapses excitatrices et inhibitrices au niveau des motoneurones responsables du contrôle de l'extrémité de la patte avant, situés dans la moelle épinière, chez des rats des lots 1 et 2 ainsi que sur des rats non entraînés.

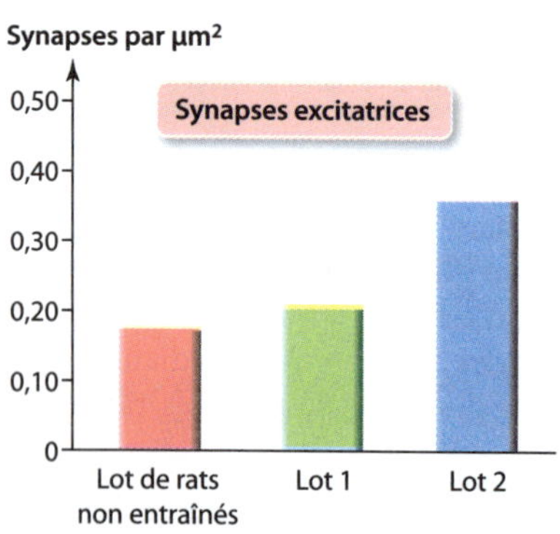

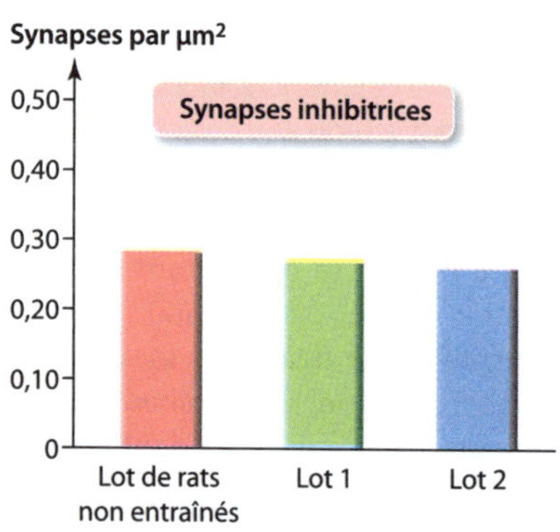

CORRIGÉS

1 Étude d'une paralysie

1. Le scanner X permet d'obtenir des images de la boîte crânienne et des tissus qu'elle contient. Dans ce cas, seule la **réponse b.** convient : M. X. n'a pas fait de chute et n'a pas été accidenté, la boite crânienne n'a pas été altérée. La réponse a. n'est donc pas adéquate ici. Un scanner ne donne pas d'informations concernant l'activité du cortex, la troisième réponse (c.) n'est donc pas exacte non plus.

Seuls le scanner à émission de positons et l'IRMf permettent de mesurer l'activité cérébrale. Le scanner X (le scanner classique) ne donne qu'une information structurale.

2. Les médecins doivent particulièrement observer la zone du cortex moteur correspondant au bras droit. Sachant que les faisceaux nerveux se croisent au niveau du tronc cérébral, le bras droit est commandé pas le cortex moteur de l'hémisphère gauche.
La zone occipitale (réponse a.) correspond à l'aire visuelle. Cette réponse n'est donc pas correcte. Le cortex moteur est situé à l'arrière du lobe frontal. On choisit donc la **réponse c.** (arrière du lobe frontal et hémisphère gauche).

3. Le saignement au niveau cérébral peut comprimer les neurones corticaux ou les priver de dioxygène et de glucose (si le saignement est en avant de la zone irriguée, ici le cortex moteur) et perturber leur fonctionnement voire les détruire. La **réponse c.** est donc correcte dans le cas étudié. La réponse a. n'est pas correcte car le réflexe myotatique ne fait intervenir que la moelle épinière : un saignement cérébral n'altérera donc pas le réflexe myotatique. De même, ce saignement superficiel ne peut avoir rompu les fibres nerveuses situées dans la profondeur du cerveau (comme au niveau du tronc cérébral) : la réponse b. n'est pas correcte.

Le réflexe myotatique ne fait pas intervenir le cortex moteur primaire.

4. Le saignement a été rapidement arrêté : même si les neurones du cortex moteur ont été lésés, une récupération est possible. M. X. devrait donc retrouver la motricité de son bras droit après quelque temps (la rééducation peut lui permettre d'abréger ce temps). La **réponse a.** est donc correcte. Les réponses b. et c. ne conviennent pas, car cela impliquerait que le saignement se soit étendu et qu'il ait touché une plus grande zone cérébrale.

2 Capacités cérébrales et hygiène de vie

Il s'agit ici de rédiger votre réponse « à la façon » d'un médecin. Cela étant, vous vous adressez à votre patient : votre langage doit être clair et les termes scientifiques doivent être expliqués.

- Ce patient est un ancien pianiste, il doit donc avoir une aire corticale motrice liée à la **motricité fine des doigts** très développée. Il craint d'être moins performant. Il faut donc le conseiller pour l'aider à conserver ses capacités au maximum.

- Vous pourriez, avant tout, lui expliquer le principe de la **plasticité cérébrale**. L'entraînement à une tâche induit un surdéveloppement de l'aire corticale associée : pour la réalisation de cette tâche, plus de neurones sont utilisés et **plus de relations synaptiques** se créent entre les neurones impliqués. Il convient aussi de lui expliquer comment maintenir ce surdéveloppement nécessaire à ses capacités musicales. Ainsi, continuer **l'entraînement** est indispensable au maintien de ce développement de l'aire motrice et, par conséquent, au maintien de ses performances.

- De même, pour un maintien optimal des performances, une **bonne hygiène de vie** est nécessaire. Vous pourriez lui recommander de faire de l'exercice, ce qui est favorable à l'oxygénation, et lui dire de faire attention à son alimentation : une quantité suffisante de **graisses insaturées** est indispensable au fonctionnement et à l'entretien du cerveau. De plus, vous pourriez lui recommander de limiter ses consommations de tabac ou d'alcool, qui peuvent être défavorables à la vie des neurones ou à leur fonctionnement.

3 Visualisation cérébrale d'une activité motrice

Dans un premier temps, il faut déterminer l'outil d'observation des images présentées.

- Les images donnent une information concernant l'activité d'une partie du cortex cérébral : il s'agit donc d'images obtenues par tomographie à émission de positons (**TEP** ou *scan* en anglais) ou par **IRMf**. Les deux réponses sont correctes.

Dans un deuxième temps, nous devons déterminer le sens des coupes présentées pour les légender.

- Sur l'**image a**, un seul hémisphère est visible, il s'agit donc d'une **coupe sagittale**. Le cervelet n'apparaît pas : la coupe réalisée est donc en **position latérale** (et non centrale, où l'on pourrait voir le cervelet). Le titre à donner à cette image est donc : « Image d'une coupe sagittale d'encéphale humain au cours de la manipulation d'un objet, obtenue par tomographie à émission de positons (ou par IRMf) ».

Pour rédiger un titre, il convient de donner, dans l'ordre :
- le type de document (schéma, dessin, photographie, tableau, graphique ou, comme c'est le cas ici, image médicale) ;
- le type d'objet observé ou présenté et son traitement éventuel (sens de coupe, coloration…) ;
- l'outil d'observation (œil nu, microscope photonique, microscope électronique à transmission, etc.) suivi de son grossissement.

- Sur l'**image b**, les deux hémisphères sont visibles. Le sillon interhémisphérique est visible sur l'ensemble de la coupe. Il s'agit donc d'une **coupe axiale**. Là encore, le cervelet n'apparaît pas : cette coupe a été réalisée **sur le haut de l'encéphale**. Le titre à donner à cette image est donc : « Image d'une coupe axiale haute d'encéphale humain au cours de la manipulation d'un petit objet, obtenue par TEP (ou par IRMf) ».

- L'**image c** est un détail de l'image a. On pourrait donc lui donner le titre : « Détail de la zone active visible sur la coupe sagittale d'encéphale humain au cours de la manipulation d'un petit objet, obtenue par TEP (ou par IRMf) ».

- L'**image d** est un détail de l'image b. : « Détail de la zone active sur la coupe axiale d'encéphale humain au cours de la manipulation d'un petit objet, obtenue par TEP (ou par IRMf) ».

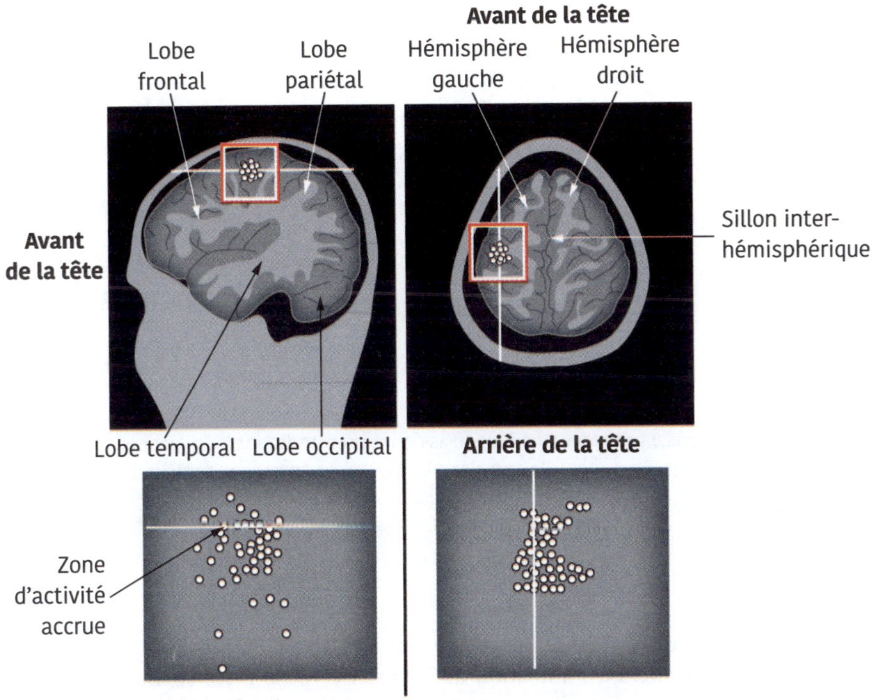

- Ces images montrent une activité intense de l'arrière du lobe frontal, au niveau du haut de l'**hémisphère gauche**. Sachant que les faisceaux nerveux conduisant l'influx moteur se croisent au niveau du tronc cérébral, l'activité importante observée au niveau de l'hémisphère gauche indique que **l'objet est manipulé avec la main droite**.

4 Comprendre l'action du baclofène

La construction d'un schéma bilan doit se faire au fur et à mesure, pour prendre en compte toutes les données issues de l'analyse des documents.

1.

> Document 1

Ce document présente la structure osseuse d'un bras : les muscles 1 et 2 se trouvent de part et d'autre de l'humérus (os du bras). Le muscle 1 unit le radius, un os de l'avant-bras, à l'omoplate : son raccourcissement entraînera le repliement de l'avant-bras. Le muscle 2 est lié à l'ulna, le deuxième os de l'avant-bras, et à l'omoplate. La contraction de ce muscle entraînera l'extension de l'avant-bras. La contraction de ces deux muscles a donc une conséquence opposée au niveau de l'articulation du coude. C'est pourquoi on qualifie ces muscles d'**antagonistes**.

On mesure la **réponse motrice** de ces deux muscles selon que l'on active l'un ou l'autre muscle. On constate que, lorsque l'on stimule le muscle 1, on enregistre une réponse motrice du muscle 1 tandis qu'il n'y en a aucune chez le muscle 2. À l'inverse, la stimulation du muscle 2 entraîne une réponse motrice du muscle 2, mais aucune du muscle 1.

On peut donc construire le **premier schéma** suivant (on n'a mis aucune légende ici, puisqu'il ne s'agit que d'un brouillon).

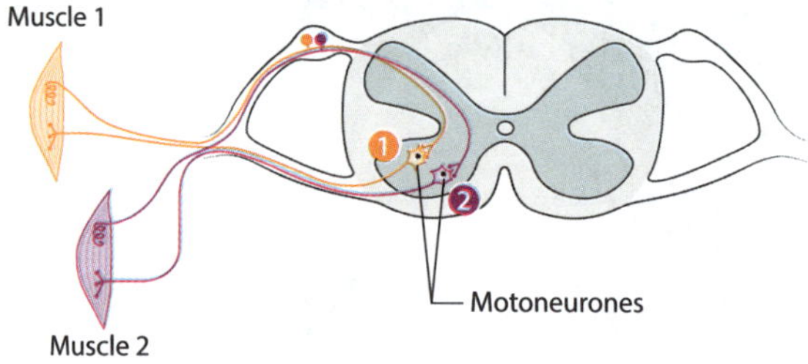

Ici, on ne cherche pas à utiliser les couleurs classiques pour indiquer les neurones sensitifs et moteurs : on regroupe par couleur le muscle et les neurones correspondants pour se faciliter la tâche de construction. On réintroduira les éléments classiques au moment de la réalisation du schéma bilan.

> Document 2

2a : on observe que le potentiel de membrane est de – 50 mV : il s'agit du potentiel de repos de ce neurone. La stimulation de la fibre nerveuse 1 déclenche l'apparition d'une **petite dépolarisation** d'une amplitude d'environ 5 mV de la membrane du motoneurone, au niveau de son corps cellulaire. La stimulation de la fibre nerveuse 2 déclenche, elle, une **petite hyperpolarisation** d'une amplitude d'environ 5 mV de la membrane de ce même motoneurone. L'envoi d'un message par chacune de ces deux fibres entraîne donc une **réponse opposée** du motoneurone. Ces deux fibres ne sont donc sans doute pas identiques.

2b : les fibres nerveuses sont supprimées et on applique successivement deux substances, l'acétylcholine et le GABA. On constate que l'application d'acétylcholine entraîne une **dépolarisation** de la membrane du motoneurone d'une amplitude d'environ 5 mV. À l'inverse, l'application de GABA entraîne le déclenchement d'une **hyperpolarisation** d'une amplitude d'environ 5 mV.

La comparaison des résultats présentés en 2a. et 2b. montre qu'il existe une **corrélation** entre les deux graphiques : la stimulation de la fibre nerveuse 1 a la même conséquence que l'application d'acétylcholine. On peut donc supposer que la fibre nerveuse 1 libère de l'acétylcholine dans la fente synaptique. De même, la stimulation de la fibre nerveuse 2 et l'application de GABA ont le même effet sur le motoneurone (une hyperpolarisation). On peut donc supposer que la fibre 2 synthétise du GABA.

Notez qu'aucune démonstration n'a été réellement réalisée : nous n'avons que des corrélations. Nous ne pouvons qu'émettre des hypothèses.

- Le motoneurone dispose donc d'au moins **deux types de récepteurs** membranaires aux neurotransmetteurs. Les deux fibres nerveuses n'émettraient donc pas le même neurotransmetteur, et les deux neuromédiateurs auraient des effets opposés au niveau du potentiel de membrane du motoneurone.

> Document 3

On stimule maintenant les muscles 1 et 2.

- **3a** : la stimulation du muscle 1 entraîne le déclenchement d'une **petite dépolarisation** d'une amplitude d'environ 5 mV au niveau de la membrane du corps cellulaire du motoneurone. La stimulation du muscle 2 entraîne l'apparition d'une **hyperpolarisation** de la membrane de ce même motoneurone.

- On peut mettre en relation les résultats de ce document avec ceux du précédent : la stimulation du muscle 1 entraîne le même résultat que celle de la fibre nerveuse 1. Elle entraînerait donc l'**activation de deux types de neurones**. Le neurone 1, qui synthétise l'acétylcholine, provoque une dépolarisation de la membrane du motoneurone. Le neurone 2, qui synthétise le GABA, déclenche une hyperpolarisation de la membrane du motoneurone.

- **3b** : la stimulation du muscle 2 a des conséquences opposées à celle du muscle 1. On peut donc en déduire le schéma suivant :

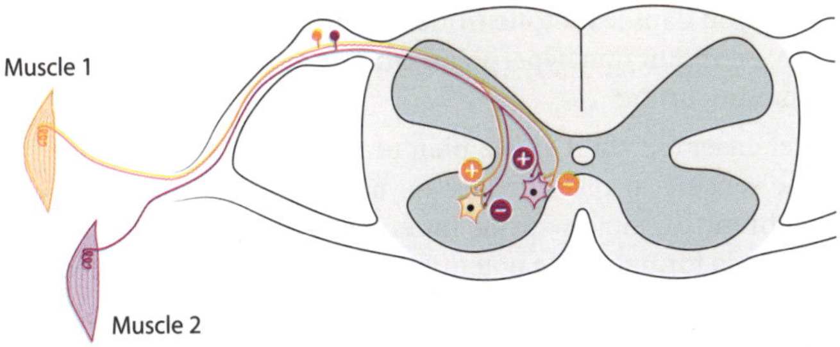

- **Un problème se pose** sur notre schéma, puisque chacune des fibres nerveuses sensitives issues des fuseaux neuromusculaires de chacun des deux muscles a un effet dépolarisant (noté « + ») et un effet hyperpolarisant (noté « - »). Or, cela est impossible puisque ces fibres ne peuvent sécréter qu'un seul neurotransmetteur. De plus, on nous indique l'existence d'un délai supplémentaire lorsque l'on observe l'effet hyperpolarisant. Cela semble nous montrer l'existence d'un **trajet supplémentaire**. Toutes ces considérations nous amènent à penser qu'il existe **un intermédiaire** entre la fibre nerveuse d'un muscle et le motoneurone du muscle antagoniste et ce neurone intermédiaire sécréterait un neuromédiateur hyperpolarisant. C'est en réalité ce que l'on appelle un **interneurone inhibiteur**. On arriverait alors au schéma suivant :

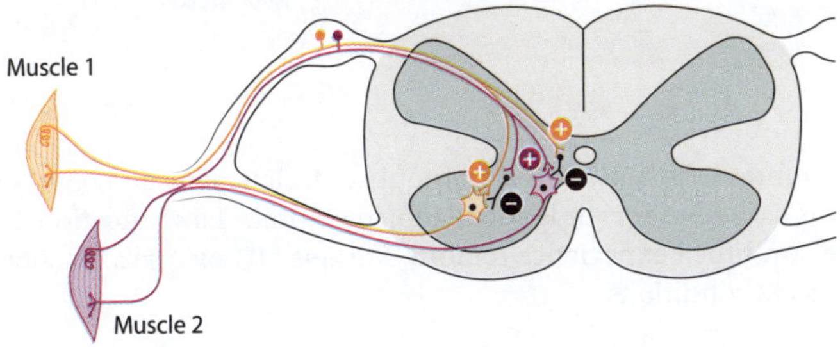

> Document 4

Si le montage semble identique à celui présenté en 2b, on constate que les électrodes de mesure du potentiel membranaire ne sont pas situées au même endroit (et c'est ce qui est à l'origine de la différence d'enregistrement).

- L'application d'acétylcholine déclenche l'apparition d'un potentiel d'action. On a vu précédemment que cette application avait pour conséquence l'émergence d'une petite dépolarisation. On peut donc conclure que la petite dépolarisation au niveau du corps cellulaire a provoqué la **survenue d'un potentiel d'action dans l'axone**.
- L'application de GABA ne suscite l'apparition d'aucune réponse dans l'axone du motoneurone. On a vu précédemment que cette application avait pour conséquence une petite hyperpolarisation. Cette modification n'a **pas d'effet sur le potentiel de membrane de l'axone**.
- L'application simultanée de GABA et d'acétylcholine ne provoque pas non plus l'apparition d'un potentiel d'action. On peut supposer qu'il y a **addition** de la dépolarisation et de l'hyperpolarisation : aucun potentiel d'action ne se déclenche. Il s'agit là d'un cas de **sommation spatiale** : les messages provenant des deux neurones innervant le motoneurone sont additionnés. Si l'addition aboutit à une dépolarisation, cela déclenche un potentiel d'action dans le motoneurone. Si cette addition ne modifie pas le potentiel de membrane, ou induit une hyperpolarisation, et on n'enregistrera alors aucune réponse dans le motoneurone.
- On peut déduire de cet ensemble qu'**il existe bien un interneurone** qui, lorsqu'il est excité par un neurone sensitif en relation avec un muscle, transmet un message qui hyperpolarise la membrane du motoneurone innervant le muscle antagoniste du muscle excité. Cela empêche la formation de potentiels d'action dans le motoneurone innervant le muscle antagoniste, d'où son absence de contraction.
- À partir de ces résultats on peut construire le **schéma bilan** qui intègre l'ensemble des informations :

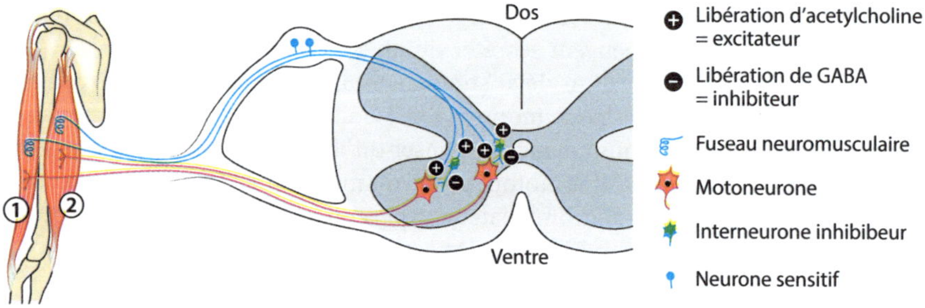

2.

> Document 5

- On enregistre le nombre de potentiels d'action qui se déclenchent au cours de 32 mesures, avec ou sans baclofène, lors de la stimulation du muscle. La stimulation du muscle sans baclofène constitue l'**expérience témoin**. Presque 50 potentiels d'action ont été enregistrés dans ces conditions.

Là encore, il faut être attentif à la lecture des données.

- Lorsque la stimulation est faite en présence de baclofène, on n'enregistre **aucun potentiel d'action** dans le motoneurone. Le baclofène a donc empêché l'apparition des potentiels d'action.

Si on rapproche ces résultats de ceux du doc. 4, le baclofène semble avoir la même action que le GABA. Si tel est le cas, alors un enregistrement au niveau du corps cellulaire du neurone devrait montrer une dépolarisation en présence de baclofène. C'est ce que l'on cherche à mettre en évidence dans le doc. 6.

> Document 6

L'application du GABA, la substance naturellement présente dans l'organisme, constitue le **témoin**.

- Le dépôt de GABA entraîne, comme vu auparavant, l'apparition d'une petite dépolarisation d'environ 5 mV. Celle-ci dure un peu plus de 5 s. Le dépôt de baclofène entraîne une hyperpolarisation d'environ 15 mV et d'une durée presque 4 fois plus longue. Le baclofène a donc le même type d'effet que le GABA : il s'agit d'un **agoniste du GABA**. Son effet s'atténue avec le temps, même s'il est plus long que celui du GABA : son effet n'est donc **pas irréversible**.
- Il est dit que le baclofène est un relaxant musculaire. On peut l'expliquer par l'apparition d'une forte hyperpolarisation des motoneurones lorsqu'il est appliqué. Le mécanisme de sommation spatiale explique qu'il empêche le déclenchement de potentiels d'action qui provoqueraient la contraction des muscles. Son application au niveau de la membrane plasmique du neurone donne une réponse : il **agit donc au niveau post-synaptique**.

Le baclofène est-il un agoniste compétitif du GABA ?

> Document 7

Dans cette expérience, le milieu est dépourvu de chlore. L'ajout de GABA ne déclenche, dans ce cas, aucune dépolarisation : on peut supposer que le chlore est nécessaire à l'apparition de l'hyperpolarisation provoquée par le GABA. L'ajout de baclofène cause toujours une hyperpolarisation : le chlore ne semble pas nécessaire à l'apparition de cette hyperpolarisation. Le baclofène est donc un agoniste du GABA, mais il n'agit vraisemblablement pas de la même façon : il est **non compétitif**.

> Bilan

Le réseau neuronique à l'origine du réflexe myotatique comprend donc un interneurone inhibiteur qui émet du GABA. La stimulation du muscle 1 entraîne l'excitation du motoneurone innervant le muscle 1 ainsi que de l'interneurone inhibiteur qui est en relation avec le motoneurone innervant le muscle 2. Cet interneurone, en libérant du GABA, hyperpolarise le motoneurone : le muscle 2 ne pourra donc pas se contracter. Le baclofène est une molécule agoniste non compétitive du GABA. En hyperpolarisant les motoneurones, il empêche le déclenchement des potentiels d'action à l'origine de la contraction musculaire, d'où son effet décontractant.

POST BAC

5 Plasticité cérébrale et mutations

Doc. 1. Ce document présente les zones d'activité les plus importantes chez un individu de chaque génotype réalisant une tâche motrice avec les doigts. La zone active correspond donc au cortex moteur contrôlant les doigts.
Chez l'individu de génotype Val/Val, la zone active du cortex semble plus importante après entraînement qu'avant : la **plasticité cérébrale** de cet individu aurait permis de développer l'aire cérébrale responsable du contrôle du mouvement pour lequel l'individu a été entraîné. Chez les individus de génotypes Val/Met et Met/Met, l'aire active ne semble pas plus importante après entraînement qu'avant, voire moins importante pour l'individu Val/Met. Le **génotype** des individus pourrait donc avoir une **action sur la plasticité cérébrale**. On ne peut toutefois que formuler cette **hypothèse** : le fait que les images ne représentent qu'un seul individu de chaque génotype et que les zones délimitées manquent de précision, nous ne pouvons formuler de conclusion.

Un document ne permet pas toujours de tirer de conclusion précise et sûre. Son étude peut parfois seulement permettre l'émission d'une hypothèse.

Doc. 2. On constate que l'aire motrice active est en moyenne de 9 cm^2, avant entraînement, chez les individus Val/Val. Après entraînement, la surface de cette aire est d'environ 13 cm^2 en moyenne. La plasticité cérébrale est à l'origine de cette **modification liée à l'entraînement**. Les individus de génotype Val/Met ont une surface active moyenne de 10 cm^2 avant entraînement. Celle-ci est de 8 cm^2 après entraînement. L'entraînement n'a donc pas provoqué d'**accroissement de la surface active** (on peut d'ailleurs s'interroger sur la réduction de la surface active observée). Chez les individus Met/Met, la moyenne de la surface active mesurée est d'environ 8,5 cm^2 avant entraînement, et d'environ 8 cm^2 après. Chez les individus Val/Met et Met/Met, l'entraînement n'a donc pas provoqué d'augmentation de la surface active.

Bilan. Il semble donc que le génotype ait une action sur la plasticité cérébrale. On peut supposer que la protéine BDNF intervient dans les mécanismes responsables de la plasticité cérébrale.

POST BAC

6 Conséquences cellulaires de l'entraînement

Cet exercice porte sur des rats. On pourra toutefois faire un lien entre les données mises en évidence ici et les données issues de l'exercice précédent qui, lui, portait sur les humains.

Doc. 1 : on constate que le premier lot de rats n'a qu'une faible augmentation de sa capacité à saisir de gros objets après entraînement (en réalité, cette différence n'a pas été jugée significative par les chercheurs). Les rats du deuxième lot présentent, eux, une aptitude à la saisie d'objets plus gros. L'entraînement a donc permis aux rats du deuxième lot d'acquérir les capacités motrices indispensables à la saisie de gros objets. On peut supposer que la **plasticité cérébrale** est en cause.

Doc. 2 : on constate que l'entraînement provoque, presque immédiatement après son début (1 jour après), une forte **augmentation de la synthèse protéique** au niveau cortical (de l'ordre de 200 %). On peut supposer que cette augmentation est à mettre en relation avec les mécanismes de plasticité corticale, mais rien ne le montre directement puisque l'on ne sait rien des molécules synthétisées.

On peut d'ailleurs mettre en relation ces données avec celles du sujet 5 : on pourrait supposer que l'équivalent du BDNF est synthétisé par ces neurones corticaux.

Après **3 jours d'entraînement**, on observe une augmentation de la synaptogenèse, qui indique cette fois plus clairement une plasticité cérébrale liée à l'entraînement. Les protéines synthétisées étaient sans doute en lien avec cette synaptogenèse. Après **7 jours,** c'est une augmentation importante de l'aire motrice impliquée qui est visible : on peut formuler l'hypothèse que **de nouveaux neurones ont été recrutés** pour la réalisation de cette tâche. Il s'agit, là encore, d'un mécanisme de plasticité cérébrale. Cette plasticité cérébrale peut être mise en lien avec l'augmentation des capacités motrices utiles pour la réalisation de la tâche. L'entraînement provoque donc une réponse de la part des neurones corticaux de l'aire impliquée dans la tâche : cette réponse permet de recruter davantage de neurones pour réaliser la tâche, mais aussi de les unir par **plus de liaisons**.

La plasticité cérébrale fait intervenir plusieurs mécanismes : l'**extension de la zone corticale** impliquée dans la fonction entraînée (recrutement des neurones), et la **modification des synapses** que ces neurones forment entre eux.

Doc. 3 : on constate ici que le nombre de synapses excitatrices varie peu entre les rats non entraînés et les rats du lot 1. Par contre, les rats du lot 2 (ceux chez lesquels on a développé une capacité à attraper de gros objets, doc. 1) présentent une augmentation du nombre de synapses excitatrices. Cela montre que l'augmentation des capacités motrices n'est pas uniquement liée aux mécanismes de plasticité cérébrale, mais qu'ils impliquent aussi des modifications au niveau de la moelle épinière : il existe donc aussi une **plasticité spinale** (plasticité de la moelle épinière). À l'inverse, on n'observe aucune différence entre les trois lots de rats en ce qui concerne le nombre de synapses inhibitrices. La plasticité spinale liée à l'acquisition d'une telle capacité motrice n'est donc pas liée à la mise en place de nouvelles synapses inhibitrices.

Conclusion : l'acquisition d'une nouvelle compétence motrice fait intervenir des mécanismes de plasticité cérébrale perceptibles au **niveau cellulaire** (synthèse protéique). La synaptogenèse est augmentée au niveau cortical, mais elle l'est aussi au niveau spinal. L'amélioration des capacités motrices ne fait donc pas seulement intervenir une plasticité corticale : une plasticité spinale est aussi à envisager.

Enjeux planétaires contemporains

CHAPITRE 12

La plante domestiquée

COURS

MÉTHODES ET STRATÉGIES

SUJETS DE TYPE BAC

SUJETS D'APPROFONDISSEMENT

CORRIGÉS

COURS

La plante domestiquée

Alimentation, pharmacologie, alimentation du bétail, habillement… Depuis le Néolithique, l'homme a appris à choisir des plantes utiles, les faisant passer de l'état sauvage à un mode de culture dépendant de lui. Comment se déroule la domestication* d'une espèce végétale ?

I. Sélection et croisements

1. Les plantes cultivées dérivent d'ancêtres sauvages

Dans les années 1980, on démontre par des approches génétiques et archéologiques que l'ancêtre sauvage du maïs est la téosinte, une plante fourragère qui pousse en Amérique centrale. Le maïs et la téosinte sont proches génétiquement mais présentent des morphologies différentes.

	Maïs	Téosinte
Tige feuillée	Droite	Ramifiée
Localisation des fleurs mâles	Une inflorescence au sommet de la tige	
Localisation des fleurs femelles	Quelques inflorescences à l'aisselle des feuilles du milieu de la tige	De nombreuses inflorescences à l'aisselle des feuilles du milieu de chaque tige
Nombre de grains par épi	Environ 500, en 10 rangées au moins	8 à 10 sur 2 rangs
Nature des réserves	Amidon (dans le grain)	
Dissémination des grains	Faible à nulle	Autonome, par éclatement de l'épi à maturité

DOC. 1 **Morphologie comparée du maïs et de la téosinte.** Les deux plantes possèdent des fleurs mâles au sommet de la tige, et des fleurs femelles en épi vers le milieu, qui évoluent en fruits secs agglomérés, les grains de maïs.

* Les mots suivis d'un astérisque sont définis dans le lexique.

- Le maïs cultivé produit de nombreux grains riches en amidon, mais non mobiles : la dissémination autonome n'a pas lieu, et l'action de l'homme est obligatoire pour semer la génération suivante.
- À l'inverse, la téosinte produit peu de grains, mais ceux-ci assurent une dissémination autonome efficace.

2. L'homme contrôle la fécondation des plantes

a. La sélection massale

- La sélection massale consiste à retenir les plantes les plus intéressantes à chaque génération : on n'utilisera que leurs graines comme semences pour la génération suivante.
- Progressivement, on obtient des groupes de plantes aux phénotypes choisis (productivité, résistance, forme et dureté des grains…) et pouvant être de génotypes hétérogènes. Ces groupes s'appellent des **variétés-populations**.
- Dans le cas du maïs, ce processus de sélection a vraisemblablement commencé il y a 9 000 ans : d'abord en Amérique centrale, puis à partir de 1495 en Europe. Il a abouti à la production de nombreuses variétés-populations de maïs, dont certaines sont capables de prospérer en climat tempéré.

b. Les races pures et les variétés hybrides

- Les **races pures** sont composées d'individus homozygotes pour les caractères recherchés. On les obtient en réalisant des **autofécondations** : le pollen d'une plante est déposé sur le pistil de la même plante. Lorsque les plantes développent des stratégies favorisant l'allofécondation (voir le chapitre 4), l'homme met alors en place des pratiques agronomiques pour obtenir l'autofécondation.
- Les **hybrides** sont des individus obtenus en première génération (F1) par croisement de deux parents de lignée pure : nécessairement hétérozygotes, ils combinent les caractères intéressants sélectionnés chez les deux parents. Ils présentent de plus une croissance et une résistance meilleures, ce que l'on qualifie de **vigueur hybride**.
- La sélection génétique remplace la sélection massale à partir des années 1950. Races pures et hybrides F1 sont des groupes de génotype homogène : ce sont des **variétés**.

c. Une nouvelle biodiversité

- La domestication des plantes peut se lire comme une évolution des espèces maîtrisée par l'homme : apparition aléatoire de nouveaux allèles puis **pression de sélection** dans le choix de conserver ou non le caractère associé.
- Cette domestication aboutit ainsi à une certaine **biodiversité intraspécifique**.

3. La domestication repose aussi sur des techniques de culture rentables

La domestication et l'amélioration des espèces cultivées sont complétées par le perfectionnement des techniques agricoles : irrigation, mécanisation, utilisation d'engrais biologique ou chimique, lutte contre les parasites…

II. Apport du génie génétique

1. Le protocole de transgenèse

La **transgenèse** désigne l'insertion, dans le génome d'un organisme, d'un gène codant pour un caractère d'intérêt et provenant d'un autre organisme. Elle intègre trois étapes.

a. Préparer le transgène* à l'aide d'enzymes de restriction

- Les enzymes de restriction ont été découvertes dans le cytoplasme des cellules procaryotes, qu'elles protègent des infections par des ADN étrangers, en particulier viraux. Ce sont en effet des **nucléases**, c'est-à-dire des enzymes capables de couper l'ADN. Leur particularité est de couper l'ADN au niveau de séquences courtes reconnues au préalable. Leur action est alors **prédictible et reproductible** : c'est pourquoi on les utilise en laboratoire comme « ciseaux moléculaires ».

- L'enzyme de restriction **EcoRI** est la première enzyme de restriction isolée chez la bactérie *Escherichia coli*, à l'origine de son nom. Elle reconnaît la séquence suivante, appelée **site de restriction*** :

5' – GAATTC – 3'
3' – CTTAAG – 5'

- Du fait de la complémentarité des bases azotées de l'ADN, cette séquence est palindromique : elle est équivalente dans les deux sens. EcoRI ne coupe que cette séquence et libère deux ADN avec une extrémité simple brin instable :

5' – G	5' – AATTC – 3'
3' – CTTAA – 3'	G – 5'

b. Insérer le gène d'intérêt (ou transgène) dans un vecteur

- Un vecteur est un fragment d'ADN fusionné au gène d'intérêt et qui assure son maintien et sa réplication. Pour la transgenèse végétale le vecteur habituel est un plasmide*, petit ADN circulaire bactérien. Le plasmide est préparé avec la même enzyme de restriction que le transgène.

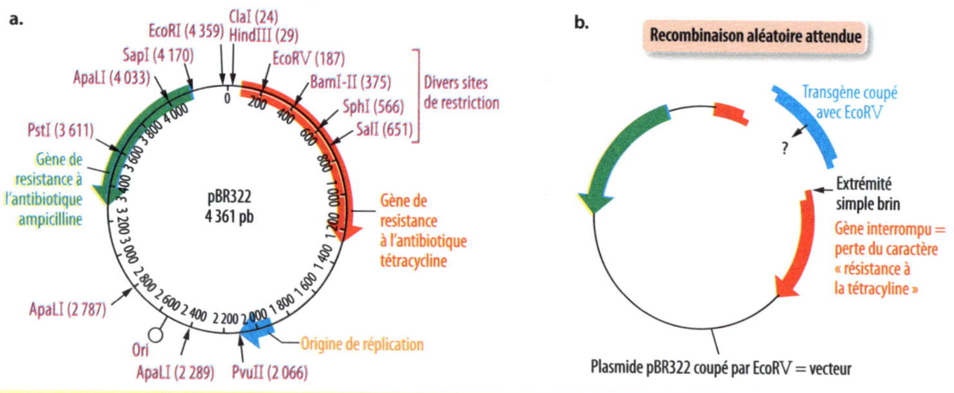

DOC. 2 Le vecteur plasmide pBR322 (a) et mise en contact avec un transgène (b). pBR322 et le transgène ont été préparés avec la même enzyme de restriction, EcoRV : les deux ADN peuvent se lier, mais le gène de résistance à la tétracycline est perdu. pBR322 est un ADN circulaire de 4 361 paires de bases portant deux gènes codant pour la résistance à deux antibiotiques, l'ampicilline et la tétracycline.

- pBR322 est un plasmide vecteur. Si on le traite avec les enzymes de restriction EcoRV ou BamHI, on obtient un plasmide ouvert au milieu du gène codant pour la résistance à la tétracycline ; les deux extrémités du plasmide ouvert sont simple brin. Par complémentarité des bases, le plasmide peut se refermer sur lui-même.
- Bien que la complémentarité des bases fonctionne dans la zone précédemment coupée, l'ensemble doit être consolidé par l'action d'une autre enzyme : la **ligase**. Celle-ci reconstruit les liaisons covalentes entre nucléotides (ligation) que l'enzyme de restriction avait rompues.
- On obtient ainsi un **ADN recombinant**. Celui-ci peut être cloné (reproduit en de nombreux exemplaires) au sein de bactéries, hôtes provisoires.

C. Transformer les cellules végétales

- Les cellules végétales étant imperméables à l'ADN, on utilise des outils pour y faire pénétrer l'ADN recombinant. Un canon à particules peut servir à injecter des billes métalliques enduites d'ADN dans des cellules végétales en culture. Mais un faible taux de cellules végétales soumises à ce traitement intègre effectivement l'ADN recombinant : un **criblage** consistant en l'élimination des cellules non transformées, que l'on reconnaît par leur phénotype non modifié, est nécessaire. La bactérie *Agrobacterium tumefaciens* peut aussi transférer de l'ADN dans les cellules végétales, avec une efficacité supérieure à celle du canon à particules.
- Par des techniques de culture *in vitro*, les cellules transformées (aussi appelées transformants ou cellules transgéniques) se développent en jeunes plants cultivables en pleine terre. Ce sont des OGM (Organismes Génétiquement Modifiés).

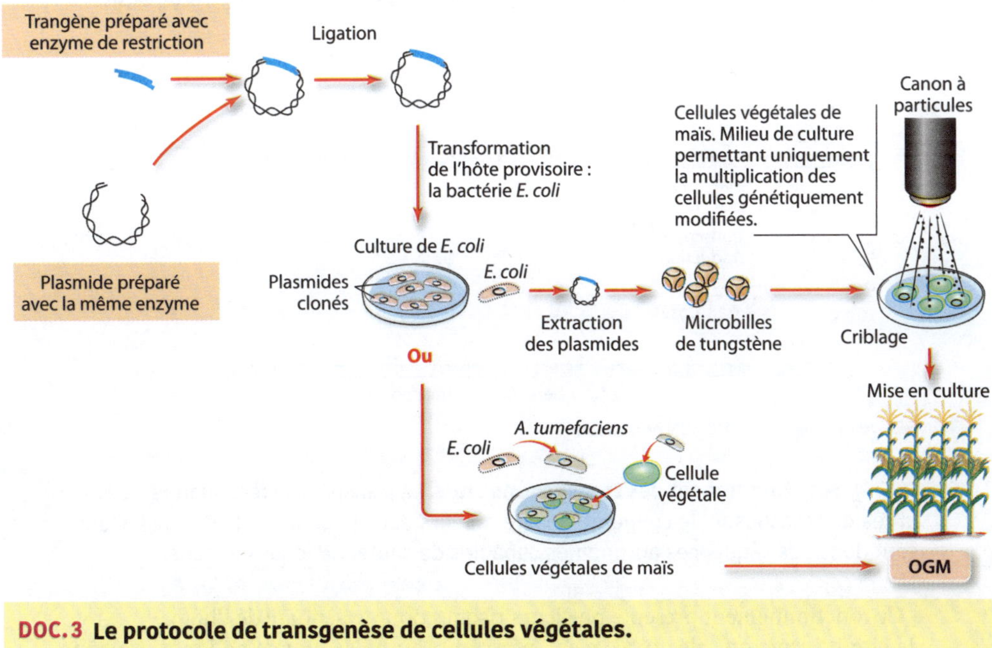

DOC. 3 Le protocole de transgenèse de cellules végétales.

2. Les nouveaux caractères sélectionnés

- Les techniques de transgenèse ont par exemple permis de produire :
– une variété de maïs synthétisant une toxine bactérienne nocive pour les larves d'insectes, le maïs Bt, avec un transgène d'origine bactérienne codant une protéine insecticide ;
– des variétés de céréales, de soja et de colza résistant aux herbicides courants ;
– des variétés enrichies en un nutriment essentiel, comme le riz *Golden Rice* riche en précurseur de vitamine A.

- À chaque fois, le gène supplémentaire dans le génome est à l'origine d'un nouveau caractère d'intérêt agricole.

- Les OGM végétaux sont au cœur d'un débat d'actualité : des risques sanitaires liés aux techniques de cultures associées (comme l'ajout d'herbicides) et des risques de dispersion des nouveaux gènes *via* le pollen sont évoqués.

POST BAC

Les transposons

> Voir le sujet 7.

- Le génome des eucaryotes comporte des **séquences d'ADN mobiles : les transposons**. Le séquençage a révélé que 45 % du génome humain sont constitués de transposons, contre seulement 1 à 2 % de gènes codant pour des protéines cellulaires. 90 % du génome du blé sont des transposons. Ils ont été découverts chez le maïs par Barbara McClintock dans les années 1950. Les « transposons vrais » sont des portions d'ADN codant pour une enzyme, la **transposase**, qui permet la mobilité de la séquence.

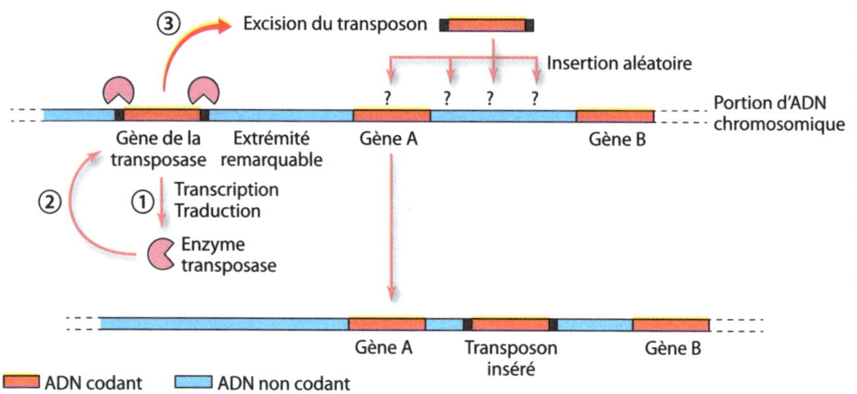

DOC. 4 Fonctionnement des transposons vrais. La transposase reconnaît les extrémités du transposon, le coupe et l'insère ailleurs dans le génome. Les transposons sont donc des séquences autonomes capables de sauter de locus en locus.

- Ce fonctionnement présente plusieurs risques pour le génome de l'hôte :
– le site d'insertion, aléatoire, peut interrompre une séquence codante. Le gène « infecté » perd alors sa fonctionnalité ;

– une transposition pendant la réplication peut s'accompagner d'une duplication du transposon, dont le nombre de copies augmente alors dans le génome ;
– le coût énergétique pour répliquer et conserver un génome long est lourd pour la cellule.

- On s'attendrait à la disparition progressive de ces séquences envahissantes sous la pression de la sélection naturelle (voir le chapitre 2). Or, on les trouve dans presque tous les organismes et ils participent même fortement à la grande taille des génomes eucaryotes. Leur signification évolutive est donc largement débattue.
- Selon une première hypothèse, ils seraient facteurs de variabilité génétique et favoriseraient l'apparition de mutations avantageuses.
- Selon une deuxième hypothèse, ils ne se maintiendraient que grâce à leur pouvoir multiplicatif : ils se multiplieraient plus vite qu'ils ne sont éliminés et seraient des parasites génétiques.
- L'estimation de la quantité de transposons dans un génome est un outil permettant une autre approche de certaines histoires évolutives. Les transposons Alu sont présents en 500 000 exemplaires dans le génome humain.
- La comparaison du nombre de séquences Alu entre l'homme moderne et certains fossiles indique que ce transposon a colonisé le génome de l'homme assez récemment.
- D'autre part, la comparaison des variants d'Alu entre diverses populations actuelles permet de préciser leur relation de parenté.

MÉTHODES ET STRATÉGIES

1 Comparer deux plantes

> Voir les sujets 3 et 4 mettant en œuvre cette méthode.

Comparer deux variétés, comparer une espèce cultivée et son ancêtre sauvage... Ce chapitre est l'occasion de mener des comparaisons, tant à l'échelle macroscopique qu'aux échelles moléculaire et génétique. Cette méthode peut être étendue à d'autres comparaisons (deux fleurs, deux cellules, deux roches, etc.).

Méthode

> **Étape 1 :** au brouillon, on dresse la liste des points communs et des différences, en veillant à se référer aux différentes échelles comparables.

- À l'échelle de l'organisme, on compare la morphologie d'ensemble : forme des feuilles, architecture de la tige, forme du système racinaire, fleurs et fruits.
- À l'échelle cellulaire et moléculaire, on cherche la présence de molécules identiques, notamment des protéines. On peut quelquefois compléter par une comparaison de séquences de protéines ou d'ADN.
- Pour les différences, qui sont souvent plus faciles à isoler, on utilise un vocabulaire descriptif (relatif à la taille, la couleur, la quantité...) et comparatif (« plus que », « moins que »). On quantifie éventuellement les différences (« deux fois plus que », par exemple).

> **Étape 2 :** on transforme cette liste en une comparaison ordonnée. Les critères sont classés du plus large au plus précis, du plus visible au plus discret, du macroscopique au microscopique. Des caractères peuvent être regroupés par catégories. Un tableau peut être utile, chaque ligne correspondant à un caractère comparé, identique ou différent.

> **Étape 3 :** il faut enfin commenter la comparaison. Des végétaux peuvent se ressembler s'ils sont apparentés ou s'ils sont soumis aux mêmes contraintes environnementales. Certains caractères peuvent avoir été sélectionnés par l'homme.

Application

À l'aide des documents, comparer le panais (carotte sauvage) à la carotte orange (cultivée) et indiquer les caractères sélectionnés lors du processus de domestication.

Étude morphologique

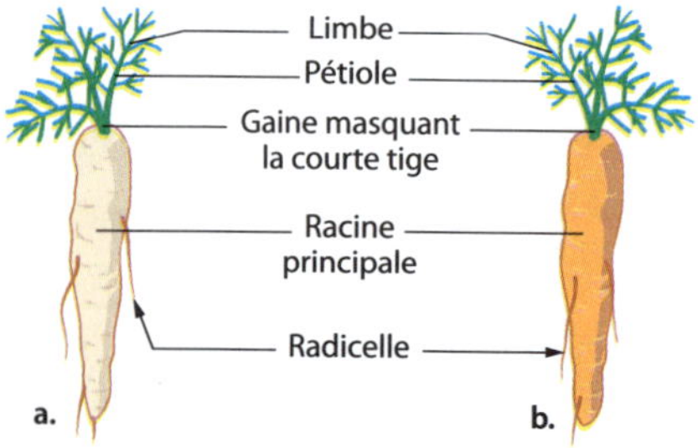

DOC. 5 Vues externes du panais (a) et de la carotte orange (b).

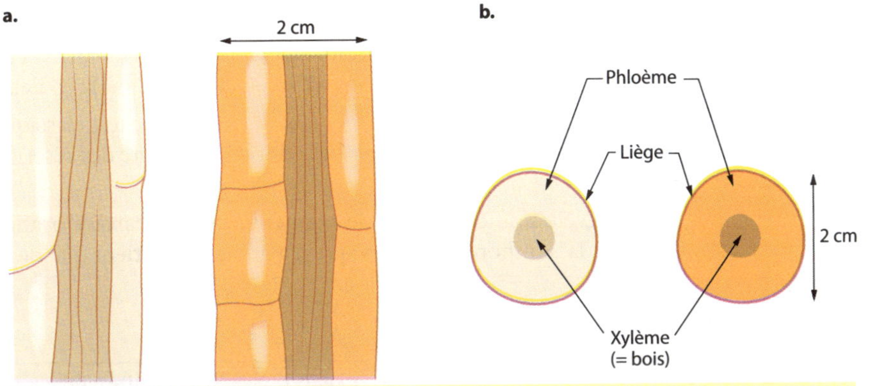

DOC. 6 Coupes longitudinale (a) et transversale (b) du panais (à gauche) et de la carotte orange (à droite).

Étude chimique

1. Test à la liqueur de Fehling : en trempant un fragment de racine dans une solution de liqueur de Fehling, on obtient, à la chaleur, un précipité rouge brique pour les deux types de carottes.

2. Chromatographie des pigments : un dépôt de jus de carotte sauvage ou cultivée est effectué sur un papier à chromatographie puis est mis à migrer dans un solvant organique.

On observe le résultat après 30 minutes de migration.

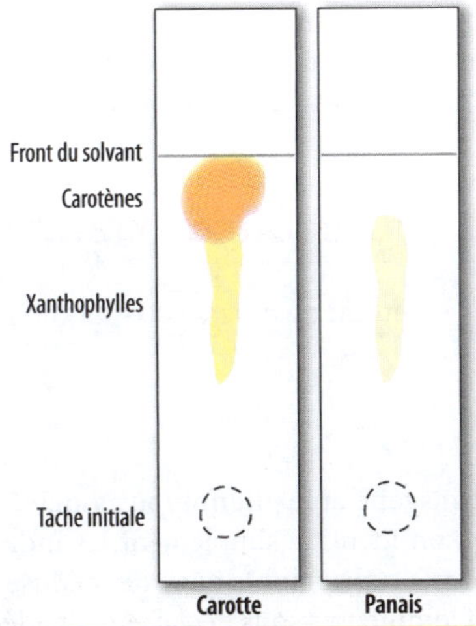

DOC. 7 Résultat de la chromatographie d'un extrait des deux carottes.

> Étape 1 : on effectue la comparaison dans l'ordre des documents.

- On observe de nombreux points communs morphologiques : forme des feuilles et de la racine, disposition des tissus dans celle-ci. La seule différence réside dans la couleur.
- Le test à la liqueur de Fehling est positif dans les deux racines. Or, ce test classique permet de révéler la présence d'oses : les deux racines contiennent donc des réserves glucidiques.
- La chromatographie révèle une différence de pigmentation : la carotte orange contient du carotène et de la xanthophylle, alors que le panais ne contient que de la xanthophylle.

> Étape 2 : tableau comparatif.

		Panais	Carotte cultivée
Morphologie	Feuilles	Pétiole long, limbe très divisé	
	Tige	Courte, masquée	
	Racine	Épaisse, en pivot	
		Jaune pâle	Orange
	Tissus racinaires	Disposition concentrique des tissus Même nombre de tissus et même épaisseur de chacun	
Chimie	Teneur en sucres	Présence de sucres : réserves glucidiques	
	Teneur en carotènes	Nulle	Forte
	Teneur en xanthophylle	Faible	Forte

> Étape 3 : la comparaison permet de commenter la domestication de la carotte. La carotte sauvage possède une racine comestible riche en matière organique. La sélection massale a manifestement privilégié les plants colorés.

2 Comprendre un protocole de transgenèse

> Voir les sujets 5, 6 et 7 mettant en œuvre cette méthode.

Méthode

> Étape 1 : identifier le transgène et le phénotype associé.
Si le phénotype s'exprime, on identifie simplement les individus transgéniques. Par exemple, l'obtention de souris exprimant le gène de méduse codant pour la protéine fluorescente verte les rend lumineuses sous l'éclairement adéquat.

> Étape 2 : observer le vecteur pour repérer le site d'insertion.
Le vecteur est souvent un plasmide. Le site d'insertion est un site de restriction situé quelquefois dans une séquence codante, qui perd alors sa fonctionnalité (voir le doc. 2).

> Étape 3 : rechercher d'éventuelles séquences permettant le criblage des transformants.

Ce gène porté par le vecteur n'est pas affecté par la transgenèse. Il confère aux cellules ou aux organismes recevant le vecteur un phénotype qui ne sert qu'à les identifier.

Application

Le riz doré est une variété transgénique de riz qui a été améliorée par l'ajout d'un gène de jonquille et d'un gène bactérien. Ces deux gènes codent pour des enzymes permettant, ensemble, de produire de la vitamine A. Ils ont été transférés au riz grâce au plasmide pTi et à la bactérie *Agrobacterium tumefaciens*.

1. Proposer un choix d'enzymes pour réaliser la modification du plasmide pTi (doc. 8).
2. Justifier la différence de développement des bactéries sur les géloses (doc. 9).

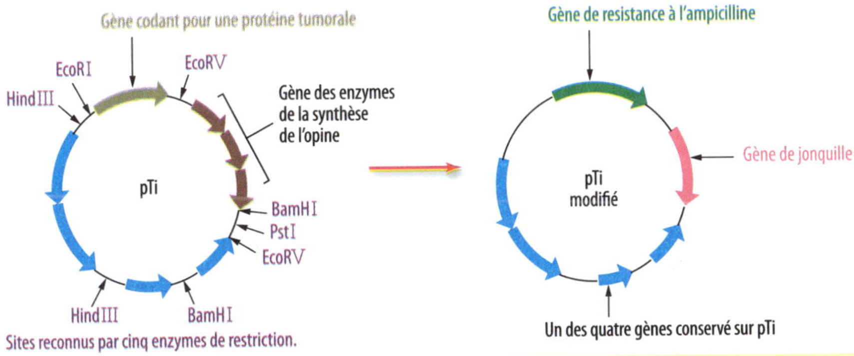

DOC. 8 Modification du plasmide pTi. On a supprimé de pTi des gènes codant pour les protéines tumorales et les enzymes de la synthèse de l'opine, dangereuses pour la cellule végétale. Ils sont remplacés par une construction génétique associant les gènes de résistance à l'ampicilline et de jonquille.

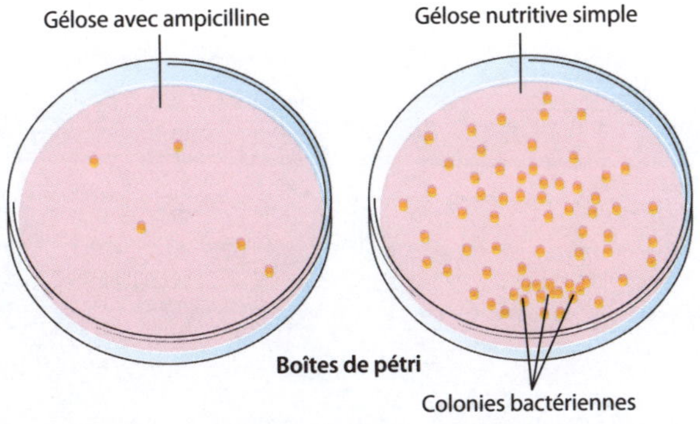

Le plasmide pTi modifié est mis en présence d'*Agrobacterium* perméabilisées au phénol. 10 µL de ce mélange sont étalés sur une gélose nutritive avec ou sans ampicilline. On observe le développement des bactéries après 24 heures.

DOC. 9 Géloses ensemencées avec 10 µL de bactéries *Agrobacterium*.

> Étape 1 : on identifie un double transgène, composé de deux gènes liés, le gène de résistance à l'ampicilline et le gène de jonquille.

> Étape 2 : le plasmide possède plusieurs sites de restriction, notamment aux bornes du secteur à supprimer. On choisit des enzymes qui ne coupent pas ailleurs l'ADN du plasmide : le mélange EcoRI et PstI est donc optimal. Il faut aussi une ligase pour stabiliser la séquence pTi modifiée.

> Étape 3 : cinq colonies bactériennes se développent avec ampicilline contre une soixantaine sur la gélose simple. Ces cinq colonies sont les bactéries résistantes à l'ampicilline. Or, on a déposé autant de bactéries dans les deux boîtes : les bactéries résistantes représentent environ 8 % des bactéries déposées. Ce phénotype s'explique par la présence du transgène : il permet de cribler les bactéries transformantes.

SUJETS DE TYPE BAC

1 Techniques de culture du maïs

20 min

Cet exercice de type 2.1 permet de vérifier la compréhension de la technique de culture du maïs et le rôle de l'homme. La réponse à la question posée s'appuiera aussi sur les notions abordées dans le chapitre 4.

> Voir la partie I du cours.

Les documents ci-après présentent deux techniques de culture du maïs réalisées par les grainetiers.

Expliquer l'intérêt de ces deux méthodes et comparer leurs objectifs.

DOC. La culture du maïs.

a. Première technique. Les fleurs sont ensachées, puis, à maturité, le contenu du sachet A est déversé sur les fleurs du sachet B.

b. Deuxième technique. On sème des grains de deux lignées pures selon la disposition représentée. Les plants de la lignée A sont ensuite étêtés, en coupant la fleur du sommet de la tige, alors que les plants B sont gardés intacts.

a.

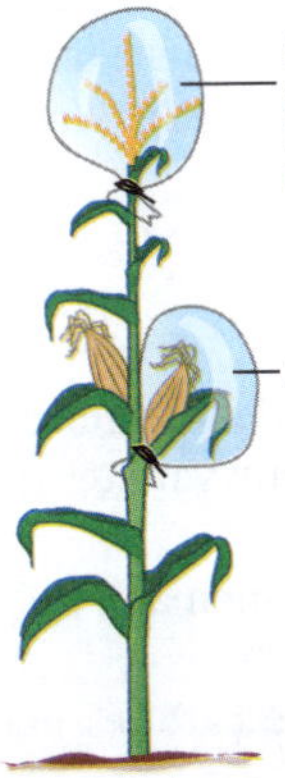

b.

2 Variétés de tomates

30 min

Cet exercice de type 1 mêle des connaissances propres à ce chapitre et des connaissances de génétique, vues au chapitre 1. Son intérêt réside dans le fait que l'on se place dans une problématique agronome réaliste.

> Voir la partie I du cours.

On cultive deux variétés de tomates : la variété A, à gros fruits, et la variété B, à petits fruits. Les plants A sont sensibles à un champignon parasite, le *Fusarium*, avec une baisse importante de production, alors que les plants B sont résistants à ce champignon.

On demande à des agronomes de créer une nouvelle variété de plants de tomates, capable de donner de gros fruits mais résistant au *Fusarium*.
Les agronomes réalisent des croisements entre des plants A et des plants B. À la première génération (F1), ils n'obtiennent que des plants de tomates résistant au *Fusarium* et produisant de petits fruits.
Ils réalisent alors un croisement de la génération F1 avec des plants de la variété A. Ils obtiennent, dans ces conditions, les résultats suivants (pour 1 000 plants) :
– 251 plants à petits fruits et résistants au *Fusarium* ;
– 234 plants à petits fruits et sensibles au *Fusarium* ;
– 270 plants à gros fruits et résistants au *Fusarium* ;
– 245 plants à gros fruits et sensibles au *Fusarium*.

1. Analyser les résultats de la F1.

2. Expliquer, à l'aide d'un tableau de croisement, les résultats du deuxième croisement.

3. Justifier le choix d'un croisement F1 × Parent plutôt que F1 × F1.

4. Que faut-il faire pour continuer à obtenir des plants de la variété « gros fruits, résistants au *Fusarium* » ?

3 Carotte et caroténoïdes

30 min

Cet exercice de type 2.1 propose une comparaison des carottes sauvages et des carottes cultivées, à l'échelle moléculaire uniquement. D'autres observations permettent d'établir de nombreuses parentés morphologiques, mais indiquent une différence de couleur. Le Western Blot est un protocole très largement utilisé en biologie moléculaire.

> Voir la méthode et stratégie 1.

On mesure la quantité de pigments jaunes (les xanthophylles) et oranges (les carotènes) chez la carotte sauvage (QAL), la carotte blanche cultivée (KUT) et deux variétés de carottes cultivées (CRC et NAN), de couleur orange.
On connaît par ailleurs la voie de biosynthèse des pigments, avec les principaux précurseurs et les enzymes impliquées.
On recherche aussi la présence de certaines protéines dans ces quatre carottes par Western Blot, dont le protocole est le suivant :
– on réalise une électrophorèse de l'ensemble des protéines de la racine permettant de les séparer selon leur taille (poids moléculaire) ;
– on ajoute des anticorps radioactifs dirigés contre l'actine, protéine témoin de toutes les cellules eucaryotes, ou contre l'enzyme PSY qui révèlent une bande sombre si la protéine est présente.

Par l'interprétation des résultats obtenus et présentés dans le document, expliquer la différence de couleur entre la carotte sauvage blanchâtre et les carottes cultivées.

DOC. Dosage des pigments (a), voie de biosynthèse (b) et Western Blot (c).

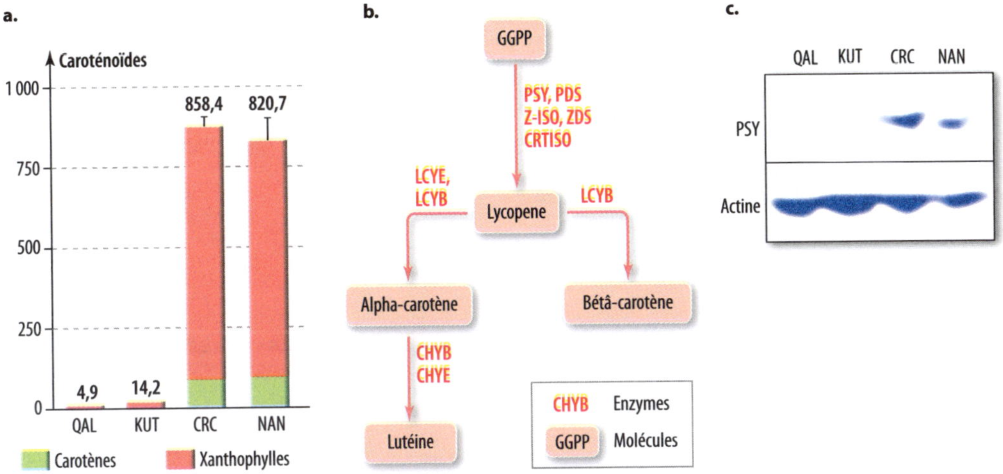

SUJETS D'APPROFONDISSEMENT

4 Le gène Tga1 chez le maïs et la téosinte

60 min

Cet exercice de type 2.1 complète la comparaison maïs - téosinte en se focalisant sur l'analyse des génomes. Il nécessite une bonne compréhension des notions de gènes, d'allèles et de séquences d'ADN codant. Dans ce cadre, les méthodes de biologie moléculaire, comme l'électrophorèse et le Northern Blot, sont incontournables.

> Voir la méthode et stratégie 1.

Le gène Tga1 est identifié chez le maïs et la téosinte. Il existe sous deux versions, ou allèles, différents chez ces deux espèces : il est un bon candidat pour expliquer certaines différences morphologiques.

Première étude

On note *tga1-maïs* et *tga1-teo* l'allèle de tga1 identifié, respectivement, chez la plupart des variétés de maïs et de téosinte.
On dispose, en outre, d'une variété de maïs dite W22, possédant un allèle différent, noté *tga1-W22*.
Enfin, on construit une variété transgénique de téosinte, à qui on a apporté l'allèle *tga1-maïs*.

1. Comparer la morphologie des plantes (doc. 1) en insistant sur la structure d'attache des grains. Discuter du rôle du gène Tga1.

DOC. 1 Morphologie des différentes plantes. a. Maïs, b. Téosinte sauvage, c. Maïs W22 et d. Téosinte transgénique. La structure d'attache se nomme la glume et peut être soit membraneuse, soit dure et imprégnée de silice.

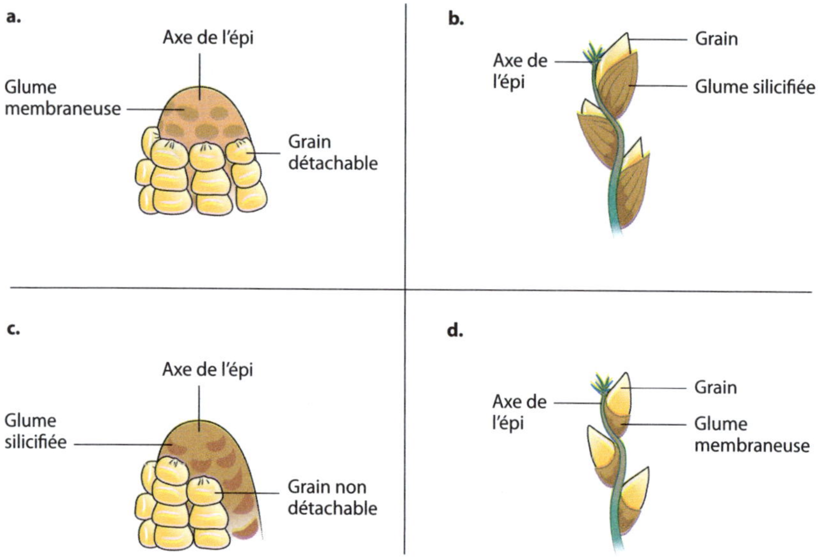

Seconde étude

Le gène Tga1 code pour une protéine facteur de transcription, impliquée dans le contrôle de l'expression d'autres gènes. Sa nature et sa quantité sont importantes pour assurer ce contrôle. On pose alors deux hypothèses :

– hypothèse 1 : l'allèle *tga1-maïs* code pour une protéine très différente de *tga1-teo* ;

– hypothèse 2 : l'allèle *tga1-maïs* a un mode d'expression très différent de *tga1-teo* mais code pour une protéine semblable.

2. Analyser les trois expériences suivantes (doc. 2 et 3) et discuter de la validité des hypothèses formulées.

DOC. 2 Expériences 1 et 2. Dans ces deux expériences, la quantité d'actine ou d'ARNm codant pour l'actine sert de témoin expérimental.

a. Expérience 1 : dosage de l'ARNm.

Mise en évidence de l'ARNm du gène Tga1, quel que soit l'allèle, et révélation par électrophorèse des ARNm (Northern Blot) prélevés dans différents organes.

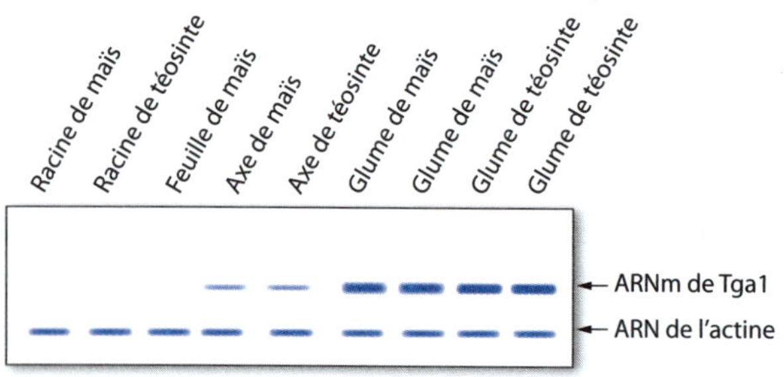

b. Expérience 2 : mesure du taux de protéines.

Mise en évidence de la quantité de protéines tga1 par culture *in vitro* de cellules de glume en présence d'acides aminés radioactifs, pendant un temps compris entre 9 et 22 minutes, temps durant lequel les cellules produisent des protéines radioactives.

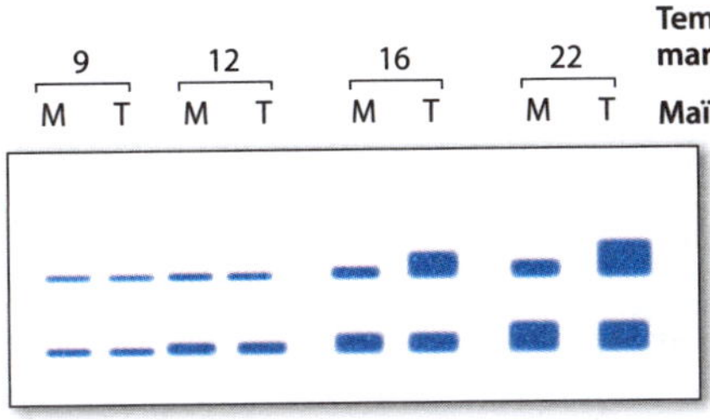

DOC. 3 Expérience 3.

Une comparaison des séquences des deux allèles révèle sept différences : six substitutions dans la séquence d'ADN précédant la séquence codante, la septième différence étant le remplacement, chez le maïs, de la lysine en position 6 par une arginine.

On rappelle qu'un gène inclut une séquence codante qui influence directement la séquence de la protéine et les séquences non codantes. Ces dernières rassemblent en particulier le promoteur et les séquences régulatrices.

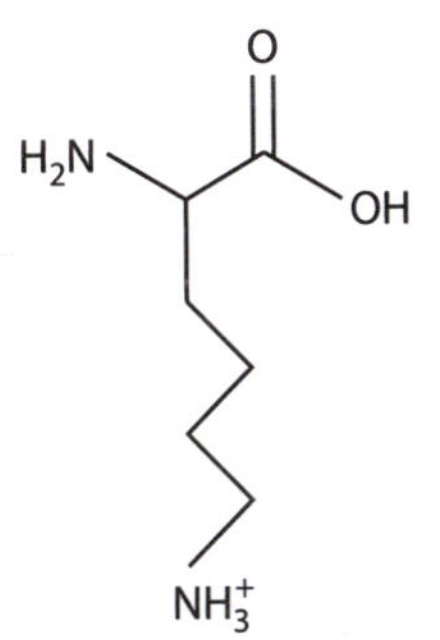

a. Lysine

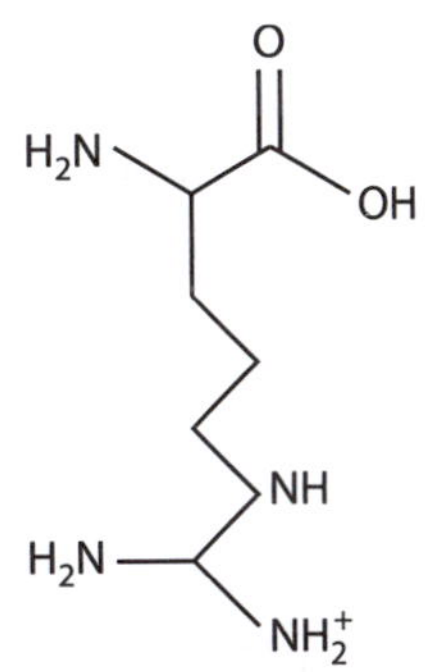

b. Arginine

5 La transgenèse animale

45 min

Cet exercice de type 2.1 expose une technique de transgenèse animale présentant d'autres contraintes que la transgenèse végétale. En effet, on ne peut passer d'une cellule transgénique en culture à un animal sans utiliser de femelle porteuse. Il s'agit de comprendre l'importance de chaque étape expérimentale. Certaines questions utilisent les tableaux de croisement vus dans le chapitre 1.

> Voir la méthode et stratégie 2.

Dans ce protocole, le transgène est porté par un vecteur viral non présenté. Un virus est une entité habituellement pathogène, qui introduit ses propres gènes dans la cellule infectée. On peut détourner cette fonction en obligeant le virus à introduire un transgène dans une cellule animale.

1. Quel est l'intérêt expérimental de l'étape de dissociation cellulaire ?

2. Quel est l'intérêt de joindre un gène codant pour un pigment au gène CFTR ?

3. Justifier le phénotype tacheté des souriceaux obtenus. Sont-ils transgéniques ?

4. Établir le génotype, concernant le gène codant pour un pigment et le gène CFTR, et le phénotype des individus F1 et F2 obtenus aux étapes 5 et 6. Quelle est la proportion d'animaux F2 diploïdes pour CFTR ?

DOC. Protocole de transgenèse du gène CFTR par la technique des cellules embryonnaires ES. Le gène CFTR est impliqué dans la mucoviscidose humaine. Les cellules ES sont des cellules d'embryons de souris que l'on sait manipuler *in vitro*. Un embryon chimère (obtenu à l'étape 4) est un embryon présentant des cellules de génotypes différents.

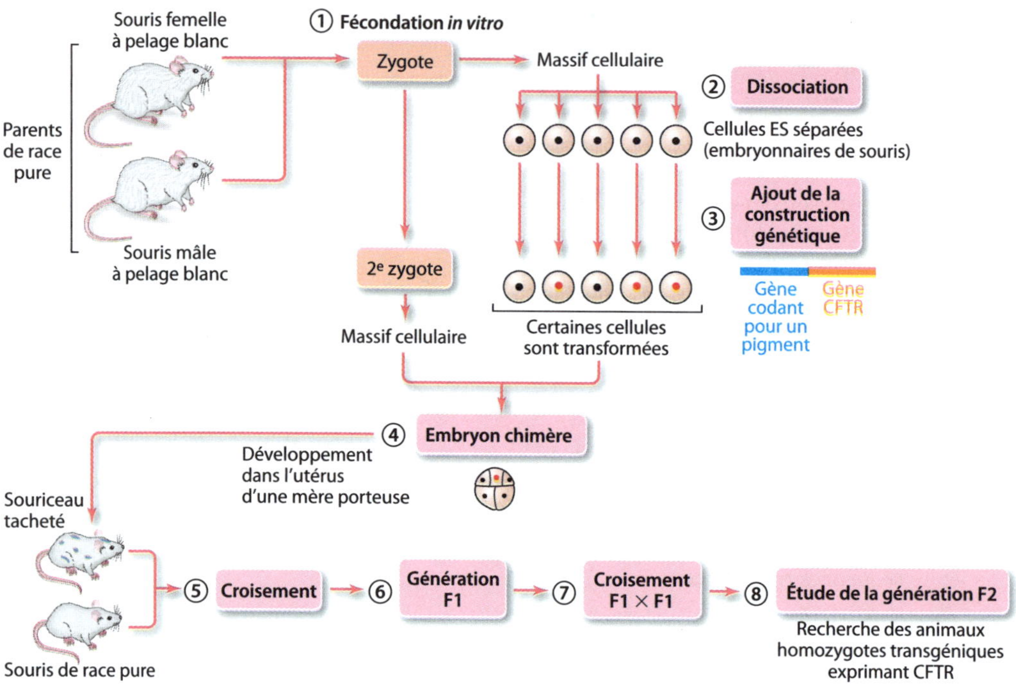

6 Criblage du génome du tournesol

45 min

Cet exercice débute par l'étude d'une transgenèse, puis utilise de manière originale les outils moléculaires que sont les enzymes de restriction. Il s'inspire librement d'un sujet du concours PACES (première année commune aux études de santé). Deux difficultés : les protocoles sont denses, et la problématique est aisément oubliée au cours de la lecture.

> Voir la méthode et stratégie 2.

On dispose d'un gène de tournesol codant pour une enzyme X importante pour la germination des graines, et on désire identifier la ou les séquences d'ADN de colza correspondant à ce gène.

Première partie du protocole

On construit une banque partielle du génome de colza en suivant les étapes suivantes :

a. On isole les ARNm présents dans une graine de colza.

b. On transforme ces ARNm en ADN double brin grâce à une enzyme. Ce sont des ADN complémentaires ou ADNc.

c. On ajoute, aux extrémités de chaque ADNc, six paires de bases portant le site de restriction de l'enzyme EcoRI.

d. On traite par ailleurs le plasmide pBS avec EcoRI.

e. On effectue une ligation entre pBS et les ADNc.

f. On incorpore le plasmide obtenu à une culture de bactéries.

g. On étale un échantillon de ces bactéries sur une boîte de Pétri contenant une gélose nutritive, enrichie en ampicilline et en X-gal. L'ampicilline est un antibiotique. Le X-gal est un analogue bromé du lactose qui, lorsqu'il est consommé, libère un composé bleu. On obtient 305 colonies bactériennes : 26 blanches et 279 bleues. Les bactéries ayant incorporé un plasmide recombinant constituent la banque.

DOC. 1 Présentation du plasmide pBS.

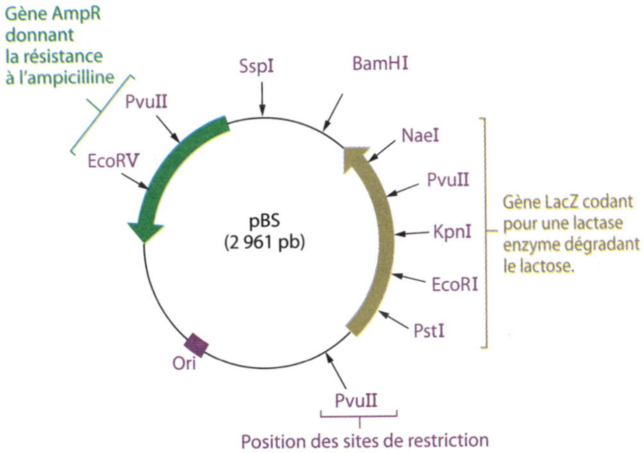

1. Faire un schéma de l'ADN recombinant attendu.

2. QCM : chaque item comporte au moins une réponse juste.

L'ampicilline présente dans la gélose :

a. permet de tuer les bactéries ayant reçu un plasmide pBS sans transgène

b. permet de tuer les bactéries ayant reçu un plasmide pBS avec transgène

c. permet de tuer les bactéries n'ayant pas reçu de plasmide pBS

d. permet de tuer toutes les bactéries

Les 26 colonies blanches obtenues :

a. sont incapables de lyser le lactose

b. sont capables de lyser l'analogue du lactose, X-gal

c. sont résistantes à l'ampicilline

d. sont transformées par un plasmide recombinant

Le transgène est un ADNc de graine de colza et correspond à un gène :
a. présent dans toutes les cellules de la plante
b. exprimé uniquement dans les cellules de la graine
c. exprimé au moins dans les cellules de la graine
d. exprimé obligatoirement dans toutes les cellules de la plante

La recombinaison génétique :
a. ne pouvait se faire qu'avec l'enzyme EcoRI
b. aurait pu être réalisée avec l'enzyme KpnI, à condition de modifier les extrémités du transgène avec un site reconnu par KpnI
c. aurait pu être réalisée avec l'enzyme PvuII, à condition de modifier les extrémités du transgène avec un site reconnu par PvuII
d. est réussie pour 8 % des plasmides environ

Deuxième partie du protocole

On réalise un criblage de la banque. Sur les bactéries blanches constituant la banque, on dépose l'ADN X marqué comme sonde : cette sonde s'accroche à l'ADN complémentaire s'il est présent. On compte 6 colonies bactériennes fixant la sonde.
Les plasmides des six clones identifiés sont ensuite extraits puis digérés par les enzymes de restriction PstI et KpnI. Les produits de digestion sont analysés par électrophorèse. L'ADN est coloré sur le gel au bleu azur.

DOC. 2 Électrophorèse des plasmides digérés par PstI et KpnI.

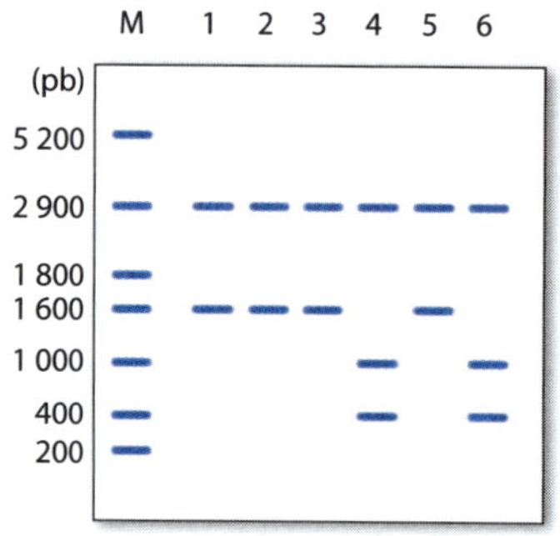

M : marqueur de taille

3. Quelle est la particularité des six colonies ayant fixé la sonde ?

4. En observant la position des sites de coupure des enzymes de restriction KpnI et PstI sur le plasmide recombinant, faire un schéma indiquant le résultat de leur action combinée puis identifier les bandes relevées sur l'électrophorèse.

5. Pour conclure, on peut dire que :
a. au moins un gène proche du gène X de tournesol s'exprime dans les graines de colza
b. deux gènes proches du gène X de tournesol s'expriment dans les graines de colza
c. les transgènes des clones 1 et 6 présentent chacun une séquence proche du gène X
d. les transgènes de 1 et 6 présentent au moins une différence de séquence

POST BAC

7 Mutagenèse par transposon

45 min

Pour améliorer les variétés de riz, céréale la plus cultivée au monde, il faut connaître son génome. Dans cet exercice de type 2.2, on présente une méthode originale d'analyse d'un génome, mise au point chez le maïs puis étendue au riz. Le Southern Blot présenté en fin de sujet est un protocole classique de biologie moléculaire.

> Voir la méthode et stratégie 2.

On étudie l'effet d'une transgenèse par insertion de transposon de maïs modifié dans des cellules de riz. L'une des limites de cette technique est l'instabilité génétique des plants de riz obtenus.

1. Interpréter la coloration verte (doc. 2a) et déduire des résultats (doc. 2b) l'intérêt des diverses modifications du transposon Ac (doc. 1).
2. Interpréter les observations présentées dans le doc. 2c.
3. À quoi correspondent les bandes colorées visibles sur l'électrophorèse (doc. 3) ? Quelle instabilité génétique est caractérisée ?

DOC. 1 Modifications du transposon de maïs.

On modifie le transposon Ac de maïs en ajoutant la séquence codant pour une protéine fluorescente verte (I). On peut aussi remplacer le promoteur du transposon par le promoteur du virus de la mosaïque du tabac VMT (II) et ajouter une séquence ressemblant aux 80 paires de bases communes au promoteur habituel d'un gène eucaryote (III).

L'une des constructions génétiques I, II ou III est ensuite introduite dans les cellules de riz en culture, que l'on peut mener jusqu'à obtention d'un plant de riz.

On indique qu'un promoteur est la séquence matérialisant le début d'un gène et permettant de déclencher sa transcription. Le promoteur est ici composé de deux séries de 6 paires de bases, situées à 70 et à 35 paires de bases avant la séquence à transcrire.

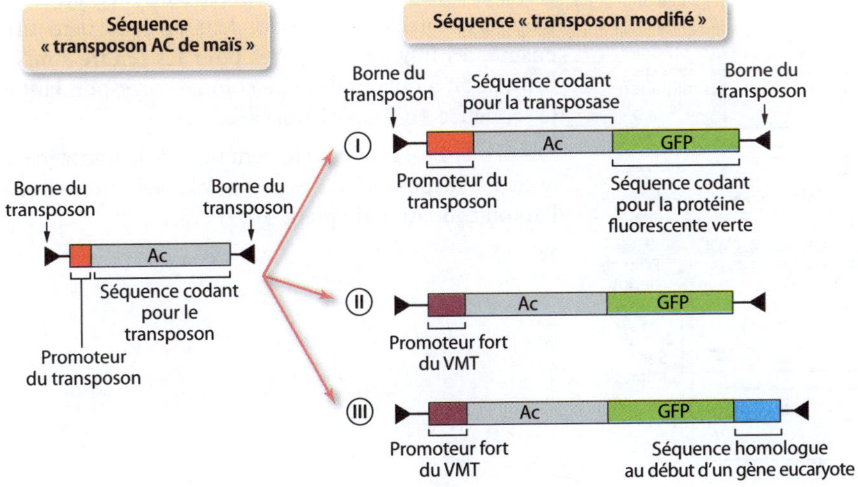

DOC. 2 Marquage vert obtenu (a) et séquençage du chromosome n° 6 (b).

a. Quel que soit le transposon modifié introduit dans les cellules de riz, on observe des zones vertes sur la plante obtenue. Par exemple, dans l'étamine :

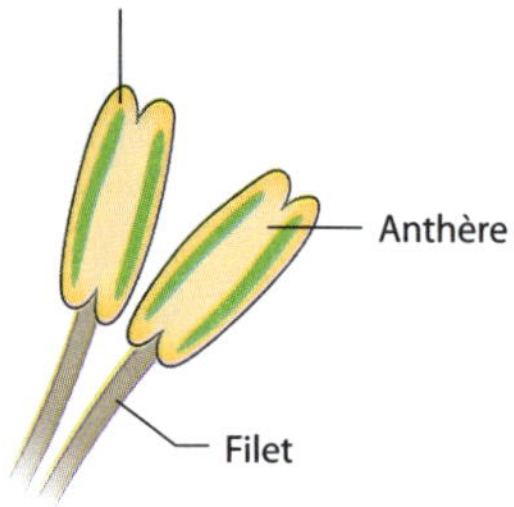

b. On séquence ensuite le chromosome 6 de riz. L'expérience est réalisée 10 fois.

	Avec transposon I	Avec transposon II	Avec transposon III
Séquences Ac relevées sur le chr. 6 (nombre moyen)	1,5	8	8
Séquences Ac localisées dans un gène du chr. 6 (%)	6 %	8 %	75 %

c. Sur les plants de riz ayant reçu un transposon III, on cherche les modifications de phénotype. Parmi les riz à anthères vertes, certains présentent une incapacité à libérer leur pollen. Des coupes d'anthères montrent pourtant la présence de pollen normal au centre.

DOC. 3 Résultat du Southern Blot du chromosome 11 de riz.

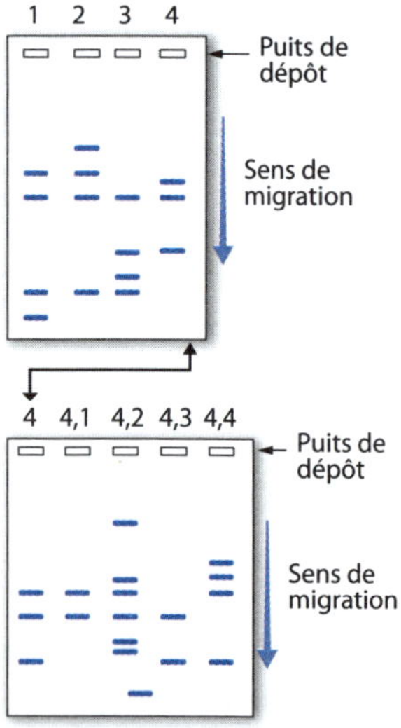

Le chromosome 11 est soumis à l'action d'EcoRI, puis les fragments obtenus sont déposés dans un gel d'électrophorèse où ils migrent selon leur taille. On dénature ensuite les fragments séparés pour les rendre simple brin, et on ajoute une sonde colorée correspondant à la séquence Ac simple brin.

Les plants 1 à 4 sont directement issus de la transgenèse avec le transposon III. Les plants 4.1 à 4.4 sont issus de l'autofécondation du plant 4.

CORRIGÉS

1 Techniques de culture du maïs

Il s'agit de reconnaître les cas d'auto- et d'allofécondation.

- **Première technique de culture** : les fleurs femelles du sachet B sont isolées du milieu extérieur, elles ne peuvent donc pas être pollinisées. Le sachet A autour de l'inflorescence mâle permet de récupérer le pollen de la même plante. Le déversage de ce pollen sur les fleurs femelles conduit à une **autopollinisation** puis à une **autofécondation**. Cette technique de culture est utilisée par les grainetiers afin d'entretenir une **lignée pure** : ce ne sont pas des plants commercialisés, mais conservés par les grainetiers pour leurs caractères d'intérêt.
- **Deuxième technique de culture** : on supprime les fleurs mâles de la variété A du milieu du champ et on conserve les fleurs mâles de la variété B, plantée en périphérie du champ. Le pollen se déplace, grâce au vent, des plants périphériques vers les fleurs femelles des plants centraux. Cette méthode provoque une **allofécondation obligatoire** des plants A. Elle permet d'obtenir une génération F1 hétérozygote pour les gènes dont les allèles portés par A et B sont différents. Ces F1 montreront une **vigueur hybride** : ce sont les plants commercialisés par les grainetiers.

2 Variétés de tomates

Notons *R* et *s* les allèles « résistant » et « sensible » du gène de lutte contre le *Fusarium*. Notons *P* et *g* les allèles « petit » et « gros » du gène contrôlant la taille des fruits. Supposons que les deux gènes sont indépendants :
– le génotype de la variété A de tomate, de race pure, s'écrit (s//s, g//g) ;
– le génotype de la variété B, de race pure également, s'écrit (R//R, P//P).

La lecture de l'énoncé et du phénotype de la F1 conduit à penser que *R* et *P* sont dominants, d'où le choix des majuscules. La démonstration se fait à la réponse à la question 1.

1. Le génotype des individus de F1, génération homogène, est alors : **(s//R, g//P)**. Le phénotype associé est [résistant, petits fruits]. On en déduit que les allèles *R* et *P* sont dominants sur les allèles *s* et *g*, respectivement.

Remarquez que le parent B, de race pure, et les individus F1 ont le même phénotype pour des génotypes différents qui sont, respectivement, homozygote et hétérozygote pour les gènes concernés.

2. Un tableau de croisement permet de comprendre la génération F2 issue du test-cross, ou croisement F1 x Parent A, doublement récessif (voir le chapitre 1).

A \ F1	(s/, g/)	(s/, P/)	(R/, g/)	(R/, P/)
(s/, g/)	(s//s, g//g) **[s, g]**	(s//s, g//P) **[s, P]**	(s//R, g//g) **[R, g]**	(s//R, g//P) **[R, P]**

- Les quatre cases du tableau de croisement sont **équiprobables** : dans la descendance F2, on doit trouver un quart de chaque phénotype, dont un quart des individus résistants et à gros fruits recherchés.
- Ces proportions sont conformes aux résultats expérimentaux : nous pouvons valider l'**indépendance des deux gènes**.

3. L'alternative du croisement F1 × F1 nécessite un deuxième tableau de croisement.

F1 \ F1	**(s/, g/)**	**(s/, P/)**	**(R/, g/)**	**(R/, P/)**
(s/, g/)	(s//s, g//g) **[s, g]**	(s//s, P//g) **[s, P]**	(R//s, g//g) **[R, g]**	(R//s, P//g) **[R, P]**
(s/, P/)	(s//s, g//P) **[s, P]**	(s//s, P//P) **[s, P]**	(R//s, g//P) **[R, P]**	(R//s, P//P) **[R, P]**
(R/, g/)	(s//R, g//g) **[R, g]**	(s//R, P//g) **[R, P]**	(R//R, g//g) **[R, g]**	(R//R, P//g) **[R, P]**
(R/, P/)	(s//R, g//P) **[R, P]**	(s//R, P//P) **[R, P]**	(R//R, g//P) **[R, P]**	(R//R, P//P) **[R, P]**

- Le phénotype recherché [R, g] se retrouve dans **3 cases sur 16** : sur 1 000 individus, cela représente 187 plants, soit une quantité plus faible qu'avec le test-cross.
- Par contre, l'une de ces cases montre un individu homozygote, **(R//R, g//g)**, et de bon phénotype, ce que l'on n'obtient pas par test-cross. C'est l'individu idéal pour l'obtention des plants recherchés.

4. À la suite du test-cross, on veut continuer à obtenir des plants [R, g].

On peut par exemple croiser l'individu (s//R, g//g) de la F2 avec un parent A double récessif. Dans la génération F3, 50 % des individus présenteront le bon phénotype.

Ce croisement doit être effectué chaque année.

> Un nouveau tableau de croisement permet de prouver ces proportions. On peut aussi proposer un croisement entre (s//R, g//g), ce qui amène à trois quarts d'individus intéressants, dont un quart d'homozygotes.
> Dans le scénario proposé en réponse, les individus intéressants ont tous le même génotype, ce qui leur confère le statut de **variété**.

3 Carottes et caroténoïdes

- Les résultats sont identiques pour les deux carottes cultivées, d'une part et, d'autre part, pour la carotte sauvage et la carotte blanche. La comparaison se fait entre les deux groupes ainsi identifiés (voir l'étape 2 de la méthode et stratégie 1).

<table>
<tr><th></th><th>Carottes cultivées</th><th>Carotte sauvage + carotte blanche</th></tr>
<tr><td>a. Comparaison du taux de pigments</td><td>– Taux élevé de caroténoïdes
– Présence de xanthophylle en quantité moindre</td><td>Taux négligeable de pigments : environ 1 % du taux global présent dans les carottes cultivées</td></tr>
<tr><td rowspan="2">c. Comparaison du taux de deux protéines (l'épaisseur d'une bande sur l'électrophorèse traduit la quantité de matière présente)</td><td colspan="2">Quantité d'actine identique pour les quatre plantes.
Or, l'actine est une protéine présente dans toutes les cellules eucaryotes.
Ce test est juste un témoin de la qualité de la réalisation du protocole.</td></tr>
<tr><td>Enzyme PSY révélée</td><td>Enzyme PSY absente</td></tr>
</table>

- Deux caractères moléculaires ont été comparés sur ces quatre carottes et peuvent à présent être reliés (voir l'étape 3 de la méthode et stratégie 1).
- La chaîne de biosynthèse des caroténoïdes (b.) montre que l'enzyme PSY catalyse la première étape de la production des carotènes. Il y a donc une relation de cause à effet entre la présence ou l'absence de l'**enzyme PSY** et la présence ou l'absence de **pigments carotènes** dans la carotte.
- La quantité de pigments explique en outre la couleur de la carotte : il y a une relation de cause à effet entre le **fort taux de pigments** et la **couleur orange** des deux carottes cultivées.
- Il y a de même un lien de cause à effet entre l'absence de pigments et la couleur blanche de la carotte KUT. Il est probable que la carotte sauvage, dépourvue de pigments, soit également blanchâtre.

4 Le gène Tga1 chez le maïs et la téosinte

1. Observation de la structure du système d'accroche du grain de maïs sur l'épi femelle.

Allèle présent	*tga1-maïs*	*tga1-teo*
Plante concernée	Maïs, téosinte transgénique	Téosinte, maïs W22
Texture de la glume	Membraneuse	Rigide
Taille de la glume	Petite	Longue, engainante

On peut supposer que le gène **Tga1 contrôle la forme de la glume** : l'allèle *tga1-maïs* impose une forme de glume souple n'emprisonnant pas le grain, l'allèle *tga1-teo* impose une forme engainante et rigide, emprisonnant le grain.

Pour la récolte des grains par l'homme, la forme en glume souple est un avantage : l'allèle *tga1-maïs* a sûrement été sélectionné après être apparu par hasard.

2. Interprétation des expériences 1 et 2 selon la démarche expérimentale.

	Résultat	Interprétation
Expérience 1 Dosage de l'ARNm	La quantité d'actine est identique dans toutes les préparations.	L'ARNm d'actine est produit avec la même efficacité dans toutes les cellules testées, ce qui est attendu. Cette mesure est un **témoin** de la bonne marche du protocole.
	Il y a de l'ARNm correspondant à Tga1 dans les glumes du maïs et de la téosinte, mais peu ou pas dans les autres organes de la plante.	Le gène Tga1 n'est transcrit que dans les glumes des deux plantes : ce territoire d'expression correspond à son **territoire d'influence**.
	Cet ARN Tga1 est en quantité identique dans les glumes des deux plantes.	La transcription du gène Tga1 se fait avec la **même efficacité** dans les deux plantes.

	Résultat	Interprétation
Expérience 2 Taux de protéines tga1 synthétisées pendant 22 min	Il y a autant d'actine dans les cellules de maïs et de téosinte, et de plus en plus au cours du temps.	L'actine est produite avec la même efficacité dans toutes les cellules testées, ce qui est attendu. Cette mesure est un **témoin** de la bonne marche du protocole.
	Il y a plus de protéine tga1 dans les cellules de la téosinte que dans celles du maïs.	La traduction de l'ARNm Tga1 en protéine ne se fait pas avec la même efficacité chez les deux plantes : la **traduction est plus efficace chez la téosinte**.

▬ La comparaison des séquences indique **sept différences** entre les deux allèles de Tga1.
– Une seule différence se répercute dans la **séquence d'acides aminés**, où l'on remarque une substitution d'une lysine par une arginine. La formule des deux acides aminés révèle des chaînes de longueur similaire et de charge identique : ces deux acides aminés se comportent de la même façon dans une chaîne protéique. L'**hypothèse 1** semble **invalidée**.
– Les six autres différences concernent le **domaine de l'ADN** qui précède la séquence codante : ce domaine n'influence aucunement la séquence protéique mais contient les **séquences régulatrices** de l'expression génétique (voir le chapitre 2). Ainsi, la différence d'expression observée est probablement la conséquence des différences entre les domaines non codants des allèles de Tga1. L'**hypothèse 2** est **validée**.

▬ L'allèle *tga1-maïs* a un mode d'expression différent de *tga1-teo* lors de la traduction, mais produit une protéine semblable.

5 La transgenèse animale

1. La transgenèse par cellules ES commence par une dissociation de cellules embryonnaires : issues de la cellule œuf par mitoses, elles ont exactement le même génotype. On construit ainsi un **clone de cellules** animales. Après ajout de la construction génétique, la seule variante entre les cellules ES sera la présence ou l'absence du transgène.

2. Le gène codant pour un pigment est un **gène rapporteur** (voir le chapitre 2) : il sert à repérer les cellules ayant intégré le transgène, cellules qui acquièrent le phénotype coloré. Ce gène participe au **criblage** des cellules recombinantes.

3. Les souriceaux tachetés dérivent des embryons chimères : seules certaines cellules possèdent le transgène et sont colorées. Elles sont identifiables par le pelage et sont transgéniques. Les souriceaux tachetés ne sont que **partiellement transgéniques**, car seule une partie de leurs cellules contient le transgène.

4. Si le souriceau tacheté n'a pas intégré le transgène dans ses cellules germinales, il ne transmettra pas celui-ci à sa descendance.

> L'écriture du génotype est originale : il est peu probable qu'une cellule ES ait intégré deux exemplaires du transgène. Un exemplaire unique se fixe au hasard dans un chromosome et ne possède pas d'équivalent sur le chromosome homologue.

– Si le souriceau tacheté a intégré le transgène dans un chromosome de ses cellules germinales, on peut le considérer comme **hétérozygote**. De plus, le transgène comporte deux séquences liées. Le génotype du souriceau tacheté s'écrit : (pigment, CFTR//0,0), en notant « pigment » et « CFTR » les deux séquences rajoutées et « 0 » l'absence de séquence. Le croisement du souriceau tacheté avec une souris blanche de génotype (0,0//0,0) conduit à une **F1 hétérogène**.

> L'homogénéité d'une F1 n'est obligatoire que si les parents sont de race pure, ce qui n'est pas le cas du parent tacheté hétérozygote.

– En écrivant un tableau de croisement, on obtient 50 % de génotype (0,0//0,0) et 50 % de (pigment, CFTR//0,0) en F1. Ces génotypes concernent toutes les cellules des individus F1 : les pelages sont uniformes. En croisant deux individus F1 pigmentés, on obtient le tableau de croisement suivant :

	Pigment, CFTR	**0,0**
Pigment, CFTR	$\left(\frac{\text{Pigment, CFTR}}{\text{Pigment, CFTR}}\right)$ Homozygote pour les deux séquences du transgène : ¼ de la descendance Pelage sombre	$\left(\frac{0,0}{\text{Pigment, CFTR}}\right)$ Hétérozygote (¼) Pelage sombre
0,0	$\left(\frac{\text{Pigment, CFTR}}{0,0}\right)$ Hétérozygote (¼) Pelage sombre	$\left(\frac{0,0}{0,0}\right)$ Homozygote, non transgénique (¼) Blanc

Les quatre cases sont **équiprobables** : on obtient ¼ d'animaux diploïdes pour CFTR en F2.

Malheureusement, en F2, on ne peut pas reconnaître facilement les homozygotes des hétérozygotes parmi les souriceaux à pelage sombre.

6 Criblage du génome du tournesol

1. Le protocole permet d'appliquer la méthode et stratégie 2.

> Étape 1 : repérer le transgène.
C'est un ADNc issu du colza. Il est **variable** : un ADNc parmi ceux fabriqués d'après les ARNm. Aucun phénotype simple n'est associé à ce transgène.

> Étape 2 : analyser le vecteur.
Il possède un site unique pour l'enzyme EcoRI, situé au milieu du gène LacZ. Si le transgène est mis en place, le vecteur perd la capacité à produire de la lactase. Les limites transgène - vecteur correspondent à des sites EcoRI.

> Étape 3 : identifier une séquence de criblage.

- Le gène AmpR non modifié par la transgenèse permettra de vérifier la présence du vecteur dans les cellules.
- L'identification de ces différents éléments nous permet de construire le schéma du **plasmide recombinant**, en prenant soin de reporter les séquences telles que modifiées (ou non) après la digestion par EcoRI.

ADN recombinant construit avec le plasmide pBS et l'ADNc de colza

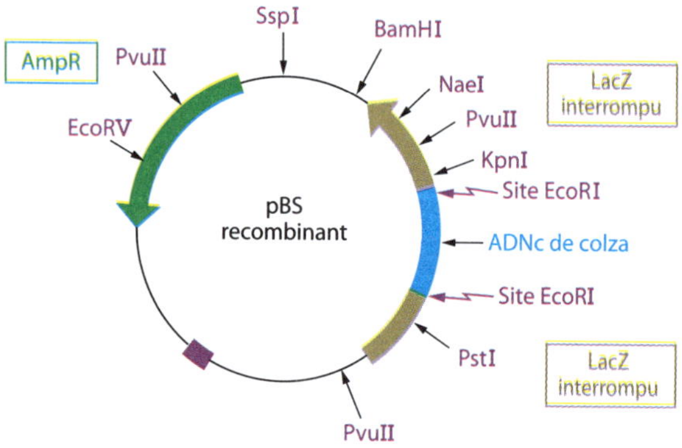

2.

Le QCM permet de vérifier que la dernière étape du protocole, la culture de bactéries sur gélose riche en ampicilline et X-gal, est bien comprise.

- L'ampicilline sert à tuer toutes les bactéries qui ne possèdent pas le gène AmpR, gène porté par le plasmide pBS recombinant ou le plasmide intact. L'ampicilline permet donc de ne conserver que des bactéries avec plasmide. Ainsi, l'ampicilline présente dans la gélose permet de tuer les bactéries n'ayant pas reçu de plasmide pBS (**réponse c**). Les réponses a, b et d sont, par conséquent, fausses.

Les colonies bleues obtenues ont réagi comme indiqué dans l'énoncé : « Le X-gal est un analogue du lactose qui, lorsqu'il est consommé, libère un composé bleu. » On relie alors la couleur bleue à la consommation du X-gal. Or, le lactose et son analogue X-gal sont habituellement dégradés par une enzyme lactase : on relie donc aussi la couleur bleue à la présence de lactase. Enfin, une lactase est une protéine codée par un gène : on relie la présence de lactase à la présence d'un gène LacZ fonctionnel. Dans la construction génétique utilisée, le gène LacZ ne peut être rendu non fonctionnel que par l'insertion du transgène dans les bactéries blanches. Ces bactéries blanches sont vivantes malgré l'antibiotique, elles possèdent donc un plasmide. De plus, elles portent le transgène sur ce plasmide : leur plasmide est recombinant.

On rappelle qu'un ADN recombinant est un ADN qui est obtenu par fusion ou recombinaison de deux séquences, ce qui est le cas de tout ADN incorporant un transgène.

Au final, les 26 colonies blanches obtenues sont : incapables de lyser le lactose (**réponse a**), résistantes à l'ampicilline (**réponse c**) et transformées par un plasmide recombinant (**réponse d**). La réponse b est, de fait, incorrecte.

Le transgène utilisé est un ADN dérivé d'un ARNm extrait de la graine de colza. Or, les ARNm sont les produits de la transcription des gènes, celle-ci dépendant du type cellulaire : dans un organisme eucaryote comme le colza, toutes les cellules possèdent dans leur noyau exactement les mêmes gènes, mais n'en expriment qu'une partie. Certains gènes codent pour des protéines spécifiques à un tissu alors que d'autres sont exprimés dans plusieurs zones de l'organisme. Ainsi, le transgène est un ADNc de graine de colza et correspond à un gène présent dans toutes les cellules de la plante (**réponse a**) et exprimé au moins dans les cellules de la graine (**réponse c**). Les réponses b et d ne peuvent donc pas être retenues.

Pour réaliser la recombinaison génétique, c'est-à-dire l'insertion du transgène dans le vecteur plasmidique, on doit utiliser la même enzyme de restriction sur les deux ADN, ce qui génère des extrémités d'ADN complémentaires. Sur le vecteur, il faut choisir une enzyme qui coupe l'ADN en un seul point, en provoquant la rupture d'un gène de criblage, ici LacZ : les enzymes NaeI, KpnI, EcoRI et PstI répondent à ces contraintes. L'enzyme PvuII sectionne le vecteur en trois, SspI et BamHI coupent en dehors de LacZ, elles ne conviennent donc pas. Dans le protocole, on choisit d'ajouter un site de restriction aux deux bornes du transgène : il suffit d'ajouter le site correspondant à l'enzyme choisie selon le vecteur. Ainsi, la recombinaison génétique aurait pu être réalisée avec l'enzyme KpnI, à condition de modifier les extrémités du transgène avec un site reconnu par KpnI (**réponse b**). Elle est en effet réussie pour 8 % des plasmides environ (**réponse d**), puisqu'il y a des plasmides recombinants dans les 26 colonies blanches, et des plasmides de tout type dans l'ensemble des 305 colonies survivantes, soit $26 \times 100 / 305 = 8{,}5$ %.

3. L'étape de criblage de la banque consiste à trouver quelles colonies, parmi les colonies blanches recombinantes, **fixent la sonde**. La fixation se fait par complémentarité de séquences : les colonies fixant la sonde possèdent donc une séquence complémentaire à la sonde, c'est-à-dire une séquence proche du gène X de tournesol. Cette séquence n'est pas partagée par toutes les bactéries et n'appartient pas au chromosome bactérien, mais forcément au transgène. Ainsi, le protocole permet de trouver 6 clones comportant en transgène une séquence de colza équivalente au gène X de tournesol.

Puisqu'on est parti des ARNm du colza et que ceux-ci sont présents en grande quantité dans les cellules, on ne sait pas si les 6 clones dérivent de 6 ARNm identiques possédant le même transgène, ou s'il y a plusieurs gènes distincts ressemblant au gène de tournesol.

4.

- Sur l'ADN recombinant dessiné précédemment, on remarque que le site de restriction de l'enzyme KpnI se trouve à proximité de l'une des bornes du transgène et que le site de PstI se trouve près de l'autre borne. L'action combinée de ces deux enzymes permet d'exciser le transgène. Le schéma doit donc représenter l'**action combinée de KpnI et PstI**, sachant que la coupure génère **au moins deux fragments**, dont le plasmide quasi entier. Un plasmide entier mesure 2 961 paires de bases.
- On observe, pour tous les clones, une bande d'ADN de 2 900 paires de bases : c'est le plasmide quasi complet qui a été détaché du transgène. Les autres bandes correspondent à l'ADN du transgène. Pour le clone 1, le transgène mesure 1 600 pb. Pour le clone 4, les deux bandes 1 000 + 400 représentent un transgène de 1 400 pb, contenant un site reconnu par l'une des deux enzymes employées.

Action combinée de KpnI et PstI sur un plasmide recombinant

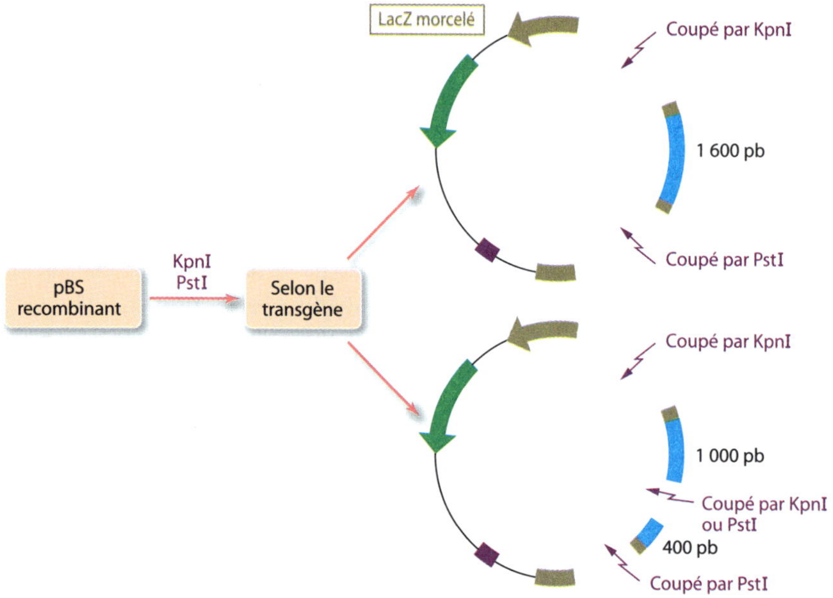

5. Pour conclure, on a identifié deux groupes de clones dont le transgène correspond au gène X de tournesol. Il est fort probable que les clones 1, 2, 3 et 5 possèdent le même transgène de 1 600 pb, et que les clones 4 et 6 possèdent un autre transgène, de 1 400 pb, ce qui donne deux gènes de colza exprimés dans les graines et proches du gène X. Ces deux gènes de colza présentent au moins deux différences : la longueur et la présence ou l'absence d'un site reconnu par une enzyme de restriction autour de la millième paire de bases. Ainsi, on peut confirmer qu'il s'exprime dans les graines de colza au moins un gène ressemblant au gène X de tournesol (**réponse a**), et plus précisément deux gènes ressemblant au gène X de tournesol (**réponse b**), que le transgène du clone 1 et celui du clone 6 présentent chacun une séquence proche du gène X (**réponse c**) et que le transgène du clone 1 et celui du clone 6 présentent au moins une différence de séquence (**réponse d**). Toutes les réponses sont donc correctes.

POST BAC

7 Mutagenèse par transposon

1.

- La coloration verte observée dans certaines cellules de la plante correspond au territoire d'expression de la protéine fluorescente verte. Or, le gène codant cette protéine fluorescente est apporté par le transposon. Nous identifions ainsi un groupe de cellules dans lesquelles le transposon est **intégré** et **exprimé**.
- On peut relier le type de promoteur à l'efficacité de la transposition : un promoteur fort favorise l'installation de copies du transposon dans le génome.
- On aussi peut relier la présence d'une séquence finale au ciblage de la transposition vers les gènes : cette séquence favorise la mise en place des transposons dans les gènes (pourtant clairsemés) du génome eucaryote.

	Transposon I	Transposon II	Transposon III
Promoteur	Promoteur normal	Promoteur viral	Promoteur viral
Séquence finale	Absente	Absente	Présente
Efficacité de la transposition	Faible	Forte	Forte
Ciblage de la transposition	Rare localisation dans un gène	Rare localisation dans un gène	Localisation surtout dans les gènes

On peut imaginer une reconnaissance entre la séquence ajoutée et la séquence se trouvant au début de chaque gène, à l'instar de la reconnaissance de deux chromosomes homologues.

2. Les riz à anthères vertes transformés par le transposon III cumulent les caractéristiques suivantes :
- ils ont été affectés par le transposon dans certains tissus de leurs étamines ;
- à cause de la structure du transposon III, l'intégration de la séquence du transposon est probablement dans un gène ;
- ils ont perdu une capacité, celle de libérer le pollen.

On peut alors relier la **perte d'une capacité** à la **perte d'un gène**.

C'est ainsi que cette technique permet d'étudier le génome du riz : on éteint, par installation du transposon, un ou quelques gènes de la plante et on recherche les modifications de phénotype. D'autres riz à anthères vertes ont sans doute intégré le transposon dans d'autres gènes qui ne participent pas à la libération du pollen.

3. Chaque bande du Southern Blot correspond à un fragment du chromosome 11 ayant fixé la sonde colorée, qui correspond à la séquence Ac simple brin. La sonde se fixe par complémentarité entre les bases : elle repère spécifiquement la séquence Ac. Seuls les fragments d'ADN contenant le transposon sont alors visibles sur l'électrophorèse.

- Pour les plants **1, 2, 3 et 4**, on compte soit trois bandes, soit quatre. On en déduit que ces plants possèdent **trois ou quatre exemplaires du transposon** sur leur chromosome 11.

- Pour les plants issus de la reproduction du plant 4, on observe deux situations :
  – les descendants **4.1 et 4.3** n'ont que deux bandes, donc **deux versions du transposon** sur leur chromosome 11. Il y a eu une **perte de séquence**, qui s'explique sans doute par la dynamique aléatoire du transposon (quitter un chromosome pour se fixer sur un autre) ;
  – les descendants **4.2 et 4.4** présentent plus de trois bandes, soit plus de copies du transposon sur leur chromosome 11. Il y a eu **amplification de la séquence**.

- Nous mettons ainsi en évidence deux formes d'**instabilité génétique** liée aux transposons : ils se déplacent et se multiplient.

CHAPITRE 13

La géothermie

COURS

La géothermie

À l'heure où les ressources d'hydrocarbures s'épuisent, il devient urgent de trouver de nouvelles sources d'énergies renouvelables. La géothermie, c'est-à-dire l'utilisation de l'énergie thermique libérée par la Terre, pourrait représenter une telle énergie.

I. Caractéristiques du flux géothermique

1. Les premières mises en évidence

La présence des sources chaudes naturelles et l'augmentation de la température dans les profondeurs des mines (environ 3 °C par 100 m) montrent que la Terre possède une source de chaleur interne (énergie thermique) qu'elle libère progressivement dans l'espace environnant, plus froid. Ce flux de chaleur est **le flux* géothermique** (en moyenne de 87 mW · m^{-2}).

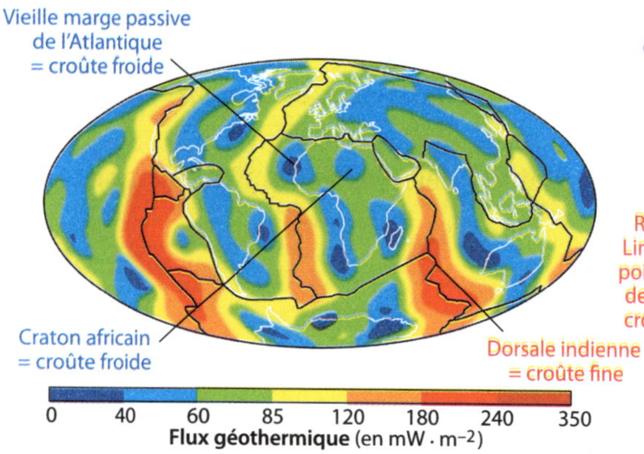

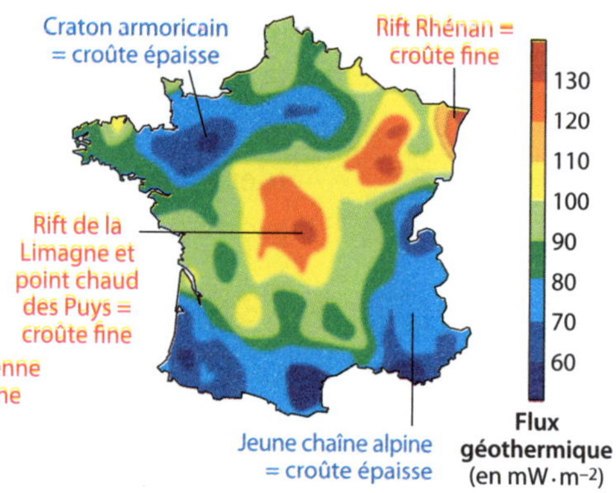

DOC. 1 Le flux géothermique dans le monde (a) et en France (b). Ce flux **varie selon le contexte géodynamique** : important dans les régions à croûte amincie (dorsales, rifts) et dans les régions volcaniques (points chauds, arcs volcaniques), faible dans les régions à croûte épaisse ou froide (anciens cratons*, jeunes montagnes, vieilles marges passives, fosses océaniques).

2. L'origine du flux géothermique

- Une partie de l'énergie libérée provient de **l'accrétion***. Cependant cette chaleur « initiale », liée aux collisions des nombreux astéroïdes et planétoïdes ayant abouti à la formation de la Terre, aurait achevé de se dissiper en moins de 400 millions d'années si elle était seule présente.
- En effet, l'essentiel de l'énergie libérée vient de la **désintégration des noyaux radioactifs**. Ces éléments sont présents à l'état de traces dans les roches mais, comme le volume terrestre est conséquent, ils représentent une masse très importante. La plus grande partie de ces éléments se trouve dans le manteau, puisque celui-ci représente l'essentiel du volume du globe.

* Les mots suivis d'un astérisque sont définis dans le lexique.

- Enfin, l'énergie thermique libérée lors de la cristallisation lente du noyau interne (graine*) participe également à ce flux.

II. Dissipation et utilisation du flux

1. Mécanismes des transferts thermiques au sein du globe terrestre

La chaleur emmagasinée par la Terre peut être dissipée selon deux modes :
– la **conduction** ou transfert de chaleur sans déplacement de matière, existe partout, mais prédomine au sein de la lithosphère. Cependant, les roches étant peu conductrices, elle n'est pas assez efficace pour permettre seule un refroidissement rapide de la Terre ;
– la **convection** ou transfert de chaleur avec déplacement de matière, ce qui forme des cellules de convection. Plus efficace, elle est majoritaire dans le manteau : la **convection mantellique** participe ainsi au refroidissement de notre planète.

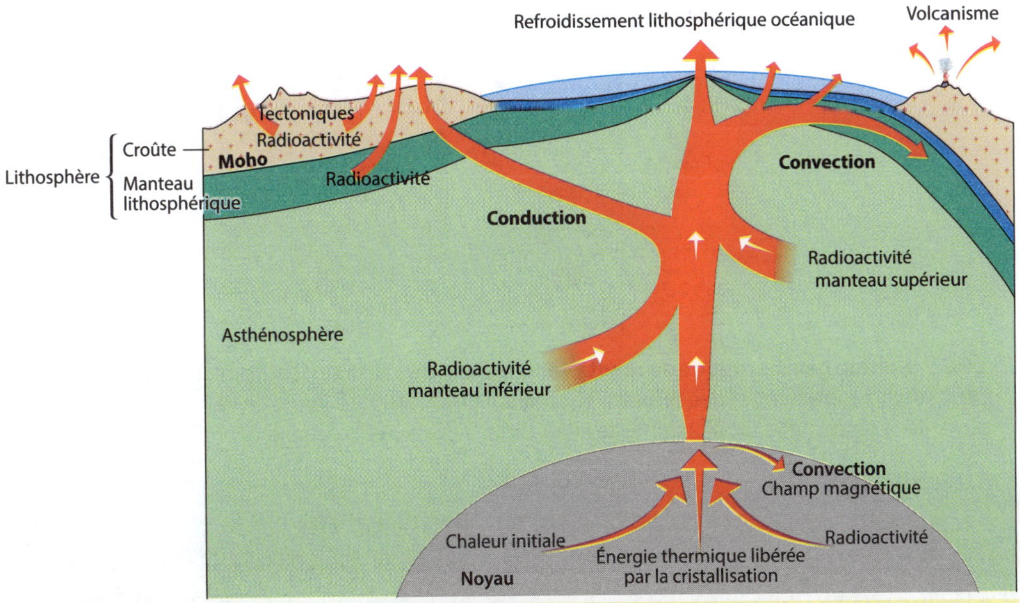

DOC. 2 Origine et dissipation du flux géothermique. Le flux géothermique, qui trouve principalement son origine dans l'accrétion de notre planète et dans la désintégration des noyaux radioactifs présents à l'état de trace dans les roches, se dissipe par conduction et par convection.

2. Utilisation humaine de l'énergie géothermique

- Le type d'installation envisageable dépend de la région. Lorsque le flux géothermique est très important, on peut installer des infrastructures de **haute énergie** permettant la production d'électricité. Dans les autres régions, on se contente d'infrastructures de **basse et moyenne énergies** permettant de chauffer les habitations.

- Ce prélèvement d'énergie étant infime par rapport à l'énergie interne dissipée par la Terre, l'énergie géothermique est considérée comme une **ressource inépuisable à l'échelle humaine**.

- Le principe des **stations géothermiques** est toujours le même : un fluide, généralement de l'eau, s'infiltre dans le sol naturellement ou artificiellement par des canalisations (dans ce cas, on peut utiliser des fluides plus efficaces que l'eau, thermiquement, comme des fluides de synthèse, du propane ou du CO_2). Il diffuse sous pression dans les canalisations souterraines ou les fractures des roches (naturelles ou provoquées), puis est ensuite récupéré et remonté à la surface.

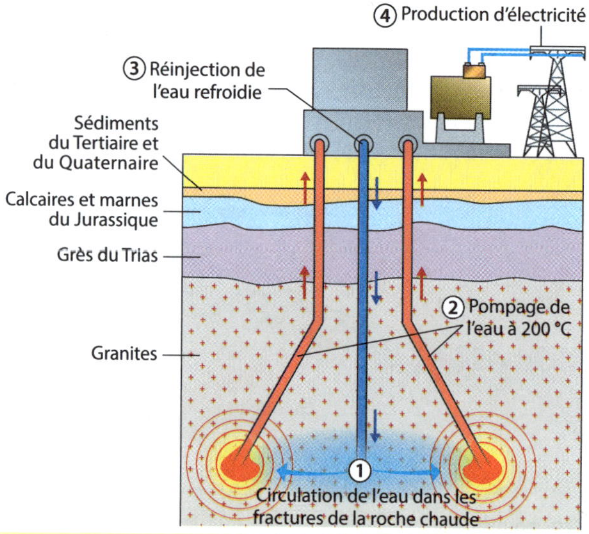

DOC. 3 Station géothermique de Soultz-les-Forêts. Suivant sa température, le fluide récupéré peut servir à faire tourner des turbines et produire de l'électricité (on parle de haute énergie), ou alors il est juste suffisant à chauffer les habitations (basse et moyenne énergies).

POST BAC

La convection mantellique, moteur ou conséquence de la tectonique des plaques ?

> Voir le sujet 8.

Depuis la formulation de la théorie de la tectonique des plaques en 1968, la convection mantellique a souvent été évoquée comme étant le moteur de ces déplacements. À la façon des roues dentées, celle-ci entraînerait les mouvements des plaques en surface. Cependant, c'est une idée fausse car elle impliquerait plusieurs phénomènes.

- D'une part, cela impliquerait que les plaques soient activement repoussées au niveau de la dorsale. Or, certaines plaques sont presque entièrement entourées de dorsales (telle l'Afrique) et ne sont pourtant pas soumises à une compression, mais plutôt à une extension (naissance du rift est-africain). Les forces de poussées au niveau de la dorsale sont donc négligeables devant les forces de traction liées à la subduction.

- Ensuite, cela sous-entendrait que la dorsale correspondrait à une remontée de matériel chaud venant de la couche D″ (transition manteau - noyau). Or, par tomographie sismique, on ne voit aucune anomalie thermique au-delà de 400 km de profondeur sous les dorsales, ce qui signifie que les dorsales correspondent à des remontées très locales de roches chaudes.
- Enfin, il faudrait que la convection mantellique soit suffisamment puissante pour déplacer activement les plaques, ce qui impliquerait un modèle de convection où le manteau serait principalement réchauffé au niveau de sa base par le noyau, à la façon d'une casserole d'eau laissée sur le feu. Or, la principale source de chaleur terrestre est la désintégration des noyaux radioactifs qui sont présents majoritairement dans le manteau. Du fait de son volume important, le manteau est donc le principal contributeur au flux géothermique, ce qui n'est pas compatible avec l'idée d'un manteau réchauffé par sa base.
- Le modèle qui correspondrait le mieux à la Terre serait donc celui d'une convection mantellique entraînée par la subduction, dont les remontées chaudes correspondraient aux points chauds.

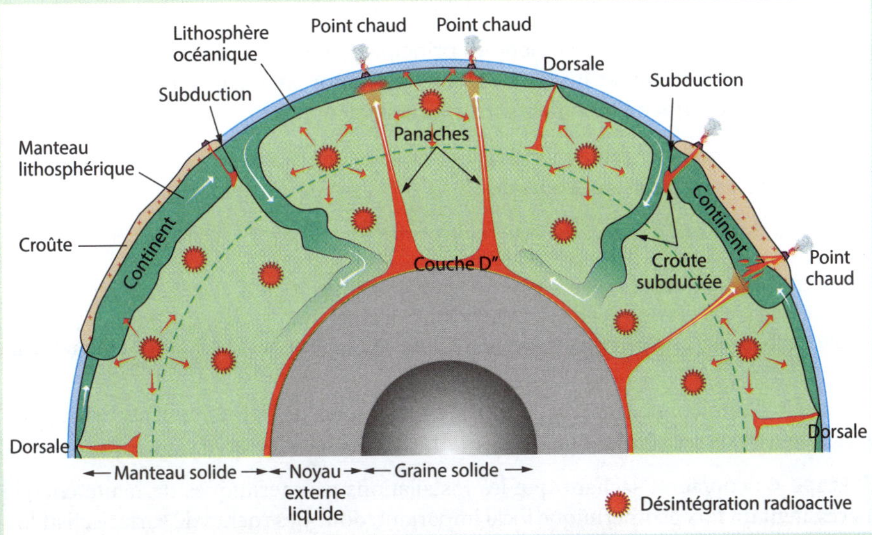

DOC. 4 Convection mantellique, points chauds, dorsales et subduction. La convection mantellique est principalement entraînée par la descente de matériel froid dans les zones de subduction, que l'on peut suivre par tomographie jusqu'à la couche D″. La convection serait donc plutôt une conséquence de la tectonique des plaques, et participerait à la dissipation du flux géothermique, dont le manteau est le principal contributeur. Les remontées de matériel chaud (panaches) venant de la couche D″ seraient localisées au niveau de certains points chauds, alors que les dorsales correspondraient à une ouverture passive d'une lithosphère soumise à une extension trop importante.

1 Interpréter un document de tomographie sismique ou une carte de répartition du flux géothermique

> Voir les sujets 1, 6, 7 et 8 mettant en œuvre cette méthode.

La tomographie sismique est l'étude de la vitesse des ondes sismiques (généralement exprimée en pourcentage de différence par rapport à la normale). Elle donne des informations indirectes sur la température des roches traversées, et donc sur le flux géothermique local.

Méthode

Si le document proposé est une carte du flux géothermique (en général exprimé en W/m^2), se reporter directement à l'étape 3. L'application de cette méthode est souvent suivie, dans les exercices, par celle de la méthode et stratégie 2.

> **Étape 1 :** repérer sur le document les principales zones (classiquement, le bleu est réservé aux régions où les ondes sismiques sont anormalement rapides, et le rouge utilisé pour les zones où les ondes sont anormalement lentes).

> **Étape 2 :** se rappeler (et le rappeler sur la copie) que la vitesse des ondes sismiques décroît avec la température (cours de 1re S).

> **Étape 3 :** s'il s'agit d'une carte, repérer la profondeur à laquelle celle-ci a été effectuée.

Rappel (voir l'approfondissement post bac) : on ne suit pas les flux chauds des dorsales au-delà de 400 km, les remontées de panaches chauds (points chauds) ou la descente des plaques froides subductées peuvent être suivies jusqu'à la limite avec le noyau (2 900 km de profondeur).

S'il s'agit d'une coupe, repérer le trait de coupe afin de déterminer les principales structures traversées (voir la méthode et stratégie 2 du chapitre 7).

> **Étape 4 :** conclure, sachant que les installations géothermiques de haute énergie nécessitent un flux géothermique local important, donc des roches de surface chaudes.

Application

Deux États sont prêts à subventionner votre société de géothermie : la Finlande, pour investir dans les énergies renouvelables, et l'Éthiopie, pour développer ses infrastructures électriques.

Il vous faut choisir l'un des sites et argumenter de la justesse de votre choix.

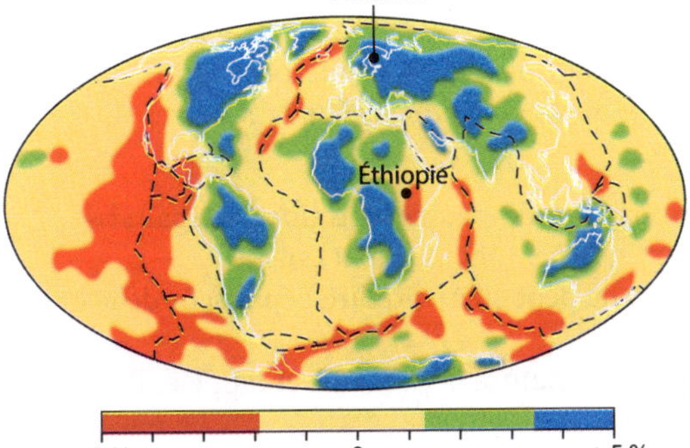

DOC. 5 Carte obtenue par tomographie sismique entre 0 et 100 km de profondeur.

> Étape 1 : outre les principales dorsales et rifts continentaux (en rouge), ainsi que les principaux cratons continentaux (en bleu), on observe que :
– la Finlande est représentée en bleu ;
– l'Éthiopie est représentée dans des tons allant du jaune au rouge.

> Étape 2 : comme la vitesse des ondes sismiques décroît avec la température, on en déduit que la Finlande, qui correspond à une région de forte vitesse (en bleu), est froide, tandis que l'Éthiopie correspond à une zone chaude.

> Étape 3 : le document est une carte effectuée entre 0 et 100 km de profondeur. On mesure donc la température à proximité immédiate de la surface, c'est-à-dire le flux de chaleur permettant effectivement de réaliser des infrastructures géothermiques. On se rend compte que la Finlande fait partie d'une région froide alors que l'Éthiopie est située dans une région chaude.

La Finlande fait partie d'un vieux craton continental (l'ancienne Baltica, correspondant à la Scandinavie, la Baltique et la Russie), tandis que l'Éthiopie se trouve au niveau d'un rift continental (le rift est-africain) qui se propage de la mer Rouge jusque dans la région des Grands Lacs.

> Étape 4 : on en déduit donc que l'Éthiopie, du fait d'un flux important et malgré sa situation socio-économique, est un bien meilleur choix pour installer des infrastructures géothermiques que la Finlande.

2 Établir un lien entre contexte géodynamique et épaisseur de la croûte

> Voir les sujets 3, 4, 6 et 7 mettant en œuvre cette méthode.

Méthode

> Étape 1 : se rappeler au brouillon des principaux contextes géodynamiques possibles. On peut observer : les zones de convergence (subduction, collision), les zones de divergence (dorsale, rift continental), les zones intraplaques (craton continental, point chaud), les zones de coulissage (failles transformantes, décrochements).

Repérer et lister dans les documents les indices appuyant chaque contexte (voir les chapitres 6 et 7, et le cours de 1re S).
Ainsi, l'identification de nombreuses failles normales plaide pour un contexte de divergence, alors que l'observation d'édifices volcaniques alignés et d'âges croissants va plutôt dans le sens d'un point chaud.

> **Étape 2 :** se rappeler qu'une convergence de plaque entraîne un épaississement crustal, tandis qu'une divergence entraîne un amincissement crustal.
Dans le cas d'une étude intraplaque, on ne peut guère prédire l'épaisseur de la croûte traversée.
On peut cependant, dans ce cas, identifier la nature de la croûte et rappeler l'épaisseur moyenne de la croûte.

> **Étape 3 :** on conclut, sachant que, la croûte étant un milieu plutôt isolant, l'intensité du flux géothermique diminue lorsque son épaisseur augmente.
Identifier l'épaisseur de la croûte permet donc de prédire l'intensité du flux géothermique.

Application

Déterminer, d'après le document, si les infrastructures géothermiques seront plus efficaces dans les Vosges ou dans la plaine d'Alsace.
Ces deux régions sont situées au cœur du continent européen.

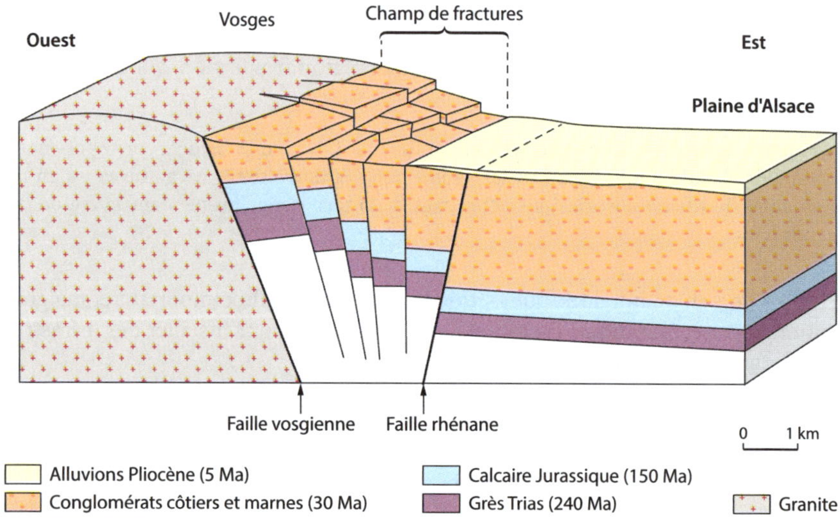

DOC. 6 Coupe géologique de l'est de la France.

> **Étape 1 :** on observe sur le document de nombreuses failles, qui ont systématiquement entraîné un effondrement d'un compartiment par rapport à l'autre. Ainsi, à l'est de la faille rhénane, les conglomérats côtiers se retrouvent bien plus bas qu'à l'ouest. On en déduit que toutes ces failles sont des failles normales, qui vont dans le sens d'une zone de divergence. Comme on est dans une zone continentale, on en déduit que la plaine d'Alsace correspond à un rift continental.

> **Étape 2 :** on vient de démontrer que l'Alsace est une zone de divergence, on en déduit que la croûte continentale y est amincie. Au contraire, dans les Vosges, la croûte continentale doit avoir une épaisseur « normale » (30 à 35 km), voire légèrement supérieure, puisque, habituellement, un excès de masse dû aux reliefs correspond à une racine crustale plus importante (voir les chapitres 5 et 7). C'est le cas des Vosges, qui représentent des reliefs, bien que faibles (voir les isobathes du Moho, doc. 3 du sujet 5, chapitre 7).

> **Étape 3 :** puisque l'épaisseur de la croûte est plus faible en Alsace que dans les Vosges, on en déduit que le flux géothermique est sans doute plus élevé dans la plaine d'Alsace, et que les infrastructures géothermiques y seront donc plus efficaces. C'est, d'ailleurs, la raison pour laquelle on y a installé la première centrale géothermique expérimentale en France (Soultz-sous-Forêts).

3 Identifier l'origine des fluides prélevés dans une installation géothermique

> Voir les sujets 3 et 4 mettant en œuvre cette méthode.

Méthode

> **Étape 1 :** le but d'une installation géothermique est d'obtenir un fluide chaud, afin de réchauffer une habitation ou de faire fonctionner des turbines. Il faut donc commencer par repérer les canalisations et les fluides circulants.

> **Étape 2 :** repérer ce qui est injecté dans le sol, et ce qui en est récupéré. Il y a en effet plusieurs façons de faire : soit on récupère l'eau d'aquifères profonds, donc naturellement chauds, soit on injecte de l'eau dans les roches, éventuellement fracturées au préalable, afin que cette eau se réchauffe au contact des roches chaudes.

> **Étape 3 :** se rappeler que la température augmente avec la profondeur (30 °C par 1 000 m en moyenne). Repérer la profondeur maximale de l'installation permet donc de faire le lien entre température obtenue et efficacité de l'installation.

> **Étape 4 :** repérer la température des fluides récupérés. Selon cette température, on a affaire à une installation de très basse énergie ($<$ 30 °C, en surface), de basse énergie ($<$ 100 °C, avec des puits de 2 000 m de profondeur) ou de haute énergie ($>$ 100 °C et $>$ 2 000 m de profondeur).
Seules les installations de haute énergie permettent de fabriquer de l'électricité.

Application

Expliquer pourquoi la station de Soultz-sous-Forêts peut produire de l'électricité.

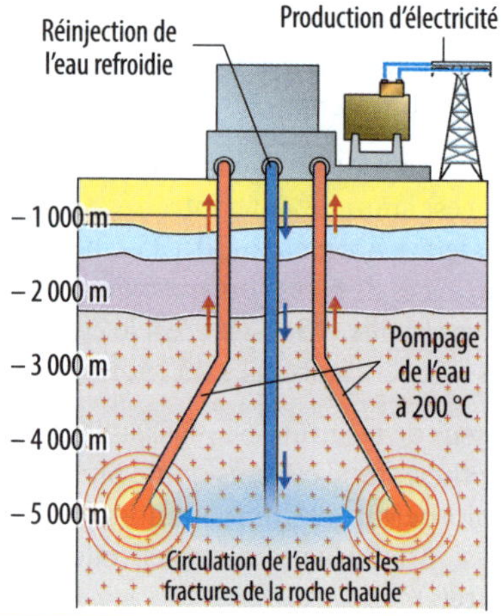

DOC.7 Installation de Soultz-sous-Forêts.

> **Étape 1 :** on observe deux types de fluides circulant, de l'eau froide de l'installation vers 5 000 m de profondeur, et de l'eau chaude pompée de – 5 000 m vers la surface.

> **Étape 2 :** on n'observe pas d'aquifères à 5 000 m de profondeur. On est donc dans le cas d'un fluide (de l'eau) qui est injecté à 5 000 m de profondeur, et qui va circuler dans les fractures de la roche puis se réchauffer à son contact.

> **Étape 3 :** la profondeur maximale est de 5 000 m. En considérant que la température à la surface est en moyenne de 10 °C, on devrait donc atteindre des températures de $30 \times 5 + 10 = 160$ °C environ. Or, le document indique que l'eau récupérée est à 200 °C, ce qui devrait correspondre à des profondeurs plus importantes (6 000 m au moins). On est donc dans une région de fort gradient* géothermique (région volcanique ou rift continental), ce qui explique que cette installation est particulièrement efficace : il y a besoin de creuser moins profond qu'ailleurs pour obtenir les mêmes températures.

> **Étape 4 :** ici, on est à plus de 2 000 m avec des fluides de 200 °C.
C'est une installation de haute énergie, capable de faire tourner des turbines et de produire de l'électricité.

SUJETS DE TYPE BAC

1 Le flux géothermique

20 min

Ce sujet vous permet de vérifier que l'ensemble des connaissances de ce chapitre est acquis. Sans piège particulier, il est représentatif des QCM que vous pourriez trouver en partie 1 du baccalauréat.

> Voir la méthode et stratégie 1.

La géothermie est une source d'énergie envisagée pour remplacer, au moins partiellement, l'énergie liée à la combustion des combustibles fossiles.

Pour chaque question, cocher la réponse juste.
Chaque question n'admet qu'une seule réponse exacte.

1. Le flux géothermique :
a. est constant sur l'ensemble de la surface terrestre
b. est plus important dans les régions où la croûte terrestre est épaisse
c. est plus important dans les rifts continentaux et océaniques
d. est plus important dans les fosses de subduction

2. La chaleur véhiculée par le flux géothermique provient principalement :
a. de la désintégration de noyaux radioactifs dans la croûte
b. de la désintégration de noyaux radioactifs dans le manteau
c. de la désintégration du fer et du nickel radioactifs du noyau terrestre
d. de la désintégration du fer et du nickel radioactifs du manteau

3. Le flux géothermique provient également principalement de la libération :
a. de l'énergie d'accrétion emmagasinée lors de la formation de la Terre
b. de l'énergie solaire emmagasinée pendant la journée
c. de l'énergie liée aux marées provoquées par la Lune et le Soleil
d. de l'énergie libérée par les réactions du métamorphisme

4. Les installations géothermiques de haute énergie sont les seules à :
a. permettre de réchauffer une maison ou des serres
b. permettre la production d'eau chaude
c. permettre la production d'électricité
d. permettre la fission dans les centrales nucléaires

5. Le gradient géothermique se manifeste par une hausse des températures :
a. lorsque l'on s'élève en altitude
b. lorsque l'on descend dans une mine
c. lorsque l'on se rapproche d'un volcan éteint
d. lorsque l'on se rapproche de l'épicentre d'un séisme

6. La convection :
a. permet une libération plus importante d'énergie que la conduction thermique
b. s'observe sur les astres de petite taille (tels la Lune ou Mercure)
c. anime les enveloppes les plus fluides de la Terre (lithosphère notamment)
d. est moins efficace que la conduction

7. D'après la carte ci-dessous, les endroits les plus favorables à la géothermie aux États-Unis sont les régions :

a. de la Floride b. des Grands Lacs c. du Texas d. des Rocheuses

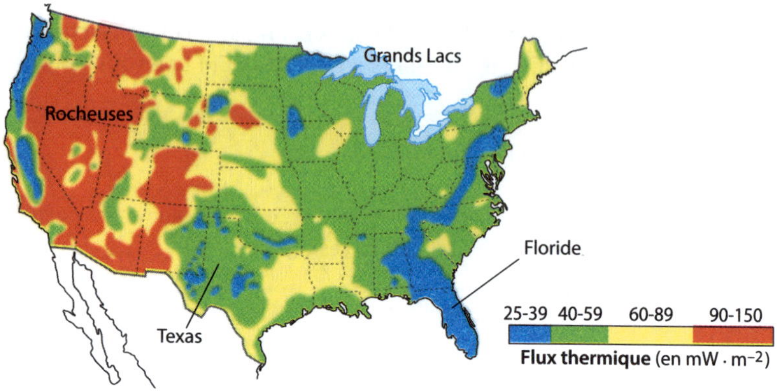

2 Le Japon

75 min

Cet exercice de première de partie de sujet au bac est une véritable synthèse puisqu'il nécessite des connaissances à la fois sur la géothermie et sur la géologie. Il est donc nécessaire d'articuler correctement ses connaissances pour les restituer dans un ensemble construit.

> Voir les chapitres 5, 6, 7 et 13 ainsi que la méthode générale en fin d'ouvrage.

Le 11 mars 2011, le Japon a été secoué par l'un des plus violents séismes jamais enregistrés au monde, lié à la subduction de la plaque Pacifique sous la plaque Eurasie. L'histoire du Japon est ponctuée de nombreux tremblements de terres, et d'autres manifestations terrestres (les sources chaudes et les geysers) font intégralement partie de l'art de vivre japonais. D'après les estimations, le Japon posséderait le 3e potentiel mondial en géothermie.

Après avoir rappelé d'où provient le flux géothermique et comment il est libéré, expliquer pourquoi le Japon possède un tel potentiel géothermique.
Vous illustrerez chacune des parties par un ou plusieurs schémas.

3 La centrale de Cerro Prieto

30 min

Cet exercice de type 2.1 permet d'étudier de façon un peu plus précise le fonctionnement d'une centrale géothermique. Il nécessite donc une bonne compréhension à la fois des contextes géodynamiques favorables à la géothermie et des moyens d'utilisation de cette énergie par l'homme.

> Voir les méthodes et stratégies 2 et 3.

La centrale géothermique de Cerro Prieto, située au nord de l'État de Basse Californie, au Mexique, est actuellement la plus grande du monde. Elle est suffisante pour produire la grande majorité de l'électricité consommée en Basse Californie.

D'après l'étude des documents, expliquer comment cette centrale peut produire de l'électricité et pourquoi le flux géothermique utilisé ici est particulièrement important.

DOC. 1 Zones géothermiques du Mexique.

DOC. 2 Schéma simplifié du fonctionnement de la centrale de Cerro Prieto.

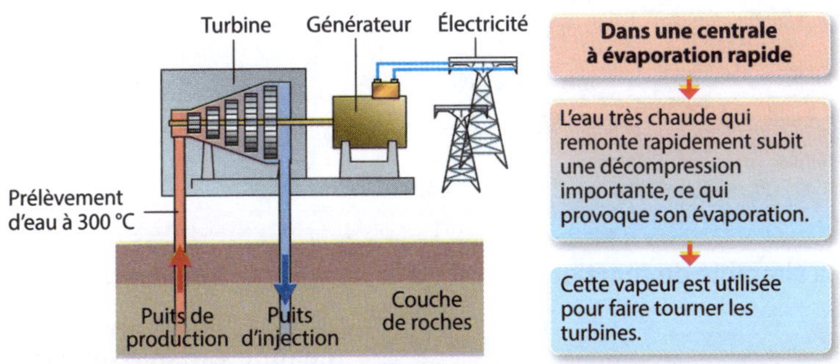

4 La centrale de Bouillante

30 min

Cet exercice de type 2.1, voisin du précédent dans son objectif final, propose un contexte et un mode de fonctionnement d'une centrale très différents. Saurez-vous le voir ?

> Voir les méthodes et stratégies 2 et 3.

La centrale de Bouillante, en Guadeloupe, est la plus grande centrale géothermique de France. Elle était déjà connue auparavant pour ses sources chaudes.

D'après l'étude des documents, expliquer comment cette centrale peut produire de l'électricité et quelle est l'origine du flux géothermique particulièrement important utilisé ici.

DOC. 1 Contexte géodynamique de la centrale de Bouillante.

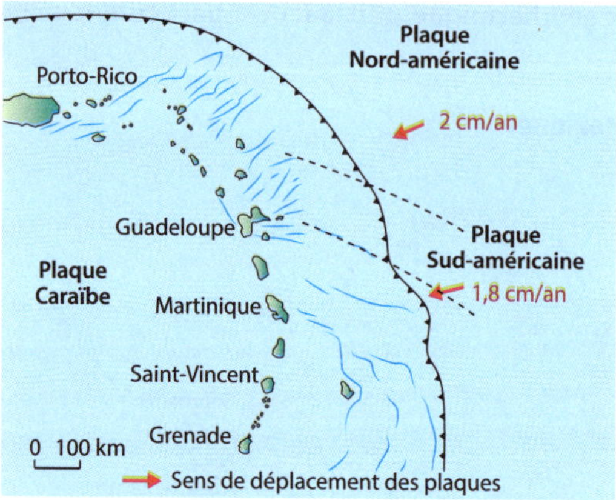

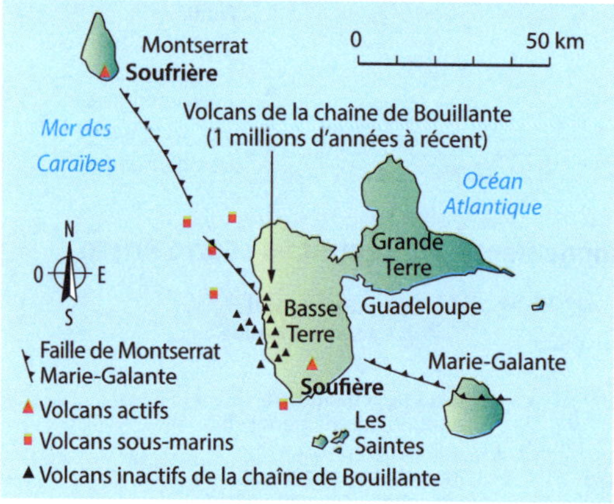

DOC. 2 Schéma simplifié du fonctionnement de la centrale de Bouillante.

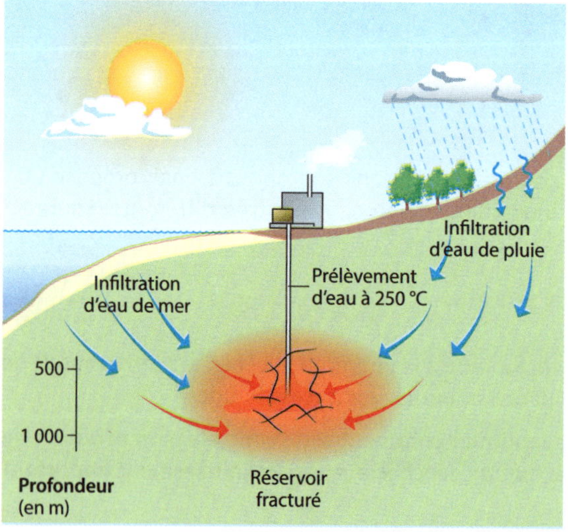

On rappelle que l'eau chaude est sous pression dans le réservoir : lorsqu'elle remonte, elle subit une détente adiabatique (baisse de pression sans échange de chaleur avec l'extérieur) qui permet sa vaporisation partielle. La vapeur sert alors à faire tourner les turbines.

SUJETS D'APPROFONDISSEMENT

5 Géothermie extraterrestre

30 min

Cet exercice de type 2.1 propose d'étudier la « géothermie » sur les autres planètes telluriques. Expliquer les corrélations que l'on peut observer dans le document nécessitera une bonne compréhension de l'origine du flux géothermique.

> Voir la partie II du cours.

Dans un lointain futur, l'homme s'installera peut-être sur d'autres astres, et devra y trouver des sources d'énergie renouvelables, telle la géothermie. Il est donc important de comprendre l'origine du flux thermique terrestre, afin de pouvoir l'utiliser ailleurs…

D'après les données du tableau, indiquer et expliquer les corrélations que vous pouvez identifier.

DOC. Données sur les corps célestes.

	Mercure	Vénus	Terre	Mars
Diamètre (km)	4 879	12 104	12 742	6 779
Flux thermique	Faible (10 à 20 $mW{\cdot}m^{-2}$)[1]	Important (40 à 80 $mW{\cdot}m^{-2}$)[1]	Important (87 $mW{\cdot}m^{-2}$)	Moyen (environ 40 $mW{\cdot}m^{-2}$)[1]
Volcanisme	Inactif depuis au moins 3 Ga	Actif[2]	Actif	Inactif depuis au moins 500 Ma[2]

1. Selon les modèles.
2. Volcanisme sous forme de points chauds uniquement (la tectonique des plaques ne semble pas avoir existé sur ces planètes).

6 Yellowstone

75 min

Ce sujet de type 2.2 repose sur des documents très variés, allant de la carte géologique à des cartes d'isobathes du Moho et des températures. Ceci constitue donc un bon entraînement à l'écrit du baccalauréat, et requiert une bonne compréhension des différents supports.

> Voir les méthodes et stratégies 1 et 2.

Le parc de Yellowstone est l'un des points d'attraction majeurs des États-Unis, drainant chaque année près de 3 millions de visiteurs qui viennent admirer ses espaces naturels préservés et ses splendides geysers.

À l'aide des documents, montrer que la région de Yellowstone porte les traces d'un flux géothermique important et en expliquer l'origine.

DOC. 1 Principales formations volcaniques du nord-ouest des États-Unis.

Les nombres indiquent l'âge de ces formations, en Ma. Les points rouges sont les volcans actifs liés à la zone de subduction des Rocheuses (subduction de la plaque Juan de Fuca).

Caldeira : vaste dépression, correspondant ici à d'anciennes explosions volcaniques.

DOC. 2 Carte du parc du Yellowstone.

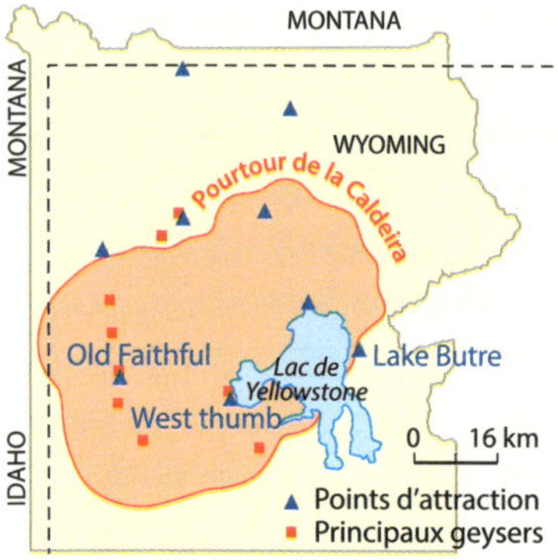

Le parc de Yellowstone comprend plus de 300 geysers actifs (les deux-tiers de ceux de la planète) dont le deuxième plus haut geyser du monde, le « Old Faithful », ainsi que de nombreuses sources chaudes.

DOC. 3 Profondeur du Moho dans l'ouest des États-Unis.

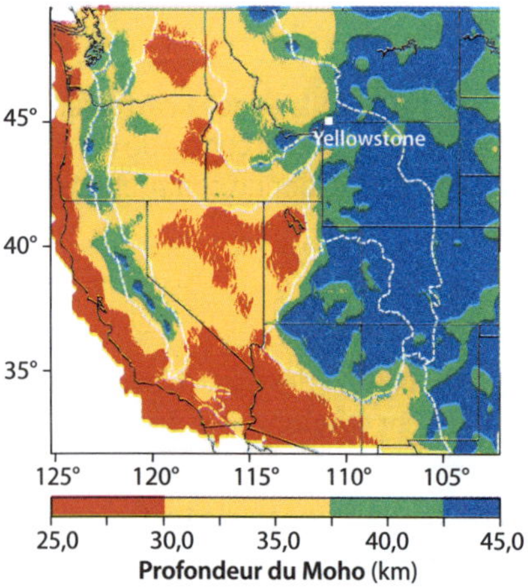

DOC. 4 Carte des températures à 10 km de profondeur.

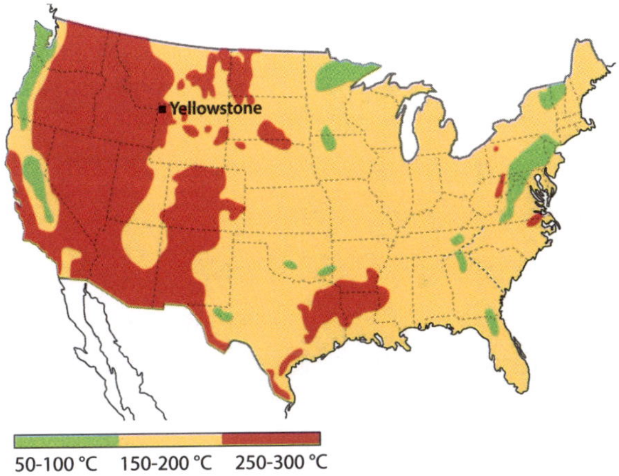

7 Géothermie en Islande

75 min

Ce sujet de type 2.2 comprend quelques difficultés liées à l'analyse d'un document atypique dans le secondaire, mais peu compliqué : la composition en isotopes du strontium et du néodyme des laves, qui permet de retracer l'origine des laves.

> Voir les méthodes et stratégies 1 et 2.

En Islande, près de 86 % de l'énergie proviennent de sources renouvelables, dont près de 67 % par la seule géothermie.

Responsable d'une société spécialisée dans les installations géothermiques de haute énergie, vous devez expliquer pourquoi vous cherchez à vous implanter en Islande.

DOC. 1 Sites en Islande possédant un important gradient géothermique.

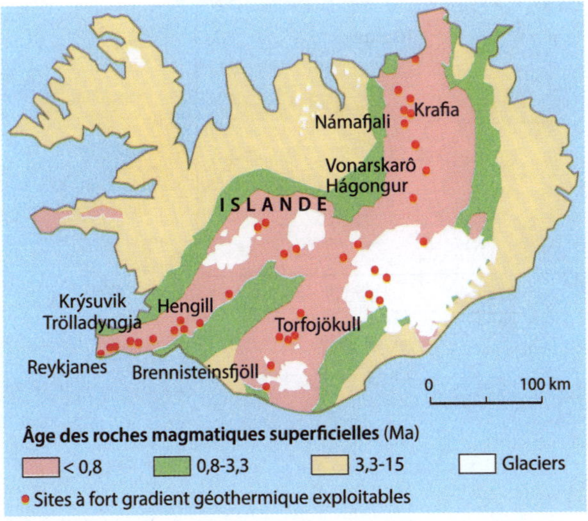

DOC. 2 Principaux volcans d'Islande.

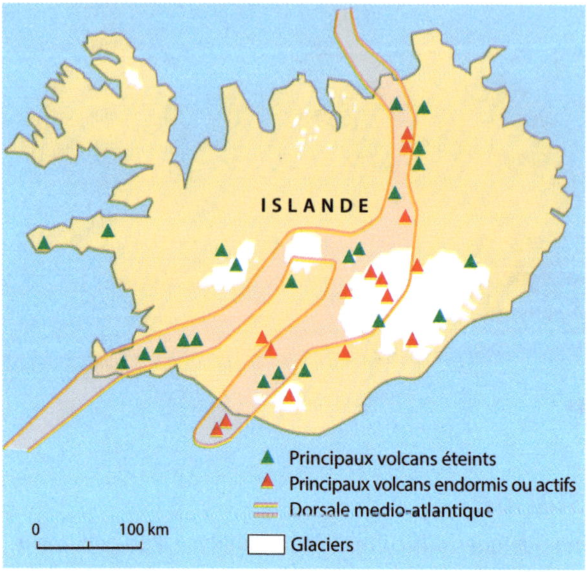

DOC. 3 Analyse isotopique des principales laves islandaises.

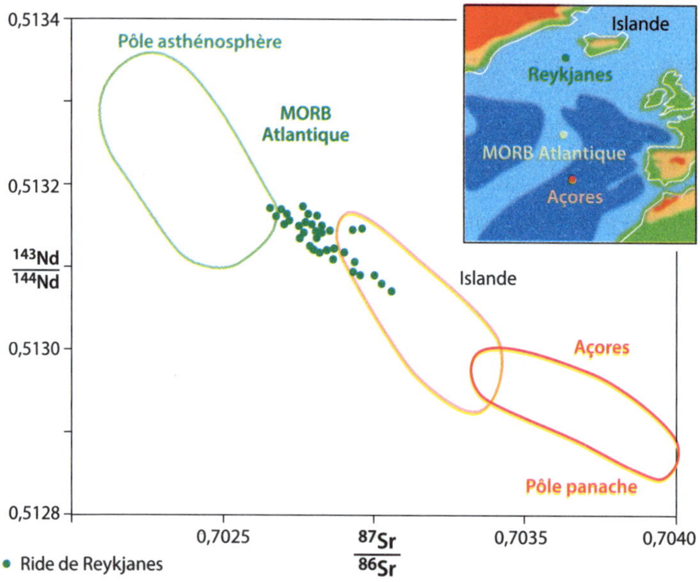

Définitions

Pôle asthénosphère : zone correspondant à la composition du manteau supérieur.

Pôle panache : zone correspondant à la composition du manteau inférieur, origine des points chauds.

Açores : principal point chaud de l'océan Atlantique Nord.

MORB Atlantique : zone correspondant à la composition des roches produites par la dorsale médio-atlantique (la ride des Reykjanes, les points verts, en est le prolongement au sud de l'Islande).

Islande : zone correspondant à la composition des différentes roches superficielles retrouvées en Islande.

DOC. 4 Tomographie sismique sous l'Islande.

Les couleurs représentent les anomalies de vitesse des ondes sismiques (négatives pour le rouge, positives pour le bleu).

On rappelle que, sous les dorsales, on ne suit normalement pas d'anomalie de vitesse au-delà de 300 km de profondeur.

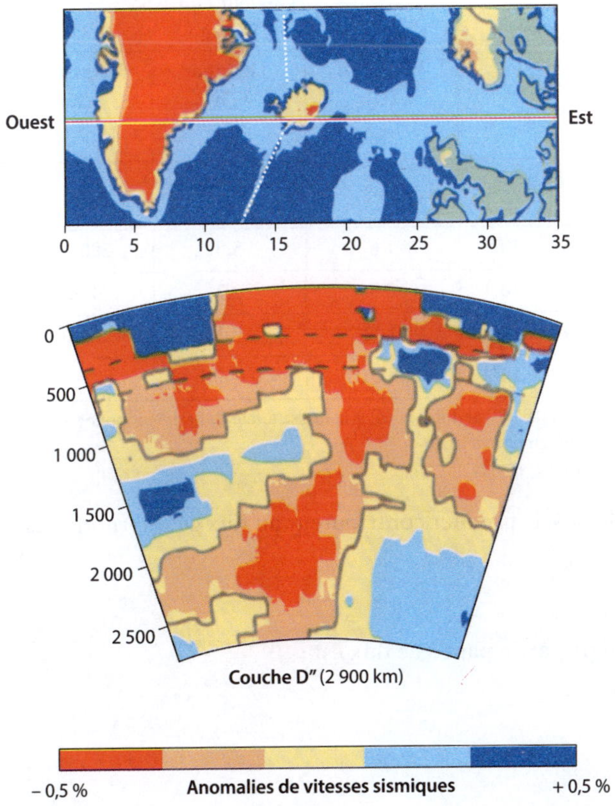

POST BAC

8 La convection et la tectonique

25 min

Ce sujet de type QCM nécessite de déterminer si la convection est le moteur de la tectonique, ou si c'est l'inverse. Attention, contrairement à ce dont on a l'habitude au baccalauréat, les différentes questions ne sont pas indépendantes les unes des autres, et il peut y avoir plusieurs réponses correctes, comme dans les QCM proposés dans l'enseignement supérieur.

> Voir la méthode et stratégie 1.

Pour chaque question, cocher la ou les réponses correctes.

Étude 1

La désintégration des éléments radioactifs est la principale source de l'énergie géothermique.

DOC. 1 Part des éléments et des enveloppes dans l'élaboration du flux géothermique.

		Chaleur émise (µW · kg^{-1})		
		Uranium (U)	**Thorium (Th)**	**Potassium (K)**
		95,2	25,6	0,00348
Enveloppe	**Masse (kg)**	**Concentration (ppm)**		
Croûte continentale	$1{,}38 \times 10^{22}$	1,6	5,8	200 000
Croûte océanique	$1{,}90 \times 10^{21}$	0,9	2,7	4 000
Manteau	$3{,}70 \times 10^{24}$	0,02	0,1	200
Noyau	$2{,}32 \times 10^{24}$	0,000 01	0,000 1	1

La chaleur émise est exprimée ici en µW/kg, il faut donc calculer la masse totale de l'élément pour en déduire la chaleur totale due à la désintégration de celui-ci.
ppm = partie par million (1 ppm = 10^{-6} = 10^{-4} %).

1. D'après le tableau ci-dessus, le premier contributeur au flux géothermique est :

a. l'uranium
b. le thorium
c. le potassium

2. Et la principale enveloppe participant à ce flux est :

a. la croûte continentale
b. la croûte océanique
c. le manteau
d. le noyau

Étude 2

L'énergie géothermique se dissipe par conduction ou par convection mantellique. Plusieurs modèles de convection ont été proposés.

DOC. 2 Les trois grands modèles de convection mantellique. Dans la réalité, la zone centrale représente le manteau, en surface se situent les plaques tectoniques et le fond est occupé par le noyau.

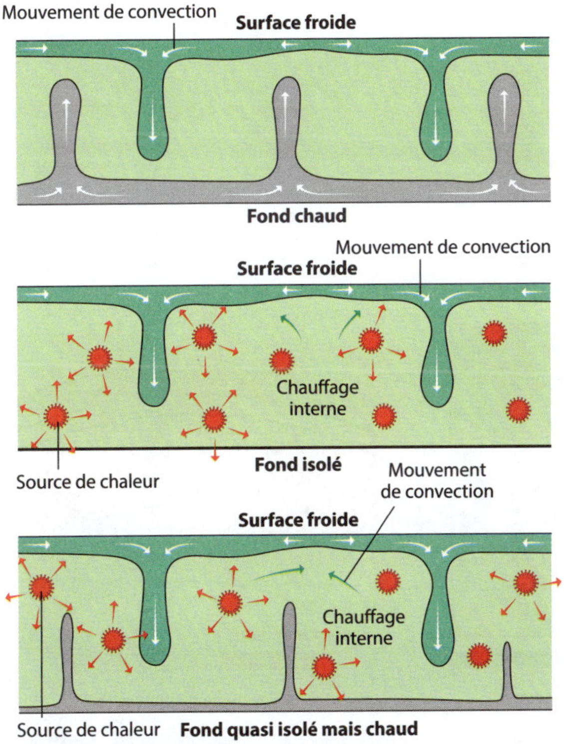

3. Dans le 1er modèle, on considère :

a. que le noyau ne participe pas à la convection mantellique
b. que le noyau réchauffe le manteau par le bas
c. que la convection mantellique entraîne la subduction des plaques
d. que les mouvements des plaques froides superficielles participent à la mise en place de la convection mantellique

4. Quel que soit le modèle de convection retenu :

a. les plaques froides tombent du fait de l'élévation de leur densité
b. le manteau participe activement au flux géothermique
c. la convection mantellique est un mode de dissipation du flux géothermique
d. des panaches de matière chaude remontent au niveau des dorsales

Étude 3

La tomographie sismique permet de suivre les anomalies de vitesse des ondes sismiques, et donc la température des roches, en profondeur.

DOC. 3 Tomographie sismique sous une dorsale et une zone de subduction (a) et sous un point chaud (Hawaï, b).

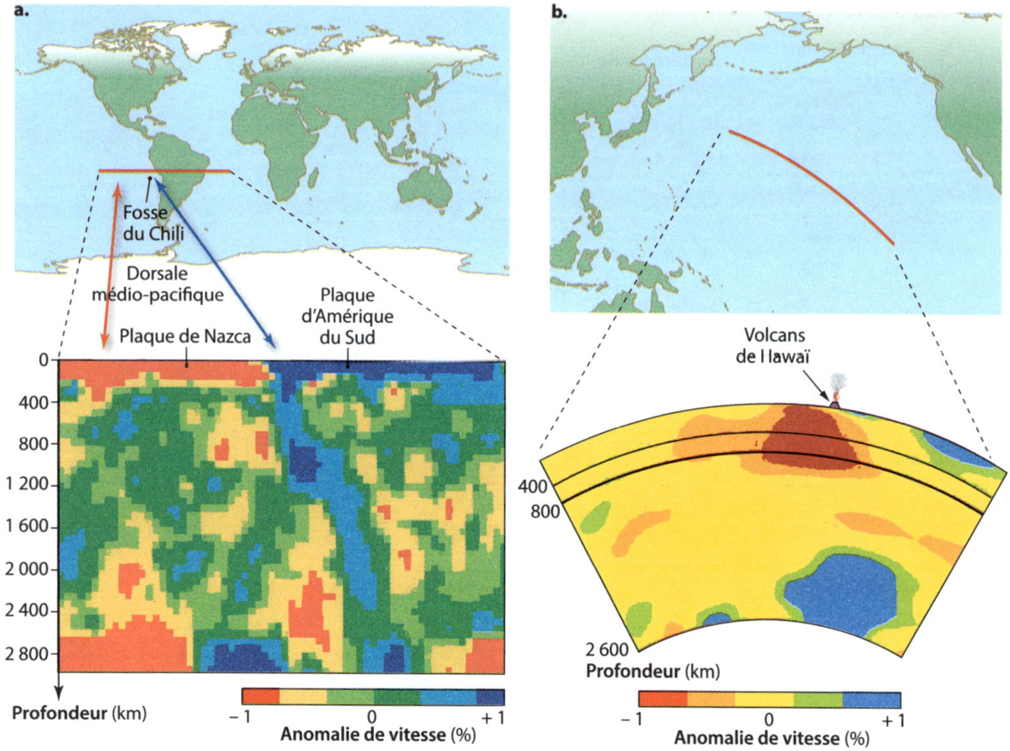

5. D'après le doc. 3, on observe que :

a. les dorsales correspondent à des remontées de matériel chaud depuis le noyau

b. les dorsales correspondent à des remontées superficielles de matériel chaud

c. les panaches chauds correspondent à des remontées profondes de matériel chaud

d. les zones de subduction correspondent à des précipitations de matériel froid jusqu'au noyau

6. D'après ces observations et les calculs faits dans l'étude 1, le modèle le plus correct selon le doc. 2 est :

a. le premier

b. le deuxième

c. le troisième

CORRIGÉS

1 Le flux géothermique

1. Réponse c. Le flux géothermique traverse mieux la croûte là où elle est amincie, ce qui correspond aux rifts continentaux et océaniques. Dans ces régions, le flux est donc plus important qu'ailleurs.

2. Réponse b. L'essentiel du flux géothermique provient de la désintégration des noyaux radioactifs, contenus en très faible quantité dans l'ensemble du globe. Or, le manteau occupe l'essentiel du volume terrestre, c'est donc lui qui, en quantité, va contribuer principalement au flux géothermique. Le fer et le nickel ne sont pas radioactifs, et sont principalement situés dans le noyau, à l'état liquide dans le noyau externe, solide dans le noyau interne appelé aussi graine. Les réponses c. et d. sont donc fausses.

3. Réponse a. Cette source d'énergie était même pendant longtemps la seule considérée par les scientifiques, jusqu'à la découverte de la radioactivité au début du XXe siècle. L'énergie liée aux marées (réponse c.) participe également au flux géothermique, mais en quantité négligeable sur Terre. Par contre, sur d'autres astres tels Io, un satellite proche de Jupiter, elle est le principal contributeur. Enfin, le métamorphisme est généralement lié à une augmentation de la température et de la pression, donc est plutôt consommateur d'énergie : la réponse d. est incorrecte.

4. Réponse c. Les installations de haute énergie ont pour but de produire de l'électricité. Les installations de plus basse énergie ne permettent que de chauffer les habitations.

5. Réponse b. Ce sont d'ailleurs les observations des mineurs qui ont, les premières, montré l'existence d'un gradient de température selon la profondeur, manifestation du flux géothermique.

6. Réponse a. La convection permet une libération plus importante d'énergie, car cette chaleur est véhiculée par un transport de masses chaudes, et non par un transfert de proche en proche de l'agitation thermique (conduction). Cependant, elle nécessite un flux important pour se mettre en place, ce qui s'observe pour des astres de grande taille (réponse b. fausse), et pour des enveloppes fluides – or, la lithosphère est parmi les enveloppes les plus rigides de notre planète (réponse c. incorrecte).

7. Réponse d. Des quatre régions proposées, les Rocheuses possèdent le flux géothermique le plus important, donc le plus favorable aux installations géothermiques.

Reprenez la méthode et stratégie 1 à partir de l'étape 3 pour cette dernière question. Les Rocheuses sont représentées en rouge, ce qui trahit un flux géothermique très important. Au contraire, les Grands Lacs, la Floride ou le Texas sont représentés par des couleurs plus froides (vert, jaune, bleu), ce qui montre un flux géothermique plus faible, peu favorable à l'installation géothermique.

2 Le Japon

Introduction

Le Japon est périodiquement secoué par de violents séismes, mais ces manifestations géologiques désastreuses sont également liées à un contexte géothermique, faisant de l'archipel le 3e potentiel mondial. Nous expliquerons dans cet exposé l'origine et la libération du flux géothermique avant d'appliquer cela au contexte particulier du Japon.

N'hésitez pas à utiliser le chapeau pour construire votre introduction. Les informations présentes y sont pour cela – et si on attend la présence d'une courte introduction, son originalité n'est pas prise en compte dans la notation.

I. Le flux géothermique

1. L'origine du flux géothermique

De nombreuses observations, déjà anciennes, montrent la présence d'un gradient géothermique d'environ 3 °C par 100 m. Ainsi, la température augmente à mesure que l'on s'enfonce dans les mines, et les sources chaudes et autres geysers montrent que l'eau se réchauffe lorsqu'elle s'infiltre en profondeur. Ce flux de chaleur provenant des profondeurs de notre planète possède plusieurs origines :
– la source principale est l'énergie libérée par la **désintégration des noyaux instables**, radioactifs, de nombreux éléments lourds (uranium, plutonium, radium, samarium, rubidium, etc.) représentant une faible proportion des roches de notre planète. Représentant l'essentiel du volume de la Terre, le manteau est le principal contributeur à cette source d'énergie ;
– d'autres sources interviennent : ainsi, cette énergie proviendrait également de la libération de la **chaleur d'accrétion**, c'est-à-dire la chaleur emmagasinée par la Terre lors de sa formation (énergie liée aux chocs des nombreux astéroïdes et planétoïdes ayant permis la formation de notre astre). Parmi les autres sources, on peut aussi citer la libération de la **chaleur latente** de cristallisation de la graine (noyau interne).

On demande d'illustrer le propos par des schémas. Celui qui agrémenterait le mieux cette première partie est le doc. 2, partie II du cours.

2. Dissipation du flux géothermique

Cette énergie géothermique est libérée à la surface de notre planète en direction de l'espace. Deux mécanismes permettent cette libération :
– la **conduction** (transfert de chaleur sans déplacement de matière). Ce mode de dissipation existe partout, mais prédomine au sein de la lithosphère. Cependant, les roches étant peu conductrices, ce moyen n'est pas assez efficace pour permettre à lui tout seul un refroidissement rapide de la Terre ;
– la **convection** (transfert de chaleur avec déplacement de matière, ce qui forme des cellules de convection). Ce moyen est beaucoup plus efficace et majoritaire dans le manteau : la convection mantellique participe ainsi au refroidissement de notre planète.

Ces rappels permettent une transition élégante entre la première partie et la seconde. Il va s'agir maintenant d'expliquer pourquoi le Japon possède un tel potentiel géothermique.

II. Le Japon : pourquoi une zone de subduction est géothermiquement favorable ?

Le Japon est situé sur la zone de subduction de la plaque Pacifique sous la plaque Eurasie. Dans ce contexte, on observe un flux géothermique faible au niveau de la fosse, ce qui est lié à l'enfoncement de la plaque océanique vieille et froide du Pacifique.

Cependant, au cours de son enfoncement, la lithosphère océanique hydratée se déshydrate. En effet, les réactions du **métamorphisme** liées à l'augmentation de la pression lors de l'enfoncement permettent le passage du faciès schiste vert à schiste bleu puis éclogite : toutes ces réactions libèrent de l'eau (les minéraux tels la chlorite et le glaucophane, qui sont consommés lors de ces réactions, sont des **minéraux hydratés**, voir le chapitre 6).

Cette eau libérée hydrate les péridotites du manteau de la plaque chevauchante. Or, vers 100 km de profondeur, la température et la pression sont suffisantes pour permettre la **fusion partielle** des péridotites hydratées. Ce magma péridotitique hydraté va remonter vers la surface, réchauffant d'autant la lithosphère traversée. Cette remontée de magma, qui se différencie progressivement, va également entraîner un **volcanisme** important. Ainsi, la plaque chevauchante va être le siège d'une libération accrue de chaleur, donc d'un **flux géothermique important**.

Pour illustrer ce paragraphe, on peut rappeler le doc. 3, partie II, chapitre 6. Par contre, le sujet n'impose pas d'entrer dans les précisions sur la différenciation du magma, la nature du volcanisme. Seules sont attendues les explications sur l'origine de l'importance du flux au Japon, donc ce qui est lié à l'origine du magmatisme en zone de subduction.

Conclusion

La position du Japon sur une zone de subduction explique la présence de nombreux volcans, indiquant une libération importante du flux géothermique. Celui-ci trouve son origine dans la formation de notre planète et la désintégration des noyaux radioactifs la composant en très faible proportion. L'énergie géothermique est également largement utilisée dans des pays occupant des contextes géodynamiques différents : ainsi, l'important flux géothermique utilisé par l'Islande est lié à sa position sur une dorsale et à la verticale d'un point chaud.

3 La centrale de Cerro Prieto

Ce sujet nécessite l'application successive des méthodes et stratégies 2 (afin d'identifier l'origine du flux géothermique) et 3 (afin de faire le lien entre prélèvement de fluides et production d'électricité). Nous ne reprendrons ici que les principales étapes de ces méthodes.

Application de la méthode et stratégie 2

> **Étapes 1 et 2 :** la centrale de Cerro Prieto se trouve au niveau du rift de la dorsale Est-Pacifique (doc. 1).

> **Étape 3 :** un rift est une zone d'extension, donc d'amincissement de la lithosphère. La centrale est ainsi à l'aplomb d'une zone de remontée de la LVZ (*Low Velocity Zone*) et donc de l'isotherme 1 300 °C (voir le chapitre 6, et le cours de 1re S). Comme l'isotherme 1 300 °C est plus proche de la surface, cela signifie que le géotherme augmente plus rapidement qu'ailleurs dans cette zone, et qu'il y a donc un important flux géothermique.

Application de la méthode et stratégie 3

> Étapes 1 et 2 : la centrale fonctionne en récupérant, par des puits, l'eau chaude présente dans les aquifères naturels profonds (doc. 2).

> Étapes 3 et 4 : cette eau est très chaude (350 °C) et sous pression, elle remonte sans difficulté dans le puits jusqu'à la centrale. Elle est donc à une température suffisante pour une installation de haute énergie (production d'électricité).

Ainsi, la centrale de Cerro Prieto repose sur le prélèvement d'une eau très chaude (350 °C) permettant la production d'électricité (centrale de **haute énergie**). Cette eau est réchauffée en profondeur car la région correspond à un **rift de dorsale**, donc une zone où les roches chaudes de la LVZ (1 300 °C) sont très proches de la surface.

L'eau, en remontant, subit une baisse importante de pression (c'est ce que l'on appelle la **détente adiabatique**, voir le sujet 4, chapitre 6), ce qui provoque son changement d'état : elle passe de l'état liquide à l'état gazeux. Cette arrivée de vapeur d'eau sous pression permet alors de faire tourner des turbines, ce qui permettra de produire de l'électricité. La vapeur d'eau se refroidit alors progressivement, se condense, et cette eau liquide peut ensuite être réinjectée dans le sol (par le puits d'injection) afin de recharger l'aquifère.

4 La centrale de Bouillante

Application de la méthode et stratégie 2

> Étapes 1 et 2 : la centrale de Bouillante se trouve sur une zone de subduction (doc. 1), à 300 km à l'ouest de la fosse de subduction entre les plaques américaine et Caraïbe, et sur la faille de Montserrat - Marie Gallante.

> Étapes 3 et 4 : cette région est caractérisée par de nombreux volcans actifs. En effet, dans une zone de subduction, l'hydratation des péridotites du manteau par l'eau libérée par la plaque subductante permet la fusion partielle de celles-ci, à l'origine d'un magmatisme important. L'une des manifestations externes de cette libération de chaleur est, outre le volcanisme (la Soufrière, par exemple), la présence attestée de sources chaudes dans la région de Bouillante.

Application de la méthode et stratégie 3

> Étapes 1 et 2 : la centrale fonctionne en récupérant l'eau chaude présente dans les aquifères naturels profonds (doc. 2), formés par l'infiltration d'eau de pluie et d'eau de mer.

> Étapes 3 et 4 : cette eau est réchauffée en profondeur (250 °C). Autrefois, cette eau remontait naturellement et formait les sources chaudes de Bouillante. Actuellement, elle est récupérée par un puits de forage.

La centrale de Bouillante correspond donc à une installation de haute énergie, permettant la production d'électricité à partir du prélèvement d'une eau chaude (250 °C) réchauffée en profondeur par les remontées magmatiques liées à la zone de subduction des Antilles.

L'arrivée de vapeur d'eau sous pression (détente adiabatique) permet de faire tourner des turbines, ce qui permettra de produire de l'électricité. L'aquifère se recharge naturellement par l'infiltration des eaux de pluies (climat tropical) et de l'eau de la mer des Caraïbes toute proche.

5 Géothermie extraterrestre

> Corrélations à observer

On observe que, plus le diamètre de l'astre est important :
– plus le flux thermique est important ;
– plus le volcanisme est actif longtemps (il s'est éteint d'autant plus tôt que le diamètre de l'astre est faible).

> Explications

- On peut supposer que, sur les astres de petite taille, le flux thermique était **trop faible** pour entretenir longtemps une activité volcanique. Ces astres se sont refroidis plus vite que les astres de grande taille.
- En effet, sur Terre comme sur les autres planètes internes (situées avant la ceinture d'astéroïdes), le flux thermique est essentiellement dû à la chaleur libérée par la **désintégration des noyaux radioactifs**, présents en faible proportion dans les roches. On en déduit donc que plus la planète est grosse, plus la quantité totale est importante : une planète de grande taille possède donc une quantité importante de noyaux radioactifs, ce qui permet un flux thermique important, et donc un **volcanisme actif** sur une période longue.
- On peut noter enfin que la convection n'est possible que sur la Terre. Sur Vénus ou sur Mars, le volcanisme n'est présent que sous forme de points chauds, et la tectonique des plaques, manifestation en surface de la convection mantellique, n'existe pas. Ainsi, le flux thermique n'est pas suffisamment important sur Vénus et sur Mars pour permettre la mise en place de **courants de convection** dans le manteau.

Ce dernier point est encore largement débattu par les experts : selon certains modèles, la présence d'eau sur Terre pourrait être essentielle à la mise en place de la tectonique des plaques. En effet, la Terre et Vénus sont extrêmement proches en taille et en composition chimique. Sur Vénus, l'absence d'eau fait que la surface froide (par rapport à l'intérieur de la planète) forme un couvercle rigide que seuls les points chauds peuvent percer. Sur Terre, au contraire, l'eau est recyclée dans le manteau par la subduction, ce qui abaisse la viscosité de l'asthénosphère et permet sa mobilisation. De plus, la présence d'eau permet la localisation de la déformation dans la lithosphère le long de zones de faiblesse, ce qui individualise des plaques rigides et peu déformées.
Sur d'autres astres, les **forces de marées** peuvent également être à l'origine d'un flux de chaleur et se traduire par une activité volcanique et des geysers. Ainsi, les satellites de Jupiter ou de Saturne se déforment sous l'effet des forces de marées dues à leur massif voisin, ce qui est l'origine d'un flux thermique important : la surface d'Io (un satellite de Jupiter) est ainsi constellée de volcans actifs en permanence, et est donc renouvelée plus rapidement que celle de la Terre !

6 Yellowstone

> Observations tirées des documents

- **Doc. 1** : le Yellowstone fait partie d'une chaîne de volcans dont l'âge est d'autant plus important que l'on s'éloigne du volcan récent situé au nord-est (dont l'âge est de 0,6 Ma). Cette chaîne ne semble pas reliée aux **volcans de subduction** (Jefferson, Shasta…) situés bien plus loin et formant un alignement différent.

- **Doc. 2** : les deux-tiers des geysers (sources d'eau chaude) de la planète sont situés à Yellowstone, donc cette région manifeste une **intense activité géothermique**.

- **Doc. 3** : le Moho est situé en profondeur (40 à 45 km) sous Yellowstone, ce qui signifie que **la croûte est très épaisse** dans cette région.

Méthode et stratégie 2 : étant donné l'épaisseur de cette croûte, on s'attendrait à ce que le flux géothermique soit faible dans la région du Yellowstone. Et pourtant…

- **Doc. 4** : le Yellowstone est situé en bordure d'une vaste région de roches chaudes (> 300 °C) à 10 km de profondeur (application de la méthode et stratégie 1). Par contre, cette zone étant éloignée de la zone de subduction de la plaque Juan de Fuca, on peut proposer une **origine différente au flux géothermique** de Yellowstone.

> Mises en relation envisageables

- **Doc. 2 et 4** : la région du Yellowstone présente un important flux géothermique, qui se traduit par la présence de nombreux geysers et de roches proches de la surface anormalement chaudes.

- **Doc. 1, 3 et 4** : ce flux n'est pas relié à la zone de subduction de Juan de Fuca, mais à la présence d'un point chaud qui réussit à percer l'épaisse croûte continentale et qui a mis en place un alignement de volcans, lorsque la plaque nord-américaine s'est déplacée au-dessus de ce point chaud, que l'on peut considérer comme fixe (voir le cours de 1re S).

L'épaisseur très importante de lithosphère à traverser par ce point chaud a été la cause de la mise en place d'un édifice volcanique de grande dimension. La **lave différenciée**, et donc visqueuse, est à l'origine d'un magmatisme explosif, caractérisé par la mise en place de gigantesques cratères, les caldeiras.

7 Géothermie en Islande

> Observations tirées des documents

- **Doc. 1** : nombreuses zones favorables aux installations de haute énergie (points rouges). L'âge des roches augmente à mesure que l'on s'éloigne de la diagonale NE-SO.

- **Doc. 2** : l'Islande est traversée par la dorsale médio-atlantique. La plupart (mais pas tous) des volcans islandais sont situés sur cette dorsale.

- **Doc. 3** : l'analyse des isotopes du strontium - néodyme permet de comparer les différentes laves et de retrouver l'origine des laves islandaises. Sur ce document, on observe que les laves correspondant aux dorsales (et correspondant donc à une recristallisation des péridotites de l'asthénosphère sans fractionnement important, ce qui explique que le « pôle asthénosphère », qui correspondrait aux péridotites de l'asthénosphère entièrement fondues, se situe à proximité du domaine décrit par ces laves) ont un **rapport** $\frac{^{143}Nd}{^{144}Nd}$ élevé et un **rapport** $\frac{^{87}Sr}{^{86}Sr}$ **faible**. Au contraire, les laves des points chauds (panaches) ont un **rapport** $\frac{^{143}Nd}{^{144}Nd}$ **faible** et un **rapport** $\frac{^{87}Sr}{^{86}Sr}$ **élevé** : ces laves correspondent à la fusion des péridotites du manteau inférieur, qui n'ont pas la même composition chimique que celles du manteau supérieur. Les laves islandaises ont une **composition intermédiaire**, à mi-chemin de celle des laves de dorsale et des laves de point chaud. On peut donc supposer que les laves islandaises proviendraient à la fois d'une dorsale et d'un point chaud.

- **Doc. 4** : on peut suivre une zone de vitesses lentes (donc de roches chaudes) jusqu'à la couche D″ sous l'Islande, ce qui trahit la remontée d'un point chaud.

> Reprendre la méthode et stratégie 1 pour analyser correctement ce document. Dans la rédaction qui suit, les principales étapes sont reprises, mais intégrées dans le texte.

> Mises en relation envisageables

- **Doc. 1 et 2** : mise en évidence de la dorsale.
- **Doc. 2, 3 et 4** : la dorsale n'explique pas tout, l'Islande est également sur un point chaud.

> Proposition de rédaction complète

> Ce sujet propose une **contextualisation** : vous pouvez vous en servir pour rédiger votre analyse de documents. Cela n'est pas exigé, mais peut faciliter votre rédaction.

Chers actionnaires, vous savez peut-être que notre société traverse une période économique plutôt favorable, et que nous devons donc en profiter pour nous implanter dans de nouvelles régions. Dans cette optique, je pense que l'Islande présente un très fort potentiel géothermique, et ainsi constituerait une implantation très rentable.
En effet, l'Islande possède de très nombreuses régions de haute température, favorables aux **implantations géothermiques**, qui s'organisent selon une grande diagonale traversant l'île du sud-ouest au nord-est (doc. 1). Dans ces régions, on constate également que les roches magmatiques sont particulièrement jeunes (âge inférieur à 0,3 Ma), et que cet âge augmente à mesure que l'on s'éloigne de cette zone. Ceci n'est pas sans rappeler la structure d'une dorsale océanique, siège de fabrication de la lithosphère océanique, dont l'âge va augmenter à mesure que l'on s'en éloigne. L'Islande est traversée par la dorsale médio-atlantique (doc. 2), sur laquelle sont localisés la plupart des volcans islandais.

> L'Islande est quasiment le seul point du monde où la dorsale océanique affleure en surface, ce qui permet son étude approfondie. Revoir éventuellement le programme de 1re S sur le fonctionnement des dorsales.

Cependant, tous les volcans ne sont pas localisés sur la dorsale (doc. 2), ce qui pourrait indiquer une deuxième origine à l'important flux géothermique islandais. L'analyse isotopique des principales laves islandaises montre d'ailleurs (doc. 3) que celles-ci ont une composition médiane, entre celle des laves de dorsales (telle la ride des Reykjanes, proche de l'Islande) et celle des points chauds comme celui des Açores. Ainsi, les laves islandaises auraient une **origine composite**, et l'important magmatisme de l'île serait dû à la fois à la présence d'une dorsale et d'un point chaud.
On observe d'ailleurs (doc. 4) qu'une zone d'anomalies négatives de vitesse des ondes sismiques se trouve sous l'Islande (voir la méthode et stratégie 1, étape 1), ce qui indique une **zone de roches chaudes**, puisque les ondes sismiques se propagent d'autant plus vite que les roches sont froides (voir la méthode et stratégie 1, étape 2).
On peut suivre cette zone chaude jusqu'à la couche D″, or le panache lié aux dorsales n'est habituellement pas présent au-delà de 300 km de profondeur. Le panache visible ici serait donc dû à un **point chaud** (voir la méthode et stratégie 1, étapes 3 et 4).

Tous les points chauds ne se voient pas aussi loin en profondeur, mais le fait de retrouver des roches anormalement chaudes en dessous de 400 km de profondeur permet de montrer de façon quasi certaine qu'il n'y a pas qu'une dorsale. En effet, les dorsales sont liées au déchirement de la lithosphère, ce qui entraîne une remontée locale de la LVZ et donc une fusion partielle des roches du manteau supérieur (voir le cours de 1re S).

En conclusion, l'Islande présente de nombreuses régions très favorables aux installations géothermiques de haute énergie, ce qui s'explique par la position de l'île sur une dorsale et sur un point chaud. J'espère vous avoir convaincu, mais sinon... je peux également vous parler du Japon ou des Antilles, si vous êtes encore prêts à m'écouter.

POST BAC

8 La convection et la tectonique

1. Pour l'**uranium**, la concentration totale est de :
$1{,}6 \times 1{,}38 \times 10^{22} + 0{,}9 \times 1{,}9 \times 10^{21} + 0{,}02 \times 3{,}7 \times 10^{24} + 0{,}000\,01 \times 2{,}32 \times 10^{24}$
$= 9{,}78 \times 10^{22}$ ppm, soit $9{,}78 \times 10^{16}$ kg d'uranium dans l'ensemble du globe.
On en déduit que la chaleur libérée par l'uranium vaut :
$9{,}78 \times 10^{16} \times 95{,}2 = 9{,}31 \times 10^{18}$ µW, soit **9,31 TW** (1 TW (térawatt) = 10^{12} W).
– Pour le **thorium**, on trouve $4{,}55 \times 10^{17}$ kg de thorium dans le globe, soit **11,7 TW**.
– Pour le **potassium**, on trouve $3{,}51 \times 10^{21}$ kg de potassium dans le globe terrestre, soit une énergie libérée de **12,2 TW**.
– Le premier contributeur serait donc le potassium (suivi de près par le thorium), donc la **réponse c**.

2. Pour la croûte continentale, la chaleur libérée vaut :
$1{,}38 \times 10^{22} \times (1{,}6 \times 95{,}2 + 5{,}8 \times 25{,}6 + 200\,000 \times 0{,}00348) \times 10^{-6} = 1{,}38 \times 10^{19}$ µW, soit **13,8 TW**.
– Pour la croûte océanique, elle vaut **0,32 TW**.
– Pour le manteau, elle vaut **19,1 TW**.
– Pour le noyau, elle vaut **0,016 TW**.
– La principale enveloppe participant à l'élaboration du flux géothermique est donc le manteau, soit la **réponse c.**

3. Réponses b. et d. Ce modèle suppose que la convection mantellique est due à la conjonction de deux mécanismes : la remontée de matériel chaud provoquée par le réchauffement par le fond (noyau) et la précipitation de matériel refroidi en surface.

4. Réponses a. et c. Les trois modèles présentent une précipitation de matériel refroidi en surface. Pour que cette précipitation ait lieu, il faut que le refroidissement ait entraîné une hausse de la densité, ce qui a été vu pour les zones de subduction (voir le chapitre 6). Ces trois modèles permettent une dissipation d'un flux géothermique, dont l'origine varie suivant les modèles. Par contre, le modèle 1 ne donne aucun rôle au manteau en tant qu'origine du flux puisqu'on voit que seul le « fond chaud » le réchauffe, et ces modèles ne prédisent pas d'association entre panaches chauds et dorsales.

5. Réponses b., c. et d. On ne suit pas le matériel chaud de la dorsale Est - Pacifique au-delà de 300 km, il s'agit donc d'une remontée superficielle. Les panaches liés aux points chauds semblent plus profonds, de même que les précipitations de matériel froid (subduction au niveau de la fosse du Pérou).

6. Réponse c. On a vu que le manteau était le principal contributeur au flux, il doit donc apparaître dans le modèle (sous forme de « chauffage interne »). De plus, il existe visiblement des remontées de matériel chaud venu des profondeurs, mais ceux-ci sont très localisés : ils correspondent aux points chauds, et non aux vastes dorsales qui tapissent nos océans. On peut donc rejeter les modèles 1 (où le manteau n'a aucun rôle) et 2 (où l'on ne voit guère de remontée de matériel chaud profond).

Enseignement de spécialité

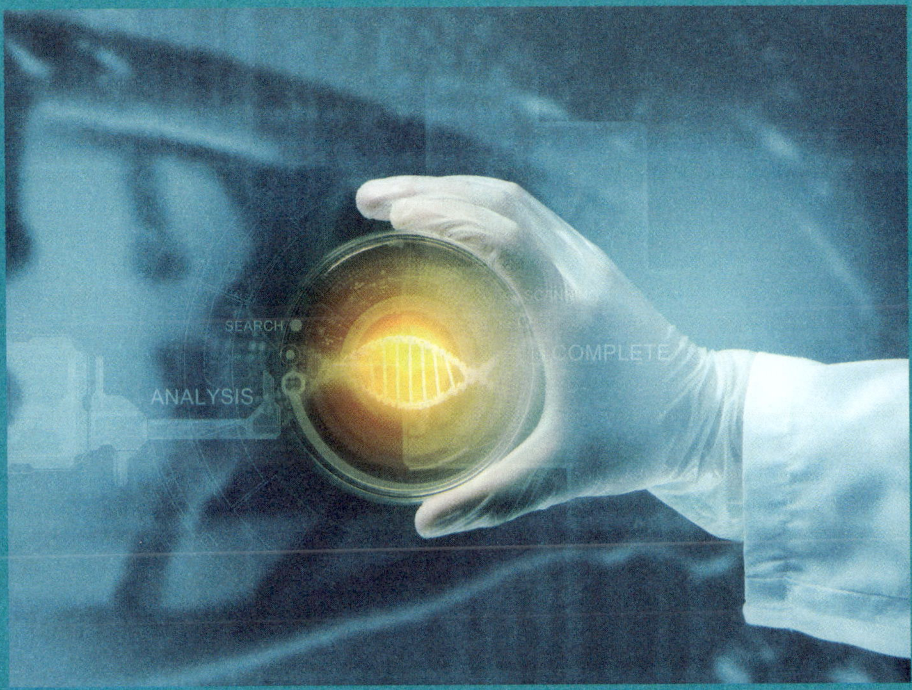

CHAPITRE 14

Énergie et cellule vivante

COURS

MÉTHODES ET STRATÉGIES

SUJETS DE TYPE BAC

SUJETS D'APPROFONDISSEMENT

CORRIGÉS

COURS

Énergie et cellule vivante

Les cellules sont des systèmes ouverts, qui échangent de la matière (nutriments, gaz, déchets) et de l'énergie (lumière, matière organique) avec le milieu extérieur. Une seule forme d'énergie est cependant utilisable par les cellules, l'ATP* (adénosine triphosphate).

I. L'ATP, monnaie énergétique universelle

- L'hydrolyse de l'ATP s'effectue selon la réaction :

$$ATP + H_2O = ADP + P \text{ (P pour phosphate)}$$

- Cette réaction libère de l'énergie et confère à l'ATP son rôle de monnaie énergétique.
- L'**hydrolyse de l'ATP** est associée à tous les travaux coûteux en énergie de la cellule : par exemple, la fibre musculaire le consomme en grande quantité lors de sa contraction.
- Mais l'ATP n'est **ni stocké ni transporté**. Chaque cellule le fabrique en permanence par la réaction inverse :

$$ADP + P = ATP + H_2O$$

- La synthèse de l'ATP utilise de l'énergie prélevée dans le milieu extérieur.

II. Production d'ATP par oxydation de la matière organique

Le **glucose** est une source d'énergie utilisable par toutes les cellules eucaryotes. Il subit la glycolyse, suivie de la fermentation ou de la respiration cellulaire, ce qui permet de fabriquer de l'ATP.

1. La glycolyse dans le cytosol des cellules eucaryotes

- La glycolyse est une suite de dix réactions chimiques dans le compartiment cytosol (également appelé hyaloplasme) au cours desquelles le glucose, à six carbones, est partiellement dégradé en deux **acides pyruviques**, composés à trois carbones.
- Le glucose est aussi oxydé, ce qui libère des électrons pris en charge par un transporteur d'électrons que l'on peut noter T.
- T, au départ oxydé, passe alors à l'état réduit TH_2.
- La dégradation partielle du glucose libère assez d'énergie pour produire deux molécules d'ATP.

* Les mots suivis d'un astérisque sont définis dans le lexique.

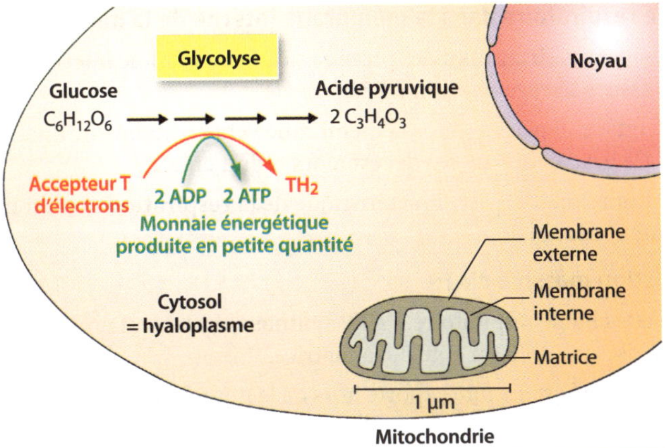

DOC. 1 Bilan de la glycolyse. Dans le cytosol, la dégradation partielle du glucose produit deux ATP.

2. La respiration dans les mitochondries des cellules eucaryotes

L'acide pyruvique rentre dans la mitochondrie : c'est un organite du cytoplasme de la grande majorité des cellules eucaryotes, y compris végétales.

a. Le cycle de Krebs

L'acide pyruvique est décarboxylé dans la matrice de la mitochondrie, en perdant 3 CO_2 pour être détruit. Les deux dernières décarboxylations appartiennent au cycle de Krebs.

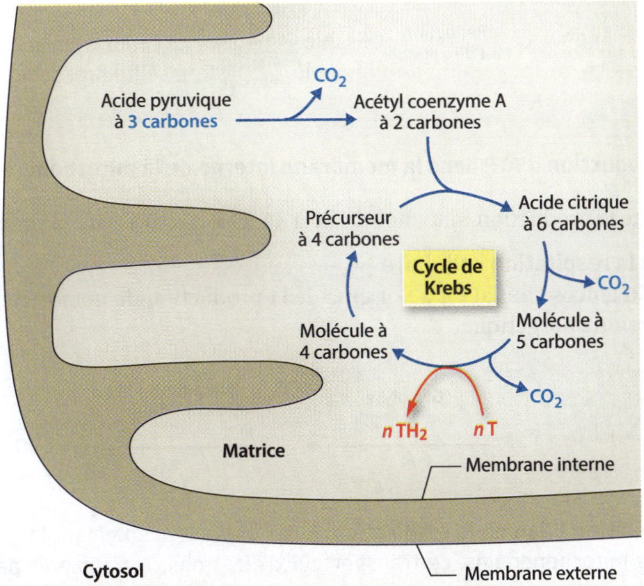

DOC. 2 Le cycle de Krebs dans la matrice. Deux décarboxylations sont associées à l'oxydation de la matière organique et à la réduction de T en TH_2. Le précurseur du cycle de Krebs est régénéré.

b. La chaîne respiratoire dans la membrane interne de la mitochondrie

- TH_2 transmet ses électrons à des protéines de la membrane interne de la mitochondrie, ce qui assure sa régénération à l'état oxydé.
- Les électrons se déplacent dans la membrane vers un accepteur final d'électrons, le **dioxygène**. Ce gaz, au départ oxydé, est alors réduit en eau.
- La consommation d'O_2 est caractéristique de la **respiration** et n'est possible qu'en **environnement aérobie***.

c. La production massive d'ATP

- Grâce à cette chaîne respiratoire, l'**ATP synthase**, également nommée sphère pédonculée, synthétise de l'ATP du côté de la matrice.
- L'ATP néoformé est ensuite exporté hors de la mitochondrie puis distribué au reste de la cellule.

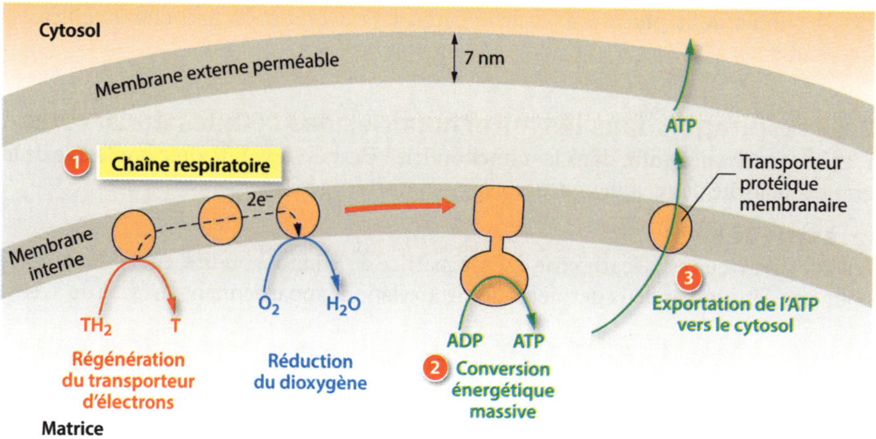

DOC. 3 Production d'ATP dans la membrane interne de la mitochondrie.

- On estime la production mitochondriale à **34 ATP** par molécule de glucose.

d. Bilan de la respiration cellulaire

L'énergie du glucose initial est à l'origine de la production de nombreux ATP : c'est une **conversion énergétique**.

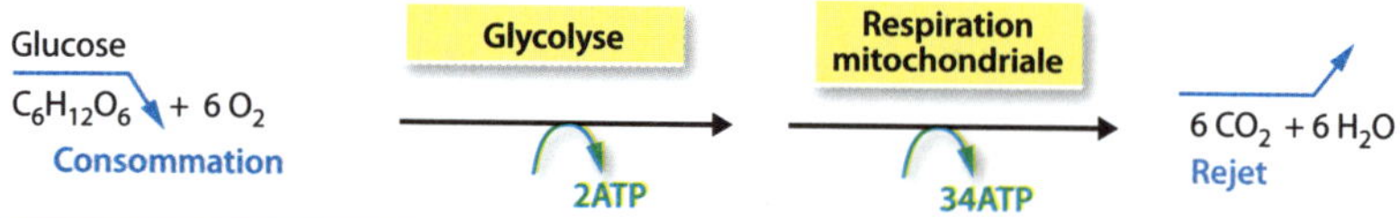

DOC. 4 Équation bilan de la respiration. Elle s'obtient en sommant la glycolyse et les étapes mitochondriales. Le transporteur d'électrons, T, n'apparaît pas dans le bilan car il est régénéré au cours du processus.

3. La fermentation dans le cytosol de certaines cellules eucaryotes

- La fermentation fait suite à la glycolyse en conditions anaérobies*.
- Elle permet de régénérer le transporteur T consommé pendant la glycolyse, sans produire d'ATP supplémentaire.

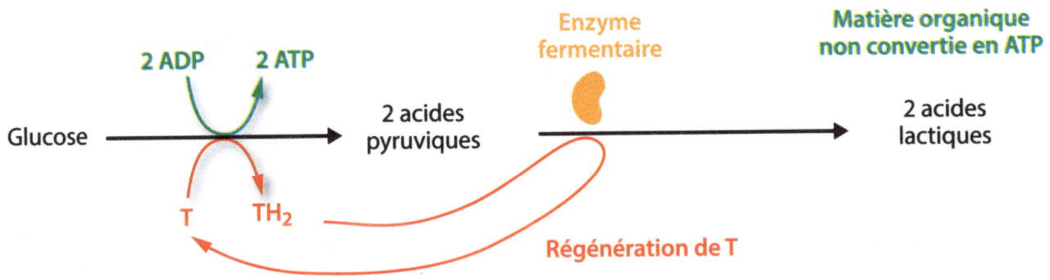

DOC. 5 La fermentation lactique. Un exemple de fermentation se déroulant en particulier dans les cellules musculaires lorsque l'approvisionnement en O_2 est insuffisant.

III. La photosynthèse des cellules chlorophylliennes

La photosynthèse se déroule dans les chloroplastes des cellules végétales chlorophylliennes des feuilles.

1. La phase photochimique

- La phase photochimique se déroule dans les thylakoïdes des chloroplastes, membranes riches en pigments et en protéines.
- L'énergie lumineuse est captée par la chlorophylle, ce qui provoque un transfert membranaire d'électrons d'un donneur initial, l'eau, alors oxydée en O_2, vers un accepteur de type T, alors réduit en TH_2.
- Ce flux d'électrons, qui circule dans la membrane thylakoïdienne, constitue la **chaîne photosynthétique**.
- Le fonctionnement de la chaîne photosynthétique stimule aussi le fonctionnement de l'ATP synthase portée par les thylakoïdes : de l'ATP est produit du côté du stroma, mais il n'est pas exporté hors du chloroplaste.
- À l'issue de la phase photochimique, l'énergie lumineuse a été convertie en ATP et TH_2.

2. La phase non photochimique

- La phase non photochimique se déroule dans le stroma des chloroplastes.
- Elle consiste en un cycle de réactions chimiques : le **cycle de Calvin**.
- Au cours de ce cycle, l'ATP et le TH_2 fabriqués précédemment sont consommés.
- Le CO_2 atmosphérique est utilisé pour produire des sucres.

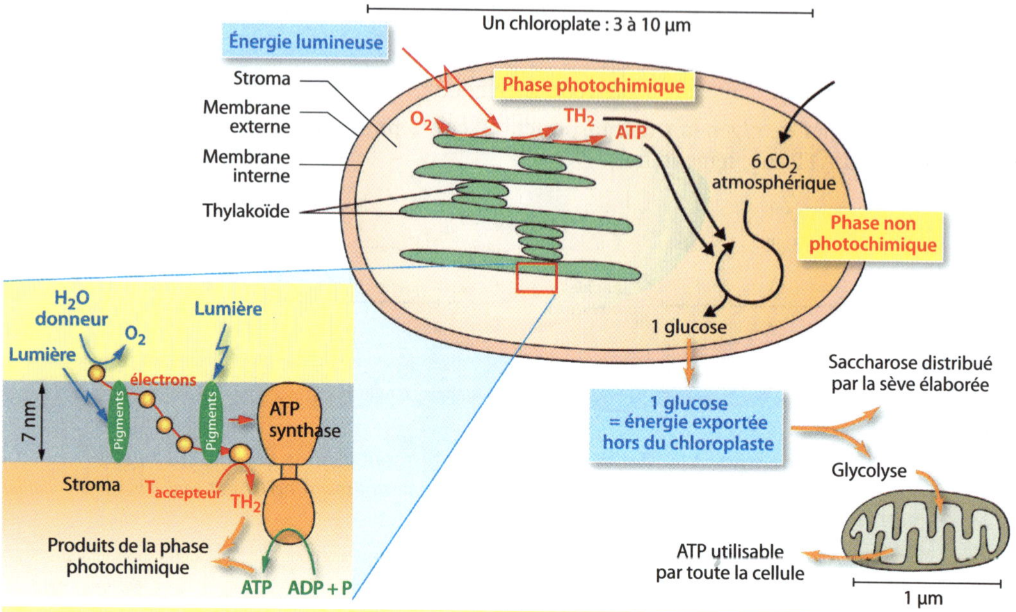

DOC. 6 La photosynthèse dans le chloroplaste. Il y a conversion de l'énergie de la lumière en ATP, puis en sucres. Ces sucres sont distribués à l'ensemble du végétal. On observe une synthèse de glucose à partir de carbone minéral : c'est de l'**autotrophie* au carbone**.

POST BAC

L'ATP synthase, un nanomoteur

> Voir le sujet 8.

– L'ATP synthase est une protéine de grosse taille, enchâssée dans la membrane des thylakoïdes et la membrane mitochondriale interne. En microscopie électronique, on peut voir qu'elle a l'aspect d'une sphère de 8 nm de diamètre portée par un court pédoncule.

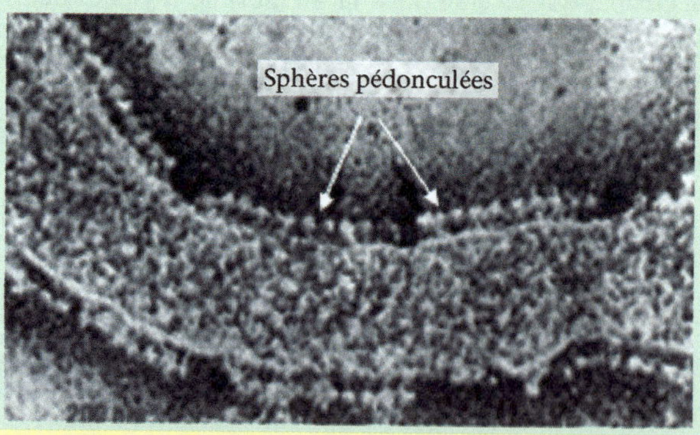

DOC. 7 Les sphères pédonculées (SP) au microscope électronique à transmission. Un saupoudrage de sels métalliques sur la préparation de membrane interne de mitochondrie permet de faire ressortir la silhouette des ATP synthases sur le fond opaque aux électrons.

- Un montage microscopique a permis de fixer un filament protéique fluorescent sur une ATP synthase. La position du filament a été repérée sur plusieurs clichés successifs : le filament décrit une rotation.
- L'ATP synthase peut être considérée comme un moteur moléculaire ; une partie de cette protéine, appelée le **rotor**, tourne dans la membrane.

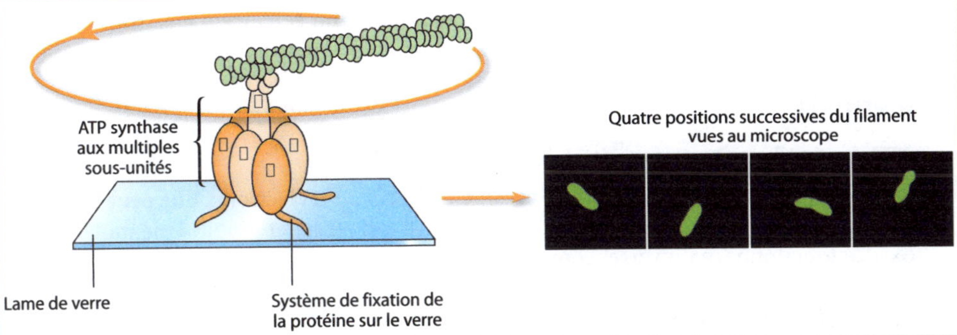

DOC. 8 Observation d'un filament d'actine fixé à une ATP synthase.

- Dans l'expérience, la rotation est déclenchée par l'hydrolyse d'ATP. *In vivo*, la rotation est provoquée par un mouvement de protons à travers la membrane. Le flux de protons se fait spontanément, du milieu le plus acide au milieu le plus basique.
- L'énergie libérée par le passage des protons entraîne la rotation puis la synthèse d'ATP : c'est un **couplage énergétique*** au sein de la protéine.

MÉTHODES ET STRATÉGIES

1 Comprendre une réaction redox

> Voir les sujets 7 et 8 mettant en œuvre cette méthode.

Une réaction redox, ou réaction d'oxydoréduction, est un échange d'électrons entre deux molécules. Elle se décompose en une réduction et une oxydation.

Méthode

> Étape 1 : identifier l'état initial des deux molécules.

- Une molécule réduite fonctionne comme un donneur d'électrons. Elle peut transmettre ses électrons à une autre molécule et ainsi quitter l'état réduit. Une molécule oxydée fonctionne, à l'inverse, comme un accepteur d'électrons.
X^- + un électron = X
Y + un électron + un proton = YH
- X^- et Y sont les formes oxydées ; X et YH sont les formes réduites. X / X^- et YH / Y sont des couples redox, que l'on note par convention Forme réduite / Forme oxydée. Les principaux couples à connaître sont TH_2 / T et H_2O / O_2.
- Pour les molécules organiques, on retiendra que les formes alcools sont les plus réduites et les formes acides les plus oxydées.

> Étape 2 : identifier la réduction et l'oxydation.

- La réduction est un gain d'électrons : elle permet le passage de la forme oxydée d'une molécule à sa forme réduite. L'oxydation est une perte d'électrons : elle permet le passage de la forme réduite à la forme oxydée d'une autre molécule. Pour les molécules organiques, l'échange d'électrons peut être complété par un échange de protons.
- Lors d'une réaction redox, il y a obligatoirement association d'une réduction et d'une oxydation.

> Étape 3 : on peut terminer par une écriture de la réaction redox selon deux conventions possibles, équation chimique ou écriture simplifiée.

a. Conventions de l'équation chimique

$$TH_2 + 1/2\ O_2 = T + H_2O$$

Réduit Oxydé Oxydé Réduit

b. Conventions de l'écriture simplifiée

Elle se represente sans coefficients stœchiométriques, avec une flèche droite pour réactif principal et une flèche courbe pour T.

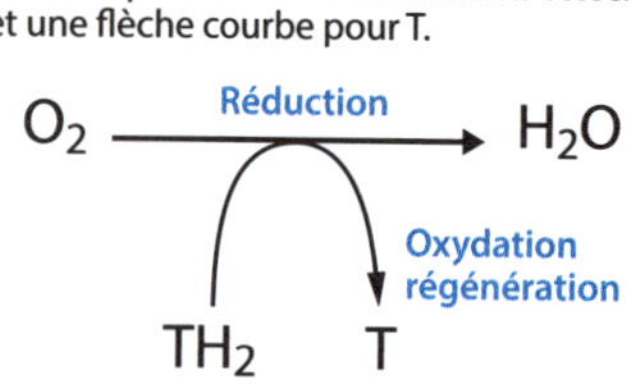

Application

Identifier les réactions redox dans le déroulement de la fermentation alcoolique, dont on rappelle ici les réactions.

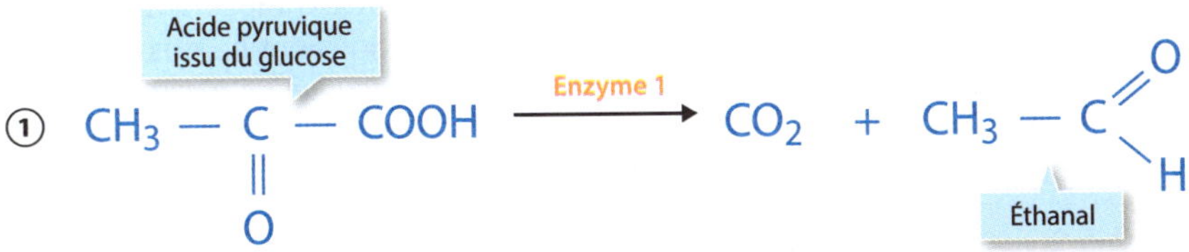

puis

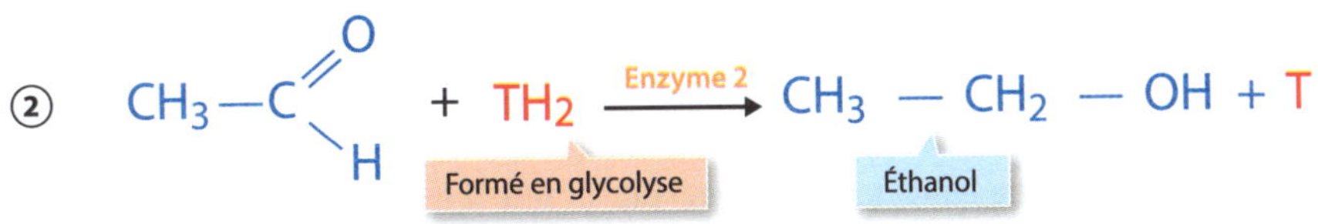

DOC. 9 La fermentation alcoolique.

> **Étape 1 :** seule la deuxième réaction met en jeu deux molécules. On reconnaît le coenzyme TH_2 au départ, sous forme réduite. L'autre réactif, l'éthanal, est plus oxydé que la forme finale, alcool.

> **Étape 2 :** TH_2 se transforme en T ; il perd deux électrons et deux protons en subissant une oxydation.

> **Étape 3 :** on écrit la réaction selon les conventions de l'écriture simplifiée.

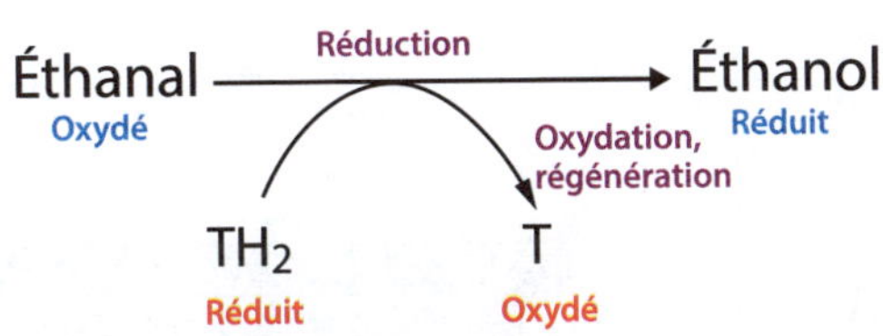

SUJETS DE TYPE BAC

1 Expérience historique d'Engelmann, 1882

15 min

Les expériences explorant le fonctionnement de la photosynthèse ont été nombreuses du XVIIe au XIXe siècle. Ces premières manipulations ont permis de définir ce mécanisme comme une production de matière organique et de dioxygène, avec consommation de lumière et de gaz carbonique. L'expérience proposée pour cet exercice de type 2.1 utilise ingénieusement les propriétés de la lumière.

> Voir la partie III du cours.

Les algues filamenteuses de type spirogyre sont composées de cellules disposées en file, entourées d'une paroi souple et ne comportant qu'un unique chloroplaste. Ce chloroplaste très grand est, de surcroît, enroulé en spirale.
Se demandant si ces algues effectuaient une photosynthèse similaire à celle des plantes terrestres, Engelmann a placé une algue filamenteuse verte et des bactéries à métabolisme aérobie sur une lame de verre, dans une goutte d'eau. Puis, il a éclairé la préparation avec une lumière blanche décomposée par un prisme.

Analyser l'expérience d'Engelmann et démontrer que l'algue filamenteuse réalise des réactions équivalentes à la phase photochimique de la photosynthèse.

DOC. Montage et observation microscopique.

La lumière blanche est décomposée en un arc-en-ciel de radiations colorées.

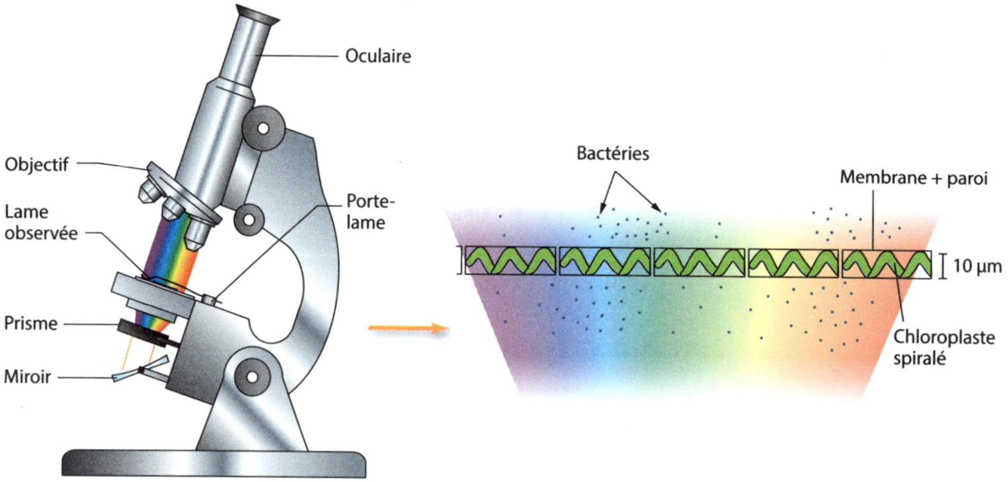

2 Le cycle de Calvin

20 min

Cet exercice de type 2.1 repose sur la confrontation entre un document de référence et des résultats expérimentaux. Le document de référence présente les réactions principales du cycle de Calvin : il est tout de même nécessaire de connaître la position et la fonction de ce cycle dans le processus de photosynthèse. Les expériences donnent l'impression d'être simples à première vue, mais leur analyse rigoureuse nécessite une certaine réflexion.

> Voir la partie III du cours.

Le cycle de Calvin (doc. 1) est une suite de réactions chimiques qui se déroulent dans le stroma des chloroplastes.

Analyser les expériences du doc. 2 et montrer en quoi celles-ci permettent d'étayer certaines réactions du cycle de Calvin (document de référence).

DOC. 1 Le cycle de Calvin. La présentation des principales réactions est simplifiée, et insiste sur le nombre de carbones et de phosphates dans les molécules organiques.

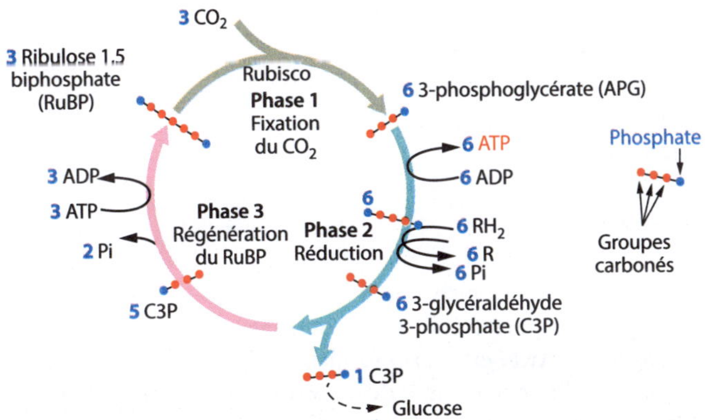

DOC. 2 Dosage de deux molécules du stroma des chloroplastes. On dose le ribulose biphosphate (RuBP) et l'acide phosphoglycérique (phosphoglycérate ou PGA) dans plusieurs conditions expérimentales.

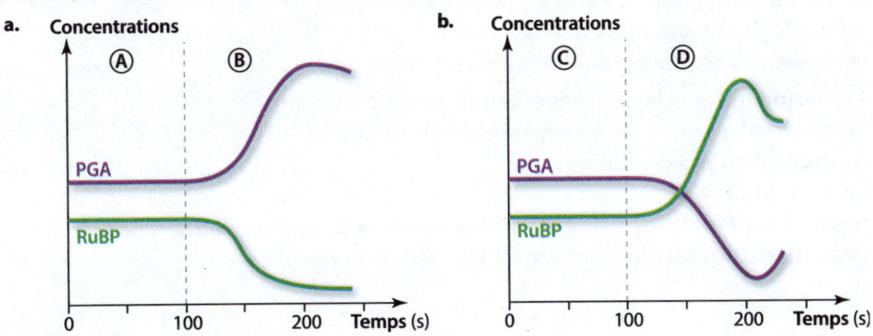

Lumière : Ⓐ Ⓒ et Ⓓ   Obscurité : Ⓑ   Présence de CO_2 : Ⓐ Ⓑ et Ⓒ   Absence de CO_2 : Ⓓ

3 Production d'ATP dans les cellules

30 min

Cet exercice balaie l'ensemble du cours et permet de vérifier la compréhension des principales étapes du métabolisme. Les questions insistent en particulier sur les notions d'oxydation et de réduction. Dans certaines réponses, observez que certains items se ressemblent l'un l'autre : étudiez avec intérêt ces phrases semblables pour identifier leurs différences et vérifier, par exemple, si elles s'excluent ou peuvent toutes être vraies.

> Voir les parties I, II et III du cours.

Répondre au QCM en cochant les bonnes réponses. Chaque item possède au moins une réponse exacte.

1. La glycolyse :
a. est une voie cytosolique d'oxydation du glucose en acide pyruvique (pyruvate)
b. produit deux moles d'ATP pour une mole de glucose réduite
c. produit deux moles d'ATP pour deux moles de glucose oxydées
d. ne se déroule pas en absence de dioxygène dans le milieu
e. consomme deux moles d'ATP pour deux moles de glucose oxydées

2. Les êtres vivants photosynthétiques eucaryotes :
a. produisent de l'ATP dans leurs mitochondries
b. ne possèdent comme organite énergétique que le chloroplaste
c. transforment le CO_2 en matière organique
d. ne libèrent pas de CO_2
e. possèdent tous de la chlorophylle

3. La mitochondrie :
a. est un organite des cellules animales exclusivement
b. a une membrane interne qui forme des crêtes mitochondriales
c. possède de l'ADN circulaire, des ARN et des ribosomes
d. possède une matrice dans laquelle se déroulent des réactions de décarboxylation
e. possède une matrice dans laquelle se déroule le cycle de Calvin

4. La membrane mitochondriale interne :
a. assure la production et la distribution d'ATP
b. contient des ATP synthases
c. est un site de capture de l'énergie lumineuse
d. est le site de la réduction du dioxygène
e. est le site de l'oxydation du dioxygène

5. Les fermentations lactique et éthanolique (alcoolique)
a. ne se déroulent que chez les organismes procaryotes
b. ne nécessitent pas de dioxygène
c. libèrent du CO_2
d. peuvent se dérouler en l'absence d'organite dans certaines cellules
e. permettent d'oxyder les composés TH_2 issus de la glycolyse

SUJETS D'APPROFONDISSEMENT

4 La photosynthèse des plantes en C4

45 min

Cet exercice de type 2.2 s'intéresse à la phase non photochimique de la photosynthèse, et confronte les données sur la photosynthèse en C3 à une variante, dite en C4. La phase non photochimique consommant du CO_2, comment fonctionne la photosynthèse quand celui-ci vient à manquer ? On s'appuiera aussi sur le fonctionnement des stomates (voir le chapitre 4).

> Voir la partie III du cours.

Les plantes en C4 poussent toutes en milieu aride et sec. La lutte contre la déshydratation est donc, pour ces organismes, une priorité.

1. D'après vos connaissances et l'analyse du doc. 1, quelle difficulté se pose pour la photosynthèse des plantes en C4 ?

2. Le tableau du doc. 2 présente quelques caractéristiques des plantes en C3 et en C4.

– Relier les lignes B et D à l'analyse du doc. 1.

– D'après vos connaissances et la ligne F du tableau, identifier la réaction catalysée par l'enzyme Rubisco.

– Relier les lignes E et F du tableau et expliquer comment la photosynthèse demeure possible pour les plantes en C4 lorsque les stomates sont fermés.

3. On pose l'hypothèse suivante : dans les plantes en C4, la phase non photochimique de la photosynthèse réalise une réaction d'assimilation du CO_2 différente de celle du cycle de Calvin.

Analyser l'expérience de Kortschak, présentée dans le doc. 3, pour valider ou invalider cette hypothèse.

DOC. 1 Taux moyens d'ouverture des stomates.

Les moyennes sont effectuées heure par heure pour les mois de mai et juin.

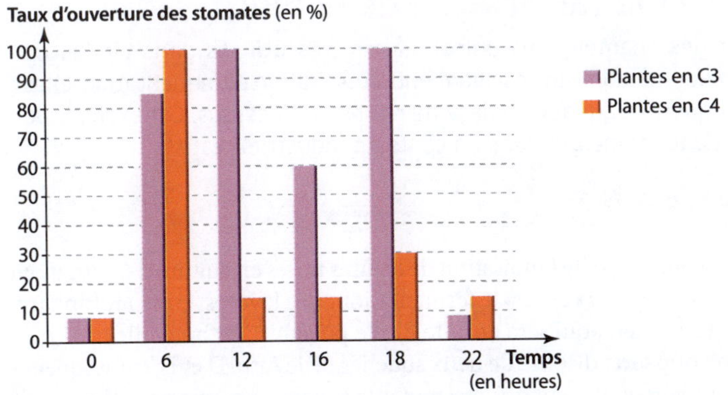

DOC. 2 Comparaison plantes « classiques » en C3 – plantes en C4.

		Plante en C3 (ex. : soja)	Plante en C4 (ex. : canne à sucre)
A	**Efficacité de l'utilisation de l'eau** (g de CO_2 incorporé/kg d'eau consommée)	1-3	10-40
B	**Pertes d'eau** (g d'eau/g de CO_2 consommé)	400-500	50-100
C	**Température optimale** (°C)	20-30	30-45
D	**Vitesse de croissance** (g/dm^2/ jour)	1	0,02
E	**Concentration minimale de CO_2 nécessaire à la photosynthèse** (ppm)	50	2
F	**Enzymes carboxylases présentes** (permettent d'intégrer le CO_2)	Rubisco	– Rubisco – PEP carboxylase

DOC. 3 Expérience de Kortschak.

L'équipe de Kortschak a suivi, en 1965, les molécules fabriquées par photosynthèse dans des feuilles de plante en C4. Pour ce faire, ils ont mis ces feuilles en présence de $^{14}CO_2$ et ont mesuré la quantité de diverses molécules. Les feuilles de plantes en C4 ainsi que des feuilles de soja servant de témoin ont été exposées pendant 15 s à du $^{14}CO_2$, puis les quantités des différentes molécules radioactives ont été mesurées.

Les résultats sont les suivants :

– dans les feuilles de soja, l'APG représentait plus de 80 % des molécules radioactives. On rappelle que l'APG (acide phosphoglycérique) est le premier produit fabriqué dans le cycle de Calvin ;

– dans les feuilles de plantes en C4, l'APG représentait moins de 24 % des molécules radioactives, et sa quantité était bien inférieure à celle des molécules à 4 carbones (malate et acide aspartique notamment).

5 Les levures et la fabrication de la bière

45 min

Les levures sont des champignons unicellulaires très utilisés dans l'industrie agroalimentaire. Leur métabolisme oscillant entre respiration et fermentation, elles constituent un support fréquent d'analyse de ces deux processus. Cet exercice de type 2.2 propose de les comparer dans un contexte industriel réaliste.

> Voir la partie II du cours.

La fabrication de la bière nécessite l'utilisation de levures mises en culture dans un moût riche en glucides, placé dans des cuves de fermentation. Les levures, en se multipliant, le transforment alors en bière, qui sera ensuite filtrée puis mise en bouteille.
Le laboratoire d'une brasserie dispose de deux souches de levure, D et E, sur lesquelles une série de tests est réalisée. Il s'agit de déterminer la souche à retenir pour le procédé de fabrication de la bière.

Responsable du laboratoire de la brasserie, vous devez présenter une analyse des résultats expérimentaux ci-après et justifier votre choix entre les deux souches.

DOC. 1 Mesure des concentrations d'O_2 et de CO_2 dans un milieu oxygéné en présence des souches D et E.

En expérimentation assistée par ordinateur (ExAO), on mesure l'évolution de la concentration en dioxygène et en dioxyde de carbone dans l'enceinte fermée d'un bioréacteur contenant l'une des deux souches, D ou E, en présence de glucose.

Quelle que soit la souche, on note une diminution de la concentration de glucose dans le bioréacteur à la fin des mesures.

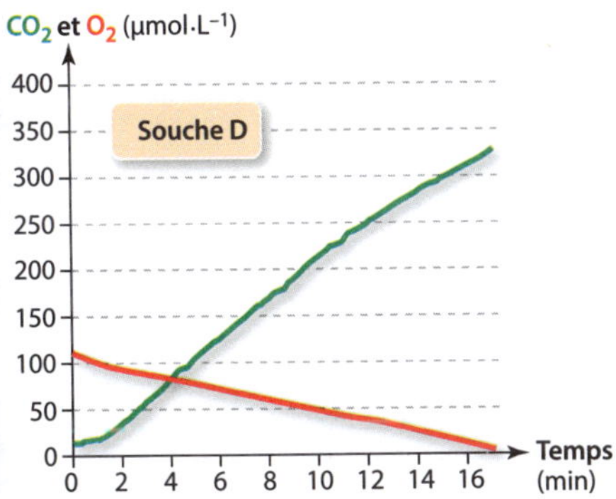

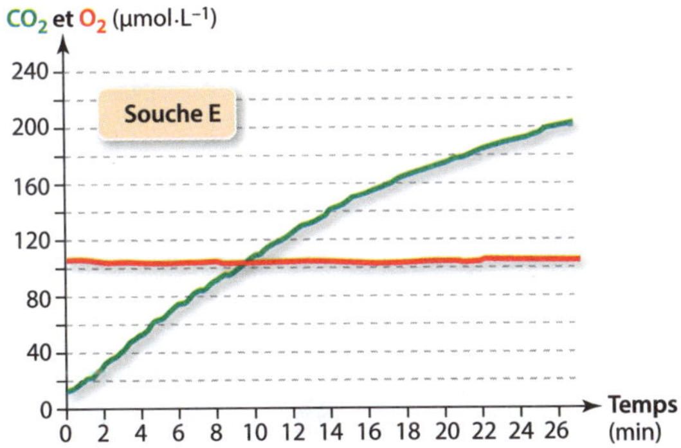

DOC. 2 Mesure de la concentration d'O_2, dans un milieu oxygéné en présence des souches D et E, après ajout d'éthanol.

En expérimentation assistée par ordinateur (ExAO), on mesure l'évolution de la concentration en dioxygène dans l'enceinte fermée d'un bioréacteur, dans lequel ont été mises les souches D ou E.

Au début de l'expérience, le milieu est dépourvu de molécule organique. Au bout de deux minutes, on ajoute de l'éthanol (substrat possible pour la respiration).

À la fin de l'expérience, on constate une diminution de la quantité d'éthanol, injectée dans le bioréacteur, uniquement en présence de la souche D.

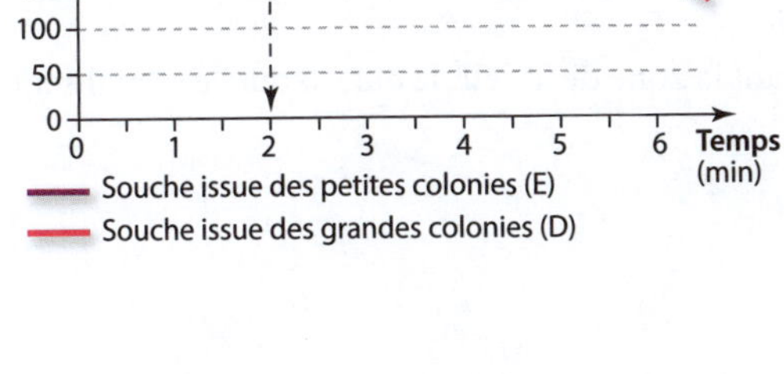

DOC. 3 Développement des deux souches de levures sur milieu gélosé.

On cultive les deux souches D et E, sur un milieu gélosé contenant peu de glucose et beaucoup d'éthanol.

Au bout de deux jours, on observe la taille des colonies obtenues suite au développement des levures.

La taille des colonies est d'autant plus importante que les cellules se sont davantage multipliées.

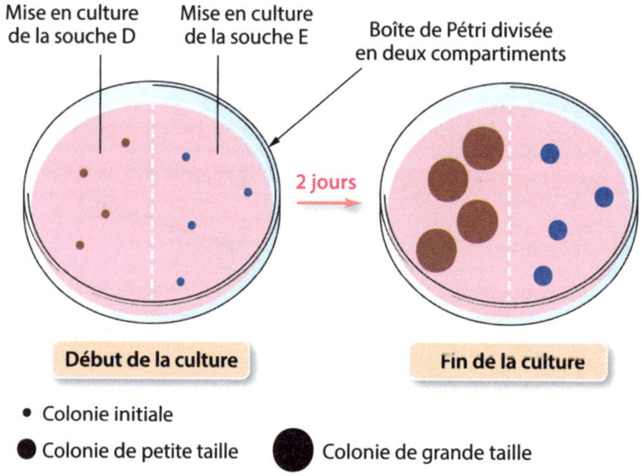

6 Le métabolisme des spermatozoïdes

60 min

Cet exercice de type 2.2 permet de relier des données classiques sur la respiration et la glycolyse à un contexte particulier, celui du spermatozoïde. Malgré sa forme originale et sa fonction de gamète, le spermatozoïde reste une cellule animale. Les documents 4 et 5 proviennent d'un sujet de concours Agro-Véto 2009. Des techniques de biologie moléculaire, qui sont au cœur de la biologie expérimentale et non uniquement réservées à la génétique, sont utilisées ici.

> Voir la partie II du cours.

Les spermatozoïdes sont des cellules mobiles qui assurent la fécondation de l'ovule. Leur déplacement s'effectue grâce aux battements du flagelle, qui consomme de l'ATP fabriqué par la cellule.
Les mitochondries des spermatozoïdes sont toutes regroupées : sont-elles capables de fournir de l'ATP à l'ensemble la cellule ?

1. Réaliser une analyse des documents 2 à 5, dans l'ordre, en dégageant les métabolismes se déroulant dans les spermatozoïdes.

2. Construire un schéma bilan montrant la zone de la cellule dans laquelle se réalisent les diverses réactions identifiées.

DOC. 1 Morphologie d'un spermatozoïde, cellule « régionalisée ».

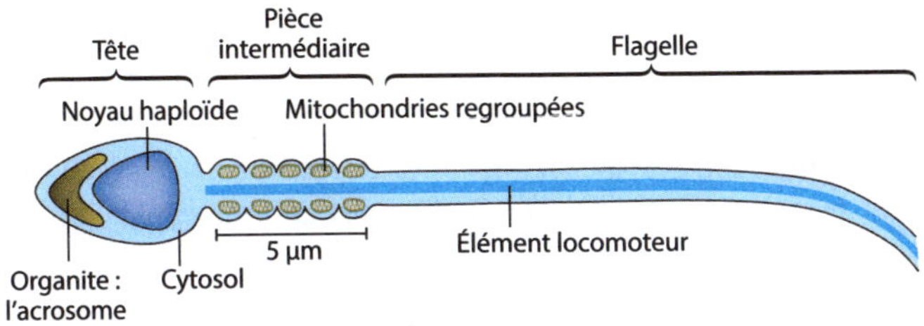

DOC. 2 Utilisation du fructose par le spermatozoïde.

Le fructose ($C_6H_{12}O_6$) est une molécule comparable au glucose. Il est présent dans le liquide séminal à un taux variant de 1,5 à 6 g.L^{-1}.

Dans le cytoplasme, il est phosphorylé par une enzyme selon la réaction :

$$\text{Fructose} + \text{ATP} \rightarrow \text{Fructose-6-Phosphate} + \text{ADP}$$

Le fructose-6P peut ensuite entrer dans la glycolyse. En effet, dans cette voie, l'une des premières molécules fabriquées à partir du glucose est du fructose-6P.

Le bilan de la glycolyse est le même que la molécule initiale, soit du glucose ou du fructose.

DOC. 3 Étude expérimentale de la mobilité des spermatozoïdes.

Des spermatozoïdes sont placés dans un milieu contenant du fructose à une concentration comparable à celle du liquide séminal, et on évalue leur mobilité dans trois conditions différentes.

Milieu 1 : apport permanent d'oxygène, pas d'apport d'ATP.

Milieu 2 : oxygène non renouvelé, pas d'apport d'ATP.

Milieu 3 : oxygène non renouvelé, addition d'ATP.

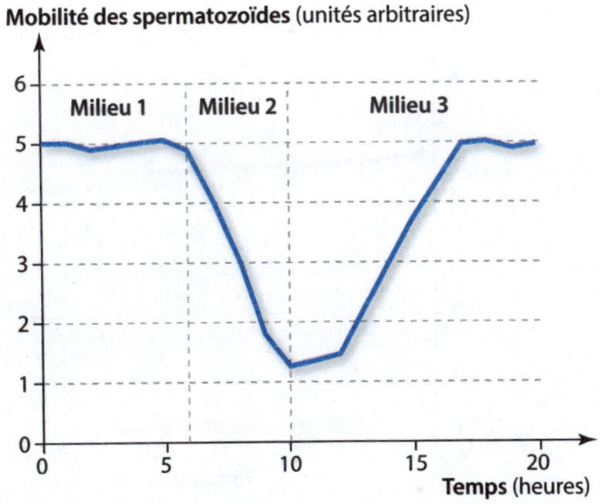

DOC. 4 Immunolocalisation de l'enzyme GAPDS.

On s'intéresse maintenant à l'enzyme GAPDS, qui catalyse la sixième réaction de la glycolyse. Afin de localiser l'enzyme, des anticorps fluorescents sont préparés spécifiquement contre la GAPDS et ajoutés à des spermatozoïdes de souris.

Cette manipulation est effectuée sur des spermatozoïdes de souris sauvage (WT) et de souris mutantes, dont le gène codant pour la GAPDS est complètement inhibé (Gapds –/–).

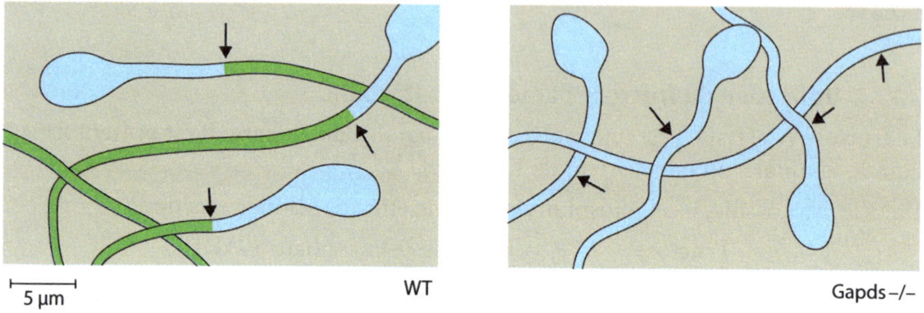

La fluorescence verte correspond à l'anticorps anti-GAPDS.
Les flèches indiquent la jonction entre la pièce intermédiaire et le flagelle du spermatozoïde.

DOC. 5 Comparaison des battements des flagelles (a) et de la concentration cytoplasmique d'ATP (b).

On compare alors deux paramètres sur les spermatozoïdes de souris sauvages et mutantes.

a. Les spermatozoïdes de souris sauvage ondulent sur toute leur longueur et avancent à une vitesse de 60 µm/s. Les spermatozoïdes de souris Gapds –/– ondulent uniquement dans la pièce intermédiaire et avancent à une vitesse maximale de 8 µm/s.

b. La concentration cytoplasmique d'ATP est mesurée pendant 4 heures de culture sur milieu riche en fructose.

a.

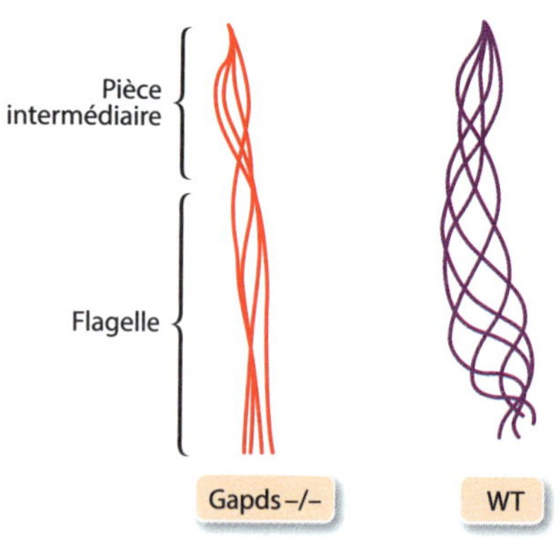

b.

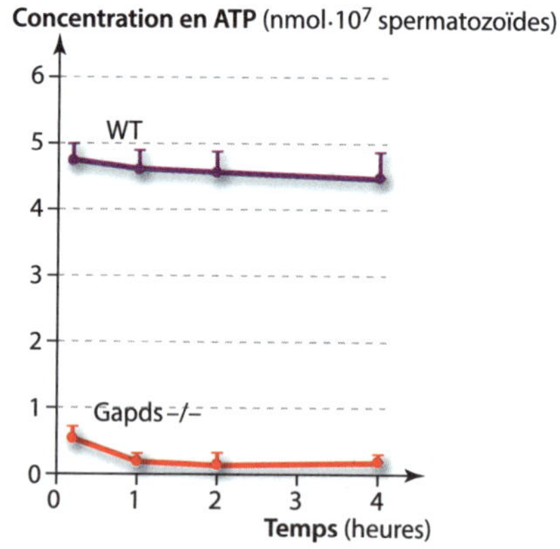

7 Les cytochromes de la mitochondrie

30 min

Les cytochromes, molécules colorées de la chaîne respiratoire, oscillent bien sûr entre l'état réduit, quand ils sont en charge des électrons transportés, et l'état oxydé. Cet exercice nécessite une bonne compréhension des notions d'oxydation et de réduction et mettra votre sens logique à l'épreuve.

> Voir la méthode et stratégie 1.

En 1925, David Keilin utilise un spectrophotomètre simple pour étudier les pigments animaux et conclut que les tissus animaux possèdent trois molécules absorbant la lumière, qu'il nomme cytochromes a, b et c. D'autres expériences montrent que les cytochromes appartiennent à la chaîne respiratoire de la membrane mitochondriale interne.

À partir de l'analyse du doc. 2 :

1. Étudier les résultats A et B et relier les observations à l'état redox des cytochromes.
2. En observant les résultats C, D et E, situer les cytochromes les uns par rapport aux autres dans la chaîne respiratoire. La réponse peut être complétée par un schéma.

DOC. 1 Document de référence – Expérience historique de Keilin.

Le spectrophotomètre fait passer une lumière très intense à travers l'échantillon de tissu animal étudié puis à travers un prisme. Si les molécules de l'échantillon absorbent la lumière à des longueurs d'onde particulières, des bandes sombres interrompent les couleurs de l'arc-en-ciel. Keilin a mis en évidence que tous les tissus animaux présentent le spectre d'absorption suivant :

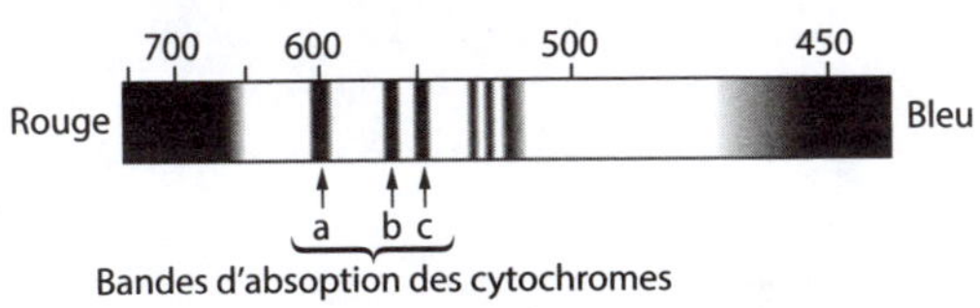

L'expérience est reconduite en diverses conditions.

DOC. 2 Spectre d'absorption des cytochromes en diverses conditions.

A - Tissu animal en conditions aérobies

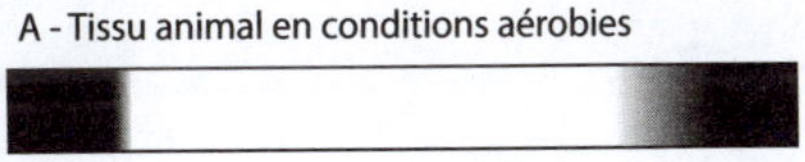

C - Tissu animal en conditions aérobies, en présence de cyanure (poison respiratoire)

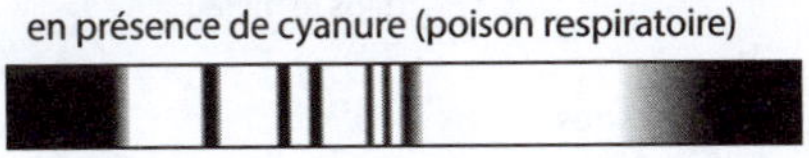

B - Tissu animal en conditions anaérobies

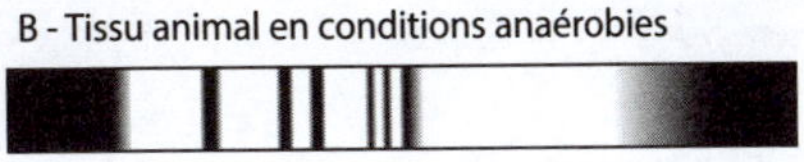

D - Tissu animal en conditions aérobies, en présence d'uréthane (poison respiratoire)

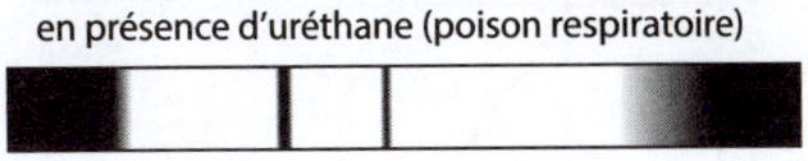

E - Cytochrome c isolé en présence de dioxygène

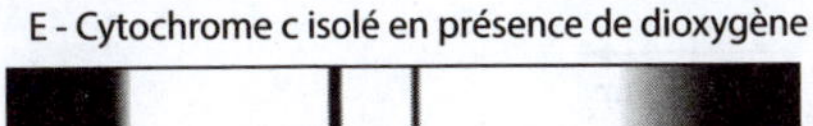

POST BAC

8 L'effet pH dans les mitochondries

30 min

Cet exercice explore un point intéressant du fonctionnement des ATP synthases : elles sont actionnées par un flux de protons qui entraîne la production d'ATP. Ce mécanisme, étudié ici sur la mitochondrie, est en tout point semblable à ce qui se produit sur les thylakoïdes des chloroplastes. Le document de référence permet de rappeler le contexte, mais sa compréhension nécessite de connaître les grandes étapes du processus de respiration cellulaire.

> Voir la méthode et stratégie 1.

Première expérience

Une suspension de mitochondries est une préparation de mitochondries *in vitro*, sortie du contexte cellulaire, dans laquelle on contrôle la composition du milieu. On la place dans un milieu aérobie clos, qui contient une quantité non renouvelable de dioxygène, avec de l'ADP et du phosphate, mais pas d'ATP. On mesure alors la quantité de dioxygène et le pH du milieu, avant et après l'ajout d'une molécule réduite type TH_2.

DOC. 1 Mesure du pH (a) et de la consommation d'O_2 (b).

On rappelle qu'un pH bas correspond à un milieu concentré en protons, et un pH élevé à un milieu pauvre en protons.

a.

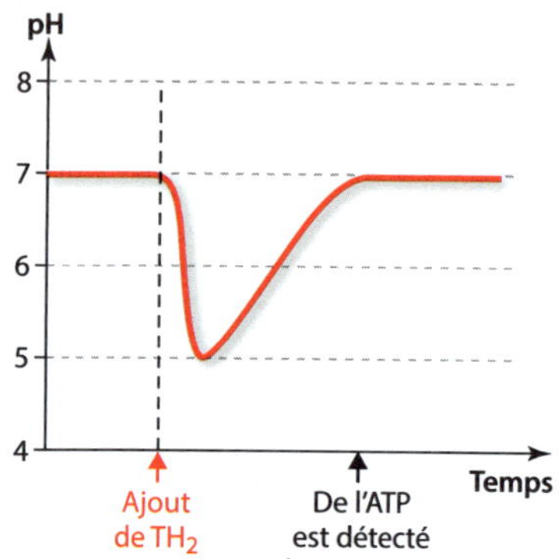

b.

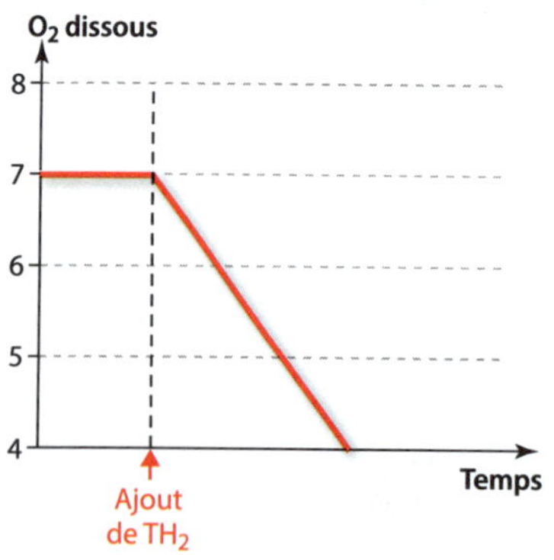

DOC. 2 Document de référence – Conversion énergétique dans la membrane mitochondriale interne.

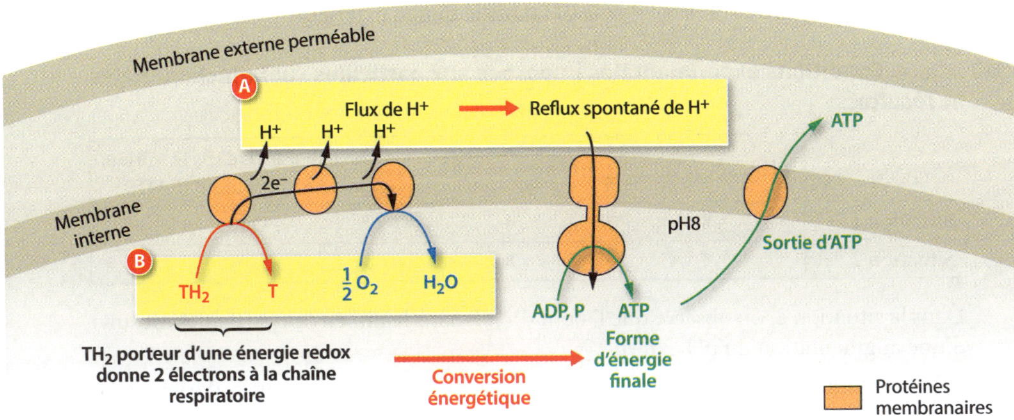

1. Confronter le doc. 1a et l'encadré A du doc. 2 pour interpréter le résultat expérimental. Confronter de même le doc. 1b et l'encadré B pour interpréter le résultat expérimental.

2. On constate, en fin d'expérience, que le milieu est dépourvu de TH_2 sous forme réduite. Proposer une hypothèse pour expliquer cette observation.

Deuxième expérience

On construit à présent des particules submitochondriales : ce sont des fragments de membrane interne de mitochondrie qui se ferment sur eux-mêmes en petites vésicules. Au microscope, on observe que la plupart des particules submitochondriales (dites « inside-out ») sont hérissées de sphères pédonculées.

DOC. 3 Particules submitochondriales inside-out (a) et montage (b).

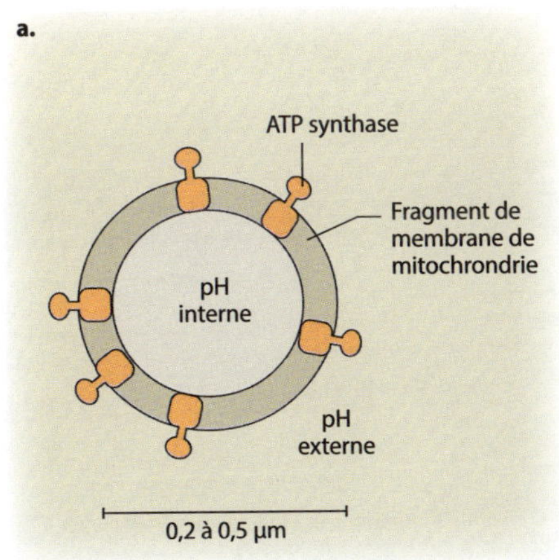

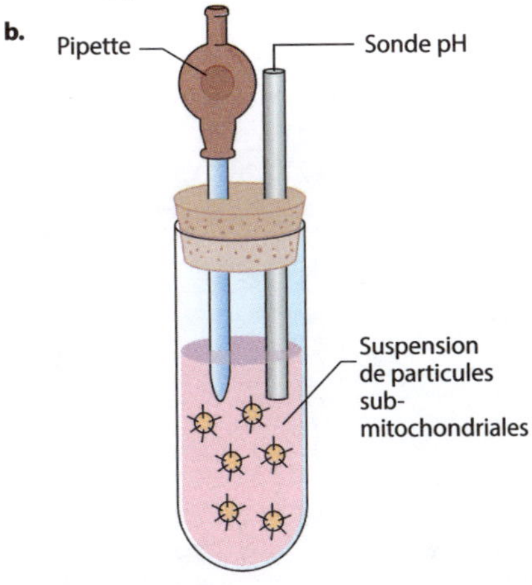

Troisième expérience

On peut mettre une solution différente à l'intérieur et à l'extérieur des particules et mesurer la concentration d'ATP et le pH dans le milieu extérieur.

DOC. 4 Conditions expérimentales imposées aux particules submitochondriales et résultats.

	pH externe initial	pH interne initial	Présence d'ATP dans le milieu externe après ajout d'ADP
Situation 1	8	4	Oui
Situation 2	4	8	Non

Dans la situation 2, on observe que l'ajout d'ATP dans le milieu des particules est suivi d'une augmentation du pH externe.

3. Pour chaque situation, réaliser un schéma sur lequel seront reportés l'orientation de l'ATP synthase et le sens du mouvement spontané des protons. Identifier les fonctionnalités de l'ATP synthase ainsi mises en évidence.

CORRIGÉS

1 Expérience historique d'Engelmann, 1882

- **Observation** : les bactéries accompagnant l'algue présentent une **répartition hétérogène**, se concentrant essentiellement dans les domaines éclairés par la lumière bleue et la lumière rouge.
- **Interprétation** : ces bactéries possèdent un métabolisme aérobie, d'après l'énoncé, et recherchent le dioxygène dans leur milieu. Leur répartition n'est pas influencée par la lumière (comportement non photosynthétique), mais probablement par la **présence de dioxygène**. Or, si les algues effectuent la photosynthèse, elles dégagent du dioxygène. La position des bactéries permet alors d'identifier les **portions de l'algue libérant ce gaz** : les cellules algales sous lumière bleue et sous lumière rouge.
- **Conclusion** : l'algue filamenteuse est capable d'utiliser la lumière bleue et la lumière rouge pour, en particulier, produire du dioxygène. La capture de la lumière associée à la production de dioxygène est un événement qui se déroule au début de la phase photochimique. L'algue filamenteuse effectue au moins un début de photosynthèse équivalent à celui des plantes terrestres.

La chlorophylle, à l'origine de la teinte verte de l'algue de l'expérience d'Engelmann et de l'ensemble des plantes terrestres, apparaît en vert car elle reflète les radiations vertes de la lumière blanche, mais absorbe le rouge et le bleu (voir le cours de sciences physiques, 1re S). Ce comportement lui permet d'utiliser l'énergie de certaines radiations lumineuses seulement.

2 Le cycle de Calvin

- Les étapes vérifiables du document de référence sont les étapes consommatrices de CO_2 et des produits de la phase photochimique, dont la présence **dépend de la lumière**.
- En conditions expérimentales D, en absence de CO_2 et en présence de lumière, le RuBP s'accumule et le PGA disparaît. Or, le document de référence montre que le CO_2 est fixé sur le précurseur RuBP lors de la phase 1 du cycle. **Le précurseur ne peut donc être transformé en l'absence de CO_2**. Par contre, les réactions suivantes, qui transforment le PGA en sucres utiles, ne nécessitent pas de CO_2 et ont bien lieu.
- En conditions expérimentales B, à l'obscurité et en présence de CO_2, le PGA s'accumule et le RuBP est consommé. Or, le document de référence montre que la transformation du PGA utilise de l'ATP et des composés réduits RH_2 lors des phases 2 et 3 du cycle. Ces deux substances sont les **produits de la phase claire**.
- Le cycle de Calvin n'utilise pas directement la lumière, mais les produits de la phase claire sont indispensables. L'accumulation de PGA traduit le non-fonctionnement de la phase 2, et la non-régénération du RuBP traduit le non-fonctionnement de la phase 3.

Un **cycle** est une organisation réactionnelle intéressante car il y a **régénération du précurseur**. La première molécule n'est pas à synthétiser en entier, mais simplement à retrouver. De plus, les étapes enchaînées se contrôlent les unes les autres : si une réaction ralentit, un produit est moins présent, et les réactions suivantes ralentissent à leur tour.

3 Production d'ATP dans les cellules

1. Seule la **réponse a.** est correcte : la glycolyse est une voie cytosolique d'oxydation du glucose en pyruvate. C'est une bonne définition de la glycolyse. La réponse b. est fausse, le glucose est oxydé et non réduit. Le bilan stœchiométrique de la glycolyse donne 2 ATP pour un glucose oxydé, les réponses c. et e. sont donc incorrectes. Enfin, la glycolyse est un métabolisme anaérobie, la réponse d. est donc fausse. Seule la chaîne respiratoire est dépendante de la présence de ce gaz.

2. Les êtres vivants photosynthétiques eucaryotes produisent de l'ATP dans leurs mitochondries, (les cellules chlorophylliennes possèdent des mitochondries), et possèdent tous de la chlorophylle, les **réponses a. et e.** sont correctes. La **réponse c.** est également vraie (c'est la fixation du CO_2 pendant le cycle de Calvin). Ces êtres vivants possèdent des mitochondries, la réponse b. est donc fausse, et libèrent du CO_2 puisque l'on peut mesurer des échanges respiratoires la nuit (réponse d. fausse). Le jour, la respiration et ses échanges gazeux sont masqués par la photosynthèse.

3. La mitochondrie a une membrane interne qui forme des crêtes mitochondriales (**réponse b.**), possède de l'ADN circulaire, des ARN et des ribosomes (**réponse c.**), ce sont des vestiges de son origine procaryote, et possède une matrice dans laquelle se déroulent des réactions de décarboxylation (**réponse d.**). Le cycle de Krebs, en particulier, permet le décrochage de CO_2 de la matière organique. Les réponses a. et e. sont fausses : les cellules végétales possèdent aussi des mitochondries, quant au cycle de Calvin, il se déroule dans le stroma des chloroplastes. C'est le cycle de Krebs qui se déroule dans la matrice mitochondriale.

Remarquez que les carboxylations sont associées à une *consommation* des molécules réduites TH_2, alors que les décarboxylations sont associées à une *production* de molécules réduites TH_2.

4. La membrane mitochondriale interne contient des ATP synthases (**réponse b.** vraie) assurant la production d'ATP : elle contient aussi des transporteurs protéiques permettant la distribution d'ATP au reste de la cellule (**réponse a.** vraie). Dépourvue de pigments, elle est incapable de capter l'énergie lumineuse (**réponse c.** fausse) contrairement aux thylakoïdes. Elle est le site de la réduction du dioxygène (**réponse d.**, c'est l'étape finale de la chaîne respiratoire). La réponse e. est fausse : l'oxygène est réduit en H_2O.

Le dioxygène dans son état initial est oxydé ; par gain d'électrons et de protons, il peut être réduit en eau : le couple H_2O/O_2 est incontournable dans les réactions cellulaires.

5. Les fermentations lactique et éthanolique ne nécessitent pas de dioxygène (**réponse b.**) : ce sont des métabolismes anaérobies. Elles peuvent se dérouler en l'absence d'organite dans certaines cellules et permettent d'oxyder les composés TH_2 issus de la glycolyse (**réponses d. et e.** correctes). En revanche, elles ne se déroulent pas que chez les organismes procaryotes (réponse a.) car, par exemple, les levures fermentent et sont des eucaryotes eumycètes. La fermentation alcoolique libère du CO_2, mais ce n'est pas le cas de la fermentation lactique : la réponse c. ne peut être considérée comme correcte.

4 La photosynthèse des plantes en C4

1. On observe un rythme d'ouverture des stomates différent pour les plantes en C3 et les plantes en C4 :
- les stomates des plantes en C3 sont ouverts toute la journée, puis fermés la nuit. On peut observer une légère fermeture aux heures chaudes de la journée ;
- les stomates des plantes en C4 ne sont ouverts qu'en début de matinée.

Comme les stomates sont le site de la transpiration foliaire, la fermeture en journée semble être une réponse aux conditions desséchantes.

Chez les C4, la photosynthèse, consommatrice de lumière et se déroulant forcément de jour, se réalise donc stomates fermés, **sans renouvellement du CO_2 intrafoliaire**. Or, le CO_2 est un gaz indispensable à la phase non photochimique de la photosynthèse : c'est le réactif de la première réaction du cycle de Calvin. Cette étape semble compromise.

2.

- La ligne B du tableau indique que les pertes en eau des plantes en C4 sont très inférieures à celles des plantes en C3. Même si les plantes en C4 vivent dans un milieu aride, elles réussissent à conserver leur eau. On peut rapprocher cette propriété du fait qu'elles limitent l'ouverture de leurs stomates pendant la journée. La ligne D du tableau signale que la croissance d'une plante en C4 est plus lente que celle d'une plante en C3. Or, la croissance se fait grâce à la matière organique produite par photosynthèse. On s'attend à une photosynthèse moins efficace chez les plantes en C4 à cause des stomates fermés : la croissance lente semble être une conséquence d'une **photosynthèse ralentie** par manque de CO_2.
- La ligne F du tableau indique que les plantes en C3 et en C4 contiennent une enzyme carboxylase nommée Rubisco. Or la carboxylation, ou fixation du CO_2, est la première réaction du cycle de Calvin : la Rubisco semble être la **première enzyme du cycle**.

Le fait qu'il n'existe qu'une étape de carboxylation dans la photosynthèse permet de relier le nom de l'enzyme au travail catalytique connu.

- La ligne F nous indique aussi que les plantes en C4 possèdent une deuxième carboxylase. La ligne E indique que ces plantes peuvent réaliser la photosynthèse avec une très faible quantité de CO_2. On en déduit que la deuxième carboxylase est **plus sensible au gaz CO_2** que la Rubisco.

La photosynthèse des plantes en C4 est capable de fonctionner stomates fermés parce qu'il existe des mécanismes complétant la phase non photochimique classique.

3. L'expérience propose un marquage bref au carbone radioactif, ce qui permet de marquer les molécules organiques nouvellement synthétisées. On observe une production majoritaire d'APG dans les plantes en C3 : c'est le premier produit du cycle de Calvin. On observe une production majoritaire de molécules à 4 carbones dans les plantes en C4. On peut relier la présence de ces composés à la présence de l'enzyme PEP carboxylase : le CO_2 est utilisé préférentiellement pour produire des molécules à 4 carbones. La présence d'APG radioactif suggère que le cycle de Calvin fonctionne aussi. Nous pouvons **valider l'hypothèse** : dans les plantes en C4, la phase non photochimique de la photosynthèse réalise une réaction d'assimilation du CO_2 différente de celle du cycle de Calvin. Ce cycle se déroule néanmoins aussi dans ces plantes.

5 Les levures et la fabrication de la bière

La première étape de résolution est l'analyse des expériences, ce qui permettra de produire une analyse des résultats expérimentaux. L'ordre des documents peut, ici, être conservé.

- **Doc. 1.** Dans une enceinte fermée, où la quantité de réactifs est limitée au départ, on note :
  - la **diminution du taux de glucose au cours du temps** pour les deux souches : le glucose est ici le substrat énergétique ;
  - la **consommation de dioxygène** et la **production de CO_2** par la souche D ;
  - la **production de CO_2 sans consommation d'O_2** pour la souche E.

  Ces échanges gazeux permettent d'identifier les métabolismes en jeu : la souche D respire (consommation d'O_2) alors que la souche E réalise un métabolisme anaérobie. Nous cherchons des levures capables de fermenter. La souche E semble être un bon candidat.

- **Doc. 2.** La deuxième expérience permet de retrouver la consommation d'oxygène par les levures D, qui respirent, alors que les levures E ne tirent pas partie des conditions aérobies. La présence d'éthanol déclenche la consommation d'O_2 pour la souche D : cette molécule organique est donc un **substrat possible pour la respiration** des levures D.

On peut ici être surpris par le choix de l'éthanol comme apport organique : il faut considérer que toute molécule organique est convertible en glucose, ou en intermédiaire de la glycolyse.

- **Doc. 3.** La troisième expérience montre des cultures de levures sur gélose. En deux jours, avec éthanol, les levures D montrent des colonies de plus grande taille que les levures E. On en déduit qu'elles se sont davantage multipliées : leur métabolisme assure une bonne utilisation de l'**énergie potentielle de l'éthanol**. L'éthanol semble moins bien employé par les levures de la souche E.

Un bilan doit permettre de répondre à la problématique, ici il s'agit du choix des levures à utiliser en brasserie.

- Pour obtenir de la bière, la fermentation alcoolique est le métabolisme recherché pour transformer le glucose des grains d'orge en éthanol. L'éthanol peut s'accumuler et ne doit pas être consommé. Seule la souche E assure une **production de CO_2 sans consommation d'éthanol** : nous retiendrons la souche E pour la fabrication de la bière.

6 Le métabolisme des spermatozoïdes

1. Analyse des documents dans l'ordre de l'énoncé.

> Documents 2 et 3

- Le **doc. 2** permet d'identifier le substrat énergétique organique du spermatozoïde : *in vivo*, il dispose de fructose.
Le fructose est incorporé à la glycolyse et transformé, dans le cytosol, en acide pyruvique, avec un bénéfice de 2 ATP.
La **glycolyse** est donc un **métabolisme possible** pour le spermatozoïde.

- Le graphique du **doc. 3** étudie la motilité des spermatozoïdes : celle-ci est le reflet de la présence d'ATP dans la cellule.
Seul un milieu riche en ATP permet au spermatozoïde de se déplacer.
Les spermatozoïdes sont mobiles dans le milieu 3, riche en ATP, et dans le milieu 1, riche en oxygène. Ils sont donc capables d'utiliser l'ATP externe ou de produire de l'ATP en présence d'O_2.
Le métabolisme mis en évidence est donc la **respiration**.

> Documents 4 et 5

- **Doc. 4** : l'enzyme GAPDS est localisée par fluorescence dans le flagelle des spermatozoïdes sauvages. La glycolyse reposant sur cette enzyme se déroule **dans le flagelle** du spermatozoïde sauvage. Elle semble impossible chez le mutant.

- **Doc. 5a** : le flagelle des spermatozoïdes mutants est immobile. Seule la pièce intermédiaire bouge, ce qui conduit à une vitesse faible.
Le flagelle des spermatozoïdes sauvages ondule, et on mesure une vitesse élevée.
La mauvaise propulsion des mutants est une conséquence de l'absence de l'enzyme GAPDS, donc de l'absence de glycolyse. Ce métabolisme semble **indispensable pour la motilité de ces cellules**.

- **Doc. 5b** : en 4 heures, le taux d'ATP des spermatozoïdes sauvages est élevé et quasi constant, tandis qu'il est faible à nul dans les spermatozoïdes mutants. La quantité d'ATP demeure stable lorsque la production et la consommation se compensent.
Dans les spermatozoïdes sauvages, le mouvement est consommateur d'ATP. On déduit du taux élevé d'ATP un processus de production efficace.
Dans les cellules mutantes, l'ATP est peu produit et semble intégralement consommé pour le mouvement.
Or, seule la glycolyse est défectueuse dans les cellules mutantes : la glycolyse apparaît comme le **métabolisme majoritaire** à l'origine d'une quantité importante d'ATP.

Pour préparer le schéma bilan, il faut dresser la liste de toutes les certitudes acquises au cours de l'analyse : il y a respiration (doc. 3) et glycolyse (doc. 4 et 5), la glycolyse se déroule dans le flagelle (doc. 4) alors que la respiration ne peut se tenir que dans les mitochondries, donc dans la pièce intermédiaire.

2. Schéma bilan.

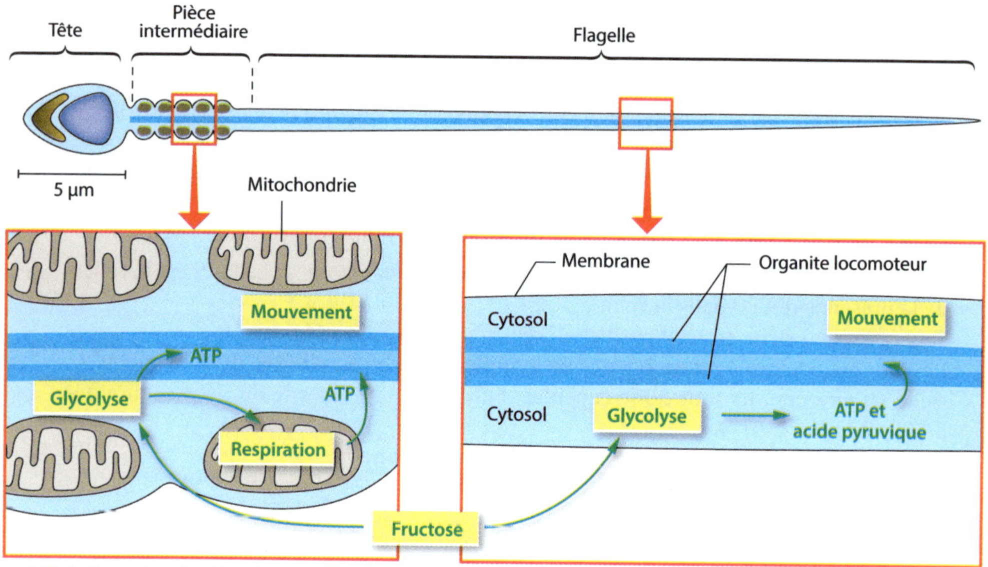

Le métabolisme régionalisé du spermatozoïde

7 Les cytochromes de la mitochondrie

Le premier document est un document de référence qui permet de reconnaître, tout au long de l'exercice, les trois cytochromes par la position de la bande caractéristique.

1. En comparant les spectres A et B, on constate que la présence d'oxygène a un effet sur les bandes d'absorption : elles sont visibles uniquement en absence d'O_2. La disparition des bandes ne peut pas correspondre à une disparition des cytochromes (une protéine, quelle qu'elle soit, ne peut pas « quitter » le milieu expérimental et, sans traitement fort, ne peut pas être dégradée). Par contre, il peut y avoir un **changement d'état** de ces cytochromes.

L'énoncé nous apprend que les cytochromes sont des intermédiaires de la chaîne respiratoire mitochondriale. Ainsi, en présence de TH_2 (que l'on suppose présent dans le tissu animal) et en l'absence d'oxygène, les demi-équations redox qui ont lieu dans la chaîne sont :

$$TH_2 = T + 2 \text{ électrons} + 2H^+$$

$$\text{Intermédiaire oxydé de la chaîne} + 2 \text{ électrons} + 2H^+ = \text{Intermédiaire réduit}$$

En présence de dioxygène cette réaction a lieu et est suivie de :

$$\text{Intermédiaire réduit} = \text{Intermédiaire oxydé} + 2 \text{ électrons} + 2H^+$$

$$\tfrac{1}{2}\, O_2 + 2 \text{ électrons} + 2H^+ = H_2O$$

Au final, les intermédiaires de la chaîne respiratoire, dont les cytochromes, sont coincés à l'état réduit en absence de dioxygène (condition B) et passent à l'état oxydé en présence de ce gaz (condition A).
On peut en déduire que **les bandes du spectre A correspondent uniquement aux cytochromes réduits**.

2. Le spectre E ne montre que le cytochrome c. En présence d'O_2, la bande visible traduit son état réduit. Ainsi, le cytochrome c est incapable de fournir les électrons qu'il transporte directement à O_2 : il n'est pas en bout de chaîne.
Le spectre D montre la bande caractéristique du cytochrome b. D'après le document de référence, le cytochrome b est réduit.
Les cytochromes a et c sont invisibles sur le spectre. D'après le raisonnement de la question 1, ils sont oxydés.

Hormis dans le spectre E, on part d'un tissu animal dans lequel les mitochondries contiennent obligatoirement les trois cytochromes.

Ainsi, on en déduit que les électrons sont transmis de a et c vers O_2, mais que b ne peut participer au flux électronique. L'uréthane, poison respiratoire, bloque la chaîne respiratoire au niveau du cytochrome b.
L'ordre est alors : b – c – a.
Le spectre C n'apporte aucune information nouvelle, mais place l'action du cyanure après le fonctionnement des trois cytochromes.

La position des cytochromes dessinée dans le bilan tient compte de données supplémentaires qui placent les cytochromes a et b au sein des complexes membranaires, ce que l'on ne peut pas deviner d'après cette seule expérience. Un schéma avec les trois cytochromes dessinés tous trois de façon identique est tout à fait acceptable.

Place des cytochromes dans la chaîne respiratoire

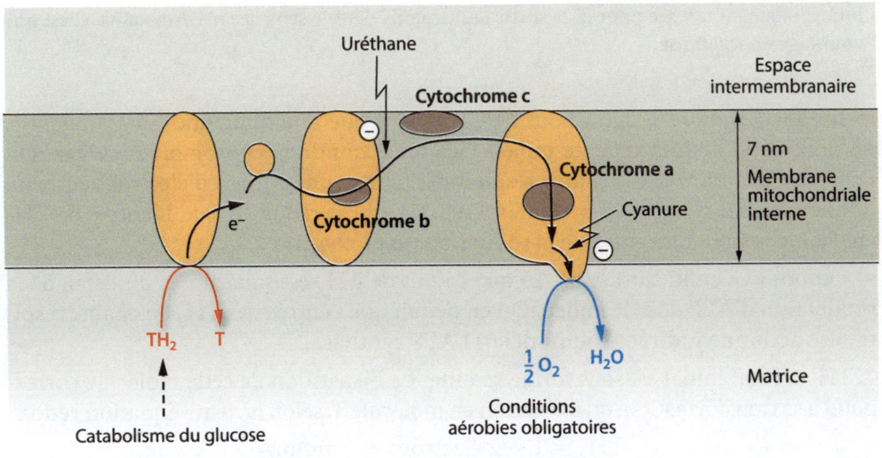

POST BAC

8 L'effet pH dans les mitochondries

Le document de référence rappelle le cadre spatio-temporel de la chaîne respiratoire et présente les réactions intermédiaires. Parmi celles-ci, la consommation de TH_2, la consommation d'O_2, la production d'ATP et les mouvements de protons correspondent aux paramètres mesurés. Le pH mesure en effet la concentration en protons.

1.

- Le **doc. 1a** montre que, lorsque l'on fournit des molécules TH_2 à une suspension de mitochondries, le pH du milieu varie : il diminue puis remonte à sa valeur initiale. Or, le pH renseigne sur la concentration en protons. Une baisse du pH traduit une augmentation de la concentration en protons, alors qu'une hausse de pH signale une diminution de la concentration en protons. Ainsi, l'ajout de TH_2 provoque d'abord une augmentation, puis une diminution de la concentration en protons du milieu entourant les mitochondries. L'encadré A du document de référence rappelle que la mise en route de la chaîne respiratoire par les molécules TH_2 entraîne, en plus d'un transfert membranaire d'électrons, une sortie de protons hors de la mitochondrie. L'enregistrement de la baisse de pH correspond à ce flux sortant de protons.

Toute molécule se déplace spontanément du milieu où elle est la plus concentrée vers le milieu où elle est la moins concentrée. L'équilibre peut être atteint lorsque les concentrations s'égalisent entre les deux milieux.

Puis, on observe dans l'encadré A, que les protons reviennent dans la matrice mitochondriale. Ce retour se fait dans le sens des pH croissants et il est spontané. L'enregistrement de la hausse de pH correspond à ce reflux. L'entrée de TH_2 en chaîne respiratoire provoque donc **un flux puis un reflux de protons**.

Le fonctionnement de la chaîne respiratoire est spontané et dégage de l'énergie qui est immédiatement utilisée pour faire sortir des protons dans le sens des pH croissants. C'est un **couplage énergétique**.

- Le **doc. 1b** montre que l'ajout de TH_2 provoque une diminution de la quantité de dioxygène dissout dans le milieu : les mitochondries consomment ce gaz. Or, l'encadré B montre que la chaîne respiratoire permet un transfert d'électrons entre un donneur initial, TH_2, et un accepteur final, O_2, qui se réduit en eau. L'entrée de TH_2 en chaîne respiratoire entraîne la **réduction du dioxygène**.
- On observe enfin sur le **doc. 1a** que l'ajout de TH_2 est suivi, après un délai, de la production d'ATP dans le milieu. On en déduit que l'entrée des TH_2 en chaîne respiratoire **actionne indirectement (délai) l'ATP synthase**.

2. TH_2 à l'état initial est sous forme réduite. La disparition de cette molécule correspond à sa transformation, ou oxydation en molécule T, selon la **demi-équation redox** :

$$TH_2 = T + 2 \text{ électrons} + 2 \text{ protons}$$

3.

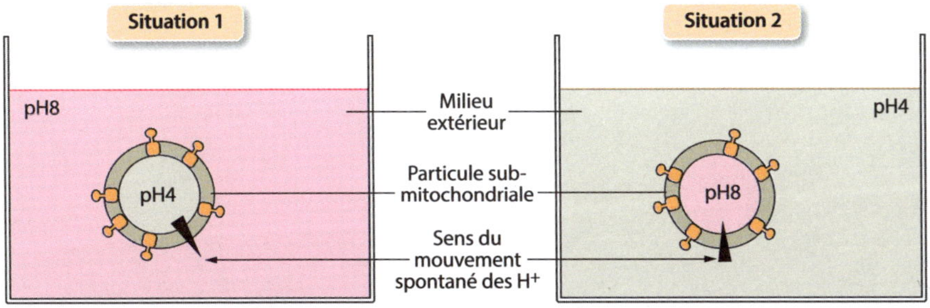

Le flux de H^+ est orienté par rapport aux ATP synthases, comme dans la mitochondrie

- La synthèse d'ATP dans la **situation 1** indique que l'ATP synthase a fonctionné. Le sens du mouvement de protons, seule différence entre les situations 1 et 2, conditionne le fonctionnement de l'ATP synthase : quand les protons se déplacent du pédoncule vers la sphère de l'ATP synthase, alors l'ATP synthase est capable de produire de l'ATP. Nous assistons à un couplage énergétique : **le mouvement spontané des protons dégage de l'énergie qui entraîne la synthèse d'ATP**.
- Dans la **situation 2**, l'ajout d'ATP entraîne un changement de pH, ce que l'on interprète par un mouvement de protons : l'augmentation du pH externe traduit une sortie des protons. Or, la différence de pH indique que **ce mouvement de protons n'est pas spontané**. Il est donc provoqué par un apport d'énergie. On peut supposer que l'énergie de l'ATP est utilisée ici pour déplacer des protons.

In vitro, l'ATP synthase est capable de produire de l'ATP (situation 1) ou de consommer de l'ATP (situation 2) ; un flux de protons dans le sens spontané ou dans le sens entraîné est couplé.

CHAPITRE 15

Atmosphère, hydrosphère, climats : du passé à l'avenir

COURS

Atmosphère, hydrosphère, climats : du passé à l'avenir

Le climat décrit les caractéristiques de l'atmosphère dans une région donnée, à un moment donné. Atmosphère et hydrosphère sont en interaction permanente. Les mouvements (vents, courants océaniques) agitant ces deux enveloppes fluides influencent le climat et redistribuent l'énergie solaire, reçue de manière inégale par la surface de la Terre du fait de sa forme sphérique.

I. Histoire ancienne de l'atmosphère terrestre

1. Une histoire racontée par les roches sédimentaires

- Les roches sédimentaires permettent de retracer les variations climatiques les plus importantes, et donc l'évolution du climat pendant le dernier milliard d'années. Au-delà, la rareté des échantillons rend les reconstitutions plus difficiles.
- Les études montrent que la Terre a connu des climats très différents de la période actuelle. Si actuellement le climat est globalement plus froid que la moyenne, des conditions bien plus froides ont existé au Carbonifère. De même, le climat était plus chaud au Crétacé (> + 3 °C par rapport à l'actuel).
- Ces climats trouvent leur origine dans une composition différente de l'atmosphère. Celle-ci était plus riche en CO_2 au Crétacé qu'au Carbonifère, l'effet de serre (d'où la température) y était donc plus important.

2. De l'atmosphère primitive à l'atmosphère actuelle

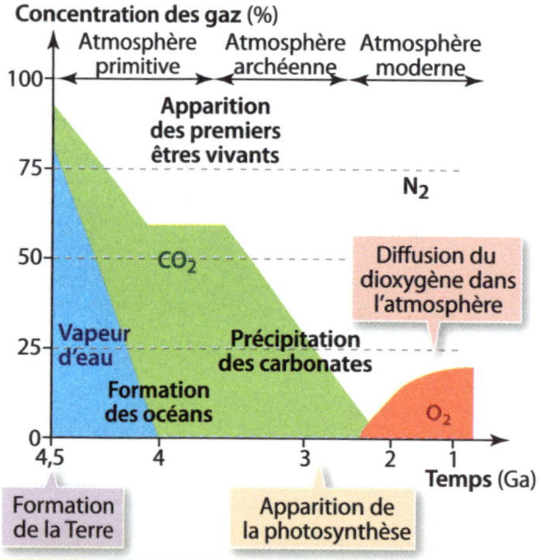

DOC. 1 Évolution de l'atmosphère terrestre.

- L'atmosphère initiale, reconstituée par l'étude des météorites et des gaz volcaniques, était essentiellement composée de H_2O, de CO_2 et de SO_2 et a rapidement évolué.
- Le refroidissement de la Terre a permis la précipitation de la vapeur d'eau dans les 150 premiers millions d'années. Ces nouveaux océans ont à leur tour capté une partie du CO_2 atmosphérique, soit sous forme dissoute, soit en permettant la précipitation des roches carbonatées*, ce qui a amplifié le refroidissement.
- À partir de – 3,5 Ga, et surtout de – 2,2 Ga, la diminution du CO_2 et l'augmentation de l'O_2 sont dues à la Vie, et notamment au développement de la photosynthèse des cyanobactéries*, dont on retrouve des traces fossiles dans des formations géologiques appelées « stromatolites* ».

* Les mots suivis d'un astérisque sont définis dans le lexique.

II. Histoire récente et future de l'atmosphère terrestre

1. Les indices exploitables

- Les **bulles d'air** contenues dans les glaces permettent d'étudier la composition de l'air durant les 800 000 dernières années, dont la présence de polluants d'origine humaine. On peut en déduire l'effet de serre, et donc les températures qui régnaient à ces époques. Ces analyses sont confirmées par l'étude de la **composition isotopique** des glaces.

- Pendant les périodes froides, les glaces qui se forment contiennent de l'eau anormalement pauvre en ^{18}O et ^{2}H (deutérium). En effet, durant ces périodes, ces isotopes lourds s'évaporent plus difficilement, et sont donc moins présents dans les précipitations (eau, neige). L'analyse des rapports $^{18}O/^{16}O$ et $^{2}H/^{1}H$ permettent ainsi de reconstituer la température d'une période donnée, et donc le climat.
On compare alors ce rapport à une référence, le rapport isotopique mesuré dans les océans au XXe siècle, pour obtenir un δ. Ainsi :

$$\delta^{18}O = \left(\frac{(^{18}O/^{16}O)_{\text{mesuré}} - (^{18}O/^{16}O)_{\text{référence}}}{(^{18}O/^{16}O)_{\text{référence}}} \right) \times 1\,000$$

exprimé en pour mille ‰

(voir la méthode et stratégie 1)

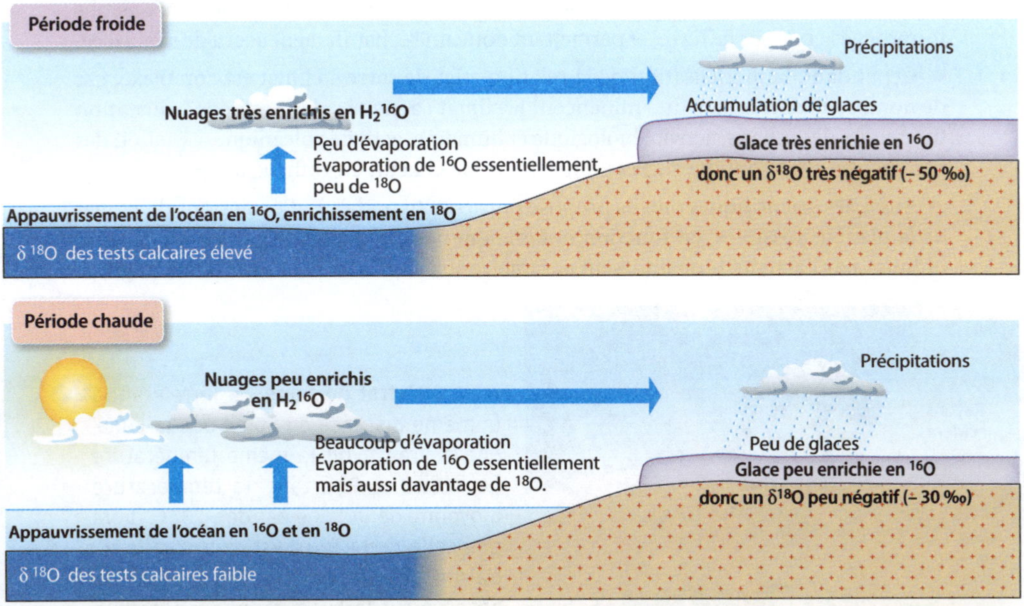

DOC. 2 Lien entre composition isotopique des glaces et température. La glace formée en période froide a un $\delta^{18}O$ plus faible qu'en période chaude. Les sédiments profonds, dont la composition (les animaux benthiques utilisant les atomes de l'eau à leur disposition) dépend du $\delta^{18}O$ des océans formés lors d'une telle période, seront relativement plus riches en $H_2{}^{18}O$ (donc un $\delta^{18}O$ élevé, du fait de l'accumulation de glaces pauvres en eau $H_2{}^{18}O$) en période froide.

- Le climat local peut également être reconstitué par l'analyse des **fossiles de la faune et de la flore** locales. Connaissant les préférences climatiques de chaque espèce, on peut reconstituer le climat en se basant sur leur fréquence de représentation dans les registres fossiles. Ainsi, le pollen représente un matériel de choix, car il est très résistant et varie de façon importante d'une espèce végétale à l'autre, ce qui permet une identification aisée.

- Ces analyses reposent sur le **principe d'actualisme** : on suppose que les préférences climatiques des espèces fossiles sont les mêmes que celles des espèces actuelles proches (principe proposé par Lyell en 1830). Ce principe est très souvent applicable, mais peut conduire à des erreurs pour les époques anciennes qui n'ont pas forcément d'équivalents actuels : les espèces ont eu le temps d'évoluer, et certaines espèces vivant actuellement dans des régions froides peuvent être issues d'espèces de régions plus chaudes.

2. Les facteurs influençant le climat

- Les analyses des fossiles et des glaces montrent que le climat a beaucoup changé, même au cours des périodes récentes. Au cours du Quaternaire, notre planète a connu de nombreuses périodes glaciaires. La dernière, le Würm, s'est achevée il y a 10 000 ans.

- En reconstituant l'évolution de la composition de l'atmosphère, on observe que les variations des températures correspondent aux variations de la concentration de l'atmosphère en gaz à effet de serre. Ainsi, l'**effet de serre** serait le principal facteur influençant le climat. Celui-ci est déterminé notamment par la composition atmosphérique : certains gaz, tels la vapeur d'eau, le CO_2 ou le méthane, sont opaques aux rayons infrarouges émis par la Terre, et permettent donc un réchauffement accru de sa surface.

- Cependant, la modélisation de la relation effet de serre - climat est complexe, car de nombreux autres facteurs influencent le climat : activité solaire, albédo*, dilatation thermique des océans, activité biologique et humaine, activité volcanique, variation des paramètres astronomiques..., et l'importance de chacun est difficile à estimer.

- Aussi, les scientifiques ont-ils proposé plusieurs hypothèses d'évolutions du climat de la planète possibles, en fonction notamment des émissions de gaz à effet de serre induites par l'activité humaine, seul paramètre sur lequel on peut directement agir.

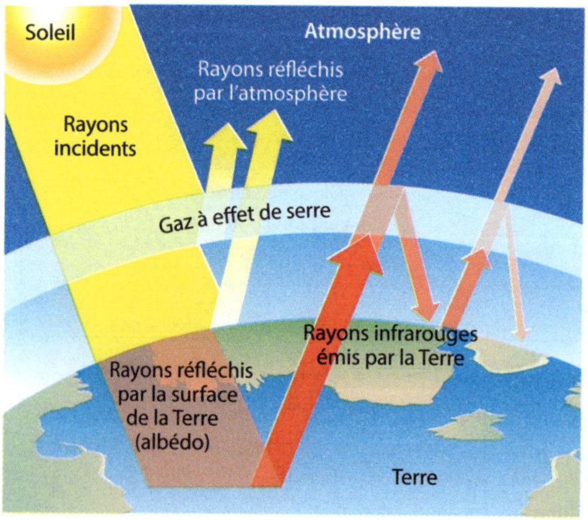

DOC. 3 L'effet de serre. La Terre étant à la même distance du Soleil que la Lune, elle devrait avoir la même température que celle-ci. Pourtant, la température moyenne de la Lune est de – 23 °C, alors que celle de la Terre est d'environ 15 °C. L'atmosphère, présente sur la Terre et absente sur la Lune, a donc tendance à réchauffer notre planète, en empêchant les radiations émises par la Terre de s'échapper immédiatement dans l'espace : c'est l'« effet de serre ».

POST BAC

La Terre « boule de neige »

> Voir le sujet 7.

- La découverte de sédiments d'origine apparemment glaciaire dans des couches datées de – 650 Ma alors que le lieu de découverte se trouvait à des latitudes tropicales semble indiquer que, à cette époque, la Terre était entièrement recouverte de glace. D'où l'idée d'une Terre « boule de neige ».
- Cet épisode pourrait avoir été déclenché par l'éruption d'un supervolcan, une diminution de la concentration atmosphérique de gaz à effet de serre, des variations de l'activité solaire ou des perturbations des paramètres astronomiques. Une fois amorcé, le refroidissement aurait entraîné une augmentation de la couverture de glaces, laquelle aurait augmenté l'albédo terrestre et amplifié le refroidissement. L'englacement global de la Terre aurait résulté de cet auto-emballement.
- D'autres découvertes (précipitations d'oxydes de fer sous forme de « fers rubanés » dans les océans de l'époque, rapport $^{13}C/^{12}C$ étrange, couches sédimentaires de l'époque recouvertes par des calcaires atypiques, etc.), semblent appuyer cette interprétation, et c'est pourquoi cette époque est dénommée « Cryogénien » (de – 850 à – 635 Ma).

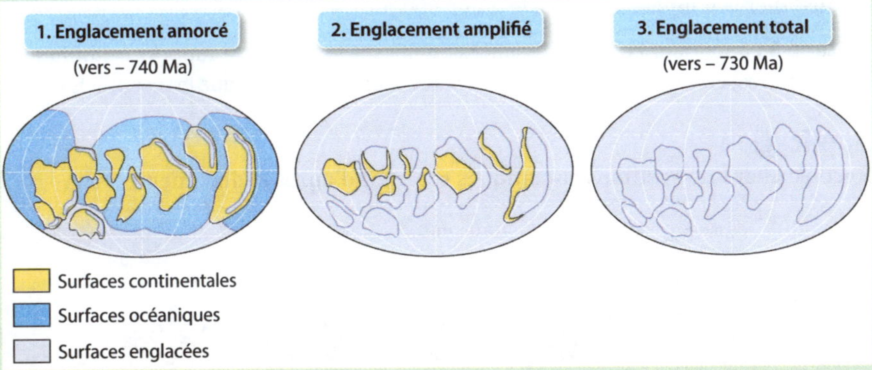

DOC. 4 La Terre « boule de neige ». Simulation de l'extension des calottes polaires au cours du Cryogénien, selon le scénario retenu par Hoffmann, auteur de la théorie de la Terre « boule de neige ».

- Le réchauffement qui aurait permis la sortie de cette crise pourrait être dû à d'importantes accumulations de CO_2, émis par l'activité volcanique durant les millions d'années qu'a duré la glaciation. Le CO_2 ne pouvant plus être stocké dans les océans, il se serait alors accumulé dans l'atmosphère. Ceci aurait amorcé la fonte des glaces, et une diminution de l'albédo : en s'emballant (l'atmosphère étant ainsi très riche en CO_2), ce mécanisme aurait provoqué la quasi-disparition des glaces en quelques milliers d'années.
- Si les écosystèmes profonds semblent avoir été peu affectés par cette crise, les formes de vie régnant plus en surface ont dû être profondément touchées. La sortie de gel, en fin du Cryogénien, correspond en effet à un épisode majeur de radiation évolutive : c'est l'explosion cambrienne, précédée de l'Édiacarien, qui a vu l'apparition rapide des différents embranchements de métazoaires actuels.

MÉTHODES ET STRATÉGIES

1 Reconstituer les variations de température grâce aux rapports isotopiques

> Voir les sujets 1, 3, 4, 5 et 6 mettant en œuvre cette méthode.

On ne s'intéressera ici qu'à deux rapports isotopiques couramment utilisés pour reconstituer les températures : le $\delta^{18}O$ et le δD (deutérium).

Méthode

> **Étape 1 :** déterminer si ces rapports ont été mesurés dans la glace ou, pour le $\delta^{18}O$, dans les sédiments carbonatés benthiques (foraminifères). En effet, les $\delta^{18}O$ des sédiments et de la glace varient dans des sens opposés (ils sont anticorrélés).

> **Étape 2 :** rappeler que l'eau (H_2O) peut être formée d'isotopes lourds ou légers de l'oxygène et de l'hydrogène, indiquer la variation de l'évaporation de ces isotopes selon la température et la façon dont l'évolution des rapports isotopiques permet de reconstituer la température globale d'une époque.

> **Étape 3 :** appliquer ces connaissances en faisant le lien entre rapport isotopique et températures, en repérant les périodes froides et chaudes, ainsi que les éventuels cycles.

Application

Reconstituer les variations climatiques récentes d'après le document.

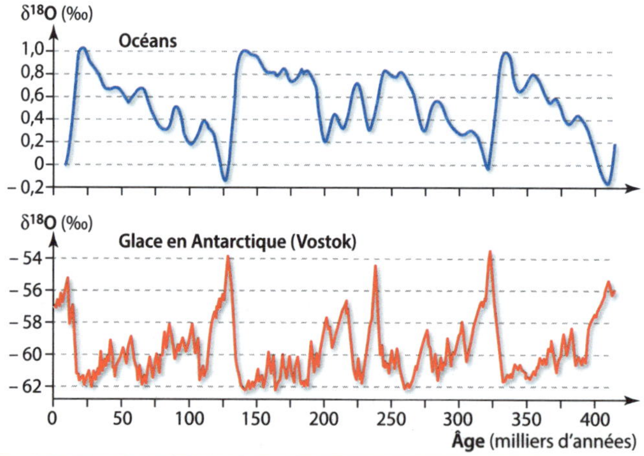

DOC. 5 Variations du $\delta^{18}O$ des océans (d'après les tests de foraminifères benthiques) et des glaces (Vostok, Antarctique), au cours des 400 derniers milliers d'années.

> **Étape 1 :** il s'agit du $\delta^{18}O$ à la fois des sédiments océaniques et des glaces.

> **Étape 2 :** par définition,

$$\delta^{18}O = \frac{{}^{18}O/{}^{16}O_{\text{échantillon}} - {}^{18}O/{}^{16}O_{\text{océan actuel}}}{{}^{18}O/{}^{16}O_{\text{oéan actuel}}} \times 1\,000$$

- Or, l'^{18}O s'évapore toujours plus difficilement que l'^{16}O donc, quelle que soit la période considérée, le rapport $^{18}O/^{16}O$ de la glace sera plus faible que celui de l'océan actuel, et le $\delta^{18}O$ de la glace sera négatif. En période chaude, il sera plus élevé (moins négatif) qu'en période froide.
- Pour le $\delta^{18}O$ des carbonates, la situation est différente. Actuellement, nous sommes dans une phase interglaciaire, donc relativement chaude et, par définition, le $\delta^{18}O$ des océans vaut 0. Toute période plus froide que l'actuelle va conduire à un enrichissement des océans en ^{18}O, et donc à un $\delta^{18}O$ plus élevé, positif. Une période plus chaude que l'actuelle conduira à un $\delta^{18}O$ négatif.

> **Étape 3 :** dans le document, on observe effectivement que les $\delta^{18}O$ des glaces et des océans varient de façon opposée. Quand le $\delta^{18}O$ des glaces est faible et le $\delta^{18}O$ des océans est élevé, cela correspond à des périodes froides (glaciations).

- On observe l'existence de quatre glaciations successives :
  - de – 10 000 à – 115 000 (le Würm) ;
  - de – 130 000 à – 310 000 (le Riss), avec une période chaude vers – 260 000 à – 265 000 ;
  - et à partir de – 340 000 (le Mindel).
- Ainsi, les périodes chaudes semblent revenir tous les 110 000 ans en moyenne.

2 Réaliser un schéma d'interactions entre plusieurs facteurs

> Voir les sujets 4, 5, 6 et 7 mettant en œuvre cette méthode.

Ce type de schémas est très souvent demandé en conclusion d'un exercice sur les variations climatiques. Cette méthode peut également s'appliquer à d'autres chapitres.

Méthode

> **Étape 1 :** faire la liste des corrélations directes entre les différents paramètres.

> **Étape 2 :** identifier les éventuelles boucles, et placer sur la feuille les paramètres inter-agissant en boucle selon le circuit, puis ajouter les autres paramètres, hors du circuit.

- Lorsqu'une augmentation du paramètre A entraîne la variation d'un autre paramètre B qui stimule à son tour l'augmentation de A, on a alors une boucle (A – B – A) de rétroaction positive (puisque A s'auto-favorise de façon indirecte).
- À l'inverse, si une augmentation du paramètre A entraîne la variation d'un autre paramètre B qui inhibe à son tour l'augmentation de A, on a alors une boucle (A – B – A) de rétroaction négative (A s'auto-inhibe de façon indirecte).

> Étape 3 : encadrer chaque paramètre et indiquer en légende ce paramètre étudié.

> Étape 4 : flécher les corrélations et choisir une nomenclature (indiquée en légende).

- Si l'augmentation de A entraîne une augmentation de B (A favorise B) :

$A \longrightarrow B$ ou $A \xrightarrow{+} B$ ou $A \longrightarrow B$

- Si l'augmentation de A entraîne une diminution de B (A inhibe B) :

$A \dashv B$ ou $A \xrightarrow{-} B$ ou $A \longrightarrow B$

> Étape 5 : déplacer les paramètres afin d'éviter les croisements de flèches, puis recopier au propre. Ne pas oublier le titre et la légende.

> Étape 6 : rajouter au besoin une courte description
Se rappeler que $(-) \times (-) = (+)$, ceci signifie que deux flèches d'inhibition successives correspondent à une flèche de favorisation.

Application

On a établi que l'augmentation du CO_2 atmosphérique entraînait une augmentation de l'effet de serre, et donc une augmentation de la température globale, que le coefficient de solubilité du CO_2 dans les océans diminuait avec la température et que la précipitation des carbonates était favorisée si la concentration en CO_2 des océans diminuait.

Expliquer par un schéma que les plateformes carbonatées sont plus étendues en période chaude qu'en période froide.

> Étape 1 : on formule au brouillon les corrélations directes recensées,
– la pression partielle en CO_2 dans l'atmosphère favorise la température ;
– la température inhibe la solubilité du CO_2 dans les océans ;
– par définition, la solubilité du CO_2 dans les océans favorise la concentration en CO_2 dans les océans et inhibe la pression partielle en CO_2 dans l'atmosphère ;
– la concentration en CO_2 dans les océans inhibe la précipitation des carbonates.

> Étape 2 : on a une boucle, « Pression partielle en CO_2 dans l'atmosphère » favorise « Température » qui inhibe « Solubilité du CO_2 dans les océans » qui inhibe « Pression partielle en CO_2 dans l'atmosphère ».
Ici, l'augmentation de la température entraîne une baisse de la solubilité du CO_2 dans les océans, ce qui favorise sa libération dans l'atmosphère, et donc l'effet de serre.
On a ici une boucle de rétroaction positive : l'augmentation de la température va avoir tendance à s'emballer ; plus elle augmente, plus elle a tendance à continuer d'augmenter.
On a également une branche latérale du type : « Solubilité du CO_2 dans les océans » favorise « Concentration en CO_2 dans les océans » qui inhibe « Précipitations des carbonates ».

> Étapes 3 à 5 : on réalise le schéma selon les corrélations observées.

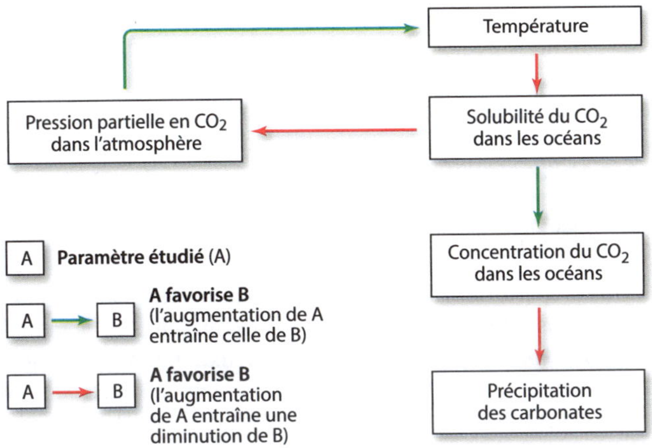

Interactions entre quelques paramètres influençant la précipitation des carbonates

> Étape 6 : en période chaude, l'augmentation de la température entraîne une baisse de la concentration du CO_2 dans les océans, ce qui favorise la précipitation des carbonates. Les plateformes carbonatées seront plus étendues en période froide qu'en période chaude.

SUJETS DE TYPE BAC

1 Lascaux

30 min

Cet exercice permet de s'entraîner à la rédaction d'une courte synthèse avec un nombre réduit de documents associés (c'est donc un sujet de type 2.2 condensé). L'introduction du sujet ne doit pas être oubliée dans l'analyse, car il est explicitement demandé de l'argumenter.

> Voir la méthode et stratégie 1.

Les 1 900 peintures répertoriées de la grotte de Lascaux (Dordogne, France), datées de − 15 500 à − 17 000 ans, présentent de nombreux exemplaires de la faune d'un climat froid et sec (chevaux, bouquetins, rhinocéros laineux...), mais également de climats tempérés, comme les cerfs. La grotte voisine de Rouffignac, datée de − 13 000 ans, ne présente que des peintures d'animaux de climat froid et sec. À l'exception des cerfs, ces espèces sont pourtant peu ou pas présentes dans la faune actuelle de la Dordogne.

Expliquer ces observations grâce aux documents et vos connaissances.

DOC. 1 Lien δD et $\delta^{18}O$ de la neige – température.

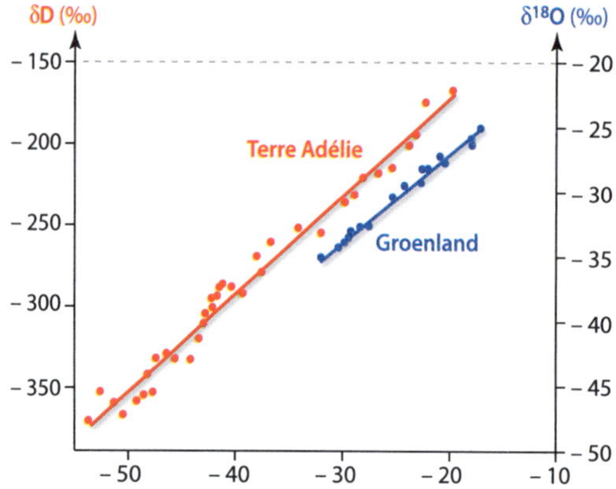

DOC. 2 Variation du $\delta^{18}O$ des glaces du Groenland depuis 110 000 ans.

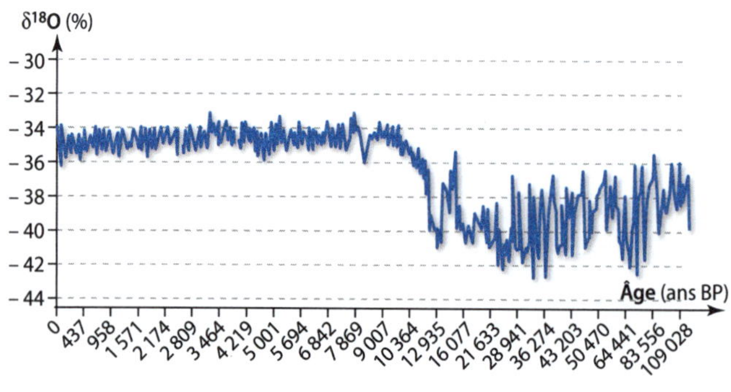

2 L'Autunien à Saint-Étienne

75 min

Cet exercice de type 2.2 permet de s'entraîner à la mise en relation de documents. Pour le rédiger correctement, vous aurez également besoin de maîtriser la façon dont varient les climats en fonction de la latitude, notion étudiée dans les classes antérieures.

> Voir la partie II du cours.

Saint-Étienne est située dans un bassin houiller qui s'est rempli du Stéphanien à l'Autunien, entre – 295 et – 270 Ma. À l'époque de sa formation, ce bassin constituait un petit plateau situé au cœur de la chaîne hercynienne, laquelle commençait tout juste à s'éroder.

À partir des six documents fournis, montrer le paradoxe du climat régnant dans ce bassin et en déduire l'altitude de la chaîne hercynienne.

DOC. 1 La Terre au début du Stéphanien.

DOC. 2 Quelques découvertes dans la région de Saint-Étienne.

L'article de Becq-Giraudon *et al.* (1996) recense un certain nombre d'observations intrigantes, faites dans le bassin de Saint-Étienne.

Ainsi, on y trouve, entre autres, des tillites, une surabondance d'argiles de type illite au détriment de la kaolinite, ainsi que des fossiles d'une paléoflore relativement peu diversifiée, et assez différente de ceux de la grande forêt du Carbonifère telle qu'elle a pu être décrite dans d'autres bassins de la même époque.

Ces espèces semblaient d'ailleurs présenter des adaptations au climat de type montagnard, à l'instar de celui des chaînes de montagnes des hautes ou très hautes altitudes dans l'Himalaya.

Par ailleurs, on retrouve dans certaines roches du bassin de Saint-Étienne des traces de déformation locale et de déstructuration des sédiments. L'explication avancée est qu'il aurait existé des cristaux de glace dans la roche lorsque celle-ci a commencé à se compacter. Une fois ces cristaux disparus, l'espace libéré aurait entraîné une déformation et une déstructuration des sédiments compacts alentours, qui se seraient alors effondrés pour occuper l'espace disponible.

DOC. 3 Conditions de formation des argiles.

Illite et kaolinite sont deux argiles issues de l'altération des feldspaths et des micas.

La kaolinite est le produit d'une altération, tandis que l'illite correspond à une altération partielle.

Pour se former, la kaolinite nécessite donc des températures plus élevées et des précipitations plus abondantes que l'illite.

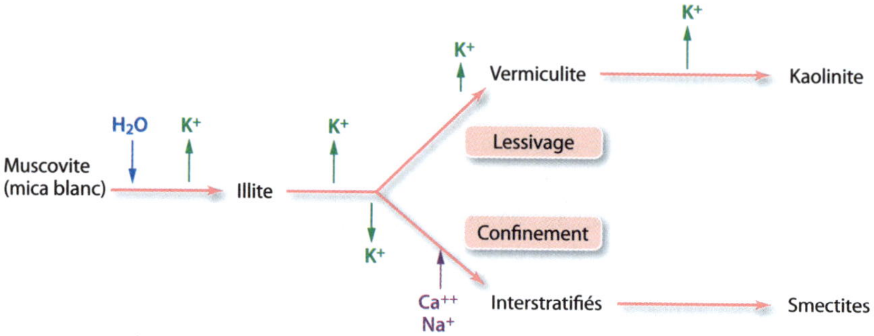

DOC. 4 Les tillites et les glaciers.

Les tillites (photo de droite) correspondent à d'anciennes moraines glaciaires.

Une fois le glacier (dont le fonctionnement est schématisé à gauche) disparu, les roches empilées ont été cimentées : elles n'ont pas été déplacées par de l'eau liquide.

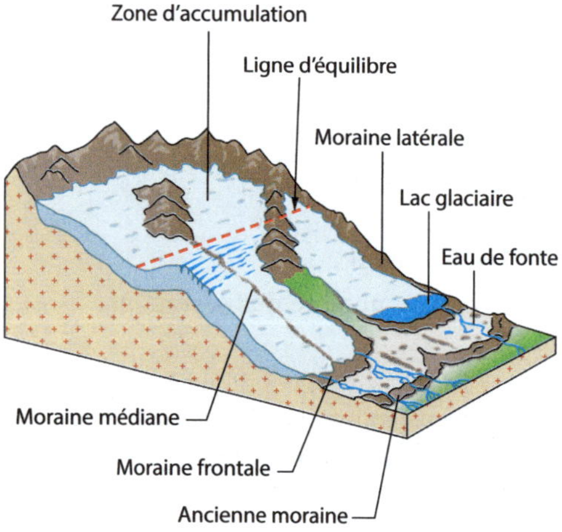

DOC. 5 Quelques grands glaciers de montagne actuels.

Glacier	Latitude	Altitude de la moraine frontale actuelle (m)
Barnard (Alaska)	61° N	600
Mer de Glace (France)	45° N	1 600
Siachen (Inde)	35° N	3 620
Baltoro (Pakistan)	35° N	3 900
Furtwängler (Tanzanie)	3° S	5 500 (devrait disparaître d'ici 2020)
Tasman (Nouvelle-Zélande)	43° S	150
Perito Moreno (Argentine)	50° S	187

3 Le climat passé du Sahara

75 min

Voici un sujet de type 2.2 un peu atypique, car il ne s'agit pas ici d'étudier une période globalement froide ou chaude, mais plutôt une période un peu instable qui suit un changement majeur du climat mondial.

> Voir la méthode et stratégie 1.

On retrouve, dans certaines *gueltas* (cuvettes d'eau au Sahara), des crocodiles du désert. Ces *gueltas* sont complètement isolées géographiquement des rivières de Côte d'Ivoire et de Guinée, et pourtant les études génétiques ont récemment montré que les crocodiles du désert sont très proches des crocodiles que l'on retrouve dans ces rivières.

Grâce aux cinq documents, expliquer comment de tels crocodiles de rivière ont pu se retrouver isolés dans des trous d'eau au milieu du désert.

DOC. 1 Répartition des populations connues de crocodiles du désert (au XXe siècle).

Les étoiles correspondent aux emplacements formant le bassin du Tchad, étudiés dans le doc. 3 (TT : terrasses du Nord-Tibesti, T : Téjir).

Les crocodiles, dépendants du milieu aquatique, sont incapables de traverser de grandes étendues continentales.

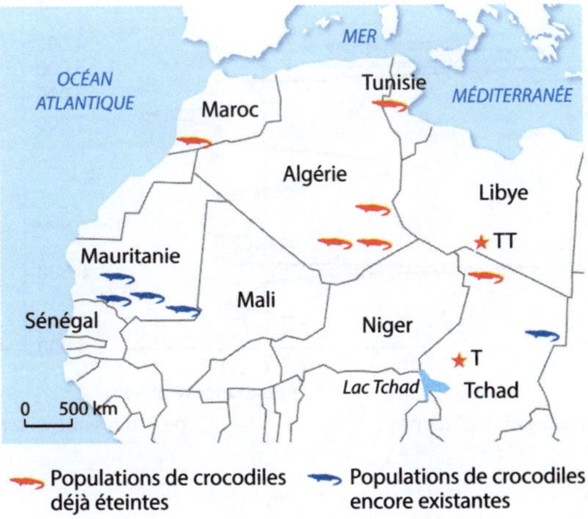

DOC. 2 Variations depuis – 20 000 ans du $\delta^{18}O$ dans les glaces du Groenland.

On rappelle que l'^{18}O, plus lourd que l'^{16}O habituel, est d'autant plus abondant dans les précipitations que la température est élevée.

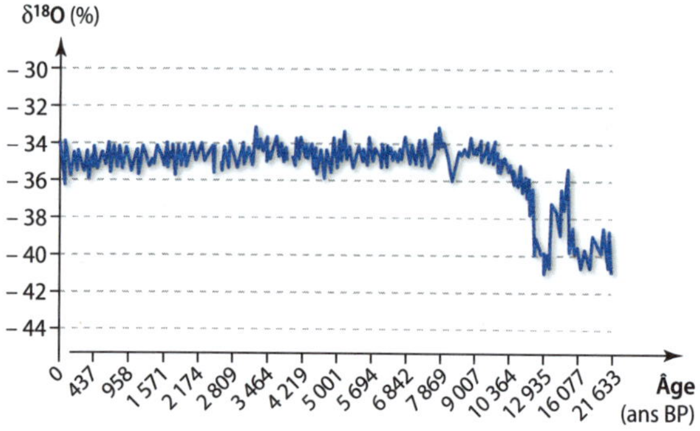

DOC. 3 Abondance relative des pollens dans les sédiments des terrasses du Tibesti (a) et de Téjir (b).

BP = *Before Present* (le présent correspondant arbitrairement à 1950). L'épaisseur variable de chaque intervalle de temps dépend de l'épaisseur des sédiments. L'abondance relative du pollen est calculée comme étant le logarithme du rapport « Quantité de pollen à l'époque/Quantité moyenne du pollen dans tous les échantillons ». Le « 0 » correspond à une absence totale du pollen étudié dans les sédiments.

La courbe en rouge à gauche du graphique b représente de façon arbitraire (sans unité) les variations du niveau du lac Tchad (qui s'étendait autrefois jusqu'à Téjir) reconstituées d'après les diatomées, des micro-organismes aquatiques.

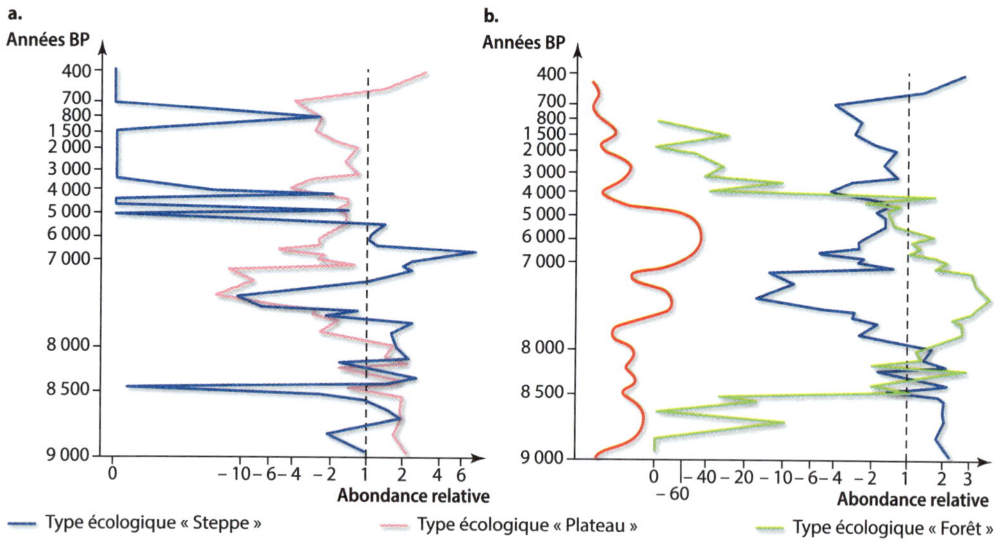

DOC. 4 Ceintures climatiques d'Afrique du Nord en – 8 000 (a) et actuellement (b).

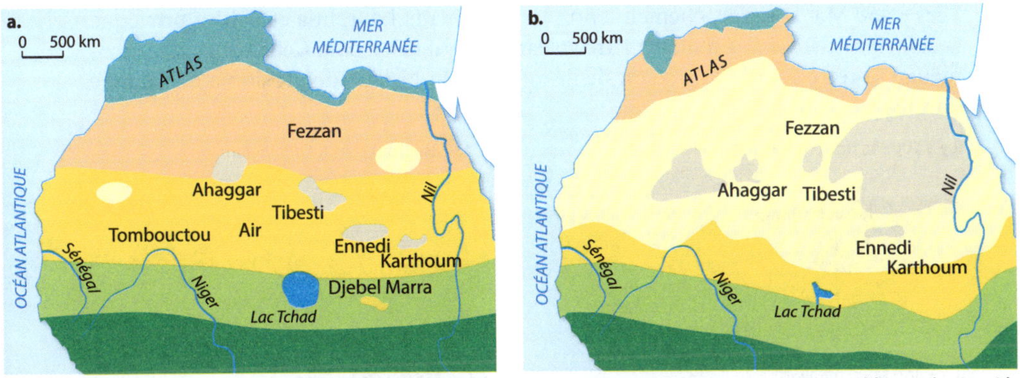

Zone tropicale aride (Sahel) | Zone désertique (< 5 mm/an) | Zone hyperaride (entre 5 mm et 100 mm/an) | Zone méditerranéenne aride (entre 100 et 500 mm/an) | Zone méditerranéenne semi-aride à humide (> 500 mm/an) | Zone tropicale semi-aride à humide (Soudan) | Lacs | Forêts

DOC. 5 Quelques types écologiques caractéristiques du bassin du Tchad.

Type écologique	Pluviométrie moyenne
Plateau (Tibesti)	< 100 mm/an
Steppe (Sahel)	100-500 mm/an
Savane (Soudan)	500-1 000 mm/an
Forêt (Soudan – Guinée)	1 000-1 500 mm/an

SUJETS D'APPROFONDISSEMENT

4 Le climat pendant l'Ordovicien

75 min

Ce sujet de type 2.2 propose d'étudier une période qui ressemble, par certains aspects, à la nôtre. De quoi conserver un peu d'optimisme : glaciation et concentrations importantes de CO_2 atmosphérique ne sont pas forcément incompatibles ! Les conclusions risquent donc d'être contre-intuitives…

> Voir les méthodes et stratégies 1 et 2.

À partir des cinq documents, reconstituer le climat pendant l'Ordovicien et proposer des explications à cet épisode climatique. En quoi l'étude de cette période pourrait aider à comprendre l'évolution actuelle du climat ?

Vous proposerez un schéma bilan des paramètres influençant le climat de l'Ordovicien.

DOC. 1 Dynamique des continents pendant l'Ordovicien (– 485 à – 443 Ma).

Vers – 460 Ma, le rapprochement entre les continents Laurentia et Baltica provoque la collision entre la Laurentia et l'arc volcanique qui la bordait. Cette orogenèse taconienne se retrouve sur la côte est de l'Amérique du Nord. Son érosion a consommé du CO_2.

Il y a 500 Ma (tout début Ordovicien)

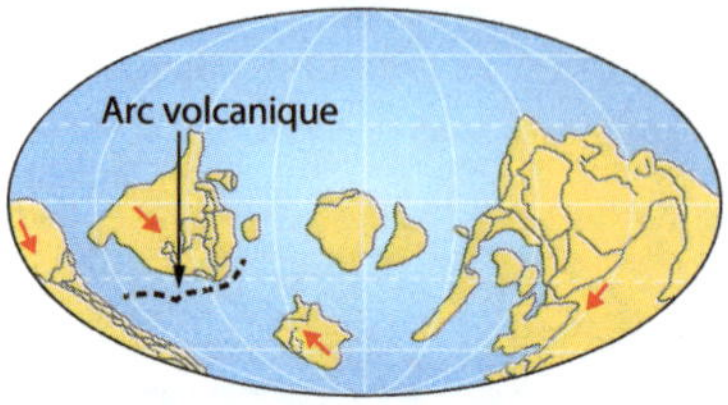

Il y a 480 Ma (tout début Ordovicien)

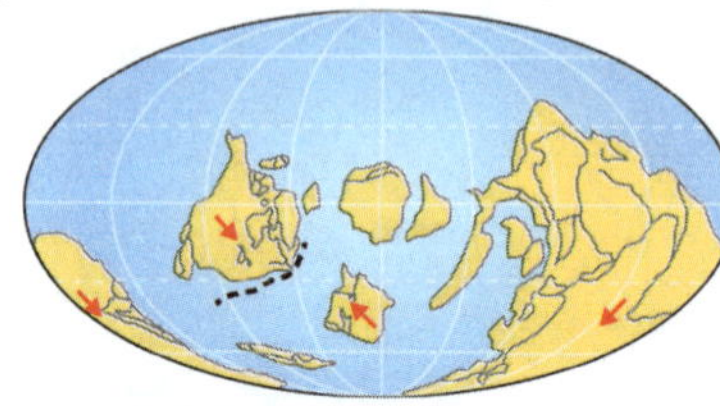

Il y a 460 Ma (au milieu Ordovicien)

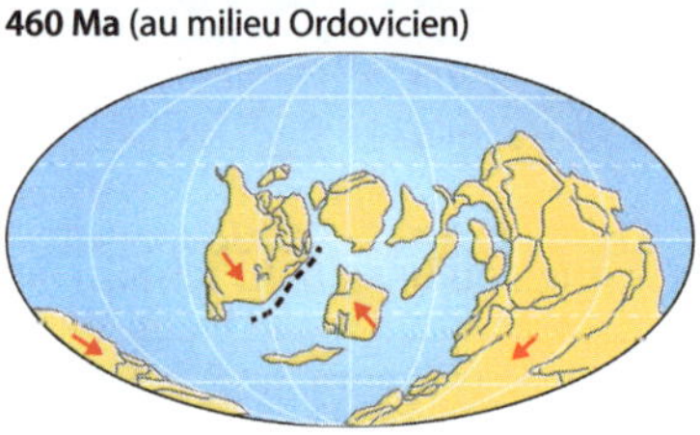

Il y a 440 Ma (fin Ordovicien)

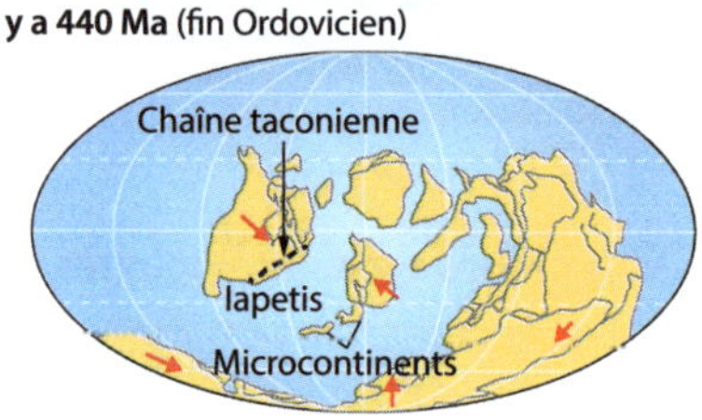

DOC. 2 Positions des ceintures climatiques reconstituées par l'étude des chitinozoaires.

Les chitinozoaires, animaux marins caractéristiques de l'Ordovicien, ont complètement disparu à la fin du Dévonien. Leur structure variant selon leur milieu de vie, on peut avoir une idée de la variation des climats de l'époque.

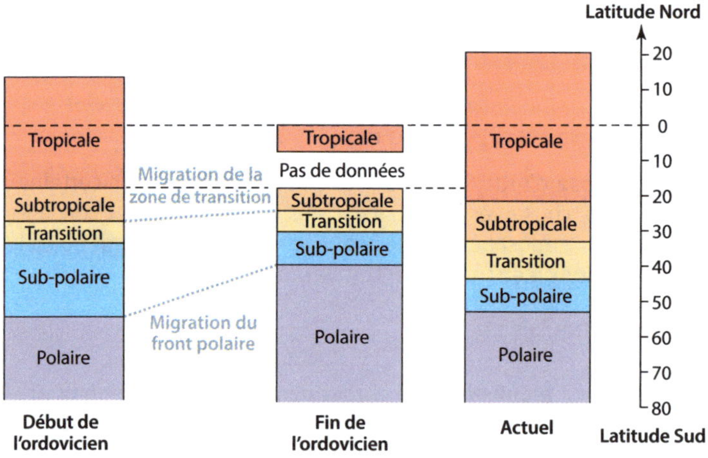

DOC. 3 Évolution de la quantité de CO_2 au cours des derniers 600 Ma.

$RCO_2 = [CO_{2\ atm.}]$ en multiples de 300 ppmv (parties par millions en volume).

La quantité de CO_2 dans l'atmosphère actuelle avoisine les 400 ppmv.

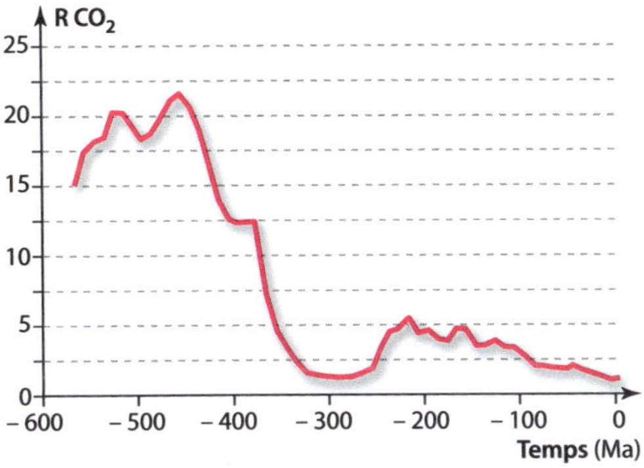

DOC. 4 Étendue de la calotte polaire (du pôle Sud) à la fin de l'Ordovicien.

Rappel : l'albédo de la neige et des glaces est bien plus élevé que celui de la mer ou des continents.

Par ailleurs, à l'époque indiquée, le Soleil était plus jeune, et donc moins lumineux d'environ 4 %.

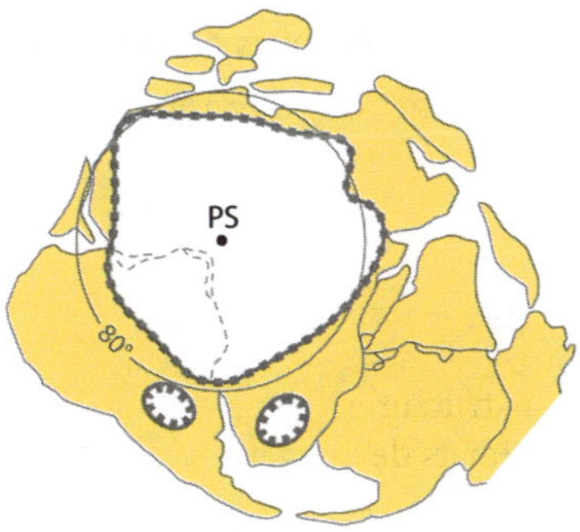

DOC. 5 Évolution de la biodiversité et de la température océaniques équatoriales.

Les algues et les plantes continentales (miospores) pratiquent la photosynthèse, consommatrice de CO_2. L'épaisseur des barres représente arbitrairement le nombre d'espèces du groupe. L'échelle de temps est la même pour les deux parties du document.

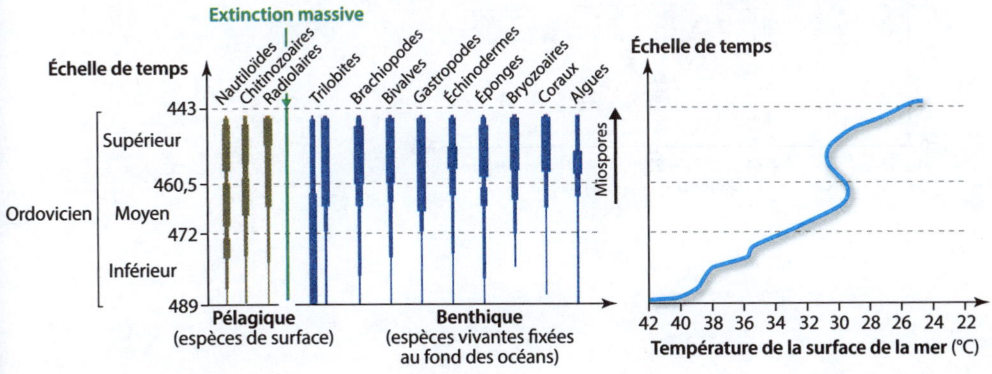

5 La période froide actuelle

75 min

Ce sujet de type 2.2 remet notre époque dans le contexte plus vaste du climat de l'ère Tertiaire. On y découvre, bien que le réchauffement climatique soit actuellement en débat, que le Tertiaire est plutôt une période de grand refroidissement. La principale difficulté de ce sujet réside dans la mise en relation et la synthèse des informations.

> Voir les méthodes et stratégies 1 et 2.

À partir de l'Oligocène (– 34 à – 23 Ma), et surtout du Miocène (– 23 à – 5 Ma), un refroidissement du climat global terrestre est observé.
Entre l'Éocène (– 56 à – 34 Ma) et l'époque actuelle, la température aurait chuté de près de 5 °C en moyenne.

En tant que journaliste dans une revue de vulgarisation, rédiger un article en vous basant sur l'analyse des documents et expliquant l'origine du climat froid actuel.
Cet article proposera un schéma bilan des boucles d'action et de rétroaction impliquées.

DOC. 1 Évolution du CO_2 atmosphérique au cours de l'ère Tertiaire.

On rappelle que le CO_2 est un gaz à effet de serre (ppmv : parties par millions en volume).

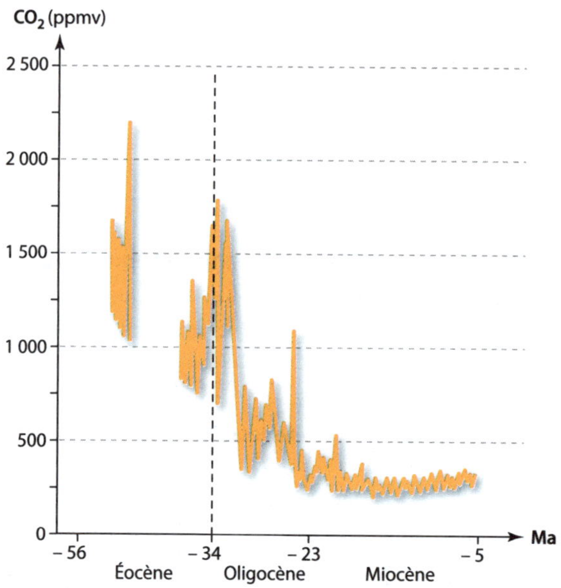

DOC. 2 Évolution de la géographie mondiale de la fin de l'Éocène au début du Miocène.

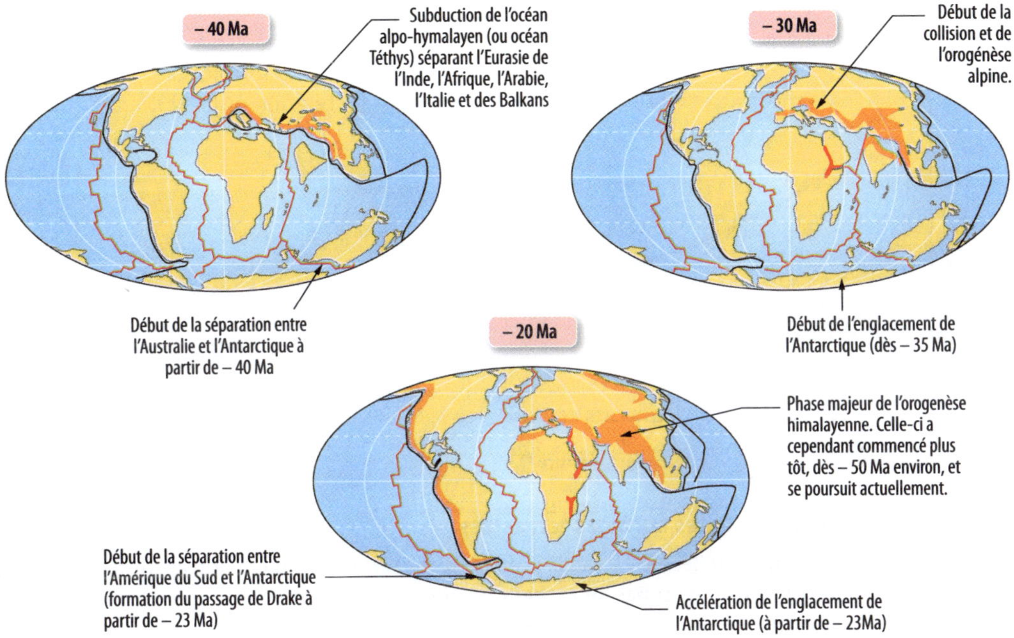

DOC. 3 Quelques équilibres chimiques régissant l'érosion et la précipitation.

Les roches à éroder peuvent être de différentes natures. Magmatiques, elles seront constituées de minéraux tels les feldspaths (présents dans les granites) ou les pyroxènes (présents dans les gabbros).

Ces deux minéraux vont être altérés suivant les réactions :

(1) **Altération d'un feldspath calcique**

$CaAl_2Si_2O_8 + 3H_2O + 2CO_2 \rightarrow 2HCO_3^- + Ca^{2+} + Al_2Si_2O_5(OH)_4$

(2) **Altération d'un pyroxène calcique**

$CaSiO_3 + H_2O + 2CO_2 \rightarrow SiO_2 + Ca^{2+} + 2HCO_3^-$

Les roches sédimentaires contiennent souvent de la calcite, qui s'altère selon l'équation :

(3) **Altération de la calcite**

$CaCO_3 + CO_2 + H_2O \rightarrow 2HCO_3^- + Ca^{2+}$

Après l'altération, les produits d'érosion (ions solubles) seront transportés jusqu'aux océans, où ils pourront précipiter et reformer des roches calcaires selon l'équation :

(4) $2HCO_3^- + Ca^{2+} \rightarrow CaCO_3 + CO_2 + H_2O$

Cette équation est le retour de l'équation (3), le bilan des réactions (3) - (4) est donc nul (CO_2 consommé = CO_2 produit).

Il n'en est pas de même pour les bilans (1) - (4) ou (2) - (4)…

DOC. 4 Solubilité du CO_2.

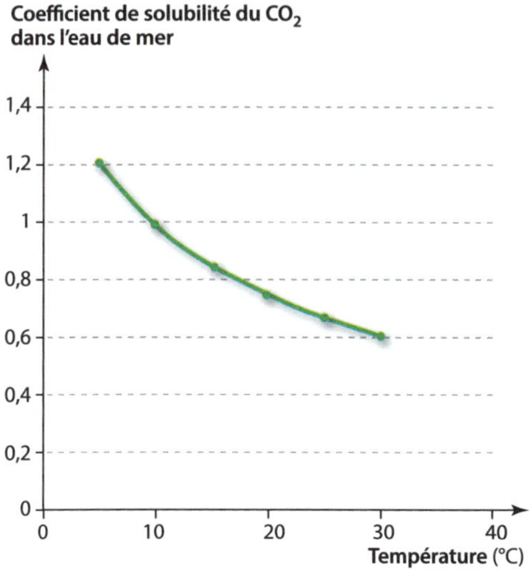

DOC. 5 Albédo de quelques surfaces terrestres.

L'albédo (% de lumière réfléchie / total de lumière reçue) est une lumière non absorbée par la surface et ne participant pas au réchauffement de la planète.

Surfaces planétaires	Albédo (%)
Océan	5 à 15
Sable sec	25 à 45
Neige fraîche	75 à 95
Glace	40 à 70
Forêt tropicale	10
Forêt de conifères	5 à 15

DOC. 6 Courant circumpolaire antarctique.

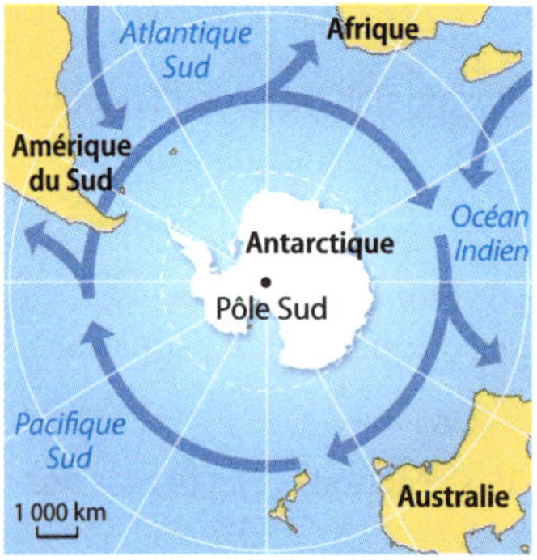

Ce courant océanique froid s'est mis en place à partir de − 23 Ma. Il isole climatiquement l'Antarctique, qui était auparavant réchauffé par des courants chauds descendants de l'Atlantique et du Pacifique.

Avant son englacement, l'Antarctique était recouvert de forêts à dominance subtropicale pendant l'Éocène, puis a évolué vers une forêt tempérée froide (*taïga*) au cours de l'Oligocène.

6 Le climat du futur

75 min

Le but de cet exercice de type 2.2 est de démontrer la réalité du réchauffement climatique actuel et sa probable origine anthropique. Il permet ainsi de réunir des observations d'origines diverses : certains documents sortent un peu des chemins battus et peuvent, même s'ils ne sont pas compliqués en soi, poser des difficultés.

> Voir les méthodes et stratégies 1 et 2.

La 18e conférence des Parties sur les changements climatiques s'est tenue à Doha (Qatar) du 27 novembre au 7 décembre 2012. Journaliste dans un quotidien local, vous êtes chargé de sensibiliser vos lecteurs aux enjeux de cette conférence.

Écrire un article expliquant les arguments scientifiques des experts internationaux, lesquels affirment qu'il est urgent de réduire les émissions de gaz à effet de serre pour limiter le réchauffement mondial, dont certains effets sont déjà perceptibles.
Votre réponse s'appuiera sur l'exploitation des sept documents et de vos connaissances, et comportera une introduction, une conclusion ainsi que des schémas. Vous différencierez clairement les faits établis des corrélations possibles et des faits prédits.

DOC. 1 Variation de la teneur de l'atmosphère en certains gaz au cours du dernier millénaire. Ces données ont été obtenues par l'analyse des bulles d'air emprisonnées dans les glaces.

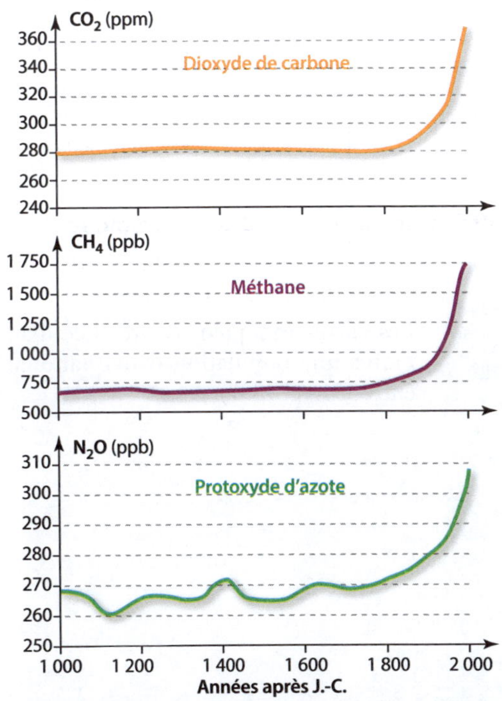

ppm = parties par millions ; ppb = parties par milliards (billions)

DOC. 2 Variation de la température globale annuelle durant le dernier millénaire.

Les données ont été obtenues par analyse du $\delta^{18}O$ des glaces.

a. Dix estimations différentes (utilisant des données de différents glaciers) sont placées sur ce graphique. Les anomalies de température représentent les différences entre la température de l'époque et la température actuelle.

b. Lien entre le $\delta^{18}O$ des glaces du Groenland et la température.

a.

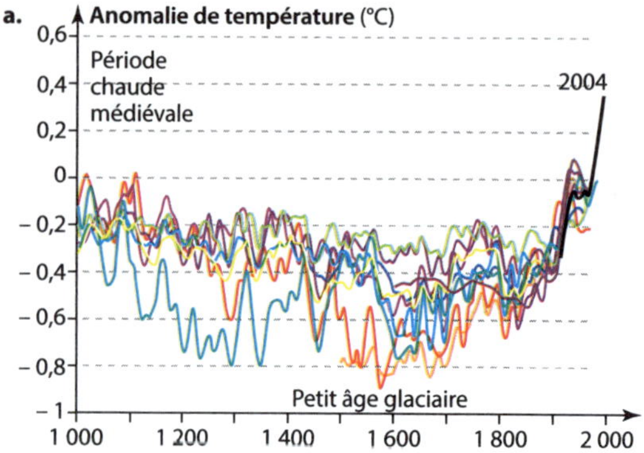

b.

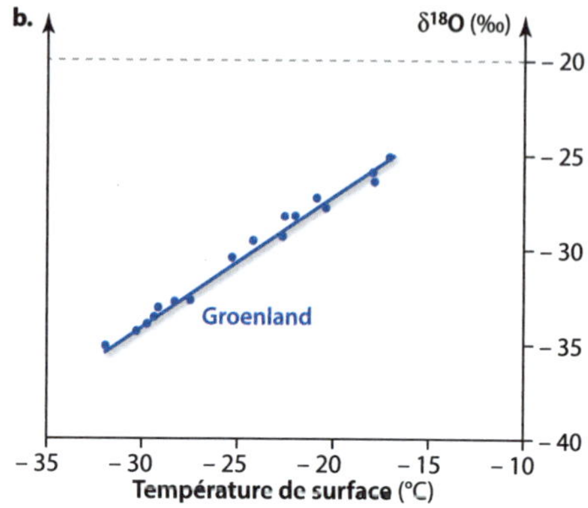

DOC. 3 Coefficient de solubilité du CO_2 dans l'eau de mer.

Le CO_2 atmosphérique peut se dissoudre dans l'eau des océans, de façon réversible.

Température (°C)	0	5	10	15	20	25	30
Coefficient de solubilité du CO_2 dans l'eau de mer ($mol \cdot L^{-1} \cdot atm^{-1}$)	1,41	1,17	0,99	0,85	0,74	0,65	0,57

DOC. 4 Déplacement de l'aire de distribution du Tircis en Grande-Bretagne.

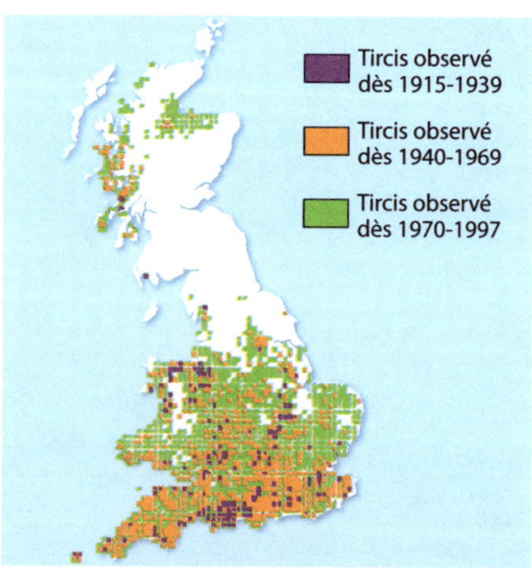

Le Tircis, papillon sédentaire, a des exigences de température précises.

Les carrés indiquent la présence d'au moins une population (suivi national entre 1915 et 1997).

DOC. 5 Évolution de la date de début des vendanges à Châteauneuf-du-Pape.

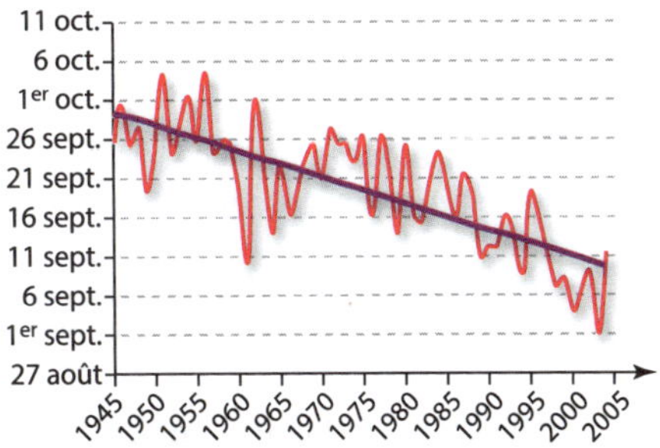

DOC. 6 Le CO_2 anthropogénique (d'origine humaine).

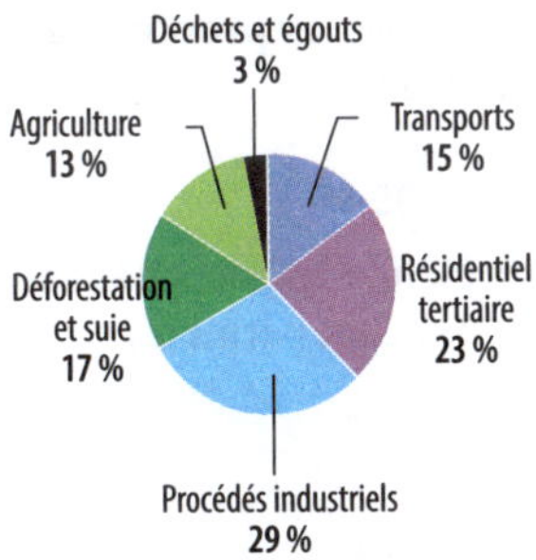

DOC. 7 Trois scénarios retenus par le GIEC en 1996.

Le GIEC (Groupe d'experts intergouvernemental sur l'évolution du climat) a établi des scénarios d'émissions des gaz à effet de serre, au cours du XXIe siècle, reposant sur des hypothèses différentes de croissance démographique et économique, d'exploitation des sols, de progrès technologiques, d'approvisionnement énergétique et des sources d'énergies utilisées pour cet approvisionnement entre 1990 et 2100.

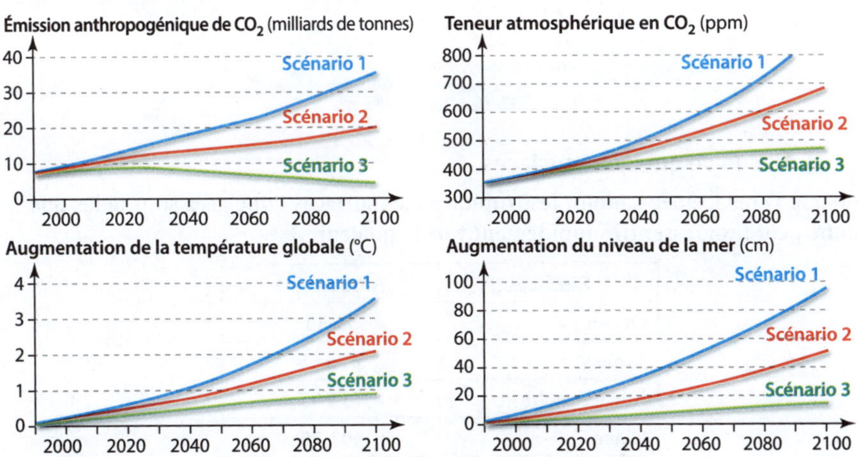

POST BAC

7 La période glaciaire du Marinoen

75 min

Abordons le mécanisme d'entrée et de sortie d'un épisode « boule de neige ». La difficulté réside dans la lecture du troisième document, qui présente de façon extrêmement synthétique de nombreuses notions différentes et nécessite une solide compréhension des mécanismes de la détermination du climat pour en extraire toutes les informations utiles.

> Voir la méthode et stratégie 2.

Au cours du Précambrien, des indices encore controversés semblent montrer l'existence de plusieurs phases glaciaires très intenses. L'une d'elles est la phase glaciaire du Marinoen, qui aurait duré de – 660 à – 635 Ma environ.

Montrer que cet épisode glaciaire était particulièrement intense, et proposer une hypothèse sur le mécanisme d'entrée et de sortie d'une telle phase.

DOC. 1 Paléogéographie mondiale de la fin du Marinoen (– 635 Ma).

Une étoile représente un lieu de découverte d'un indice de présence de glaces pendant la période du Marinoen. Beaucoup de ces indices font encore débat parmi les scientifiques.

DOC. 2 Albédo de quelques surfaces.

Lorsque l'englacement atteint les tropiques, les surfaces enneigées sont telles que la calotte peut progresser très rapidement vers l'équateur.

Surfaces	Albédo (%)
Océan	5 à 15
Sable sec	25 à 45
Neige fraîche	75 à 95
Glace	40 à 70

DOC. 3 Le thermostat naturel.

La température favorise les réactions chimiques et l'évaporation, elle favorise donc un climat mondial humide. L'érosion augmente avec l'intensité des précipitations, qui permettent également un « lessivage » du CO_2 atmosphérique.

En période glaciaire (et donc relativement sèche), les réactions d'érosion sont d'autant plus ralenties qu'une partie, voire toutes les roches continentales, sont dissimulées par la glace. Cependant, si les continents sont en position équatoriale, cette limitation de l'érosion interviendra tardivement.

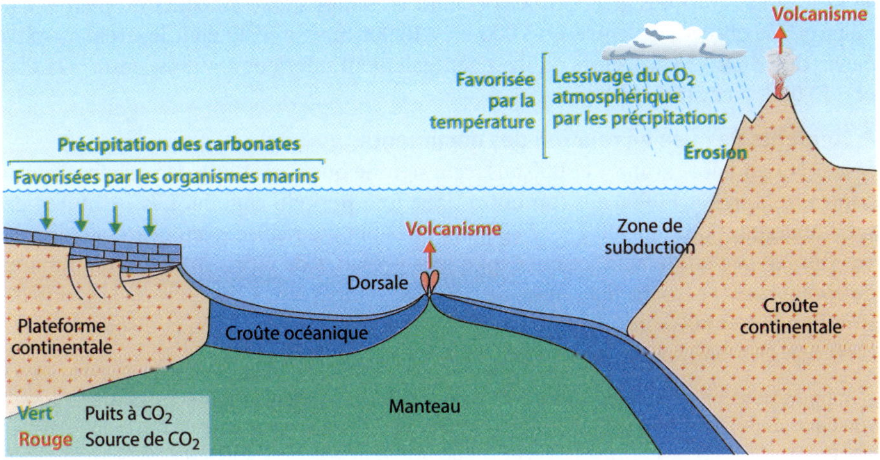

1 Lascaux

> Observations tirées des documents

Doc. 1 : la température de surface, le $\delta^{18}O$ de la neige du Groenland et le δD des neiges de l'Antarctique sont corrélés positivement. Ces deux derniers indices mesurent donc tous les deux, indirectement, la température.

Doc. 2 : le $\delta^{18}O$ des glaces du Groenland n'est pas stable au cours du temps. Par ailleurs, on observe qu'entre – 13 000 et – 16 000 ans, le $\delta^{18}O$ était légèrement plus élevé (de – 36 à – 38 ‰), alors qu'il est généralement inférieur à – 38 ‰ entre – 11 000 et – 13 000, ou avant – 16 000.

> Éléments de mise en relation des documents

Si le $\delta^{18}O$ est faible avant – 11 000 ans, cela signifie que c'était une période froide. Au contraire, après – 11 000 ans, on entre dans une période chaude. Les peintures de Lascaux datant de – 15 500 à – 17 000 ans, elles ont été réalisées à une époque froide en cours de réchauffement, ce qui explique la présence de représentations d'animaux de climats secs et froids, mais aussi de périodes tempérées. À l'époque de la grotte de Rouffignac (– 13 000 ans), le climat s'était à nouveau refroidi, d'où la disparition des cerfs dans les peintures.

On pourrait même utiliser les deux courbes pour estimer la différence de température (courbe du Groenland) entre l'époque actuelle et – 18 000 ans. Ainsi, actuellement, le $\delta^{18}O$ vaut – 35 ‰ quand il valait – 41 ‰ en – 18 000 : cette différence de 6 ‰ correspond à 10 °C environ !

2 L'Autunien à Saint-Étienne

> Informations tirées des documents

Doc. 1 : le bassin s'est formé près de la chaîne hercynienne, en position équatoriale au Carbonifère supérieur. Le climat à cette époque était voisin du climat actuel.

Doc. 2 : on retrouve, dans les sédiments du bassin de Saint-Étienne, des tillites, un excès d'illite et des fossiles d'espèces adaptées au climat montagnard. On retrouve aussi des « fantômes » de cristaux de glace dans les roches sédimentaires.

Doc. 3 : la kaolinite correspond à une muscovite plus altérée que l'illite. Pour arriver à cette étape d'altération, il faut d'importantes précipitations (lessivage) et donc un climat tropical humide.

Doc. 4 : les tillites correspondent à d'anciennes moraines de glaciers.

Doc. 5 : l'altitude du front glaciaire est globalement d'autant plus basse que la latitude est élevée. Ainsi, un glacier ne peut se former en position équatoriale qu'à des altitudes très élevées (avec un front glaciaire situé au-delà de 5 500 m).

> Éléments de mise en relation des documents

Doc. 2 à 4 : informations liées aux argiles et aux tillites, et reconstitution du climat ; **doc. 1 et doc. 2 à 4 :** mise en évidence du paradoxe position du bassin / climat local ; **doc. 4 et 5 :** estimation de l'altitude de la chaîne (position de la moraine frontale).

Les deux premières mises en relation sont assez évidentes, quasiment données dans le doc. 2. Mais il ne faudra pas oublier de rédiger cela en conséquence, et ne pas séparer l'analyse des doc. 3 et 4 de celle du doc. 2.

> Proposition de rédaction complète

Le démembrement d'une chaîne de montagnes se caractérise par la mise en jeu de failles normales permettant la formation de bassins, qui vont se remplir des **sédiments issus de l'érosion** de la chaîne de montagnes toute proche. Le bassin de Saint-Étienne s'est formé dans ce contexte, et les sédiments qui ont comblé ce bassin vont nous permettre de reconstituer le climat local ainsi que l'altitude de la chaîne hercynienne voisine.

Une petite introduction est toujours attendue, et l'avantage de la rédiger ainsi est de montrer que vous savez que les roches sédimentaires permettent de reconstituer les climats (connaissance exigible du programme de spécialité), et que vous maîtrisez également les autres aspects du programme (disparition des reliefs).

Lors de sa formation, le bassin de Saint-Étienne se trouve au sein de la chaîne hercynienne, à proximité immédiate de l'équateur (doc. 1), à la jonction entre la Laurussia et le Gondwana. Dans cette région, il devait donc régner un **climat de type équatorial**, chaud et humide, et une grande biodiversité. Pourtant, on retrouve dans les roches du bassin de Saint-Étienne de nombreux **indices d'un épisode glaciaire**.

Le paradoxe entre la position du bassin vue dans le doc. 1 et le climat reconstitué par les autres documents est à mettre en relief. Il constitue le cœur du sujet : les informations tirées du doc. 1 sont donc capitales. Il ne faut pas oublier qu'un planisphère permet à la fois de positionner les objets les uns par rapport aux autres (**localisation relative**), mais également par rapport à leur latitude (**localisation absolue**).

Le doc. 2 nous indique la présence de tillites, traces d'anciennes moraines glaciaires (doc. 4), leur aspect de conglomérat étant dû à l'empilement des roches de la moraine, et une surabondance d'illite par rapport à la kaolinite. Or, le doc. 3 précise que l'illite se forme en milieu tempéré voire froid, alors que c'est la kaolinite, en faible abondance ici, qui est caractéristique d'un milieu chaud et humide (avec un lessivage important). En effet, la kaolinite correspond à un degré plus élevé d'altération de la muscovite, atteint uniquement en présence d'un **lessivage important**.
De plus, certaines roches portent les traces d'anciens cristaux de glace (doc. 2), ce qui montre qu'elles se sont formées dans un milieu de climat très froid. La **faible biodiversité des registres fossiles** (doc. 2) confirme que le bassin de Saint-Étienne était loin du climat chaud et humide que l'on attendrait d'après sa localisation au Carbonifère.

À partir d'ici, puisqu'on a mis en évidence un paradoxe, il va falloir le résoudre. En sciences, face à un problème, on propose des hypothèses et on teste la solidité de chacune d'entre elles. C'est de cette façon qu'est rédigée la fin du corrigé.

Deux hypothèses sont donc envisageables :
– soit le Carbonifère était une **période particulièrement froide**, ce qui aurait permis la présence de glaces à faible altitude en région équatoriale. Or, le doc. 1 nous indique

que le climat mondial était comparable au climat actuel, donc, comme actuellement, il n'y avait pas de calotte glaciaire au niveau de l'équateur à cette époque ;
– soit la **chaîne hercynienne était particulièrement haute** pour permettre la formation de glaciers en position quasi équatoriale.
À l'heure actuelle (doc. 5), seul le glacier du Furtwängler (Kilimandjaro) occupe une position équivalente à celle de Saint-Étienne au Carbonifère. Les neiges n'y sont présentes qu'au-delà de 5 500 m : on peut donc prévoir que le bassin de Saint-Étienne devait se trouver au moins à cette altitude… et donc les sommets environnants (qui alimentaient le glacier) atteignaient des altitudes importantes, comparables à l'Himalaya actuel (8 000 m).

D'après certains experts, les sommets hercyniens auraient même dépassé les 10 000 m !

Ainsi, les sédiments du bassin de Saint-Étienne portent les traces d'un climat local froid et montagnard, ce qui n'est compatible avec la position équatoriale du bassin au Carbonifère qu'en imaginant que celui-ci s'est formé en altitude (à plus de 5 500 m). Le paysage stéphanois devait donc ressembler, toutes proportions gardées, au Tibet actuel : un vaste plateau d'altitude environné de très hautes montagnes.

3 Le climat passé du Sahara

> Observations tirées des documents

- **Doc. 1** : les populations de crocodiles du désert sont réparties sur l'ensemble du territoire actuellement occupé par le Sahara, dans des cuvettes non reliées au reste du réseau hydrographique d'Afrique de l'Ouest.

- **Doc. 2** : le $\delta^{18}O$ augmente brusquement entre – 11 000 et – 9 000 BP, ce qui indique un réchauffement important (voir la méthode et stratégie 1).

- **Doc. 3a** : jusqu'à – 5 000 BP, on observe une abondance des pollens du type écologique « Steppe » sur les terrasses du Tibesti. Au-delà, ces pollens se raréfient, et seules restent les espèces locales de type « Plateau ».

- **Doc. 3b** : de – 8 500 à – 4 000 BP, on observe une surabondance des pollens de type « Forêt ». Après – 4 000 BP, ces pollens disparaissent et seuls subsistent ceux des espèces de type « Steppe ».

- **Doc. 4** : entre – 8 000 BP et maintenant, on observe l'apparition d'une vaste ceinture aride, alors qu'en – 8 000 BP, les zones de type « Tropicale aride » et de type « Méditerranéen aride » se rejoignaient au niveau du tropique du Cancer.

- **Doc. 5** : le groupe « Forêt » est caractéristique de conditions très humides. Le groupe « Steppe » est caractéristique de conditions plus humides que le groupe « Plateau », caractéristique des régions très arides.

> Éléments de mises en relation

- **Doc. 3 à 5** : reconstitution du climat plus humide (abondance des pollens de type plus humides que ceux présents actuellement, que ce soit les pollens « Steppe » au Tibesti, ou « Forêt » à Téjir) du bassin du Tchad autour de – 8 000, que l'on peut généraliser à l'ensemble du Sahara, d'après le doc. 4.

- **Doc. 2 et 4** : hypothèse d'un lien entre l'apparition des conditions humides et le réchauffement postglaciaire, puisque la recrudescence des pollens humides coïncide avec le début de la hausse du $\delta^{18}O$.

- **Doc. 1 et 4** : les crocodiles se sont installés dans ces *gueltas* à une époque plus humide qu'actuellement, lorsque celles-ci étaient reliées aux rivières d'Afrique équatoriale. Ils s'y sont ensuite retrouvés piégés lorsque les rivières se sont asséchées.

Il y a 9 000 à 11 000 ans, le réchauffement climatique mondial aurait favorisé l'évaporation des océans, ce qui aurait permis la mise en place de moussons qui, en s'infiltrant dans le continent africain, auraient humidifié le climat du Sahara. Les raisons de la désertification il y a 4 000 à 6 000 ans sont nettement moins connues, mais celle-ci, visiblement peu brutale, se serait échelonnée sur plusieurs millénaires.

- Dans l'introduction, on pourra insister sur les menaces qui pèsent sur ces crocodiles (doc. 1) : bien qu'ils soient répartis largement sur l'ensemble du Sahara, du Tchad à la Mauritanie, au moins six populations ont déjà disparu avant ou au cours du XXe siècle, ce qui pourrait être dû à la disparition des petites cuvettes dans lesquels ils survivaient.

De nombreuses données montrent que le désert a progressé au cours du XXe siècle, rendant toutes les mesures proposées pour endiguer cette progression généralement inefficaces. Ceci a conduit à l'assèchement de certaines *gueltas*. Des données depuis 2009 semblent indiquer que cette progression ralentit. D'après certains modèles, le réchauffement climatique actuel pourrait même favoriser le retour d'un climat plus humide au Sahara.

4 Le climat pendant l'Ordovicien

> Observations tirées des documents

- **Doc. 1** : au cours de l'Ordovicien, l'orogenèse taconienne a lieu (vers − 460 Ma). De plus, on observe qu'une masse continentale importante occupe le pôle Sud.
- **Doc. 2** : entre le début et la fin de l'Ordovicien, on observe que les chitinizoaires de l'hémisphère Sud, adaptés au climat froid (polaire), remontent de près de 15° de latitude vers le nord. Les autres ceintures climatiques remontent également de 5 à 10° de latitude vers le nord.
- **Doc. 3** : pendant l'Ordovicien (− 485 à − 443 Ma, d'après le doc. 1), la quantité de CO_2 dans l'atmosphère était en moyenne d'environ 15 × 300 = 4 500 ppmv, soit plus de 11 fois la quantité actuelle. Elle diminue pendant cette période, passant d'environ 6 000 à 3 600 ppmv.
- **Doc. 4** : à la fin de l'Ordovicien, une large calotte glaciaire occupe les continents situés sur le pôle Sud (Afrique, Amérique du Sud). Cet englacement a pu être favorisé par un soleil moins lumineux qu'actuellement, et s'emballer du fait de la rétroaction positive exercée par l'albédo.
- **Doc. 5** : au cours de l'Ordovicien, on observe une baisse de la température des mers équatoriales de près de 15 °C. À la fin de l'Ordovicien, une grande partie des organismes marins disparaît, mais les courbes d'abondance montrent qu'ils étaient déjà en déclin, peut-être du fait de la baisse des températures.

> Mise en relation envisageable

- **Doc. 1 et 3** : l'orogenèse correspond à une baisse du CO_2 (rôle de l'érosion).
- **Doc. 1 et 4** : la position des continents peut favoriser l'englacement des pôles.

Doc. 2, 4 et 5 : le climat se refroidit pendant l'Ordovicien (refroidissement des mers, englacement, remontée vers le nord des organismes polaires).

Doc. 3 et doc. 2, 4 et 5 : cette mise en relation souligne un paradoxe ; un refroidissement est possible alors que les quantités de CO_2 atmosphérique sont plus de 10 fois plus importantes qu'actuellement ! (Ce qui n'est pas sans rappeler l'époque actuelle, où le taux de CO_2 ne cesse d'augmenter sous l'effet des activités humaines : est-il possible que cela n'entraîne pas un réchauffement, mais plutôt un refroidissement ?)

> Corrélations et construction du schéma bilan (voir la méthode et stratégie 2)

– « Orogenèse » inhibe « Quantité de CO_2 dans l'atmosphère »
– « Position des continents autour du pôle » favorise « Englacement »
– « Quantité CO_2 dans l'atmosphère » favorise « Température » (effet de serre)
– « Englacement » favorise « Albédo », donc inhibe « Température » (boucle de rétroaction positive sur l'englacement)
– « Luminosité du soleil » favorise « Température »
– « Température » favorise « Disparition des espèces marines »

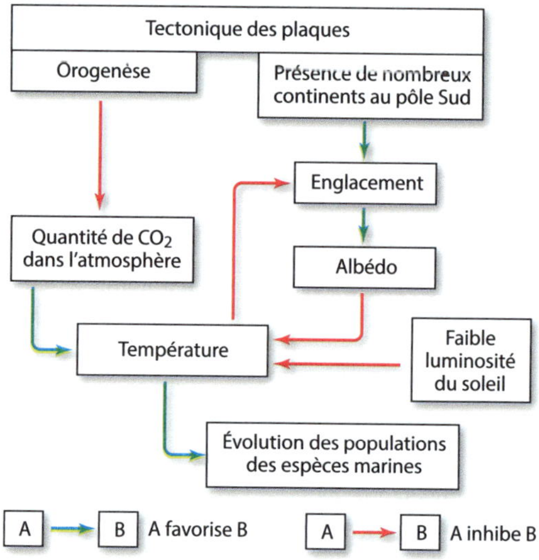

Interactions à l'origine du climat de l'Ordovicien

5 La période froide actuelle

> Observations tirées des documents

Doc. 1 : la teneur en CO_2 de l'atmosphère a été divisée par quatre depuis l'Éocène.

Doc. 2 : l'isolement de l'Antarctique au niveau du pôle Sud a commencé il y a 40 Ma (séparation avec l'Australie), et s'est achevé il y a 23 Ma (séparation avec l'Amérique du Sud). L'époque actuelle correspond à une importante phase orogénique, avec la formation des Alpes (dès – 30 Ma) et de l'Himalaya (commencée dès – 50 Ma, mais en accélération depuis – 20 Ma).

- **Doc. 3** : l'altération des minéraux consomme du CO_2. L'altération des feldspaths et des pyroxènes entraîne une consommation de 2 moles de CO_2 par mole de minéral, alors que la précipitation de la calcite n'en libère qu'une : ainsi, l'altération des minéraux entraîne une consommation du CO_2 atmosphérique.
- **Doc. 4** : le coefficient de solubilité du CO_2 dans les océans diminue avec la température.
- **Doc. 5** : l'albédo est d'autant plus important que l'englacement est important, ce qui signifie une absorption plus faible d'énergie lumineuse par notre planète.
- **Doc. 6** : le courant circumpolaire (qui fait le tour de l'Antarctique et l'isole climatiquement des autres continents) s'est mis en place à partir de – 23 Ma.

> Mise en relation des documents

- **Doc. 1, 2 et 3** : la mise en place de montagnes favorise l'érosion, donc la consommation de CO_2, donc sa baisse dans l'atmosphère.
- **Doc. 1 et 4** : le CO_2 étant un gaz à effet de serre, si la température diminue, les océans vont emmagasiner davantage de CO_2, ce qui conduit à un appauvrissement de l'atmosphère en CO_2, et donc accélère le refroidissement.
- **Doc. 2 et 6** : l'isolement de l'Antarctique au niveau du pôle Sud a commencé il y a 40 Ma et s'est achevé il y a 23 Ma. Ceci a généré la mise en place d'un courant circumpolaire isolant climatiquement l'Antarctique.
- **Doc. 6 et 5** : l'isolement climatique de l'Antarctique permet son englacement, et donc une augmentation de l'albédo planétaire, ce qui amplifie le refroidissement global.

Vous pouvez prendre le ton d'un article de vulgarisation, la rédaction et l'introduction peuvent donc avoir une forme un peu moins formelle que ce que l'on attend dans une étude de documents classique. Cependant, vous êtes libre de jouer le jeu ou non, car la maîtrise des différents types d'ouvrages relève de qualités littéraires, qui n'ont pas à être prises en considération dans l'évaluation d'une matière scientifique (si vous vous sentez les capacités de le faire, cela donnera une originalité à votre copie qui n'en pourra qu'être valorisée…).

> Proposition de plan de rédaction

I. Événements tectoniques au cours du Tertiaire (doc. 2)

– Formation de la chaîne himalayenne
– Déplacement de l'Antarctique vers les pôles

II. Conséquences de la mise en place de l'Himalaya (doc. 1, 2, 3)

– L'érosion de la chaîne consomme le CO_2
– La baisse du CO_2 entraîne une baisse des températures
– En période froide, le CO_2 est davantage stocké dans les océans, ce qui diminue d'autant sa concentration dans l'atmosphère

III. Conséquences du déplacement de l'Antarctique (doc. 2, 5, 6)

– Le déplacement du continent a permis son isolement climatique au niveau du pôle Sud, donc son englacement
– Cet englacement a augmenté l'albédo planétaire, donc augmenté la quantité d'énergie réfléchie, ce qui a amplifié le refroidissement

> Schéma bilan (voir la méthode et stratégie 2)

– « Orogenèse » favorise « Altération des minéraux » et donc inhibe « Quantité de CO_2 dans l'atmosphère »
– « Isolement climatique de l'Antarctique » favorise « Englacement »
– « Quantité de CO_2 dans l'atmosphère » favorise « Température » (effet de serre)
– « Englacement » favorise « Albédo » donc inhibe « Température » (boucle de rétroaction positive sur l'englacement)
– « Température » inhibe « Quantité de CO_2 stockée dans les océans » ce qui inhibe « Quantité de CO_2 dans l'atmosphère » (boucle de rétroaction positive sur la température)

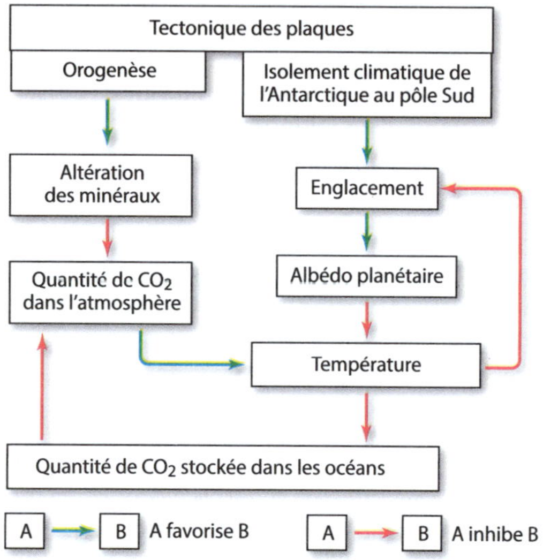

Interactions à l'origine du climat froid actuel

6 Le climat du futur

> Observations tirées des documents

- **Doc. 1** : le CO_2, le CH_4 et le N_2O ont augmenté (**faits établis**, valeurs attendues) de façon importante depuis 1800. Ils augmentent parallèlement.
- **Doc. 2** : hausse de la température depuis 1850, selon toutes les estimations (**fait établi**).
- **Doc. 3** : l'augmentation du CO_2 est un processus qui peut s'emballer (**fait prédit**). En effet, plus le CO_2 augmente, plus la température augmente (effet de serre), et si la température est élevée, les océans relâchent le CO_2 qu'ils contenaient, ce qui amplifie l'effet de serre.
- **Doc. 4** : l'aire de répartition des Tircis se déplace progressivement vers le nord (**fait établi**).
- **Doc. 5** : le raisin est mûr de plus en plus tôt (d'où l'avancement de la date du début des vendanges à Châteauneuf-du-Pape, **fait établi**).
- **Doc. 6** : ces gaz (ici le CO_2) proviennent en partie des émissions humaines, notamment l'industrie, le tertiaire, le transport, l'agriculture et la déforestation. L'augmenta-

tion des températures serait donc liée à l'augmentation des activités humaines libérant des gaz à effet de serre (**corrélation possible**).

- **Doc. 7** : selon tous les scénarios (**faits prédits**), même ceux qui prédisent une baisse du CO_2 émis (scénario 3), la quantité de CO_2 dans l'atmosphère augmentera jusqu'en 2100 (elle sera multipliée de 1,5 à 4), de même que la température globale (+ 1 à + 4 °C) et le niveau de la mer (de 15 cm à 1 m).

> Mise en relation des documents

- **Doc. 1 et 2** : faire le lien entre l'augmentation de la température et celle des gaz CO_2, le CH_4 et le N_2O. Ceci permet d'introduire la notion d'effet de serre.
- **Doc. 4 et 5** : conséquences perceptibles du réchauffement global (déplacement vers le nord des Tircis, avancement de la date des vendanges).
- **Doc. 1 et 6** : origine humaine des émissions de gaz à effet de serre.
- **Doc. 3 et 7** : permettent de prévoir les climats du futur, en ayant à l'esprit que ces processus peuvent s'emballer, du fait de la boucle de rétroaction positive : « Température » inhibe « CO_2 des océans » ce qui inhibe « CO_2 de l'atmosphère » et donc favorise « Température ».
- **Doc. 1 et 7** : selon les modèles, le taux de CO_2 devrait encore augmenter à l'avenir…

L'analyse des documents doit aussi être mise en relation avec certaines connaissances. Certains arguments peuvent être également tirés de la culture générale, ou des connaissances d'autres matières, comme ici de l'histoire et de la géographie humaine.
Ainsi, outre les principes de glaciologie (voir la méthode et stratégie 1) et le mécanisme de l'effet de serre, il serait intéressant de rappeler qu'à partir de 1800 - 1850, débute la révolution industrielle, et que l'essentiel de la population mondiale vit à proximité des côtes, d'où les problèmes liées à l'augmentation du niveau des mers.
Enfin, tous les êtres vivants ne peuvent pas s'adapter aussi vite aux changements climatiques, ce qui signifie que ce réchauffement rapide peut provoquer des disparitions ou des déclins de nombreuses espèces.

- Un schéma bilan (ci-après) est conseillé pour ce type de sujet. Sans reprendre toutes les étapes de la méthode 2, vous pouvez vous inspirer des corrigés des sujets 4 et 5.

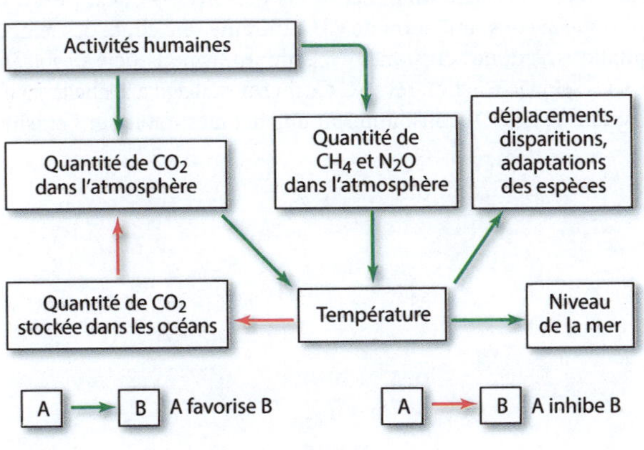

Interactions à l'origine du réchauffement climatique

7 La période glaciaire du Marinoen

> Observations tirées des documents

- **Doc. 1** : à cette époque, tous les continents sont situés à proximité de l'équateur. On observe des traces de glaciation sur tous, ce qui montre que l'épisode glaciaire a atteint même les latitudes équatoriales (Terre « boule de neige »).
- **Doc. 2** : en cas d'englacement, l'augmentation des surfaces enneigées augmente l'albédo, donc le refroidissement. Le dégel est favorisé par la baisse de l'albédo.
- **Doc. 3** : l'érosion consomme du CO_2 et favorise donc la baisse des températures (l'érosion finit par diminuer lorsque les températures sont trop froides). Au contraire, le métamorphisme est une source importante de CO_2. Érosion et métamorphisme agissent ainsi comme un thermostat, mais dont la réaction peut être ralentie lorsque les continents occupent des positions particulières.

> Éléments de mise en relation

- **Entrée en glaciation** : les continents étant à l'équateur (doc. 1), les pluies intenses favorisent l'érosion, donc une consommation du CO_2 atmosphérique (doc. 3). Le refroidissement entraîne le gel des océans aux pôles, donc une augmentation de l'albédo (doc. 2), ce qui accélère la baisse des températures. Quand la banquise atteint les tropiques, l'albédo mondial est tel que la Terre peut s'englacer complètement et très rapidement (doc. 2).
- **Sortie de glaciation** : pendant la glaciation, le CO_2 s'accumule dans l'atmosphère (métamorphisme, volcanisme) puisqu'il n'est ni consommé ni lessivé par les précipitations (climat froid et sec). L'effet de serre permettra alors le dégel.

Le CO_2 est alors dans des concentrations telles qu'elles ne sont guère affectées par la reprise de l'érosion dans les zones équatoriales dégelées. On estime en effet que la concentration de l'atmosphère en CO_2 à la fin de la phase glaciaire aurait pu atteindre plusieurs centaines de fois la concentration actuelle, uniquement en imaginant un volcanisme « normal » dégageant du CO_2 pendant plus de 10 Ma.
Ces études ont conduit à l'idée d'un thermostat géologique basé sur un équilibre entre les réactions d'érosion et celles du métamorphisme/volcanisme. L'érosion agirait ainsi comme un puits à CO_2, selon la réaction bilan simplifiée : $CO_2 + CaSiO_3 \rightarrow CaCO_3 + SiO_2$. Cette réaction s'auto-inhibe, puisque la consommation de CO_2 entraîne une chute des températures, ce qui réduit les précipitations, et donc l'érosion. Le métamorphisme associé au volcanisme conduit à une émission de CO_2 selon la réaction réverse. Ce thermostat agit à l'échelle du million d'années (le temps que la quantité de CO_2 consommé ait un effet mesurable sur l'érosion).

CHAPITRE 16

Glycémie et diabètes

COURS

MÉTHODES ET STRATÉGIES

SUJETS DE TYPE BAC

SUJETS D'APPROFONDISSEMENT

CORRIGÉS

COURS

Glycémie et diabètes

Les diabètes sont des maladies liées à un dysfonctionnement de la régulation de la glycémie. Chez les individus non atteints de ce type de pathologie, une régulation permet le maintien de la glycémie, qui doit impérativement être mesurée et modifiée par des organes effecteurs comme le foie.

I. La glycémie, un paramètre réglé

- La glycémie correspond à la concentration en glucose du sang. Chez l'humain, elle varie entre **0,8 et 1,1 g/L** hors des périodes succédant immédiatement la prise alimentaire.

- Chez l'individu sain, en fonction des apports alimentaires et de leur fréquence, elle peut fluctuer sur une courte période de temps :
– une **hypoglycémie** (glycémie d'environ 0,6 g/L) suite à un jeûne prolongé, entraîne une pâleur ainsi que des symptômes liés au fonctionnement altéré des neurones (tremblements, confusion mentale…) ;
– une **hyperglycémie post-prandiale** (glycémie d'environ 1,4 g/L) se manifeste après la prise d'un repas riche en glucose.

- Ces variations de la glycémie sont facilement atténuées chez l'individu sain, et la glycémie revient rapidement à la valeur consigne* (environ 1 g/L). Cela implique la présence d'un **système de régulation***.

- Cette régulation est indispensable, car si certaines cellules, appelées cellules gluco-indépendantes, peuvent utiliser différents substrats pour s'alimenter, d'autres ne peuvent utiliser que le glucose pour la respiration permettant d'obtenir l'énergie nécessaire à leur fonctionnement : ce sont des **cellules glucodépendantes** (comme les cellules nerveuses, ce qui explique les symptômes de l'hypoglycémie).

II. Régulation de la glycémie

1. L'origine du glucose sanguin

Le glucose sanguin peut être issu de la digestion des aliments et de l'absorption des nutriments libérés au niveau de la paroi intestinale, ou bien provenir de l'hydrolyse de molécules stockées dans des cellules de réserve. Dans les deux cas, des enzymes doivent intervenir. La digestion des macromolécules est catalysée par des **hydrolases***.

2. Des mécanismes de régulation

- La régulation de la glycémie implique la possibilité d'une mise en réserve du glucose lors d'une hyperglycémie ou, au contraire, d'une libération en cas d'hypoglycémie.

* Les mots suivis d'un astérisque sont définis dans le lexique.

- En cas d'hyperglycémie, un mécanisme de **glycogénogenèse**, ou génération de glycogène (molécule de réserve du glucose), se met en place. Ce glycogène peut être retrouvé dans le foie ou les muscles. Un stockage sous forme de lipides est aussi possible (on parle alors de lipogenèse*).
- À l'inverse, en cas d'hypoglycémie, un mécanisme de **glycogénolyse** se produit. Seul le glycogène hépatique peut être utilisé pour la correction de la glycémie, le glycogène musculaire étant réservé au fonctionnement du muscle lui-même.

3. La commande des mécanismes de régulation

- Cette régulation nécessite un mécanisme de mesure de la glycémie ainsi qu'un système déclenchant la glycogénogenèse ou la glycogénolyse.
- L'ensemble de ces fonctions est assuré par le **pancréas** : certaines cellules pancréatiques, les cellules α et β des îlots de Langerhans, sécrètent leurs hormones en fonction de la glycémie.
- Lorsque la glycémie diminue en dessous de 0,7 g/L, les cellules α des îlots de Langerhans sécrètent davantage de glucagon, une hormone à **effet hyperglycémiant** qui favorise en particulier la glycogénolyse hépatique.
- Lorsque la glycémie dépasse 1 g/L, les cellules β augmentent leur sécrétion d'insuline qui, elle, a un **effet hypoglycémiant** et favorise les mécanismes de glycogénogenèse.

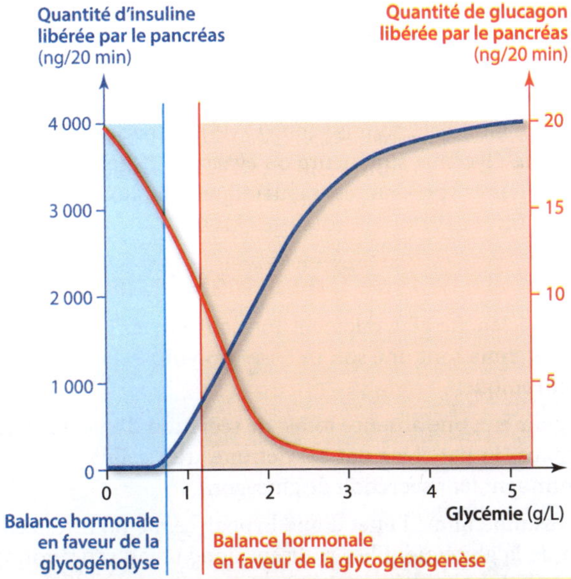

DOC. 1 Variation des quantités d'hormones libérées par les cellules α et β des îlots de Langerhans, en 20 minutes, à différents niveaux de glycémie.

- Le rapport des concentrations plasmatiques des deux hormones est responsable du type de mécanisme privilégié au sein des cellules effectrices de la régulation glycémique.

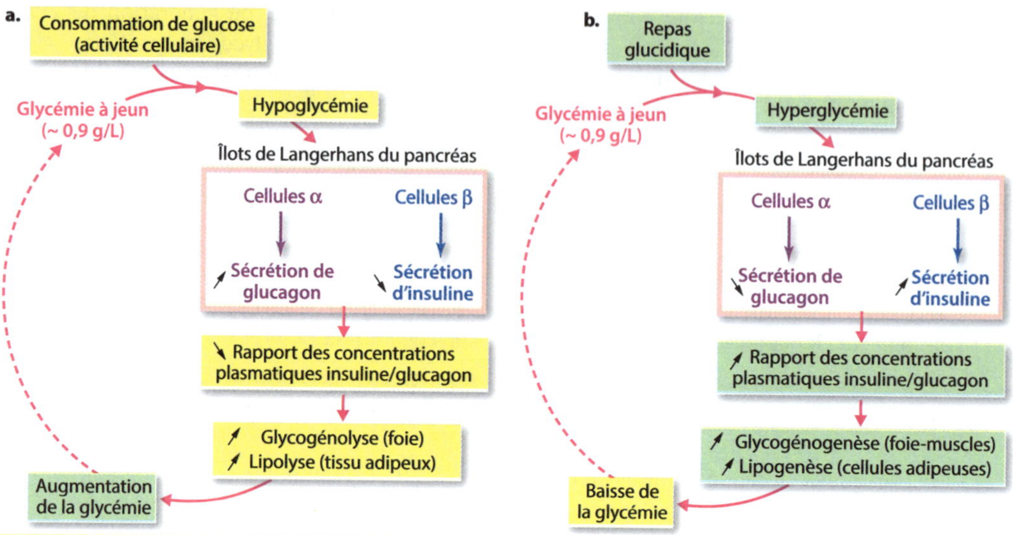

DOC. 2 Fonctionnement du système de régulation de la glycémie en cas d'hypo- (a) ou d'hyperglycémie (b).

III. Les diabètes, dysfonctionnements de la régulation de la glycémie

Selon l'Organisation mondiale pour la santé (OMS), on parle de diabète lorsque l'individu a, à la fois, une glycémie supérieure ou égale à 1,26 g/L à jeun et supérieure ou égale à 2 g/L deux heures après un repas glucidique. En plus des deux grands types de diabète (1 et 2), d'autres cas existent (diabètes MODY).

1. Le cas du diabète de type 1, ou diabète insulinodépendant (DID)

- Ce diabète se déclenche généralement tôt dans la vie. Les symptômes présentés par les individus atteints sont une soif intense (**polydipsie**), un amaigrissement ainsi qu'une fatigue chronique.
- On constate chez eux une absence totale de sécrétion d'insuline : les cellules β des îlots de Langerhans du pancréas ont été détruites (les cellules α sont toujours bien présentes et continuent leur sécrétion de glucagon).
- L'absence d'insuline mime l'effet d'une hypoglycémie pour les cellules effectrices de la régulation de la glycémie. Elles réalisent donc une glycogénolyse, d'où la forte présence de glucose dans les urines (**glycosurie**).
- Les cellules effectrices ne présentent aucune altération de leurs récepteurs à l'insuline. Des injections d'insuline peuvent permettre de lutter contre les symptômes, lesquels peuvent s'avérer mortels s'ils ne sont pas traités.
- Ce type de diabète touche environ 120 000 personnes en France.

2. Le cas du diabète de type 2, ou diabète non insulinodépendant (DNID)

- Ce diabète survient généralement plus tardivement dans la vie, vers 50 ans. Dans ce cas, ce sont les récepteurs à l'insuline des cellules effectrices qui disparaissent, d'où une baisse de leur sensibilité à l'insuline : l'individu devient alors **insulinorésistant**.
- La baisse de la réponse à l'insuline entraîne une hyperglycémie, qui déclenche une augmentation de la sécrétion d'insuline par les cellules β des îlots de Langerhans. Cela compense l'insulinorésistance* et permet un abaissement de la glycémie.
- Lorsque l'état diabétique est atteint, les cellules β sécrètent moins d'insuline. Cette diminution, ajoutée à l'insulinorésistance, entraîne une forte augmentation de la glycémie.
- Dans le cas de ce type de diabète, les injections d'insuline sont sans effet, au moins partiellement.
- Ce type de diabète est le plus fréquent en France : environ 1 200 000 personnes sont touchées.

POST BAC

L'organisation pancréatique

> Voir le sujet 6.

- Le pancréas est un organe complexe, à la fois glande exocrine et glande endocrine.
- Une **glande exocrine** est constituée de cellules produisant une sécrétion qui se déverse dans le milieu extérieur.
- Une **glande endocrine** est constituée de cellules qui, elles, produisent des molécules circulant dans le milieu intérieur (les hormones dans le sang, par exemple).
- La partie exocrine constitue environ 99 % des cellules du pancréas, organisées en petits amas appelés acini. Chaque acinus est constitué de cellules synthétisant des enzymes pancréatiques protéolytiques sous la forme de proenzymes, c'est-à-dire des précurseurs inactifs qui seront activés dans le duodénum.
- Les granules contenant ces proenzymes, appelés grains de zymogène, sont déversés par exocytose dans la lumière de l'acinus. Les lumières de tous les acini se réunissent pour former les canaux pancréatiques, lesquels déversent leur contenu dans le duodénum.
- Les cellules bordant les canaux sécrètent aussi des ions bicarbonates au pouvoir alcalinisant.
- La partie endocrine du pancréas est constituée, chez l'homme, d'1 à 2 millions de petits ensembles cellulaires appelés îlots de Langerhans, qui comprennent quatre types de cellules :
  – les cellules alpha et bêta, qui sécrètent, respectivement, le glucagon et l'insuline ;
  – les cellules delta, qui sécrètent une substance appelée somatostatine, capable d'inhiber les sécrétions d'insuline et de glucagon ;
  – les cellules PP, qui sécrètent le polypeptide pancréatique, lequel est capable de réguler la sécrétion des enzymes pancréatiques.

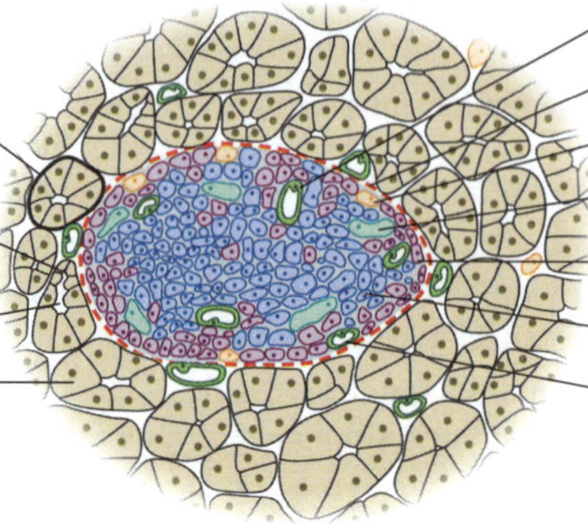

DOC. 3. Schéma d'une coupe de pancréas.

La partie exocrine du pancréas sécrète le **suc pancréatique**, liquide contenant des enzymes ainsi que des ions. Les enzymes pancréatiques sont :
- l'amylase pancréatique, dont le substrat est l'amidon et le produit, le maltose ;
- des protéases (trypsine, chymotrypsine et carboxypeptidase) dont les substrats sont des protéines et les produits sont des peptides ;
- la lipase pancréatique, dont les substrats sont les triglycérides et les produits, des acides gras ainsi que des monoglycérides (elle agit grâce aux sels biliaires, qui permettent l'émulsion des triglycérides du chyme) ;
- des enzymes capables de digérer des acides nucléiques, la ribonucléase et la désoxyribonucléase, dont les substrats sont l'ARN et l'ADN et les produits, des nucléotides.

Les enzymes sécrétées par la partie exocrine du pancréas ne doivent pas se retrouver dans le milieu intérieur : elles entraîneraient une digestion néfaste des tissus de l'organisme. Il est donc indispensable de séparer parfaitement le milieu intérieur du milieu extérieur (ici, la lumière du tube digestif). Ceci est permis par l'existence de jonctions particulières entre les cellules constitutives de la partie exocrine du pancréas.

Ces jonctions, dites **jonctions étanches** ou serrées (*tight junctions*), unissent les cellules au niveau de leur face apicale (située du côté de l'émission des grains de zymogène, donc du côté de la lumière de l'acinus). Elles sont constituées de plusieurs molécules, dont principalement les claudines et les occludines, et forment des ceintures étanches autour des cellules.

MÉTHODES ET STRATÉGIES

1 Comprendre l'action enzymatique et ses conditions

> Voir les sujets 4, 5 et 6 mettant en œuvre cette méthode.

- Les enzymes sont des protéines (parfois accompagnées d'autres composants chimiques, les cofacteurs) capables de catalyser, accélérer, des réactions chimiques.
- Les enzymes possèdent un site actif particulier au niveau duquel le ou les substrats peuvent se fixer.
- Une enzyme donnée ne peut catalyser qu'une réaction chimique donnée. Cette accélération nécessite la formation d'un complexe entre l'enzyme et son substrat.
- Les équilibres enzyme - substrat - produit (issu de la réaction) se résument ainsi :

$$E + S \rightleftharpoons ES \rightleftharpoons E + P$$

E	+	S	⇄	ES	⇄	E	+	P
Enzyme		Substrat		Complexe enzyme/substrat		Enzyme (intacte)		Produit

- L'enzyme n'est donc pas dégradée lors de la réaction chimique.

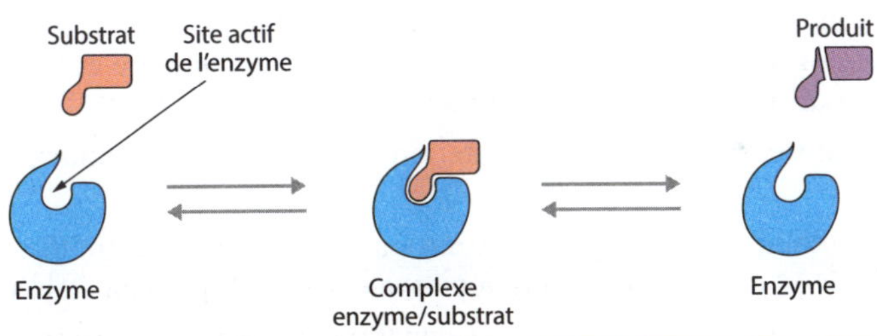

DOC. 4 Schéma des équilibres lors d'une réaction enzymatique.

- Si l'on augmente la quantité de substrat dans le milieu, cela augmentera la vitesse de réaction : les sites actifs de l'enzyme seront de plus en plus occupés par les molécules de substrat.
- Si l'on augmente encore la quantité de substrat, tous les sites actifs disponibles seront occupés : la vitesse de réaction ne pourra plus augmenter et atteindra la vitesse maximum.
- Pour analyser une activité enzymatique, on mesure la vitesse de réaction de l'enzyme en fonction de la quantité de substrat disponible.
- Dans une certaine mesure, plus le milieu contient de substrat, plus l'enzyme travaille rapidement.

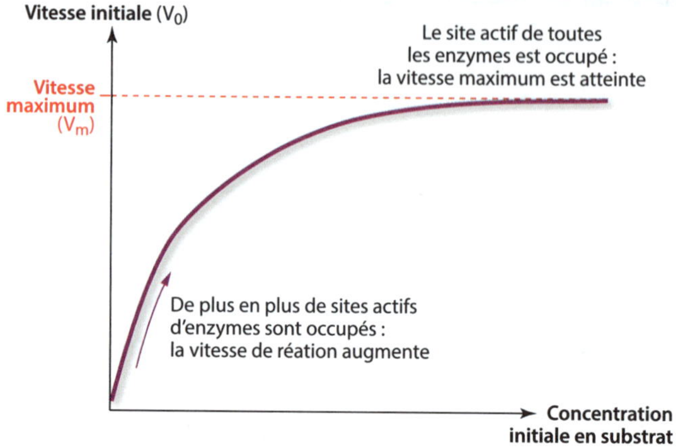

DOC. 5 Vitesse de l'activité enzymatique.

- La forme du site actif de l'enzyme est importante pour la catalyse de la réaction : sa modification diminue l'activité de l'enzyme.
- La séquence en acides aminés de l'enzyme détermine son repliement dans l'espace, et donc sa forme. Une mutation sur cette séquence pourrait alors modifier la forme de l'enzyme et baisser, voire annuler son activité, surtout dans le cas où le site est atteint.
- La forme dans l'espace de l'enzyme dépend des liaisons, souvent non covalentes (ou faibles) qui se forment entre les acides aminés de la chaîne. Si ces liaisons sont modifiées, la forme de l'enzyme peut l'être aussi. La température et le pH sont des paramètres pouvant intervenir sur ces liaisons.
- La température, en augmentant l'agitation moléculaire, peut rompre les liaisons faibles.
- Le pH de la solution dans laquelle se trouvent les enzymes peut modifier les charges des acides aminés, et donc les liaisons non covalentes qu'ils peuvent établir entre eux.
- Ainsi, chaque enzyme a une activité enzymatique maximum pour une température et un pH donnés.

Application

- La couleur sombre des poils des mammifères est liée à une accumulation de mélanine issue d'une chaîne de biosynthèse dans laquelle une enzyme, la tyrosinase, intervient.
- Celle-ci permet la conversion de la tyrosine en DOPA et en dopaquinone, précurseur de la mélanine.
- Les chats siamois ont une coloration particulière de leur pelage : la mélanine s'accumule davantage dans les poils des oreilles, de la face et de l'extrémité des pattes et de la queue.
- On peut mesurer la température des différentes parties du corps d'un siamois.

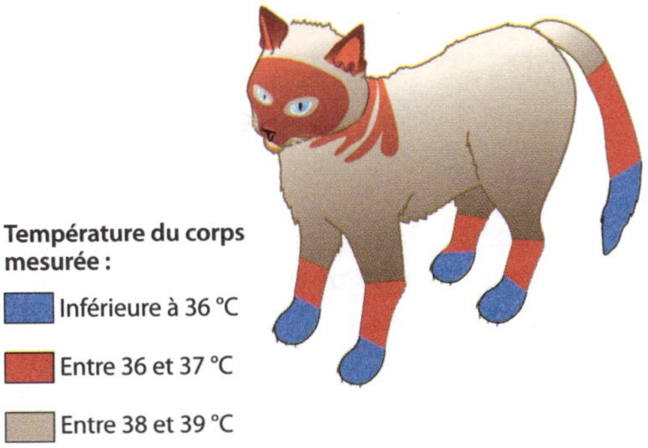

DOC. 6 Aspect d'un chat siamois et température des parties de son corps.

- Par ailleurs, l'activité de la tyrosinase a été évaluée en mesurant la présence de tyrosine dans le milieu, à deux températures (38 et 32 °C).

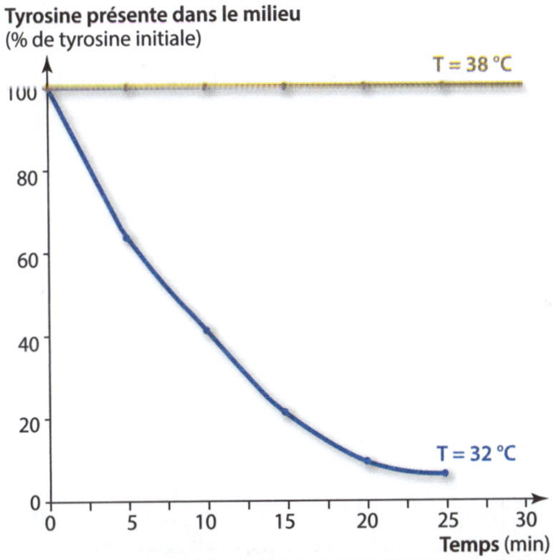

DOC. 7 Quantité de tyrosine.

- Le graphique montre une baisse rapide de la quantité de tyrosine dans le milieu lorsque la température est de 32 °C. À cette température, la tyrosinase est donc active, et permet la formation de mélanine.
À l'inverse, à 38 °C, la quantité de tyrosine n'est pas modifiée. Dans ce cas, la tyrosinase est inactive : la mélanine ne peut être produite.

- Au niveau de ses extrémités, le chat a une température faible : la tyrosinase y est active, la mélanine s'accumule donc dans les poils et donne une couleur foncée.
En revanche, le reste du corps ayant une température élevée, la tyrosinase est peu active. La mélanine ne peut donc être que peu produite, d'où la couleur claire.

2 Déterminer un état diabétique et le traitement adéquat

> Voir les sujets 3 et 4 mettant en œuvre cette méthode.

Il s'agit de savoir diagnostiquer un cas de diabète 1 ou 2. Lorsqu'une personne présente une polyurie (émission d'urine fréquente et importante) accompagnée d'une polydipsie (besoin fréquent d'absorption d'eau), cela peut indiquer un diabète. Ces symptômes ne sont pas toujours liés à des problèmes pancréatiques ; leur observation doit être associée à des examens complémentaires.

Méthode

> **Étape 1 : mettre en évidence un état diabétique.**

- Il faut vérifier la glycosurie, car elle est anormale et indique que l'excès de glucose sanguin n'est régulé que par une élimination urinaire. Deux examens sanguins sont ensuite nécessaires : une glycémie à jeun, ainsi qu'un test d'hyperglycémie provoquée.

- La glycémie à jeun est, chez un individu non diabétique, inférieure à 1,26 $g.L^{-1}$. Une glycémie supérieure est donc le signe d'un état diabétique. Le test d'hyperglycémie permet de confirmer l'état diabétique et de déterminer l'avancement de la maladie. Un patient absorbe 1 g de glucose par kilogramme de poids corporel en quelques minutes :
– chez l'individu non diabétique, la glycémie passe de 1 $g.L^{-1}$ à environ 1,3 $g.L^{-1}$ et retombe à une valeur normale en deux heures en moyenne après un passage par une valeur inférieure à celle observée initialement ;
– chez le sujet diabétique, la glycémie augmente de façon très importante, et le retour à la valeur initiale de glycémie ne se fait qu'après 4 à 6 heures. Il faut aussi noter qu'aucun passage par une glycémie inférieure à la normale n'est observé.

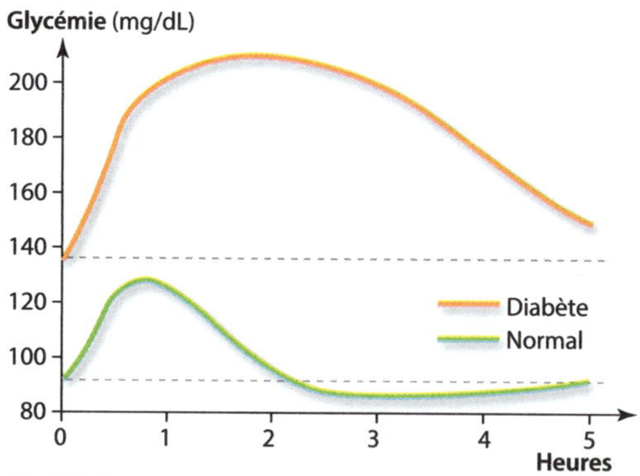

DOC. 8 Évolution de la glycémie lors d'un test d'hyperglycémie provoquée.

- Deux autres caractéristiques peuvent étayer le diagnostic de diabète : une haleine à odeur d'acétone et la présence de corps cétoniques dans les urines.

> Étape 2 : déterminer le type de diabète.

Caractéristiques	Type 1	Type 2
Âge d'apparition	< 20 ans en général	> 40 ans en général
Masse corporelle	Inférieure à la normale	Normale à élevée
Glycosurie / Glycémie	Présente / Élevée	
Insulinémie	Basse voire nulle	Normale à élevée
Sensibilité à l'insuline	Normale	Réduite

DOC. 9 Caractéristiques des deux grands types de diabètes.

> Étape 3 : établir le traitement adéquat.

- Le traitement du diabète de type 1, insulinodépendant, nécessite une injection d'insuline. Plusieurs formes d'insuline peuvent être administrées ; elle peut être précipitée avec du zinc ou complexée avec des protéines pour augmenter son temps d'activité.
- Le diabète de type 2, non insulinodépendant, ne peut être entièrement résolu par injection d'insuline. Il est habituellement recommandé aux personnes atteintes de perdre du poids. Certains médicaments, limitants de l'insulinorésistance ou inhibiteurs d'enzymes digestives, peuvent limiter l'hydrolyse des sucres complexes, évitant ainsi l'absorption intestinale des oses complexes. On peut aussi prescrire des stimulants de la sécrétion d'insuline, voire même administrer une insuline exogène (injectée).

Application

M. X., 45 ans, pèse 125 kg pour 1 m 82. Il présente une polyurie, et le test réalisé à jeun par bandelette urinaire est positif. On peut déduire de sa lecture que le patient a une glycémie d'au moins 1,8 g.L^{-1}. On mesure la variation de son insulinémie.

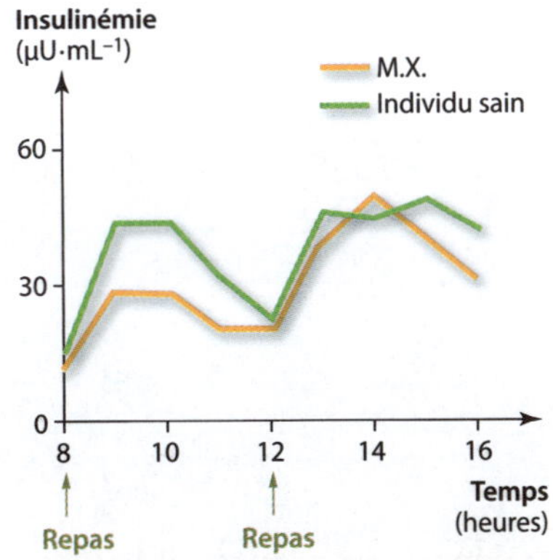

DOC. 10 Variation de l'insulinémie de M. X. au cours de la journée.

Analyser ces données pour préciser la pathologie dont souffre M. X.

Ce sujet, d'une quarantaine d'années et en surpoids, présente une polyurie : un état diabétique doit être vérifié.

> **Étape 1 :** M. X. a une glycémie d'au moins 1,8 g/L à jeun, ce qui est le signe d'une hyperglycémie importante. M. X. est donc sans doute diabétique.

> **Étape 2 :** l'âge de M. X. et son surpoids laissent supposer un diabète de type 2. La mesure de son insulinémie indique que celle-ci est quasi normale. Cela nous confirme bien que M. X. est atteint d'un diabète de type 2.

> **Étape 2 :** l'âge de M. X. et son surpoids laissent supposer un diabète de type 2. La mesure de son insulinémie indique que celle-ci est quasi normale. Cela nous confirme bien que M. X. est atteint d'un diabète de type 2.

> **Étape 3 :** le traitement de M. X. ne peut donc se faire par la seule injection d'insuline. Il doit se mettre au régime, et peut-être prendre des médicaments luttant contre l'insulinorésistance ou inhibant certaines enzymes digestives.

SUJETS DE TYPE BAC

1 Le foie, acteur majeur de la régulation glycémique

45 min

La régulation indispensable de la glycémie implique des effecteurs. Cet exercice de type 2.2 est l'occasion de comprendre l'importance des réactions se produisant dans le foie et étant à la base de la régulation glycémique.

> Voir la partie II du cours.

Le foie est un organe très volumineux : il peut peser jusqu'à 2 kg chez l'homme. Il exerce plusieurs rôles essentiels au fonctionnement de l'organisme, dont celui lié à la régulation glycémique.

À partir d'une étude précise des cinq documents, expliquer le rôle du foie dans la régulation de la glycémie.

DOC. 1 Variation de la glycémie d'un chien après ingestion de glucose.

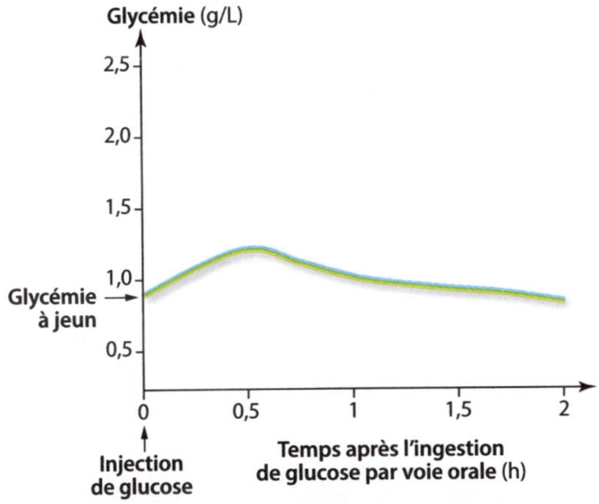

DOC. 2 Suivi d'une ingestion de glucose marqué.

On donne à ce même chien du glucose marqué à l'hydrogène tritié, radioactif.

On mesure, après deux heures, la radioactivité ainsi que le type de molécules marquées dans différents organes ou tissus.

	Sang	Foie	Muscle	Tissu adipeux
Dose ingérée retrouvée dans les tissus (%)	5	55	18	11
Molécules marquées	Glucose	Glycogène	Glycogène	Triglycérides

DOC. 3 Organisation d'une partie de la circulation sanguine systémique.

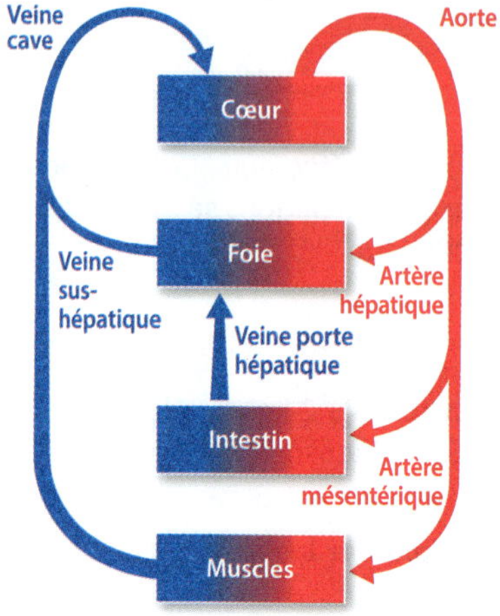

DOC. 4 Glycémie en g/L de certains vaisseaux systémiques.

	Artère hépatique	Veine porte hépatique	Veine sus-hépatique
Après un jeûne	1	0,4	0,9
Après un repas glucidique	1	2,9	1,2

DOC. 5 Évolution de la glycémie d'un chien jeûnant après hépatectomie (ablation du foie).

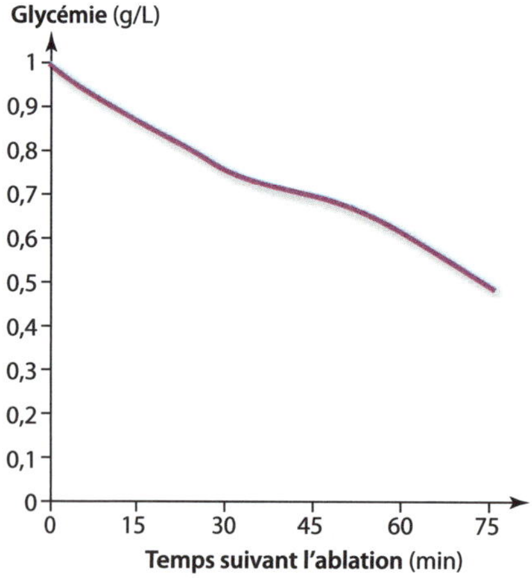

2 Effets du stress sur la glycémie

45 min

Cet exercice de type 2.2 montre que l'organisme est capable d'adapter sa régulation glycémique aux conditions environnementales. Ici, on envisage un stress de l'organisme.

> Voir la partie II du cours

D'autres molécules que l'insuline et le glucagon ont une action sur la glycémie. Nous étudions ici l'effet de l'adrénaline, molécule sécrétée en cas de stress chez un mammifère.

À l'aide des documents, expliquer l'effet du stress sur la glycémie et son intérêt.

DOC. 1 Injection de carbachol (produit stressant) ou de bêta-bloquant (produit calmant) et évolution de la glycémie.

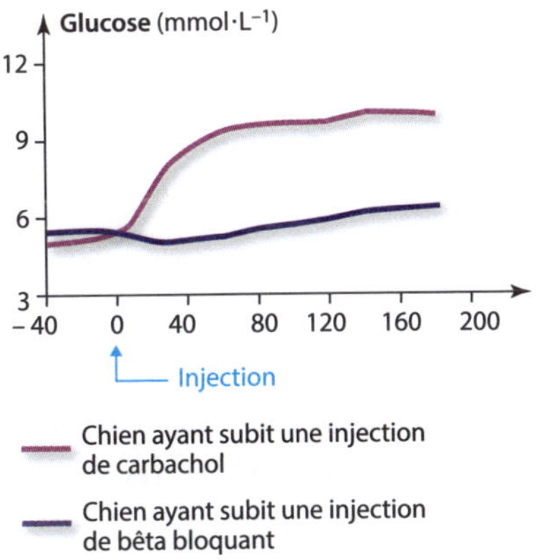

DOC. 2 Injection de carbachol et sécrétion des glandes médullo-surrénales.

Parmi les catécholamines mesurées, on détecte plus particulièrement la présence d'une hormone : l'adrénaline.

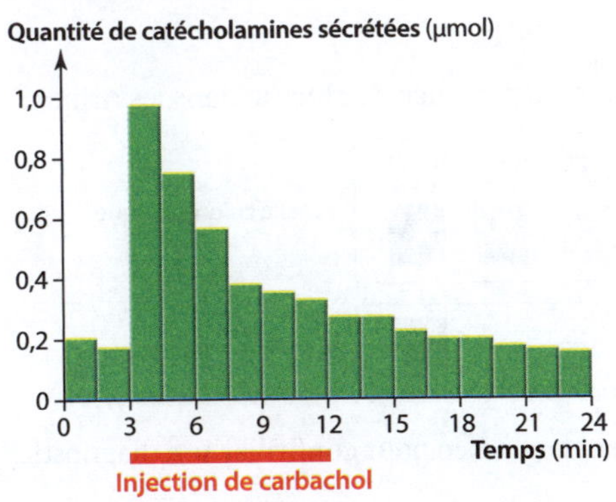

DOC. 3 Mesure de la dégradation du glycogène hépatique en fonction de la quantité d'adrénaline injectée.

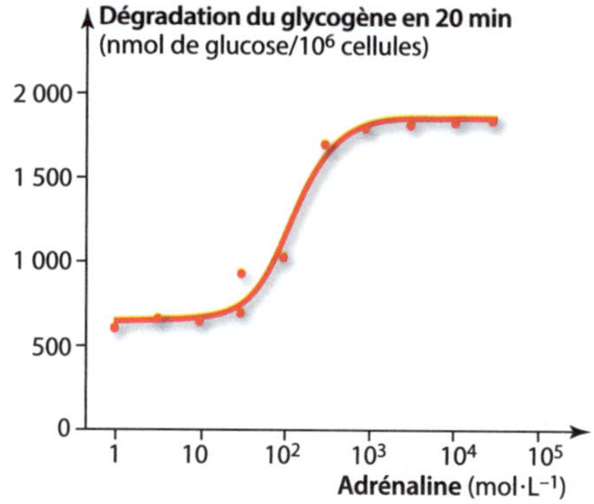

3 Étude d'un cas (1)

45 min

Cet exercice de type 2.2, très classique dans sa présentation et les documents qu'il propose, est l'occasion d'étudier un cas d'anomalie de la glycémie. Il ne présente pas de grande difficulté et constitue un bon entraînement d'étude de cas de diabète.

> Voir la méthode et stratégie 2.

Léo, 17 ans inquiète ses parents.
Il mesure 185 cm mais, depuis quelques mois, il a beaucoup maigri. De plus, il lui est difficile de rester en classe plusieurs heures d'affilée, car il doit se rendre très souvent aux toilettes.
Ses parents l'emmènent consulter un médecin.

1. À partir de l'étude du doc. 1, indiquer l'hypothèse qu'a sans doute formulé le médecin.

2. Analyser les résultats des documents suivants pour expliquer les troubles de Léo.

DOC. 1 Test urinaire de Léo.

Une bandelette-test permettra de déterminer la présence de glucose dans les urines :

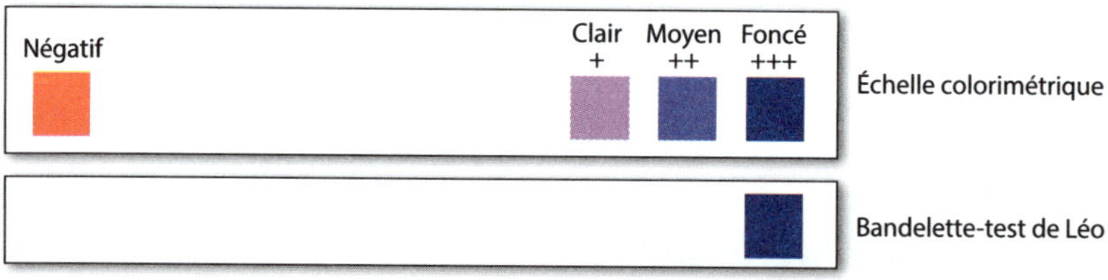

Le médecin décide de prescrire d'autres examens à Léo pour confirmer son diagnostic.

DOC. 2 Glycémie à jeun (a) et insulinémie (b) de Léo à la suite d'un test d'hyperglycémie provoquée.

a.

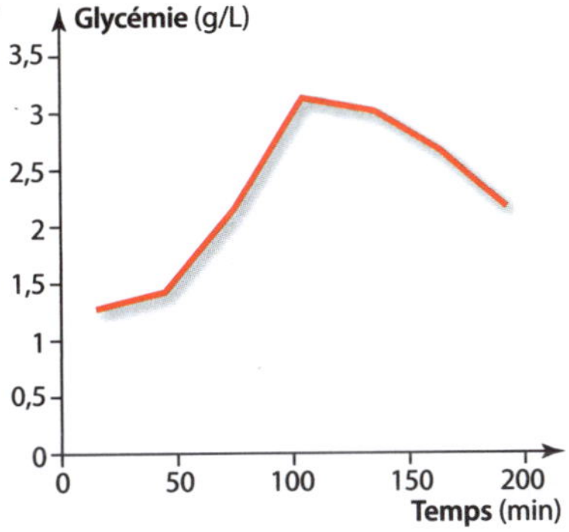

b.

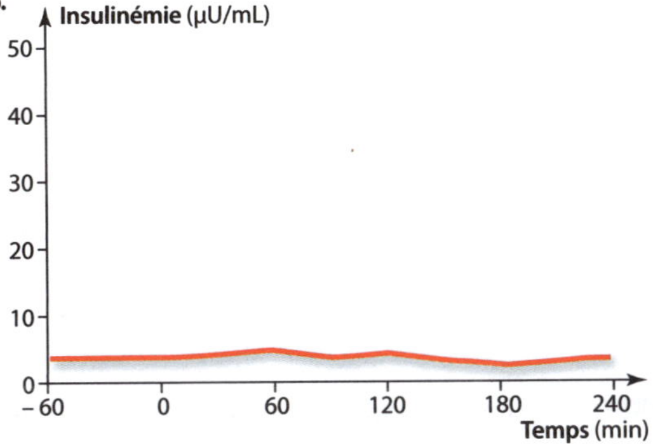

DOC. 3 Suivi de la glycémie de Léo à la suite d'une injection d'insuline.

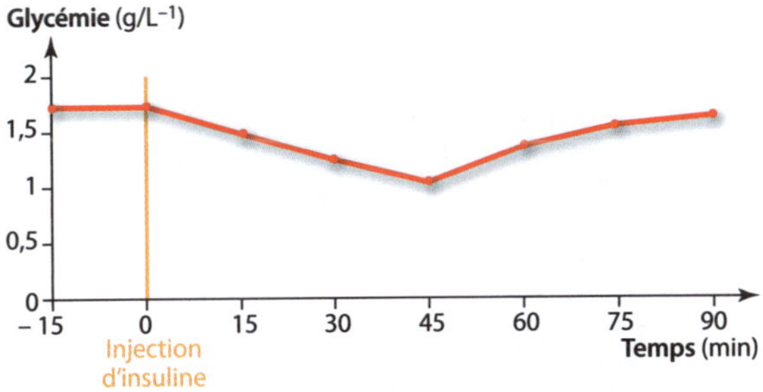

SUJETS D'APPROFONDISSEMENT

4 Contrôle du diabète de type 2

45 min

Nous allons découvrir une substance utilisée dans le contrôle du diabète de type 2. Les sujets portant sur l'étude des diabètes peuvent nécessiter des connaissances sur les enzymes. C'est le cas de ce sujet, qui ne présente pas de difficultés particulières.

> Voir les méthodes et stratégies 1 et 2.

Les médecins disposent de diverses molécules utiles dans le contrôle du diabète de type 2.
Cet exercice s'intéresse à l'une d'entre elles : l'acarbose.

À partir des informations tirées de l'analyse des documents, expliquer l'effet de l'acarbose et discuter de son intérêt dans le contrôle du diabète de type 2.

DOC. 1 Structure de l'acarbose (a) et d'un oligosaccharide (le maltotriose, b).
Ce dernier est naturellement présent dans le bol alimentaire en cours de digestion.

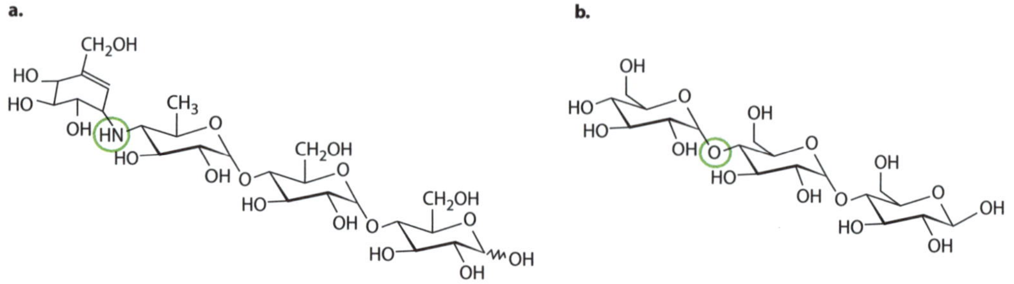

DOC. 2 Interactions entre un oligosaccharide (a), l'acarbose (b) et l'α-glucosidase.

L'α-glucosidase, une enzyme intestinale, catalyse l'hydrolyse des oligosaccharides au niveau de l'atome d'oxygène assurant les liaisons entre les carbones 1 (C1) et 4 (C4) des sous-unités glucidiques.

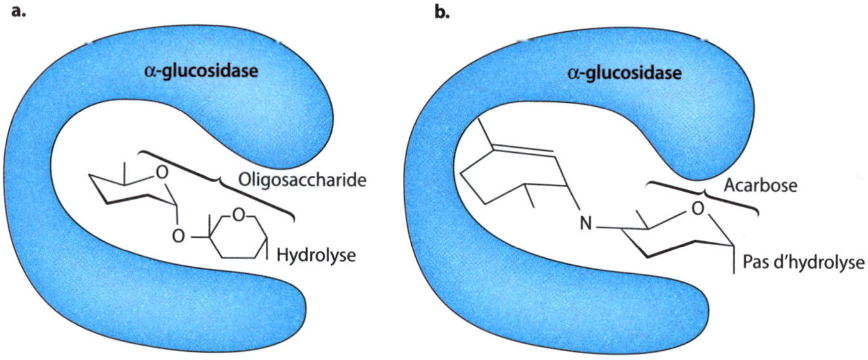

DOC. 3 Action de l'acarbose sur l'α-glucosidase.

On dose *in vitro* l'activité de l'α-glucosidase en fonction de la concentration d'acarbose.

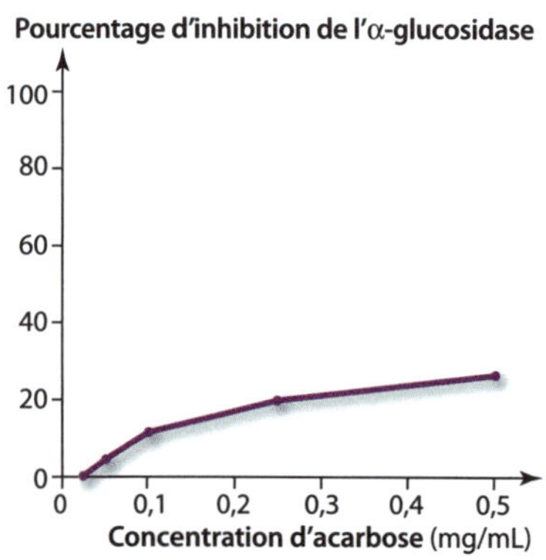

DOC. 4 Comparaison de l'action de l'acarbose sur plusieurs enzymes.

La même étude *in vitro* est pratiquée sur plusieurs enzymes.

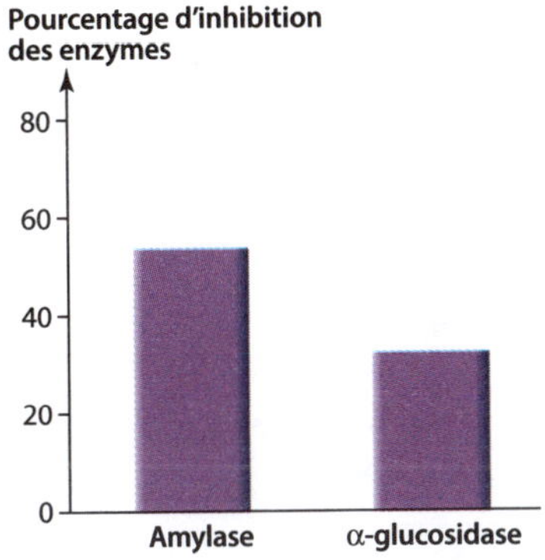

DOC. 5 Effet d'un traitement à l'acarbose sur les concentrations plasmatiques de glucose et d'insuline.

Les mesures ont été réalisées chez des individus intolérants au glucose : leur glycémie augmente dans des proportions anormales après l'ingestion d'un repas riche en glucides complexes. Le placebo ne contenait aucune substance active.

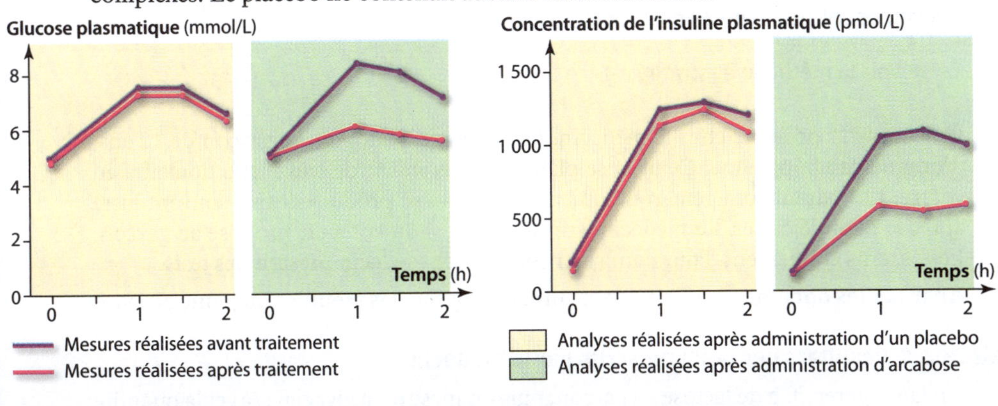

DOC. 6 Mesure des effets secondaires liés à l'absorption d'acarbose.

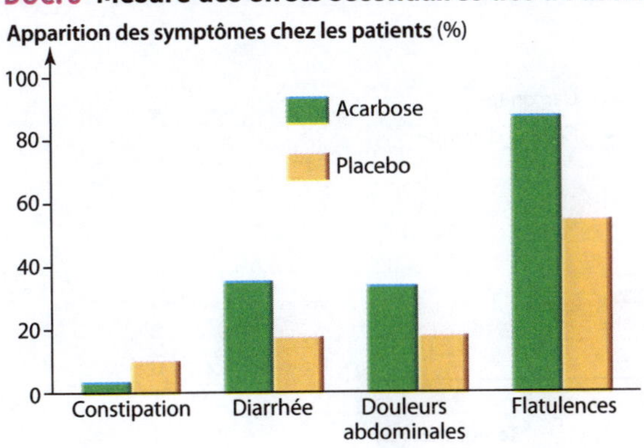

DOC.7 Fréquence des douleurs abdominales chez les patients traités par l'acarbose ou un placebo au cours d'un traitement long. Une fréquence de « 1 » indique que les épisodes douloureux ont lieu tous les jours de la semaine.

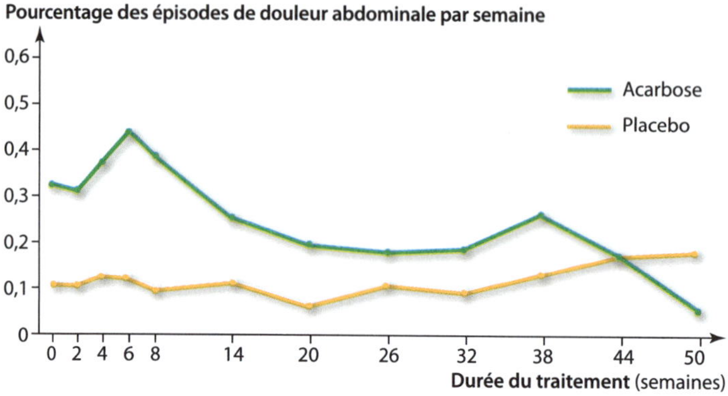

5 Étude d'un cas (2)

45 min

Dans cet exercice de type 2.2, nous étudierons le cas d'une intolérance alimentaire : l'intolérance au lactose. Ce sujet vient compléter l'exercice 6 du chapitre 3, en développant des aspects différents du problème.

> Voir la méthode et stratégie 1.

Un couple se présente chez le médecin. Ils viennent d'adopter un garçon de 12 ans, d'origine cambodgienne. Celui-ci se plaint régulièrement de très fortes douleurs au ventre. Les parents ont remarqué que ces douleurs se produisent très souvent juste après le petit déjeuner. Le médecin leur demande si du lait a été proposé au garçon. Les parents confirment. Pour confirmer son idée, le médecin prescrit des tests.

Analyser les documents afin de déterminer l'origine des troubles du jeune garçon.

DOC.1 Résultats des tests prescrits par le médecin.

On fait ingérer 50 g de lactose au garçon, puis on mesure sa glycémie (a) et la quantité d'hydrogène expirée (b). On compare les résultats aux profils de courbes classiques.

a.

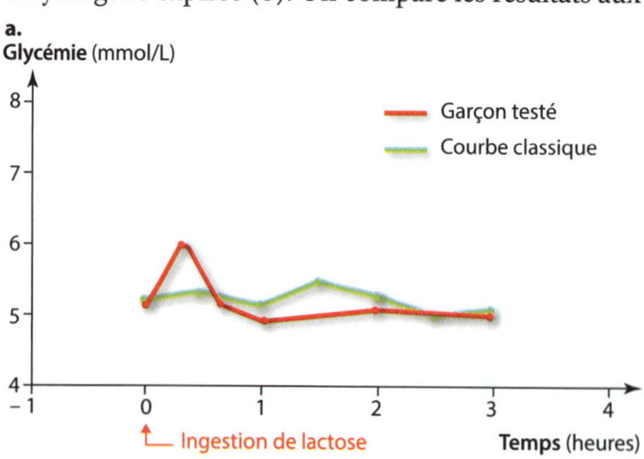

b.

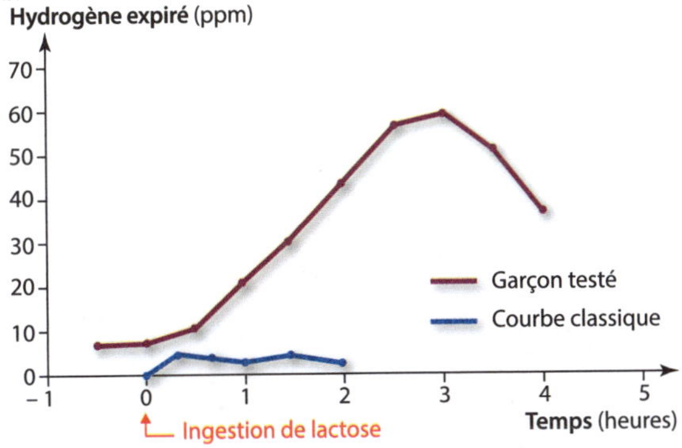

DOC. 2 Mesure de l'hydrogène après administration d'un antibiotique.

Chez des individus ayant les mêmes problèmes que le garçon, on a réalisé des mesures de l'hydrogène expiré à la suite d'une absorption de lactose, et après leur avoir administré un placebo ou un antibiotique détruisant une partie de la flore bactérienne intestinale.

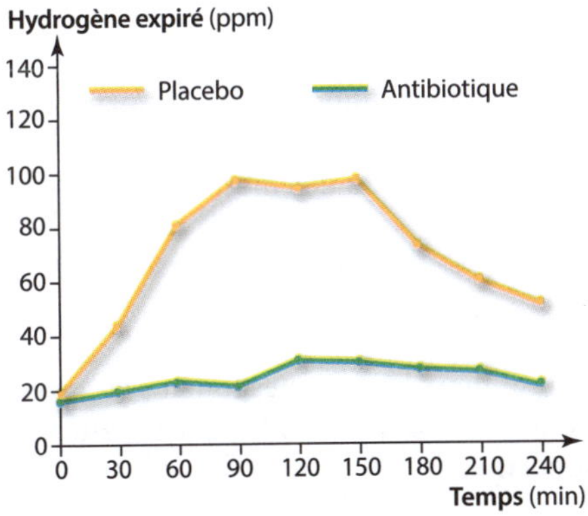

DOC. 3 Réaction de dégradation du lactose par la lactase.

Chez des individus n'ayant pas le type de problème du garçon, le lactose absorbé subit la réaction suivante grâce à une enzyme qu'ils sécrètent : la lactase.

$$C_{12}H_{22}O_{11} + H_2O \xrightarrow{\text{Lactase}} C_6H_{12}O_6 + C_6H_{12}O_6$$

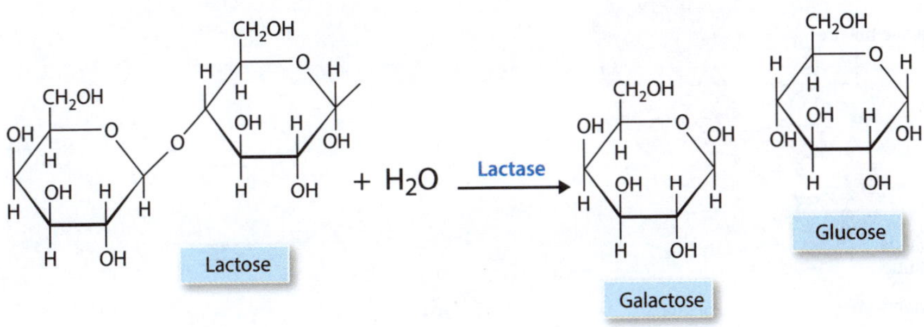

DOC. 4 Répartition de l'intolérance au lactose. En pourcentage de la population adulte du pays concerné.

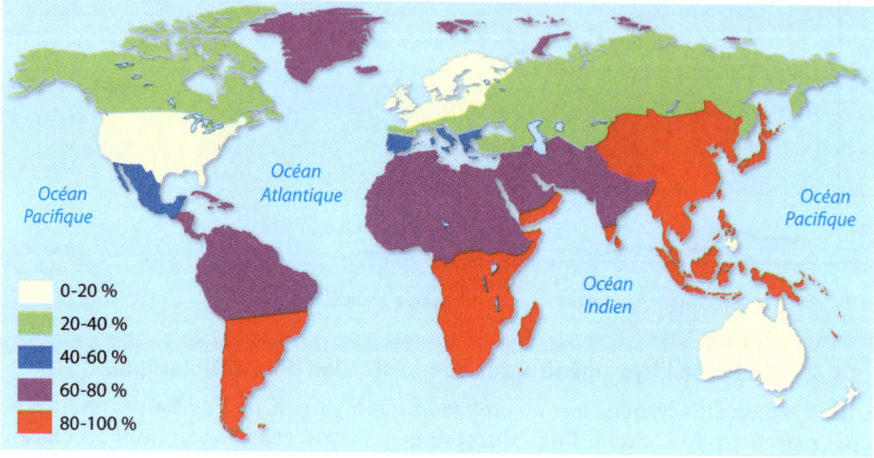

POST BAC

6 Découverte des rôles du pancréas

45 min

Le pancréas est un organe complexe possédant deux grands rôles. Cet exercice de type 2.1 est l'occasion de réfléchir sur les travaux ayant conduit à la mise en évidence de son rôle endocrine. Le sujet fait aussi appel à des méthodes vues en 1re S, à l'occasion de l'étude de la reproduction.

> Voir la méthode et stratégie 1.

À partir de l'analyse des quatre documents dont deux historiques fournis ci-après, montrer comment les physiologistes de l'époque sont arrivés à l'idée que le pancréas a, en plus de son rôle exocrine, un rôle endocrine.

DOC. 1 Document de référence – Composition du suc pancréatique.

On a réalisé des prélèvements de suc pancréatique au niveau du canal de Wirsung, qui unit le pancréas au duodénum.

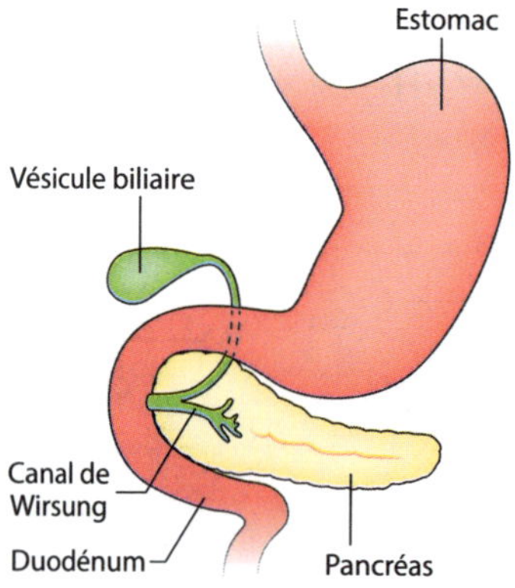

Les travaux de Claude Bernard, en 1848, ont démontré que le suc pancréatique contenait des éléments permettant la dégradation de diverses molécules.
Plus tard, il sera montré que le suc pancréatique contient :
– des ions et, en particulier du HCO_3^- qui a un pouvoir tampon et permet d'augmenter le pH d'une solution acide ;
– des protéases, comme la trypsine ou la chymotrypsine ;
– des amylases ;
– des ribonucléases ;
– des lipases.

DOC. 2 Expérience de Hedon sur le chien (1891).

Le pancréas du chien est supprimé (1). Puis un fragment du pancréas est greffé sous la peau, dans le cou (2). Pour finir, le fragment de pancréas est retiré (3).

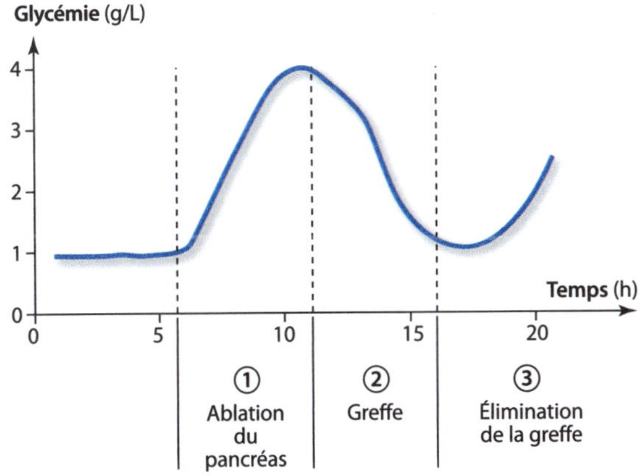

DOC. 3 Expériences de Best et Bantig (1921, prix Nobel de médecine 1923).

a. On mesure l'évolution de la glycémie d'un chien avant toute intervention chirurgicale. Deux injections en intraveineuse de glucose sont pratiquées.

b. On réalise la même expérience chez un chien dépancréatisé et auquel on administre également de l'extrait pancréatique alcoolique : les protéases n'y sont plus actives.

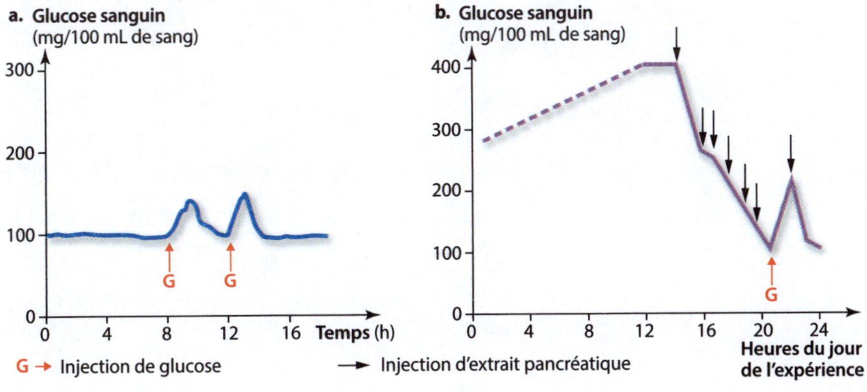

DOC. 4 Injections d'extrait pancréatique chez l'homme.

Un garçon atteint de diabète a subi des injections d'extrait pancréatique dont les protéases avaient été inhibées. On a mesuré la glycosurie (**a**) ainsi que la glycémie (**b**), sous différentes conditions :

– en **1**, on réalise une injection d'un extrait pancréatique peu concentré ;

– en **2**, on réalise une injection d'extrait de pancréas concentré deux jours d'affilée ;

– **3** correspond à une injection quotidienne d'extrait pancréatique concentré. Chez un individu non diabétique, la glycosurie est aux alentours de 0 mg/mL d'urine.

a.

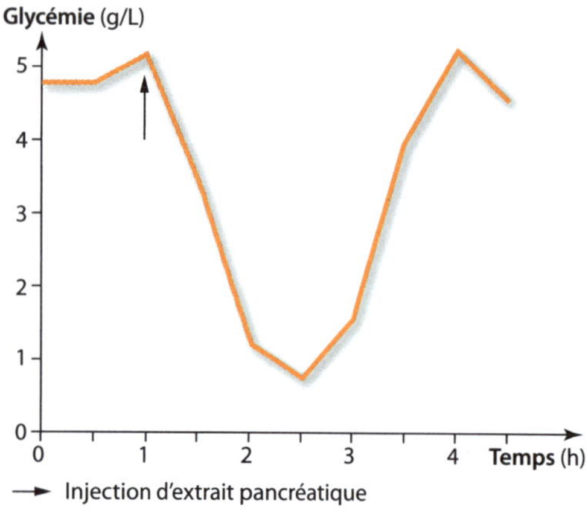

b.

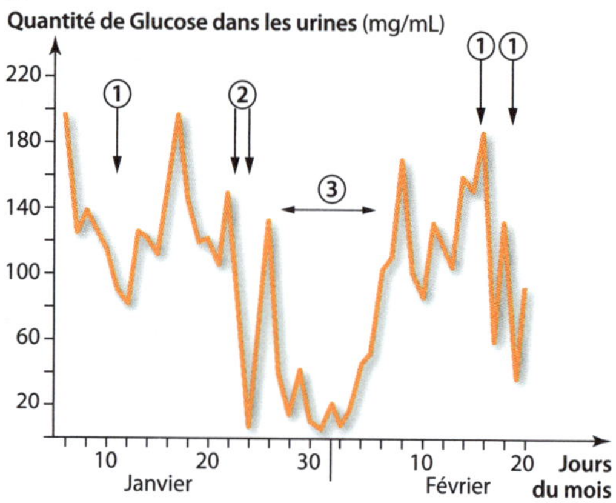

CORRIGÉS

1 Le foie, acteur majeur de la régulation glycémique

Doc. 1 : la glycémie passe d'environ 0,9 g/L à jeun à environ 1,25 g/L, 30 minutes après l'ingestion, puis redescend à 1 g/L, 1 heure après l'ingestion. Le glucose sanguin supplémentaire apporté par l'ingestion a donc bien été éliminé.

Il faut maintenant chercher quel a été son devenir.

Doc. 2 : le sang ne contient que 5 % du glucose ingéré, soit un taux relativement faible, ce à quoi l'on pouvait s'attendre étant donné les résultats du doc. 1. Le muscle et le tissu adipeux présentent respectivement 18 et 11 % de la dose ingérée. Ces deux organes ont donc prélevé une partie du glucose sanguin (peut être afin de reconstituer leurs réserves). Le foie présente, quant à lui, 55 % de la dose ingérée.
Il semble donc que la baisse de la glycémie consécutive à l'hyperglycémie provoquée soit essentiellement liée à un prélèvement du glucose par le foie, qui le stocke sous forme de glycogène. Le foie réaliserait ainsi une **mise en réserve du glucose** sanguin à la suite d'une hyperglycémie.

Doc. 3 : c'est un document de référence qui présente l'organisation sanguine systémique. On constate que le foie est doublement irrigué :
– il reçoit du sang provenant du cœur *via* l'artère hépatique ;
– il est irrigué par du sang acheminé *via* la veine porte hépatique, qui contient du sang ayant précédemment irrigué l'intestin.

Doc. 4 : ce document présente les glycémies des vaisseaux irriguant le foie. On constate que le sang contenu dans l'**artère hépatique** ne présente pas de variation de la glycémie, que ce soit après un jeûne ou après un repas glucidique. Inversement, le sang présent dans la **veine porte hépatique** présente une forte variation de la glycémie : celle-ci passe de 0,4 à 2,9 g/L après ingestion du repas.
On suppose que cela s'explique par le fait qu'il s'agit de sang ayant irrigué la zone intestinale. L'absorption des nutriments aurait eu lieu et on retrouverait ces nutriments (ici, du glucose) dans le sang. La **veine sus-hépatique** contient un sang dont la glycémie varie peu après la prise du repas, puisqu'elle passe de 0,9 à 1,2 g/L : l'augmentation reste faible, alors même que le foie a reçu un sang hyperglycémique *via* la veine porte hépatique. Le glucose provenant de l'absorption intestinale a donc été retenu par le foie. Cela indique que le **stockage du glucose** au niveau du foie (doc. 2), est favorisé par l'organisation anatomique. Le sang hyperglycémique (à 2,9 g de glucose par litre de sang après un repas) provenant des intestins après le repas est immédiatement débarrassé d'une bonne part de son glucose par le foie, ceci grâce à la veine porte hépatique qui relie directement les deux organes (glycémie de 1,2 g/L dans la veine sus-hépatique, après un repas).
L'hyperglycémie sanguine liée à la prise d'un repas n'est donc pas répercutée à l'ensemble de l'organisme, ceci grâce à la **mise en réserve immédiate** par le foie.

Doc. 5 : ce graphique présente les conséquences glycémiques d'une hépatectomie chez un chien. La glycémie de l'animal, initialement de 1 g/L, diminue rapidement et n'est plus que d'environ 0,5 g/L au bout de 75 minutes. Le doc. 1 montrait que la glycémie d'un chien non opéré était de 1 g/L à jeun : la chute observée est bien liée à l'hépatectomie. Le foie est donc **indispensable au maintien de la glycémie** à jeun et permet d'éviter l'hypoglycémie. On peut supposer que cela est permis par l'hydrolyse des réserves réalisées en période d'hyperglycémie.

- **Conclusion** : le foie est un acteur principal de la régulation de la glycémie. Il permet la mise en réserve des molécules de glucose au cours d'une hyperglycémie consécutive à la prise d'un repas. En période de jeûne, il libère le glucose mis en réserve afin de maintenir la glycémie constante, et donc de maintenir l'approvisionnement des cellules glucodépendantes comme les neurones.

Le foie est un **organe effecteur** essentiel de la régulation de la glycémie.

2 Effets du stress sur la glycémie

- **Doc. 1** : le carbachol, à effet stressant, entraîne une augmentation de la glycémie, qui passe alors de 5 mmol/L à environ 10 mml/L en 80 minutes. Le bêta-bloquant a un léger effet hypoglycémiant à court terme, mais un rebond est observé par la suite. Cela montre que ce n'est pas l'injection par elle-même qui a entraîné l'hyperglycémie observée avec le carabachol, mais bien l'effet du produit stressant. On peut s'interroger sur **l'origine** de l'hyperglycémie provoquée par le produit stressant.

- **Doc. 2** : ce document présente l'évolution de la sécrétion de catécholamines par les médullo-surrénales. Avant toute intervention, on mesure une sécrétion de catécholamines de l'ordre de 0,2 µmol. L'injection de carbachol entraîne immédiatement une forte augmentation de la quantité de catécholamines sécrétées, qui atteint alors 1 µmol. Cette sécrétion diminue avec le temps, même si l'injection de carbachol se poursuit.
Dans les **catécholamines sécrétées**, on trouve plus particulièrement de l'adrénaline. On peut supposer que les catécholamines, dont l'adrénaline, sont responsables de l'**augmentation de la glycémie liée au stress** (doc. 1).

- **Doc. 3** : à partir de 50 nmol/L d'adrénaline, la dégradation du glycogène augmente. Elle passe d'environ 600 nmol de glucose/10^6 cellules à environ 1 800 nmol de glucose/10^6 cellules pour une dose de 5.10^3 nmol/L d'adrénaline. L'adrénaline est donc responsable de la **mobilisation des réserves hépatiques**.

- **Conclusion** : un événement stressant provoque donc une augmentation de la sécrétion de l'adrénaline par les glandes médullo-surrénales. Celle-ci déclenche une hydrolyse des réserves glucidiques hépatiques et donc une hyperglycémie. Le glucose supplémentaire disponible permet alors une augmentation de l'apport de certains organes, comme les muscles ou le cerveau, afin d'autoriser la réponse la plus adaptée aux conditions ayant déclenché ce stress.

C'est ce mécanisme qui donne aux personnes soumises à un stress intense l'impression d'avoir des forces décuplées.

3 Étude d'un cas (1)

Dans cet exercice, on nous présente le cas d'un individu jeune, en cours d'amaigrissement et présentant un problème de diurèse excessive (émission urinaire trop importante).

1. Le médecin a décidé de faire un test simple et très rapide : les bandelettes de test urinaire permettent de vérifier la présence de glucose dans les urines (glycosurie). Le test montre un résultat positif. La bandelette est bleue, ce qui signifie qu'une quantité importante de glucose est présente dans les urines de Léo. Léo a donc une glycosurie importante : cela nous oriente vers un problème lié à la régulation glycémique. Étant donné son âge et son amaigrissement, un diabète de type 1 pourrait être responsable de ces symptômes, mais il est nécessaire de confirmer cela avec des **tests complémentaires**.

2.

- **Doc. 2a** : ce graphique présente l'évolution de la glycémie à la suite d'un test d'hyperglycémie provoquée. On constate que la glycémie de Léo était déjà élevée à jeun (environ 1,25 g/L). L'ingestion de glucose déclenche, 50 minutes après l'ingestion, une augmentation de la glycémie, qui atteint 3 g/L quelques 100 minutes après l'ingestion. Cette forte hyperglycémie, anormale, se prolonge dans le temps, puisque 200 minutes après l'ingestion, la glycémie est encore d'environ 2 g/L. Le repas glucidique provoque donc une hyperglycémie pendant un très long moment. Léo présente bien un **problème de régulation glycémique**.

- **Doc. 2b :** aucune modification du taux d'insuline de Léo n'est observée au cours du temps, alors qu'une hyperglycémie était présente au même moment. Léo présente donc un problème de très **faible sécrétion d'insuline**. Ceci confirme que Léo doit présenter un diabète de type 1. Pour être sûr de ce diagnostic, il faudrait vérifier que Léo est sensible à l'insuline.

- **Doc. 3 :** pour confirmer, on injecte à Léo de l'insuline tout en mesurant sa glycémie. On constate qu'à partir du moment où l'on injecte l'insuline, la glycémie de Léo diminue pour retomber à 1 g/L. Léo présente une sensibilité normale à l'insuline.

- **Conclusion :** Léo présente un problème de régulation glycémique liée à une absence de sécrétion d'insuline. En revanche, l'insuline permet de diminuer la glycémie : Léo doit donc présenter un problème pancréatique, plus précisément au niveau des îlots de Langerhans, qui devraient normalement sécréter l'insuline. Par contre, les récepteurs à l'insuline sont tout à fait fonctionnels. Léo est donc atteint d'un **diabète de type 1**, et ses symptômes peuvent être rectifiés par des injections d'insuline correctement effectuées.

4 Contrôle du diabète de type 2

- **Doc. 1 :** ce document présente la structure de deux molécules, l'une naturelle (le maltotriose), et l'acarbose, la molécule d'intérêt pour le contrôle du diabète de type 2. L'organisation des deux molécules est assez semblable : une suite de cycles carbonés liés entre eux. On remarque toutefois que, si les cycles sont liés par des atomes d'oxygène dans le cas de la molécule de maltotriose, deux des cycles sont liés par un **atome d'azote** dans le cas de l'acarbose.

Doc. 2 : on apprend que l'α-glucosidase, une enzyme intestinale, peut catalyser l'hydrolyse d'oligosaccharides en séparant les cycles au niveau des atomes d'oxygène les unissant. Le doc. 1 montre que l'acarbose présente un atome d'azote entre deux cycles. Comme cet acarbose ne peut être hydrolysé par l'α-glucosidase, on peut supposer que l'atome d'azote est responsable de cette **impossibilité d'hydrolyse**.

Doc. 3 : ce document montre l'inhibition de l'α-glucosidase par des concentrations croissantes d'acarbose. Pour une concentration d'acarbose de **0,2 mg/mL**, l'α-glucosidase a sa capacité hydrolytique **inhibée de 20 %**. Cette inhibition monte à environ 30 % pour une concentration de 0,5 mg/mL. L'acarbose, qui, comme on l'a vu dans le doc. 2, ne peut être hydrolysé par l'α-glucosidase, inhibe l'activité de cette enzyme. On peut supposer que cette inhibition est liée à **l'occupation du site actif** de l'enzyme par l'acarbose : l'enzyme ne peut plus prendre en charge des molécules « hydrolysables », et s'en trouve donc inhibée.

Doc. 4 : on réalise ce même type de mesure d'inhibition mais sur deux enzymes, l'α-glucosidase, mais aussi l'amylase. L'inhibition par l'acarbose atteint 30 % pour l'α-glucosidase et environ 54 % pour l'amylase. L'acarbose a donc un **effet sur plusieurs enzymes** : on peut supposer que cet effet est lié à un **mode d'action commun** de ces enzymes hydrolytiques, c'est-à-dire une catalyse de la rupture de la liaison au niveau de l'oxygène unissant les carbones 1 et 4 de deux cycles.
L'acarbose peut donc limiter l'action des différentes enzymes capables de catalyser ce type d'hydrolyse. En n'ayant pas une action ciblée sur une enzyme donnée, mais sur toutes les enzymes capables de réaliser ce type de catalyse (même si leurs substrats diffèrent par la longueur de la chaîne de cycles), on peut supposer que l'acarbose a une action relativement importante dans l'organisme, en **empêchant la digestion des sucres complexes**. Ces sucres, non hydrolysés, ne doivent alors plus être assimilables par l'organisme.

Doc. 5 : on mesure la glycémie et l'insulinémie d'individus intolérants au glucose après absorption d'un repas riche en glucides complexes, avant et après traitement par un placebo ou de l'acarbose. On constate que les résultats des patients sous placebo ne diffèrent pas, avant ou après traitement (pas d'effet « psychologique » de la prise du médicament sur la glycémie ou sur l'insulinémie). En revanche, chez les patients ayant reçu l'acarbose, on n'observe qu'une très faible augmentation glycémique après la prise du repas (augmentation forte avant traitement). De même, l'augmentation de l'insulinémie est beaucoup plus faible qu'avant traitement.
On peut donc penser qu'en empêchant l'hydrolyse des sucres complexes, l'acarbose a évité une trop forte absorption de glucose et a donc **limité l'augmentation de la glycémie**, par conséquent, de l'insulinémie. Cette molécule semble donc très utile pour des patients atteints d'un diabète de type 2, c'est-à-dire chez lesquels l'augmentation de la glycémie ne peut être supprimée par injection d'insuline. On peut toutefois s'interroger sur les effets de cette absence de digestion des sucres complexes par l'organisme.

Doc. 6 : on quantifie la fréquence des effets secondaires ressentis par des patients traités à l'acarbose. On constate que, si la constipation n'est quasiment jamais présente chez ces patients, les épisodes de diarrhée, de douleurs abdominales et de flatulences sont plus fréquents que chez les patients ayant reçu le placebo. La non-digestion des sucres complexes entraîne donc des conséquences désagréables chez les patients recevant l'acarbose. Ces désagréments pourraient entraîner l'**arrêt de la prise du médicament** par des personnes les supportant mal.

Pour qu'un médicament soit efficace, il faut qu'il soit actif, mais aussi que les effets secondaires liés à sa prise soient supportables par le malade (et surtout inférieurs aux effets positifs), sans quoi on peut supposer que celui-ci sera tenté d'arrêter de le prendre.

- **Doc. 7** : on mesure la fréquence des douleurs abdominales ressenties par des patients traités sur le long terme à l'acarbose. On constate que, dans les 10 premières semaines de prises, la fréquence d'apparition de ces douleurs est très supérieure à celle mesurée chez les patients sous placebo. En revanche, ces douleurs deviennent progressivement de moins en moins fréquentes et, à partir de la 44e semaine de traitement, la fréquence devient équivalente à celle présentée par les malades sous placebo. Le traitement à l'acarbose semble donc être **de moins en moins pénible à supporter** en cas de traitement long.

- **Conclusion** : l'acarbose, en empêchant l'hydrolyse des sucres complexes par diverses enzymes intestinales, limite les absorptions de glucose et empêche l'élévation de la glycémie. Cette molécule est donc une bonne candidate dans le traitement du diabète de type 2. En revanche, elle présente divers effets secondaires intestinaux liés à cette mauvaise digestion des glucides, qui pourraient entraîner un rejet de la part des patients. Pour en faire un bon traitement, il est donc nécessaire d'expliquer aux patients que ces effets secondaires s'atténuent lors d'un traitement long.

5 Étude d'un cas (2)

Le jeune garçon qui consulte se plaint de fortes douleurs au ventre et le médecin constate que celles-ci suivent l'absorption de lait.

- **Doc. 1** : on constate que la glycémie du garçon ne montre aucune augmentation alors que, classiquement, on enregistre une légère hyperglycémie après absorption d'une forte quantité de lactose. Par contre, le jeune garçon présente une forte quantité d'hydrogène expiré (jusqu'à 60 ppm) alors que celle-ci ne dépasse habituellement pas 5 ppm. On peut donc supposer que l'enfant a un **problème lié à l'absorption de lactose**.

- **Doc. 2** : on constate que les individus traités ne voient par leur quantité d'hydrogène expirée augmenter, ce qui est également le cas des individus sous placebo. L'antibiotique détruit la flore bactérienne. Il semble donc que l'hydrogène expiré ait une **origine bactérienne**. On peut alors s'interroger sur les raisons de l'augmentation de cette production d'hydrogène par les bactéries intestinales en présence de lactose chez les individus présentant une intolérance.

- **Doc. 3** : l'équation montre que l'hydrolyse du lactose donne deux sucres simples, le galactose et le glucose. Le doc. 1 montrait que le jeune garçon n'avait aucune augmentation de sa glycémie à la suite d'une absorption de lactose, contrairement aux individus non intolérants. On peut donc penser qu'il n'y a pas eu, chez lui, d'hydrolyse du lactose et donc d'absorption du glucose issu de cette réaction. Le garçon pourrait présenter un **déficit en lactase**, ce qui rendrait la digestion du lactose impossible par son organisme et, les bactéries, en utilisant ce substrat, seraient responsables de l'émission d'hydrogène.

- **Doc. 4** : on nous présente la fréquence des intolérances au lactose dans les diverses populations humaines mondiales. On constate que l'Asie du Sud-Est, d'où vient le jeune garçon, a une population de 80 à 100 % intolérante au lactose. Cela vient donc appuyer le diagnostic d'**intolérance au glucose**.

- **Conclusion** : l'enfant présente une intolérance au lactose ; il ne possède plus la lactase, enzyme catalysant l'hydrolyse du lactose. Puisqu'il ne peut digérer le lactose, celui-ci devient un substrat pour les bactéries intestinales, ce qui entraîne une forte émission d'hydrogène de leur part, émission qui pourrait être à l'origine des maux de ventre ressentis par le patient lors de l'ingestion de lait. L'intolérance au lactose est liée à la région d'origine : certaines populations conservent cette enzymes active toute leur vie, alors que d'autres deviennent, avec l'âge, intolérantes au lactose car dans l'incapacité à sécréter la lactase.

POST BAC

6 Découverte des rôles du pancréas

- **Doc. 1** : ce document de référence présente la composition du liquide s'écoulant au niveau du canal de Wirsung, canal qui unit le pancréas au duodénum. Ce liquide contient diverses enzymes ainsi que des ions à pouvoir tampon. L'ensemble est déversé dans la lumière du duodénum. La lumière intestinale étant en communication avec le milieu extérieur, on peut qualifier cette sécrétion enzymatique pancréatique d'**exocrine**.

- **Doc. 2** : le graphique présente l'évolution de la glycémie du chien au cours des expériences pratiquées. Avant le début des expériences (avant 5 heures), la glycémie est constante et de l'ordre de 1 g/L. Suite à l'ablation du pancréas, une augmentation de la glycémie apparaît : elle passe de 1 à 4 g/L. Le pancréas permettait donc de maintenir la glycémie à 1 g/L. La greffe du fragment de pancréas dans le cou entraîne une baisse de la glycémie, qui redescend à une valeur proche de 1 g/L. La fonction pancréatique permettant la baisse de la glycémie a donc été rétablie par cette greffe. Lors d'une greffe, si les liaisons sanguines peuvent être rétablies, ce n'est pas le cas des liaisons nerveuses, qui ont été définitivement supprimées : le retour de la glycémie vers 1 g/L montre que cette modification n'est pas liée à une communication nerveuse, mais à une **communication sanguine**. Cela montre que le pancréas doit réguler la glycémie grâce à des **hormones**.

Une greffe rétablit les communications hormonales, mais pas les liaisons nerveuses.

La greffe a été réalisée au niveau du cou : la situation de l'organe est donc indifférente. L'élimination de la greffe confirme les conclusions précédentes, et le fait que l'opération liée à la greffe ne soit pas responsable de la baisse de la glycémie.

Une sécrétion déversée dans le milieu intérieur (sang) est qualifiée d'*endocrine* alors qu'une sécrétion déversée dans le milieu extérieur est qualifiée d'*exocrine*.

- **Doc. 3** : on suit l'évolution de la glycémie chez un chien ayant toujours son pancréas et un chien dépancréatisé. Le premier graphique sert donc de témoin. Chez le chien dépancréatisé, on teste l'effet d'une injection d'extrait pancréatique alcoolique, c'est-à-dire dont les protéases ne sont plus actives.

L'inactivation des enzymes protéolytiques indique que l'on s'intéresse à l'action endocrine du pancréas, et non à son action exocrine.

Le chien non opéré répond promptement à une injection de glucose : l'augmentation de la glycémie est immédiatement suivie d'une baisse (retour vers 1 g/L). Le chien dépancréatisé présente une glycémie très élevée (de l'ordre de 4 g/L vers midi). L'injection de l'extrait entraîne une chute de la glycémie. L'injection de glucose a pour conséquence une augmentation de la glycémie, mais qui peut être immédiatement rectifiée par l'injection d'extrait pancréatique.
Grâce aux injections d'extrait pancréatique, on peut donc « mimer » l'évolution normale de la glycémie telle que celle enregistrée chez le chien non opéré. On peut en déduire que, chez le chien non opéré, le pancréas est capable de répondre à l'augmentation de glycémie par une augmentation de sa sécrétion endocrine. Un **récepteur au glucose** doit donc exister et diriger la sécrétion endocrine du pancréas. Les documents présentés ici ne permettent pas de préciser la situation de ces capteurs.

Doc. 4 : la glycémie de l'enfant est de l'ordre de 5 g/L avant injection (5 fois supérieure à la normale). L'injection d'extrait pancréatique entraîne une forte diminution de cette glycémie (aux alentours de 1 g/L). L'extrait pancréatique montre donc, chez l'homme, un effet comparable à celui enregistré précédemment chez le chien : le pancréas réalise une sécrétion endocrine qui permet d'abaisser la glycémie.
La glycosurie du garçon est très élevée avant toute injection d'extrait pancréatique (de l'ordre de 140 mg). L'injection d'extrait peu concentré n'a qu'un faible effet sur la glycosurie, puisque celle-ci est alors d'environ 100 mg. Les injections d'extrait concentré, réalisées en 2, déclenchent une baisse considérable de la glycosurie, qui tombe à environ 10 mg. L'effet n'est pas prolongé dans le temps, car l'arrêt des injections entraîne immédiatement une augmentation de la glycosurie. Pour obtenir cette prolongation, une **injection quotidienne** doit être réalisée (injections notées 3 sur le graphique).
Ces données indiquent que l'extrait pancréatique abaisse la glycémie, mais diminue aussi la glycosurie. La baisse de la glycémie n'est donc pas due à une élimination urinaire du glucose. L'injection d'extrait pancréatique est donc capable de rétablir une situation glycémique « normale » chez l'individu diabétique.

Conclusion : les travaux des physiologistes de la fin XIXe-début XXe siècle ont montré que le pancréas est un organe complexe ayant des rôles distincts au sein de l'organisme. En plus de son rôle exocrine (sécrétion d'enzymes digestives), il a aussi un rôle endocrine (sécrétion d'une hormone hypoglycémiante).

Annexes

ANNEXE 1

MÉTHODE ET STRATÉGIE

Construire et rédiger une synthèse pertinente

> Voir les sujets suivants mettant en œuvre cette méthode : sujet 1 (chap. 1), sujet 1 (chap. 3), sujet 2 (chap. 4), sujet 3 (chap. 6), sujet 2 (chap. 7), sujet 7 (chap. 8), sujet 2 (chap. 13).

Ce type de sujet est conçu pour évaluer à la fois votre maîtrise des connaissances du programme et votre capacité à raisonner. Une question précise vous est posée, et vous devez vous y répondre par un texte argumentatif, structuré et illustré.

Ce qu'attend le correcteur

Un maximum de points sera accordé aux synthèses pertinentes, qui répondent très exactement à la problématique grâce à un raisonnement reposant sur des connaissances solides.
Un certain nombre de compétences sont évaluées.

> La compréhension du sujet et la capacité à identifier un problème
Comprendre la question de l'énoncé et ses subtilités garantit une introduction et un plan de bonne qualité.

> La construction et l'argumentation
Il ne s'agit pas de juxtaposer des connaissances théoriques, mais de soutenir un raisonnement personnel qui se perçoit par l'énoncé d'une problématique, par la présence de transition et de bilan en fin de partie, par l'usage bien compris de la démarche expérimentale, par la clarté et la précision de l'expression et de l'ordre de vos idées.

> La précision des connaissances
La restitution des connaissances se traduit par des définitions claires, des schémas et des résumés précis des principaux mécanismes.

> La qualité de la communication écrite
Pensez à l'efficacité de la rédaction et de la schématisation. Rédigez et illustrez votre argumentation avec soin, en veillant à ne négliger ni l'orthographe ni la syntaxe.

Analyser le sujet

> Lire le sujet

- Prenez le temps de lire et relire le sujet pour bien identifier la question et dégager la problématique d'un sujet.
- Réfléchissez en particulier aux définitions des mots importants du sujet : il ne doit y avoir aucune ambiguïté sur leur signification.

> Mobiliser et organiser ses idées

Faites la liste des **connaissances attendues** dans le sujet et réfléchissez à l'ordre dans lequel vous poserez les différentes idées en vous inspirant, par exemple du plan du cours.

> Bâtir le plan

- Le plus souvent, le plan se structure en **trois parties principales** qui comportent chacune des sous-parties.

Plusieurs plans sont évidemment possibles !

- Après avoir effectué le découpage en trois grandes parties principales, vous devez **détailler le plan** au brouillon en précisant, pour chaque partie, la succession de toutes les sous-parties, et cela, avant même de rédiger.

Dans ce cas, vous disposez, avant la rédaction des développements, d'un plan détaillé complet de votre synthèse.

Vous pouvez aussi choisir de travailler partie par partie. Tout d'abord, ne détaillez au brouillon que le plan de la première partie, en précisant ses sous-parties. Puis, rédigez les développements correspondants, avant de revenir au plan de la partie suivante que vous allez alors détailler à son tour avant de rédiger les développements, et ainsi de suite. Dans ce cas, vous précisez la structure fine des parties juste avant la rédaction des développements correspondants.

- Les **titres de parties** peuvent être apparents, il faut alors soigner leurs intitulés.

Un plan apparent, avec des titres écrits et numérotés, rend votre raisonnement visible.

Vous pouvez aussi choisir de ne pas les faire figurer : le découpage en parties et sous-parties ne sera alors visible que par la mise en page ou la qualité de la présentation de votre copie.

- Il est important de choisir, avant de rédiger, les **schémas** qui vont illustrer votre synthèse, et les endroits de votre plan où ils vont s'insérer.

Rédiger la synthèse

> Rédiger l'introduction

- Commencez par une **introduction** qui peut être travaillée au brouillon. L'introduction sert essentiellement à présenter le problème et comporte trois parties :
– **Amener le sujet**, en général en définissant les termes du sujet et en rappelant le contexte. L'énoncé du sujet est souvent une bonne source d'inspiration.
– Poser la **problématique** (il y a un problème central qui peut ensuite se décliner en plusieurs questions) qui commencera souvent par « Comment… ». Cette problématique est en général quasiment donnée par l'énoncé, il n'est pas nécessaire de rechercher une formulation complexe.
– Annoncer brièvement le plan, qui correspond aux principales questions que sous-tend la problématique.

- Une introduction est nécessairement brève : dix à quinze lignes manuscrites suffisent.

> Rédiger les développements

- La **gestion du temps** est importante : après avoir préparé le plan et éventuellement l'introduction au brouillon, vous n'aurez pas le temps de rédiger le développement au brouillon et vous devrez vous « lancer » directement sur la copie. Cette efficacité ne doit pas se faire au détriment du soin.

- Dans le développement, des **éléments scientifiques appropriés** sont attendus pour répondre à la problématique. Soyez précis dans le vocabulaire utilisé et privilégiez spontanément l'illustration à de longs paragraphes descriptifs et souvent confus.

Ces deux conseils vous permettront d'être efficace sans vous noyer dans une rédaction longue.

- Faites un effort d'**articulation logique** en employant des expressions appropriées : « Je sais que… donc j'en déduis que… », « Je vois que… donc j'en déduis que… ».
Évitez de raisonner à l'envers de la démarche expérimentale en partant de modèle ou de théorie pour aboutir à la réalité ou à l'expérience.
Il est parfois possible de se référer à une expérience très connue en la résumant pour démontrer un point important de la synthèse.

- En fin de partie, faites un **bilan court** et prolongez-le d'une transition pour annoncer la partie suivante.

- La **mise en page** est importante pour faciliter le suivi du raisonnement : délimitez des paragraphes avec une idée forte par paragraphe, mettez en valeur toutes les idées importantes et les mots-clés, par exemple en les soulignant, faites des bilans courts en fin des grandes parties.
- Les **illustrations** doivent être légendées, pourvues d'un titre et d'une échelle lorsque c'est possible (en géologie, notamment). Vous pouvez modifier les schémas que vous avez appris de façon à les adapter à la problématique.

Ne doublez pas les illustrations d'un texte, complétez-les simplement d'une ou deux phrases de commentaire.

> Rédiger la conclusion

La conclusion comporte une dizaine de lignes et distingue deux temps :
– Un **bilan** qui reprend et synthétise les bilans de fin de parties pour répondre définitivement à la problématique.
– Une **ouverture** vers une problématique proche. Évitez les ouvertures simplistes du type « Nous pourrions à présent étudier... » ou « Mais qu'en est-il de... ». Une bonne ouverture s'articule habilement avec le bilan. Il n'est cependant pas nécessaire de chercher une idée à tout prix originale.

ANNEXE 2

Liste des méthodes et stratégies

Chapitre 1

Chapitre 2

Chapitre 3

Chapitre 4

Chapitre 5

Chapitre 6

Chapitre 7

ANNEXE 3

Liste des encadrés post bac

Enseignement spécifique

Génétique, biodiversité et évolution

Géologie

Corps humain et santé

Enjeux planétaires contemporains

Enseignement de spécialité

ANNEXE 4

Lexique

A

Accident vasculaire cérébral (AVC)
Complication encéphalique liée à une hémorragie cérébrale ou à l'arrêt du flux sanguin dans une artère cérébrale.

Accrétion
Constitution et accroissement d'un corps (une planète, par exemple) par apport ou agglomération de matière, généralement en surface ou en périphérie de celui-ci.

Adjuvant
Substance ou composant issu d'organisme qui, ajouté à l'antigène, augmente la réponse immunitaire en favorisant l'activation des phagocytes.

Aérobie
Qui contient du dioxygène, pour qualifier un milieu. Les conditions aérobies constituent l'aérobiose.

Aire corticale
Surface du cortex cérébral définie par sa structure (type et architecture des neurones) et sa fonction (aire motrice, aire sensitive, aire d'association…).

Albédo
Rapport entre la quantité de lumière renvoyée par une surface et celle qu'elle a reçue.

Anaérobie
Qui est dépourvu de dioxygène, pour qualifier un milieu.

Anatoxine
Substance chimique toxique provenant d'une bactérie, dont la toxicité est détruite par la chaleur, mais dont les propriétés antigéniques sont conservées.

Angiosperme
Plante comportant les organes racine, tige et feuille dans son appareil végétatif, et se reproduisant au niveau de fleurs se transformant, après fécondation, en fruits contenant des graines.

Arbre phylogénétique
Représentation schématique, sous forme d'arbre, des relations de parenté entre les êtres vivants et dans lequel les nœuds représentent les ancêtres communs hypothétiques.

ATP
Adénosine triphosphate. Molécule de la famille des nucléotides, servant de monnaie énergétique pour la majorité des travaux cellulaires.

Autotrophie
Capacité à produire de la matière organique à partir de précurseurs minéraux (CO_2, NH_4^+,…).

C

Caractère neutre
Caractère non soumis à la sélection naturelle.

Carpelle
Portion creuse du pistil de la fleur et contenant des ovules.

CMH
Complexe majeur d'histocompatibilité. Système de reconnaissance à l'aide de protéines de surface permettant d'identifier les cellules appartenant à un organisme. Chez les humains, on parle de HLA.

Complexe immun
Combinaison entre un antigène et l'anticorps spécifique de cet antigène, provoquant une agglutination des antigènes.

Cortex cérébral
Partie superficielle du cerveau constituée de six couches de neurones (substance grise) sur une épaisseur d'environ 5 millimètres.

Couplage énergétique
Association de deux travaux cellulaires, l'un spontané dégageant de l'énergie, l'autre consommant cette énergie. Le couplage énergétique est dit direct s'il s'effectue au sein d'une seule molécule.

Craton
Vieux socle granitique formé au Précambrien, fortement rigide et par conséquent très peu déformable. Les plus vieux cratons datent de 3 Ga.

Cyanobactérie
Procaryote photosynthétique dont les premiers représentants furent parmi les premières cellules à réaliser la photosynthèse. Les cyanobactéries sont donc à l'origine du dioxygène présent actuellement dans l'atmosphère.

Cytokine
Protéine soluble produite principalement par les cellules immunitaires, et agissant à distance sur d'autres cellules afin d'en réguler la fonction et l'activité.

D

Diploïde
État d'une cellule qui possède deux lots de chromosomes homologues.

Domestication
Fait d'amener une espèce de l'état sauvage et autonome à un état dépendant de l'homme.

E

Équilibre isostatique
État d'équilibre qui se traduit par une remontée ou une descente du Moho ou par une remontée ou une descente de la limite lithosphère/asthénosphère.

État ancestral
Relativement à l'état dérivé d'un caractère, état de ce caractère avant innovation évolutive.

État dérivé
État d'un caractère après une innovation évolutive.

Exocytose
Processus de fusion d'une vésicule membranaire avec la membrane plasmique, entraînant le déversement de son contenu dans le milieu extracellulaire.

F

Faille listrique
Faille normale dont le pendage s'annule progressivement en profondeur, lui donnant un profil arqué sur une coupe géologique. Ces failles affectent la croûte supérieure où elles délimitent les blocs basculés dans les zones en extension (bordures des rifts et des marges passives).

Famille multigénique
Ensemble de gènes présentant des homologies de séquences issues d'un gène ancestral.

Flux
Quantité qui traverse une surface dans un sens donné par unité de temps et unité de surface. Ainsi, le flux géothermique représente la quantité de chaleur (en J) qui passe dans une surface donnée (1 m^2) et durant un temps donné (1 s) ; il s'exprime donc en W/m^2 (1 W = 1 J/s).

Fruit
Organe végétal obtenu par modification du pistil de la fleur après fécondation. Seules les angiospermes ont des fruits.

Fusion partielle
Mécanisme qui aboutit à la fusion des roches, en partie car la roche mère présente des minéraux qui fondent à des pressions et des températures différentes. Le taux de fusion dépend du contexte géodynamique (dorsale, zone de subduction). Si la fusion atteint des roches de la croûte continentale, cela donne des granites d'anatexie ou crustaux. Si la fusion partielle se fait aux dépens de la péridotite dans des zones de subduction, cela donne des granites mantelliques.

G

Gradient
Variation de la quantité mesurée par unité de longueur. Ainsi, le gradient géothermique représente la différence de température par unité de longueur (soit, en moyenne, 3 °C/100 m).

Graine
Organe végétal obtenu par modification de l'ovule après fécondation. Entourée d'un tégument protecteur et riche en réserves organiques, elle contient un embryon végétal et se situe dans la cavité d'un fruit.

Graine (géologie)
Nom donné au noyau interne de la Terre, formé essentiellement de fer et de nickel solide. La limite entre le noyau interne et le noyau externe est marqué par la discontinuité de Lehmann, à environ 5 150 km de profondeur.

Groupe monophylétique
Ensemble formé d'une espèce ancestrale et de toutes les espèces qui en sont issues.

H

Haploïde
État d'une cellule qui possède un seul lot de chromosomes.

Hétérozygote
Caractérise un individu ayant dans son génome deux versions alléliques différentes pour un gène donné.

Hydrolase
Classe d'enzymes capables de catalyser une hydrolyse, c'est-à-dire de couper, en présence d'eau, une molécule en deux molécules plus petites.

I

Insulinorésistance
Diminution de la capacité de l'insuline à assurer l'augmentation du prélèvement du glucose par les tissus cibles.

Intégration
Prise en compte de nombreuses informations pour l'élaboration d'une réponse adaptée de l'organisme.

Isochrone
Droite sur laquelle s'alignent les rapports $^{87}Rb/^{86}Sr$ et $^{87}Sr/^{86}Sr$ d'échantillons formés en même temps. L'âge de la roche est d'autant plus élevé que la pente de la droite est forte.

Isostasie
État d'équilibre réalisé en profondeur quand les forces de gravité et de poussée exercées par des matériaux peu denses sur des matériaux plus denses et plastiques s'égalisent.

L

Lipogenèse
Élaboration de lipides par l'organisme.

Lymphocyte naïf
Lymphocyte n'ayant pas encore rencontré l'antigène spécifique qu'il peut reconnaître et n'ayant donc pas eu la possibilité d'être activé.

M

Matrice taxons-caractères
Tableau indiquant, pour différents taxons, les états ancestraux ou dérivés de différents caractères.

Méristème apical
Tissu végétal situé à l'extrémité de la tige et de la racine, comportant des cellules en mitoses et assurant la croissance en longueur de l'organe.

Métamorphisme
Transformation des roches (sédimentaires ou magmatiques) à l'état solide sous l'influence d'une augmentation de la pression et de la température. De nouveaux minéraux apparaissent et les roches présentent un feuilletage appelé schistosité.

Métamorphisme par déshydratation
Au cours de la subduction, sédiments, croûte et manteau de la lithosphère océanique libèrent de l'eau lors de réactions métamorphiques. Le long du plan de subduction, les schistes verts deviennent des schistes bleus puis des éclogites.

Métamorphisme par hydratation
Transformation de roches liée aux circulations d'eaux chaudes près des dorsales. Les nouveaux minéraux ont incorporé des groupements OH. Les péridotites deviennent alors des serpentines et les gabbros des schistes verts.

Monochromatidien
Chromosome à une chromatide.

N

Neurotransmetteur
Substance sécrétée par un neurone à l'extrémité de son axone en réponse à l'arrivée d'un message nerveux de nature électrique. Le neurotransmetteur agit sur une ou plusieurs cellules post-synaptiques en se liant à des récepteurs membranaires.

Niche écologique
Concept de l'écologie traduisant les conditions physico-chimiques du milieu dans lequel vit un organisme ainsi que ses relations biologiques avec les autres êtres vivants.

O

Ovule
Chez les végétaux, groupe de cellules situées dans le carpelle, et dont le gamète femelle est immobile.

Orogenèse
Formation des reliefs d'une chaîne de montagnes.

P

Plasmide
Court ADN circulaire se trouvant de façon facultative dans le cytosol des cellules procaryotes, portant un ou quelques gènes et étant dupliqué indépendamment du chromosome (ou chromoïde) bactérien.

Plasmocyte
Cellule provenant de la différenciation d'un lymphocyte B et sécrétrice d'anticorps spécifiques d'un antigène.

Pollen
Structure à deux cellules haploïdes, produite par les étamines des fleurs, et dispersée par le vent ou les animaux. L'une des cellules du pollen donnera le gamète mâle.

Polymorphisme allélique
Caractérise l'existence de plusieurs versions alléliques d'un gène dans une population.

Potentiel d'action
Modification brève, réversible et stéréotypée de la polarité membranaire d'une cellule excitable qui apparaît lorsqu'une dépolarisation préalable a fait atteindre une valeur seuil au potentiel de membrane. Il se compose classiquement d'une dépolarisation, d'une repolarisation puis d'une hyperpolarisation.

Potentiel de repos
Tension électrique existant de part et d'autre de la membrane plasmique d'une cellule en l'absence de toute modification des conditions extracellulaires. Cette valeur est exprimée en millivolts et est liée à une différence de concentration en ions de part et d'autre de la membrane.

Prisme d'accrétion (sédimentaire)
Ensemble de couches sédimentaires déposées sur le plancher océanique et qui, étant moins denses que la croûte océanique qui les entraîne jusqu'à la zone de subduction, vont s'empiler les unes au-dessus des autres à proximité de la fosse océanique.

R

Radiogénique
Atome issu de la désintégration d'un atome radioactif comme le ^{87}Sr qui provient du ^{87}Rb. En revanche, le ^{86}Sr non issu d'une désintégration radioactive n'est pas radiogénique.

Roche carbonatée
Roche dont les minéraux sont constitués d'ions carbonates (CO_3^{2-}) souvent associés à du calcium (Ca^{2+}) ou du magnésium (Mg^{2+}). Les principales roches carbonatées sont les calcaires (et craies) et les dolomies. On retrouve également des carbonates en plus faible quantité dans d'autres roches, telles les marnes (association de calcaire et d'argile).

Roche grenue
Roche magmatique à refroidissement lent dont tous les cristaux sont visibles à l'œil nu.

S

Schistosité
Feuilletage de la roche en plans parallèles, plus ou moins serrés. La mise en place de ces feuillets est généralement liée à une augmentation de la pression.

Site de restriction
Séquence de quelques paires de bases sur l'ADN, reconnue puis coupée spécifiquement par une enzyme de restriction.

Stromatolite
Dépôt calcaire réalisé par des cyanobactéries. Les stromatolites sont connus depuis le Précambrien et persistent aujourd'hui, les plus anciens ayant été datés de 3 Ga.

Système de régulation
Ensemble des mécanismes physiologiques permettant le maintien à une valeur définie, ou valeur consigne, d'une variable du milieu intérieur.

T

Théorie endosymbiotique
Théorie de l'origine bactérienne des plastes et des mitochondries.

Thymus
Organe situé à la base du cou, servant à la maturation des lymphocytes T et jouant un rôle contre l'auto-immunité.

Transfert horizontal de gènes
Processus d'intégration de matériel génétique d'un organisme par un autre qui n'est pas son descendant.

Transgène
Gène inséré dans un ADN par transgenèse.

V

Valeur consigne
Valeur d'une variable qui est fixée par les caractéristiques du système de régulation.

ANNEXE 5

Index

TABLE DES ILLUSTRATIONS

7		ph ©	Lonely/Fotolia
16		ph ©	Sovereign/ISM
21		ph ©	Hervé Conge
22		ph ©	Sovereign/ISM
25		©	Logiciel RASTOP
61	a	ph ©	Dr. J. Burgess/SPL/Biosphoto
61	b, c	©	« Le sol vivant », J.-M. Gobat, M. Aragno et W. Matthey, copyright 2013, Presses polytechniques et universitaires romandes, Lausanne.
124		Extr.	Vivian F. Irish and Ian M. Sussex - Function of the apetala-1 Gene during Arabidopsisi Floral Development - Plant Cell, Vol. 2, 741-753, August 1990 © American Society of Plant Physiologists
131		Extr.	Light Plays an Essential Role in Intracellular Distribution of Auxin Efflux Carrier PIN2 in Arabidopsis thaliana.- A. Laxmi, J. Pan, M. Morsy, R. Chen-January 30, 2008. DOI:10.1371/journal.pone.0001510
141		ph ©	MaciejBledowski/Fotolia
146 à 208		ph ©	Gilbert Gisclard
209		ph ©	Assoc. Prof. Jana Kotkova, Ph D./Czec Geological survey Prague and Masaryk University Brno - Czech republic
227		ph ©	alexfiodorov/Fotolia
246		ph ©	Pr. Zagury
275		Extr.	Homann, D., Holz, A., Bot, B., Wolfe, T., Petersen J., ...von Herrath, M.G. (1999). Autoreactive CD4+T cells Project from autoimmune Diabetes via Bystander Suppression Using the IL-4/Stat6 Pathway. Immunity, 11(4), 463-472.
277		Extr.	Beirne, C., Lowry, C. M., & Voorheis, H. P. (1998). Both IgM and IgG anti-VSG antibodies initiate a cycle of aggregation-disaggregation of bloodstream forms of Trypanosoma brucei without damage to the parasite. Molecular and Biochemical Parasitology, 91(1), 165 193. doi:10.1016/S0166-6851(97)00191-6 - © With permission from Elsevier
353		ph ©	Pascal06/Fotolia
419		ph ©	Serg Nvns/Fotolia
464		ph ©	F. Boulvain, Géologie, Université de Liège
495		ph ©	ZoonarRolf Kopfle/age fotostock

Malgré nos efforts, il nous a été impossible de joindre certains photographes ou leurs ayants-droit, ainsi que des éditeurs ou leurs ayants-droit de certains documents, pour solliciter l'autorisation de reproduction, mais nous avons naturellement réservé en notre comptabilité des droits usuels.